中国企业财务数智化转型：
最佳实践案例

信永中和研究院
中国 CFO 发展中心 编著

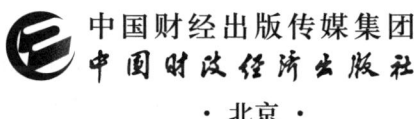

中国财政经济出版社

·北京·

图书在版编目（CIP）数据

中国企业财务数智化转型：最佳实践案例／信永中和研究院，中国 CFO 发展中心编著． ––北京：中国财政经济出版社，2024.8. ––ISBN 978 – 7 – 5223 – 3270 – 3

Ⅰ．F232

中国国家版本馆 CIP 数据核字第 2024MJ6046 号

责任编辑：叶　彤　　　　　　责任校对：胡永立
封面设计：北京兰卡绘世　　　　责任印制：党　辉

中国企业财务数智化转型：最佳实践案例
ZHONGGUO QIYE CAIWU SHUZHIHUA ZHUANXING：ZUIJIA SHIJIAN ANLI

中国财政经济出版社 出版

URL：http：//www.cfeph.cn

E – mail：cfeph@ cfeph.cn

（版权所有　翻印必究）

社址：北京市海淀区阜成路甲 28 号　邮政编码：100142
营销中心电话：010 – 88191522
天猫网店：中国财政经济出版社旗舰店
网址：https：//zgczjjcbs.tmall.com
中煤（北京）印务有限公司印刷　各地新华书店经销
成品尺寸：185mm×260mm　16 开　29.25 印张　716 000 字
2024 年 8 月第 1 版　2024 年 8 月北京第 1 次印刷
定价：98.00 元
ISBN 978 – 7 – 5223 – 3270 – 3
（图书出现印装问题，本社负责调换，电话：010 – 88190548）
本社质量投诉电话：010 – 88190744
打击盗版举报热线：010 – 88191661　QQ：2242791300

编委会

主　　编：郭良川　叶韶勋　田高良
执行主编：罗国兴

成员：刘　静　胡文超　冯　雪　郝新华　马殿芹　袁　园

CFO：陈　锐　王学嘉　李秀丽　徐　伟
专家：郭金录　龚小北　李　宏　林立岳　马春荃

前　言

在数字化浪潮与万物智联交相辉映的新时代背景下，全球各国、各企业正身处政治经济变革的洪流之中，既要勇立潮头，积极拥抱"不确定性"所孕育的无限可能与挑战，又须深谋远虑，不断探索并实践创新商业模式与发展路径，力求在新时代的重重挑战中破茧而出，开辟发展新境界。正是基于这样的时代洞察与使命担当，2022 年 5 月，中国 CFO 发展中心携手相关单位启动了"中国企业财务数智化转型百家行"这一具有里程碑意义的调研活动。该活动历时 7 个月，以其宏大的调研范围、庞大的专家阵容及深厚的智慧积淀，汇聚成一股推动中国企业财务数智化转型的磅礴力量。

为了更广泛且深入地与业界同仁共享调研活动的深刻洞察与前瞻观点，中国 CFO 发展中心决定依托"百家行"系列访谈活动的丰硕成果，会同西安交通大学管理学院及相关专家精心编撰并出版《中国企业财务数智化转型与高质量发展》，旨在全面而系统地梳理并展现中国企业在数字化转型浪潮中的财务实践现状、面临的挑战以及探索出的高质量发展路径，力求为行业提供一份有价值的、详尽的参考指南。

近十年来，信永中和一直在深度关注并研究数字技术革命及其在财税审计领域的实践和应用，形成了自己独特的财务数智化咨询高端团队，以及护航企业财务数智化转型的能力。这次有幸参加了前期调研活动，并随后受邀作为核心编委成员之一，深度参与了《中国企业财务数智化转型与高质量发展》完整的编辑与撰写工作。在整理研究百余家高校、企业、软件与应用厂商以及咨询机构的宝贵受访资料的过程中，深刻体会到中国数字经济在财务数智化转型领域的蓬勃生机与非凡创造力。这些实践案例，既展现了前沿技术的力量，也蕴含了深刻的行业洞察与战略智慧，对于广大企业和从业者而言，无疑是宝贵的参考与启示。

对此，我们深受鼓舞，但也倍感压力，因为我们深刻体会到，要将如此众多生动的实践案例的详尽细节、成功经验与失败教训悉数纳入《中国企业财务数智化转型与高质量发展》之中，实则是篇幅所难以承载的壮举，也必将导致百余家受访单位的鲜活案例沉睡于冰冷的资料库中，那将是巨大的浪费和遗憾。基于这一考虑，中国 CFO 发展中心与信永中和经过认真的思考与细致的探讨，决定联合编撰出版《中国企业财务数智化转型：最佳实践案例》单行本。

从这个意义上说，这个单行本也可以被认为是《中国企业财务数智化转型与高质量发展》的姊妹篇，共同成为业界同仁的参考工具、知识索引甚或实践指南，不仅映照出财务数智化转型道路上的璀璨成就与深刻教训，更能为国内那些正踌躇满志或已踏上财务数智化转型征途的企业提供宝贵的借鉴与启示，为他们在专业领域内的探索、学习及实践提供有力支持。

定易行难。我们深刻体会到，要将如此众多生动实践案例的详尽细节、成功经验，取其精华，去其冗杂，精心编撰成一部关于中国企业财务数智化转型实践的案例集，并不是一件容易的事。作为具体编撰工作的承接者，信永中和研究院组织了包括信永中和管理咨询、财务数字化、研发创新中心以及大数据中心等在内的十多位业务和技术专家，基于"对访谈素材进行萃取并作必要的归纳整理，忠于原意，力求客观公正"的原则，对80余家企业、厂商、机构的原始调研素材进行了逐家的研究分析，历时半年多，精心筛选出58家单位，最终编撰出了这本《中国企业财务数智化转型：最佳实践案例》单行本，旨在将上述精华内容系统化、条理化地呈现给读者。因为一些特殊的考虑，本书没有将高等院校部分纳入编写范围。

全书依循受访单位性质，划分为厂商篇、机构篇、企业篇三大板块。厂商篇聚焦21家国内顶尖软件与应用厂商，深入剖析其财务数智化产品特色与成功案例，展现技术创新的力量；机构篇则选取了4家国内外知名咨询机构，详尽阐述其在财务数智化转型领域的专业见解、方法论体系及实战案例，为行业提供权威指导；企业篇则精选33家成功转型的标杆企业，通过生动实例展示转型路径与成效，激发更多企业的转型灵感与动力。

我们满怀热望，期待这本精心编撰的单行本能够成为学术界精英、高等教育学者、莘莘学子、企业财务精英、资深咨询顾问、卓越软件架构师、远见卓识的产品经理以及技术精湛的开发专家等多元领域专业人士不可或缺的参考宝典与实战工具。在推动中国企业财务向数智化时代迈进的壮阔征途中，我们期望它能成为您洞察未来趋势、抢占发展先机的得力助手，携手共创数字化转型的辉煌篇章。然而，虽然本书资料经过精心筛选与整理，但鉴于原始素材并非我们的第一手材料，且受限于我们自身的认知局限，书中难免存在疏漏与不足之处。在此，我们恳请广大读者不吝赐教，您的宝贵意见与建议将是我们不断进步的阶梯。

编者

2024年7月

目　录

导　语

财务数智化转型全面调研后对于财务职能的重新认知 …………………… 3
　　一、财务职能的平台化 ………………………………………………… 3
　　二、财务职能的生态化 ………………………………………………… 5
　　三、财务职能的数智化 ………………………………………………… 6
　　四、结论 ………………………………………………………………… 10

厂　商　篇

A01　合思财务数字化 ……………………………………………………… 13
A02　浪潮集团财务数字化 ………………………………………………… 20
A03　蓝科中国财务数字化 ………………………………………………… 30
A04　云帐房有度税智财务数字化 ………………………………………… 38
A05　每刻科技财务数字化 ………………………………………………… 46
A06　金蝶国际财务数字化 ………………………………………………… 56
A07　华盟科技财税数字化 ………………………………………………… 68
A08　东软集团财务数字化 ………………………………………………… 75
A09　云扩科技财务数字化 ………………………………………………… 86
A10　科睿柏财务数字化 …………………………………………………… 96
A11　赛意信息财务数字化 ………………………………………………… 105
A12　虹信软件财务数字化 ………………………………………………… 114
A13　泛微·齐业成财务数智化 …………………………………………… 128
A14　百望云财税数字化 …………………………………………………… 144

A15	汇联易财务数字化	159
A16	用友财务数智化	172
A17	来也科技财务数字化	186
A18	中兴新云财务数字化	196
A19	FONE 财务数字化	205
A20	IBM 财务数字化	214
A21	久其软件财务数字化	223

机 构 篇

B01	德勤中国：一体两翼三支撑税务转型框架	237
B02	普华永道：三分财务及其数字化框架	248
B03	安永咨询：新时期财务管控模式与运营模式	264
B04	信永中和：企业财务数智化转型服务实践	279

企 业 篇

C01	陕投集团：管控服务型财务共享建设强化业务赋能	299
C02	陕重汽：业财融合创新 提升业务管控效能	303
C03	TCL 科技："利他共赢，合和共生"——财务数智化转型之路	307
C04	航空港投资集团：数智化推进预算与经营计划	312
C05	河南投资集团：以主数据平台促进数智化发展	317
C06	内蒙古机场集团：智能共享助力集团财务转型	322
C07	广投集团：财务共享促进广投集团财务管理提升	328
C08	蒙牛集团：司库管理体系打破传统资金管理边界	333
C09	洪都航空：以"六事集权、六事授权"管控模式为基础的业财融合	
		337
C10	三棵树：以自驱型组织目标引领财务数字化建设	342
C11	云从科技：业财一体推动电子档案系统提质增效	347

C12	协鑫集团：建设共享人才黄埔军校推动财务转型	351
C13	云天化：以完善业务数字化推动财务数字化	356
C14	正泰集团：智能税务管理平台防控动态税务风险	360
C15	步步高：打造纵横协调组织架构推动财务数智化	365
C16	瓦轴集团：实物流、信息流、资金流——对应奠定财智化基础	371
C17	威胜信息：以成本管控统筹连接业务链全过程	376
C18	孩子王：税务共享建设稳健后台	381
C19	施耐德：聚焦 SAP 多模块实现数字化转型	387
C20	中国太保：财务智能化突破共享业务瓶颈	392
C21	特变电工：借力 ERP 主干作用推动财务数字化	398
C22	八一钢铁：以生产成本为导向推动财务数字化转型	403
C23	北投集团：深度连接合同管理的业财一体化全面预算	407
C24	华润集团：全面预算系统打通业务财务数据	412
C25	海螺水泥：以生产数智化体系促进全面预算管理	417
C26	海尔集团："人单合一"模式下的全球共享服务模式	423
C27	复星集团：自动化投资助力复星财务数智化转型	428
C28	科大讯飞："AI + IT"推动财务共享转型	432
C29	甘肃电投：业财税融合改革 驱动财务转型升级	437
C30	中海壳牌：财务数智化转型助力企业高质量发展	441
C31	烽火通信：业财融合创新提升业务管控效能	446
C32	南钢集团：财报周期实时化驱动南钢决策	450
C33	农信互联：精细化财务数据分析驱动养猪效率国际化	453

导 语

财务数智化转型全面调研后对于财务职能的重新认知

中国 CFO 发展中心 　郭良川

在财务领域从事研究工作多年后，我渐渐发现，随着数智时代的到来，我国企业财务管理的职能变化所涉及的维度越来越多，其内涵和外延都呈现出不断拓展的趋势！数智化转型到底该何去何从？虽然业界还未有定论，但是有一点已无可争议：财务职能正面临着向平台化、生态化、数智化演进的三大趋势。

一、财务职能的平台化

财务职能的平台化趋势，是指财务管理活动正朝着更加集成化、数字化和智能化的方向发展，其中财务功能和服务被整合到统一的数字平台上。这一趋势主要得益于现代信息化技术的发展，特别是大数据、云计算和互联网技术的革新，使得企业能够在一个中心化的系统中管理财务数据和流程，财务数据的处理、分析和共享变得更加便捷与准确。

这里的平台化，是财务职能转型与升级的承载方式，可以是财务共享服务中心（FSSC），可以是财务共享中心的升级版——数据中心，也可以是财务中台。财务共享服务中心是一种常见的平台化实践，可以将分散在不同部门或地点的财务活动集中到一个中心进行处理。

（一）平台化之前的财务职能呈现出封闭性与局部性

经典的财务会计理论认为，企业财务人员的工作职责主要聚焦于财务数据的处理、报表的编制以及内部控制的执行等。财务工作通常局限于财务部门和个别岗位，其工作内容相对封闭，与业务部门等其他部门的交流较少，缺乏对企业整体经营活动的深入了解。

由此可见，平台化之前财务职能的作用以核算与报告为主。传统的财务职能主要侧重于财务数据的核算和财务报告的编制，更多是满足外部审计和内部管理的需求，缺乏对业务活动的直接参与和支持，无法为企业决策提供及时的财务信息支持。

平台化之前的财务职能：

1. 以核算与报告为主

职能特点：财务团队主要聚焦于日常交易的核算、财务报告的编制以及税务合规等事务性工作。

工作场景：都说月底、月初的财务很忙，但是财务具体在忙什么？财务部门每月底会结账、关账，执行凭证录入制单制证、归集、计提、摊销、结转、记账、对账、审核等流程，然后编制资产负债表、利润表和现金流量表等财务报表，并据此进行报税。

2. 与业务部门相对独立

职能特点：财务部门与业务部门之间的沟通和协作相对较少，财务数据的收集和分析往往滞后于业务决策。

工作场景：业务部门在签订销售合同后，或因等待财务部门审核合同条款中的财务相关事项，而拉长销售流程，乃至因财务条款设置不妥而导致销售合同无法履行、被否决。

3. 数据分析能力有限

职能特点：受制于数据获取和分析工具应用，财务部门在数据分析，尤其是复杂业务数据分析方面的能力相对有限。

工作场景：财务部门可能只能进行简单的财务比率分析，而无法对复杂的业务数据进行深入挖掘和分析，并产生财务洞察。

（二）平台化之后的财务职能呈现出开放性与全局性

平台化思维强调财务共享服务中心的基石作用，将共享中心打造成业务、财务、供应商、银行等多方对接的平台，同时鼓励员工的个人平台化，这也使得财务职能更加开放。财务人员需要树立"人人都是 CEO"的理念，从全局角度审视企业的经营活动，以更加开放的思维与其他部门合作，积极参与企业的战略规划和决策制定。

平台化之后的财务职能变化：

1. 为管理层提供战略支持

职能特点：财务部门通过数据平台，能够实时获取和分析业务数据，为管理层提供战略决策支持。

工作场景：财务部门通过分析销售数据、客户行为数据等多维内容，为管理层制定市场策略、定价策略等提供数据支持。

2. 与业务部门进行紧密协作

职能特点：财务部门通过财务共享平台与业务部门实现无缝对接，实时获取业务数据，提高业务决策效率。

工作场景：业务部门在平台上提交销售订单后，财务部门可以立即进行订单审核、发票开具等流程，大大提高了销售流程的效率。

3. 数据分析能力增强

职能特点：财务部门利用先进的数据分析工具和方法，对业务数据进行深入挖掘和分析，为企业创造更多价值。

工作场景：财务部门利用大数据分析工具对客户需求、市场趋势等进行深入挖掘与前瞻性预测，用数据洞察来驱动产品研发、市场推广等研产供销全流程。

4. 提供增值服务

职能特点：财务部门通过提供预算管理、成本控制、风险管理等增值服务，帮助企业实现更高效的财务管理。

工作场景：财务部门利用财务共享平台为企业制定详细的预算计划，并通过实时监控和分析实际执行情况，及时调整预算方案，确保企业目标的顺利实现。

通过以上分析可以看出，平台化转型对财务职能的影响是深远的，它不仅改变了财务人员的工作方式和思维模式，还能够为企业带来了更高的效率和更大的价值。财务职能的平台化趋势是财务领域对数智时代发展的积极响应。

财务职能的平台化转型，使得财务职能从传统的以核算和报告为主转变为更加注重战略支持、数据分析以及提供增值服务等赋能预测、决策方面，发生了根本性的变化。它要求财务人员和企业不仅要跟上技术发展的步伐，还要在组织架构、人才培养、体系构建等方面进行全面的革新。这种转变有助于财务部门更好地发挥其在企业战略决策和业务发展中的核心作用，为企业的高质量发展提供强有力的支持，并创造更多价值。

二、财务职能的生态化

财务职能的生态化发展趋势，是指财务管理在数字化转型的基础上，进一步整合内外部资源，形成更加开放、协同、创新的财务管理生态系统。这种趋势体现了财务管理从传统的内部管理职能，向更加战略化、网络化，上下游产业链、生态链的方向发展。财务职能的生态化发展趋势，体现了财务职能的范围正在不断拓宽。

（一）生态化之前的财务职能通常呈现出保守性与局限性

1. 主要关注财务数据和报告

职能特点：生态化之前的财务职能主要聚焦于传统的财务数据记录、报告编制和财务分析，确保公司财务活动的合规性和准确性。

工作场景：财务部门每月定期编制财务报表，如资产负债表、利润表和现金流量表，以供管理层和外部利益相关者使用。

2. 与环境保护相对独立

职能特点：传统的财务职能较少直接参与或关注环境保护和CSR、ESG等可持续发展问题，会更多地关注公司的经济绩效和财务表现。

工作场景：尽管公司可能面临环保法规的约束，但财务部门通常不直接参与环保策略的制定、执行和披露。

3. 缺乏生态经济决策支持

职能特点：在没有实现生态化的情况下，财务部门在作出经济决策时较少考虑对生态环境因素，可能导致以牺牲社会环境生态或外部合作伙伴为代价的决策。

工作场景：在进行投资决策时，财务部门可能主要关注项目的经济效益，而较少考虑项目对环境与社会的潜在影响。

（二）生态化之后的财务职能通常呈现出功能性与协同性

1. 融合生态与财务管理

职能特点：生态化后的财务职能将财务管理与环境保护紧密结合，通过科学的计量方法和经营管理，研究社会经济发展与生态文明之间的联系。

工作场景：财务部门在制定公司财务政策时，会考虑环保因素，如绿色采购、绿色金融、零碳办公，零碳工厂等，以支持公司的可持续发展战略。

2. 支持生态环境保护项目

职能特点：财务部门可以为生态环境保护项目提供资金支持，推动环境保护工作的开展，并帮助企业制定相关的财务、投融资政策和相关管理制度。

工作场景：财务部门可以为公司的节能减排项目提供资金，并监控项目的财务表现，以确保项目能够达到预期的环保和经济效益。

3. 提高环境成本核算的准确性

职能特点：生态化后的财务职能加强了对环境成本的核算和管理，以更准确地衡量环境保护所需的投入和产生的效益。

工作场景：财务部门会计算并报告公司的碳排放成本、污染治理成本等环境成本，以帮助企业更好地了解和管理其环境责任。

4. 促进财务与业务的协同

职能特点：生态化后的财务管理能够与业务部门更加紧密地合作，共同推动公司的绿色转型和可持续发展。

工作场景：财务部门与研发部门合作，评估新产品的环境影响，并制定相应的财务策略以支持绿色产品的研发和推广。

综上所述，生态化之后的财务职能在关注焦点、决策支持、资金支持以及协同合作等方面与生态化之前存在显著区别。财务工作应从传统意义上打通单一的企业内会计循环，转向衔接产业链上下游的业务循环和数字时代的社会数据循环转型"跃迁"。财务职能的生态化发展趋势要求财务部门和财务人员不仅要关注数字和报表，还要关注企业的战略目标、市场环境、生态发展、社会任、公司治理、技术创新和人才培养。通过构建开放、协同、创新的财务管理生态系统，财务能够更好地支持企业的可持续发展，为企业在复杂多变的商业环境中提供坚实的财务支撑和战略指导，帮助公司更好地实现可持续发展目标，同时提高公司的财务表现和社会责任感。

三、财务职能的数智化

数智化转型对于提升财务管理的效率、增强决策支持、提高合规性和风险管理能力、优化技术应用和人才培养、提升财务报告的质量和透明度以及强化财务的战略角色都具有重要意义。因此，企业应积极响应国资委的号召，加快财务数智化转型，以适应经济全球化和数字化的趋势，提升企业的核心竞争力。

（一）转型之前，企业财务职能呈现出效率低下、技术落后及创新不足的状态

1. 手工处理与效率低下

重复性工作：财务人员需要花费大量时间进行数据录入、账目核对等重复性工作，这不仅消耗了大量的人力资源，也降低了工作效率。

错误率较高：由于依赖手工操作，数据录入错误时有发生，这不仅影响了财务报告的准确性，也增加了后续纠正错误的成本。

效率瓶颈：手工处理成为提高财务管理效率的瓶颈，限制了企业快速响应市场变化的能力,影响了企业的竞争力。

2. 信息孤岛与数据隔阂

部门壁垒:不同部门间的信息系统互不相通,形成了所谓的"信息孤岛""部门墙""信息烟囱",导致信息传递不畅。

数据一致性差:由于缺乏集成的系统,不同来源的数据往往不一致,难以融合使用,影响了数据的有效性。

决策延迟:由"信息孤岛"所导致决策所需信息的不完整,延迟了管理决策的制定,降低了企业的响应速度。

3. 内部控制与合规性挑战

控制手段单一:传统的内部控制手段难以适应多变的业务需求,不能有效预防和发现问题。

合规性风险:手动操作增加了合规性风险,尤其是在财务报告方面,一旦出现错误,可能会导致企业面临法律和声誉风险。

审计难度大:由于数据分散,内外部审计时搜集和核对数据的难度增大,增加了审计成本。

4. 技术应用落后

更新换代缓慢:财务系统的技术更新缓慢,难以跟上时代的步伐,导致企业不能充分利用现代技术提升财务管理水平。

自动化程度低:缺乏自动化工具,不能释放人力资源以从事更有价值的工作,影响了企业的整体运营效率。

信息化水平低:整体的财务管理信息化水平不高,影响了工作效率和决策质量,限制了企业的发展潜力。

5. 人才培养与适应性问题

技能结构单一:财务人员的技能结构以传统的会计和财务管理为主,缺乏跨学科知识,不能适应数字化转型的需要。

学习压力大:数字化转型要求财务人员不断学习新技能,适应新技术,这给财务人员带来了巨大的学习压力。

人才流失风险:如果不能适应技术变革,企业可能面临专业人才流失的风险,影响企业的稳定发展。

6. 对外报告与透明度问题

报告周期长:财务报告的编制和发布周期长,不利于及时信息披露,影响了企业的透明度。

透明度不足:数据处理和报告生成的局限性导致财务透明度不足,可能会影响投资者和利益相关者的信任度。

投资者信任度下降:财务报告的滞后和不透明,可能导致投资者和利益相关者的信任度下降,影响企业的资本市场表现。

7. 战略角色弱化

被动反应性角色:财务管理职能更多地扮演着被动反应性角色,而非积极主动的战略参与者,不能充分发挥财务管理在企业战略规划中的作用。

价值创造受限：在数智化转型前，财务管理在企业价值创造中的作用受到限制，不能充分挖掘财务数据中的商业洞察。

创新能力不足：财务管理职能在推动企业创新和改进方面的能力和机会有限，不能为企业的创新提供有力的财务支持。

总体而言，在数智化转型之前，我国企业财务职能呈现出效率低下、信息孤岛、内部控制和合规性挑战、技术应用落后、人才培养与适应性问题、对外报告与透明度问题以及战略角色弱化等多方面的问题。这些问题不仅限制了财务管理的效率和效果，也制约了企业在激烈市场竞争中的灵活性和创新能力。

（二）转型之后，财务职能所呈现出以数而治和效率提升以及价值创造的特点

随着信息技术的快速发展和数字化转型的深入，企业财务管理正经历着前所未有的变革。财务数智化转型不仅改变了传统的财务工作方式，还重新定义了财务职能在企业中的角色和价值。以下将探讨财务数智化转型后我国企业财务职能所呈现出的明显变化，以期为财务专业人士和企业管理者提供洞察和启示：

1. 财务效率与自动化提升

重复性工作减少：通过自动化工具和智能系统的应用，大量重复性的数据录入、核算和报表生成工作被自动完成，极大地减轻了财务人员的工作负担。

错误率降低：自动化减少了人为操作的错误，提高了财务数据的准确性，从而增强了财务报告的可靠性。

处理速度提升：数智化转型使得财务数据处理速度大幅提升，财务报告能够更快速地反映企业当前的财务状况，为企业决策提供了及时的支持。

2. 业财融合与数据驱动

业务与财务的互通及深度融合：业财融合的深入发展，使得财务人员更加深入地参与到业务决策中，财务职能与业务职能之间的界限变得模糊。

数据分析的重要性提升：财务部门不再仅仅是数据的收集者和报告的编制者，而是成为了数据分析的重要参与者，通过对数据的深入分析为企业创造价值。

精细化核算：数智化转型使得精细化核算成为可能，企业可以根据不同的业务线、地区和项目进行更为详细的财务核算，为业务优化提供数据支持。

3. 战略角色与决策支持

战略保障功能增强：财务部门在企业战略规划和执行中扮演着更为重要的角色，成为企业战略实施的保障。

决策支持能力提升：财务部门能够利用数字化工具提供更深入的财务分析和预测，为管理层提供更为有力的决策支持。

风险管理与合规性：数智化转型增强了财务部门在风险管理和合规性方面的能力，能够更好地识别和应对潜在的财务风险。

4. 技术应用与业务创新

新技术的广泛应用：财务部门开始采用云计算、大数据分析、人工智能等先进技术，提升了工作效率和质量。

创新模式的探索：数智化转型促进了财务部门在工作流程、服务模式等方面的创新，推

动了财务管理领域的创新发展。

人才培养与技能升级：对财务人员的素质和技能要求更高，促使财务人员不断学习新技能，提升自身价值。

5. 对外报告与透明度

报告的及时性提高：财务报告的编制和发布速度更快，有助于及时向外界披露企业的财务状况。

透明度增强：数智化转型提高了财务数据处理的透明度，增强了外部利益相关者对企业的信任。

信息披露的质量提升：财务报告的准确性和可靠性得到提升，信息披露的质量也随之提高，有利于企业树立良好的市场形象。

6. 内部控制与合规性

内部控制的自动化：自动化工具和系统的应用提高了内部控制的有效性，减少了人为操作的风险。

合规性管理的强化：数智化转型使得合规性管理更加精准和高效，降低了企业面临的合规性风险。

审计的便利性提升：数字化记录和存储的财务数据便于审计，提高了审计工作的效率和质量。

7. 组织文化与团队协作

跨部门合作的加强：财务人员与其他部门的协作更加紧密，促进了跨部门信息的交流和共享。

组织文化的变革：鼓励创新、注重协作的组织文化逐渐形成，为财务数智化转型提供了良好的环境。

团队能力的提升：财务团队的综合能力得到提升，团队成员更加擅长利用数字技术解决复杂问题。

在此基础上，我们可以看到，财务数智化转型为企业带来的不仅仅是工作方式的改变，更是财务职能在企业中的重塑，它将拉开财务4.0时代，即"智能财务"时代的序幕。财务数智化转型不仅提高了财务管理的效率和准确性，也赋予了财务部门更多的战略能力和决策影响力。因此，企业应持续深化财务转型，充分利用数字化技术的力量，推动财务管理向更高层次发展，为企业的持续增长和竞争力提升提供坚实的财务支持。

综上所述，在推进财务数智化转型之后，我国企业财务职能所呈现出的变化是全方位的。从提升财务效率和业务洞察力，到促进战略保障和价值创造，再到改善决策支持和风险管理，以及增强合规性和信息披露质量，这些变化共同构成了财务数智化转型的丰富成果。这些成果不仅提升了财务管理的效率和质量，也为企业在激烈的市场竞争中提供了坚实的财务支撑和决策依据。

为保障企业财务实现成功转型，财务人员需要加强对数字化、智能技术和复杂数据分析的了解，从单一型人才向复合型人才进行转型升级，在掌握财务专业技能的同时，也要通晓风险、内控、业务、IT等领域的知识，以适应新技术的应用。同时，企业应通过组织变革，构建前置职能+后移职能+基础支撑要素的智能财务体系，推动业务与财务的深度融合与价值创造，以最贴合数字时代业务发展及财务管理要求的组织形态，提升管理质效和智能化水平，实现财务效率和效能的最大化。

四、结论

综上，本书基于对企业财务数智化转型的全面调研，分析了数智时代下，财务职能变革的三大趋势：载体变革——平台化、范围变化——生态化、价值与手段变革——数智化。同时，通过变革、转型与升级的前后对比，笔者得出：转型是时代所趋、政策所倡、企业所需、财务所向、人才所求、价值所彰。

财务转型，理念先行。而错误的理念与认知，有很大几率成为企业发展遇阻、财务转型失败，新瓶装旧酒、新鞋走老路的罪魁祸首。这就需要企业财务管理者、CFO们具有高站位、宽视野、大格局，全力做好财务职能转型的平台化、生态化、数智化这件事，真正成为财务职能转型的引领者、践行者与价值创造者。

厂 商 篇

　　厂商在企业财务数字化转型中扮演着供应商的角色。在数字化转型过程中，无论是构建人机交互系统工具，还是对数据进行加工处理的算法或服务，本质都是数字技术应用服务。技术能力的提升可以有效地构建满足业务要求的数据集，将数据资源定向转变为数据资产，以达到预期的业务转型目标。厂商通过为企业提供各种系统解决方案和技术能力服务，贯穿企业数据的收集、传输到产生价值的全过程，为企业实现财务数字化转型提供基础能力。软件厂商通常需要在咨询公司的协作下明确企业的需求，开发和提供符合企业需求的软件产品和解决方案，并通过落地实施、迭代优化和系统运维，帮助企业逐步实现数字化转型的目标。

A01 合思财务数字化

1. 厂商介绍

1.1 基本情况

北京合思信息技术有限公司(以下简称"合思")创立于 2014 年 11 月。合思致力于云产品及服务的创新,运用前沿的数字科技和前瞻的创新理念,构建财务数智服务平台。通过广泛连接的模式创新和自主研发的"无须报销"解决方案,构建企业级开放应用与因公消费生态体系,为企业提供聚合消费、费控报销、企业支付、发票及会计电子档案管理等一站式服务,解放财务人的双手,释放财务人的创造力,服务未来财务人的成长,助力领先企业实现业财融合,让有限更有效。

合思·易快报是全链路 L4 级"无须报销"解决方案厂商,广受软银愿景、红杉资本、老虎环球、DCM 等国内外头部资本青睐,目前融资总额超过 15 亿元。行业侧重点方面,合思聚焦六大重点行业,即软件信息技术服务业、高端装备制造业、高等院校、连锁经营、生物医药业和快销流通业,如图 A01-1 所示。

软件信息技术服务　　高端装备制造　　院校　　连锁经营　　生物医药　　快消流通

图 A01-1 合思六大重点行业

1.2 对财务数智化转型发展的理解与认知

企业财务数字化处于新旧轨道并行阶段,旧轨道没有被彻底替换,而新轨道已经开始运行。一边面临着旧有人才、业务、系统、产业链的崩塌,一边也在构建着未来全面数字化的新世界。

- 企业财务数字化理念已广泛普及,但建设进度与应用程度不均匀;同一个场景,一半是电子化,一半是纸质化;同一个流程,一会在线上,一会在线下;同一个组织,一些部门在线上,一些部门在线下;
- 数字将实时驱动物理世界,复杂、多变、海量数据是未来财务人所面对的财务新世界；

- 财务信息系统各功能模块中，会计核算和费控报销的数智化成熟度高，费控报销头部厂商跑步迈入无须报销时代；
- 业财融合趋势下，既擅长财务管理又懂业务的复合型未来财务人才缺口较大；
- 目前，我国有近2000万的财务人员，却有300万的管理会计人才缺口。未来几年，将有70%的财务会计面临失业；
- 在财务数字化赛道上，目前整个费控报销市场刚打开1%的市场份额，中国有500多万的企事业单位要在未来3~5年实现报销的电子化、数字化。

财务管理是企业管理的中心环节，是企业实现基业长青的重要基础和保障。财务是天然的数据中心，以数字技术与财务管理深度融合为抓手，助力企业建设世界一流财务体系，提升企业创新力、竞争力、控制力、影响力和抗风险能力。

- 疫情与政策引导促使企业财务数字化转型进程加速；
- 企业对合规性、降本增效、经营决策支持的核心诉求让财务数字化成为刚需；
- 发票电子化、电子会计档案、数字技术和先进的创想理念等是财税数智化的加速器；
- 无须报销是中国企业费控报销的标配，是企业财务数字化转型的第一站；
- 业财融合下，数字化是财务人的必由之路。未来财务人是所有具备财务理念、掌握财务知识、身处业务一线、被财务数字化赋能的每一个人。

2. 产品介绍

2.1 产品与解决方案综述

围绕"十四五"战略规划，合思·易快报作为费控报销领军企业，通过消费+费控报销两条腿走路，打通了多个割裂的系统，率先实现从预算、申请、消费、报销、对账、支付、记账、归档、报表全链路L4级的无须报销服务，帮助企业实现"消费即合规、采购即报销"的费控目标。现阶段不同企业因其行业特征、行业政策法规及自身业务布局等差异，费控管理能力参差不齐。合思·易快报结合多年业务实践，推出"无须报销分级标准"，为企业提供直观的财务数字化程度的衡量与参考，并提供持续演进的优化路径。将有更多企业及费控服务商明晰——"我们所处的层级""我们欠缺的能力"，以及"我们还需升级的方向"，从而推动"十四五"企业数字化转型进程，促进企业实现无纸化办公，助力国家早日实现"双碳"目标。

合思从做费控报销起家，围绕着"无须报销"这一核心价值主张，力求打造企业支出管理全场景、全链路的自动化、智能化，秉持着广泛连接的产品理念（连接人、连接系统、连接生态）逐渐形成了完整的产品矩阵。

众多的产品形成了两大核心平台，开创性地提出了双轮驱动，一个平台是以易快报为起点，形成了合思+，这是一个财务数字化的应用市场，有易快报、易会档、易桥，以及以它们为基础的与客户共创的上千个数字化应用。另外一边是一站式企业聚合消费平台，合思商城，全面解决因公消费的集中管控，它包括机、酒、火、餐饮、出行、办公用品，线上部分合思商城可以完成，而线下部分也提供易商卡，联合银行发卡支付能力，广泛覆盖合思商城外的因公消费场景,能够让企业因公消费透明,数据集中,实现了百分百的消费产品的整合,如图 A01-2 所示。

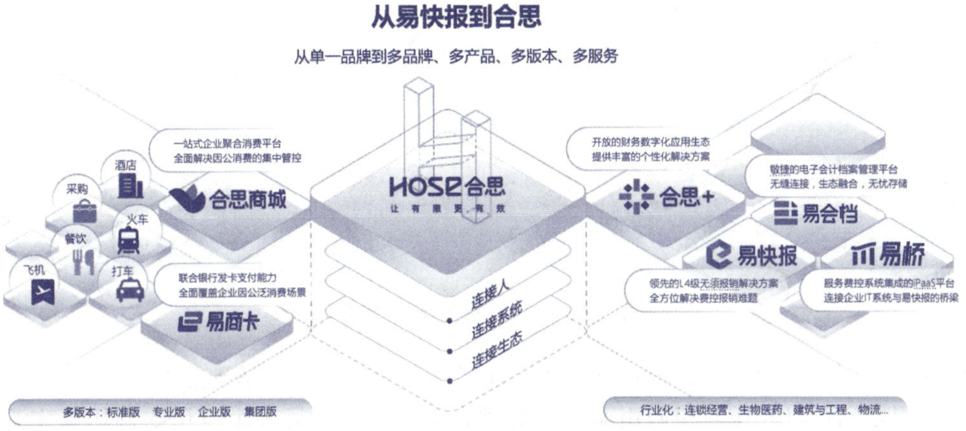

图 A01-2　合思的产品整合

合思商城:

一站式企业聚合消费平台,全面解决因公消费的集中管控。易商卡联合银行发卡支付能力,广泛覆盖合思商城外的因公消费场景。

合思+:

开放的财务数字化应用生态,提供丰富的个性化解决方案,包括三大官方应用及数百个增值功能、解决方案、系统连接器等商店应用。

(1) 易快报:领先的 L4 级无须报销解决方案,提供高度自动化、灵活可扩展的费控报销能力;

(2) 易会档:顺应会计档案电子化潮流,敏捷的电子会计档案管理平台,无缝连接,生态融合,无忧存储;

(3) 易桥:面向财务数字化的集成平台,将合思套件与企业各种业务系统、OA、财务系统连接起来。

2.2　数字化总体架构说明

合思是一套自研的技术框架,完成了对 REA 建模的初步实现,并在企业费控报销领域得到了可行性的验证。它不同于一般的低代码平台或者 aPaaS 平台,它是一套完全面向财务数字化、业财融合的业务场景抽象建模能力,可以以极低的成本还原企业的各种业务过程。

合思还在 REA 建模理论基础之上,创新性地叠加了 iPaaS 的能力,客户可以通过标准化的集成连接器,为任何一个业务系统在合思平台上创建一系列符合 REA 建模规范的数据镜像,并在合思的核心应用易快报中使用,从而将第三方数据无缝整合到企业的支出管理中。例如,来自 CRM 系统的客户订单数据可以集成到易快报中,在报销销售费用时关联客户,并基于收入去做支出的管控,确保每一个客户的毛利都在一个可靠的水准之上。

合思「应用层＋平台层」的架构设计，使合思套件的各个业务可以建立在同一个 PaaS 平台之上。这个平台提供了一系列的公共能力，如图 A01-3 所示。

图 A01-3　合思的架构设计

- 各个应用只需专注于实现自身业务，而无须重复建设这些基础能力；
- 应用之间可以轻松互相调用而又不会耦合依赖——对另一个应用的调用其实是对平台能力的调用，与本应用直接调用平台能力没有本质上的差异，无非就是"自己做菜自己吃"还是"别人做菜自己吃"。

这种架构常见于复杂的企业管理系统。其缺点是在系统建设初期成本较高，需要花费大量精力建设底层平台能力，实现同一个功能的时间周期与实现难度都显著大于直接实现业务功能。但只要坚持建设，这种架构在长期的收益将会更大：一方面它可以对抗功能变多带来的复杂度，另一方面平台能力也为企业客户带去足够强的可定制性，而这种定制仅靠实施顾问的配置即可实现，而无须硬编码。

在费控报销系统的功能逐渐复杂的今天，产品的迭代成本也在持续增加，对于客户的个性化需求，也难以快速灵活地满足，或者只能依赖于硬编码开发，导致系统的健壮性进一步下降。对于成长型的企业，随着客户管理复杂度的提升，也难以有足够的灵活性去适配客户的新需求。反观合思的客户，比如泡泡玛特，在开始时几百人使用，到现在数千人，产品一直可以保持敏捷的需求匹配，为企业快速成长保驾护航。

2.3　数字化能力具体介绍

更硬核的产品、更多维的解决方案、更广泛的生态连接，是合思的核心竞争力。通过敏捷连接的模式创新和自主研发的 L4 级"无须报销"解决方案为企业提供聚合消费、费控报销、企业支付、发票及电子档案管理等一站式服务。

通过包括标准版、企业版、专业版、集团版在内的多版本服务矩阵和行业化解决方案，精准迎合不同体量、不同发展阶段、不同财务数字化基础的客户企业需求，提供更为适配的财务数字化服务。在这其中，会更关注隐形冠军类高成长公司场景和解决方案。

2.3.1　易快报＋合思商城

无须报销，打通申请、消费、对账、记账、归档的企业支出管理全流程；员工无须垫资、无须开票、无须报销，消费即合规，采购即报销，如图 A01-4 所示。

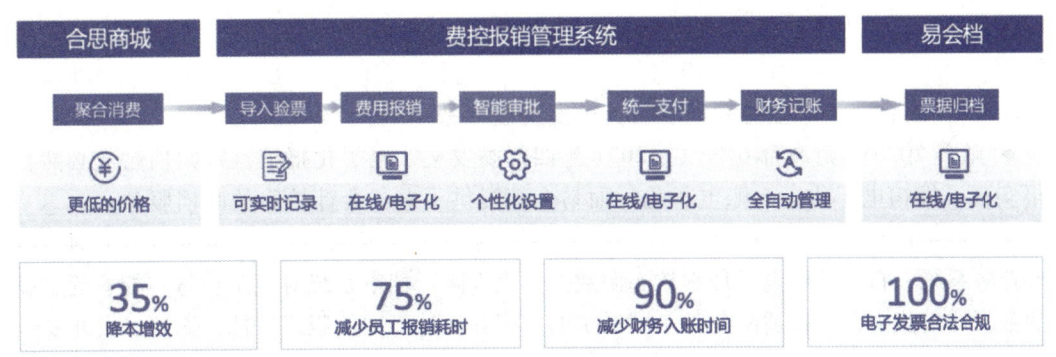

图 A01-4 合思费控报销管理系统

- 同屏比价：消费时多供应商同屏比价、低价推荐，同样的商品和服务有更低的价格，企业采购成本大幅度降低；
- 事中管控：合思商城下单的时候，即可通过易快报的费控能力检查订单是否符合费用标准、企业预算、事前申请，确保每笔消费都是合理合规的；
- 统一收银台：所有支付结算经由一个"企业钱包"发出，所有支付流水集中管理，无须维护多个预充值账户；对接了1400多家银行与支付渠道，为企业提供灵活广泛的选择；
- 统一发票台：针对电子发票、纸质发票、统一开票提供收票邮箱、OCR拍票识别、发票批量自动复核、供应商开票管理、一键对账等自动化能力，覆盖所有用票场景；
- 统一服务台：所有售后履约服务均可通过合思商城完成，员工无须对接携程、飞猪等多家供应商，服务体验更加统一便捷；
- 统一主数据：易快报、合思商城共享一套基础主数据，数据自动同步、自动流转，财务/IT管理员无须人工跨系统搬运；
- 财务自动化：无须报销不仅解放员工，还要解放财务。发票自动查重验真，同时系统预置了一系列常见核验规则，也支持高度灵活的自定义规则配置；单据风险智能识别，结合费用标准、票据、预算等一系列因素，智能识别单据风险，基于风险级别自动限制提交或提供风险警告；会计凭证自动生成，单据审批通过后，自动生成记账凭证，一键导入 Erp 或财务系统入账；实时呈现费用报表，费用一旦发生就可以自动统计到相应的报表中，同时系统提供了强大的报表设计能力，可根据需要灵活制作不同的表样分发给不同的人员查阅。

2.3.2　易商卡——因公消费泛场景的补充

- 对于合思商城无法覆盖的因公消费场景，易商卡可以形成有效的补充，实现100%消费场景覆盖；
- 可以像使用一张普通的信用卡一样使用易商卡，任何支持支付宝、微信支付的地方都可以使用易商卡；
- 如同商城的事中管控一样，易商卡所有的消费也会实时检查费用标准，确保员工消费行为合理合规；
- 所有消费一旦发生，将会自动经由银行的安全数据通道同步到易快报中，用于报表统计或后续的报销对账；
- 不同于传统的公务卡，易商卡是企业授权员工使用企业的对公账户的额度，对商家、银行无坏账风险，对员工无须占用个人信用额度，对企业也更容易管理，无须担心员工还款的问题。

2.3.3 易会档——敏捷的电子会计档案管理平台

- 随着 2020 年财政部 6 号文、2021 年四部委发文，电子化报销入账归档已成必然。易快报实现了报销电子化、入账电子化，而易会档提供了电子会计档案的归档服务；
- 易会档借助于合思 iPaaS 的平台能力：具备强大的集成能力，可以灵活对接各种 Erp 系统或业务系统；自动获取电子档案核心源数据，大大降低档案系统对接工作量；拥有元数据驱动的数据建模能力，可以适配各种不同系统的数据并设计不同的版式文件，无须二次开发；
- 得益于与易快报共用同一个底层平台，易会档与易快报的数据对接极其简单，只需实施配置即可；
- 公有云、专属云、私有化多种部署模式，满足企业不同 IT 管理诉求。

3. 典型案例

行业侧重点方面合思聚焦六大重点行业：生物医药、连锁经营、软件信息技术、快消流通、高端装备制造和院校，过去一年，合思·易快报与各行业领跑者建立合作，包括中影集团、派克新材、能链、zoom、泡泡玛特、Costa、好想你、沈鼓集团、康龙化成、点米科技、中红普林、固德威、亿利达、百胜智能、洁柔、红星二锅头、宏济堂、中交二航局、神策数据、卫龙、蓝带啤酒、凯德集团等多家知名企业，如图 A01－5 所示。

图 A01－5 合思服务客户

4. 主要特点

合思·易快报拥有一支专业的咨询实施队伍，包含行业咨询专家、实施顾问、客户成功经理，从企业战略、流程治理到企业全面预算咨询和企业信息化规划等，全方位立体化地给客户提供产品落地支撑。

通过与合思·易快报合作，企业可以率先达到L4级无须报销的水平。数据显示，通过使用合思·易快报的无须报销解决方案，同屏比价技术为企业节约成本35%；无须垫资、无须开票、无须提单可以为员工减少75%的报销时间；通过事前事中事后全流程费用管控、支出数据实时可视化查询，企业统一开票，减少财务入账时间90%；全程数据自动采集、流转、处理、无须人工搬运加工，全息数据真实透明，电子发票100%合法合规。

4.1　业务创新：无须报销

业内唯一的自建完善费控+商城+虚拟卡三大模块的厂商，既有费控能力，又提供因公消费商城，又有虚拟卡作为线下消费场景的补充，并且在所有场景下都做到了申请—消费—报销/对账的全流程贯通。

4.2　商业创新：双轮驱动

企业通过商城消费满减券的形式，将过去作为成本支出的软件采购，转而为一种类似投资的行为，企业甚至可以从这种采购中获利。

合思·易快报在全国20+城市设有服务中心，并通过500+家生态伙伴服务网络覆盖国内外数百个城市。

A02 浪潮集团财务数字化

1. 厂商介绍

1.1 基本情况

浪潮集团是中国领先的云计算、大数据服务商,拥有浪潮软件、浪潮数字企业等 3 家上市公司。主要业务涉及计算装备、软件、云计算服务、新一代通信、大数据及若干应用场景。浪潮集团致力于成为世界一流的新一代信息技术龙头企业,经济社会数字化转型的优秀服务商新型基础设施建设的骨干企业,全面支撑政府、企业和行业云建设,已为全球 120 多个国家和地区提供 IT 产品和服务。

浪潮通软是中国领先的企业软件与云服务提供商,企业数字化转型优秀服务商,智能制造解决方案供应商,自主研发了浪潮海岳软件,致力于成为世界一流的软件企业。在集团管理软件市场占有率第一,中国 aPaaS 市场综合竞争力第一。目前已形成比肩国际先进水平的产品体系,涵盖智能 Erp、工业软件、PaaS 平台等,柔性可组装、数据动态多维协同、网格化云原生应用部署等多项技术达到国际先进水平。拥有 PaaS 平台 iGIX、大型企业智能 Erp GS Cloud、中小企业智能 Erp inSuite,提供人力云、财务云、协同云等经营管理数字化服务,积极打造智能制造、智慧粮食、智慧水务、智慧矿山等行业生产运营数字化方案,支撑企业全业务数字化转型,目前已服务 76 户央企、186 家中国 500 强,共 120 万家客户。

浪潮通软坚持科技创新引领,不断加大研发投入。近年来累计申请专利 1500 余项,发明专利占比 98%;牵头或参与国际、国家等各类标准制定 48 项。获得山东省科技进步一等奖 2 项、山东省科技进步二等奖 3 项、山东省科技进步三等奖 1 项。业务流程自动化、工业数据流批一体采集、跨领域数据多维建模等十余项技术获国内领先水平认定。拥有山东省工业软件技术创新中心、工业软件与智能制造山东省工程研究中心、山东省软件工程技术中心三个省级技术创新平台。多个产品多次入选工信部优秀工业软件产品、工业互联网 App 优秀解决方案。

1.2 对财务数智化转型发展的理解与认知

数字化转型成为企业"十四五"的重要战略,正在向纵深推进,从管理数字化扩展到全业务数字化。企业数字化转型的三个方向,如图 A02 - 1 所示:一是重塑用户体验,保证主营业务的增长;二是促进产品和服务创新,通过数据驱动实现智能化运营;三是实现从 0 到 1 的颠覆创新。

图 A02－1　数字化转型的三个方向

对财务数智化转型的理解，浪潮认为新一代数字技术是财务数字化转型的第一驱动力，财务数字化转型的本质是以数字技术驱动价值创造，建立以数据为核心而不是流程为核心的管理体系，用数据驱动战略、运营和创新是财务数字化转型最核心的工作。

数据范围：财务信息化时代财务部门核心问题仍然是财务本身的工作，主要解决会计的账证表等数据，未能考虑更多的业务决策支持工作。财务数字化时代的转型目标是为企业创造价值，而会计核算、财务报表等财务基本交易工作无法为业务和管理提供价值支撑。因此，财务需要包含财务数据在内的业务数据和管理数据，甚至企业外部数据，才能更好地服务企业价值创造。而企业在获取采购、生产、销售等数据时，需要使用物联网、数字孪生等数字技术，将物理世界孪生镜像的全息数据及时地传递和反馈到财务部门或财务人员，从而借助财务思维，更好地服务业务和管理，提升创造价值的能力。

管理目标：企业建立了各种业务信息系统、财务信息系统、管理信息系统，有效地帮助了相关部门处理采购、生产、管理、销售等工作，从而支持企业内部全流程的经营决策。企业财务数字化转型既要考虑相关信息系统的互通互联，又要具有能够支撑供应商、客户等生态链的数字协同运作能力。在这样一种开放的系统环境下，数据、人员、物资、资金等全要素都需要以数字化的思维相互融合地处理各类工作，以实现企业的管理目标。

核心管理要素：信息化时代，财务共享模式成为财务转型的首选，企业财务组织将基于战略财务、共享财务、业务财务进行建设，信息化时代的财务转型在组织创新的前提下，对财务流程进行梳理与再造，未能全面触及业务流程和管理流程。财务数字化时代在信息化时代的流程再造基础上，更多关注财务流程内外的数据要素价值，借助人工智能技术的算法能力和云计算技术强大的算力，以数字化思维服务于财务的各种场景，从而体现财务数字化转型的价值创造能力。

驱动力：信息化时代，财务工作以流程驱动为主要任务，对会计核算、财务报表、费用报销、资金结算等基础交易工作的流程进行优化。数字化时代，财务数字化转型的驱动力已经从流程驱动转变为数据和流程双驱动的模式。基于企业业务流程、财务流程、管理流程梳理，对流程节点及其关键数据要素分析，智能化地获取管理决策、对标管理、经营分析等高附加值信息成为财务数字化转型的价值所在。

组织模式：信息化时代，财务组织模式更多的是以科层式的形式存在，但是因为信息传导链条长的特点也导致包括信息失真、决策缓慢、压制创新等众多弊端。为了提升低附加值财务组织的工作能力，财务共享中心应运而生。数字化时代，财务组织需要担任财务价值链中涉及财务思维的职能，逐步向生态型组织转型，快速响应外部市场需求，实现生态体系内资源要素灵活有效配置，推动精准决策和内外部创新。

管理理念：加强管控始终是财务工作的首要任务，信息化时代，财务组织借助信息系统进一步强化企业的财务管控能力，但未能提前察觉风险，做到事前管控和管控前移。数字化时代，财务管控不仅能以财务流程和内控规则为参照进行事前控制，并借助数字技术，基于业务事项场景和智能管控模型，对风险进行事中管控，还能借助数字技术和财务人员能力，进一步加强事后控制。

运营模式：财务信息化时代，金字塔式的运营模式将财务管理、人力资源管理、信息技术管理等运营模式按照职能进行了专业化的分工，但对于财务的分析、评价、决策、控制、预测等方面职能未能起到积极的运营作用，更无法为企业的价值创造提供服务。数字化时代，企业应面向全价值链识别业务性质、强化财务职能、服务管理决策，财务运营模式将按照服务业务、财务、管理等价值维度，建立前中后台能力引擎，推动建立敏捷前台、精益中台和创新后台的新型财务运营模式。

系统建设思路：信息化时代，企业财务部门在建设会计核算系统、预算管理系统、财务报表系统等信息系统的过程中一般采用管理制度化、制度流程化、流程表单化、表单信息化的思路。数字化时代，财务转型需要依靠平台化的思维帮助企业创造价值，以企业级PaaS平台为核心的数字平台成为企业的"新基建"，助力财务数字化转型为企业创造价值。

2. 产品介绍

2.1 产品与解决方案综述

浪潮海岳以智能Erp、工业软件、PaaS平台产品为支撑，致力于成为世界一流的软件企业。拥有PaaS平台iGIX、大型企业智能Erp GS Cloud、中小企业智能Erp inSuite，提供数字营销、电子采购、供应链、项目管理、资产管理、财务共享、人力资源、司库管理、智慧国资等数字化服务，积极打造智能制造、智慧粮食与仓储、智慧水务、智慧矿山等行业数字化方案。从经营管理数字化和生产运营数字化两个层面，提供企业全业务数字化转型服务，如图A02-2所示。

图 A02-2 企业全业务数字化转型服务

2.2 数字化总体架构说明

浪潮在数字化总体架构思路上，主要划分为管控、协同、平台和数智四个层级。

2.2.1 管控层（见图 A02-3）

主要在多层级的集团组织上体现明显，能够由主干统一灵活的末端，支撑多业态、多组织、多层级的集团管控，横向贯通、上下穿透，满足特大型集团差异化分层级管控需求，实现集中监管与放权授权相统一、管好与放活相统一。

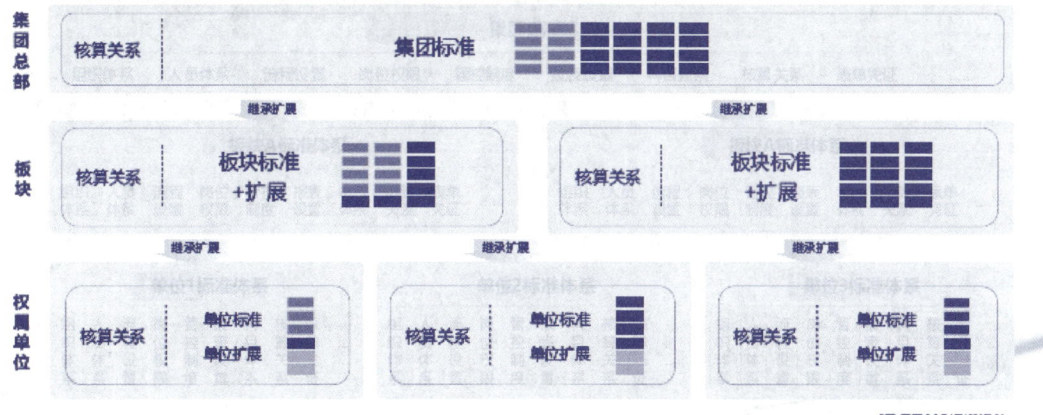

图 A02-3 浪潮数字化架构管控层

管控层另一个核心能力是数据治理,通过全业务梳理、全流程改造,治理业财协同中的断点、堵点、冗余点,实现业财流程贯通、管控前移。通过全量数据汇聚、全维数据智能分析有效激活数据资产,对经营活动实施进行主体化、全景化、全程化、实时化的监管,促进企业商业模式创新与变革,具体如图 A02-4 所示。

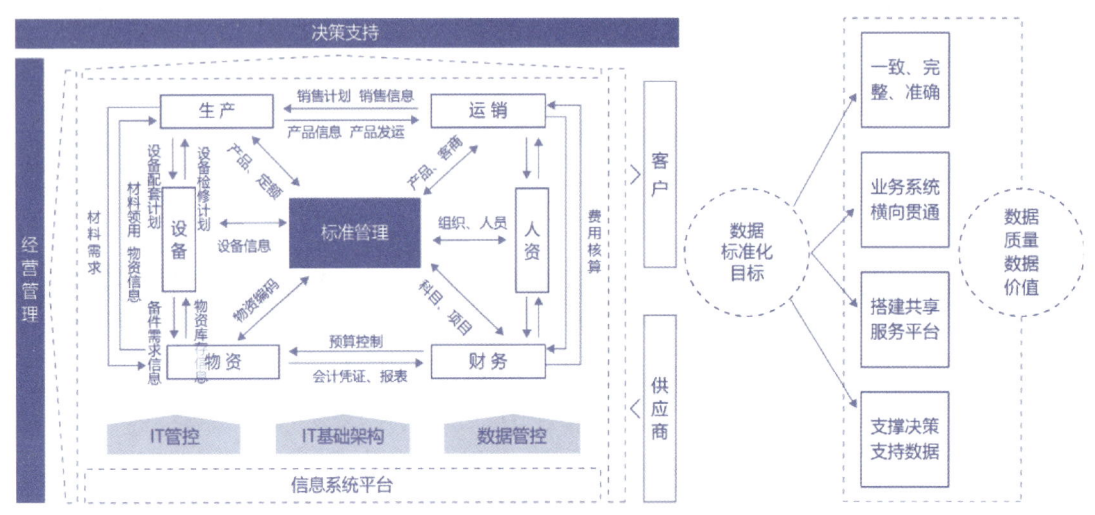

图 A02-4 管控层数据治理与管控

2.2.2 业财协同层(见图 A02-5)

业财协同的关键是从整体解决由业务源头开始一直到财务核算的一体化建设过程,针对企业营销到收款、设计到制造、线索到现金、寻源到付款、费用到支出、需用到处置、招聘到退休、投资到运营八大类流程,打通流程断点、业财数据同源,实现业务流、成本流、预算流、税务流、资金流、核算流、档案流、数据流的"八流合一",打造端到端纵横贯通的全流程数字化平台。

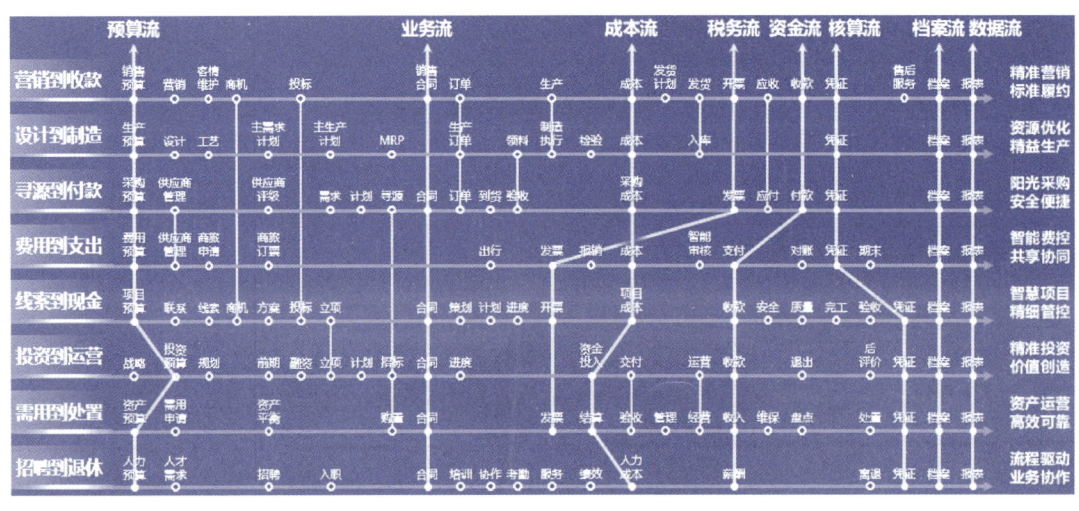

图 A02-5 浪潮数字化业务协同层

2.2.3 平台层（见图A02-6）

平台层的落地主要体现在云平台的建设，财务云是要实现一个体系、一朵云、一个资金池、一本账、一张表。在做这种理念达到业财协同的目的，达到治理规范的一个标准，能够做到这些的前提就是要有一个先进的数字化平台，支撑企业管理层级扁平化、管理颗粒精细化、管理视角多维化、管理场景动态化、管理信息实时化，实现大型集团全级次、数十万用户基于一个数字化平台上协同应用。

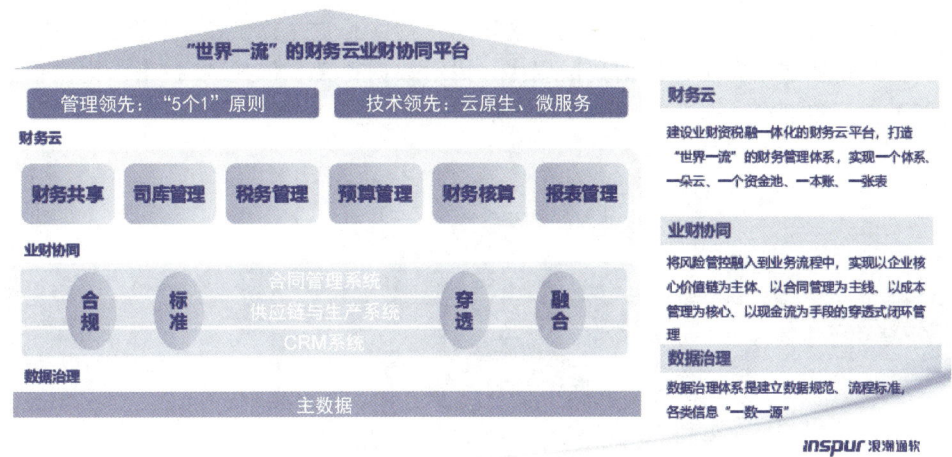

图A02-6　浪潮数字化平台层

2.2.4 数智层（见图A02-7）

数智层主要就是通过"数据+场景+算法"驱动创新，将大模型、机器学习、知识图谱等智能技术融入各产品领域，通过汇聚各领域知识、融合算法模型构建企业领域大模型，提供智能问答、智能推荐、智能洞察、智能预测等AI服务能力，为企业用户带来了更精准、更高效的领域大模型智能体验。

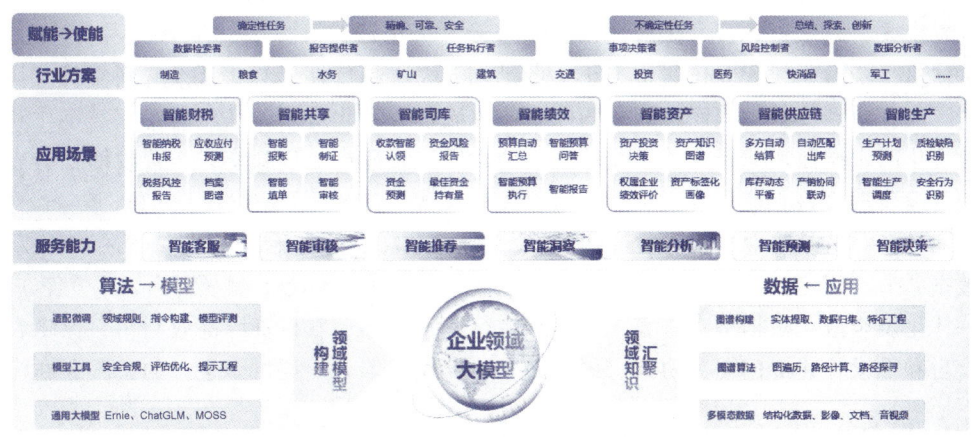

图A02-7　浪潮数字化数智层

2.3 数字化能力具体介绍

浪潮海岳大型企业智能 Erp GS Cloud，基于微服务、DevOps、容器化等云原生技术研发，支持私有云、公有云、混合云部署，全面适配国内外各类软硬件环境，提供完整国际化组件和全新用户体验。具备敏捷业务响应和高配置中台能力，支撑企业持续规模化创新和商业模式变革。为大型集团企业提供主干统一，末端灵活的数字化平台，满足多业态、多组织、多层级的集团管控需求。聚焦企业关键业务场景，数字营销、电子采购、供应链，内聚外联，构建企业生态协同体系，财务共享、人力共享、采购共享、司库管理，管控与服务并重，打造数字化时代集团管控新模式，管理会计、全面预算、绩效管理助力企业精细化管理，资产管理、智能制造，采用云+边+端技术，物联感知，提供数字化制造服务，数据中台，全面整合企业数据资源，挖掘数据规律，揭示数据含义，依托 AI 技术，构建企业大脑，提供智能服务。浪潮海岳 6.0 如图 A02-8 所示。

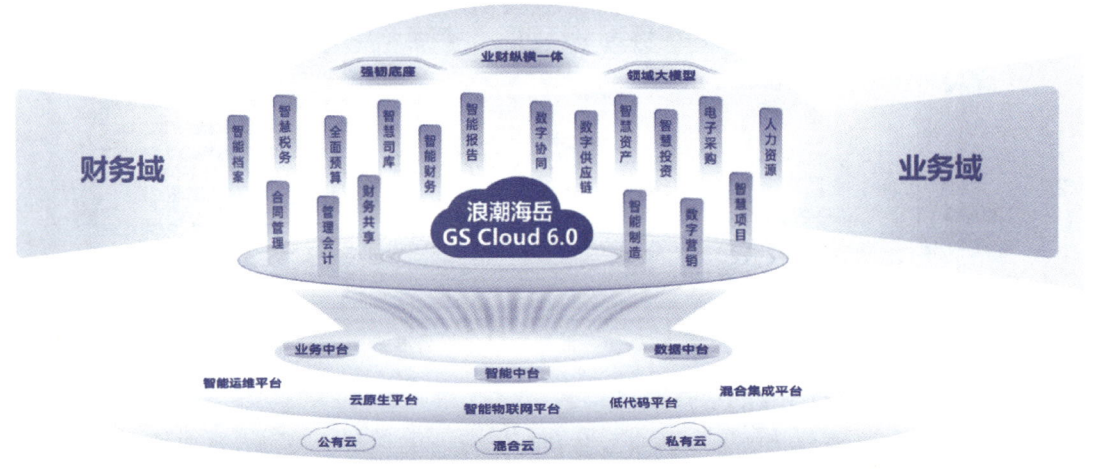

图 A02-8　浪潮海岳 6.0

浪潮海岳 inSuite 是面向成长型企业的智能 Erp，如图 A02-9 所示。基于开源云原生技术底座和 Fabric"业务经纬"一体化架构，支持集团化多组织管理，采用全在线 SaaS 和低代码开发模式，包含财务云、供应链云、制造云、分销云、开发云、生态云六大核心应用，具有一体化、精益化、智能化、生态化、场景化五大产品特性，涵盖从采购到支付、从需求到制造、从订单到收款、从库存到履约的全业务流程数字化应用，从经营管理数字化和生产运营数字化两个层面加速企业数字化转型，助力提升企业产品创新交付、营收增长、成本管控、智慧运营四大核心能力。

浪潮易云在线是专业的小微企业互联网+财税金融服务平台，如图 A02-10 所示。利用大数据、人工智能技术，全面打通小微企业业务、财务、税务、融资等环节，为客户提供业财一体化及金融大数据解决方案，同时深耕行业，在推动农村资源高效利用、保障农民工工资支付和推动住建部门业务协同、创新人才培养模式等方面提供全生态的云服务新模式。

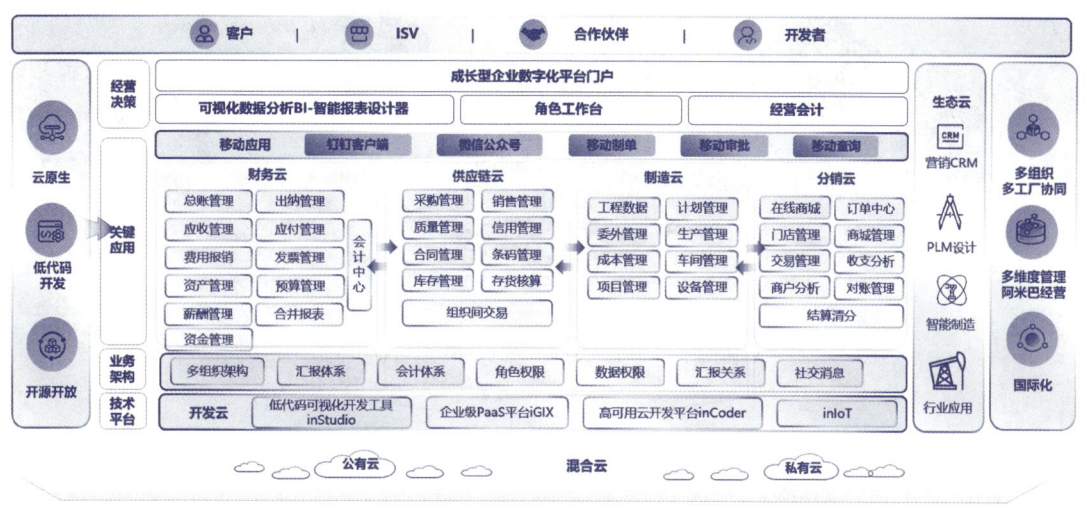

图 A02-9　浪潮海岳 inSuite

图 A02-10　浪潮易云在线

浪潮海岳财务云（见图 A02-11），以"价值创造"为核心，以财务共享为纽带，全面融合智能报账、差旅云、预算管理、发票管理、电子影像、电子档案、税务管理、集团财务、司库管理、财务报表、企业绩效等财务管理内容，并与商旅、银行、税局、社交等平台实现互联互通，融合智能识别、智能审核、机器学习、RPA、财税语义理解等智能服务，利用财务机器人，打造智能化财务平台，在制造、粮食、水务、矿山、建筑、交通、投资、医药、快消品等多个行业取得了良好实践，推动大型集团企业财务数字化转型，已成功应用于 400 余家财务共享用户，在建筑、制造、交通、投资、能源、快消品等多个行业取得了良好的实践成果。

图 A02－11 浪潮海岳财务云

浪潮海岳司库云（见图 A02－12）以金融资源优化配置为核心，具备大规模、双核心、端到端、全球化、智能化、全环境六大特性。提供全集团账户、资金、结算、融资、担保、票据、预算、应收账款、供应链金融、风险、决策分析等业务的全面管理。实现境内外全球司库管理，及时掌握集团旗下企业资金动态，实现生产经营、投融资决策、业务协同、风险管理一体化应用，提升集团司库管理的灵活性、可见性、效率和控制力，更好地为集团的战略发展服务。

图 A02－12 浪潮海岳司库云

3. 典型案例

浪潮通软在互联网时代国内首提"集团财务"概念，率先推出大型财务管理软件，在云时代定义了"财务云"，并积极倡导企业数字化转型理念。集团管理软件市场占有率第一，在制造、建筑、粮食、矿山、水务、港口、交通、医药、快消品等行业具有领先优势，已为 76

户央企、37% 的中国 500 强、共 120 万家客户提供数字化转型服务，拥有超过 120 万企业客户。

【典型案例：中国铁塔】

中国铁塔基于浪潮海岳软件，聚焦"价值＋数字"驱动型管理会计体系，将业财一体化、稽核智能化、核算自动化、决策数字化有机结合，创造性解决了重资产行业共同难题，人均管理塔数达 110 个，是美国人均管理塔数的 3 倍，实现了企业的智能化运营。目前总部财务仅有 25 个人，25 个人能做到 210 万个塔的单塔核算，实时的损益表，总部一个会计一天就可以干完。

【典型案例：潍柴集团】

潍柴集团基于浪潮海岳软件建设覆盖全业务链条的业财资税一体化的自动化数字化共享平台，实现了从核算层、管理层到决策层的全覆盖，同时以管理会计为指导落地过程风险管控、加强集团管控、规范流程标准、聚焦过程控制、提高数据质量、提升业务处理效率、强化决策支撑、降低财务成本，全面革新智能财务式的财务管理，潍柴业财一体数字化建设是企业数字化发展的重要支撑和突破。

4. 主要特点

浪潮通软作为 Erp 领域国家队，承接了科技部、工信部、发改委三部委国产化 Erp 项目，其中承担国家重点研发计划"变革性技术关键科学问题"专项"面向智能制造的软件自动构造"项目、高端 Erp 项目等为我国大型企业国产化替代打下了基础。尤其在制造、建筑、粮食、煤炭、水务、制药、化工等行业，浪潮已成为行业领先的数字化转型服务商，具有一定优势。

4.1　更高的业财融合度

浪潮海岳 GS Cloud 在以往营销到收款、设计到制造、线索到现金、寻源到付款、费用到支出、需用到处置、招聘到退休、投资到运营八大类端到端流程基础上，进一步打通流程断点，并实现八类横向流程业务、成本、预算、税务、资金、核算、档案、报表等数据的纵向贯通及共享，做到了业财数据同源，构建起全新的"八横八纵"业财一体高速通道，打造端到端纵横贯通的全流程数字化平台。

4.2　更智能的业务应用

浪潮海岳 GS Cloud 大模型、知识图谱等技术融入各业务领域，为企业软件应用带来颠覆式变革。产品通过汇聚各领域知识、融合算法模型，构建全新企业业务领域大模型，具备智能问答、智能推荐、智能洞察、智能预测等功能，为企业用户提供更精准、更高效的服务。

4.3　更具韧性的技术底座

基于新一代 PaaS 平台，浪潮海岳 GS Cloud 为大型企业打造了涵盖业务中台、数据中台、智能中台、低代码平台、智能物联网平台、混合集成平台、智能运维平台、云原生平台等子平台的强韧数字化底座，增强了底座的智能化开发、全方位连接、柔性可组装、生态化协同四大能力，为企业数字化建设提供更智能、更全面、更敏捷、更开放的数字创新底座。

A03 蓝科中国财务数字化

1. 厂商介绍

1.1 基本情况

蓝科财务咨询（上海）有限公司（以下简称"蓝科中国"）是德国 LucaNet AG 在华子公司。致力于为国企、大型集团、上市公司、外资公司等客户提供财务管控与商业智能平台，解决方案的咨询与落地。LucaNet AG 创立于 20 世纪 90 年代初，总部位于德国柏林。客户遍布全球五十余个国家和地区，并在荷兰、瑞士、奥地利、比利时、西班牙、法国、英国、美国、新加坡以及中国等地拥有分支和机构。

自 2010 年以来，这个源自德国的品牌已在中国走过了 10 余年。蓝科带着 FI（Financial Intelligence）的理念和技术，与中国企业转型浪潮紧密互动，是集团化企业与上市公司的财务管控解决方案服务商；在打造整个生态圈的过程中，蓝科成功引入了多家国内外一线会计事务所、软件公司等专业机构，达成多层次深度合作，共同服务于中国客户。

LucaNet 具备高度标准化、智能化、模型化的特征，把复杂的财务逻辑关系与商业智能的技术融为一体，极大程度解决了管理会计的若干难题。凭借自身在集团管控领域的多年沉淀，以及近三十年来为全球大量集团企业用户的咨询成果，LucaNet 将商业智能（BI）的先进技术与集团财务管控优秀实践经验相结合，逐步完善成为集多系统数据整合、自动化报表编制、复杂型报表合并、多维数据分析、预算管理、商业智能应用于一体的集团管控综合解决方案。

1.2 对财务数智化转型发展的理解与认知

从多年的实践经验来看，蓝科认为整个财务数字化可分为以下五个阶段，如图 A03-1 所示。

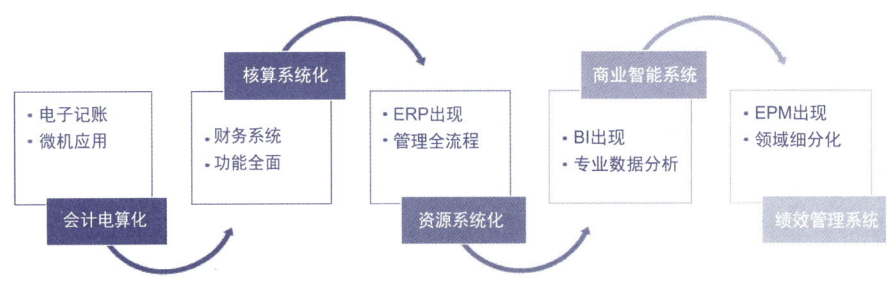

图 A03-1 财务数字化五个阶段

从最早的会计电算化（即无纸化）开始，当时引入了例如电子表格、电子记账这样的计算机应用程序。纵观现在国内很多的 Erp 巨头厂商，基本上也都是在这样一个年代从会计电算化起家的。

后来，当国内企业规模纷纷崛起，经营、管理的流程变得越来越复杂，仅解决会计电算化这一项工作已经远不能适应财务管理和管控的要求，便出现了核算的系统化，也就是最初的财务系统或者说核算系统。这比之前会计电算化的功能更全面，管理的流程更进一步。

除了财务部门之外，像采购、销售、人事等跟企业管理流程相关的这样一些需求也需要被解决，要将整个企业或者集团的资源有序、系统地来进行管理，就出现了 Erp 的雏形，也就是现在所说的"企业资源管理系统"。"企业资源管理系统"的出现，相比于前面各阶段，管理流程更全面，步骤也更复杂，它所带来的企业管理价值也更突出。

从 Erp 的出现再往后，进入了企业对于数据分析的需求越来越大的阶段，很多的商业智能系统（BI）应运而生，同时出现了很多专业做数据分析的咨询部门或机构，以及一些专业的数据分析工具。

在整个企业资源管理系统中，积累了大量的数据（例如财务凭证、出入库单、采购单、销售单等），数据越来越多，反而让企业管理者又变得无所适从。到底哪些是有效数据？哪些是垃圾数据？哪些数据可以为企业发展和决策提供有力依据？这些问题迫切地需要被解决，需要专业的数据分析工作，从大量的庞杂的数据当中进行清洗转换、提炼、总结、汇总，最后得出了一些直观的、好理解的、对企业经营决策有帮助的关键指标。

在这个步骤再往后，其实就出现了一些专业化的分工，企业的数据五花八门，来自于各个系统、各个部门，也为各个部门服务，笼统的数据分析或商业智能已经没有办法去满足一些专业领域的应用。也就是说，以往这些商业智能的工具缺少了对财务本身严密逻辑的理解，缺少对管理会计里一些勾稽关系的理解，它们还是停留在如 1 + 1 = 2、5000 万加 5000 万等于一个亿这样简单的加减关系层面上。而整个财务管理领域，尤其是管理会计领域里面，出现了类似于像主表、变动表、附注，这些数据互相之间有极其复杂的勾稽关系。财务人员都很清楚，财务三大表之间有非常严密的关系，有的时候 1 + 1 不等于 2，它也可能等于 1.5，因为有些抵消，有些转化，有些分摊，有些折旧……会有各种各样的情况。

同时财务领域因其专业性，复杂程度极高，还要考虑诸如会计准则的变化、上市信息披露的要求，以及精细化核算与管理的内部要求，方方面面的因素糅合在一起，就给整个财务的智能转型提出了很高的要求。这些不断涌现的新需求和新想法，往大了说，将会推动整个社会的科技进步，往小了说，可以加速财务数智化的进程。

蓝科服务了很多企业，包括大型的跨国企业、央国企、大型的上市公司、中小型的民营企业，在和企业负责人或者 CFO 交流的时候，经常能感受到以下问题，如图 A03 – 2 所示。

第一是水平参差不齐。从我们服务过或者接触过的各种行业、各个地区、不同规模、不同性质的企业来看，不同的企业往往都处在财务数字化不同的阶段。

第二是观念问题。有一些企业的管理层，对于财务数字化的转型可能看得不是太重，导致这些企业会对财务管理数字化的认知不够全或者不够正。

第三是管理问题。很多客户，他们的财务核算不够规范。

第四是任重道远。现在主流市场都在谈大家都谈智能化、数字化、云计算、移动化、数

图 A03-2　企业财务四大问题

字化 4.0，5.0，8.0，然而，从宏观上来说，我们还远远没有到这个层面，企业财务的很多基础的工作都并没有解决好，当一个大型集团的财务经理还在花很多的时间去对报表、做报表调整，怎么会有时间去做财务分析，怎么能够拿出有力的数据来做决策支持。

2. 产品介绍

2.1　产品与解决方案综述

德国蓝科在多年的财务实践当中，摸索出了一套以不变应万变的方法论，能够在保持底层这些系统不变的情况下，实现集团的财务数字化的转型，报表的自动化，实现分析的智能化。从产品结构上来讲，蓝科分成了四大功能板块，如图 A03-3 所示。

图 A03-3　蓝科四大功能板块

第一个板块是咨询和梳理，蓝科主张把咨询和软件落地一体化结合，咨询一定是为落地来服务，落地要以咨询为参考，是一个相辅相成的关系。

第二个板块是合并报表和信息披露，主要是针对一些集团型企业，甚至包括有信息披露要求的上市公司。目前在合并报表这个领域，从技术到积累，整个产品的体系是头部的厂商，并且与其他同类产品相比遥遥领先。

第三个板块是预算管理系统，是主要的服务之一，但很多企业现阶段不太合适去做预算管理，因为这是一个极其高级的需求，它是要到第三步或者第四步才能去完成的一个动作。

第四个板块就是管理分析体系。只要以上这几个体系构建起来，形成一个有机的整体，在同一个平台和界面，基于同一个数据库，就可以完成以上几个部分，那么财务数智化转型就能初见成效了。

2.2 数字化总体架构说明

蓝科认为财务数智化更加侧重于在管理会计、高阶财务领域，虽然目前整个中国企业在财务数字化里所处的阶段参差不齐，但是在财务核算这一侧基本都有一定的体系和框架，主要的矛盾点和问题往往出现在有了数据、核算方式、财务系统以后，怎么样去进一步地提炼加工，发挥价值。

蓝科财务数智化的总体框架如图 A03－4 所示，其思路是，把想要的财务数据、核算数据、报表数据，无论在哪个系统，都能够一览无余地展示出来，能够跨系统、跨模块、跨品牌地获取数据，穿透数据，这一点是至关重要的。对财务数智化的应用分了三个步骤：第一部分是数据的获取，第二、第三、第四部分叫作数据的消费（或者数据的加工），第五部分叫数据的输出。快速便捷地拿到数据，高效、灵活、自动化分析数据，最后不仅要让领导、高管能够看到数据，还能跟外部监管机构互联互通，以统一的形式展现出来。

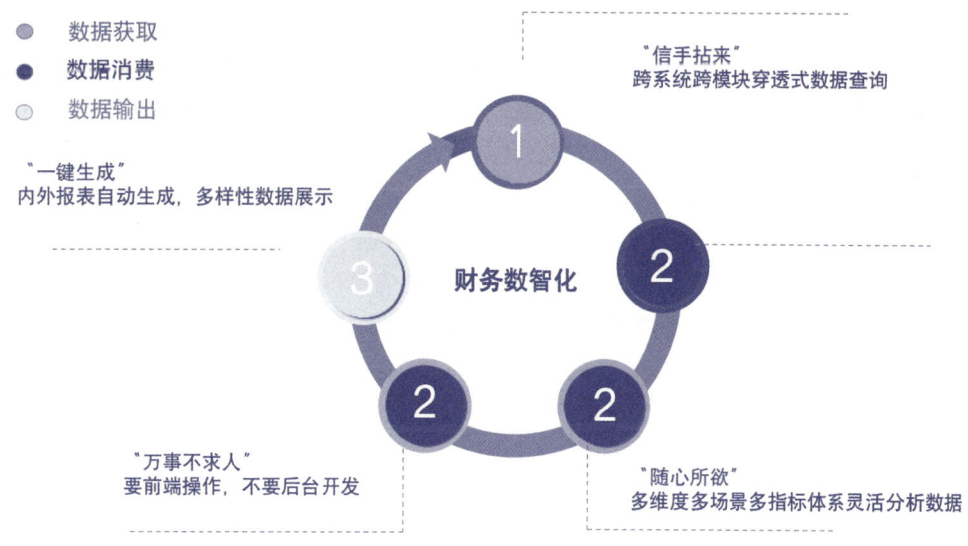

图 A03－4　蓝科财务数智化总体框架

2.3 数字化能力具体介绍

蓝科不仅面向在软件选择上有自主决策权且能在实施咨询上投入较多的大型企业，在一些中小企业的财务管理的应用上，也可满足其基本需求。

2.3.1 蓝科数据产品

蓝科数据产品的三层架构如图 A03 – 5 所示。

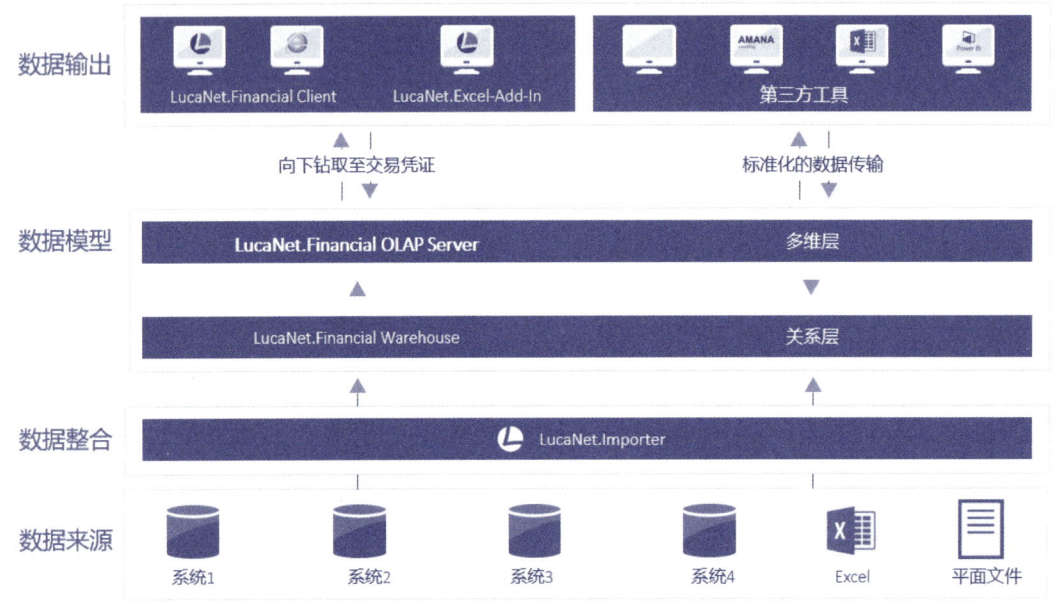

图 A03 – 5　蓝科数据产品三层架构

最下层是通过自主研发的数据采集工具有机地把各种数据源整合起来，形成客户集团的财务数仓，通过这个数仓拿到数据，在财务模型里进行数据的加工。

中间部分，蓝科将在财务咨询、审计事务所出身的基因和过往经验、know – how 打包做成了一个个应用场景，沉淀到了数据模型中，针对不同客户，通过对模型的调用和简单的参数配置，就能够实现与之匹配的分析场景。

最上层就是报表展现，用户可以在蓝科系统里面去看数据，也可以用 Excel 去看，可以用第三方的 BI 工具去看，也可以集成在公司已有的 OA 或门户里面统一去看。

总的来说，以上三层架构，是借用了市面上比较成熟的数据仓库和商业智能的技术路线，蓝科产品最大优势是加上了集团财务管控领域的场景，这些经验累计的应用场景是普通的 BI 所不具备的，它是一个双向结合的东西。

综合起来，蓝科做了三件事情叫作产品化、标准化、模型化，蓝科不是一个开发平台或工具，它就是产品和应用场景的结合体。

2.3.2 合并报表产品

蓝科合并报表产品如图 A03 – 6 所示。

合并报表的实现过程是从取数开始，进行大量的会计调整、审计调整、准则调整、口径调整、对账管理，到形成多口径的单体报表，到形成多版本集团报表、合并报表、附注信息，再到形成分析指标，再往上形成多维分析，形成数账表一体化的钻取查询，形成多维管理报表等。整套的工作自下而上极其复杂，需要前后衔接工整，需要成熟的模型和产品及稳定的工具平台来支撑才能完成。

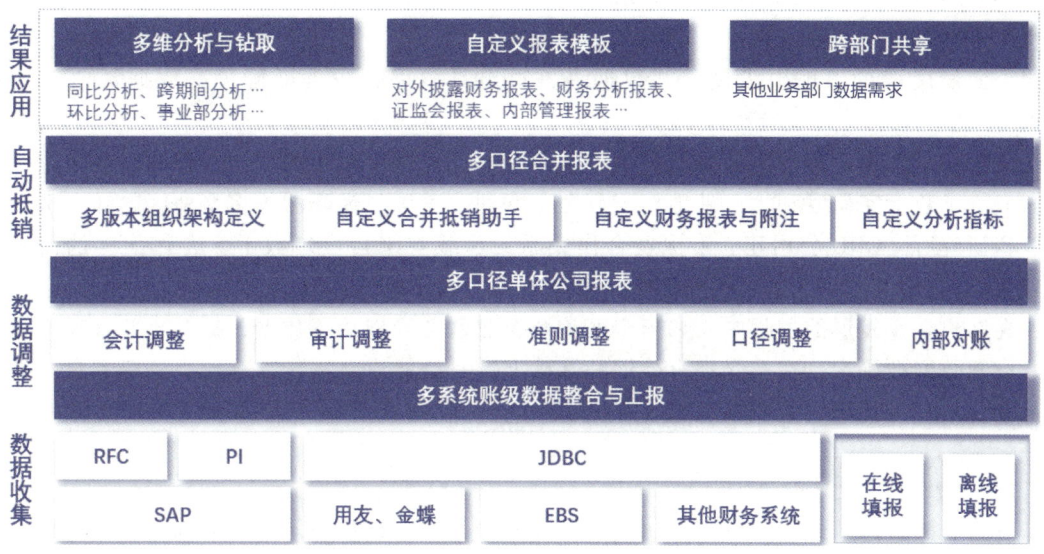

图 A03 – 6　蓝科合并报表产品

合并报表及附注信息化的技术要求如图 A03 – 7 所示。

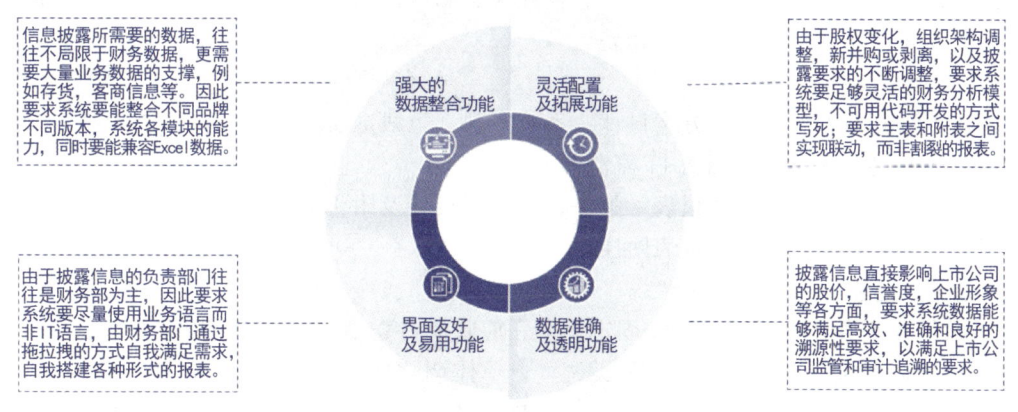

图 A03 – 7　合并报表的技术要求

3. 服务客户

蓝科在最初 5~8 年的服务中，所有的标杆客户里大部分客户都有系统多、繁、杂的问题。其中一些客户可能是早期开展信息化的时候缺乏通盘规划，更多的情况是因为客观因素和历史问题。比如一个地方城投集团收了一个公司，对方财务用的是用友系统，城投集团用金蝶系统，在这种情况下，蓝科产品的耦合性兼容性对他们就很友好，它可以兼顾下面不同品牌的系统，同时能够满足集团的管控要求，皆大欢喜。因此，兼容性方面，恰恰是蓝科做得最出色。

【典型案例：某知名医药研究研发及生产服务企业合并报表管理系统项目】

（一）背景

公司发展强劲，规模大，合并数据多，对出具效率、数据准确度、数据价值有更高要求。

该公司是国内知名的医药研发和生产服务企业。经过十余年的发展与积淀，客户企业在国内成立了数十家研发和生产基地，与亚洲、欧洲、美洲、大洋洲等多个地区的知名医药企业、科研院所、CRO 公司建立了深度合作关系，承载着来自全球数千家合作伙伴的研发创新项目。

在客户企业发展的过程中，如何全面整合企业财务管理相关数据，提升合并报表及附注的效率及数据准确度，在整合现有数据的基础上针对企业自身进行综合能力分析和对外披露的自动化出具，让现有数据发挥最大的管理价值，成为客户财务运营管理现状面临的一个难题。

（二）痛点

客户企业总账、合并、账龄使用的都是标准脚本，虽然数据规范，但是在未实现数据测试的时候遇到比较大的问题，原因是卡片取后台数据的逻辑并不是标准的，而是由客户提供的；同时在原有系统中存在一些 Erp 系统初始化的时候即存在的垃圾数据，造成与底层数据及总账数据不一致的问题，造成核对困难。

另外，梳理未实现整个逻辑以及定制化开发、测试占用较多时间，而整个计算逻辑是难以根据业务变化而变化的，灵活性稍差。

（三）项目实施

项目实施分为需求调研、方案设计、系统实现、上线准备、上线支持五个阶段。

组织范围包含客户企业下属 11 家法人实体；

报表范围为法定架构合并报表、附注，以蓝图设计及附件表样为准；

报表频率为每季出具合并报表附注；

功能架构包括：

- 数据收集并在线对接总账、固定资产、应收应付、销售采购库存存货核算。
- 数据调整包括账面数据、重分类调整、单体调整、审计调整和公允价值调整。
- 自动抵消包括多版本组织架构定义、自定义合并抵销助手、自定义分析指标。
- 数据展现包括蓝科系统灵活多维分析、Excel 套表输出。

（四）项目结果及复盘

项目实现了报表自动化率、效率及数据质量的显著提升。

实现抽取原有系统数据，形成合并报表以及附注数据，另开发外币货币性项目展示平台，客商重分类后余额查询 IDE，展示明细数据。

开发生产成本、采购明细表、销售明细表等经营数查询平台，查询经营数据。

项目实施效果经过多轮数据验证，系统数据能与审计后年报、半年报核对一致，系统能够准确出具合并报表及附注。

项目完成后，该企业在提升合并报表的效率和准确度都有明显提升。此次合并报表管理系统项目帮助客户企业更加高效高质地进行披露自动化出具，并助力客户整合财务能力，推进业财融合，为管理决策提供有力支撑。

4. 主要特点

管理会计加上财务数字化领域里面包含了很多内容，合并报表、管理报表、数据分析、预算管理。蓝科聚集在合并报表领域和预算管理领域，集合一批既懂财务又懂数字化的顾问，凭借知识上和产品上深厚的积累和沉淀，为客户提供服务支持。

从团队人员的认证资格来看，蓝科拥有CPA、ACCA、CMA等资格的人员75%左右，蓝科认为对于财务数智化这个领域来讲，这种专业认证是必不可少的，如图A03-8所示。

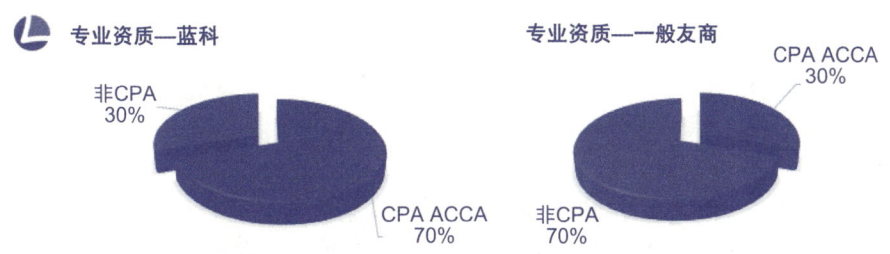

图A03-8 蓝科专业资质

在整个蓝科全球的顾问人员里，财务顾问占了70%多，开发顾问只占了20%多，是因为蓝科的实施不主要依赖开发，各种应用场景都有，不需写代码，只要按规则配置出来就好。整个的项目实施过程是业务导向。其次，从产品的成熟度来说，百分之八九十的功能已经做好了，不需要进场后根据客户的需求定制开发。最后，一个系统里面标准功能越多，系统稳定性越好，迭代成本越小，风险越低。

蓝科在未来主要聚焦在以下三方面的发展，希望能对整个中国的财务数字化的转型和高质量发展添砖加瓦。

第一，通过积极参与企业的调研，了解企业最真实的需求和最核心的痛点。关注企业，跟进企业，并且能一直坚持下去做，能将经验和观点分享出来，提升企业对数字化转型的认知。

第二，加大整个产品的创新力度，不断地吸收一些前沿的技术。整个研发做大，投入也很大，保证每年版本都会有大的更新迭代，每个月都会有小版本的更新迭代，在整个创新的力度上不断加大投入，让中国的几百个大型集团的用户用得放心。

第三，在整个国产自主化的大浪潮下，虽然无法改变自身合资企业的身份，但会尽力去保障整个产品的安全性、可用性和普适性，不会去搞所谓的技术封锁，不会垄断客户的数据，不会剽窃、泄露客户的机密。

作为一家德国企业，从欧洲起源，蓝科与市面上很多优秀企业管理系统是互补的关系，例如用友、金蝶、浪潮、SAP、甲骨文等，各家都有非常优秀的产品，在某一些领域里面有独特的优势强项，如何跟这些产品互相衔接好、捆绑好，共同作用把客户服务好，是要厂商共同合作的。术业有专攻，德国蓝科自身定位非常清晰，就是深深扎根在管理会计、财务分析、智能化财务领域里，30多年来蓝科在这个细分领域里面耕耘，这很符合德国企业的精神。

A04 云帐房有度税智财务数字化

1. 厂商介绍

1.1 基本情况

云帐房网络科技有限公司于 2015 年 3 月 10 日成立,以"让企业的税务信用资产增值"为使命,运用人工智能、大数据等互联网技术,结合深厚的财税行业服务经验,为代账公司和企业提供智能化、自动化的财税解决方案,同时围绕企业运营管理的全链条提供全周期生态服务,帮助企业降本增效、持续发展。

云帐房网络科技有限公司是财税信息化独角兽企业,获 Vitruvian、高瓴等国内外机构超过 10 亿元投资,提供全行业、全税种税务服务,覆盖全国 36 个税区报税能力。在全国 26 个省级行政区布局超过 30 家分公司,设有独立的电销中心,核心团队拥有超过 30 年的企业财税服务经验,员工规模超过 1000 人,研发团队占比 50% 以上。

有度税智作为云帐房网络科技有限公司的税务事业部品牌,致力于为中大型企业和集团企业提供优质的智能税务服务。倾心打造"生态连接""税务自动化""数据精算"三项核心能力。以税务智能,寻求企业经营价值最优解,用数字化推动企业更好地成长。

1.2 对财务数智化转型发展的理解与认知

1.2.1 企业财务数智化转型发展的趋势研判

在 2011 年 11 月发布的《财政部会计改革与发展"十四五"规划纲要》及 2022 年 1 月 6 日财政部发布的《会计信息化发展规划(2021—2025)》中,提出了要加快财务数字化的要求。在这样的政策指导下,企业的财务数字化进程随之提速。由于财务部归集了企业的海量数据,财务数字化成为了未来数字化转型的突破口。同时,未来财务共享会通过重塑管理会计的边界及业财的边界实现职能的跃迁。另外,未来的管理会计赋能业务发展一定是由一个强大的数据中台来支撑的。有度税智对目前大型企业财务共享进行的调研显示,企业在整个财务共享中心搭建的过程中,将企业原本的系统数据进行整合是整个数字化建设中一个非常重要的环节。

对于财务数字化在短期内的发展,企业可以选择从财务共享开始建设,或者从税务板块开始进行。由于财务共享范围较大,建设周期和成本相对较高,预期需要 3~5 年的时间;而税务数字化建设周期相对较短,且外部监管诉求更加迫切。从税务角度来说,正在建设中的金税四期会影响很多大企业,要求企业加快税务方向的数字化转型。从现有的 RPA 技术上来说，目前企业的 RPA 已经在逐步实现智能机器人流程自动化，运用更多的 AI 技术，使流程更加高效和智能。因此，基于以上两方面原因，再结合目前业、财、税及业务人员未来职能互通程度的提高、财税 BP 岗位的出现等背景因素，使得企业对税务数字化建设的诉求会更加迫切。

1.2.2　我国企业财务数智化转型的现状分析

目前企业在财务数字化转型中面临的问题主要有四个方面。第一是意识方面，目前企业的财务数字化转型仍处在数据处理阶段，并未注意海量财务数据的挖掘和应用，究其原因是管理层对财务数字化转型的认识不足；第二是流程层面，现在企业更加重视财务部门的数字化转型，会选择升级使用功能更加全面的财务系统，而忽视了采购、生产、销售等其他部门的系统应用与升级，导致整个信息系统不能完全贯通；第三是数据方面，总分公司或母子公司各个系统之间的数据存在割裂的现象，同时在同一企业内也存在由于系统未进行整合、系统间数据无传输接口等问题导致的数据断联割裂情况；第四是人才方面，由于推动企业的全面财务数字化转型需要对业务、财务和技术都要有一定的涉猎，但目前这类人才较为缺乏，财务人员数字化转型的意识有待加强，企业的内部培养机制也并不完善，企业在数字化转型的过程中更多地由乙方来推动，自身能力仍然有所欠缺。

1.2.3　大企业税务数字化建设目标

在企业的数智化转型过程中，税务是其中非常重要的环节，也是最难建设的一个模块。在"十四五"规划纲要中国家明确指出要完善现代税收制度，并提出了一系列的要求，期望实现智慧税务的建设。

从企业的角度来说，税务数字化建设目标主要可以分为具体的六个大方向。一是要统一数据标准，任何的数字化建设都要依赖于标准化，企业需要制定统一的数据标准来实现统一的管理。二是线上税务运营，企业需要将税务管理由线下管理转为线上流转。三是自动发票管理，收票与开票的管理是企业日常税务管理的重中之重。四是合规纳税申报，对于国内 18 个税种实现合规的纳税申报和合规化的管理；由于国内税收相关法律法规中 18 个税种只有 12 个税种完成了税收立法，税务管理情景多变，同时全电发票的试点推行以及金税四期的建设也对企业的合规性提出了更高的要求。五是实时风险预警，通过建立税务风险管理体系，实时监控税务风险，及时督促采取风险应对措施。六是动态数据分析，通过自动生成集团税务数据统计报表协助分析税务状况。通过这六个方面的数智化建设，企业可以实现效率提升、流程透明、风险可控及价值创造的建设目标。

1.2.4　行业洞察

洞察 1：企业税务管理远落后国家监管水平

与国家"十四五"规划对整个税务数字化建设的要求以及当前企业建设税务数字化的目标相比，企业税务管理的水平远落后于国家的监管水平，如金税四期的规划，会助推企业更加重视税务数字化建设。

洞察 2：企业税务数字化分层建设

企业税务数字化的建设不是一蹴而就的，需要分层实现。企业税务数字化建设可以分为三个层次。第一层是合规性，该体系要在数字化建设开始时建立，第二层通过合规性建设对标准流程的梳理以及风险的识别搭建风险预警和监控的模型，达到企业风险管理能力提升的目的。由以上的建设达到第三层，即以数字化手段实现税务统筹的最终目标。

洞察 3：企业税务管理未来趋势

企业尤其是跨区域集团企业，未来的税务管理发展必然趋势是达到税务共享。目前全国有超过 1500 家集团企业完成了财务共享中心的建设，但这些建设完成的财务共享中心多数未被完全利用。从税务角度来说，由于税务具有政策多变性，因此需要快速响应政策的变化及应对各种税务规则的变化。

2. 产品介绍

2.1 产品与解决方案综述

有度税智致力于为中大型企业和集团企业提供优质的智能税务服务，产品覆盖企业税务管理全流程，旨在帮助企业在多变的营商环境下实现经营价值最优解，用数字化推动企业更好地成长，与中国企业共同开启税务数字化新时代。

目前有度税智主要分三大业务板块：①针对中小微企业的整个财税 SaaS 服务，包含前端的业务、财务、税务的融合、贯通与创新；②专门针对集团性企业的税务管理服务；③财智未来，即专门为高校提供相关的教务服务。上述业务板块均以税务为核心。

2.2 数字化总体架构说明

有度税智的信息化产品集成于税务共享平台，通过该平台实现对集团内所有企业的管理，包括人员、权限、角色等。该平台还可以实现税务全流程的管理，包括开票、收票及其他税种管理等。同时，平台也包含风险管控与档案管理相关功能，对发票、税务等各环节中的风险及生成的文档进行管控。另外，机器人可以处理应用过程中的重复流程和工作。

财智未来是有度税智与高校进行专业设置与产业需求对接、课程内容与职业标准对接、教学过程与生产过程对接的合作成果体系，如图 A04－1 所示。该体系以中国标准、国际引领为指导思想，以财务数智化环境下人才培养团体标准为准绳，以"6 项建设"为核心服务内容，以"教研成果建设"为价值印证，为中国企业财税数智化转型培育所需人才。

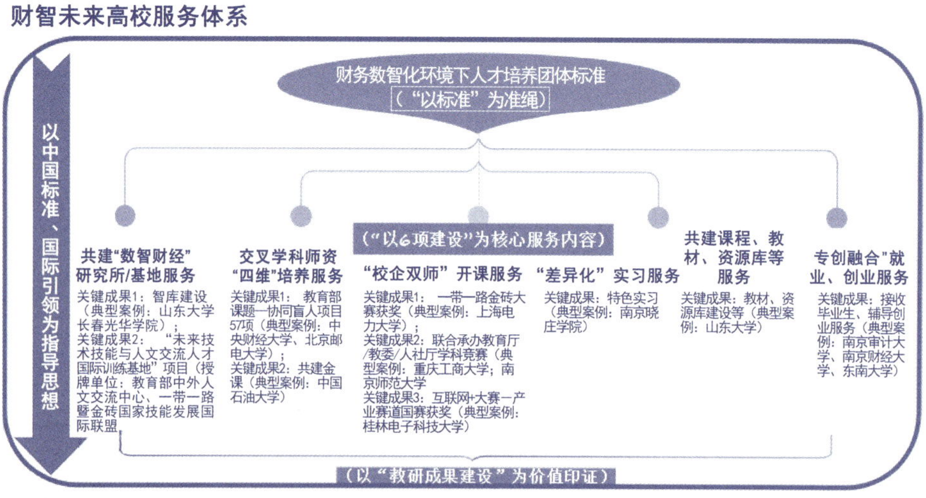

图 A04－1 财智未来高校服务体系

2.3 数字化能力具体介绍

2.3.1 集团企业税务管理服务

有度税智的税务信息化产品主要包含 7 个模块：销项发票管理、进项发票管理、企业税务管理、个税管理、风险分析、电子档案管理及企业流程机器人，如图 A04 – 2 所示。

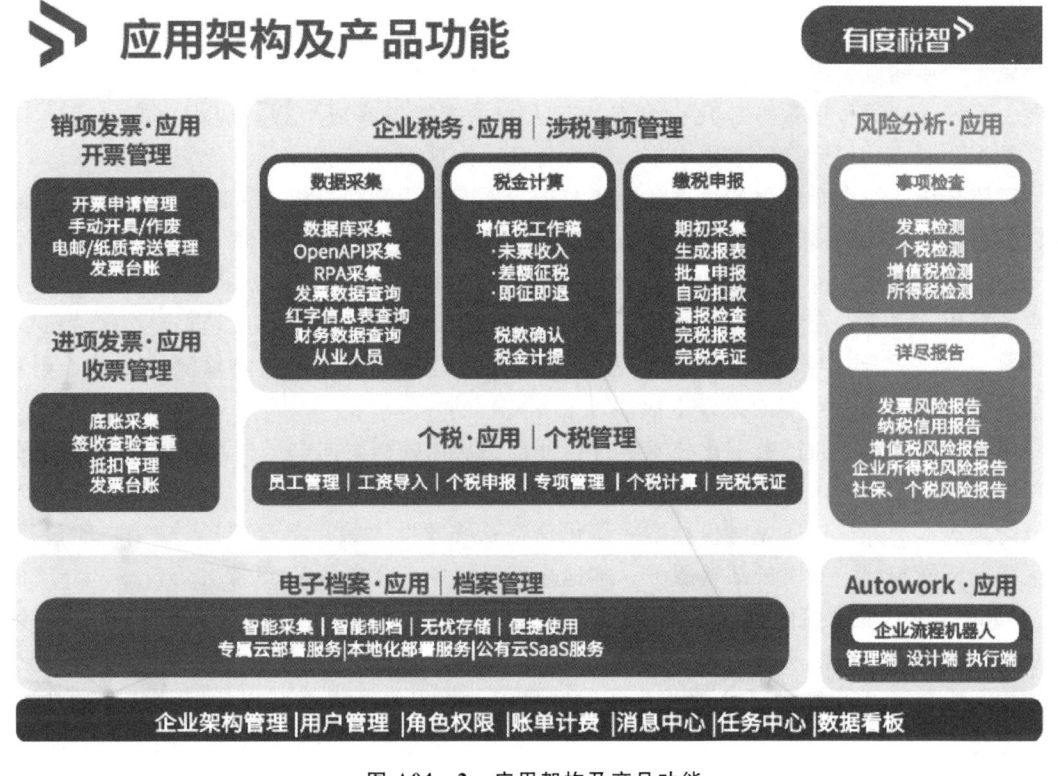

图 A04 – 2 应用架构及产品功能

销项发票管理：旨在为企业提供功能强大、易适用和可配置化的销项开票解决方案。对接开票、动态码、固态码、网上商城等全场景开票；支持金税盘、税控盘、Ukey 等全税控集中式、分散式管理；支持纸电一体全票种开具；支持税务数字账户、东企接口数电发票开具。实现便捷据实开票、发票信息来源可追溯以及发票数据多维分析等，解决企业在增值税发票开具过程中遇到的问题和痛点，向企业提供增值税发票开具相关的功能，解决企业开票烦琐、票实不一、检索困难等问题。应用功能包括开票申请管理、手动开具/作废、电邮/纸质寄送管理及发票台账等。

进项发票管理：旨在为企业提供易使用的进项发票全流程管理方案。平台内具备多票种发票扫描识别、发票真伪识别、增值税发票认证抵扣能力，解决企业在采购或报销场景下收票过程中遇到的问题和痛点。向企业提供发票自动签收、发票真伪自动批量识别、发票自动勾选认证等进项管理，解决企业收票管理中的查验困难、认证抵消、检索麻烦等问题。应用功能包括多渠道自动签收、批量验真查重、自动勾选认证及票池多维分析等。

企业税务管理：帮助大中型集团企业进行全税种自动取数、自动算税及自动申报的税务共享管理平台。通过强大的数据采集引擎、算税引擎、申报引擎实现企业全税种自动化管理，尤其可以帮助大型连锁企业提升税务管理效率、综合型集团企业规避税收风险，进而实现数字化的税务统筹，并具备实施周期短、快速上线的优势。应用功能包括数据采集、税金计算、税款缴纳申报等。

个税管理：提供 Web 端可视化集团视角个税管理应用。支持专项附加扣除自动采集、个税自动批量计算、个税多扣缴义务人自动三大申报核心功能，也支持个税多维数据分析、工资条发送等个税管理模块。解决大中型企业员工专项附加扣除采集难题、税后工资计算时系统频繁切换问题、集团下各公司个税数据割裂问题、税局客户端冲突难以实现批量申报等问题。系统支持算税申报一体化，也支持与人力系统接口集成申报。应用功能包括员工管理、数据获取、个税计算、个税申报、完税凭证、专项管理等。

风险分析：结合企业税务管理各个环节进行深度的检测和分析，帮助企业进行各种维度的数据分析和风险扫描，并提供解决方案。涵盖 1000+ 财税指标，455 个三级行业税负值、20 余万条行业数据。可进行全面财税体检，涵盖增值税、企业所得税、个人所得税、收入、成本、费用、往来、存货等各个方面。可进行多维风险预警，企业可以自定义指标和指标值，灵活构建适合自身的财税风险预警体系。应用功能包括各种风险检测（发票、财税、经营风险检测等）及对应的报告生成。

电子档案管理：通过数字化技术实现会计档案从传统档案向电子档案的转变，通过网络实现电子档案的远程访问和管理，减少打印成本、节约档案存储空间、提升档案利用效率、降低管理成本消耗，打通业财税档案一体化信息系统建设"最后一公里"。应用功能包括智能采集、智能制档、专属云部署服务、本地化部署服务、公有云 SaaS 服务等。

Autowork（企业流程机器人）：是一款由有度税智自主研发的流程自动化机器人。针对重复性、标准化、规则明确的日常工作，通过 Autowork 设计出自动化流程并交付给企业内部使用，成为可以为企业 24 小时工作的数字员工，可以显著提升工作效率，且支持云部署及本地化部署。主要应用场景包括银企对账、电商订单对账、企业首付款对账、企业信息采集、发票的查验与开具、报销自动审核、报表数据分析等。

2.3.2 财智未来教学服务

（1）智能财税基础实训平台。

智能财税基础实训平台是一款为院校提供智能财税环境下企业财税真实业务真实场景实训的服务平台。

平台基于"智能财税环境下企业财税岗位胜任力分级模型"培养学生的 2 类知识、8 项能力、3 种创新素养：企业运营类知识、财会专业类知识；交易业务处理能力、规划和报告能力、财务大数据分析治理能力、领导力、沟通协作能力；批判及探究思维、前瞻与创新思维、业财税一体化思维。

实训结束后，学生可在财务经理的指导下胜任现代企业财税岗位的基础工作。平台在标准实训资料库的基础上，提供支持院校自主开发个性化金课的功能，院校可以结合自身情况利用平台的资源库及教学设计工具，开发院校专属的智能财税实训课程。

决策会计产品体系如图 A04-3 所示。

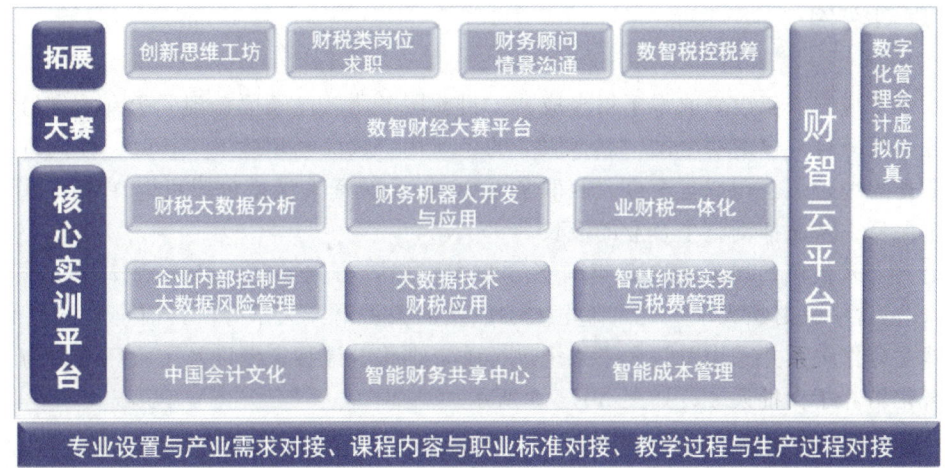

图 A04 – 3　决策会计产品体系

（2）智能财税产教融合体。

财智未来教育智能财税产教融合体将企业的真账真实的业务搬进校园，解决学校学生在企业实习中的困难。其中包括：

学生方面：企业语言听不懂、遇到问题无人指导；无法获得企业对自己认同等。

学校方面：对实习管理力度不够；找到合适的实习岗位不容易等。

企业方面：学生不胜任工作；需要花费大量精力做培训；业务风险等。

财智未来产品在"智能财税产教融合体"中与企业和学校达成了共同约定，由学校派出学生并提供场地和设备，产品方提供运营融合体及实习前培训，保证学生可以胜任岗位，以企业的实际账目和业务进行实习。该方案减少了企业办公场地及人员支出，解决了人员招聘的问题，同时解决了学校的部分实习和就业问题，使学生可以真账真做，解决了进入企业后沟通难、学习慢的问题，使企业、学校与学生三方均在该项目中获益，如图 A04 – 4 所示。

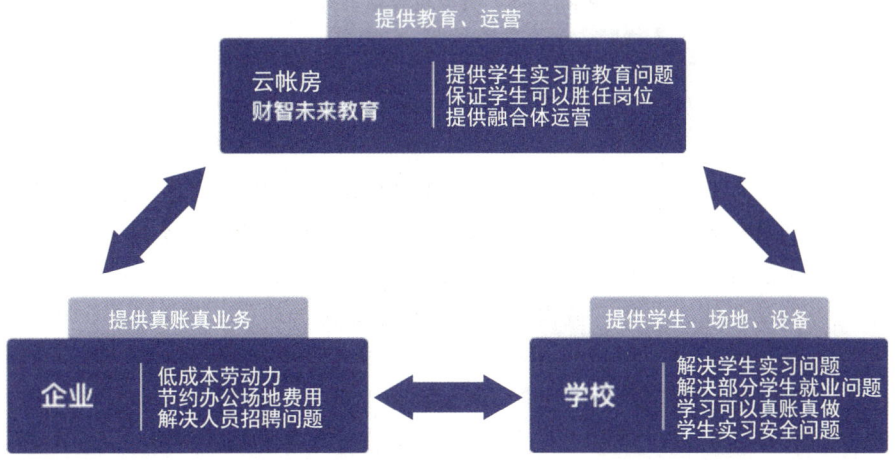

图 A04 – 4　企业、学校、学生三方获益

3. 典型案例

有度税智成立八年以来取得了很多成就，目前服务团队已经覆盖到了所有的省份以及所有的税区，服务客户也遍布全国，累计服务的企业用户数已经超过了三百万，在同行业中处于绝对领先的地位。公司成立至今，获取了近20亿元融资来保障公司可以在研发过程中足够的资金保障，从而推动整个企业的成长。

在财智未来板块，2020～2022年围绕"数智财经"方向共联合各大高校开展教育部课题57项，包含中央财经大学、北京邮电大学以及内蒙古财经大学等。目前全国已经与1146所学校建立合作关系并采用财智未来系统进行师资训练、课程实操以及实验环节，为中国的税务数智化培养了大批人才，如图A04-5所示。

图 A04-5 有度税智服务客户

4. 主要特点

依据深厚的财税行业经验与多方研究，有度税智发现"共享概念"在税务领域比财务共享更具价值。共享模式是目前税务管理的最优解。共享模式的建立不是一蹴而就，它是一个过程，这个建设过程中离不开几个核心能力：

首先是税务自动化能力，实现流程自动化，数据流转自动化，政策匹配的自动化等。

其次是数据精算的能力，包括自动寻找最优解的智能税务计算引擎，数据资产挖掘能力等。

最后是生态连接能力，对内要连接各管理系统、各业务数据；对外要连接上下游供应商，连接国家税务总局，连接税务咨询、审计、第三方支持系统等。

在共享模式的设计理念下，充分考虑目前企业税务信息化现状，同一个产品平台具备多种独立应用是企业分布式实现税务数字化的建设路径。有度税智基于此，构建了税务共享解决方案。

以客户需求为产品研发的指南针，有度税智税务共享方案覆盖企业所需的进销项发票·应用、企业税务·应用、个税·应用、检测分析·服务、电子档案·服务以及 AutoWork（企业流程机器人）等多场景产品应用，通过解决这些税务处理过程中的核心问题，企业税务工作将更合规、更高效。同时，基于"税务"进行数据整理，将税务智能融入业务中，以税务智能帮助企业寻找到经营最优解，用数字化推动企业更好地成长。

有度税智在财务数智化的转型领域中瞄准了税务板块这一细分市场，在全国有超过30家分子公司，覆盖全部36个税区。有度税智的产品不只局限于为企业提供数字化转型的产品和服务，也在与各高校合作，通过将以往交付给代理记账公司的业务转移给定向培养的学生作为实习项目，引导和帮助学生尽早熟悉企业中的业务，为中国企业的税务数智化转型培养人才。

A05 每刻科技财务数字化

1. 厂商介绍

1.1 基本情况

杭州每刻科技有限公司（以下简称"每刻科技"）成立于 2015 年，是一家群智云财务产品和解决方案服务商。每刻科技基于最新的人工智能、大数据、云计算、移动互联网技术，为企业提供新一代业财税数据一体化和智能财务共享云平台。

从 2015 年发展至今，每刻科技已沉淀出了制造业、医药行业、互联网行业、零售服务业、软高科行业等 20 + 行业解决方案。旗下有每刻生态开放平台、每刻报销、每刻档案、每刻应收、每刻应付、每刻云票、每刻 BI、每刻数字财务及财务共享解决方案等服务。

每刻科技的愿景是 3~5 年内帮助 10 万家企业完成财务数字化转型，助力企业开启新一代财务云共享模式，打造场景化会计、国际化会计，最终实现实时会计，在现代会计转型和创新中，贡献中国智慧。

1.2 对财务数智化转型发展的理解与认知

1.2.1 国内财务数智化转型现状分析

各行业数字化转型已无可避免，从宏观来看，其实也是人口出生率降低、老龄化严重趋势下，提升社会效率的一个好办法。

财税领域数字化政策正在稳步且快速推行，政府数字化到税务数字化再到财务数字化，中国 3~5 年内会发生跳跃式转型。财务行业的信息化、数字化、智能化技术飞速发展，能够为企业业财融合提供有力的支撑。

现在多数企业使用的 Erp 其实是财务会计记账边界的拓展，且拓展部分更偏于企业内部协同，缺乏与外部客户之间的业务协同，比如对公费用交互数据、对私费用交互数据、税务交互数据、客户交互数据、供应商交互数据以及银行交互数据等，该短板亟须弥补。同时，企业主数据管理不统一，很少有企业能做到有主数据平台，统一维护、统一分发。另外，从事基础财务工作的群体基数过大，管理会计、复合型数字化人才匮乏。

1.2.2 对企业财务数智化转型发展的趋势研判

（1）从 IT 发展基础来看。

从 IT 基础发展角度看，互联网逐渐向移动化、轻型化和云化发展，移动办公已成为趋势。互联网的应用和服务不再仅限于传统的桌面平台，而是通过移动设备（如智能手机和平板电脑）实现无处不在的访问和使用。这种趋势使得用户能够随时随地获取信息、进行交流和进行在线交易等，极大地改变了人们的生活和工作方式。新的技术和开发方法使得互联网应用可以更加精简，占用更少的系统资源，运行更快速和高效。

云化使得互联网应用和数据不再局限于本地存储和处理，而是通过云计算平台来实现。云计算提供了强大的存储和计算能力，使得用户可以将数据和应用程序存储于云端，以便在各种设备上随时访问和使用。这种方式极大地简化了用户和企业的IT管理，降低了成本，提高了灵活性。

互联网的移动化、轻型化和云化使得人们可以随时随地访问和使用互联网，互联网应用变得更加轻便和高效，数据和应用的存储方式趋向云端。这些特点不仅改善了用户体验，也提高了企业的效率和灵活性。

（2）从财务发展角度来看。

财务已进入生态大数据时代，场景化会计和实时会计逐渐取代传统的会计处理方式，对企业的财务管理、技术能力和人才储备都提出了新的要求。

财务领域的决策和分析都依赖于大数据的支持。财务工作倾向于自动化和智能化，通过智能财务软件和系统实现自动化的财务处理和报告生成。财务工作强调实时性和即时性，财务数据的收集和处理实时进行可以及时捕捉市场和经营变化的信号，迅速做出调整和决策。财务工作涉及多个领域的融合。财务与市场、运营、风险等各个方面相互关联，需要财务人员具备跨界融合的能力和知识。

随着财务进入场景化会计和实时会计，需要将会计原则和规定应用于实际业务场景，确保财务数据的精确性和准确性，对财务信息的实时性与动态性要求更高，财务信息需要及时反馈和实时更新。财务信息通过使用图表、图像和可视化工具，使财务数据更具可视性和可理解性，需要考虑不同业务场景的差异和个性化需求。允许根据不同业务的特点，进行定制化的会计处理，以满足具体业务场景的需要。强调财务处理的敏捷性和灵活性，要能够随着业务场景的变化，快速调整和适应会计处理方式，以更好地应对市场的需求和变化。

1.2.3 财务数智化的趋势与愿景

从当前的财务数智化实践发展来看，数字化（无纸化）、SaaS化、产品化的新一代共享将逐步取代有纸化、本地化、定制化的传统共享。在会计脱纸的过程中，政策引导与数字云财务服务商提供的适配产品相辅相成，企业也可以借助新技术解决"数据孤岛"等问题，推进数智化升级与商业创新。

会计的脱纸、无纸，其意义并不仅是纸质凭证的消失，不仅是绿色和环保，还是更加全面的数字化、电子化，数据实时记录、记账、出报表等业务动作实时发生，更是财务与业务脱离的终结、业财一体的开始。通过每刻新一代财务云共享平台，让财务与业务、组织、生态内外部数据互联，让财务部门真正成为企业价值实现的"决策大脑"。

2. 产品介绍

2.1 产品与解决方案综述

每刻科技的目标定位为"中大型企业客群"，行业侧重点为软高科行业、互联网行业、制造业、医疗卫生行业、批发与零售业,通过数字云财务为客户提供各类服务。

每刻科技旗下拥有每刻生态开放平台、每刻报销、每刻档案、每刻应收、每刻应付、每刻云票、每刻 BI、每刻数字财务及财务共享解决方案等产品及服务,助力企业实现数智化转型,如图 A05-1 所示。

图 A05-1 每刻助力企业实现数智化转型

2.2 数字化总体架构说明

每刻科技的思路是将企业经营活动中的全部数据进行结构化和电子化处理,通过核心模块私有云与外围模块 SaaS 公有云相结合的方法,实现全球经营实体共享一个财务管控平台。

平台涵盖会计核算、资金管理、税务管理、信用管理、流程内控、项目管理、供应链财务、产品线财务、销售线财务等众多模块,如图 A05-2 所示。

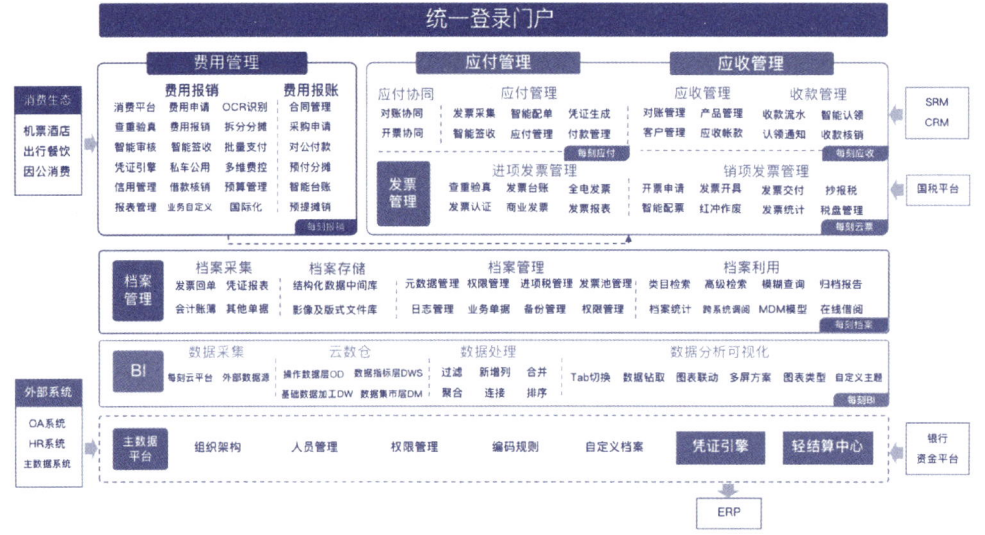

图 A05-2 每刻财务管控平台

每刻报销解决的是企业的报销难问题，一方面，每刻报销通过开放的每刻生态平台，对外打通吃住行消费、信用支付、税务总局发票底账库、微信及支付宝电子发票夹等数据链，并提供 AI 识别票据及验真查重功能，可以对接传统本地布署的报销平台，为其打通外部数据链，实现增值赋能；另一方面，作为报销平台，要对内打通 Erp 等各类业务系统，实现自动记账、更新日志、基础主数据同步、便捷登录、批量支付等功能；核心报销模块，提供费用申请、预算控制、审批审核流、费用标准及合规控制、补贴自动计算等自动化功能。

每刻档案作为国内领先的电子会计档案管理系统，通过生态化协同化打通业财税银系统数据连接，进行档案数据的自动采集和智能组件，实现会计档案电子化存档、数字化协同与合规性管理。通过电子无纸化、纸质电子化、电子为主、纸质为辅的档案数字化思维打通财务数字化"最后一公里"，实现档案的管理利用降本增效，达到业财税档案一体化轻松管理。

每刻云票数电发票浪潮下，每刻发票管理提供面向纸电一体化的进销项发票集中管理解决方案。全面覆盖了进项发票实现多票种发票的采集、查验、签收、入账、抵扣的全流程数字化管理，以及销项发票从开票申请、开票规则、发票开具、发票流转等环节数字化管理。服务于各行各业，致力于提升企业财税管理效率，助力企业降低财务成本，规避税务风险，构建融合、高效、智能的财务管理体系，为企业提供全渠道、行业化、一站式的进销项发票管理服务。

每刻应付管理打造了数电票时代下，平台化、数智化、高效链接上下游的业财协同融合新模式，通过对账和发票协同、采购发票批量三单匹配，自动产生应付，发票自动过账，打通业财数据，实现端到端应付管理场景全覆盖。

每刻应收管理全面覆盖销售过程中从客户对账到回款全链路的自动化应收协同解决方案，以应收业务自动化、流程智能化、业财一体化为核心，链接业务数据、财务数据、税务数据等，实现发票流、信息流、资金流的全面融通，财务信息化更进一步。

2.3 数字化能力具体介绍

2.3.1 每刻报销：新一代生态化、智能化的企业费用管理云平台

生态化打通企业员工消费场景，打通员工费用报销、对公采购报账业务的全流程，优化员工的报销体验，提升财务工作效率和企业业财管理水平，通过智能化、标准化的操作替代人工，实现费用共享。

（1）差旅费控解决方案：

提供全流程、一站式的差旅费控管理平台，帮助制造业企业实现差旅费用的管理闭环，保障差旅费用的真实合规。

- 多维费控：每刻支持按职级、日期、城市等维度设置"因人/时/地而异"的费用标准，满足多元化差旅费控诉求。
- 事前申请：员工填写出差申请，支持锁定行程、冻结预算，可关联第三方订票平台，协助企业有效做好事前管控。
- 生态平台：每刻集成多个第三方平台，提供优质差旅资源，覆盖机、酒、火、餐、车等常见场景，差旅费用自动回传，数据真实透明。
- 私车公用：对于驾驶自有车辆、进行短途出差的员工，每刻支持按里程数自动计算

补贴,行程可视透明,保障费用合规。

- 月结对账:每刻支持月结对账功能,员工及企业无须垫资,减轻现金压力;平台统一开票,系统智能比对订单和费用,财务负担大大减轻。

(2) 多人报销解决方案:

支持团队报销、代理报销等场景,工厂可按组织架构指定报销人(如车间小组长)统一提单,实现费用的集中管控和精准报销。

- 费用分摊:每刻支持按照承担人、部门、项目等自定义维度对费用进行分摊,满足财务精准核算的要求。
- 多人收款:系统根据填写的分摊金额自动生成多人收款明细,实现"一张单据、多人收款",避免线下转账,操作更方便、数据更透明。
- 离职授权:若报销人在报销期间离职,管理员可进行离职授权,待处理费用和票据可一键转交给被授权人,避免管理死角。

(3) 对公费用管控解决方案:

打通对公业务流程,实现"供应商—合同—发票—支付"的对公业务闭环管理。

- 往来单位台账:以往来单位为中心统计台账数据,应收票据、应付账款一目了然,智能提醒付款和交票,轻松管理往来账款。
- 合同管理:企业可在合同内添加付款计划,合同单据上清晰显示合同总额、未付款金额等,实现合同全生命周期的管理。
- 分期付款:对公费用金额较大而并无签订合同时,企业可创建分期付款单,一张单据、多期支付,满足多元化支付场景。
- 费用摊销:对于租金等费用,系统支持长期待摊,摊销台账可清晰管理摊销计划,且待摊销费用可自动生成凭证,减轻财务负担。

(4) 精细化核算解决方案:

支持费用拆分、自定义档案、自定义科目表等,助力制造业企业的精细化成本核算。

- 费用拆分:对于一张发票多税率的情况,每刻支持对费用进行拆分,内置价税分离,多税率也能精细化记账。
- 自定义档案:企业可通过自定义档案搭建"成本中心""客户""项目"等辅助核算字段,便于费用数据的准确归集。
- 自定义科目表:系统支持企业自定义科目类型,为不同辅助核算项设置相对应的凭证生成规则,支持将核算项导出至凭证,便于费用核算、提升财务效率。
- 数据分析:每刻预设 10 + 报表(如辅助核算分析),企业也可按实际业务需求自行搭建报表,支持数据下钻,实现细颗粒度的数据可视化,为预算提供精细和准确的数据。

2.3.2 每刻档案:新一代数字化、生态化档案管理系统

每刻档案协助企业打造生态化、场景化、无纸化、数智化的档案管理解决方案,为企业提供以会计电子档案为主兼顾通用档案的电子档案全生命周期管理的解决方案,支持发票、银行回单、应收应付、费用报销等多样业务类型的凭证智能关联归档,打通档案"采集—存储—管理—利用"全流程,帮助企业实现档案的纸电一体化共享管理。

实现业财协同,覆盖采购、销售、报销等多样场景,解决从采购到应付、从销售到应收、从报销申请到支付全流程的归档管理,完成纸电合同、资产凭证、库存单据等的在线归

档管理，实现银行回单、发票、凭证、业务单据的全面无纸化存储，利用智能化应用，助力企业打造数据资产，推动企业数智化转型，如图 A05-3 所示。

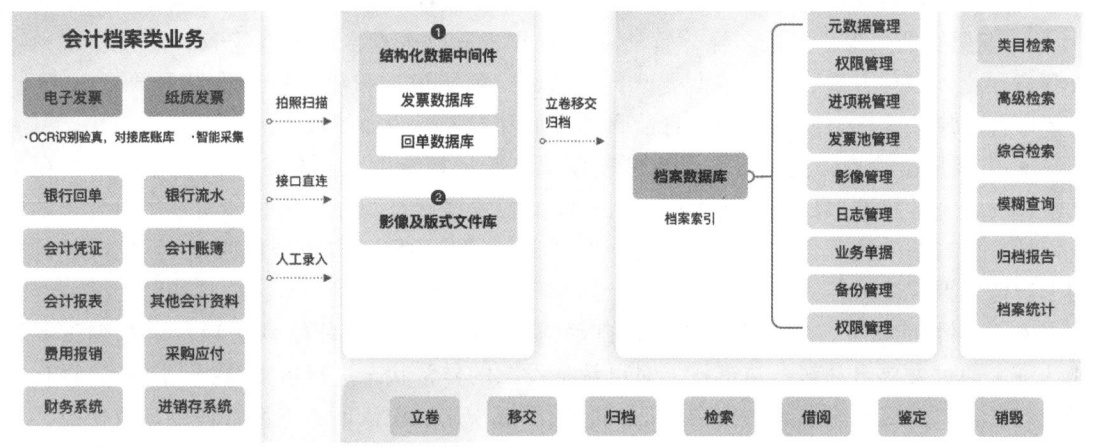

图 A05-3　业财协同推动企业数智化转型

2.3.3　每刻应付：新一代数字化、生态化采购应付管理解决方案

（1）供应商对账协同：每刻提供线上协同对账平台，让企业开启与供应商成本对账的全新智能模式。支持采销双方在线确认对账结算单，对账全流程可视化，对账场景灵活应用覆盖，实现购销方信息共享。

（2）供应商发票协同：核心企业与供应商全面发票数字化协作，支持企业供应商在每刻平台直连开票或在线上传发票。发票信息实时共享传递至核心企业，采购方在线自动接收发票。

（3）智能三单匹配：在线协同模式下，发票与业务单据自动完成匹配。在非协同模式下，通过每刻应付智能发票配单引擎，利用模型训练和相似度算法进行灵活的场景化配置，实现发票与业务信息自动钩稽匹配。

（4）智能付款管理：每刻支持在线管理企业应付账款，可直连 Erp 系统，实现应付凭证自动化生成，支持线上智能付款管理，多主体多供应商到期款自动发起付款，对接银行实现付款单自动推送，付款结果自动同步。

2.3.4　每刻应收：新一代数字化、生态化销售应收管理解决方案

（1）客户对账管理：每刻应收与上游系统集成对接同步待对账数据，导入企业不同的客户待对账数据模板，进行对账数据的智能比对，自动生成差异提醒，提高企业整体对账效率。

（2）应收确认管理：提供对账、开票、应收全流程一体化处理解决方案，在每刻平台可生成应收账款的台账管理，实时汇总查看应收金额与收款进度，直连 Erp 自动推送应收数据生成凭证。

（3）智能回款认领：每刻回款管理引擎，通过对接企业资金平台或银企直联系统，自动采集回款流水，利用多规则回配置，系统智能完成回款通知认领。

（4）应收核销管理：基于发票数据与应收账款数据，系统自动创建收款单进行回款核销处理，同时链接企业 Erp，实现销项收款凭证的自动核销管理。

2.3.5　每刻云票：纸电一体化的进销项发票集中管理解决方案

（1）进项发票管理解决方案：

打造全面覆盖采集、查验、签收、入账、抵扣全流程数字化的进项发票集中管控平台。

- 发票智能采集：提供多样化智能采集方式，适应企业多种采集场景，加速实现财务收票自动化。多种方式、多种票据类型自动采集、智能识别和统一管理将发票数据电子化，发票影像存储线上化，实现发票信息的自动提取和录入，全面解放财务双手。

- 发票风险管控：提供覆盖企业进项发票查验风控全业务场景的解决方案，防控税务风险，助力企业打造票税风险防火墙。可持续监控发票状态和异常信息，实现了对发票的多重审核校验与高效处理促进内控常态化，发现异常及时预警，实现金税四期下"以数治税"的全智能发票风险管控。

- 发票智能认证：发票集中认证，自动消除税金差异，智能管理进项税。每刻云票智能认证，通过发票自动解析与审核，对可认证发票的异常状态进行事前管控，支持多样化的智能勾选方式，实现全国统一集中认证、应抵尽抵，让抵扣认证、查询管理更高效便捷。

- 进项发票池管理：从数据规范、流程闭环到发票利用和统计分析，打造集团统一的智能进项发票管理中心。建立企业级的全量进项发票管理池，统一平台集中管控，以发票数据的完整性、准确性和时效性为基点，进行发票数据利用分析，全面提升企业进项发票业务精细化管理水平。

（2）销项发票管理解决方案：

实现"数电发票+税控发票"双轨制开票全流程的自动化管理，提供一站式、全场景、全流程的智慧发票服务平台。

- 智能配票管理：开票前，进行待开票业务数据的智能处理，多个智能配票引擎灵活支撑，提升发票业务处理效率。上游单据对接每刻云票时，由于企业业务或税务等多种原因，业务数据可能不完全等同于开票数据。每刻云票智能配票引擎服务，帮助自动转化业务数据，轻松处理不同客户复杂与个性化的开票要求。

- 智能开票服务：提供多场景下纸、电、数电票一体化集中开票解决方案，节省人力，提升效率，全流程智能化管理。每刻云票智能开票服务已赋能应用于各行各业，能够满足不同企业多样化的开票场景，集团企业多税号、多票种混合使用，帮助企业加"数"升级，平滑过渡到数电票时代。

- 发票流转闭环：全面覆盖发票开具后的场景闭环，包括发票自动交付、数据回写、发票记账、归档管理全流程管控。每刻云票能够满足多种渠道、多种形式下的发票流转路径，确保发票信息数据互联互通，业财数据自动关联，降低交付成本，提升获票体验，形成完整的业务流程闭环。

- 销项发票池管理：构建"企业一户式"的销项发票集中管理池，助力企业财税数智化升级。每刻云帮助建立企业级销项发票管理池，实现集团总部对销项发票开票行为和数据的集中监管，多维度数据统计分析，实现销项发票管理服务线上数字化全覆盖。

3. 典型案例

自每刻科技资成立以来，迄今已服务超过3000家企业及行政事业单位，其中上市公司超过 350 家,用户规模超过 200 万,覆盖全球 180 多个国家及地区。每刻科技服务客户如图 A05-4 所示。

图 A05-4　每刻科技服务客户

【案例 1:益海嘉里】

(1) 客户背景。

益海嘉里金龙鱼粮油食品股份有限公司(以下简称"益海嘉里")是我国重要的农产品和食品加工龙头企业,旗下拥有"金龙鱼""欧丽薇兰""胡姬花"等全国知名品牌。截至 2021 年年底,益海嘉里拥有员工超 3 万人,在全国拥有 70 多个已投产生产基地,100 多家生产型企业,仅 2021 年一年,其营业收入就高达 2000 多亿元。

益海嘉里无锡财务共享中心成立于 2013 年,主要服务了集团 300 家企业,对各类业务进行专业化的处理。整个共享中心下设 9 个部门(5 个业务部门和 4 个职能部门),共有近 200 名人员。通过这几年间统一的系统流程以及自动化、智能化等手段的推进,目前益海嘉里财务共享中心实现了从订单到采购应付、销售应收、费用报账、支付结算、总账报表等全业务链的共享。

(2) 解决方案:每刻报销。

● 每刻益报销的发票 OCR 识别可以将信息自动填充报销单内并对发票查重验真,做好价税分离的同时,还可以对特殊字段进行识别,自动区分哪些费用公司不予报销。

● 差旅费报销更加省事,每刻益报销采用了"免票报销"月结方式,通过生态平台与商旅平台对接,员工可以直接在报销平台内预订机酒,员工不必垫钱,只需益海嘉里与商旅平台进行月结对账,公对公打款即可完成。

● 上线每刻益报销后,先将繁复的传统签收流程搬到了线上,签收发票时,系统能够进行自动化的比对检验,通过报销单中的发票数据与发票影像系统中影像的比对,如果无误,自动进入财务审核环节。智能完成了原先需要人工把控的票据的合规性、业务的真实性以及费用管控政策检验的大量工作。

● 每刻益报销通过和益海嘉里 EPM 的对接,实现部分流程的外嵌,在 EPM 中完成复杂的审批流程,同时在流程中嵌入每刻的页面,可以在自身系统中调取每刻页面进行操作,查看签收比对情况、发票信息等,实现共享审核,完成后续操作,真正实现了费控系统全面对接财务共享平台。

(3) 方案收益。

每刻益报销上线后,业务端人员填单效率提升了 50%,共享中心审核效率提升了 30%。

【案例2：圣奥科技】

（1）客户背景。

圣奥科技股份有限公司创立于1991年，致力于为全球用户提供健康、高效的办公空间整体解决方案。公司注册资本为22260万元，是国家高新技术企业、杭州市政府质量奖获得者，连续多年被评为"中国办公家具品牌综合实力第一名"。

圣奥产品远销全球116个国家和地区，海外展厅和网点基本覆盖全球各国的首都、经济中心等，内销网点遍布全国二线以上城市，服务176家世界500强企业和301家中国500强企业，如华为、阿里巴巴、腾讯、Google、可口可乐等。

公司目前月均报销单据量在2500单以上，差旅、私车公用是办公家具板块中经常使用的报销板块。据统计，消费申请有月均1000余笔，差旅单据报销月均有800余笔，私车公用费用月均有200余条。原先通过OA系统报销，报销的时候填写的信息烦琐而且规矩很多，报销单的填写费时费力，错误率很高。

（2）解决方案：每刻报销。

- 每刻报销与第三方消费平台打通：报销的时候不需要填纸质报销单，直接从系统里边勾选马上就可以报销，支持自动生成报销单；
- 智能识票与发票验真：每刻报销集成了基于深度学习的人工智能算法，能够高效和准确地识别增值税发票。员工只需要对着发票拍照即可自动提取关键信息生成费用，每刻还支持一拍多票，多张发票同时验真；
- 支持灵活修改行程：通过每刻可以直接在原行程上改变关联，十分便捷。

（3）方案收益。

效率提升，以前完成一笔报销平均需要18.63天，到现在仅需要6.78天，从报销时长上缩短了64%，节省了报销费耗；成本节省，大大节省了直接成本和间接成本，每刻移动报销上线3个月以来，现在处理最快的报销单只需2天的时间。

4. 主要特点

（1）产品可扩展性好，灵活应对业务变化。

在制造业数字化转型革新的浪潮中，其业务模式和费控需求必然存在不确定性。每刻解决方案的可扩展性，意味着它能很好地支撑制造业业务和管理模式的变化。每刻支持对接各类业务和财务系统，有利于信息化系统建设的体系性。数字化驱动转型与升级，逐步消灭纸质单据与重复手工工作，实现无纸化流转与流程自动化，助力企业数智化转型。

（2）细颗粒度数据分析，支撑企业决策。

制造业企业数字化起步相对较晚，企业内对数据的应用多为简单的数据收集、统计、对比，缺乏更深层次的挖掘。每刻的细颗粒度数据报表，助力数据驱动型业务决策，使决策更加科学，过程更加透明，让决策者拥有前所未有的洞察力。

（3）数据多系统采集，更灵活更高效。

制造业业务链路长、环节多、涉及的系统繁多，每刻档案通过接口开放平台完成系统集成，支持从各系统拉取各类会计资料和相关数据、打印、再整理的归档模式，很好地发挥了数据中台作用，支持跨系统调阅，满足系统间交叉查阅的方便性。

（4）标准化产品设计。

产品设计严格按照法律法规要求和标准，支持对电子档案的真实性、完整性、可用性和安全性检测智能关联，省时省力；每刻产品获取数据时保留业务逻辑和关联关系，实现凭证、单据、发票、回单、流水等附件之间的智能关联，无须耗费人工手动整理。

（5）费用数据追溯，全流程费用管控。

从事前预算、场景化支付、事中控制和事后分析，每刻提供了一个全流程费用管理平台，制造业业务环节上的每一笔费用支出都"有迹可循"。通过平台对接、费用自动回传，保障费用数据真实性，增强制造业企业支出管控能力，助力员工和财务双侧降本增效。

（6）高度自定义引擎，落地复杂业务逻辑。

大型制造集团的组织架构、费用类型、单据设置、审批流程和费用标准等都非常复杂，而每刻能实现上述各项的精准设置和管理。如可通过规则引擎，将不同的费用类型对应到各成本中心，同时支持自定义核算项导出至凭证，实现业务闭环管理。

每刻科技的每刻报销、每刻档案、每刻云票等产品采用最新的微服务架构，具有生态化、协同化、智能化和平台化的特点和优势，在生态大数据时代打破 Erp 系统的记账边界，开启财税数据的云共享模式，通过业财税数据一体化，帮助企业财务实现云财务、云共享、云办公，轻松应对变化并驱动变化，全面提升企业的组织效率和竞争力。每刻科技的群智协同共享如图 A05－5 所示。

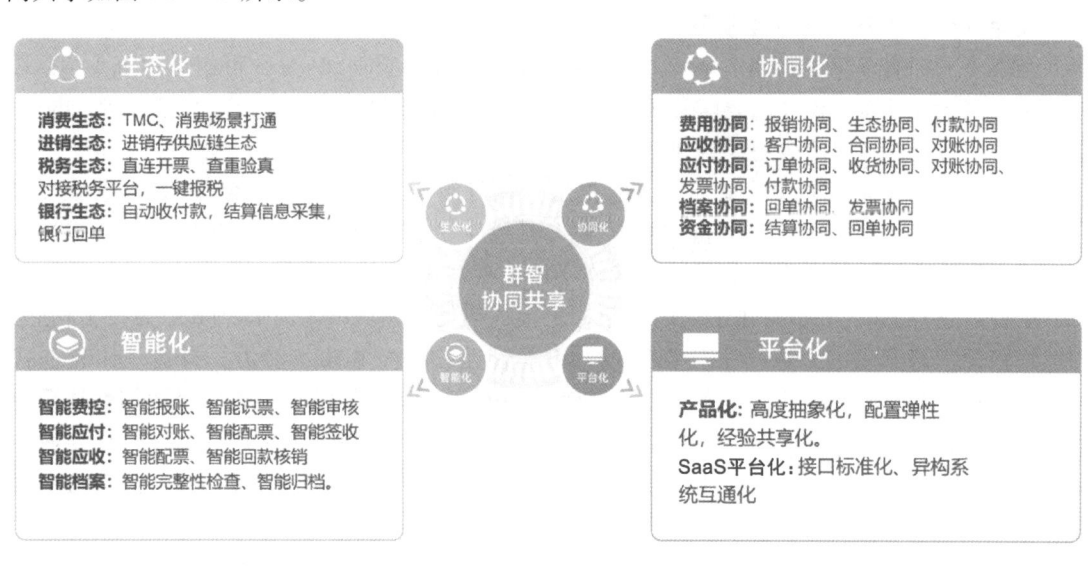

图 A05－5　每刻科技群智协同共享

A06 金蝶国际财务数字化

1. 厂商介绍

1.1 基本情况

金蝶国际软件集团有限公司（以下简称"金蝶国际"）始创于1993年，是香港联交所主板上市公司（股票代码：0268.HK），金蝶软件（中国）有限公司（以下简称"金蝶中国"或"金蝶"）是金蝶国际软件集团全资子公司，总部位于中国深圳。以"致良知、走正道、行王道"为核心价值观，以"全心全意为企业服务，让阳光照进每一个企业"为使命，致力成为"最值得托付的企业服务平台"。

金蝶旗下拥有多款云服务产品，包括金蝶云·苍穹（企业级PaaS可组装平台）、金蝶云·星瀚（大型企业EBC）、金蝶云·星空（成长型企业EBC）、金蝶云·星辰（小型企业EBC）等，为企业、政府等组织提供数字化管理解决方案。

2020年，金蝶集团董事会主席徐少春提出"用订阅模式再造一个新金蝶"，标志着金蝶云转型进入高质量发展阶段，聚焦"平台+人财税+生态"战略拓展，并打造500强和新经济、独角兽企业的新选择。集团主要战略举措包括：

平台：苍穹PaaS平台构建于云原生架构之上，以动态领域模型（KDDM）为技术核心，持续增强低代码开发、集成、主数据管理、流程管理、RPA等技术能力，打造一体化低代码平台，持续释放开发生产力，帮助企业快速响应瞬息万变市场需求，构筑企业韧性体系。

人财税：金蝶面向大、中、小微市场，持续推出多样的解决方案和产品，以设计与服务思维帮助客户面对全新时代背景下的人、财、税管理问题，帮助客户实现用数字战斗力向管理要效益。

生态：金蝶致力于构建一个共商、共建、共生的大生态。借助咨询、产品、实施与开发、渠道、服务等多样化的生态力量，金蝶将更好地触达及服务客户。金蝶亦将持续投资于苍穹PaaS平台、应用市场，构建生态赋能与发展体系，能使生态伙伴专注于其优势的领域，共享数字经济盛宴。

客户成功：贯彻"全心全意为企业服务"的使命，金蝶加速构建客户成功方法论、客户成功架构及客户成功云，为客户提供全新一代的全旅程的客户成功服务，能使企业及企业人员成功、成长、成就。

产教融合：金蝶精一信息科技服务有限公司作为金蝶集团的全资子公司，依托金蝶在企业数字化领域的核心能力和优势，基于企业应用案例和用人需求，开展产业学院、专业共建、校企合作班等多方面的合作；打造人才培养与输送平台，实现学生与金蝶生态企业的链接，助力高质量实习就业。

1.2 对财务数智化转型发展的理解与认知

金蝶作为一家企业管理服务平台，服务超过一半的中国500强企业和一半以上的专精特新企业，在金蝶与这些企业的交流和服务过程中，观察和了解到我国企业财务数智化转型的现状，可以从集团企业的财务核算、企业绩效管理、税务管理、资金管理、管理会计五个维度进行解读，如图A06-1所示。

图 A06-1 集团企业财务五个维度

财务核算领域：集团企业正在从财务共享走向财务中台，业务的多元化发展和业务的高速增长，要求财务系统能够更敏捷地响应业务变化，同时，财务要更紧密地与业务融合，及时反映经营数据并提供更有效的决策支持。

预算管理和合并报表领域：从关注预决算结果到关注企业绩效，集团业务变得越来越复杂和多元，投资控股关系日益繁杂，这就要求集团要不断提升其管控力度；对标世界一流财务管理系统，要求企业不断强化合规精准核算报告职能、构建纵横贯通的全面预算管理体系。

税务管理领域：企业的关注从发票管理走向智慧税务。随着税务法规和外部监管环境不断变化，税务产品需要响应其合规要求，注重实操的便利，以及跨地区经营、跨国企业的综合税务管理，同时随着征管端从"以票管税"到"以数治税"的变化，企业应强化税务风险管理。

资金管理领域：从注重现金管理到建设全球司库管理体系，企业在关注资金安全和资金运转效率的同时，重视对资金数据的分析和应用，尤其在央国企集团，根据国资委《关于推动中央企业加快司库体系建设 进一步加强资金管理的意见》，均在积极推动司库体系建设，进一步加强资金管理。

管理会计领域：从分析报告到洞察数据驱动，强化精益科学成本管控职能，构建全面有效合规风控体系和智能前瞻的财务数智化体系。

金蝶观察到财务管理的四个新趋势：

趋势一：从小财务到大财务，以协同为核心、利用数字化技术构建业财新生态。财务管理从聚焦核算职能、以核算工作为主、关注价值核算的核算型财务转变为聚焦于价值创造、成为赋能体系、关注生态圈整体价值引领的生态型财务。

趋势二：数字化时代催生新的财务管理模式，随着云计算、大数据、人工智能等新技术飞速发展，使得一些财务理论和服务理念产生了新的变化，过去的基于价值法进行核算的财务理论，逐步与事项法、三式记账法等多种理论融合，全面服务于企业发展与生态建设；过去因记账方法、工具限制必须设置会计的基本假设，包括固定的会计主体、会计分期、货币计量等，在数字化时代逐步演化为动态主体、实时核算、多维度计量；财务边界正在与业务相互融合、渗透，数据范围正在向外蔓延，分析手段从事后评价向事前预测发展，财务结果呈现方面则由专业领域向数据自主服务过渡，服务对象也由过去的特定对象转换为服务及赋能每个人。

趋势三：加快建设世界一流财务管理体系，围绕更好统筹发展和安全、更加注重质量和效率、建设以"支撑战略、支持决策、服务业务、创造价值、防控风险"为目标的世界一流财务管理体系，进行理念、组织、机制、功能手段四个变革，强化核算报告、资金管理、成本管控、税务管理、资本运作五项职能，完善全面预算、合规风险、财务数智、能力评价、人才队伍五大体系，提升企业的价值创造能力，强化企业的竞争力、创新力、控制力、影响力和抗风险能力，帮助企业全面对标世界一流。

趋势四：会计数字化体系发展和数据标准化，财政部2021年12月30日印发《会计信息化发展规划（2021—2025年）》，将推动会计信息化制度规范和数据标准化的建立，有效发挥会计数据的价值，并支持会计职能对内对外拓展。包括建立健全覆盖会计信息系统输入、处理、输出等各环节的会计数据标准，形成较为完整的会计数据标准体系；完善会计信息化工作规范、软件功能规范等配套制度规范，健全会计信息化安全管理制度和安全技术标准；有效发挥会计数据在经济资源配置和单位内部管理中的作用，在安全可控的前提下，初步实现监管部门间会计监管数据的互通和共享。

2. 产品介绍

2.1 产品与解决方案综述

目前主要业务包括云Erp业务，EBC云服务，及其他金蝶系列云产品，覆盖财务云、供应链云、制造云、采购云、营销云、人力云、协同云等多领域，已为超740万企业及政府提供相应服务，如图A06-2所示。

- 云Erp业务有面向中小微企业的KIS云、面向大型集团型企业的金蝶EAS Cloud以及面向企业人力资源的人力云等；
- EBC云服务以金蝶云（苍穹、星瀚、星空、星辰、精斗云等）为核心；
- 金蝶系云服务，包括天燕云（新一代智能化政府财务软件）、我家云（物业产业服务云）、车商悦（汽车行业数字化解决方案）、管易云（电商企业管理软件服务）、账无忧（互联网智能财税SaaS平台）、智慧记（个体小微商户智慧经营服务）等面向行业的云服务产品，共同发展形成金蝶云生态体系。

图 A06–2　金蝶主要业务及产品

2.2　数字化总体架构说明

2019 年，Gartner 公司首次提出了 EBC（Enterprise Business Capability，企业业务能力）这一概念，在此概念基础上，金蝶和信通院不断发展和完善 EBC 的内涵和理论基础。

在数字化背景下，EBC 特指企业数字化业务能力，包括数据驱动业务的能力、链接和服务客户的能力、链接和管理万物的能力、链接和赋能伙伴的能力、链接和赋能员工的能力，如图 A06–3 所示。

图 A06–3　企业数字化业务能力

金蝶 EBC 由金蝶 EBC 技术平台（PaaS）和金蝶 EBC 业务平台（SaaS）构成。

金蝶 EBC 技术平台，即金蝶云·苍穹平台，由技术能力平台、应用能力平台、数据与智能能力平台、开放能力平台四大能力平台构成。技术能力平台采用现代化架构提供可组装的技术底座；应用能力平台提供应用 PBC、数字孪生 PBC 的构建和组装；数据能力平台提供数据 PBC、分析 PBC 的构建和组装；开放能力平台提供开放技术、生态机制，支持多平台应用的组装。

金蝶 EBC 业务平台，是由金蝶和 ISV 基于金蝶云·苍穹平台，面向大中小型企业市场构建和组装的预组装应用平台，包含以金蝶云·星瀚为核心的大型企业 SaaS 解决方案、以金蝶云·星空为核心的中型企业 SaaS 解决方案和以金蝶云·星辰为核心的小微企业 SaaS 解决方案。

金蝶 EBC 为不同规模企业提供预组装应用的 SaaS 解决方案和 PBC 能力库，通过金蝶云·苍穹平台构建和组装，或重新组装相应企业业务需求的场景化应用，构建企业 EBC 的数字化业务能力平台，如图 A06-4 所示。

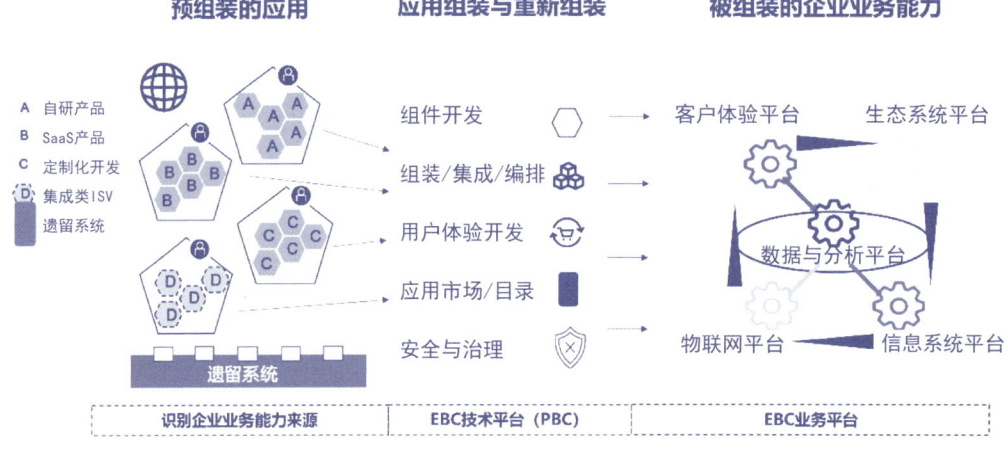

图 A06-4　数字化业务能力平台

目前，金蝶通过自研、与客户、ISV 共创的方式，已沉淀了丰富的"PBC 组件库"，通过 EBC 技术平台可以低成本、高效地构建和组装企业 SaaS 应用，如图 A06-5 所示。

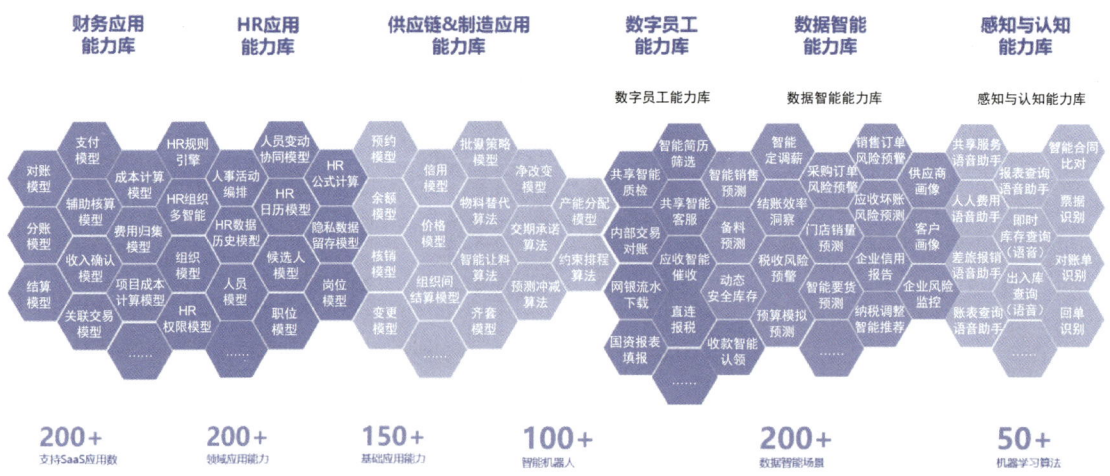

图 A06-5　PBC 组件库

2.3 数字化能力具体介绍

金蝶以"人人""生态""体验"为设计理念,提供完整的企业级 SaaS 云服务,包括员工服务云、财务云、供应链云、制造云、采购云、营销云、人力云、协同云等。

在财务领域,金蝶融合新理论,利用新技术,构建了全新的事件驱动会计的体系,在此基础上重构财务中台、企业绩效、税务管理、司库管理和管理会计等功能,如图 A06-6 所示。财务中台领域,主要通过事件库、智能引擎构建财务处理中心、业财数据中心;并提供智能化的商旅、报账、派单、审核、核算、结算、质检等通用功能,在完成财务核算的基础上,全面提升系统的可组装能力。企业绩效领域,系统提供了合并报表的智能化合并、财管报融合能力,在预算管理领域提供编控一体的全面预算,并支持沙盘模拟功能,帮助企业事前算赢。税务管理领域,主要提供智能发票管理、全税种纳税申报、税企直连、税务风险管理、智慧税务洞察等。司库管理领域,主要提供全球账户管理、智能付款排程、全球资金结算、自动收款认领、智能资金计划与预测、全球资金集中调配、票据资源调配、融资统筹以及决策分析等。管理会计领域,包括利润中心平行核算、标准/实际成本管理、多维度盈利能力分析等。

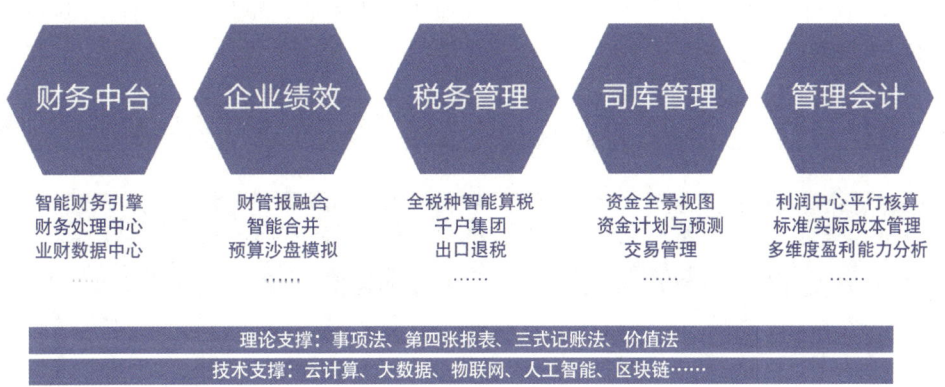

图 A06-6 事件驱动会计体系

2.3.1 事件驱动会计

各个业务系统记录的业务数据,需要统一数据标准,并实时、全面与财务数据融合,用于驱动企业经营,赋能人人,金蝶建立了业务事件及会计事件模型,集中、精细、融合地存储业财数据,并通过算法与模型完成数据的组织与应用,形成会计凭证、财务报表、绩效分析等输出结果,同时,为管理者、专业岗位甚至企业全员提供可自主订阅的数据服务,如图 A06-7 所示。

2.3.2 多维数据库

金蝶完全自研的多维数据库,获得 12 项国家专利,相比"内存多维计算引擎+关系库",多维数据库实现存储计算一体化、零数据加载、零数据丢失,实现报表秒级计算及展现;相比于关系数据库,多维数据库的查询效率提升 30 倍,写入耗时缩短 10 倍,计算速度提高 50 倍,数据存量大幅减少。自上市以来,已历经近 300 家客户的验证,在数据安全性、可靠性、一致性上有充分的保障。

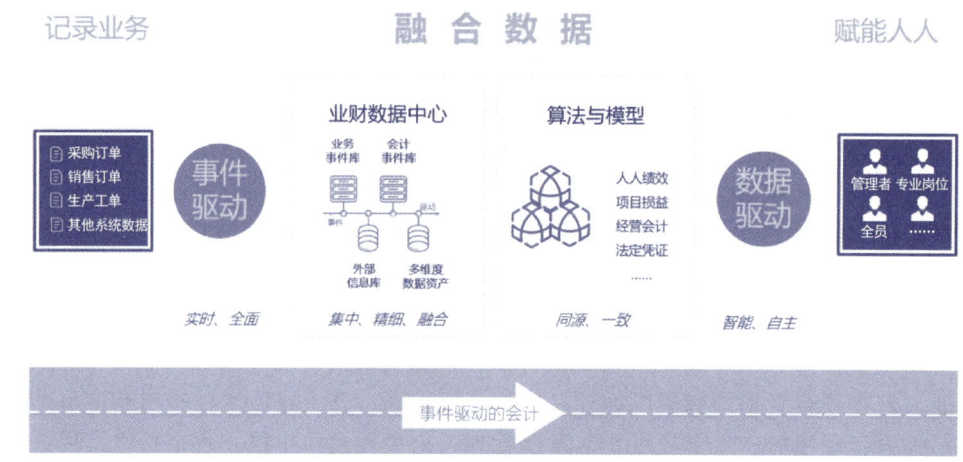

图 A06-7 事件驱动会计

2.3.3 财务中台

财务中台,在企业级 PaaS 平台基础上,构建可组装、智能化的财务中台,在国内某知名家电集团,融合 8 大财务循环,构建了 18 大通用能力中心,赋能前台敏捷应对业务变化,如图 A06-8 所示。

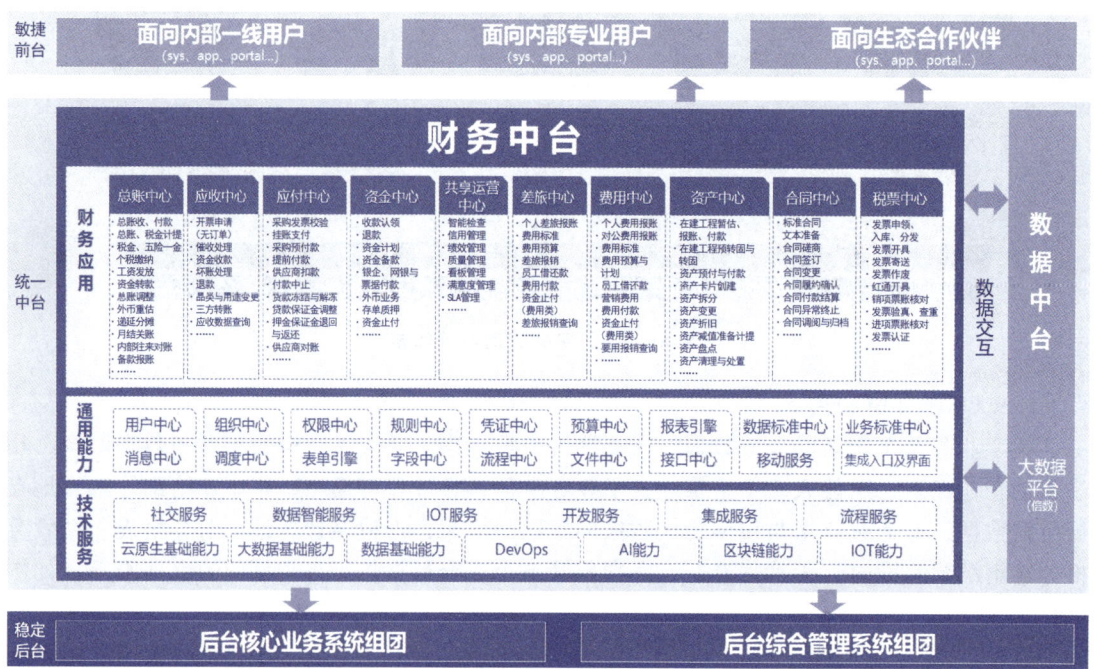

图 A06-8 社会化财务数据中台

可组装的企业级 PaaS 平台,是技术能力平台、应用能力平台、数据与智能能力平台、开放能力平台四大能力平台的组合。

电子凭证池,金蝶云已全面实现财政部推动的电子凭证会计数据标准化,支撑企业构建的社会化财务数据中台。

2.3.4 智慧税务

"软件+服务"的模式，助力企业开启数智化税务管理新模式，如图A06-9所示。可实现取数规则去代码化，可随业务规则变化随时更改；提供各场景预置算税底稿，自动算税、自动填报，帮助企业智能算税；智能适配底稿和申报表、依据政策变动自动更新；穿透溯源、作业留痕。

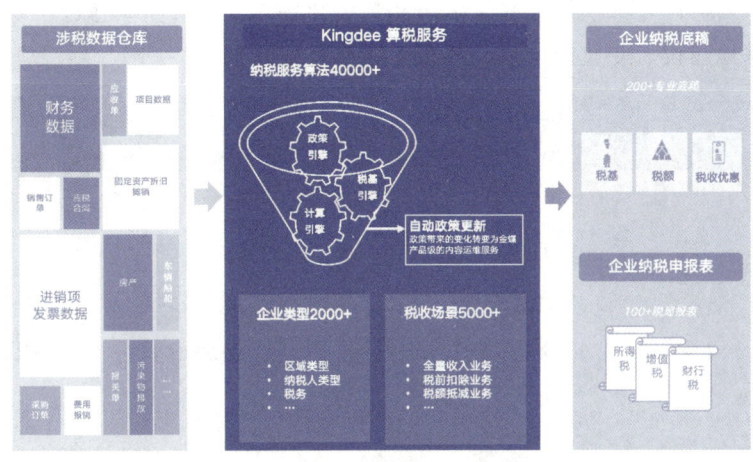

图A06-9 智慧税务

2.3.5 全球司库

以打造大企业管理型全球司库为目标，支撑资金业务运营的同时，实现企业金融资源价值最大化，以新技术与场景化驱动设计，让资金业务处理自动化、风险控制智能化以及资源配置决策智慧化，以产业生态视角统筹企业内外部金融资源，向内与向外进行生态合作与赋能。

2.3.6 管理会计

数据驱动的人人财务，在满足企业责任中心会计、标准成本管理、实际成本管理等多维度并行核算的基础上，助力企业盈利能力分析和数据服务于业务。

盈利能力分析基于财务报告、结合业务数据，从管理口径上调整处理并切分成内部管理损益分析报告，支持企业精细化管理需要，如图A06-10所示。

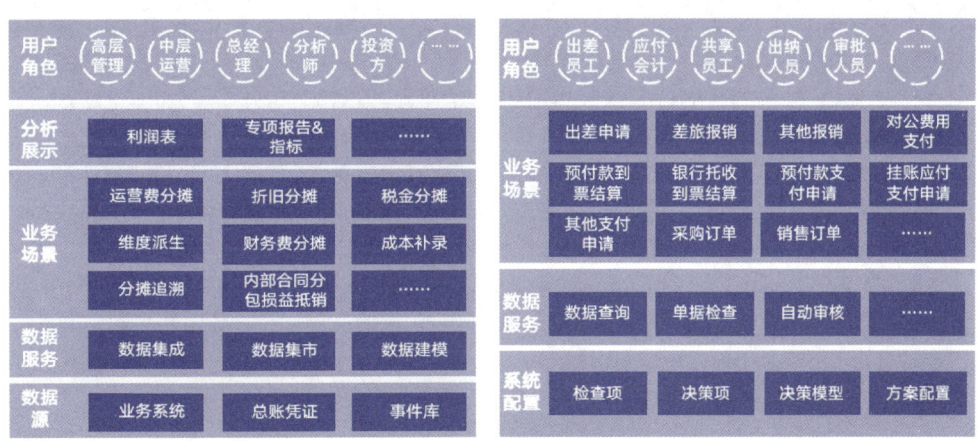

图A06-10 企业精细化管理

2.4 校企联合数字化人才培养

2.4.1 数字产业学院建设

在《现代产业学院建设指南》的指引下，金蝶充分发挥产业优势，深化产教融合，推动高校联合共建数字产业学院，如图 A06-11 所示。包括智能财务学院、数字商业学院、数智应用学院、软件产业学院等，合作内容涵盖人才培养、师资团队建设、实践教学课程建设、生产实训基地建设、专业资源建设等校企合作模式。

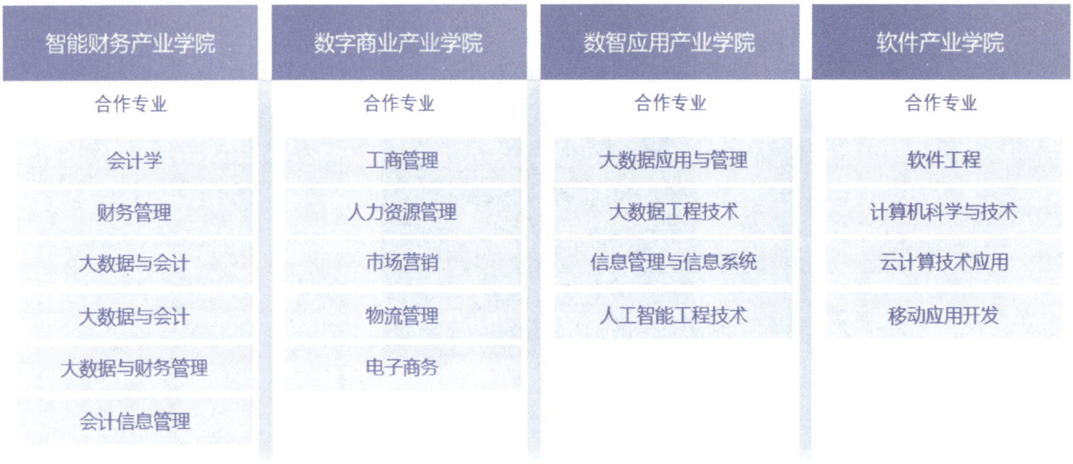

智能财务产业学院	数字商业产业学院	数智应用产业学院	软件产业学院
合作专业	合作专业	合作专业	合作专业
会计学	工商管理	大数据应用与管理	软件工程
财务管理	人力资源管理	大数据工程技术	计算机科学与技术
大数据与会计	市场营销	信息管理与信息系统	云计算技术应用
大数据与会计	物流管理	人工智能工程技术	移动应用开发
大数据与财务管理	电子商务		
会计信息管理			

图 A06-11　数字产业学院

2.4.2 校企联合专业建设

金蝶与高校基于专业建设顶层设计、人才培养方案、特色课程建设、教学数字化升级、师资队伍建设等提供专业共建解决方案。根据行业和产业发展及时分析专业岗位能力特点，建设适应"大智移云"技术融合的专业群课程体系，如图 A06-12 所示，通过校企合作，实现专业特色显著、院校品牌突出、就业渠道拓宽的合作目标。

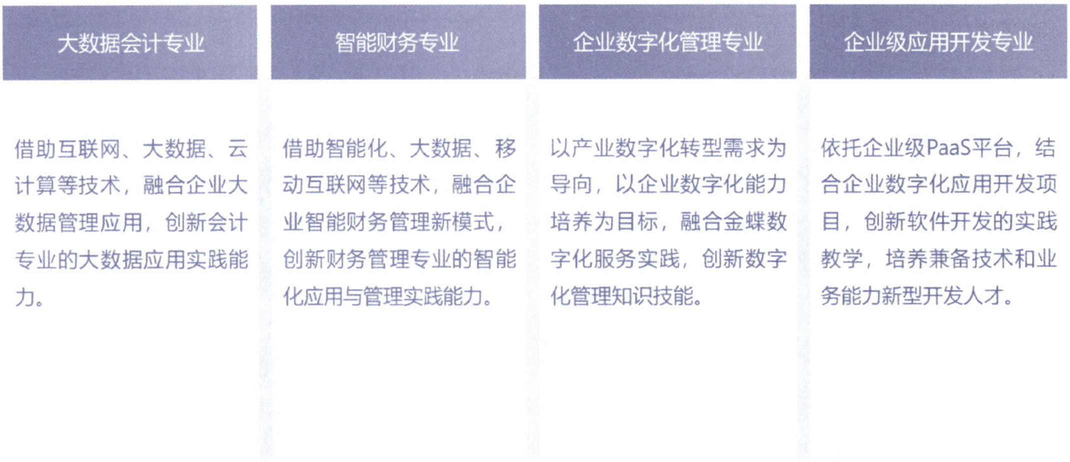

大数据会计专业	智能财务专业	企业数字化管理专业	企业级应用开发专业
借助互联网、大数据、云计算等技术，融合企业大数据管理应用，创新会计专业的大数据应用实践能力。	借助智能化、大数据、移动互联网等技术，融合企业智能财务管理新模式，创新财务管理专业的智能化应用与管理实践能力。	以产业数字化转型需求为导向，以企业数字化能力培养为目标，融合金蝶数字化服务实践，创新数字化管理知识技能。	依托企业级PaaS平台，结合企业数字化应用开发项目，创新软件开发的实践教学，培养兼备技术和业务能力新型开发人才。

图 A06-12　专业群课程体系

2.4.3 实训实验室建设

金蝶与院校合作共建联合实训实验中心，通过环境改造、硬件升级、软件拓展的方式，共建"金蝶云管理实验室""智能财务实验室""财务大数据实验室""PaaS应用开发实验室"等实训实验中心，如图A06-13所示，推动实践教学的数字化升级、数字化课程体系建设。

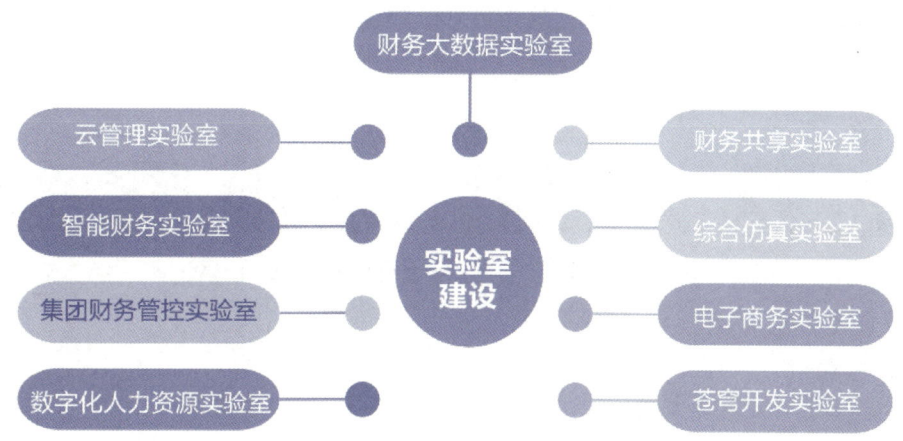

图 A06-13　实验室建设

2.4.4 人才培养基地建设

金蝶联合院校在校内建设生产性实习人才培养基地，如图A06-14所示，金蝶派驻专职人员及导师，从理论、实践到就业一体化来设计人才培养体系，通过招聘选拔、岗前培训、顶岗实习、轮岗实习、推荐就业五个步骤实现学生到职场精英的过渡；基地全面引进金蝶数字化应用系统及企业数字化应用课程体系，依托金蝶提供真实企业业务，通过课程融合、师资培养等为学生在校社会实践提供保障。

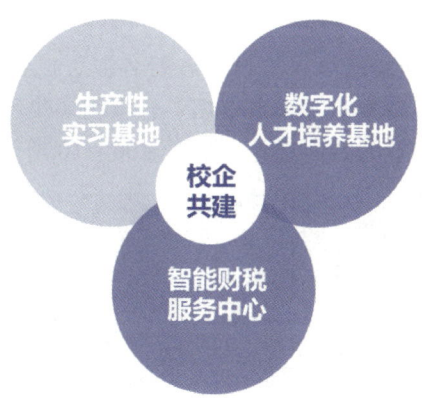

图 A06-14　校企共建

2.4.5 校企合作实习与就业服务

金蝶携手院校开展实习班、特色班、精英班等定向人才培养合作，包括招生与选拔、数字化应用技能培训、项目化实践实习、推荐就业四个部分。校企合作班的建设顺应时代发展，引入企业真实操作与业务，帮助学校进行真实职场环境建设和内涵建设；通过理实一体化的课程，融合职业素养提升特色课程，培养学生职业化能力，具体如图A06-15所示。

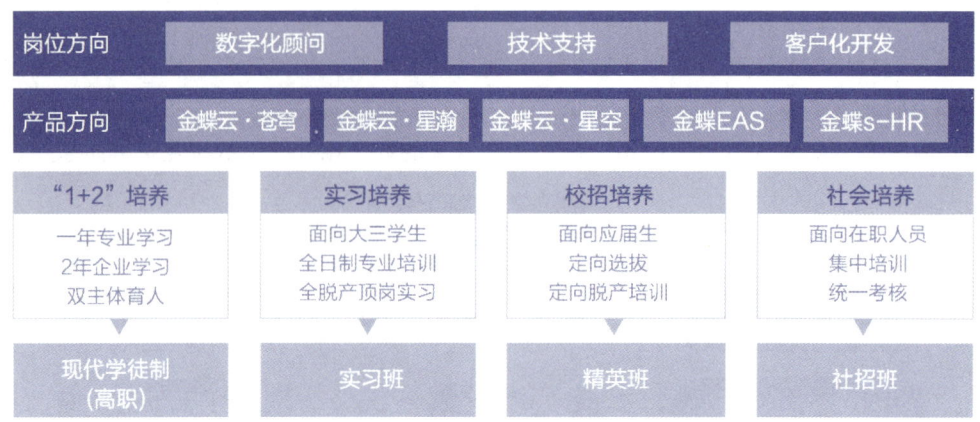

图 A06－15　校企合作实习与就业服务

3. 典型案例

在工信部《推动企业上云实施指南（2018—2020年）》的推动下，全国各地上云热潮涌动。企业上云，不仅要"知所云"，更要"为所用"。金蝶作为国内领先的SaaS厂商，已与亚马逊AWS、阿里云、华为云、京东云、腾讯云等顶级IaaS厂商进行战略合作，共同推进中国企业上云。

目前，金蝶云入选17个省区（广东、江苏、湖南、浙江、四川、山东、湖北、贵州、安徽、河北、山西、广西、陕西、云南、宁夏、内蒙古、黑龙江）26座城市（广州、佛山、珠海、东莞、汕头、南京、长沙、杭州、宁波、金华、贵阳、台州、成都、济南、济宁、武汉、太原、天津、重庆、西安、无锡、昆明、银川、哈尔滨、石家庄、呼和浩特）政府发文推荐厂商目录。

近30年的发展历程中，金蝶已深深根植于各行各业，成为包括华为、招商局集团、万科、温氏集团、德龙钢铁、河钢集团、云南中烟、合生创展集团、华侨城集团等行业标杆的合作伙伴，以及超过740万企业的共同选择，如图A06－16所示。

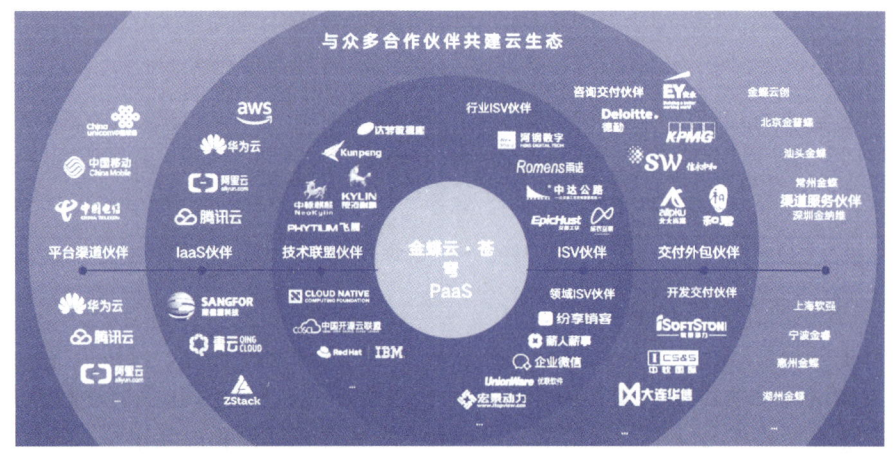

图 A06－16　金蝶服务客户

4. 主要特点

4.1 产品配置多样化

金蝶 EBC 为不同规模的客户提供不同的产品；提供细颗粒度的可组装的 SaaS 产品服务，企业按需选择模块租用；按照用户数量阶梯报价。

4.2 咨询实施能力

金蝶为客户提供咨询实施一体化服务，提供集团大企业直营＋本地化服务，持续开发持续交付。建立了产品从内部赋能到客户应用全周期的知识管理体系，以及客户体验全旅程线上体系；同时，与埃森哲、四大、中软、软通动力等国内外一流机构结成金蝶云的咨询实施伙伴关系。

服务后期效果显著，管理、技术、业务都得到了提升，如图 A06-17 所示。

图 A06-17 服务后期效果

A07 华盟科技财税数字化

1. 厂商介绍

1.1 基本情况

华盟科技咨询（深圳）有限公司（以下简称"华盟"）是一家基于云计算的税务合规软件和解决方案提供商，创始人主要来自国际四大，有多年大企业税务信息化数智化建设的实际经验。

华盟科技咨询（深圳）有限公司成立于2019年，总部位于中国深圳数字技术园，在上海、北京、广州、苏州、香港等地设有办事处。华盟核心产品是自主研发的华盟·税纪云平台（New NewTaxera），助力企业线上管理中国甚至全球复杂烦琐的税务合规任务，降低管理成本，提升操作效率，预防税收风险，顺应后疫情时代的各类远程办公需求。

华盟的商业模式是以税务管理为核心，向企业提供"软件＋服务＋咨询"一体化解决方案。作为初创型企业，未来愿景是助力企业实现税务自动化和数智化、降本增效、应享尽享、税务筹划。

2022年，华盟完成了第一轮机构融资，由深创投和梅花创投领投，光远资本和深创投索斯福跟投。2023年，华盟正式成为SAP全球生态合作伙伴，面向SAP全球客户提供智慧税务一站式解决方案；华盟正式入驻华为云商城，成为华为云创新中心潜力伙伴。

1.2 对财务数智化转型发展的理解与认知

当今时代是数字时代。数字化信息影响全球经济走向、社会发展进程，同时对企业生存、人们生活产生影响。工业互联网成为驱动经济发展的新引擎。作为企业，需要顺应时代发展，紧跟时代潮流，实现全面转型。

数字化是当前企业财务税务领域发生的最深刻的变化，企业财务、税务数字化转型正在依托科学技术运用逐步成为现实，基于大数据、机器学习和人工智能的数字化技术，为企业财务税务转型升级奠定了深厚基础。企业财税数字化的背景主要包括以下原因：

（1）国家顶层设计。2021年3月，中共中央办公厅、国务院发布《关于进一步深化税收征管改革的意见》，意见中提出了我国税务2021~2025年的发展规划，提出逐步由"以票治税"过渡到"以数治税"。

（2）企业参加国际竞争需要。改革开放以后，我国企业逐步走出国门，参与国际市场竞争。为了积极参与国际竞争，提升企业在国际市场发言权，国家积极扶持企业，搭台促进企业发展。

（3）社会背景。从宏观方面来看，社会各方面由高速扩张向高质量发展转化；从微观方面来看，企业全面转型：由管控型向创新型发展，业务场景由流程驱动转向数据驱动，由业财分离转向业财融合，由守护价值转向创造价值。

目前，国内企业财税数智化转型的主要需求为：

（1）弥补税务管理数字化市场空白。根据调研显示，改革开放以后我国税务体系和税务制度不断完善跟进。时至今日，中国税收体系、税收制度已经相对完善，税务相关人事管理及周边服务领域已趋于成熟。但是缺少税务全方位管理，税务数字化管理方面存在空白。

（2）减少企业缴税合规风险。税收是国家财政收入的主要来源，为保证国家财政收入，国家各级税务机关逐年加强税收管理。为避免出现偷税漏税现象，税务机关加大对税务税收数字化管理，这要求企业在数据管理层面、数字化工具支撑层面拥有技术支撑和技术保障，来满足和应对税务机关日趋严格的互联网＋征管的要求。

（3）应对税务机关数字化管理。随着时代快速发展，"大数据"已成为税务征收管理的重要手段。根据全国各级税务机关查缴税务案件，发现补税、漏税依靠大数据数字化手段。

（4）降本增效。通过现有的数字化转型的方式可以帮助企业降低系统整体投入成本、人员成本，提升效能，并将现有人员从烦琐的税务工作中解放出来，迁移到更高附加价值的工作岗位中，从而实现降本增效。

2. 产品介绍

2.1 产品与解决方案综述

为了提升企业的税务管理自动化、智能化和可视化程度，华盟自主研发了税纪云平台，为企业提供一站式智慧税务综合管理和自动财税转换申报服务，如图 A07-1 所示。

图 A07-1　华盟·税纪云 SaaS 平台

SaaS平台运用互联网服务模式重构了税务工作的各个环节，对税务服务流程进行了全面的优化升级。SaaS平台具备计税申报、集团管控、风险预警、税务分析、一键报税五项功能，通过集中管控、集约化作业、税务共享、计税自动化、申报自动化五方面来降低系统投入成本、人员成本，提升效能，并将现有人员从烦琐的税务工作中解放出来，迁移到更高附加价值的工作岗位中，以此满足企业降本增效的核心诉求。

华盟·税纪云平台可根据企业自身情况选择所需模块。除了标准SaaS产品，企业也可选择本地化部署或做定制化开发。

2.2 数字化总体架构说明

华盟·税纪云智能税务如图A07-2所示，华盟产品定位做到两个链接。第一个链接华盟·税纪云可以链接企业的财务系统与税务机关、对外的监管机构。一方面企业财务税务信息归纳收集、数据烦琐复杂，另一方面各级各类税务机关、监管机构要求不一。华盟产品作为一个信息化技术平台根据不同需要做对应的加工与分析，提高企业税务工作的效率，减少企业税务工作差错，满足企业链接周边财务系统需求，方便税务机关监管机关采集信息。第二个链接，华盟·税纪云产品可以辅助企业链接内部所有的周边系统，包括合同管理、费控、OA系统等，也包括资金对接系统。

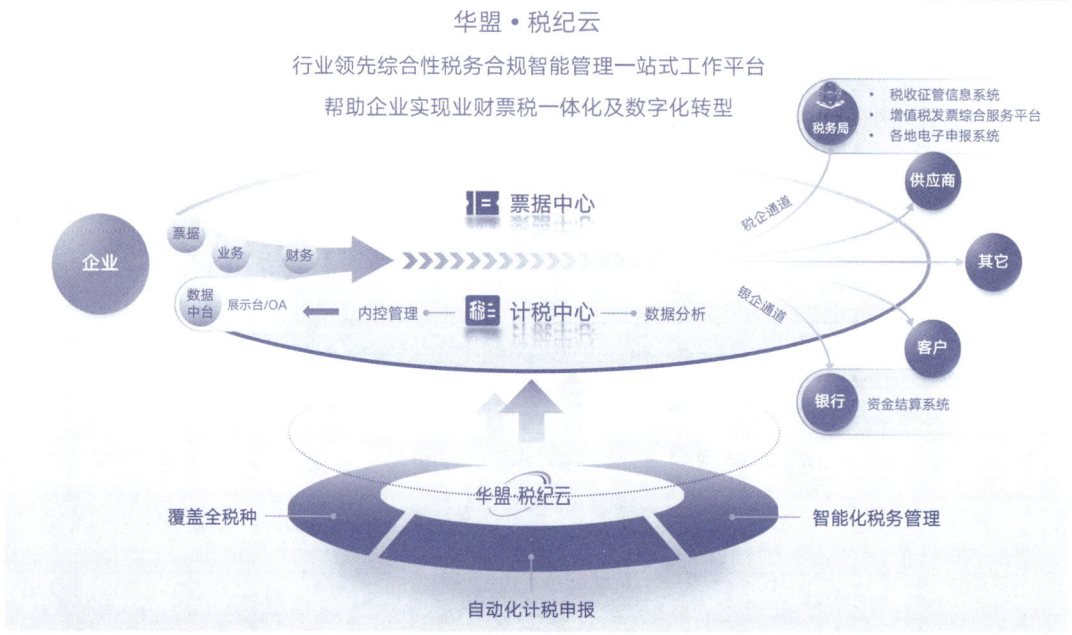

图 A07-2 华盟·税纪云智能税务

华盟·税纪云平台实现了纳税申报自动化，包括自动化数据采集、智能纳税调整（企业所得税覆盖12大模块70+税会差异点）、配置化税款计算、一键申报。税纪云平台可以透视企业涉税数据和税务风险，承载企业涉税台账、档案等日常管理工作，实现税务管理全生命周期系统化。平台整合企业合同、费控、票据、财务、税务等系统，打通企业内部业、财、税数据的流转路径，实现高度自动化，大幅降低税务管理复杂度和人工成本，快速提升纳税申报效率和质量以及合规遵从度。

税纪云平台将传统的"线下+手工"纳税申报和税务筹划服务，转移到"线上+自动"的平台作业方式，让更多的企业可以通过SaaS平台，以较低的成本，分享我们的专业知识和经验，以及享受平台提供的专业、智能、简单高效的全税种纳税申报和税务管理服务。

华盟·税纪云平台提供整体架构服务模式：管理决策、税务操作、系统运营。税纪云平台整体架构从上至下分为三层，底层是系统运营，包含基础设置、系统管理、机器人总控。中间层是税务操作的合规层，这里面涉及个人申报管理、公司税申报管理、税务专项管理、转让定价、发票管理、税务会计等。这个层面能够帮助任何一个企业做到全方位的合规要求。最顶层是数据分析，风险运行和知识管理，帮助企业去做精细化管理，对应的决策分析。同时，税纪云平台还有对应的App端。每一个账户的PC端和App端均可以即时同步。

2.3 数字化能力具体介绍

2.3.1 法规库

汇集了目前可见的财税类法规。一旦税务机关、监管机关发布税务政策或者税务条理及时调整，法规库会即时同步国内和国外的财税法规的变化。对于国内，华盟·税纪云的客户可以通过App端或者PC端每天早上同步所有省市区的财务税收法规的变化，方便客户浏览，帮其了解财务税收法规变化，调整企业战略、布局。

对于国外，主要包括不同国家，具体分为发达国家、发展中国家。对于地区间合作中产生的条例，例如双边协定或者其他核心税收政策，法规库也会进行搜索收集。并且在华盟·税纪云法规库平台里面，平台也会进行大致的分类，具体包括税收、海关、外汇、会计；商务部分包括上市、跨境。

法规部平台内容，可以跟随企业用户同步，自动过滤信息。最终过滤后的数据可以帮助不同的企业区分它们的税种要求、行业要求及地域要求。例如，一个位于深圳的房地产公司，为了满足地处深圳的发展需求，平台会针对性地将涉及广东省，甚至广东广西地区相关法律法规进行推送，尤其是针对于房地产行业所相关的增值税、所得税、储增税等法规的变化进行及时的推送。税纪云平台法规库能够满足企业对于税务法规变动的需求，精准服务企业。

2.3.2 集团管理

通过税纪云平台可以看到集团及其所有分子公司税收的数据情况，即税表的数据统计。同时可以看到各个分子公司的纳税申报任务的执行情况。还可以批量作业，例如批量采集数据、批量执行计税动作，批量申报等。集团管理是对共享作业概念的实践，可以更好地实现税务共享。

平台的集团管理的模块服务于很多大型集团的CFO或者税务总监。首先，企业税务有其相对比较特殊的组织架构，很多企业的税务组织架构并不是一个简单的股权架构，有时会包括税收管理的要求。比如零售行业，零售行业经常会有非税号的跨省汇总，或者省内的增值税的集中申报。在这种情况下，税务的结构就不是以法人或者是股权为维度的组织架构。它是一条特殊的税务组织架构。这个复杂的组织架构通过平台能够帮助企业税务从业人员更加灵活地进行不同报表的拆分，并针对拆分后的表格做对应的统计分析。

平台合层中的集团管理收集了海量的企业的票据数据、业务信息、财务信息、科目余额表、明细账和纳税申报的底稿和申报表。掌握价值突出的数据，企业高层管理人员可以快速便捷做好税务的分析工作，除去重点税源或者迁户计划是企业定期向税务机关外部监管机构要报送的。

同时很多大型企业，尤其是央企国企面临督查或者检查，有时需要查找某一个特殊行业形态或者在某一个地区一段时间内的税收贡献，汇报税务工作。如果数据在线下，即使这个数据很小也需要人工花费一定时间查找。如果企业集团过于庞大，可能统计查找更麻烦，难度较高。税纪云平台已经提供数据线上模式，企业所有的基础信息保存在线上，并且通过灵活配置的组织架构，就可以快速找到相对应的信息，进而根据信息展开统计分析。

2.3.3 风险预警

包括一致性分析、合理性分析、税负分析和趋势分析共四项分析。通过大数据分析提升企业内部的税务筹划能力，助力企业提升税务合规性。由于企业经营有风险，为了降低企业经营风险，平台会提供企业经营参考指标。税纪云平台建立了企业指标的庞大数据库，涵盖了企业经营的上千个不同的指标，对应上千个不同的场景。每一个企业可以结合自身经营实际对应部分的指标库和场景库的数据。企业负责人根据数据库指标，可以参考对自身经营企业的税务健康状况作出判断，作出企业经营的下一步决断。

税纪云平台整合资金，采购了上市公司的数据库、专门用于税务分析的数据库，其中包括转让定价的数据库，并且定期更新数据库。不同类型的企业可以根据数据库里面的信息，对标企业的财务数据和税务信息，再利用我们人工智能的方式去做抓取，经过这个加工过程得到风险指标，得出企业所对应的这个风险值。整体而言，通过这样一套流程操作，税纪云平台可以利用相关数据帮助企业做好更加及时有效的风险预警，避免或者降低企业损失。

2.3.4 大数据分析

通过对用户公司票财税历年数据指标进行趋势分析，结合上市公司的数据与同行业进行对比分析，对税筹形成支撑作用。

2.3.5 税务管理运营

税纪云平台提供全税种一键申报，以下是几种比较重要的税种申报：

（1）增值税申报：增值税模块涉及销项的确认、进项的确认、视同销售以及优惠适用四方面。税纪云平台能够就最终生成增值税的五张表进行自动申报，全程无须人工干预，企业生成报表后可直接进行报税。

（2）企业所得税申报：税会差异场景的识别已内嵌至税纪云的汇算清缴板块。目前华盟财税科技的专业团队将原来的咨询经验内嵌到整个平台的各个模块内，企业可以依托这些模块的功能，通过引导式的方式自动对接输入数据或人工输入数据后就可以根据后台具体规则，计算出汇算清缴的37张表。

（3）关联交易申报：关联交易申报包括关联业务往来申报、纳税申报管理、档案管理、数据库四项内容。可以完成数据的查阅、资料的对比分析等一系列动作。

（4）个人所得税：个人所得税功能支持雇员纳税申报、非雇员纳税申报、文档的管理和 App 的处理。

（5）出口退税：税纪云平台可以提高申报效率，退税申报全流程一体化在线处理；单据采集和处理全自动化、配单智能化、税局交互线上化。其次，合规与风险监控，出口环节全流程监控、单据处理全节点管理票据、供应商、货源地预警监测。最后，无纸化管理，申报及备案资料全套电子化归档，备案单证电子化管理。

（6）转让定价：基于关联申报数据，从企业风险、集团风险和专项风险等多维度、多层面分析，协助管理层进行全面风险管理；引入事前预算数据，实现事中交易数据实时监控，为企业有效针对关联交易定价安排进行前瞻性预测和及时调整提供平台；大数据库涵盖中国上市公司多年公开披露的财税数据，实现同业利润分析自动化，为企业对标同业水平提供技术支持；报表自动生产，可实现关联交易申报表一键申报，提高申报效率并完善申报审批流程；可比性分析平台（在建）将结合资深行业专家丰富经验，预设常用分析指标、预判定可比度，提高可比公司筛选过程自动化程度。

（7）海外税申报：华盟企业走出去——海外税申报平台 Taxcellent 目前已完成香港利得税计算表的数字化解决方案，以及计税标签（Tag）和 iXBRL 的自动生成。

总之，税纪云平台集成了智能税务管理和自助自动财税转换申报，是财税人员的得力助手。税纪云平台对接企业财务系统采集数据，将财务数据自动转换为税务数据，执行智能化纳税调整和税款计算，自动准备纳税申报表并进行申报。平台配备了专业税务服务团队，及时跟进政策动态和更新平台系统，助力企业快捷、高效、准确地完成纳税申报工作，提高企业纳税申报工作效率和税务合规遵从度。税纪云平台是集团公司统筹管理成员企业税务活动的得力工具，集中收集税务信息，透视和管控税务风险，支撑集团税务决策。

3. 典型案例

华盟为各行各业的企业提供平台服务，客户涵盖制造业、零售连锁、跨境电商、物流运输、能源、金融、地产等多个行业的超过 100 家企业，如图 A07 - 3 所示。税纪云产品是已实现所得税汇算清缴全自动化的专业平台。华盟研发团队耗费将近一年时间突破所得税税种，打开大中型企业市场。在"十四五"战略规划期间，华盟还将助力企业走出去，加入中国增值税出口退税和境外国家退税两个税种，并于 2023 年实现跨境关联交易定价全球所得税申报和香港及海外税申报的产品上线。

4. 主要特点

华盟推动企业税务管理数字化转型中，有如下主要特点：

一是专业。结合前国际四大多位资深税务专家数十年经验沉淀，系统内设跨行业 400 多套税务核算底稿、1000 余项税务风险分析指标；支持走出去企业全球化海外税收合规要求。

二是全面。国产化综合税务管理平台，覆盖全行业，拉通全领域，集成"数电发票、全税种申报、转让定价、税务会计、税收优惠、风险预警、法规库、云税课堂"等企业税务管理全场景。

成功案例

图 A07-3 华盟·税纪云服务客户

三是成熟。线上超万家纳税人通过税纪云 SaaS 平台处理核算及申报，集团企业多纳税主体批量完成"一键出表+一键申报"；能源、汽车、零售、物流等行业头部集团企业成功案例。

四是领先。业界领先的"税务领域 PaaS 平台"，可视化规则及图表配置，灵活适配多行业、差异化管理管理诉求；标准 Open-API 接口快速集成；Chat-Taxera（Tax-AI）智能问答。

五是安心。7×24 专属客户成功团队提供"咨询—产品—服务"端到端服务；税务 PaaS 平台助力企业实现"无代码"自助运维，快速响应高频税务法规更新和复杂业财系统的场景变化。

华盟·税纪云在运营中对国内企业产生了多方面的影响。

第一，财税 SaaS 的出现极大地降低了企业财税数字化的门槛；

第二，从最基础的提升财税处理效率，到通过线上化的财税数据分析出运营的规律和寻找业务漏洞；最终达到财税与经营管理的协同，整体财务管理水平明显跃上新台阶；

第三，"全电发票"等"SaaS 软件+服务+咨询"一体化税务管理数字化解决方案协助征管方式的快速落地。

A08 东软集团财务数字化

1. 厂商介绍

1.1 基本情况

东软集团（SH.600718）是全球化信息技术、产品和解决方案公司。东软成立于1991年，是中国第一家上市的软件公司。东软始终洞察时代发展趋势，探索软件技术的创新与应用，赋能全球数万家大中型客户实现信息化、数字化、智能化发展，在智慧城市、医疗健康、智能汽车互联、企业数字化转型、国际软件服务等众多领域处于领先地位。

在企业数字化转型领域，作为企业数字化转型的赋能者，东软凭借30余年的行业深耕经验和技术沉淀，通过软件与服务、软件与制造、软件与各行各业的融合，为运营商、能源、金融、民航、文化传媒、智能制造等众多领域的大型企业客户提供差异化、场景化、智能化的产品与服务，助力企业实现人力、财务、资产、数据、安全、平台等全面数字化转型，成为企业数字化转型过程中值得信赖的合作伙伴，在数字经济时代与企业共进共赢，共创可持续未来。

在国际软件服务领域，作为行业领先的全球化信息技术、产品和解决方案公司，东软面向国际市场以卓越的产品软件工程能力，聚焦客户价值，融合多行业的洞见与30年丰富的交付经验，加速客户产品创新，赋能数字化转型，助力客户商业成长。

在全球，东软拥有20000余名员工，分子公司及研发服务网络覆盖近100个城市。在中国，东软创建了中国第一个计算机软件国家工程研究中心、中国第一个数字医学影像设备国家工程研究中心、中国第一个软件园、第一批国家火炬计划软件产业基地。

1.2 对财务数智化转型发展的理解与认知

至顶网《2018中国企业数字化转型进程调研报告》提到，超过69%的企业已经开始自己的数智化转型之旅。高顿中国未来财务研究院《2021中国企业财务数字化现状及未来展望》指出：46%的财务组织和管理者表示企业内部的业财一体化程度一般，仅部分业务数据能与财务系统对接；25.8%的被访者表示业财一体化程度较弱，仅业务交易数据能与财务系统对接。另外，典型的新技术也为财务数智化转型进一步赋能，包括人工智能、RPA、云计算、区块链等。

通过以往的项目经验，东软总结企业财务数智化转型面临的主要问题和挑战有：

- 技术瓶颈仍待攻克：新技术方兴未艾，仍然存在技术应用难题；当前企业数字化基础仍待夯实，尚未形成完备的技术应用环境。

- 业财一体化流程不连贯：企业重点关注财务部门，没有同步考虑采购、生产、销售等其他部门的数字化转型；企业内部信息孤岛现象广泛存在。
- 复合型数字化人才匮乏："业务＋技术"的复合型数字化人才严重缺乏；数字化转型意识有待增强；员工培养机制不完善。

国资委政策文件归纳出一流财务管理的特征"规范、精益、集约、稳健、高效、智慧"，在此基础上总结企业财务数智化转型发展的趋势有以下几点：

- 深化财务共享、加速跨界融通：财务共享作为财务数智化转型的核心和基础，未来将进一步结合自动化、智能化技术，重塑企业内外财务管理流程和边界。
- 加推司库管理、资金管理升维：《关于推动中央企业加快司库体系建设进一步加强资金管理的意见》《关于中央企业加快建设世界一流财务管理体系的指导意见》等相关文件都强调了司库建设的重要性。
- 从RPA到IPA、财务自动化更智能：在RPA（机器人流程自动化）的基础上，通过与AI（人工智能）技术相结合，辅助NLP（自然语言学习）、OCR（光学字符识别）、ML（机器学习）等技术，进一步提高财务智能化水平。
- 智能财务报告、数据驱动决策：《会计信息化发展规划（2021—2025年）》《"十四五"数字经济发展规划》《关于中央企业加快建设世界一流财务管理体系的指导意见》等相关文件都指出数据对财务决策的重要性和支撑性。
- 数字中台建设、转型加速引擎：数据中台＋业务中台打通企业信息孤岛；底层数据充分赋能业务。
- 智能财税加力提效：金税四期工程以及《关于进一步深化税收征管改革的意见》指出，充分运用新技术赋能财税，提升财税结算申报的效率、推进企业税收筹划。

2. 产品介绍

2.1 产品与解决方案综述

东软财经云产品套件以财务共享运营平台为核心，提供了全球资金管理、全球银企协同、全球报账管理、全球客商协同、全球核算协同、财税管理平台、影像管理平台、电子档案平台、移动应用平台、大数据分析平台、智能客服等一系列的财务智能管理工具，如图A08-1所示。主要特点和价值包括：全球化、社交化、云端化、大数据、智能化。

全球化：①支持多语言化，包括界面的多语化、主数据结构多语化等；②支持国际化日期，包括多国假日表、多国工作日等；③支持多货币，包括多本位币化、跨货币预算控制、多货币统计汇率等；④支持跨境结算体系，包括跨国银行支付、外资银行直连、SWIFT通道等；⑤支持多国会计准则，包括多国会计准则维护、多国会计科目体系、多国税码管理等。

社交化：①提供移动端平台，基于财务报账、线上支付、线上审批等方面的经验，以App的方式给用户提供更加便捷、快速、高效的服务，并整合PC在线界面给集团企业带来多方位的财务管理手段；②提供即时通信工具集成，包括微信、钉钉等平台，实现社交化的

图 A08–1 东软财务共享核心系统

财务处理沟通及服务机制，支持多区域机制以及社交圈的建立；③支持企业集成，可以提供开放数据接口，提供企业内部系统集成。

智能化应用：①智能问答，用户对系统发问之后，系统通过计算理解用户问题含义，匹配知识库中已有的答案数据，给出正确答案，通常用在 To Customer 的业务咨询场景中；②智能客服，面向云平台用户提供开放性在线智能服务、结合语音识别可替代 90% 以上的客服人员工作量，解决客服人员服务水平参差不齐的问题；③IVR 导航，用户通过导航可以处理实际业务请求、通过交互式的沟通方式使得用户办理业务更轻松流畅、通常运用在存在用户业务场景的服务类业务流程；④RPA 智能作业，制定智能审单规则、面向财务共享运营管理平台财务初审岗，减轻人工审单的工作量；通过 RPA 自动抓取银企双方信息，实现智能对账等。

大数据：基于东软 SaCa DataViz 产品，实现客户自助拖拽维度和度量完成数据绑定，设置维度层次组合分析，设置数据聚合方式，支持切换展现方式获取不同分析结果。提供可视化接入数据源、可视化定义数据集等功能，旨在以自助式数据探索与可视化分析方式，帮助企业用户洞悉数据背后隐藏的商业价值，让决策有据可依。

云端化：支持私有云和公有云部署，企业可以根据信息化建设的核心需求，对数据安全性的要求、项目预算、自身 IT 能力等因素来综合选择哪种部署方式。

2.2 数字化总体架构说明

东软集团数字化总体架构如图 A08–2 所示。

图 A08－2　东软集团数字化总体架构

产品套件体系：以财务共享运营平台为核心，提供了全球资金管理、全球银企协同、全球报账管理、全球客商协同、全球核算协同、财税管理平台、影像管理平台、电子档案平台、移动应用平台、大数据分析平台、智能客服等一系列的财务智能管理工具。

技术架构：①高可用性：服务无状态，支持集群部署、兼容主流负载均衡设备，包括软件及硬件负载均衡技术；服务可结合 K8s 的自动伸缩技术，实现服务能力的横向按需扩展；同时通过熔断隔离等手段来提供整个系统的可用性。②可靠性：基于微服务架构，在技术层体系面上，通过分布式架构，满足关键业务事务处理的性能需求、并发用户及用户数不断增长的需求等。系统各服务均可以独立部署运行，微服务之间通过标准协议交互，服务之间保持松散耦合，服务无状态。③易用性：基于一致的 UI/UE 规范，系统提供良好且风格一致的人性化操作界面，使用和操作符合业务人员的工作习惯，在必要的时机提供可视化的操作指引和帮助。④开放性：系统采用开放的 JavaEE 技术体系，不限定特定的软硬件；能够对外提供友好、协议透明的 Restful 接口，并可以根据应用进行授权管理。

创新能力：①全球化：支持多语言、多币种、多国会计准则；②社交化：实现社交化财务处理沟通及服务；③云端化：支持公有云和私有云部署；④大数据：支持可视化数据分析、自助式图表定制；⑤智能化：支持智能问答、智能作业、智能客服、财务机器人（银企机器人、对账机器人等）的应用。

咨询到实施落地的一体化服务：成熟的产品＋丰富的解决方案经验＋优秀的客户化开发能力＝高性价比的东软财经云产品服务。

2.3　数字化能力具体介绍

财经云－FSC 财务报账管理平台是东软推出针对企业事前预算控制、自助报账、在线审批、自动财务核算及财务结算所提供的一整套闭环财务报账信息化流程解决方案，如图 A08－3 所示。通过构建员工及业务部门自助报账、企业信息化内控流程、预算结算核算闭环化流程，实现财务处理高效、核算精细、事前风险防控的管理目标。

图 A08-3　东软财经云-FSC 财务报账管理平台

财经云-FM 资金管理平台为企业集团资金管理提供相对应的解决方案,如图 A08-4 所示。以集中化资金计划、集团资金池、集约化投融资管理意见集中结算为手段,实现企业资金集中管控。

图 A08-4　东软财经云-FM 资金管理平台

财经云-CBS 银企协同平台为企业和银行双方提供业务协同服务的平台和载体,图 A08-5 是企业享受银行金融服务的电子渠道,更是眼下以及未来电子商务的有力支撑和重要组成部分。财经云-CBS 银企协同平台除了帮助企业实现财务共享应用信息系统和多银行的同时接入查询转账支付对账等基本需求外,更能够为财务共享中心提供财务资金结算应用一站式服务。为客户带来资金管理的完全、整合、效率、效益的全新体验。

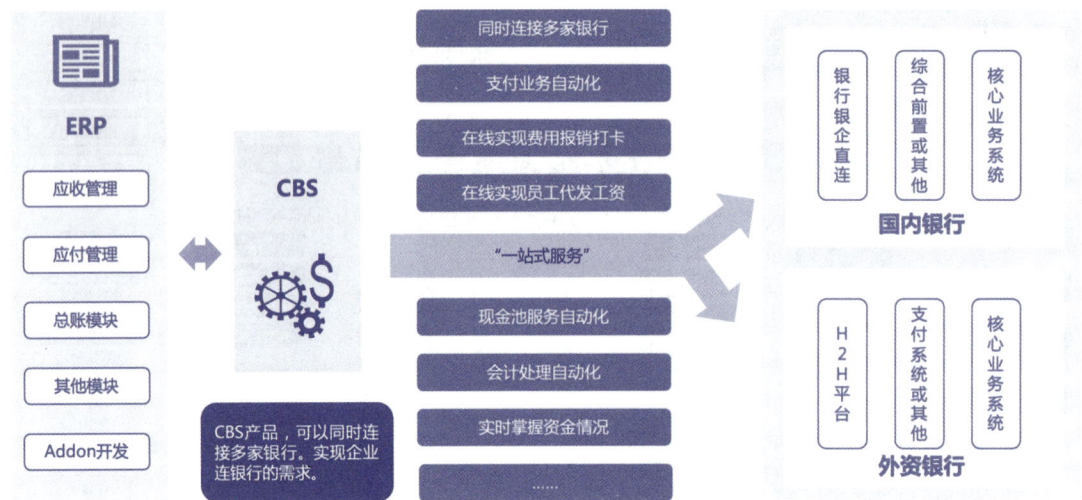

图 A08－5　东软财经云－CBS 银企协同平台

财经云－OMS 财务共享运营平台是为企业财务共享服务中心提供任务池作业管理、共享中心运营服务管理，同时为专业化平台与企业核算系统的自动凭证提供会计引擎服务，是企业财务共享中心管理和运行的核心平台，如图 A08－6 所示。为财务共享中心从标准化作业中心的 1.0 阶段向深度运营财务分析决策的 2.0 阶段持续发展提供强有力的保障。

图 A08－6　东软财经云－OMS 财务共享运营平台

东软财经云－电子影像及档案平台可以获取、查看、审批影像信息和记录报账实物的流转情况，通过影像上传、影像扫描、审批调用，影像财务审核、影像不合格处理等，支持影像信息与报账平台的报账单信息匹配；同时，可存储、备份、管理电子档案，实现调阅控制，具体如图 A08－7 所示。

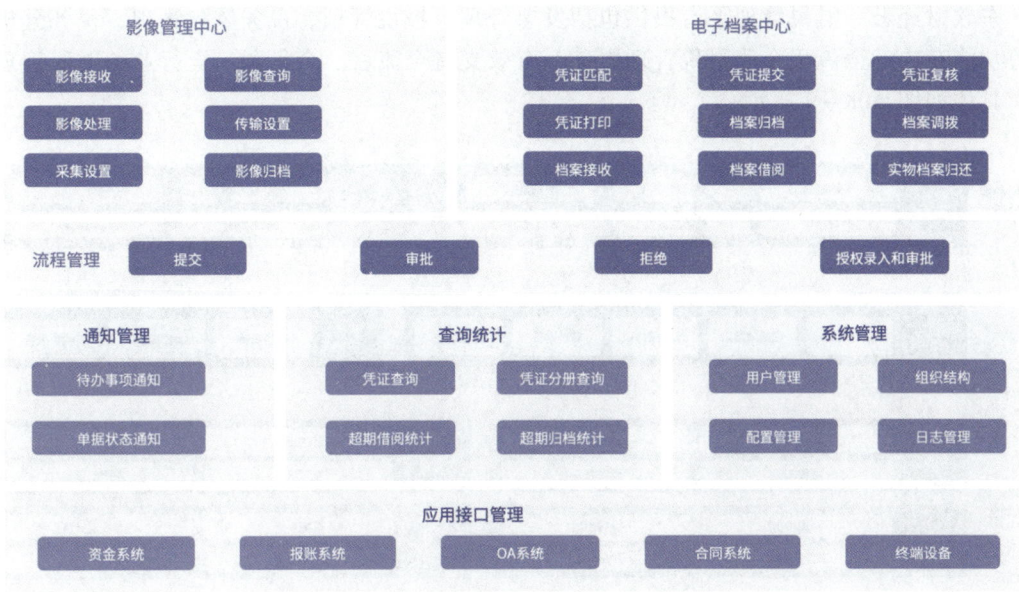

图 A08-7　东软财经云-电力影像及档案平台

东软财经云-客商协同平台通过整合前后端业务系统、财税平台、财务后台应用,并通过与客户、供应商协同形成了一个端到端的业财税一体化的流程,如图 A08-8 所示。从流程上实现"业、账、票、款"的一票到底,从监管上直接实现客户供应商监管直达,从价值上实现了能效提升。增强对客、商的财务服务,提升前端业务处理、财务报账、核算结算、税务税票信息的数据整合能力。

图 A08-8　东软财经云-客商协同平台

东软财经云-财税管理平台提供包括发票管理、报税管理、税务风险管理、税务分析管理等功能在内的全流程企业财税管理服务,有效支持全流程、全税种、全行业的财税管理需求,具体如图 A08-9 所示。

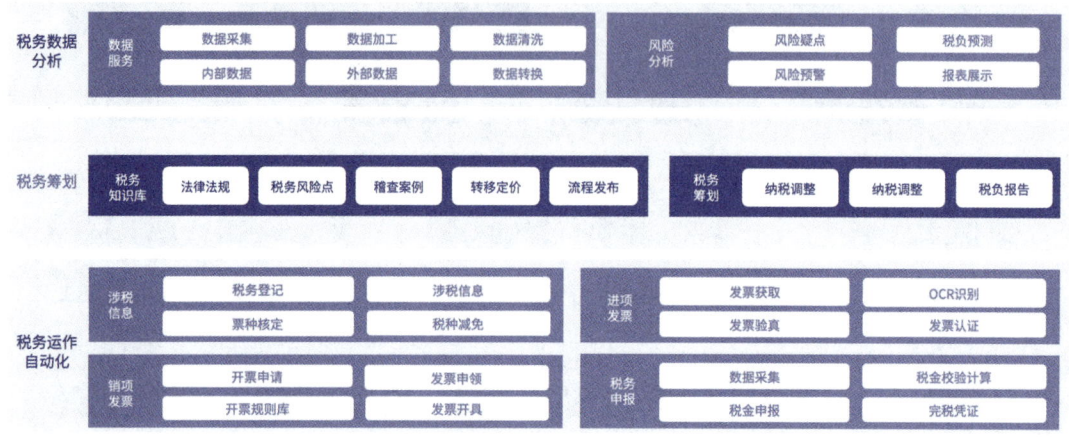

图 A08-9 东软财经云-财税管理平台

东软财经云-移动报账平台基于移动互联网随时随地、快速的信息传递特点,将报销申请、审核、查询、流程监控等过程连接起来,如图 A08-10 所示。通过整合移动设备以及第三方信息,为用户整个费用活动提供人性化服务。支持通过拍照、卡包导入、OCR 扫描等形式获取结构化发票数据。支持与企业微信、钉钉等办公软件集成。

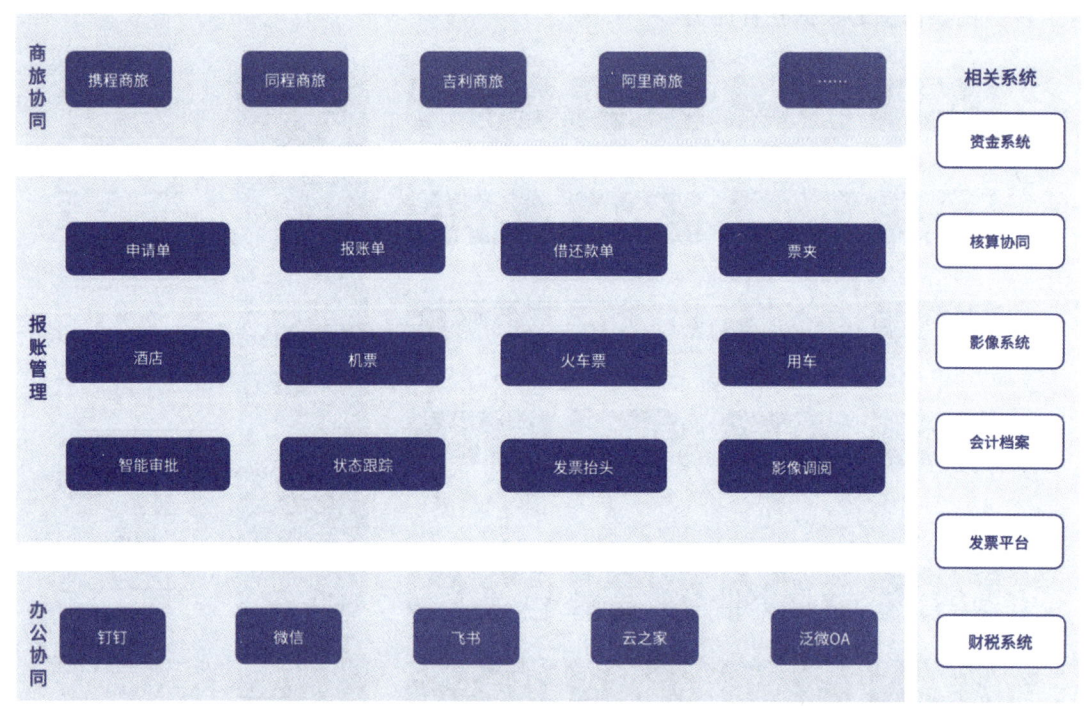

图 A08-10 东软财经云-移动报账平台

东软财经云-数据分析平台，建立以数据为驱动的管理体系，以数据运营为驱动，制定战略，指导创新，成为企业数智化转型的核心引擎，如图 A08-11 所示。基于东软 SaCa DataViz 产品，实现客户自助拖拽维度和度量完成数据绑定，设置维度层次组合分析，设置数据聚合方式，支持切换展现方式获取不同分析结果。

图 A08-11　东软财经云-数据分析平台

3. 典型案例

东软的积累的客户涵盖多个领域，央企、金融业、制造业、物流业等均有涉及，多行业的经验积累和成熟的组件支持让他们有能力满足不同客户的个性化开发。

【典型案例1：某大型制造业企业】

东软负责了该企业海外财务共享平台的搭建。财经云产品服务于该企业六大类业务领域，如图 A08-12 所示，跨越13小时时差，提供多种语言服务，可处理全球20个国家的核算业务和30个国家、地区的资金业务。

图 A08-12　东软案例——客户六大业务领域

【典型案例2：某央企企业】

东软财务云的资金管理产品为该企业打造了覆盖全业务、全区域的资金管理系统支撑工具，范围涵盖预算、融资、资金池构建及运营、对外支付、资金监控等。实现了资金管理"统一规划，统一平台，统一融资，预算管控，内部调剂"的总体建设目标，具体如图 A08-13 所示。

业务内容	具体内容				
资金预算管理	年度资金预算	月度资金预算	周资金计划	日计划	紧急用款计划
资金池管理	资金划拨	内部借还款	内部定期存款	内部账户划转	内部授信
国内结算	资金结算			票据管理	
国际结算	信用证	TT业务		保函业务	贸易融资
融资管理	授信管理		担保管理		贷款管理
日常管理	账户管理	空白支票		定期存款	日结处理
资金综合分析	资金预算分析		资金流量分析		融资分析

图 A08-13　东软案例——某央企资金管理系统支撑工具

4. 主要特点

东软致力于构建全方位的生态能力：

（1）行业生态：东软行业解决方案涉及 188 个领域应用。支撑社保、医疗、电信、能源、金融、政府、交通、教育、环保等 20 余个行业的快速发展，行业应用广泛，惠及民生，且在众多行业拥有领先的市场占有率，推动着国民经济基础设施与重要民生领域的数字化、智能化水平不断提高。

（2）技术生态：东软是构造技术生态的实践者。东软积极迎接技术变革，拥抱开源新生态，融入标准化组织、学术团体与产业联盟，持续提升技术文化。东软顺应技术环境与技术趋势，统一云原生技术架构，打造基于云原生的共性技术底座，全面提升面向未来的软件架构、方法与工程能力，推进公司核心解决方案、产品与服务的云化升级。同时，融合大数据、人工智能、物联网、区块链等技术，系统化构建面向万物智联时代的数据驱动、智能泛在、大连接、高可信的技术能力，加速数字化进程，通过技术赋能持续提升市场竞争力与行业影响力。截至 2022 年 6 月末，公司申请专利 2247 件，授权专利 1175 件；登记软件著作权 3125 件，居行业前列。

（3）合作生态：东软赋能合作伙伴，携手共赢。合作伙伴包括：大型 Erp 厂商、银行/税务/商旅、行业协会、财经类高校、头部咨询公司等。

（4）运营生态：东软面向全球的业务与服务网络。东软面向生态系统和应用场景，驱动业务专业化、IP 化、互联网化发展，聚焦政府、高端客户、产业伙伴，建设合作、共赢、健康的生态系统。公司坚持"以客户为中心，打造卓越服务流程，为客户创造价值"的服务理念，全方位满足客户需求、超越客户期望。公司内部建立"事业部+大区+虚拟公司"

的运营体系，在国内设立了 8 个区域总部，在近 100 个城市建立了营销与服务网络，省分、虚拟公司等分布式组织商业能力持续提升。面向全球，公司在日本、美国、欧洲等多个国家和地区设有子公司，构建了具备支撑持续规模化国际业务和商业价值创造力的全面组织能力，形成了面向全球的业务与服务网络。

（5）产品生态：东软财经云作为新一代财务共享平台的优秀提供商，致力于打造包括预算、成本、费用、总账、税务、资产、应收、应付等财务共享全业务，成为行业引领的智慧财务管理解决方案提供者。

东软财经云产品具有以下特点：

● 更低的成本费用：具有快速推广复制的能力，支持私有化部署与公有云部署，无使用人数限制，满足不同企业个性化功能的开发。

● 更契合企业的发展战略：适配企业痛点问题，将企业管理发展模式与发展战略融入产品功能设计，产品赋能企业更大的经济效益。

● 更完美的用户体验：先进的技术能力和技术架构，支持快速扩展、集成、跨平台，伴随业务财务场景的变化进行持续的集成和更替。

A09 云扩科技财务数字化

1. 厂商介绍

1.1 基本情况

上海云扩信息科技有限公司（以下简称"云扩科技"）是 RPA 领域的创新领军者，致力于构建业界领先的超自动化平台，助力企业提升智能生产力，加速数字化转型。云扩科技的品牌 ENCOO，来自 Enabling COOperation 的缩写，公司希望能借助 RPA 技术，"Enabling Cooperation of Human and Machine"，打造人机协作的未来。

云扩科技以自研的智能 RPA 产品和场景化解决方案为核心，致力于为各行业客户提供智能的 RPA 机器人产品与解决方案，持续为客户创造价值，助力企业推进数字化转型。

云扩科技拥有深厚的技术底蕴以及打造企业级产品的能力，拥有十几年的桌面自动化、高性能计算技术背景及企业级软件产品和云服务的研发、商业化实践经验。自创立以来，团队成员专注于企业服务领域的自动化产品解决方案，以赋能中国企业自动化能力，跨越数字化鸿沟为愿景。

公司服务于金融、能源、电信、财税、制造、物流、零售等多个行业，始终坚持围绕客户需求持续创新，加大产品研发投入，为客户提供有竞争力、安全可信赖的 RPA 产品以及更智能的流程自动化解决方案。

云扩获得红杉资本、金沙江创投、明势资本、深创投等全球一线投资机构数亿投资。

1.2 对财务数智化转型发展的理解与认知

1.2.1 企业财务数智化转型发展的阶段与特征

企业财务数智化转型发展分为以下 3 个阶段：

- 流程数智化：基于新技术重塑传统业财流程。实现业财脱资档离度一体化。运用共享模式，统一流程，进一步提升效率，提升数据质量，包括数据的实时多维，精细合规。
- 管理可视化：基于新一代企业绩效管理分布式计算、多维引擎等数据的灵活填报和灵活展现技术，构建战略到执行的管理会计闭环体系，包括全面预算、合并报表、管理报告和分析等。
- 管理职能化：基于数据中台、人工智能和大数据等技术，基于之前阶段的业财数据，基于特定的场景，进行数据建模和训练，实现基于数据驱动的智能预测、场景模拟和决策。

与此同时，企业财务数智化转型发展具备以下特征：

- 政策引导下企业财务数智化进程加快：国务院《"十四五"数字经济发展规划》、财政部《会计信息化发展规划（2021—2025年）》等多项会计改革和数智化改革政策的陆续出台，进一步加速了企业财务数智化的发展进程。
- 以数据中台支撑管理会计主动赋能业务发展：数据中台从技术概念逐渐转变成为企业在财务数智化转型的共识，用数据赋能业务，打通底层数据，实现数据共享和数据建模，根除企业IT系统重复建设的现象，为数据存储和数据管理带来便利。
- 财务数智化成为数智化转型的突破口：以财务数智化为突破口，逐步延伸到业务数智化，由此开展企业整体的数智化转型，将成为企业未来数智化转型的主要路径。
- RPA向智能财务再进一步：RPA作为AI技术在财务领域的先锋应用，已在企业中得到广泛认同。在财务工作中，RPA机器人以轻量、高效、快速、便宜的特质引领企业进入了自动化领域。随着企业对智能化的需求越来越高，RPA的深层次发展和应用将成为大势所趋。
- 财务共享通过重塑边界实现职能跃迁：在大数据、云计算、互联网、人工智能等技术渗透下，财务共享理念逐步被更多的企业认知、探索和实践。相比传统共享，未来的财务共享将基于对管财、业财、人机三大边界的全面重塑，实现业务系统和财务系统的高度集成，实现新技术与财务共享的深度融合。
- 以多维数据库技术推动两报融合：数字技术的应用拓宽了管理会计边界，数据中台打通了底层数据，基于OLAP的多维数据库技术为两报融合提供技术支撑，财务数据自动被赋予管理属性，以信息披露为前提，既满足外部机构对财务数据的需求，也满足内部机构对经营分析数据的需要。

1.2.2 我国企业财务数智化转型的问题

近年来，数字化转型升级浪潮势不可挡，成为企业竞争的新维度，也是助推数字经济稳步迈进新阶段的关键。作为企业天然的数据中心，财务是企业数字化的重要变革领域之一。

然而，现阶段企业财务数智化转型仍存在以下典型问题：

- 主动转型意识不足：财务以事后核算和价值守护为主，缺乏构建财经管理体系、创造价值的意识，业务部门、管理层对财务满意度不高。
- 财务流程制度不统一：未实现业务到财务端到端流程统一化、标准化，最终导致流程输出的数据可信度存疑。
- 组织运营模式落后：以独立分散型财务组织模式为主，未实现企业范围内资源的有效共享，财务管理效率低、成本高。
- 缺乏统一的数据战略：企业级数据标准化和数据缺乏有效治理，各部门间数据口径不一致，无法有效支撑基本运营和决策要求，离数据驱动的要求相差甚远。
- 缺乏有效的数字化基础和平台：沿用Erp时代遗留各类异构的业务系统，未与财务系统有效集成，无法满足数字时代商业的创新需要。

2. 产品介绍

2.1 产品与解决方案综述

云扩科技将各类自动化工具和功能集成为SaaS服务，构建场景化解决方案，以面向特定行业的软件机器人,自动执行编辑器内预设的流程,替代烦琐的人工执行过程。

2019年云扩科技推出企业级RPA平台"云扩智能RPA1.0版"。平台由可视化编辑器、RPA软件机器人和智能控制台三部分组成。通过图形化/低代码量的流程编辑与解析引擎和内存控件树解析与图像特征分析相结合的软件自动化控制技术,同时拥有企业级高可用和公有云级别的弹性伸缩与调度技术,集成最新的自然语言处理、图像识别等人工智能技术,实现用户操作行为的自动化记录、泛化、数据驱动与容错执行。

2020~2021年,云扩科技推出智能生产力平台"云扩智能RPA2.0版"。2020年世界人工智能大会上云扩正式发布五款全新RPA+AI产品,与云扩编辑器、云扩机器人和云扩控制台一起构成RPA产品矩阵,助力企业打造智能生产力,创造未来工作的无限可能。

2022年起,云扩科技持续打造超自动化平台,通过以RPA产品矩阵赋能企业,从微观业务流自动化,到构建智能生产力平台。基于自动化与人工智能技术,打造易用、稳定、安全、敏捷的企业级流程自动化平台,构建先进的人机协作。

2.2 数字化总体架构说明

云扩科技是首家将RPA+AI+LCAP打造成一体化智能自动化平台的厂商,为专业开发人员提供敏捷的全栈式开发范式,也能让没有软件开发技能的业务人员,通过拖拽开发组件轻松搭建与更新应用,达到降低技术门槛的目标,如图A09-1所示。

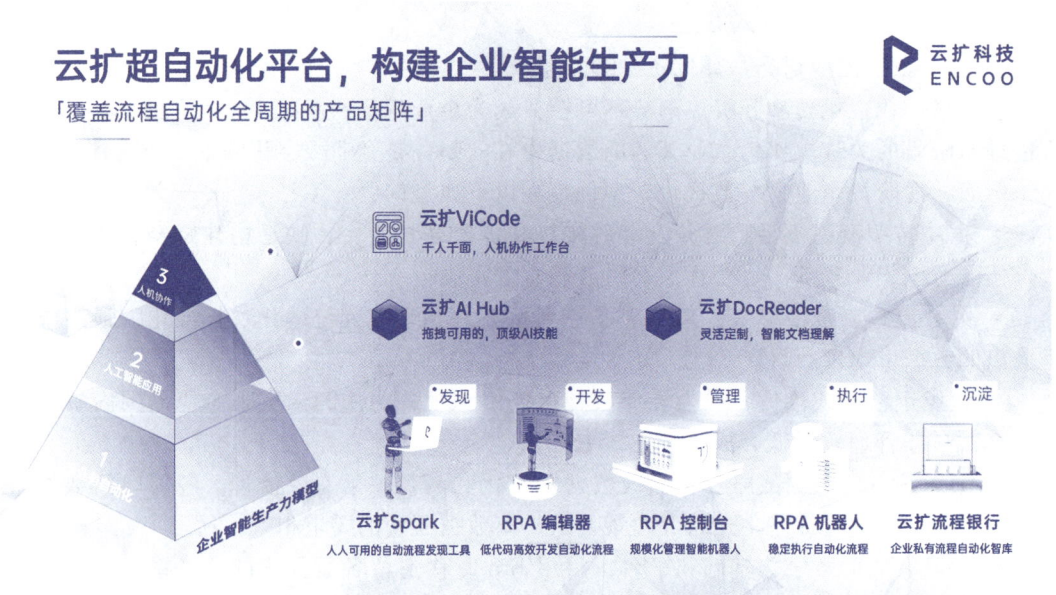

图A09-1 云扩超自动化平台

云扩科技推出智能生产力模型,对应智能生产力模型的三层能力,云扩分别提供了不同的产品,形成相应的产品矩阵,帮助各个行业的企业打造自己的智能生产力,迈向大规模人机协作的未来。

2.2.1 新型智能生产力组织：全业务自动化能力

企业智能生产力模型，最基础的能力是全业务自动化能力。

云扩科技推出了不同的产品，帮助企业客户实现业务流程自动化。例如，通过云扩 Spark 可以帮助企业发现适合被自动化的流程。

通过云扩 RPA 编辑器，可以轻松创建自动化流程让云扩 RPA 机器人执行。当企业部署了上千台机器人时，如何通过高效的管理让机器人协同工作，如何对机器人工作过程进行监管，都可以利用云扩 RPA 控制台实现。

企业内部各个部门能够被自动化的流程，包括规模较大的集团客户，不同的分支机构之间自动化的经验和流程，可以利用云扩企业流程银行在整个集团内进行分享。云扩完善的产品矩阵能够为企业客户提供全业务的自动化能力。

2.2.2 新型智能生产力组织：人工智能应用能力

第二层，是应用人工智能的能力。通过收集很多客户的反馈，云扩得知企业运用人工智能面临着四大挑战：

第一，大部分企业的业务非常细分，且具有行业特性，很难规模化地用一种人工智能的方法解决不同的问题，因此企业会有定制化的需求。

第二，人工智能的算法要落地到企业内部场景中需要很高的集成成本。

第三，企业的员工很难有效使用人工智能。

第四，人工智能能够解决企业的单点问题，但是很难提供端到端的商业价值。

RPA 是把人工智能算法应用到业务系统的最佳手段和通道。如果企业内部的重复性工作由机器人自动执行，想要在这个过程中运用人工智能算法，可以直接让机器人对接人工智能。

云扩科技提供了很多产品，可以帮企业实现敏捷的、可定义的、端到端的，以及人人可用的人工智能的价值和作用。

例如，云扩 AI Hub 和云扩 Doc Reader 能够帮助企业提高应用人工智能的能力。云扩 AI Hub，集成全球各大 AI 技术伙伴和云扩自研的先进 AI 技术，封装成自动化组件，下载即用。企业内部存在大量的文档录入工作，云扩 Doc Reader 融合多种先进的人工智能技术，辅助员工智能、准确、高效地完成各类文档处理工作。

2.2.3 新型智能生产力组织：人机协作能力

第三是位于金字塔顶端的，人机协作的能力。《Gartner 2021年企业重要的技术趋势报告》指出，到 2024 年，提供全面体验的组织在客户和员工体验的满意度方面将比竞争对手高出 25%。

以人为中心，重视体验是未来人机协同的重要影响因素。如何提高企业内部的员工的体验，包括客户的体验？RPA 正是非常重要的技术手段之一。

在服务客户的过程中，云扩发现无论 RPA 流程多么完美、智能，当部署给业务用户之后，业务用户依然会跟 RPA 机器人产生大量的交互工作。比如员工要唤起机器人的执行，机器人在执行的过程中，有些结果仍需要人工确认。

为此，云扩科技推出了云扩 Vicode，让每个业务人员都可以通过自己定义的界面跟机器人进行交互，获得最好的机器人交互体验。相信未来一定是人与机器人，或者人与人工智能协同工作的一个时代，云扩科技希望通过云扩 Vicode，更好地让人类与人工智能协同工作。

2.3 数字化能力具体介绍

2.3.1 技术工具与平台

作为本土自研 RPA 企业，云扩科技从零开始搭建工具和平台，自主研发了企业级云扩智能 RPA 平台，基于业务流程自动化为用户提供更完善的一站式解决方案。通过云扩 Spark、RPA 编辑器、RPA 控制台、RPA 机器人和企业流程银行，可以覆盖企业流程自动化的全生命周期。

从流程的发现到流程的实施，到流程自动化的管理，再到流程的执行，最后到 COE 的赋能，完善的 RPA 产品矩阵，赋予每个企业全业务自动化的能力。此外，通过例如对 WPS、用友、泛微等国产企管软件进行优化适配，更贴合国内企业的需求。此外，在 AI 能力方面，例如云扩 DocReader 集成了 OCR、NLP、机器学习等人工智能技术，能够在少量样本的情况下，对各类文档、表格、文本、证照等进行智能的识别和信息的抽取，让企业的业务用户可以快捷地制作一个特定文档的识别模型，从这些文档中拾取信息交给 RPA 机器人进行后续的处理。

云扩 RPA 编辑器：云扩 RPA 编辑器是基于 Windows Workflow 开发的图形化的流程编辑器，可以让用户通过拖拽的方式快速创建流程，方便易用，功能强大。云扩 RPA 编辑器可以用来创作各种不同的业务流程，创作好的流程可以上传到控制台或交给机器人执行。内置数百个自动化组件，与其他软件和应用程序深度集成，能够精准操控企业各种系统。这些组件设计规范，功能清晰，开箱即用，无须编程技能即可开发自动化流程。云扩全流程能力如图 A09 - 2 所示。

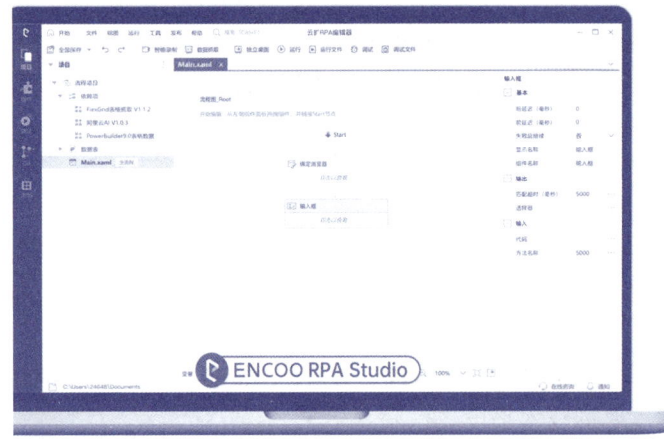

图 A09 - 2 云扩全流程能力

云扩 RPA 机器人：云扩 RPA 机器人分为个人版、企业版。用户可以使用云扩 RPA 编辑器开发智能自动化流程，感受云扩 RPA 机器人带来的极致工作体验。企业版机器人可以 7×24 小时不停地在后台处理大量的重复流程，是企业大规模高效稳定执行流程的集团军。作为云扩 RPA 的执行代理，机器人能够自动执行用户在云扩 RPA 编辑器内所预先设计好的工作流程；通过云扩 RPA 控制台，可以对云扩机器人进行统一调度，一键管理，轻松简易，具体如图 A09 – 3 所示。

图 A09 – 3　云扩 RPA 机器人

云扩 RPA 机器人具有四大优势：
- 高执行性能，全天候不断执行工作任务、随时报备执行进度、支持单机多用户并发；
- 安全可追溯，执行日志可定义、执行状态远程监控、支持中断自动恢复；
- 多种运行方式，本地手动执行、控制台下发命令执行、定时定点执行；
- 多种部署方式，本地部署、成本较低；私有云部署，安全可靠；公有云部署，操作简便；混合云部署，不受限制。

云扩 RPA 控制台：云扩 RPA 控制台是企业 RPA 系统的中央控制中心，高效连接并管理编辑器、机器人、AI 服务、数据中心等等各业务模块实现各模块的统一管理和协作；严格完善的权限系统和角色系统，保证企业数据安全，人员权限可控可靠的审计子系统，保证企业运维合规性。一站式机器人集群管理、流程任务分发，定时或队列计划，大大提高机器人群组的利用率，具体如图 A09 – 4 所示。

图 A09 – 4　云扩 RPA 控制台

2.3.2 各类行业解决方案

在零售行业，云扩科技基于深厚积累推出云扩商超供应链自动化解决方案，构建智慧供应链，实现全渠道 KA 订单管理自动化。云扩商超订单自动化平台，通过将 RPA + LCAP 技术组合落地应用于 KA 订单自动采集与管理、全渠道自动对账、数字红人管理等应用场景，为快消品牌方的数字化、智能化提供强有力的技术支持，让企业员工专注于更有价值的分析与决策，创造更优质的消费者体验。

以某世界 500 强零售品牌为列，传统的操作方式需要人工登录各个供应商订单管理系统，根据操作步骤完成是商超订单的下载，执行频率为每天不同时段完成多次；下载订单后，业务人员需要根据公司制定的内部规则，进行价格检查、箱规检查、订单数量确认等多项类目的检查，操作过程依靠人工不仅耗时费力，且存在漏单、检查错误等情况。

云扩 RPA 机器人通过模拟人工的方式登录供应商订单管理系统下载订单文件，根据公司内部规则自动进行价差、箱规、订单数量等检查，将检查结果分类生成不同的订单表，并向指定邮箱发送 RPA 执行结果与订单文件，同时借助云扩 ViCode 搭建商超订单管理系统，通过可视化界面与人机协作，实现 RPA + LCAP 的智能化管理，可有效提高整体的业务效率与准确率。

针对电商行业，云扩科技推出了云扩生意方舟解决方案，如图 A09 - 5 所示，通过为品牌商家提供行业运营分析模版，基于 RPA 链接一切数据的能力，赋能品牌运营数据汇总，构建运营数据分析闭环。它专为多平台多店铺商家搭建店铺管理模块，可以做到一键开通店铺、一键激活配置、一键数据汇总自动化全套件。无需担心重复开发流程，真正地实现标准化交付。云扩生意方舟解决方案聚焦典型业务场景，覆盖全渠道数据集成、电商运营自动化、零售电商财务一体化等多个核心业务领域，为消费品牌着力构建前台赋能中心，实现零售行业售前、售中以及售后流程自动化。

图 A09 - 5 云扩电商生意方舟解决方案

目前，云扩生意方舟覆盖了淘宝店铺、京东店铺、抖音、唯品会、小米有品等电商平台，累计开发标准模块 150 个以上。

云扩网银管家解决方案基于超自动化平台构建，能够自动获取与查询企业所有银行流水、账户余额、对账单和回单，对企业所有银行账户资金记录的自动查询与下载，及时获取资金流入、流出情况以及账户余额变动，替代银企直联，实现跨不同网页或客户端的网银日常操作，连接各平台数据，并依托云扩低代码平台，实现可视化数据分析，便于财务人员或管理层对资金使用情况进行决策与分析，有效地帮助企业节省了大量时间与人力成本，极大提高了企业的经营效率，极大节省运营成本。

云扩 RPA 机器人替代人工操作，实现银企对账自动化，极大提高工作效率，提升财务部门承载力。

云扩即刻货运解决方案可实现标准化产品 + "定制化"系统对接，无缝衔接业务与产品，通过 RPA 编辑器低代码高效开发自动化流程，RPA 机器人稳定执行自动化流程，RPA 控制台规模化管理智能机器人，ENCOO 低代码快速构建人机交互业务系统，通过业务系统获取任务与数据，外部数据同步更新至内部系统，无须配合开发可完成功能对接，保证本地化部署安全稳定。

3. 典型案例

截至目前云扩科技已服务了包括国家电网、国药集团、中国银行、玛氏、强生、乐高、联合利华等众多世界 500 强企业，以及元气森林、李宁、林清轩、追觅等领先本土企业，帮助企业打造智能生产力，释放创新价值。

【案例 1：国药集团】

（1）客户业务运营痛点。

- 业务流程重复烦琐：日常运营中存在大量像日常报销、财务对账、薪酬计算等重复烦琐的流程，不仅耗时耗力，且容易出错。
- 数据庞杂多变：日常工作中存在大量的将数据迁移的机械化流程，且数据特别密集，员工需要在业务环境中频繁处理多个系统中的多个数据源。

（2）云扩解决方案。

云扩科技为助力国药集团建立 COE 卓越中心，从最"痛"的财务流程开始启动自动化转型，继而将智能生产力遍布运营、人力、供应链、销售等全链路，平均节省成本超 50%。

（3）方案价值。

- 提升工作效率及准确度：通过应用 RPA + AI + LCAP 技术，软件机器人可以自动执行一系列重复的、基于规则的工作任务，提升流程效率和质量。
- 整合数据源及系统：利用 RPA 低侵入性、灵活配置的特点，避开遗留系统冰山，与业务实现无缝结合。
- 商业价值：客单价稳固提高；不断扩充业务场景覆盖；集团子公司持续签约采购；订单数量及频率快速上升。

【案例 2：潍坊银行】

在潍坊银行科技部协助下，云扩助力潍坊银行梳理普惠信贷部、金融市场部、运营管理部、计划财务部等多个部门需求，整合个人结算账户报送、金融市场条线日报、互联网贷款日报、客户明细自动查询、对公账户变更结算、外币账户行自动对账、对公开户等多个流程自动化场景。

4. 主要特点

4.1 产品创新能力

（1）基于大数据和深度学习的方法，认知系统界面和控件。

云扩科技通过对软件系统的界面和操作方式进行深入研究，归类出 30 多种控件，以及控件相应支持的操作。例如：菜单（执行）、按钮（点击）、输入框（输入）、编辑框（输入和提取）、选择框（选择）、滚动条（滚动）等；通过运用深度学习的方法，可以标识出上千种应用的控件和操作，让服务机器人能够认知界面和元素，并进行相应的操作。这种创新，让服务机器人不再局限于 Windows 桌面系统，不再受限于软件界面，只要是人机交互的界面，都可以通过这种技术替代人的交互，比如，Linux 操作系统、手机界面、实体屏幕（通过操作手）。

（2）基于高扩展性的架构设计支持 AI 能力的落地。

随着人工智能的不断进步和发展，AI 能力也在持续增强。云扩科技通过 AI HUB 技术，让机器人能够随时随地对接任何 AI 技术，企业随时能切换到最新的 AI 能力。例如：在识别文字时，通用 OCR 识别技术总是劣于为场景优化过的 OCR 识别。而通过 AIHUB，企业就可以以较低成本切换 AI 能力，使用当前市场上效果最好的 OCR 服务。

（3）基于云的弹性可伸缩部署。

企业的业务具有一定的浮动性，时而繁忙时而空闲。云扩科技的服务机器人利用云计算资源进行弹性可伸缩部署，企业只需按照他们所使用的服务机器人时长付费即可。

（4）云扩 RPA 平台具有五大优势：

- 简单高效的流程编辑：高效便捷的图形化设计界面，内置海量组件，拖拽即可设计复杂流程。
- 企业级 RPA 平台：强大的自动化技术驱动，企业级规模化部署，可拓展的 RPA 架构。
- 领先的人工智能：AI 开放平台提供云扩自研及集成合作伙伴的领先 AI 技术。
- 开放的 RPA 生态：开放平台支持合作伙伴及社区开发自动化和人工智能组件，共赢生态。
- 完善的培训和社区支持：云扩学院提供完善的产品文档、培训课程、开发者社区。

4.2 灵活的收费模式

云扩 RPA 采用订阅式的收费模式，机器人、编辑器、控制台、AI Hub 等产品按照单个授权的时间收取年费。针对超大型的集团客户，云扩会提供阶梯式的框架定价，大幅度地降低客户的采用成本。

与海外的竞品相比，云扩具有本土化服务和支持优势，因为大企业相较而言更注重售后支持和服务，这也让云扩获得了许多原本使用海外产品的客户认可。

4.3 产品兼容耦合

云扩科技的产品支持业界成熟的开放标准框架 Windows Workflow；标准开放接口，支持与其他业务集成；提供从底层操作系统到上层应用的支持，稳定高效针对企业通用办公软件、Erp 等软件系统，深度优化支持 Windows、iOS、Android 跨系统自动化。

4.4 咨询实施能力

云扩科技提供专业的团队和企业精心梳理流程，进一步将流程标准化，第一时间落地上线。科学规划 RPA 实施，云扩 RPA 专家团队基于上百个 500 强企业 RPA 成功项目，总结了专业的实施方法论，帮助更多的客户与合作伙伴成功实施 RPA。全程监测实施过程及运行效率，持续为客户提供定制化服务，为企业增效赋能。

4.5 全面的商业价值

（1）丰富的业务价值。

降低运营成本：以自动化降低运营成本，减少人力投入；主要降低人力成本、管理成本及相关配置成本。

提升运营效率：7×24 小时值守，代替重复性操作；全面提升团队运营效率。

提高质量：优化流程，提高输出成果质量；流程处理结构化数据，准确性最大提升 100%。

提升合规性和安全性：全流程可溯源，为合规管理提供完整透明的信息；提升企业风险和合规部门的工作效率。

提高运营敏捷性：非侵入式无缝对接已有数字资产，较大提升企业运营敏捷性。

敏捷部署，快速落地：最大程度地平衡效率与成本，且投资回报周期短；RPA 维护便利、交付简单、投产速度快。

（2）间接价值。

加速流程运转，提升客户体验：优化内部流程，提升业务响应速度，最终提升客户体验；协助客户实现自助服务。

赋能企业流程标准化：让 IT 标准化的层级做到更细，同时让机器人保留每个操作细节的数据；支持细节流程规范化、标准化，打造企业高效生产力工具。

提升员工满意度，加速技能升级：高效人机协作，准确执行指定任务，提高员工体验和满意度，聚焦于更有挑战性、更具创造力、更有价值的工作。

完善技术与业务部门的协作机制：改变业务部门和技术部门传统的合作方式，基于 RPA 风险小、建设周期短、见效快的特点，技术部门能迅速实现业务部门的需求。

A10 科睿柏财务数字化

1. 厂商介绍

1.1 基本情况

科睿柏（Kyriba）于 2000 年成立于法国，在全球拥有 13 家分支机构，用户遍布欧洲、北美、南美、亚太、中东和非洲等 140 多个国家和地区。

科睿柏是司库和风险 SaaS 解决方案的全球领导者，提供现金管理、支付、风险管理和营运资金解决方案。首席财务官和其团队可以通过 Kyriba 解决方案改变获取和利用流动性的方式，使其成为业务增长和价值创造的动态实时工具，同时防范财务风险。

科睿柏是一个安全、可扩展的 SaaS 平台，采用商业智能、自动化工作流程和 API 技术，开创性的"连接作为服务"平台将企业内部资金、风险、支付和营运资本管理等应用与外部的银行、Erp、交易平台和市场数据提供商等重要资源连接起来，使它们获得 100% 的现金实时可视性和更多增长机会，同时防止欺诈和财务风险损失，并降低运营成本。

1.2 对财务数智化转型发展的理解与认知

1.2.1 财务数智化转型的五大趋势

如今，全球在后疫情时代影响下运行，面对越来越多的经济环境和地缘政治的不确定，通过财务数智化转型，企业借助先进的金融科技工具，提高管理水平，实现业务创新，以快速应对不确定性，财务数智化转型主要有五大趋势：

（1）趋势一：数据驱动型决策释放业务价值：

在一份 2021 年德勤（Deloitte）对 784 名全球财务领导者的调查中，近 88% 的财务专业人士认为更好的数据和更可靠的商业智能是解决财务和会计难题的关键部分，但是只有 10.1% 的财务领导者已经实施了解决方案。当企业不能够正确整合、对齐其数据时，就意味着它们无法高效地利用数据，也无法获得数字化转型的价值。许多财务团队并没有时间来正确分析他们的数据，或者通过数据分析获得更好的洞察和见解，导致难以进行优化以节省成本和时间。

（2）趋势二：财务应用和微服务将更具吸引力：

随着部门变得更加专业化，财务角色的不断提升和发展，各种适应专业化的专业工具和解决方案也在不断出现，各种财务应用工具和解决方案随着数智化的发展和财务专业性的提高越来越流行。这些应用程序和微服务可以轻松地与 Erp 平台无缝集成。例如，基于云的司库管理系统可以与现有 Erp 很好地配合使用,确保了财务团队能够放心地采用自动化的支付解决方案。云集成和应用程序成为常态,简化的微服务会取代传统的庞大的工作流程,更易于访问和自动化的数字解决方案会取代复杂的传统技术。

(3)趋势三:优化带来更多创新时间:

随着人工智能、商业智能在财务领域的快速发展和应用,企业财务管理模式随之升级,财务运营模式正从传统模式向智能运营模式扩展和演变。企业财务部门应当主动适应数字化时代的要求,提供更自动化的业务洞察力。通过优化,取消容易错误和重复的手工工作,使财务团队能够专注于更有意义、更高价值的工作,并承担更具战略意义和创新的角色,从而推动公司向前发展。

(4)趋势四:财务周期和自助报告"实时化":

大数据、云计算、人工智能、图像识别、机器学习等各种技术的出现,正在不断改变财务信息加工的规则和方法,借助于人工智能算法,科睿柏已经实现凭证的智能编制和报表的智能生成。科睿柏追求的是根据不同用户的需求,提供多样化的财务报告,来满足不同层级用户的多样化需求。

同时,也不再局限于定期报告,而是可以做到实时化、可视化。财务数据实时采集、实时核算与分析、实时传输与报告,为企业经营决策提供实时全面、准确的支持。

(5)趋势五:工作场所和人力可能分离:

在疫情期间,不少财务人员需要远程工作。基于云的自动化解决方案,使远程工作对于财务团队来说成为可能。在这种趋势下,财务领导需要适应远程和混合(远程+办公室办公)的新的办公方式。这意味着需要有更好的财务技术工具来支持远程工作人员,财务数智化正支持了这种趋势,同时也提高了其员工的工作技能,推动财务人员向更战略的层面发展,成为组织中的战略合作伙伴和推动者。

1.2.2　国内司库管理数智化的发展阶段

通过 20 年的探索和实践,资金管理/司库管理的发展主要经历了四个阶段,如图 A10 – 1 所示:

司库管理的成熟之旅/发展历程:

零散 AD-HOC	兴起 EMERGING	标准 STANDARDIZING	战略 STRATEGIC
被动的资金管理	资金管理从零散走向集中	日趋精细化的流动性和风险管理	司库成为价值创造者以及企业的战略合作伙伴
			流动性管理 • 更多的以价值创造为导向 • 更全面的绩效视角 • 更加注重风险管理 • 集成化的资金、支付、营运资金和风险管理工作流程 • 整合且开放的数据平台 • 通过数据驱动来为企业决策层提供战略支持 • 从业务向咨询角色的转变
		司库价值的延伸 • 准确、及时的资金预测 • 全面了解现金、流动性和风险敞口 • 标准化的支付管理和欺诈预防 • 货币风险分析和对冲优化 • 关键绩效指标 • 标杆分析	
	资金集中化管理 • 资金管理趋向集中化 • 资金管理趋向自动化 • 现金预测 • 全球现金池 • 付款流程标准化 • 付款流程集中化 • 银行关系管理		
现金管理 • 通过Excel表格进行管理 • 多系统分散式管理、手动式管理 • 对企业现金和风险的可见性有限			

图 A10 – 1　司库管理的四个发展阶段

第一阶段：零散被动的资金管理：以手动 Excel 进行管理，获得有限的企业现金可见性。

第二阶段：资金管理从零散走向集中：趋向集中化、自动化、流程标准化和现金预测。

第三阶段：更精细化的流动性和风险管理：实现现金的可视化、注重流动性管理和风险管理、标准化的集中支付管理并预防欺诈和数据分析。

第四阶段：战略型司库管理：数据驱动、集成化的流动性管理流程，全面的绩效风险视角。以价值创造为核心。司库成为企业的战略合作伙伴。

科睿柏在中国财务数字化领域的发展历程是一个不断进步和创新的过程。通过市场推广、合作伙伴关系建立、本地化产品开发和人才培养等方面的努力，科睿柏在中国市场树立了良好的声誉，并为中国企业的财务数字化转型提供了强有力的支持。

科睿柏与中国的企业和金融机构建立了良好的合作伙伴关系。通过与本地合作伙伴合作，科睿柏在中国市场推出了适应市场需求的产品和解决方案，涵盖了资金管理、支付管理、风险管理和数据分析等领域，能够更好地理解和满足中国企业的需求，并确保其解决方案与中国市场的特点相适应，并不断优化其产品功能和性能，以满足中国企业数字化转型的具体需求。

1.2.3 我国企业财务数智化转型的现状分析

（1）观念意识参差不齐：

近几年，经济技术的发展加之疫情的刺激，企业的数智化转型成为潮流和趋势，很多企业和领导者愿意去积极拥抱财务数字化转型，但同时在不同的行业不同的公司，甚至是同一个公司里不同的部门和人员之间，对数字化转型的意识却大相径庭。比如一些新兴的企业（高科技、生物技术行业、互联网等）相对会比较积极地去拥抱财务数字化转型，而一些传统行业的企业观念可能还有待提高。

（2）转型手段良莠不齐：

实现数字化转型的手段和方式各有不同：有的是聘请专业的咨询公司，有的是挖来有经验和背景的数字化转型人才，有的是部分部门或环节进行数字化转型。当方法不当时，反而产生了执行不到位和数据碎片化等问题。

每个公司有不同的文化，每个部门其各自的特点和利益，转型过程也是流程再造过程。在这个过程中，需要考虑和结合各自不同的特点，同时更需要整体意识，将思维拓宽，有长期战略发展意识，有 3～5 年发展和目标的想法，比如对系统能否适应企业快速发展的需求做详细考量。

（3）人才储备还需加强

一些企业在转型过程中，业财一体化的程度相对较弱，因为缺乏专业的财务数字化人才会导致企业的财务数字化转型不能快速、健康地推进。财务数字化人才，要求兼备财务业务能力和全局数字化理念和技能，这样的全面人才非常稀缺。数字化转型说到底还是要落实到人身上，因此，企业需要发动全员的力量理解数字化转型的必要性和紧迫性，自上而下宣传数字化转型，打造数字文化，让每个员工都参与其中，全面促进和加快数字化转型。

2. 产品介绍

2.1 产品与解决方案综述

科睿柏深耕企业资金和风险管理领域二十多年，用专业和深耕来为客户提供最好的产品和价值。通过激活流动性，来提高企业洞察力，以作出更快更明智的决策。这种专注也换来了业内的口碑和认可。

科睿柏的目标定位，主要是各行各业有数字化资金管理需求的头部企业或大中型企业。在中国，跨国跨地区经营的国企、民企或出海企业，他们对资金管理系统的需求相对比较迫切，因为企业一旦做大，更需要借助系统来全面和集中地看到和管控资金，尤其是出海企业，面对国际市场上各种不确定因素和银行对接等痛点，需要有强大的资金管理系统做支持，提升全球资金的合理配置和效率，同时防范欺诈和外汇风险。

无论企业大小，每个企业都要需要进行资金管理，只有复杂程度的区别。作为资金管理系统的专业提供商，科睿柏的客户遍布各个行业，从国际到国内，科睿柏一直为各行各业的企业，尤其是头部企业提供服务。

2.2 数字化总体架构说明

科睿柏流动性管理平台，主要包括资金管理、支付管理、风险管理和营运资金管理四大核心解决方案，同时也是一个创新的"连接即服务平台（CAAS）"，可以将核心产品同银行、Erp、交易平台、市场数据等重要的外部资源相集成，形成一个完整集成的流动性网络，如图 A10 - 2 所示。

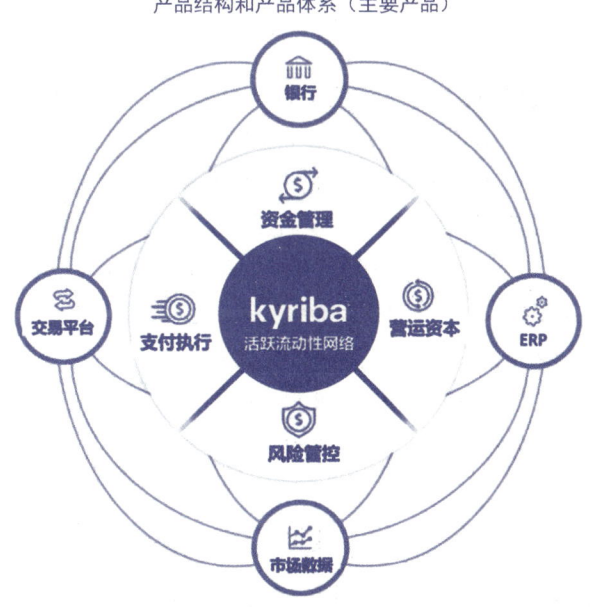

图 A10 - 2 科睿柏产品结构和产品体系

科睿柏的一个优势是可以根据企业的特定需求，以及其发展阶段来打造符合企业的资金管理产品和银行连接解决方案。

科睿柏提供统一完整的司库管理云平台，是各种信息源集中的枢纽，可以用多种方式（API、FTP 以及 SWIFT 等）连接到银行、Erp 和各类外部系统、市场数据及交易信息，如图 A10 – 3 所示。

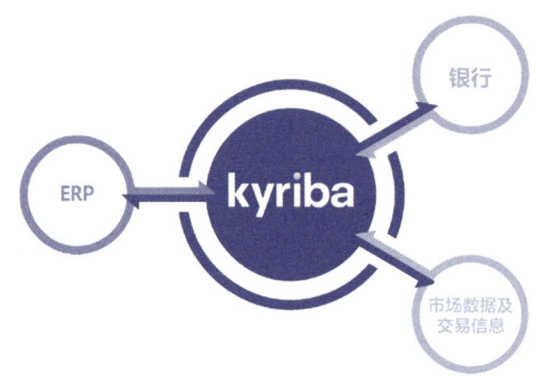

图 A10 – 3　科睿柏的司库管理云平台

在与银行连接方面，科睿柏通过 FTP、API 以及 SWIFT 等方式同全球 1000 多家主流银行建立了直连，同时系统也支持区域性的银行网络。在此强大的技术背景下，客户可以选择适合自己的个性化银行连接解决方案而不是单一的方式。

在支付方面，科睿柏提供了多达 45000 种银行支付报文格式的情景设置以及 7 × 24 的实时监控，做到了拿来即用。对于客户而言，使用科睿柏系统无需做银行报文格式的开发，可节省大量的时间和开发成本。

2.3　数字化能力具体介绍

科睿柏系统本质是一个企业流动性管理平台，提供资金、支付、营运资金和风险管理解决方案，为首席财务官及其团队提供可见性、可控性、生产力和数据驱动的决策。通过开放 API 平台，科睿柏将内部应用和银行、Erp、第三方系统等外部应用的数据集成，提供了一个经过验证的整体流动性管理平台，并实现了开放式端到端的连接。

借助科睿柏流动性管理平台，首席财务官能够以前所未有的速度、精度和效率来看到、保护、增长和调拨企业的资金，如图 A10 – 4 所示。

2.3.1　全方位的现金和流动性管理

科睿柏能够在全球范围内提供及时准确的现金头寸数据，实现账户余额和交易明细 100% 实时可视化并提供商业智能的分析报告，为资金管理团队提供准确的资金预测。自动化操作使资金管理部门能够将更多时间分配给更具价值的工作，并为战略决策提供高效的支持。

2.3.2　安全高效的自动化支付

通过已集成连接的多银行支付网络，科睿柏提供覆盖全球的高效率支付解决方案，同时为企业支付流程（包括供应商付款、资金内部调拨和工资发放等）提供即时欺诈检测功能，

图 A10 - 4　科睿柏流动性管理平台

诈检测功能，并与上游系统无缝连接以实现各类支付发起和结果确认的自动化处理。

2.3.3　具有商业智能的风险管理

科睿柏为管理外汇风险的整个生命周期提供了先进的功能。嵌入式市场数据和交易平台集成，使完整的工作流程能够支持对冲计划和监管合规性。

- 交易前敞口数据采集，敞口汇总。
- 交易执行与外部交易平台（FXall、360T）集成，也可集成其他交易平台。
- 交易后数据集成管理，结算、资金预测、市值分析和会计集成。

2.3.4　优化营运资金管理

科睿柏提供先进的技术解决方案，通过支持应付款期限延长（反向保理）或提高现金回报的早鸟付款融资（动态贴现）解决方案，为首席财务官提供工具和计划来促进自由现金流并改善财务结果。

通过科睿柏的企业流动性平台提供一体化的营运资金和支付解决方案，采购订单和发票的可操作性可以在单一的全球平台上交付。

3. 典型案例

科睿柏服务于2500多家集团客户，典型案例如图 A10 - 5 所示，用户遍布欧洲、北美、南美、亚太、中东和非洲等140多个国家和地区，世界500强企业中约30%使用科睿柏平台进行资金管理。

图 A10－5　科睿柏服务客户

【案例 1：某头部跨国餐饮连锁企业】

截至 2021 年 6 月 30 日，该客户在全球开设 1597 家直营餐厅，其中 1491 家门店位于中国大陆，106 家门店位于中国香港、中国澳门、中国台湾及海外，包括新加坡、韩国、日本、美国、加拿大、英国、越南、马来西亚、印度尼西亚及澳大利亚等地。

在采用 Kyriba 解决方案之前，该客户的资金管理存在以下痛点：手动从网银下载对账单且各银行现金变化情况数据分散；手工资金存量及现金流分析费时费力，且准确性差；资金支付及转账手工管控，操作烦琐且存在较大风险；资金业务本身存在一定特殊性，现有业务系统无法完全满足以下业务需求：资金存量报告（See the Cash）、及时支付处理（Move the Cash）、风险管控（Protect the Cash）和投资增值（Grow the Cash）。

在实施 Kyriba 系统之后，该客户的资金管理发生极大的改变，包括：

● 通过 Kyriba 的连接解决方案连接其全球 10 余家合作银行以及第三方支付平台来及时获取银行流水，实现当日资金全面可视化；

● 与财务共享平台（FSSC）集成，实现集团海外业务所有支付类型业务全面自动化，并结合不同银行技术特点，提供个性化解决方案实现付款状态自动回传，形成支付发起至结果确认的闭环管理；

● 与营收稽核系统集成，导出所有银行账户交易信息，自动生成相关账务；

● 海外门店现金流预测导入系统，自动形成现金流预测；

● 针对个别未直连或特殊场景进行线下支付的业务，其支付指令也导入 Kyriba，形成完整的支付台账，支持结果更新及查询分析；

Kyriba 系统帮助该客户实现了以下管理提升：

● 从最初的手动支付流程到全自动化的集中支付管理，提高了支付效率并显著降低了支付风险；

● 在单一平台上集中管理集团国内和海外银行账户并做到了和银行的自动连接，显著提升了财务人员的工作效率以及流程的可靠性和安全性；

● 提高资金管控能力、提升资金日报效率 50%；

● 使财务部门更好地向管理层及其他业务部门展示数据、汇报工作。

【案例 2：全球最大的互联网线上零售商之一】

该客户是全球最大的互联网线上零售商之一，集团在美国、法国、加拿大、中国、英国、德国、新加坡、意大利、西班牙、巴西、日本、印度、墨西哥、澳大利亚和荷兰均开设了零售网站，而其旗下的部分商品也会通过国际航运的物流方式销往其他国家。

在采用 Kyriba 解决方案之前，该客户通过 SWIFT 直连了部分银行来获取交易流水，其余未连接银行由各分子公司通过 Excel 表格报送资金存量报表及滚动预测。这样操作烦琐、耗时、容易出错、无法实时掌握资金存量及预测情况，不利于资金的优化配置；同时，该客户的外汇风险敞口较大，没有运用专业的外汇风险管理工具来管理其在不同国家以及业务的外汇风险。

随着市场波动加剧，客户越来越重视外汇风险的管控，并希望做到精细化管理。经过数月的调研和比较分析，客户决定采用 Kyriba 来作为其全球资金及风险管理的专业工具。

在实施 Kyriba 系统之后，该客户的资金管理和外汇风险管理方式发生了极大的改变，包括：

- 通过 Kyriba 的连接解决方案连接其全球 60 余家合作银行以及第三方支付平台来及时获取银行流水；
- 从最初的手动支付流程到全自动化的集成支付，提高了支付效率并显著降低了支付风险；
- 与 Erp（Oracle EBS）集成，导入资金预测，并和 Kyriba 中收取的银行流水做自动对账，大量减少了人工成本；
- 全面优化了风险管理和外汇敞口管理流程。

Kyriba 系统的实施显著提升了客户的外汇风险管理能力，基于客户的内部风险管理政策，优化了其风险管理的决策流程，从最初分散式的风险管理状态到集中化可视化的风险管理流程；增加了风险管理流程的透明度并做到了风险溯源，使财务部门更好地向管理层及其他业务部门展示数据、汇报工作；提高对货币风险敞口的可见性，帮助客户更好地评估、缓解和报告货币对收益和财务报表的影响。

4. 主要特点

（1）成熟的司库管理解决方案：

科睿柏提供业内最佳实践解决方案，包括专业的资金、支付、外汇和衍生品管理、内部银行、风险管理等。

（2）全球银行连接：

科睿柏系统帮助企业全面高效管理境内外银行的对接，实现境内外账户余额统一视图展示，100% 可视化。

（3）完善的报文格式库：

科睿柏系统内置超过 45000 种银行报文格式，并有专门的团队解析、测试新的银行格式并维护系统内已有的报文格式库，帮助客户缩短实施周期并节省成本。

（4）轻量化实施：

科睿柏系统是安全的 SaaS 产品，在实施过程中无须占用企业过多 IT 资源，提供行业领先的解决方案并快速、安全地完成实施。

（5）灵活的模块和功能选择：

科睿柏系统作为SaaS产品，其灵活性和可延展性决定了企业可以根据自身的需求和发展阶段，灵活地选择所需的模块以及相应功能。

（6）企业流动性管理的提升：

- 通过实时的资金可视化和商业智能报告，企业可以轻松查看、保护、调拨和优化资金，从而提高财务绩效；
- 通过科睿柏平台管理企业内外部流动性来优化借贷和融资成本；
- 通过优化和激活资金流动性，充分调动企业内部财务资源，对整个组织的业务运营模式进行优化，同时促进业财融合。

A11 赛意信息财务数字化

1. 厂商介绍

广州赛意信息股份有限公司（以下简称"赛意信息"）成立于 2005 年，位于总部广州，在上海、深圳、北京、香港、顺德、武汉、成都和济南设有分、子公司，拥有超过 7000 名具备丰富 IT 咨询和实施经验的复合性人才。

广州赛意业财科技有限公司是赛意信息（股票代码：300687）旗下全资子公司，在总结赛意信息成立 18 年来在不同行业超过 1000 家企业客户（80% 为世界 500 强与上市企业及行业龙头）最佳财经业务实践基础上，为更好地帮助企业财务能力提升，在国内最早提出业管财融合的理念，并进行了大量的业管财融合财务管理体系建设的客户实践。公司拥有面向业管财融合的咨询服务，以及自主知识产权的智能化产品——元数智财务创新平台（MD-FP），依托母公司赛意信息全国 17 家本地化交付中心和服务体系，专注为企业提供业管财融合相关的财经数字化转型服务。

随着技术与经营发展推动，在全球化和大数据的发展趋势下，市场瞬息万变，企业经营风险也在与日俱增。财务把控着企业的经济命脉，为应对日益复杂多变的市场环境，企业需要加快财务转型，通过数字化平台建设，打破传统低效高耗的财务管理模式，提高企业竞争力。特别是 2022 年 3 月 2 日国务院国资委印发《关于中央企业加快建设世界一流财务管理体系的指导意见》，确定了中央企业加快建设世界一流财务管理体系的目标，同时强调：以数字技术与财务管理深度融合为抓手，固根基、强职能、优保障、加快构建世界一流财务管理体系，有力支撑服务国家战略，有力支撑建设世界一流企业，有力支撑增强国有经济竞争力、创新力、控制力、影响力和抗风险能力。

大势所趋，财务先行，财务正朝着数字化方向转变，财务数字化转型需求已成为国央企、龙头民营企业的需求迫切。技术的推动，需求的牵引，企业数字化转型的本质是提升满足个性化需求的能力，以协同、敏捷反应、低成本、及时性和个性化为核心，财务作为天然数据中心，其数字化转型就是要面向业务和流程、面向经营和决策、面向生态和未来。

2. 产品介绍

2.1 产品与解决方案综述

赛意信息历经 18 年实践探索,已成为国内领先的企业数字化服务商。赛意企业数字化服务体系以 1 个云生态为基础,围绕 Erp 和智能制造 2 个核心,利用三大技术服务平台和 4 种服务模式,为企业提供 5 个领域的数字化转型服务,为企业提供数字化整体解决方案。赛意业购是赛意信息旗下全资子公司,专注企业财务数字化转型下财务解决方案,如图 A11 - 1 所示。

图 A11 - 1 赛意业财专注企业财务数字化转型

赛意业财专注企业财经数字化服务,依托母公司赛意信息服务世界 500 强数字化实践经验,传承美的公司与华为公司强经营、深赋能、重价值的财经管理思维,深入总结美的公司"建立经营型财务 + 业财融合共享主干道,赋能企业可视化经营"和华为公司围绕"3 个中心、2 类应用、2 个平台"的建设思路开展整体设计,最终实现实时、自动、在线(安全)、敏捷、自助和共享的目标。

为适应经济全球化趋势和应对中国经济转型升级的压力,在信息技术的助推下企业财务职能正经历快速的转变,从以核算为主的基础财务职能向提供高效服务的共享财务、提供战略支持的战略财务和深入价值链各环节的业务财务三方面转型。

赛意业财基于业界的最佳财经数字化实践总结与经验的信息化积累,专门打造了数智化财务创新平台,如图 A11 - 2 所示。平台以"融合、赋能"为核心理念,业务场景化,场景流程化,流程横纵向打通,规则置于流程,流程置于系统,风控无声无息,遵循数据生成路径、收集、整理、归类而形成基础财务信息,再结合财经人员对数据逻辑的认识,对业务的深刻理解，在数据整合、洞察、建模和分析的过程中，识别管理改进的机会和目标，以实现"打破业财边界、促进业财融合、赋能业务经营"为财经职能目标。

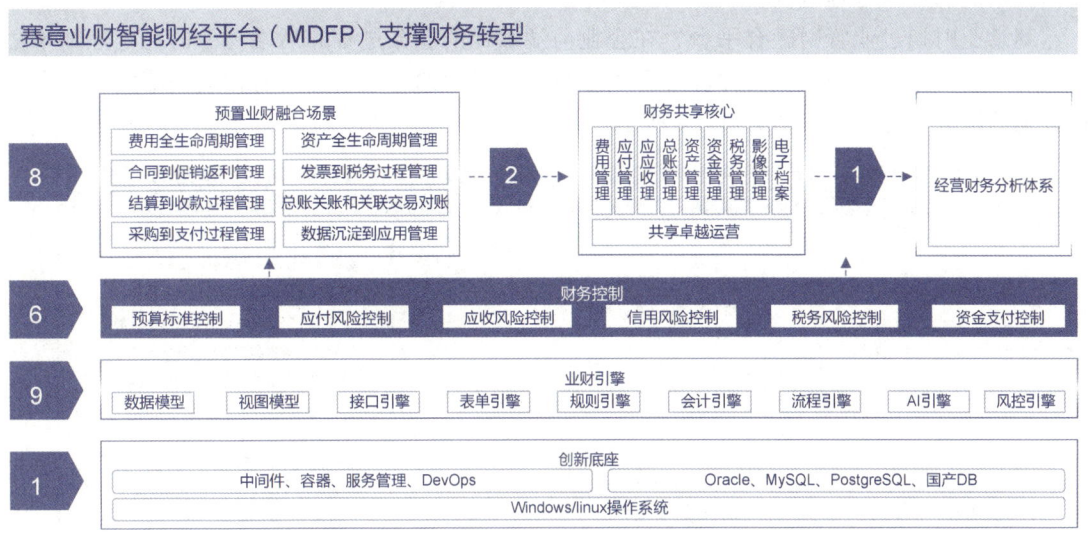

图 A11-2　赛意业财智能财经平台

2.2　数字化总体架构说明

赛意业财从一流企业成长实践中总结的财经职能与建设历程，将企业目标、战略、财务、业务以及基础制度保障放入统一的框架中，建立了系统化的"战略—财务—业务"一体化实践框架与实践蓝图，如图 A11-3 所示，为企业在财务共享、业财融合、管财融合等方面提供全方位借鉴，为企业在核算、管控、经营与价值整合等不同阶段财经职能建设需求方面提供系统化指引。

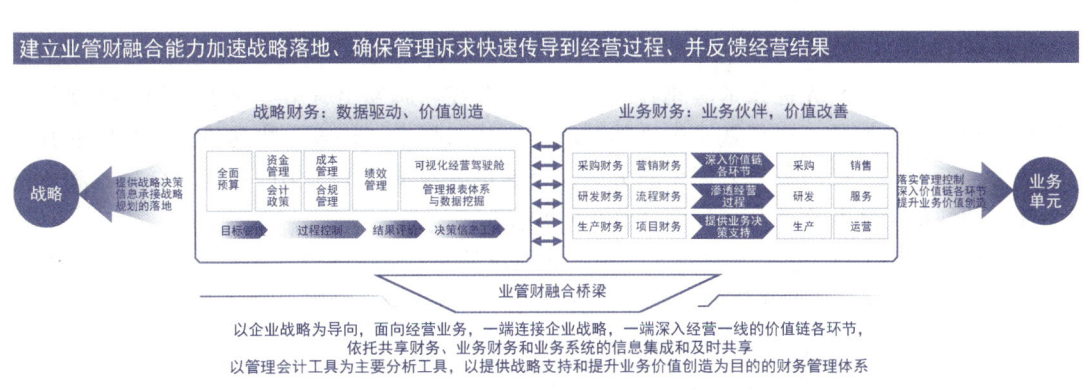

图 A11-3　赛意业财业管财融合

赛意业财依托于长期服务世界 500 强过程中积累下来的财经数字化理论与实践能力经验，在国内业界首次提出经营财务理念，引导企业财务转型要求财务工作从传统面向交易处理的核算工作转向面向经营战略和业务单元的经营财务，以企业战略为导向，以业财融合为基础，面向经营业务，一端连接企业战略，一端深入经营业务一线的价值链各环节，依托共享财务、业务财务和业务系统的信息集成和实时共享,以管理会计工具为主要分析工具,以提供战略支持和提升业务价值创造为目的的财务管理体系,通过数商、洞察、统领与引领等数据化赋能的经营管理过程。

赛意业财通过业管财融合平台,在企业前端敏捷的业务过程和后端财务的稳定性结果之间架起一个桥梁,实现业财的深度融合和业财转换过程的管理、业财管控规则落实以及多口径数据的沉淀、分析,如图 A11-4 所示。

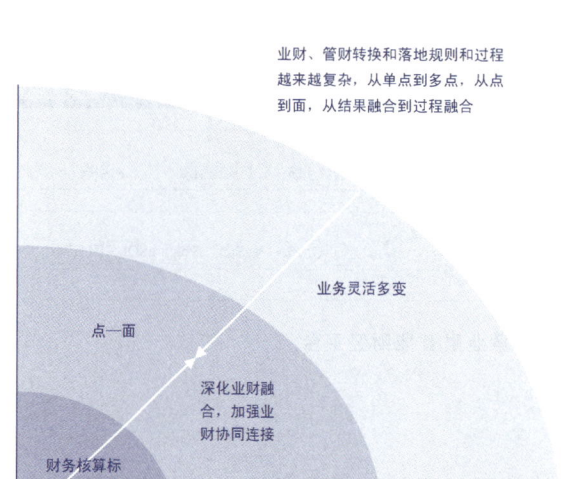

图 A11-4　赛意业财的业财转换的管理

2.3　数字化能力具体介绍

2.3.1　财务共享

赛意业财基于自身先进技术底座,经过多年实践经验研发出有市场竞争力的自主知识产权的自主财经软件产品,产品基于先进的互联网时代的技术,让客户快速建立自身的业管财融合能力,低代码、微服务、云原生的方式让企业更容易建立个性化的业财融合场景和业财税一体化的智能财务共享平台,如图 A11-5 所示。

根据自身多年实践,已经在自身元数智财务创新平台上构建出相对标准化的智能财务共享的业财场景应用模块,这些成熟的场景可以供不同的客户分阶段应用。除了平台的标准化能力外,客户可以根据自身个性化需要,利用平台的能力,快速创建出满足企业自身要求的财务共享各模块应用,平台既可以连接企业现有业务系统和 Erp 系统,又可以根据企业信息化应用现状,利用平台能力建立或补充企业自身的业务系统,弥补业财融合过程中的流程和数据的不足。

2.3.2　业管财融合

赛意业财研发的 MDFP 财务数智化产品平台,以"融合、赋能"为核心理念,以"打破业财边界、促进业财融合、赋能业务经营"为最终目的,为财务数字化转型开辟新路径,为企业经营提供数据赋能。

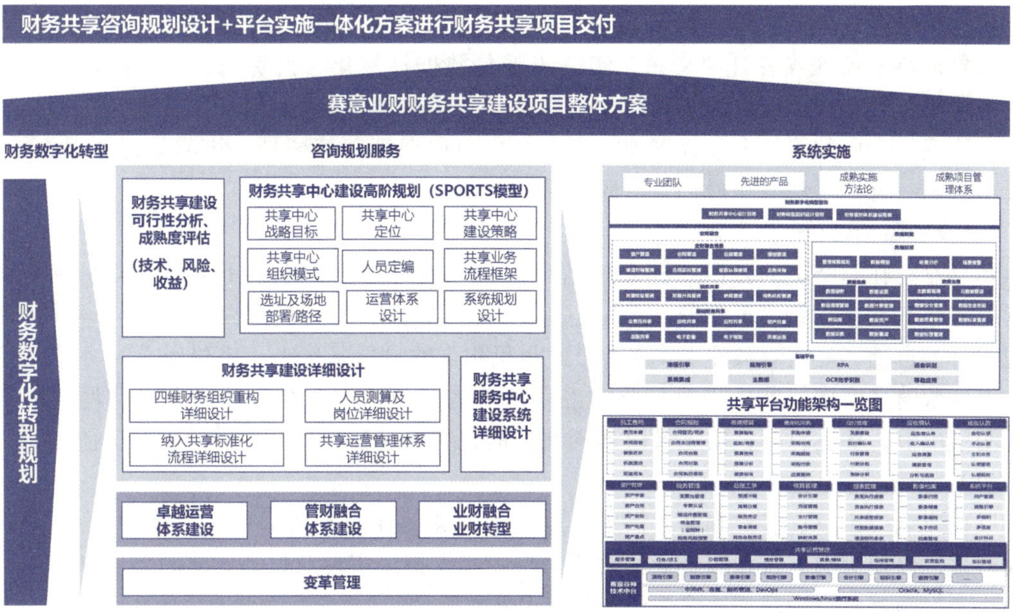

图 A11-5　赛意业财财务共享建设项目

MDFP 财务数智化产品利用赛意先进的技术平台能力，基于多年的客户实践，自主研发的一套可以支撑企业全面业财融合的中台，如图 A11-6 所示。向上可以连接和协同企业业务及合作伙伴，向下可以连接经营主体的财务核算，形成全价值链的业财过程融合，既可以支撑财务核算管控的要求，又可以支撑管理口径同源数据的需要。业财融合：以交易驱动业务环节的业财协同，交易处理协同化、自动化，规则管控自动化，业财数据自然沉降，标准数据各取所需，提高效率，改善价值。

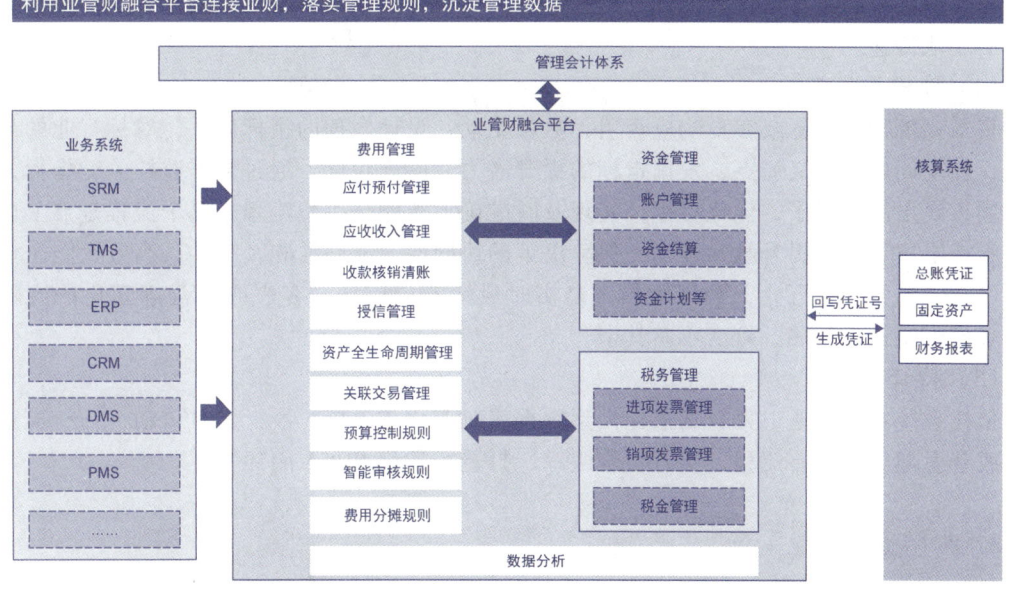

图 A11-6　利用业管财融合平台连接业财

赛意业财经过多年实践，积累了丰富的业财融合场景方案，以协同为主轴的五流合一，具体对象是业务场景或者日常交易，实施步骤是数据标签化、去手工、流程标准化、线上化、自动化、数字化。可以为不同行业提供完整的业财融合方案。其中制造业销售目标到资源配置管理、合同到回款全过程管理、资产全生命周期管理等场景；快消品行业促销管理、多渠道对账、合同返利等业财场景已经积累了丰富的实践经验。

2.3.3 经营财务

赛意业财在总结美的公司"建立经营型财务＋业财融合共享主干道，赋能企业可视化经营"和华为企业围绕"3个中心、2类应用、2个平台"的建设思路开展整体设计，最终实现实时、自动、在线（安全）、敏捷、自助和共享的目标基础上，搭建经营财务体系模型以支撑经营财务实践，实践以目标驱动经营环节的价值协同，结合数据发现问题，定义痛点，洞察价值，优化目标，实现及时准确地智能化决策流程，提升效益，创造价值。

（1）组织能力：

以快速响应市场、客户和经营需求，组织敏捷化，建立灵活的合适的组织形式、机制、绩效体系，以便为财务转型和企业经营提供保障和支撑，实现业财高效协同、信息共享，赋能一线，引领经营，为转型奠定组织与管理基础。

（2）系统能力：

实现系统互联互通，多级协同，统一流程、数据、平台，数据自然沉降，聚焦经营财务，打造经管可视、可控、协同、洞察与价值提升的财会作业平台，为转型奠定系统与数据基础，赋能业务与经营。

（3）业财融合：

以协同为主轴的五流合一，具体对象是业务场景或者日常交易，实施步骤是数据标签化、去手工、流程标准化、线上化、自动化、数字化。业财场景围绕企业价值活动，通过业财融合自然沉淀业财数据及链路，对交易记录从业务类型、业务对象、业务载体、财务载体及流程数据等方面进行解构和提炼，提高数据灵活组合和调用便捷性，实现各类标准数据及属性的规范传递。

（4）建模与跟踪：

场景化模型，目标或客户响应牵引，数据驱动，设计合理的指标体系，对标行业的最佳实践，发现问题，定义痛点，发掘指标的提升潜力并明确目标。通过数据监控关键指标，发现问题，找出决策因子，优化目标，实现及时准确地智能化决策流程。整个流程是自上而下的，指标层层下探，提升触达效率，保障决策的协同性、准确性和及时性，高效赋能企业业务与经营。场景千变万化，数不胜数，是实时灵活响应市场、客户或经营等变化的应对措施。场景围绕价值开展，万变不离其宗。

（5）持续改善：

依托系统互联互通，集合场景化模型数据实时变化与预警，线上实时自动/指令/提案等多种改善发起方式改善流程，实时预警跟踪，打造场景化PDCA闭环管理。

3. 典型案例

历经十多年实践探索，赛意业财已服务不同行业超过100家企业客户，其中80%为世界 500 强、上市企业及行业龙头,为它们提供覆盖全球的财务数字化咨询、实施、交付服务,如图 A11-7 所示。

图 A11-7　赛意业财服务客户

【案例一:某国际家电制造企业】

赛意业财协助该企业实现集团标准化精细化管理,提供统一、标准、高效、规范的财务交易处理服务,从基础交易的标准化入手,推动业财流程和数据标准化管理能力,在交易流程中落实集团管控要求。夯实会计核算基础,解放业务财务,强化对业务支持能力,重塑业务与财务边界,促进业财深度融合,推进业财一体化建设。

该制造业企业通过赛意业财的业财融合平台,成功实现了企业内部各个财务环节的高度集成和自动化,将财务、会计、采购和库存等多个系统整合到一个平台上,实现了数据的统一管理和全面可视化。通过平台提供的智能分析和报表功能,企业管理层能够实时了解到销售、成本、利润等关键指标的情况,做出准确决策。

【案例二:某饮品零售快销企业】

赛意业财通过业管财融合财务共享能力建设,为高速发展的该企业实现集团标准化精细化管理,提供统一、标准、高效、规范的财务交易处理服务,从基础交易的标准化入手,推动业财流程和数据标准化管理能力,在交易流程中落实集团管控要求。夯实会计核算基础,解放业务财务,强化对业务支持能力,重塑业务与财务边界,促进业财深度融合,推进业财一体化建设。

同时利用业管财融合共享平台的中台能力,将前端分散的业务模式和业财过程通过统一的财务规则牵引,实现了业财过程中各类管理规则的落实,满足了数据的多口径同源分流。

4. 主要特点

赛意业财的智能财务平台能够为企业提供全方位的业务支持和创新驱动,助力企业实现财务数字化转型的目标,具备以下主要特点:

(1) 全面业财集成：

赛意业财的智能财务平台能够实现和企业多个业务领域的全面集成，涵盖了费用、应付、应收、资产、关联交易等多个核心业务流程和系统的集成。通过整合各个相关业务系统的流程和数据，该平台能够以高效的方式提供一体化的业务支持，提升企业运营效率。

(2) 智能化应用：

该平台利用先进的人工智能和数据分析技术，能够智能地分析和处理大量的财务数据。通过智能化的应用，企业可以得到准确而及时的业务洞察，从而作出更明智的决策。同时，智能化的应用还能够自动化烦琐的财务操作，提高工作效率。

(3) 灵活可定制：

该平台具备高度的灵活性和可定制性，能够根据企业的具体需求进行定制化开发和配置。无论是对于数据报表的展示，还是对于业务流程的定制化需求，都能够满足企业的个性化要求。

(4) 安全可靠：

赛意业财高度重视数据的安全性和可靠性，采用了一系列先进的安全措施，确保用户的信息得到有效的保护。平台具备严格的身份认证和访问控制机制，同时还具备备份和灾备机制，保障数据的完整性和可用性。

从财务职能转型来看，企业财务正经历从侧重事后核算、报表出具和日常经营分析的基础财务职能逐步转向侧重共享财务、战略财务和业务财务职能的过程。

基础财务和共享财务以会计核算为核心工作内容，而战略财务和业务财务所构成的经营财务则以深度的业财融合为核心工作内容。传统的财务管理框架忽视了企业战略与业务单元之间的内在联系，也忽视了对业务单元决策者的支持作用。赛意业财搭建的"战略—财务—业务"一体化框架和经营财务体系，体现了业管财融合的核心思想，强调经营财务体系应该为不同层级的决策者提供决策信息和专业服务，建立企业战略规划和业务单元之间的有效连接。

企业财务转型需要依托企业的信息化建设，打通战略、财务与业务之间的信息阻隔，通过经营财务体系为企业战略决策、精益过程管控和敏捷反应提供多维度信息。赛意业财的业财融合平台，围绕公司的人、财、物、流程等关键资源和能力，以现金流、利润、成本、资产、产品、人员、流程等为管理对象，输出多维度的、揭示资产、产品、人员、组织流程等效益情况的管理用财务报表，并根据管理用财务报表的信息，通过深度的数据挖掘与分析为企业战略决策提供数字决策根据。

此外，业财融合平台直接面向业务单元，定位于业务的合作伙伴，一方面根据战略财务的要求对业务单元的运营进行精益的过程管控，另一方面深入价值链各环节，为提高业务的价值创造能力提供专业服务和决策支持，打造企业经营管理的"战略、计划、预算、预测、核算"的线上化实时化闭环管理体系。

财务共享是企业财务转型的基石和有力的抓手。赛意业财的业财融合平台集赛意之力和多年实践打造全面的业财融合能力，聚焦财务能力建设，能够协助企业实现以下管理目标：

● 推动组织变革：推动战略财务、经营财务、业务财务、共享财务四位一体的财务管理体系建设，打造价值创造型财务组织。

● 促进业财融合：夯实财务核算基础，解放业务财务，强化对业务支持能力，重塑业务与财务边界，促进业财深度融合，推进业财一体化建设。
- 加强集团管控：从基础交易的标准化入手，推动业财流程和数据标准化管理能力，在交易流程中落实集团管控要求。
- 打造高效服务：提供统一、标准、高效、规范的财务交易处理服务；快速提升业务用户体验，逐步构建数据分析、绩效跟踪等新型服务能力。

A12 虹信软件财务数字化

1. 厂商介绍

1.1 基本情况

四川虹信软件股份有限公司（以下简称"虹信软件"）是创新型软件及IT解决方案提供商和服务商。公司成立于2008年，是四川长虹旗下智慧BG旗舰企业之一。虹信软件经过十多年发展和成长，已经发展成为拥有四大核心能力的高新技术企业，专注于智慧企业、智慧城市以及军民融合三大业务领域前沿IT技术研发、咨询与实施，目前活跃在国内的能源化工、电子高科技、芯片（IC）、快速消费品、汽车配件、装备制造、教育、农业等各个行业，在中国建立了3大研发中心、6家运营企业和10余家办事处。

虹信软件依托母公司长虹集团跨行业、多组织的优势资源，具备开创者与实践者的双重优势，研发能力突出，拥有70余项计算机软件著作权、自主研发了财务共享（1个平台，N大系统）、供应链、云原生容器管理平台、协同开发平台、大数据平台等多个产品；拥有强大的集成能力，实施了40多个异构系统集成项目；积淀了成熟的实施能力，利用物联网、大数据、人工智能和云计算技术，构建更精准、实时、高效的数据采集体系，建设包括存储、集成、访问、分析、管理功能的应用使能平台，实现技术、经验、知识模型化、软件化、复用化。

虹信软件的发展与长虹集团的数字化转型是密不可分的。
- 1988~1999年，探索阶段，长虹集团搭建了长虹基础的办公网络，并建立了基本的资源信息体系基础。
- 2000~2004年，起步阶段，长虹集团Erp系统正式上线，正式上线的Erp系统促使公司的业务流程再造，对管理创新产生巨大的推动作用。
- 2005~2009年，优化调整阶段，长虹集团的Erp系统完善及PDM系统、CRM等业务系统建设阶段，因此这个阶段长虹内部也被称为"业务驱动信息化阶段"。
- 2010~2017年，发展统一阶段，在公司"智能化、网络化和协同化"三坐标战略和互联网急速发展的趋势下，长虹在2013年提出了"智能研发、智能制造和智能交易"三大智能平台建设战略。
- 2017年至今，数字化战略阶段，长虹集团成立公司数字化转型委员会，以智能制造、工业互联网为依托，持续推进公司数字化转型。

长虹集团提出以"智能化、网络化、协同化"的新三坐标智能战略，并在此战略基础上，通过智能研发、智能制造和智能交易的三大平台建设，优化内部资源配置、提升内部管理效率，同时利用大数据、云计算、物联网等新兴技术在制造业中的应用，以新业态、新模式推动传统产业生产、管理和商业模式的变革和创新，如图 A12-1 所示。这个新三坐标的战略指导确定，也代表虹信软件及整个长虹集团对企业整体数智化转型发展趋势及方向的一个总结归纳。

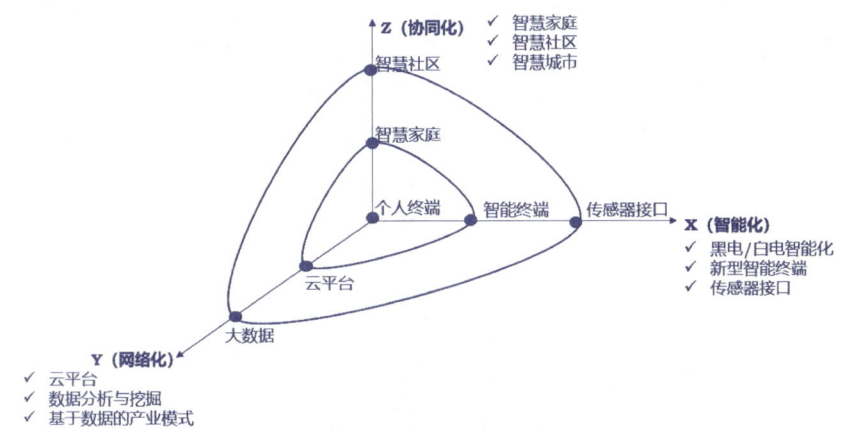

图 A12-1　长虹集团新三坐标智能战略

1.2　对财务数智化转型发展的理解与认知

（1）数字化浪潮袭来，产业发展的底层逻辑整体转变，颠覆式创新和运营重塑传统企业生产要素。数字经济政策逐步深化，数字要素重构企业运营模式。

从"十二五"到"十四五"数字经济政策不断深化，在"十四五"规划纲要中明确提出推进产业数字化，实施"上云用数赋智"行动，推动数据赋能全产业链协同转型，产业数字化将重构产业链条，创造出新业态、新模式。在数字化浪潮的推动下，产业发展的底层逻辑发生改变，数字作为一种生产要素将重构企业创新方式、生产方式、产品结构、资源配置方式，企业作为产业发展的基本单元，在产业数字化的带动下，运营模式将发生全新变革，如图 A12-2 所示。

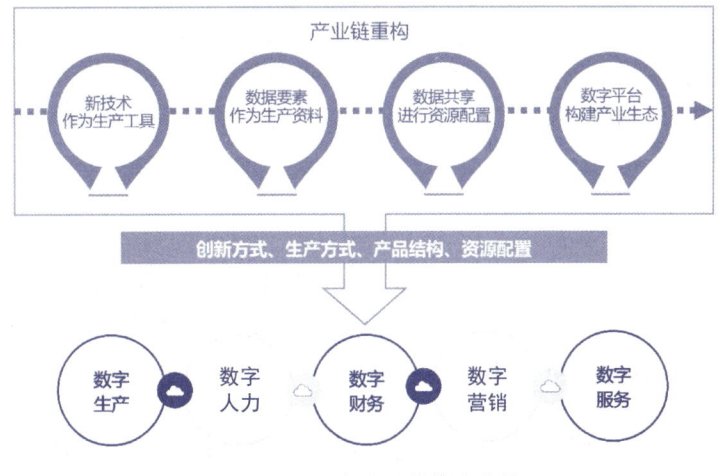

图 A12-2　企业运营模式变革

（2）规模型企业积极拥抱数字化转型的时代浪潮，以集团化发展和财务为核心的数据集成是助推企业数字化转型的关键。面临竞争过渡、产能过剩、品牌效益下降等问题，数字化成为推动企业降本提质的重要手段，大部分规模型企业已经构建全面的数字化转型规划，并将逐步实施。

（3）面向单一业务、财务、供应链的孤岛式单点解决方案不足以支撑企业体系级核心竞争力的构建，全链路集成式业财解决方案踏浪而来，如图A12-3所示。企业需要利用"全链路业财集成"数字化解决方案，打通企业内部数据要素流通路径，实现多部门、多环节的数据融合，以最大化挖掘数据资产价值，构建企业体系级经营效率和核心竞争力。

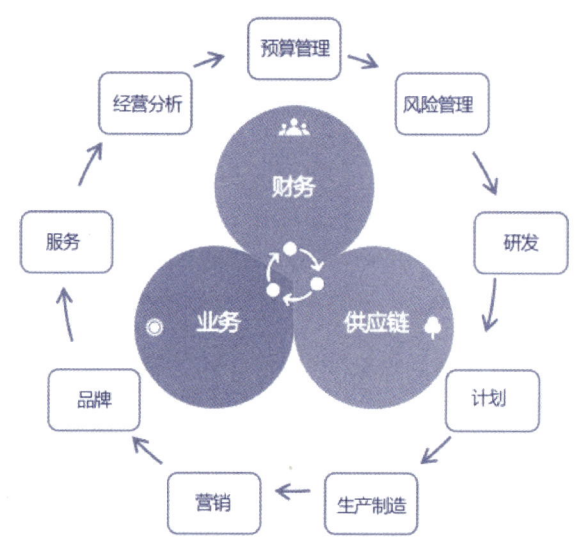

图 A12-3　全链路业财集成

（4）智能业财助力企业实现核心竞争力可持续发展战略，帮助企业建立产业新生态，挖掘企业价值存量，打造企业新生态，创造企业价值新增量，助力企业多元发展。

（5）财务数智化是企业数智化的关键。财务部门是企业天然的大数据中心，企业所有的经营数据，都会汇聚到财务部门。未来，财务会被IT颠覆，财务有了IT思维，才能更清楚数据的结构和之间的关联关系，才能理解数据的收集、存储、加工和提供过程。共享服务改变了财务的底层，实现了财务的工业化，更进一步地，财务还需要充分利用信息技术手段建立起企业的数字神经网络。财务应该从原先的"最小数据集"转变为"大数据"。财务数智化是企业数字化的关键。

（6）财务数字化的要求。

- 政策倡导引领财务变革

国家"十四五"在会计信息化的宏观规划，明确指出要提升会计数据的质量、价值与可用性，要求财务信息系统具有灵活性、可配性以及更高的整体性能，亟待打造一套可靠的基础平台来支撑财务信息系统的数智化变革。

- 数字化转型需要

以"业务驱动，业财融合"为理念，通过信息技术（IT）与运营技术（OT）相结合，将人工智能为代表的"大智移云物区"等新技术运用于财务工作，以新的架构开拓数字化转型的新格局,促进财务在管理控制和决策支持方面的作用发挥。

- 推广财务管理模式

建设适用于各类经济主体、智能、高效的一站式综合财务服务平台,全面构建智能财务应用生态,推广财务管理模式,如图A12-4所示。

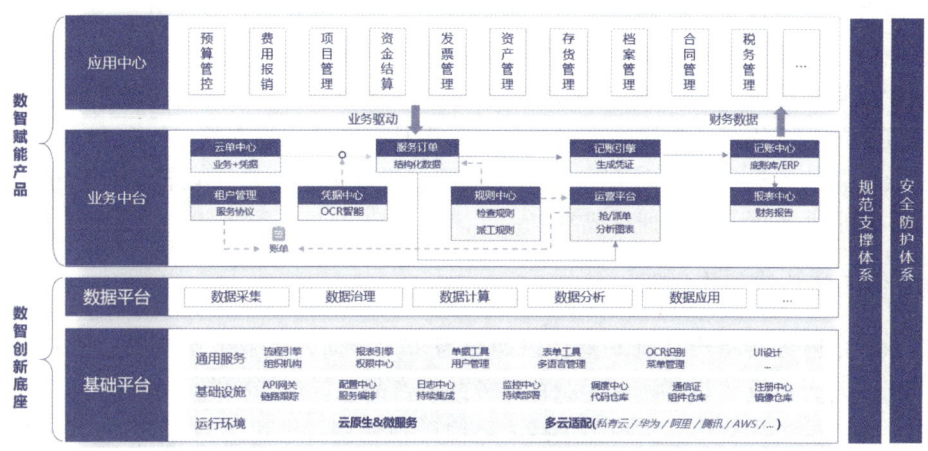

图 A12-4 智能财务应用生态

2. 产品介绍

2.1 产品与解决方案综述

虹信软件依托母公司长虹集团跨行业、多组织的优势资源,具备开创者与实践者的双重优势,研发能力突出,拥有70余项计算机软件著作权、自主研发了财务共享(1个平台,N大系统)、供应链、企智云平台、全渠道营销平台等多个产品,如图A12-5所示;拥有强大的集成能力,为大型集团企业成功实施了40多个异构系统集成项目;积淀了成熟的实施能力,长期服务于中海油、云天化、华润等世界500强企业。

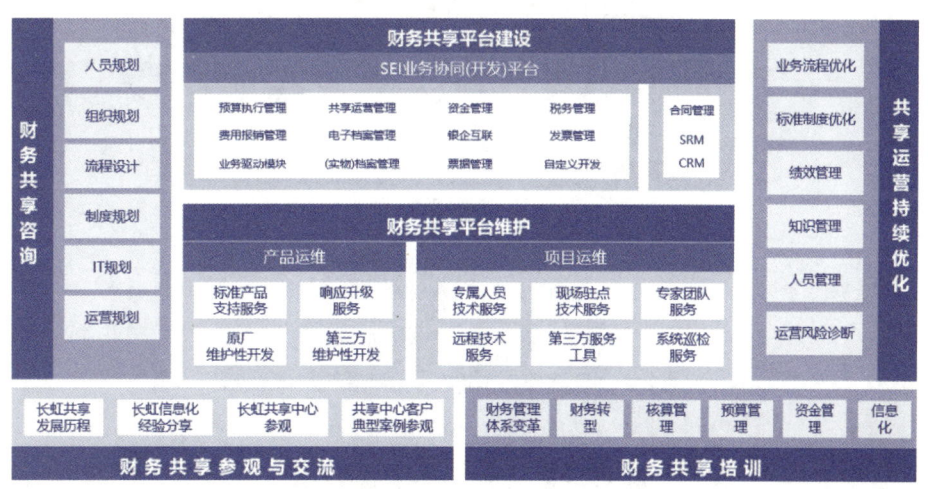

图 A12-5 财务共享平台

虹信软件专注聚焦于智慧企业、智慧城市以及新兴业务三大业务领域信息化研究、咨询与实施，并联合成熟的渠道生态联盟，如 SAP、Oracle、IBM、Siemens、阿里、华为、腾讯等优秀企业，共同构建成熟的产品线生态链。

虹信智慧城市业务纵深二十多个行业领域，深谙各行业政策动态，公司具备强大的资金实力和资源背景，项目聚焦在智慧综治、智慧党建、智慧教育、智慧旅游、智慧应急、智慧农业、智慧社区等重点业务领域。

虹信软件智慧企业业务沉淀了丰富的 IT 规划、SAP、财务共享、营销平台、供应链、智能智造等全产业链的产品和解决方案经验，大多具有自主知识产权，这些产品各自性能卓越，更重要的是彼此天然的互联互通，相互集成，可以为企业数字化转型提供更高的灵活性、更好的扩展性及更低的总拥有成本。

2.2 数字化总体架构说明

虹信软件的财务共享产品研发坚持以客户需求为导向，以业务端到端、全链路、全要素，以数据实时、在线、共享为目标。在财务共享产品上，市场横向与浪潮、中兴、汉得和元年对标，全面推进移动化，实现多端接入随时随地使用，利用大数据和 AI 智能技术实现全要素数据挖掘和分析，以 1＋N 产品总体规划，打造"业财税资"全业务循环的财务共享产品和 IT 实施解决方案。

N 大系统：目前虹信软件针对财务管理职能已自主研发了十大信息系统，如图 A12－6 所示，即虹信共享运营系统、虹信电子档案系统、虹信预算执行系统、虹信费用管理系统、虹信银企互联系统、虹信发票管理系统、虹信税务管理系统、虹信资金管理系统、虹信票据管理系统、档案管理系统，为集团型企业提供财务共享中心建设服务，助推企业实现财务转型。

图 A12－6 虹信软件十大信息系统

2.3 数字化能力具体介绍

财务共享是集团企业的一种创新管理模式,通过财务管控新模式实现财务管理专业化、财务核算集中化、业财税资产一体化、财务数据化,以改善会计信息质量,提高会计工作效率,减低会计工作成本,提高会计合规能力和价值创造能力,促进财务在管理控制和决策支持方面的作用。财务共享服务中心如图 A12-7 所示。

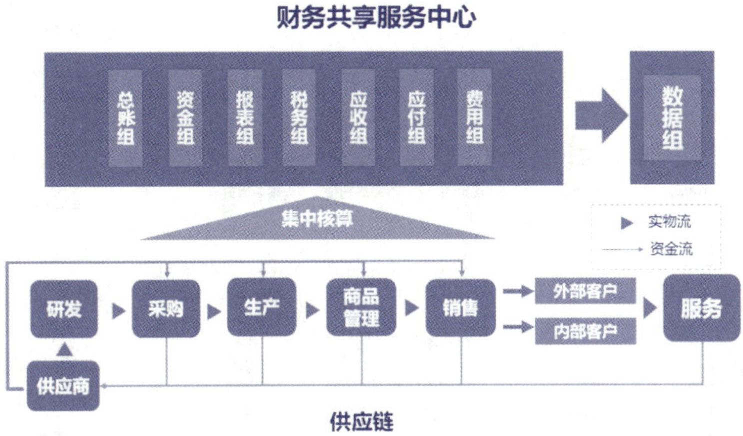

图 A12-7 财务共享服务中心

虹信软件财务共享主要的产品包括:预算管理、费用报销、在线商旅、共享运营、档案管理、资金管理、银企互联、票据管理、税务管理、发票管理。

2.3.1 预算管理

虹信软件的预算管理提供了全面预算规划、执行、监控和分析的解决方案,如图 A12-8 所示。包括预算规划、预算执行、预算控制、预算报告和分析、预算协同和共享、预算审计和追踪等,帮助企业实现全面的预算管理,提高财务规划和控制的精确性、透明度和效率,为企业的战略决策提供有力支持。

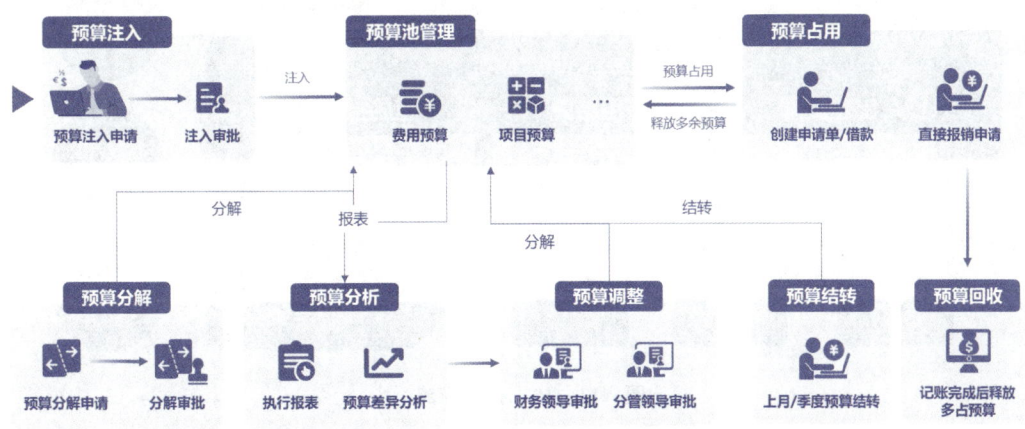

图 A12-8 预算管理

2.3.2 费用报销

通过智能采集票据、OCR 智能识别、移动审批、影像管理、智能审核（规则内置）、商旅对接、灵活配置工作流解决了企业在报销过程中存在的痛点，实现提升工作效率、加强预算管控、规范报销业务、提升核算效率与质量。费用报销流程如图 A12 – 9 所示。

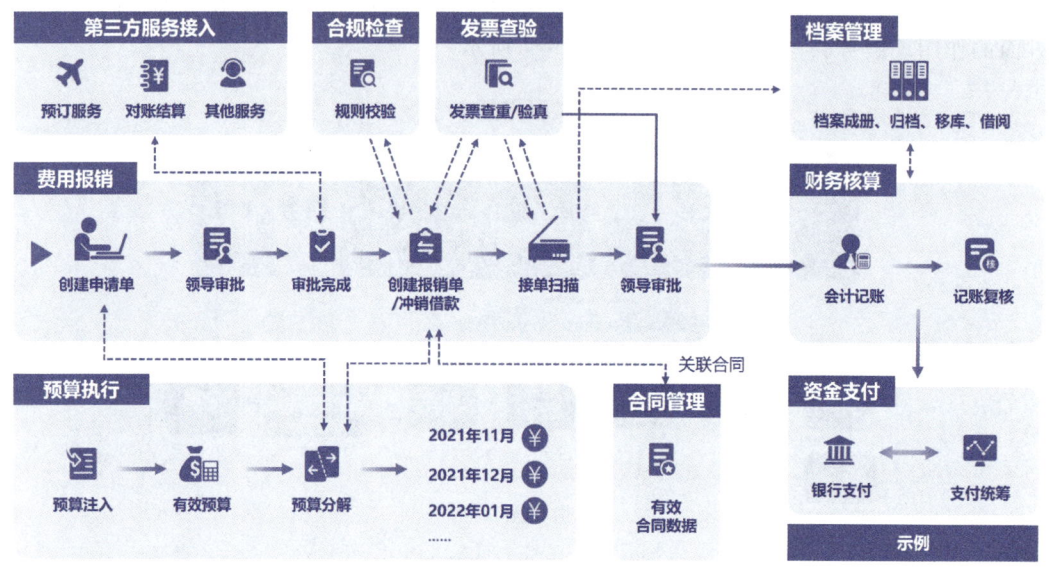

图 A12 – 9　费用报销

2.3.3 在线商旅

实现跨平台的机票、酒店在线预定和对费用的结算，提高员工满意度，预订时控制车船级别和住宿标准，帮助企业减少员工代垫、统一开具发票、减少个人索取发票的麻烦，商旅价格更优惠，通过减少差旅政策执行成本、管理流程优化、协议价格执行等方式降低企业成本，实现间接节省成本及增值收益。在线商旅系统如图 A12 – 10 所示。

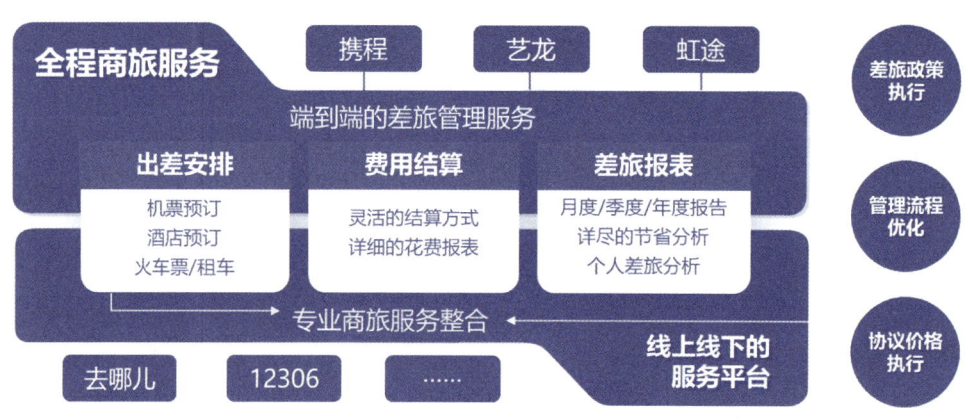

图 A12 – 10　在线商旅

2.3.4 共享运营

为企业提供开发的共享运营平台，稳定接入各类业务，高效完成财务处理，支持智能派工、智能核算、智能比对，支持运营分析。共享运营平台如图 A12-11 所示。

图 A12-11 共享运营

2.3.5 档案管理

构建电子文件元数据，在帮助企业实现实物档案及电子影像件的全生命周期管理基础上，支持档案采集、智能比对、条码管理、权限和档案密级管理、档案查询管理、文档管理、全生命周期管理（包括电子/实物档案归档成册、入库、移库、借阅归还、销毁等全生命周期管理，支持集成第三方系统、档案室、档案柜可视化管理）、档案审核管理等，为客户提供专业的全方位数字化档案管理方案。档案管理系统如图 A12-12 所示。

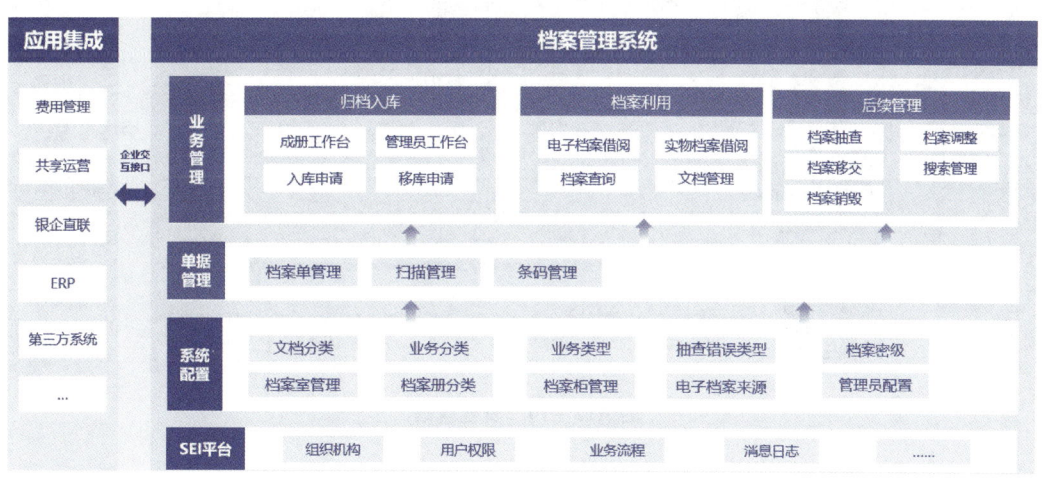

图 A12-12 档案管理

在财务共享模式下，构建多渠道电子票据采集管理模式，主要是通过电子票夹、业务系统上传、扫描收单结合 OCR，高效快捷采集票据，以电子单据代替现有纸质单据传递，相关领导审批及财务审核时可查看电子单据和关联影像，从而实现审核和入账的无纸化办公。电子票据管理模式如图 A12-13 所示。

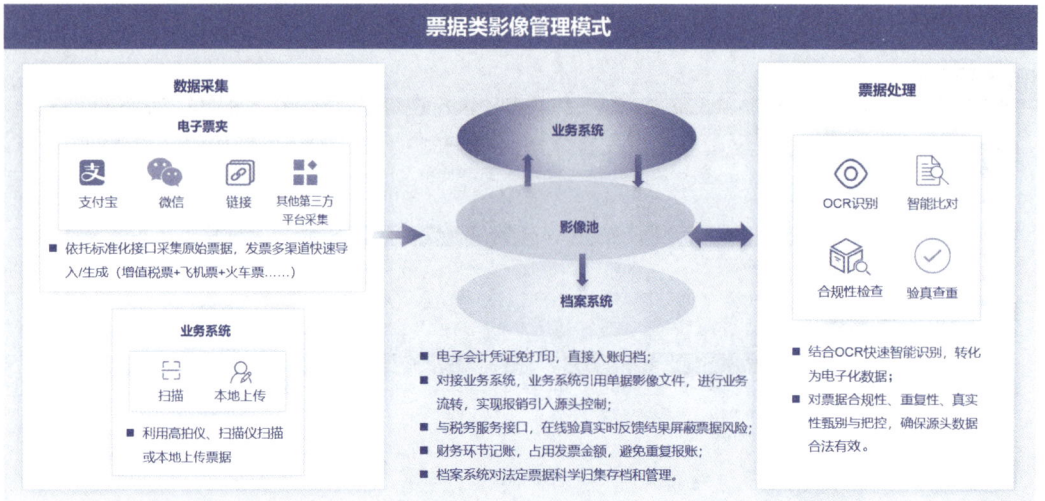

图 A12-13　票据管理

2.3.6　资金管理

为企业提供完备的资金管理平台，支持企业进行实现全面监控资金使用、管控资金动向，防范资金风险。资金管理平台如图 A12-14 所示。

图 A12-14　资金管理

2.3.7　银企互联

无缝连接多家银行及第三方支付平台，实现企业资金的及时查询、支付、对账，银行回单自动关联业务单归档。银企互联系统如图 A12-15 所示。

2.3.8　票据管理

无缝连接多家银行票据管理平台，实现商业票据汇票的及时签收、出票、背书转让、对账。票据管理系统如图 A12-16 所示。

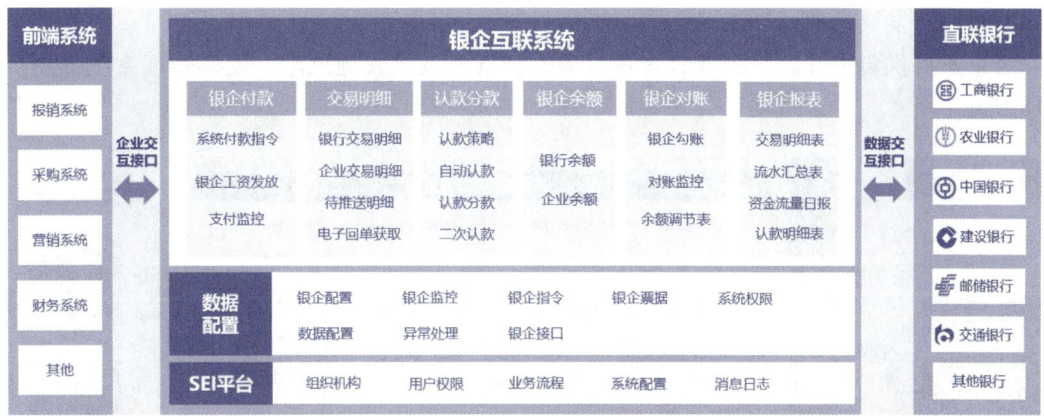

图 A12-15　银企互联

图 A12-16　票据管理

2.3.9　税务管理

为企业提供全税种的一键式纳税申报，规避税务管理风险。税务管理系统如图 A12-17 所示。

图 A12-17　税务管理

2.3.10 发票管理

为企业提供集中开票、收票、查重、验真，规避发票管理风险。发票管理系统如图 A12 -18 所示。

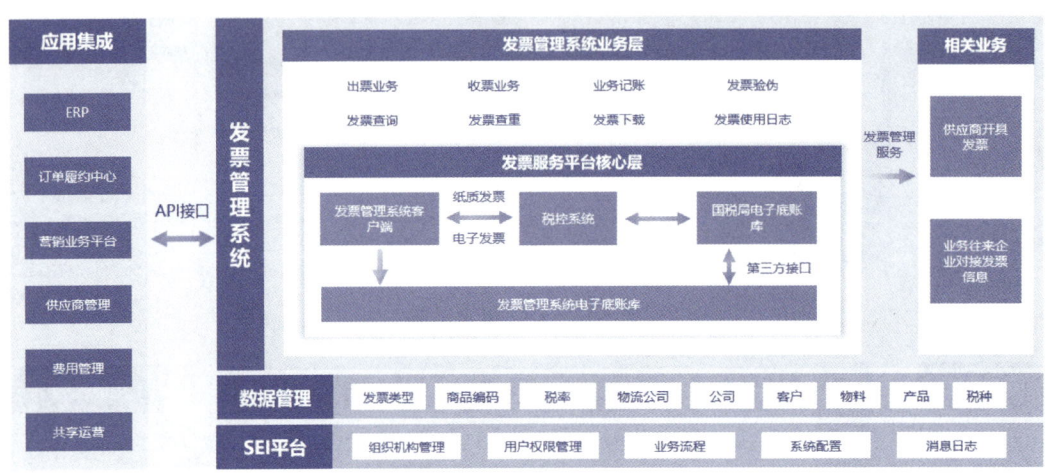

图 A12 -18　发票管理

3. 典型案例

虹信软件具备端到端"咨询+硬件+软件+服务"综合业务能力和强大的纵深服务优势，在数十个重要行业服务过世界 500 强等数百家大中型综合性集团企业，为各领域客户创造价值。虹信软件客户包括能源化工、电子高科技、芯片（IC）、快速消费品、汽车配件、装备制造等诸多行业，如图 A12 -19 所示。

图 A12 -19　虹信软件服务客户

【案例：长虹集团】

（一）客户简介

四川长虹电器股份有限公司（以下简称"长虹"）是由长虹集团（始创于1958年）控股并在上海证券交易所挂牌上市的股份制企业。长虹从军工立业、彩电兴业，到信息电子的多元拓展，已成为集军工、消费电子、家用电器研发与制造为一体的综合型跨国企业集团。

（二）实施效果

（1）确定核心财务处理平台：

1999年长虹进行企业信息化建设，选择了SAP的Erp作为公司信息化平台，到2004年SAP Erp已经成为公司主要的信息，随着公司多元化、集团化、国家化发展，分子公司的不断建立或购买，整个集团出现了多个不同信息系统，为了保证公司平台的统一和管理的有效性，财务部门力主建议将SAP Erp系统作为公司信息化的核心应用平台，按计划、逐步统一到该平台，并推动实施。

（2）不同层面的经营活动驱动信息手段的主动推动和引导：

长虹财务部门将经营活动驱动的财务核算处理定位了三个层次，分别是财务部门内部的业务驱动、公司内跨部门的业务驱动及公司间业务驱动。

（3）基于SEI平台，长虹财务部门主动推动：

引导和参与了20多个业务类型的流程梳理及信息化系统设计、开发和测试，财务部门参与使得相关信息系统的管理理念保持一致，提高了业务处理效率，实现了业务部门向财务部门的价值驱动。

自2008年正式建设成立财务共享服务中心后，持续进行财务共享信息化工具的自主研发、设计，财务共享运营模式的不断创新，实现财务共享中心向财务云升级，传统共享核算分组分工向抢单、分包、众包模式转变。

（三）客户收益

基于财务共享平台的长虹财务管理变革后，仅人工成本降低了43.47%，97%以上的会计凭证自动生成，财务核算的时效性和准确性得到极大提升，使得财务核算效率提高了近35%；通过电子化、无纸化的广泛推进，显著节约了打印成本、邮寄成本，以及检查、审计、监察的现场出差成本等。

通过财务共享促进财务管理转型，资金、税务、资产、总账报表等财务管理领域得到大力发展，创新了供应链金融产融结合模式，通过财税筹划争取了高额政策红利，财务平台从内部应用推向外部，实现了中小企业、财政扶贫资金、税务行政事业等多种不同对象和会计制度体系下的应用，财务部门也从财务管理转变为财务经营和价值创造者。

4. 主要特点

4.1 生态化

财务数字化是财务共享的实施前提，财务共享是财务数字化的重要载体，两者相辅相成。以财务共享为契机，从全业务场景出发，勾勒财务数字化全景图，打造财务应用生态圈，修复流程断点，消除信息孤岛。基于业、财、税、银、档一体化的财务数字化建设目标,以传统财务共享处理模块(费用管理、总账核算等)为核心,向前融合业务平台(差旅管理、核算系统等),向后对接支撑平台(税务管理、银企直联、档案管理等),同时引入智能技术引擎贯穿全流程,构建财务数字化完整生态。

4.2 智能化

集成财务全场景覆盖的多项智能技术,极致地提升用户体验。

4.2.1 "智能化"财务共享之智能票夹

方便员工使用手机随时随地采集各种原始财务凭证、并集票据识别、票据预审、票据归集于一体的手机端智能应用,从源头上保证数据采集的准确性、及时性、有效性的应用。

- 票据自动归集:解决日常票据碎片化归集难题;
- 票据智能导入:支持各种渠道票据导入:手机拍照及相册图片导入;电子票据影像导入,支付宝票包导入;微信票夹导入;
- 票据智能识别:智能票夹支持调用智能识别引擎,能将员工上传的原始凭证,及时、准确地识别为结构化数据;
- 票据智能预审:通过智能预审引擎,对员工上传的原始凭证进行票面信息预审,包括抬头、超期提醒、打印码准确性等。

4.2.2 "智能化"财务共享之智能填报

将相关费用(如机票、火车票、住宿票等)进行一站式报销,根据费用实际发生情况生成费用明细,预算占用按照单位/部门进行正确分配,支持事项动支与预算衔接功能,确保事项发起时能够进行预算引用与管控,极大提升员工的用户体验。

4.2.3 "智能化"财务共享之智能审核

综合运用专家规则引擎,融合了税法、会计法规、公司规章制度、监管部门法规等规则,对报账业务进行智能审核以及查重验真。预置合规性检验规则包括但不限于:

- 发票内容敏感字排除;
- 发票供应商黑名单;
- 收票税号与公司税号一致性校验;
- 收票公司名称与公司名称一致性校验;
- 购买方名称、税号、地址、电话比对;
- 发票项目名称或商品编码大类与业务类型对应。

4.2.4 "智能化"财务共享之智能派工

通过灵活多样的派工模式,适配企业财务共享中心不同业务类型及不同能力组的任务流转,能够高效地解决资源分配问题。

- 自主抢单:将订单放在工单池里,让员工自主抢单;
- 人工派单:该单据分派到"派单管理岗"工作任务中,由该管理人员进行工作任务的分派;
- 智能派单:用于系统自动根据该业务单据对应的派单规则引擎,将该业务单据分派到具体的处理人的待办事项中;
- 能力组派单:用于系统自动根据该业务单据对应的派单规则引擎,将该业务单据分派到该能力组所有成员的待办工作事项。

4.2.5 "智能化"财务共享之智能核算

遵循会计准则,通过灵活配置,支持针对票据、场景、凭证模版等的设置,实现会计凭证的智能生成。

- 自动匹配合适场景:依据业务单据类型,自动匹配合适的业务场景;
- 自动适配模版及取值:根据匹配的业务场景自动适配对应的凭证模板并提取相关数值;
- 自动生成会计凭证分录:通过分析数据的逻辑关系来自动编制记账凭证,无需人工操作,系统自动填制。

4.2.6 "智能化"财务共享之智能比对

兼容主流扫描硬件终端,无人值守、7×24小时服务,无地域限制,实现原始凭证的批量自助交单和核查比对。

智能纸电比对:通过终端批量扫描上传原始票据,由系统进行纸质凭证和电子凭证一致性的核单校验和比对,比对单据是否完整准确。针对先支付后记账的方式,可以引入相关的信用考核及处罚体系。

相较于其他厂商的财务数智化系统,虹信软件的产品具有自己独特的优势:

- 与费控、资金、税务等专业厂商比较:虹信软件的产品有更广泛的业务场景、全链条价值链的打通、更广的业务范围和更深的业务深度。相比服务于中小企业为主的SaaS化的产品而言,虹信软件的产品更多服务于大中型集团企业,对各行业有更深刻的理解,适应于更复杂的场景。
- 与传统Erp厂商比较:传统的Erp厂商在财务核算领域更专注,在财务共享的其他产品相对薄弱,更多的是集成其他厂商。虹信专注财务共享标准化的产品研发,目前累计研发六代产品。虹信共享产品与SAP天然无缝对接,且与国产主流Erp兼容,满足国产化需求。
- 与共享集成同类厂商比较:虹信软件的产品力求全业务循环共享,保障产品的完整性,产品用户体验统一,实施交付能力强。

虹信软件的产品和服务的后期效果评价:

- 有利于提升用户体验:集成财务全场景覆盖的多项智能技术,极致地提升用户体验。
- 有利于业务财务一体化管理:通过规划和建设财务共享服务,对财务制度和会计规范进行统一化和标准化,将各项业务及财务流程、制度、规则内嵌到系统中,实现流程化、系统化管理,让业务过程透明化、让财务核算自动化。
- 有利于财务集中管理和实现财务职能分层管理:通过核算集中共享、结算集中共享和信息集中共享,提高核算、结算及信息统计、发布的质量和效率,促进财务整体工作质量和效率的提升;总部财务管理部专注于公司层面的财务管理、财务共享中心专注于财务核算、共享对象财务部门专注于属地财务管理,促进财务专业化管理水平的提升。
- 有利于加强财务内控管理:公司制度嵌入系统流程,加强了企业的内控管理手段,信息方式的介入规避了资金支付存在的风险,审批流及职责分离、权限设定等进行统筹考虑,确保财务信息准确完整、资金资产安全,对可能出现的风险进行预测、评价,制定应急方案,保证公司的统一部署并进一步完善会计核算相关内控措施,协助规避和防范经营风险。

A13 泛微·齐业成财务数智化

1. 厂商介绍

1.1 基本情况

泛微网络科技股份有限公司成立于 2001 年，总部设立于上海，专注于协同管理软件领域，帮助组织构建统一的数字化运营平台。泛微是"国家规划布局内重点软件企业"，上交所主板上市公司（股票代码：603039）。22 年来，泛微已成功帮助全国 7 万余家政府机关及企事业单位客户建设数字化办公平台；目前在全国设有 200 多家分支机构，同时在新加坡等海外地区也已逐步设立服务网点，泛微 10000 多位专业同仁为众多客户专业的管理软件服务。

为了更好地服务客户，助力各行各业组织数字化转型，泛微持续创新为客户提供更多的数字化场景应用软件：人事管理·聚才林、知识管理·采知连、营销管理·九川汇、合同管理·今承达、项目管理·事井然、客服管理·睦客邻、采购管理·京桥通、费控管理·齐业成、档案管理·文书定和智能采集机器人·千里聆，让组织的财务、业务、管理一体化运作的数字化运营平台，助力组织的全程数字化建设，如图 A13-1 所示。

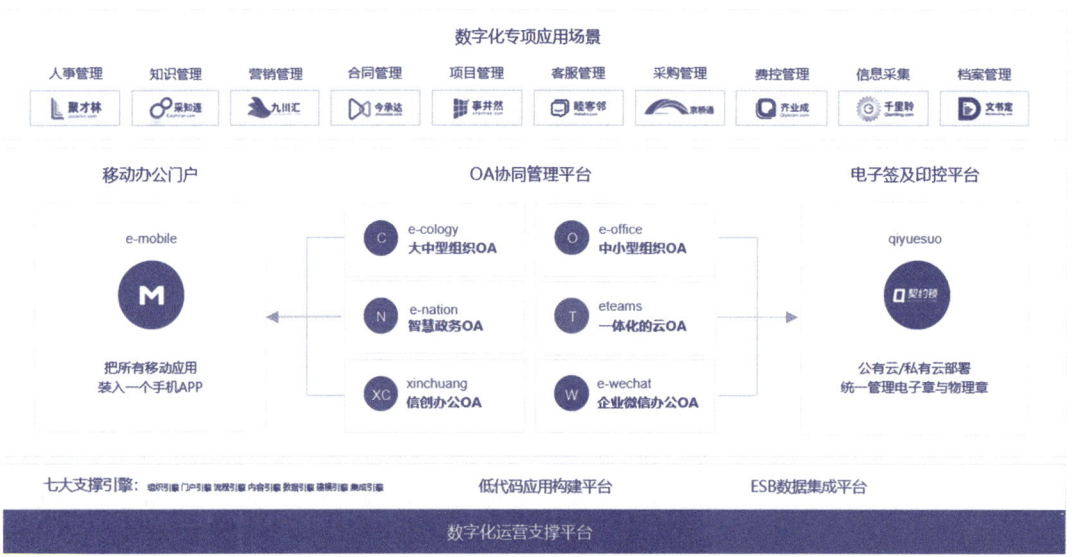

图 A13-1 泛微数字化运营支撑平台

泛微·齐业成（以下简称"齐业成"）是泛微网络科技股份有限公司旗下费控管理专项品牌，致力于为广大政企客户提供从预算费控、财务共享、资金管理、财税集成，到数电发票、电子报销、银企直联、电子档案、商旅集成、消费集成等预算费控领域的专项产品和解决方案。齐业成提供一站式报销费控闭环，实现预算、消费、发票、报销、支付、记账、档案以及集成等的全程数字化管控。

最初为解决无纸化报销和办公需求，泛微推出了电子报销流程 1.0 产品；随后为实现支出合规管控，推出费用预算产品；为实现集团共享型组织管理，推出财务共享服务；为满足企业上云的需求，泛微推出费控 SaaS 版产品；在"大智物联"的背景下，融合智能化和数字化技术后，推出全新一代全程数字化费控产品；历经 22 年深耕业财票税领域，服务各个行业市场。齐业成的发展历程如图 A13-2 所示。

齐业成的发展历程
Milestones of Qiyecen

2001年 电子报销V1.0面世
- 与泛微同步启航
- 推出第一版电子报销产品
- 与OA协同产品协同应用
- 支持私有化部署应用

2012年 费用预算产品发布
- 费用预算管理系统e-Finance正式发布
- 同年推出的风控产品完美协同
- 支持集团分级分权与共享费控模式
- 支持PC+移动一体化应用

2014年 财务共享产品发布
- 成立预算费控事业部
- 财务共享中心产品发布
- 全面共享服务中心产品发布

2017年 eteams云报销产品发布
- eteams云报销产品推出
- EC&ET发票税产品发布
- EC9多维全面预算产品推出
- EC9资金及银企产品推出

2021年 全程数字化的费控产品发布
- 基于泛微RPA的智能费控推出
- 基于泛微NLP智能语音报销应用
- 基于泛微OCR智能发票应用推出
- 推出全程数字化的费控产品
- 支持低代码平台构建的费控
- 与采购、档案、合同、项目、OA审批完美融合的大协同平台的费控产品推出

2022年 齐业成全新品牌启航
- 累计服务中大型客户10000+
- 全国本地服务机构200+
- 报销更方便的齐业成
- 费控更专业的齐业成
- 业财票融合的齐业成
- 齐业成全新品牌启航

图 A13-2 齐业成的发展历程

1.2 对财务数智化转型发展的理解与认知

1.2.1 企业在费用管理过程中普遍面临的问题

目前企业费用管理过程中依旧存在诸多问题：员工报销难、领导审批难、财务复核难、制度落地难等。

对于员工来说，需要整理大量发票，填报单据复杂，报销难；对于领导来说，预算对比，事项核实没有相关数据可参考，审批难；对于财务来说，需要人工复核大量单据，查验发票合规性，财务难；对于企业来说，业务、财务数据脱节，报销制度落地难。

这些问题都让企业的报销工作耗时耗力，也有潜在的审计风险。

1.2.2 对于企业财务数智化转型发展的趋势研判

"数字化转型"已成为全球社会、科技、经济发展的主线，与组织费用管理相关的发票、单据、档案等已由传统形态逐步完成数字化转型。2022 年，全面数字化的数电发票正式执行，全电发票的法律效力、基本用途与现有纸质发票相同。如今企业已经进入"全电"发票时代，国家税务总局已经明确从 2022 年 7 月份开始全国纳税人全量使用"全电"发票。数电发票、电子票据，电子合同、电子签名到电子会计档案，法律效力和基本用途跟纸质版完全相同。全面数字化数电发票时代已经到来。

1.2.3 "十四五"规划纲要中财务费控制度建设相关内容解析

- 全程数字化的费控：让发票、报销、审批、结算、记账、档案全程数字化管控；

- 业财一体化的费控：实现 OA、合同、采购、档案、知识、RPA 大协同；
- 体验更智能的费控：融入智能化 RPA 技术，推动财务智能化转型；
- 可信更安全的费控：以数字化为核心，打通组织内外的数据与信息，并通过流程驱动电子数据的流转；
- 报销更便捷的费控：一部手机完成所有的操作，PC 移动一体化体验，一键报销发起与审批；
- 平台更开放的费控：低代码开发平台，开放 API 接口，满足应用可配置、可扩展、接口可开放、管理可升级的平台化需求；
- 集团化、全球化的费控：满足集团化企业多组织、多管理模式下的数字化费控管理所需。

1.2.4 全程数字化费用管控的核心需求分析

当下企业需要的是能够覆盖更多业务场景，满足各类专项操作，能够实现全面化控制的全程数字化费用管控平台，同时可以实现以下核心需求：

- 方便地归集各类发票并且保证发票是合规的；
- 可以区分对公、对私或不同费用类型实现差异化控制；
- 可以进行预算、标准、内控合规的自动化控制；
- 实现复杂组织结构的管理、业务条线规则化审批；
- 具备方便调整的多维度报表，还能支持移动端展示；
- 对接商旅平台，实现员工免垫资、免报销，对账方便；
- 能够自动归档，形成电子会计档案企业。

2. 产品介绍

齐业成全程数字化费控平台提供了预算可编可控、发票自动归集、报销移动便捷、审批智能助手、财务合规管控、支付银企直连、凭证自动生成、档案 100% 归档 3 秒可查可验、平台低代码可配可调的一站式报销闭环解决方案，让预算、发票、报销、审批、支付、记账、存证全程数字化。

齐业成全程数字化费控平台如图 A13-3 所示，该平台能够协助客户打造数字化运营五大能力，如图 A13-4 所示：

（1）智能化：采用自然语言、实时化数据等技术实现智能化的数字化办公平台；

（2）平台化：泛微低代码开发平台满足组织个性化应用场景构建；

（3）全程数字化：通过可信身份、电子签章、数字档案让运营流程全程数字化，实现无纸化办公；

（4）内外协同：与微信、企业微信联通，让内部员工与外部经销商、代理商、客户都在一个平台办公；

（5）信创办公：全自主研发，系统通过三级等保资质，涉密资质，与国产主流软硬件厂商兼容适配。

图 A13 – 3　齐业成业财税票一体化费控平台

图 A13 – 4　齐业成数字化运营五大能力

2.1　数字化总体架构说明

齐业成全程数字化费控平台整体架构如图 A13 – 5 所示。

齐业成全程数字化费控平台能够为企业提供：

2.1.1　全过程的费控

支持端到端（前端到后端、业务端到财务端）的全过程费控管理。可贯穿企业费用管理全过程，构建从费用预算→申请→报销→审批→结算→核算→档案→存证→查询的整个费用管理闭环，各节点均可进行系统化管理和控制，推动企业业财一体化。

图 A13－5　齐业成全程数字化费控平台

2.1.2　全场景的费控

可支撑如员工费用、差旅费用、对公费用、项目等全费用场景，目前已成功落地 86＋行业化费控以及 100＋费用专项场景，真正实现构建全场景覆盖的企业费用管理体系。

2.1.3　全方位的费控

可根据不同业务场景对费用进行多维度管控，如合规管控、信用管控、预算管控、资金管控、标准管控等，满足企业个性化业务需求，助力企业提升费用的精细化管控能力。

- 业务关联管控：根据立项、合同、订单等业务数据对报销流程进行关联管控。
- 预算管控：根据企业预算规定对费用支出进行严格有效的约束控制，保证充分达成既定经营目标。
- 信用管控：构建企业内部诚信管理体系，对具体事件诚信识别与评估，有效管理企业内部诚信风险。
- 合规管控：自动识别相关合规风险，整体提高企业合规管理效率。推动企业合规管理体系的全方位建设。
- 标准管控：通过建立合理的费用报销标准体系，有效杜绝过度消费，确保开支合理节约。

2.1.4　移动化的费控

全面的移动端支撑能力，所有 PC 端应用、数据可实现与移动端完全互通，让业务的处理打破时间与空间的限制，让用户可以随时随地对业务进行处理，实现移动商旅、移动报销、移动审批、移动报表、移动记账等业务全方面移动化。

2.1.5　智能化的费控

通过智能发票识别、智能语音报销、智能合规审批、智能费控助手等智能化技术，将智能技术与企业费控管理深度融合，打破传统的操作方式，辅助用户提升作业效率，推动企业费用管理的智能化转型。

2.1.6　平台化的费控

系统提供基础引擎服务，包含大量业务组件并开放 API 接口，满足应用可扩展、接口可开放、管理可升级的平台化需求，实现技术平台化、用户平台化、服务平台化、生态平台化的费控管理平台。

2.1.7 全程数字化的费控

以数字化为核心，打通企业内外的数据与信息，并通过流程驱动电子数据的流转，实现为企业构建全程数字化的费控管理平台，实现电子合同、数电发票、电子对账、电子报销、电子税务、电子会计档案、数字存证与防篡改的全面数字化。

2.1.8 数字化能力具体介绍

（1）发票管理中心：

一站式发票管理中心，可实现数电发票的税企直连、自动收取、发票开具、纸质发票智能识别、一键填单、自动验真、自动查重、发票异常提醒。相比传统的纸质报销有了重大的改变，简化了报销流程，让报销更加自动化。齐业成数电票管理，覆盖发票开具、传递、接收、报销、入账、归档等全程数字化闭环管理，助力组织业财票税档一体化建设，如图A13-6所示。

图 A13-6 齐业成数电票一体化平台

- 实现纸、电、数电发票一体化解决方案，支持组织对所有销项发票进行数据监控、开票量监控、订单处理，支持网页开票、手机开票、扫码开票、审核开票等适配多场景的开票方式。
- 支持全渠道、全场景、全票种的发票采集方案，并自动完成发票内容识别、核验、查重、税金计算、勾选抵扣、发票白名单、发票黑名单，让票据管理更便捷，更合规。发票风险监控的全生命周期管理能力。
- 基于发票全生命周期合规管控，助力组织发票数字化建设，多角度预警税务风险，让组织发票风险可防可控。

- 支持基于票面税率、税额或国家规定自动价税分离,自动抵扣。
- 通过共享使用设置,让多人关联一张发票进行报销,自动做总金额的校验。
- 支持一键填单,可批量勾选发票台账,由系统自动解析票面内容识别发票信息,并自动匹配报销科目和类别,一键生成报销明细信息。
- 支持微信小程序同步使用,可在小程序里进行个人票夹管理。

(2) 报销管理中心:

齐业成全程数字化费控平台的报销管理能够实现从发票到报销、审批、结算、记账、存证全程数字化的一站式报销闭环管理,如图 A13-7 所示。

图 A13-7 齐业成报销平台

- PC 移动一体化报销体验,支持通过手机端多种方式灵活便捷发起报销,领导可随时随地在手机端便捷地审批。
- 对于周期性的费用报销和大批量的集中报销,支持一键导入的方式快速生成报销表单信息,快速提交报销。
- 网约车平台的打车费用报销,自动关联带出行程单,支持发票和行程单的智能规则匹配。
- 明细行可关联同一类型的多个发票,系统自动合计,支持多票合并报销。
- 支持审批时系统自动进行多维度预算及费用的检查与管控,提供了智能合规检查功能,系统自动进行合规检查。
- 支持自定义审批规则,委托系统自动审批。
- 与第三方商旅、出行、餐饮、快递、会议、培训、采购平台进行集成对接,结合智能化语音组件与 AI 组件,实现员工的智能化商旅服务。
- 支持基于出差申请时的订单信息和月底商旅平台提供的对账单信息的自动匹配对账。
- 支持获取多维度商旅费用支出数据统计分析报告。

(3) 对公管理中心:

齐业成全程数字化费控平台的对公管理支撑多业务数据关联、自动收票和三单匹配、支撑全组织的对公付款管理体系，如图 A13-8 所示。

图 A13-8　齐业成对公管理平台

- 支持对多种业务的付款处理，基于不同付款流程做业务关联管控，形成付款台账。
- 支持对公业务的预付申请，形成专有台账，可以实时查询供应商、合同等预付款余额情况。
- 支持相关人员通过流程的方式实现费用分摊的执行和凭证生成，可自定义可执行分摊的科目和对应的期间维度。
- 支持根据既定业务规则对供应商、合同付款事项进行自动合规检测，同时可依据合规事项、预算数据与资金计划对付款进行预警提示，便于领导作出决策。

(4) 规则管理中心：

齐业成全程数字化费控平台结合规则库，基于费用标准、分摊等不同维度进行配置标准数据库的编辑，未来在报销或付款单据上匹配相关字段，进行标准带出与控制，如图 A13-9 所示。

- 支持基于城市、职级、交通工具等不同维度进行配置标准数据库的编辑，未来在报销或付款单据上匹配相关字段，进行标准带出与控制。
- 支持基于业务类型和分摊事项做分摊规则方案，后续在费用报销或付款单中触发分摊方案进行自动化分摊管理。
- 系统预制风险规则库，可根据企业具体规则进行可视化配置，并与流程绑定，一旦触发风险埋点，系统给出提醒，降低企业合规风险。
- 支持在差旅申请时进行固定标准预警，在订票出票时差旅平台也可以做座舱等标准管控。

(5) 预算管理中心：

齐业成全程数字化费控平台的预算管理能够实现从预算建模、预算编制、预算审批、预算管控、预算变更、预算分析的全程数字化管理，如图 A13-10 所示。

规则管理中心：预制风险规则库，实现智能合规管控

结合规则库，基于费用标准、分摊等不同维度进行配置标准数据库的编辑，未来在报销或付款单据上匹配相关字段，进行标准带出与控制

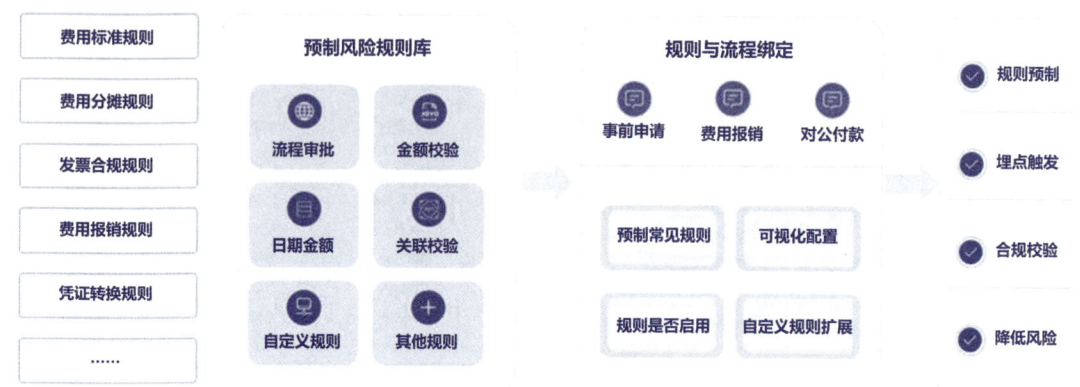

图 A13 – 9　齐业成规则管理中心

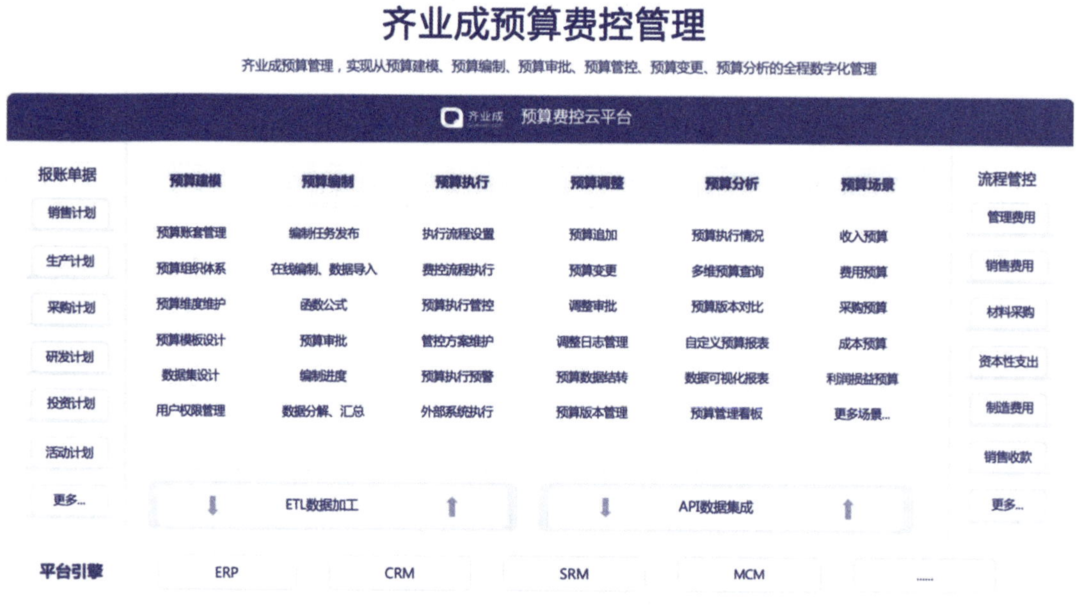

齐业成预算费控管理

齐业成预算管理，实现从预算建模、预算编制、预算审批、预算管理、预算变更、预算分析的全程数字化管理

图 A13 – 10　齐业成预算费控管理

- 支持多维度预算模型，支持多维度的预算设置、编制与审批，满足客户复杂场景下的多维度预算管理。
- 支持在线的多维度预算编制，对预算编制权限进行设置，实现预算管理分权。
- 支持动态/专项预算管控，真正实现关联多个维度编制与运用，实现对于合同、项目等模块的专项场景预算管控。
- 支持以事前管控为核心的费用前置申请模式，多类申请场景，灵活定义后续。
- 支持建立以预算和费用标准为核心的合规控制模式，帮助企业在预算或标准内有效控制费用支出。

- 支持灵活的预算变更调整，可形成历史记录信息，便于统计查询与责任追溯。
- 预置多种常用预算查询报表，可以对预算总额、执行进度、调整变更等数据进行方便的统计与分析，以及通过数据中心功能快速构建多个管理报表，辅助支撑业务决策。

（6）结算支付中心：

齐业成全程数字化费控平台的结算支付管理支持与多个银行系统、资金系统或超级网银对接，出纳可以在系统中将已审批通过的报销单据直接提交生成支付指令或筛选合并提交，银企直联付款，实现自动化的结算支付，减少由于人工操作造成的资金支付风险，同时可以大幅提升组织支付结算效率。齐业成专属结算中心工作台如图A13-11所示。

图 A13-11　齐业成专属结算中心工作台

- 支持与多个银行系统对接，支持将已审批通过的报销单据直接提交生成支付指令或筛选合并提交，银企直联付款，实现自动化的结算支付。
- 支持集团型企业的资金会计人员实时查询各个银行账户下的余额，方便做支出安排和资金归集工作。
- 支持微信、支付宝、腾讯商企付等互联网化超级支付接口的融合，为企业支付提供更多的便捷选择。

（7）记账管理中心：

系统可以根据事先设定的凭证转换规则，生成预制凭证分录。审批通过或支付成功后实时推送至核算系统生成正式记账凭证，减少会计人员手工录入凭证的工作量。同时也支持推送应付凭证并接收财务系统生成的付款凭证。齐业成核算记账管理如图A13-12所示。

- 结合合规库，设置预提规则，通过预提流程进行预提专项处理，后续基于冲销规则自动冲销预提，方便财务专项管理。
- 系统与核算系统集成对接，通过后台的凭证分录转换规则，系统自动将报销数据转换生成为包含借贷方科目、金额、辅助核算等新信息的预制凭证，并推送核算系统生成正式凭证。
- 支持与市场上常见SAP、Oracle、用友、金蝶等财务核算系统集成，根据自定义凭证转换规则自动生成预置凭证。

图 A13-12 齐业成核算记账管理

（8）报表分析中心：

齐业成全程数字化费控平台的报表管理通过数据中心功能快速构建多个管理报表，辅助支撑业务决策。齐业成报表分析中心平台如图 A13-13 所示。

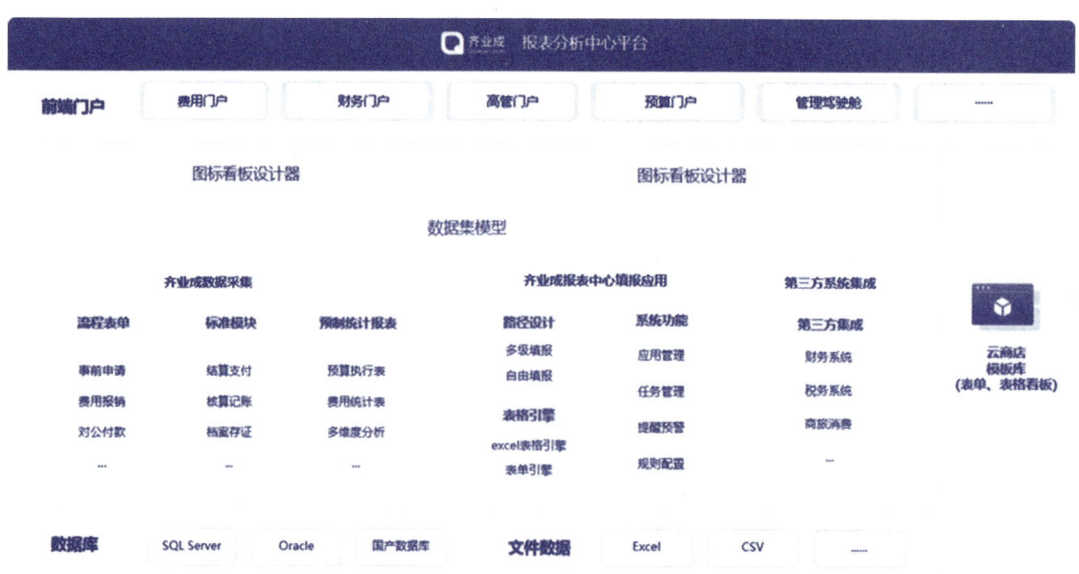

图 A13-13 齐业成报表分析中心平台

- 支持自定义个性化数据视图与分析看板，预制了大量图表样式，设定好的统计模型自动形成图表分析结果。
- 支持数据的多级钻取，可穿透至最末级数据，也支持报表下载。

- 支持整合不同来源的数据集合,通过数据模型设定并计算复杂数据间的关联关系,形成复杂表格报表。
- 支持智能化数据查询,通过手机说句话,即可实现在权限范围内的数据查询与获取。
- 通过可视化图表,实时统计分析组织、科目、期间等多维度费用数据,形成数据全景画像,实现智能预测决策辅助。
- 对于企业集团,其下属各级分子公司的费用管理需求不尽相同,齐业成的费控管理平台可以支持集团化多级组织的分权管理需求,在满足集团统一管控的前提下,可分权于下级单位自行定制费用管控策略,满足业务发展需求。实现多维度、精细化的权限控制,构建集团型多级组织的费用管理体系。

(9) 会计档案中心:

齐业成电子档案实现流程表单、银行回单、会计凭证、原始凭证的全程数字化归档,自动生成电子会计档案,并支持电子签章,防篡改、可追溯,齐业成电子会计档案中心如图 A13-14 所示。

图 A13-14 齐业成电子会计档案中心

- 在财务会计凭证中,无论是线上电子票据文件,还是纸质发票文件,统一通过影像文件形成电子化数据文件,按照电子会计档案管理规范,实现报销入账归档。
- 齐业成财务会计档案不仅可以管理自身系统中的会计数据档案,还可以管理来自于财务系统、费控系统和其他异构系统中的电子票据文件,统一归档于档案系统,形成防篡改的记账凭证。
- 元数据的管理对电子会计凭证的真实性、完整性、安全性以及审计追踪等至关重要,因此必须要建立电子会计档案的元数据规范。
- 电子档案支持在线保管、支持查看、设置归档目录及元数据,按照全宗、档案分类进行归档数据的管理工作,归档后电子档案存储在"档案库"。
- 电子档案在线使用,在线检索,支持列表式展现。用户输入检索条件,机器进行检索。

- 电子档案在线保管，全流程档案管理服务，支持在线预览档案信息、在线浏览元数据。

3. 典型案例

【案例1：奥康集团】

奥康集团有限公司（以下简称"奥康集团"）总部位于浙江温州，是一家集资本营运、品牌营运、产业营运为一体，产业横跨鞋业、金融、生物制药、地产等板块的大型综合性集团企业，企业实力位居中国民营企业500强。

作为奥康的创始产业和核心主业，奥康鞋业设有两大研发中心、三大制造基地，拥有奥康、康龙等多个自有品牌，以及万斯凯奇、彪马等国际合作品牌，现已成为中国最大的民营制鞋企业之一，是中国领先的皮鞋品牌制造商、运营商及零售商，是北京2008年奥运会皮具产品供应商。主导产品"奥康"牌皮鞋获得"中国真皮领先鞋王"、首批"全国重点保护品牌"等荣誉。2012年4月26日，浙江奥康鞋业股份有限公司于在上海证券交易所A股主板正式挂牌上市（股票代码：603001），成为中国鞋行业首家登陆A股主板市场的民营鞋企。2020年奥康品牌价值达212.51亿元，位居中国鞋业品牌价值首位。

通过实施齐业成全程数字化费控平台，奥康集团实现了以下管理目的：

全组织报账：涵盖奥康总部、区域公司的智慧报账支撑，分批次推广上线。支撑如员工费用、差旅费用、招待费用、人力费用、品牌费用、营销费用等166种费用场景，实现覆盖全企业的费用报账体系。

智能发票管理：实现与票据OCR、查验通道集成，实现智能化的发票采集、报账、查阅、控制一体化场景管理。针对发票拆分使用、发票合规校验、实物发票与影像智能识别匹配的管理，真正实现票据智慧化管理。

全面预算管控：日常管理费用、营销费用、人力成本费用及对公采购费用的全面预算编制与控制体系构建，实现覆盖全企业的预算及管控体系。

全方位管控：根据不同业务场景对费用进行多维度管控，如业务关联管控、财务合规管控、信用管控、预算管控、资金管控、标准管控等，满足企业个性化业务需求，助力企业提升费用的精细化管控能力。

【案例2：汇通达网络】

汇通达网络（9878.HK）是中国领先的利用数字化技术和供应链能力赋能服务乡镇夫妻店的产业互联网公司。公司于2022年2月18日在香港联交所主板挂牌上市。

截至2023年6月30日，公司已形成覆盖中国21个省及直辖市、2.4万余个乡镇的零售生态系统。业务覆盖21.76万余家会员零售门店。商品覆盖消费电子、农业生产资料、家用电器、交通出行、酒水饮料、家居建材、洗化日用七大品类。

公司先后被评为：中国企业500强、中国服务业企业500强、中国互联网综合实力TOP100、中国产业互联网百强榜前十强、国家数字商务企业、国家电子商务示范企业、国家高新技术企业、国家鼓励的重点软件企业、全国供应链创新与应用示范企业、中国战略性新兴产业企业、江苏省数字乡村服务资源池首批入池单位、《财富》500强等。

通过实施齐业成全程数字化费控平台，汇通达网络实现了以下管理目的：

门户管理：通过泛微预算费控产品助力汇通达网络打造其信息化的管会体系新费控平台，实现各岗位门户做关键指标展示与监督控制、财务风险与预警的分析统计管理。

预算管理：实现按部门、项目编制预算，按照费用、资产、人资等预算模型细分预算，用费用报销和项目付款做台账占用的系统化管理，付款关联管控及预算管控。

费用管理：通过系统对费用报账体系建模，建立对对私/对公报账流程的合规性进行审核，结合预算、标准、合规等进行见影像流审核过程管控，实现费用管理制度的落地。

财务共享：通过系统对财务共享电子报账体系、影像档案体系、共享运营体系的融合、集成前台、后台各业务系统，打通业务/财务数据，实现高效的财务共享运营中心体系。

- 数电发票及移动报销管理：在系统中建立企业发票库，员工可拍照发票或选择发票夹中票据，系统自动根据发票有效期进行预警提醒，避免发票过期，同时，实现发票的移交与接收操作的规范化管理，避免票据遗失风险，支持对历史发票数据进行导入，系统自动匹配单据；通过与费控移动报销打通，实现数电发票与单据的一体化管理。

4. 主要特点

齐业成全程数字化费控平台的价值：

（1）全场景费用管理：可根据不同业务场景对超过96种类别费用进行多维度管控，协助企业落地。超过18项精细化费控管理制度，满足预算、标准、发票、资金、信用等九大类个性化业务支出管控，助力数万家企业提升费用的精细化管理与一体化管控能力。

（2）广泛行业客户实践积淀：齐业成客户覆盖87个细分行业，涵盖衣食住行各个领域，依托在行业信息化领域丰富的实践案例，齐业成可以提供35个行业87个细分领域方案经验，拥有广泛的行业客户实践积淀。

（3）未来扩展能力：齐业成数字化费控管理平台提供了丰富的扩展能力，未来可融合发票、报销、资金、商旅、消费、档案、预算、共享、税务、风控等业务场景，为企业提供业财税协同一体化管理专项服务，实现企业业财一体化，管理平台化。

（4）促进业财融合：齐业成全程数字化费控平台通过发票管理、自助报销、快速审核、直联支付以及智能化、一站式报账业务处理，让报销更方便；通过财务规范、管理制度与业务经营风险管控落地以及关联式管控、数字化穿透，让费用更可控，让业财更融合。

随着"新财智"时代的到来，齐业成在产品上聚焦业务发生与费用产生的全过程，用成熟的产品方案最大化地为企业提供降本增效风控合规的费控管理模式；同时致力于研究新型的智能化技术，将流程驱动向数据驱动转型，为企业在费用管理的决策、预判与计划上提供更准确、更多元的服务，助力组织构建业财票税档一体化的数智化运营模式。

（1）战略规划决策层面的影响：

在国家政策的引领下，促使企业从滞后的财务视角转变为公司管理的全局视角。避免后端财务视角造成的记账落后于业务发生，无法预警业务风险，以及以财务口径做数据统计与分析，对业务支撑不足的问题，保证财务数据获得及时，可前瞻性指导业务。

推动业财票税档一体化，打通费控数据与业务数据的连接，在更高维度赋能企业。电子票据政策性推广倒逼企业费控数字化升级，保证企业符合国家相关政策。

（2）经营管理模式的进阶：

整合财务与经营数据，实现多个系统联动；打破数字孤岛，构建清晰合理的业务环境，如图 A13-15 所示。

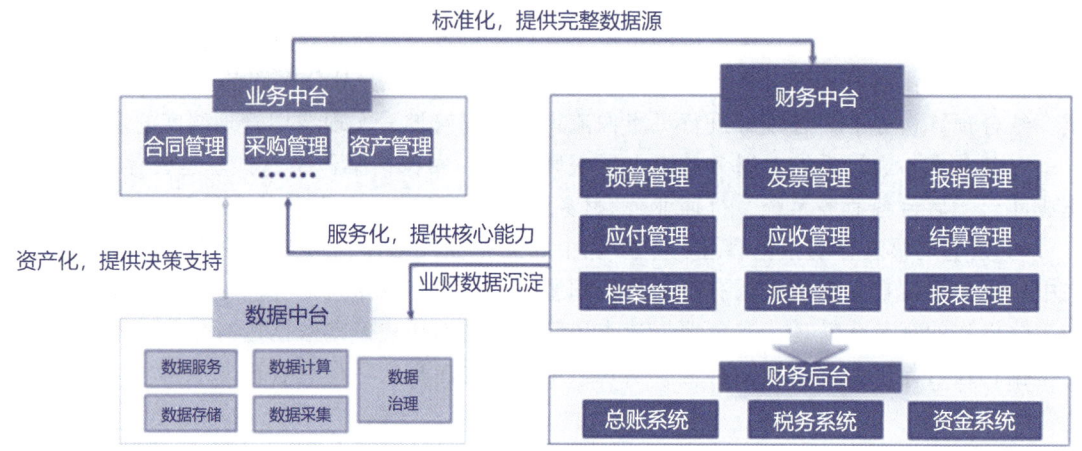

图 A13-15　多系统联动打破数字孤岛

将已有的数据资产统一汇聚，并结合各类用户不同的使用场景，形成具体数据应用场景：包括面向全体用户构建共享服务应用，包括通用报账、发票服务、商旅应用等场景，强化财务工作对业务的服务职能；面向业务部门用户构建业财协同应用，包括交易应用、人资应用等场景；强化端到端业财流程与数据一体化管控；面向财务部门用户的专业支撑应用，包括会计核算、资金管理等，支撑专业视角下的业务管理与数据应用。

（3）业务运营模式的创新：

从财务流程自动化的实现到财务处理电商化、数字化，再到财务管理智能化，最终实现财务数据资产化。

- 实现财务流程自动化

通过财务机器人（RPA），实现财务流程中的流程报账与审核、对账清账、银企直联、凭证打印、纳税申报、工资核算等基础工作全天24小时自动完成。

- 实现财务处理电商化、数字化

通过在线消费商城，实现差旅服务、办公用品、公务用车等企业消费场景的自动化结算；基于数电发票信息，打破税务数据与交易壁垒，实现自动化的会计核算。

- 实现管理智能化

看：通过对发票的OCR扫描，系统会将财务关注的信息导入台账并逐一验证；如果员工重复扫描或扫描其他公司发票，系统会立刻提醒。

听：员工通过自然语言完成申请与事务处理，管理层也可以通过自然语言完成审批与数据查询，系统接收到指令并理解后会按要求进行反馈。

思考：如果员工担心项目合同付款跟踪信息、供应商付款信息、客户开票回款信息有误，可以安排系统快速通过移动化的方式实时开展"健康体检"，实时发现指标的异常，并层层追溯直至找到问题根源。

学习：管理者发现项目分摊有问题时，可以立即创建一条新的单据控制规则，并用语言告知系统,系统会自动识别、创建并保存这一规则,员工再次提交单据时,就会收到新规则的提示。

- 实现数据资产化

可以对业务数据进行实时记录和传输,并基于大数据分析为业务端提供场景化、可视化的业务分析报告,让数据真正为业务赋能。

(4) 组织与员工绩效的飞跃:

提升效率带来创收:通过新模式下的流程再造与业财融合,快速提升业务流程与财务流程的效率,促进企业的创收。

降低风险稳定运营:通过系统监控与预警,让业财人员感知并关注风险,保障运营稳定。

降低成本:通过自动化能力释放人员的高频低值的工作,用预算来控制合理的花费。

经营联合体:费用支出与业绩收入紧密结合,系统根据业绩变化,预算同步动态调整,业绩越好,可使用的动态预算就会越多,让组织内每一位成员为了共同的收入目标而努力。

A14 百望云财税数字化

1. 厂商介绍

1.1 基本情况

百望股份有限公司（以下简称"百望云"）成立于2015年，以"链接商业企业，让交易更简单"为使命，致力于以数据驱动业务创新，为政府、企业及公共组织提供电子票据合规管理、智能财税管理、智能供应链协同、数字精准营销、智能风控等数字化解决方案和服务。

作为一家综合企业数字化解决方案提供商，百望云通过构建线上化、自动化、智能化的企业商业社交网络，为用户提供财税数字化及数据驱动的智能解决方案和产品，处理企业交易关键流程中的各类交易凭证（包括但不限于发票、收据、单据及其他会计凭证等），实现从采购优化、对账结算、电子发票、智慧财税到支付融资的数字商业全闭环，通过技术和模式创新实现商业社会的减碳提效，助力产业互联网数字化变革，具体如图A14-1所示。

图 A14-1 百望云为客户提供数字化解决方案

百望云2015年成立，恰逢营改增税制改革，在这个过程中，百望云参与了国家增值税发票改革、纸质发票向电子发票演进、电子发票向数字化电子发票的迭代。作为国家税务总局基础设施供应商，百望云深切了解到税务数字化、税务信用的意义，也是因此，百望云在研发产品、提供服务的过程中，格外重视企业对于风险、合规的需求，为企业提供安全合规的数字化解决方案。

百望云关注到了不同行业、不同类型客户对于自身数字化转型不同的需求和痛点，百望云按行业做需求提炼，并以服务头部企业作为植根，将行业的特性标准化，然后面向这些行业内的特定企业去做服务支撑。

在技术的沉淀方面百望云做了相当多的投入。百望云的基因侧重信息安全，从现在最直观看到的发票数字化到数字化底层的安全体系，百望云都在深处参与；除此之外，百望云也持续参与国家税改的一些创新研究，如2022年9月份百望云参与国家税务区块链平台建设工作。

1.2 对财务数智化转型发展的理解与认知

百望云对中国企业财税数字化转型具有深刻的理解和独到的判断，对中国企业财税数字化转型的特征和主要问题进行深入分析，了解在政府牵引下的中国企业财税数字化转型的现状，并在过往数年服务的历程上为不同类型的企业提供了数字化转型服务。

1.2.1 中国企业财务数字化转型的特征

回顾中国企业财税数字化转型升级的整体历程，有三个十分显著的里程碑事件，表现出了四个鲜明的特征。

第一个事件就是始于20世纪的70年代末到80年代初期开始的会计电算化改革；第二个事件是基于1994年分税制改革，税务部门持续性建设的金税工程；第三个重要的事件就是2015年税务机关发布的84号公告，率先在部门规章的层面确定了电子发票的法律效果。

在这些显著事件的背后，中国企业数字化转型整体呈现出四个鲜明的特征。

其一，中国企业财税数字化转型的动力很大程度上来源于政府的牵引，或者说是政府的引导、监管要求以及政府提供的公共服务。其二，资本市场的要求是企业财税数字化转型升级的重要推进力。企业通过财税数字化转型，对内看清各条产线的数据状况，对外看到市场热点和资本关注。其三，中国企业财税数字化转型整体水平不高，而且差异巨大。其四，中国企业财税数字化转型水平远远落后于监管机构的数字化转型水平或者说远远落后于监管机构的数字化监督水平。

在这四个显著特点的前提下，结合中国经济的新现状以及"十四五"期间的发展规划和二〇三五年的远景目标来观察企业财税数字化转型显得格外必要。

1.2.2 中国企业财务数字化转型的主要问题

我国处在一个多重转型的时期，为了迎接这个战略机遇期，习近平总书记提出了高质量发展的战略。遵循高质量发展的特征和要求，我国开始更加重视全领域数字化转型升级的发展路线，并且形成了以"数字中国"战略发展的一系列理论与实践的指引体系。

1.2.3 企业财税数字化转型升级历程

在理论基础层面，从十九届四中全会正式提出将数据纳入生产要素，到近期党的二十大报告，重点提出要建设网络强国、数字中国。在行动纲领层面，建立了"十四五"发展规划和二〇三五远景目标，"十四五"数字经济发展规划以及各个部委所辖领域的"十四五"数字经济发展规划。在落地引导层面，一方面，中办、国办多次下发指导意见（如两办在2021年3月24日下发了《关于进一步深化税收征管改革的意见》），另一方面，各部委也在积极地跟进，如发改委、网信办启动"上云用数赋智"行动、税务总局按照两办文件的要求开启金税四期的建设、财政部推行入账凭证会计数据标准试点等。

在这些举措中最引人注目的是金税四期的变革，金税四期变革中最为重要的环节之一就是发票电子化改革，即数电票的落地试点和推广工作。发票电子化改革不仅对税务部门改进纳税服务、创新征管模式、优化工作流程等工作具有牵一发而动全身的作用，而且在牵引税收领域各方面的改革中，对大幅提升税收治理能力，推进经济社会治理都具有非常重要的作用。

百望云深度参与了这样的一个变革，中标金税四期电子发票平台和区块链平台的建设和应用，既是国家对百望云品牌的认可，也是对百望云业务的专业性、产品的稳定性、技术的先进性、数据的安全性以及平台综合服务能力的肯定。

1.2.4 中小微企业财务数字化转型面临的困境

回归到中国企业实际情况，目前大部分中小企业或者小微企业都还没有具备第一阶段也就是数据基础构建的能力，同时中小微企业资源有限，传统数字化转型成本难以承受，因此"上云"是中小微企业以最低成本、最快速度实现财税数字化转型升级的最佳渠道。

此外，中小微企业经营风险比较大，但抵抗风险的能力又比较弱。企业往往也更加愿意将资源投入业务经营，而不是数字化变革。但是面对数字化转型的大潮，如果中小微企业的数字化水平无法提升，在商业交易的过程中不但无法获得资本市场上的注意，也会在产业链生态中成为短板，中小微企业也将由于财务供应链协同的问题丢失相应的商业机会。

中小微企业的数字化转型升级必须要得到重视，帮助民营企业做好数字化转型升级，加强民营企业在数字经济中的参与能力，不但是政府的重要任务，也是财税数字化转型服务机构的重要任务。

2. 产品介绍

2.1 产品与解决方案综述

百望云全场景解决方案如图 A14-2 所示。百望云数字商业平台将原深度定制化服务提炼为标准化模块，根据不同行业、不同企业、不同场景的个性化需求，以套件组合的方式，灵活构建产品，既避免了企业自建平台耗时耗力耗费金钱，也减少了企业系统对接时复杂的开发、联调成本，通过开放能力，赋能应用多样化组合。

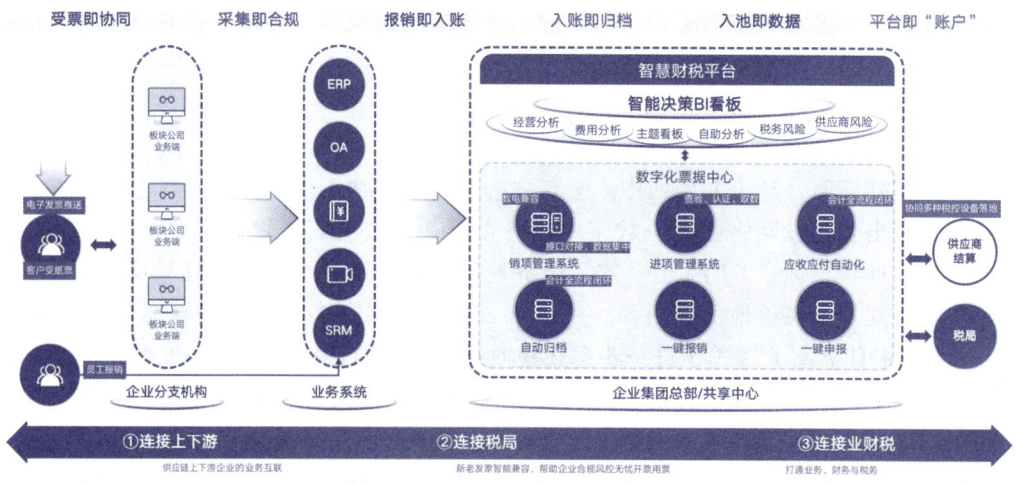

图 A14-2 百望云全场景解决方案

2.2 数字化总体架构说明

作为一家综合企业数字化解决方案提供商,百望云通过构建线上化、自动化、智能化的企业商业社交网络,为用户提供财税数字化及数据驱动的智能解决方案和产品,处理企业交易关键流程中的各类交易凭证(包括但不限于发票、收据、单据及其他会计凭证等),实现从采购优化、对账结算、电子发票、智慧财税到支付融资的数字商业全闭环,通过技术和模式创新实现商业社会的减碳提效,助力产业互联网数字化变革。百望云平台核心技术如图14-3所示。

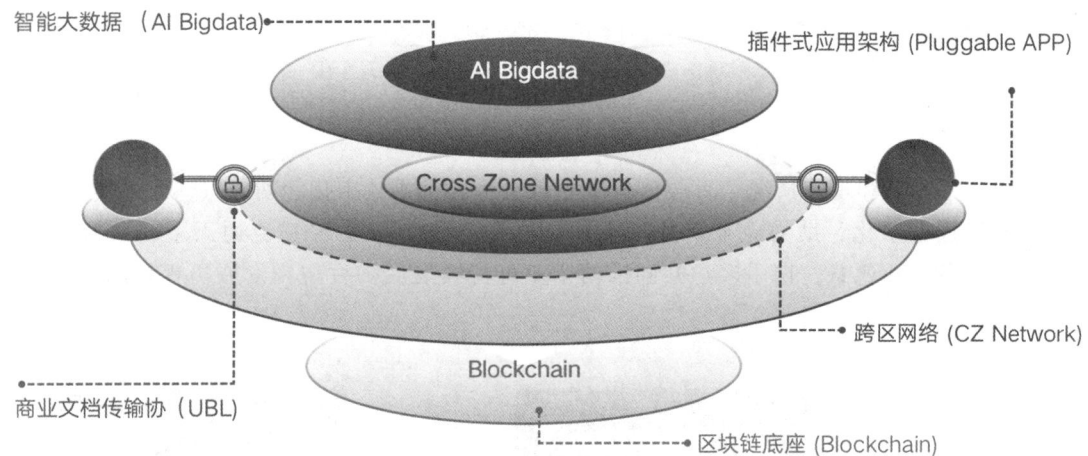

图 A14-3 百望云平台核心技术

2.3 数字化能力具体介绍

2.3.1 百望云数字化商业形态

百望云从发票切入企业服务,这是源于对发票的核心理解和深度应用,源于发票上面的签章、签名等技术应用发展而来,然后覆盖全行业的财政票据,最终为企业实现数字资产的管理。百望云数字商业平台,是集数字证书、数字签名、电子档案(OFD)、大数据分析、人工智能及区块链等尖端技术于一体的智能商业平台。该平台可为一系列行业垂直领域的客户提供可靠、全面及模块化的解决方案,包括在云和本地部署应用程序交付的财税数字化解决方案,包括电子票据合规管理、智能财务、税务管理、智能供应链协同解决方案,以及数据驱动的智能解决方案,包括数字精准营销服务及智能风控服务。

百望云致力于通过数字商业平台去搭建一个链接上下游的整体商业社交网络,在链接海量企业的整个交易流程的过程中为企业真正创造价值、百望云开放生态平台如图14-4所示。在大的商业背景下,针对数字商业平台做了一个大的框架,下端是百望云核心技术和能力,中间的部分是百望云针对于企业的财税应用中台,在这基础之上,是财税大数据和财务数字科技。

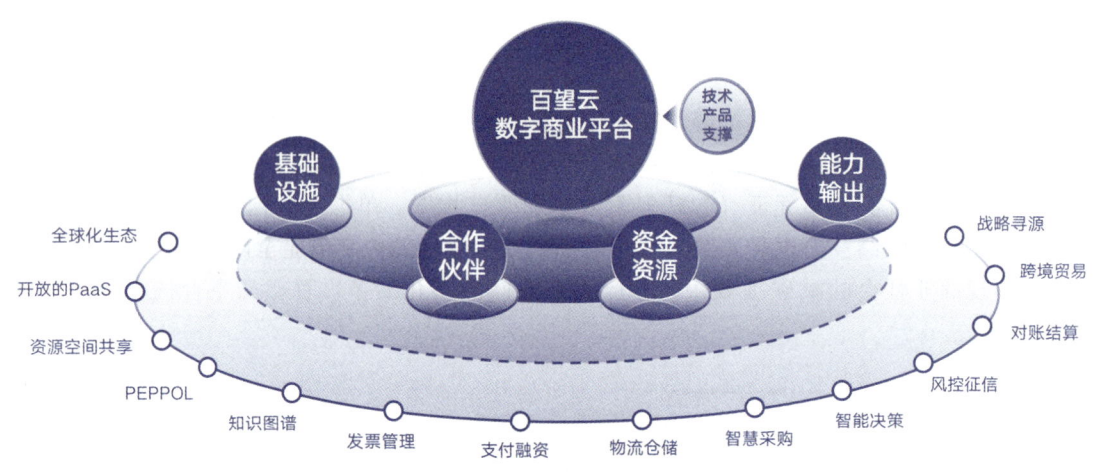

图 A14 – 4　百望云开放生态平台

基于这些判断和现实情况,百望云自成立以来,以发票数字化为切入点,通过实现商业交易的全流程数字化,助力企业优化商业协同生态,致力于实现"流通天下、票通天下、融通天下"的企业愿景,携手客户共同推动企业可持续发展。百望云发展历程如图 A14 – 5 所示。

图 A14 – 5　百望云发展历程

一方面,百望云深入参与到国家部门的系统建设,另一方面,百望云也将服务监管部门的成果,通过数字化服务、云服务、百望云数字商业平台,将合规管理要求融入数字化产品和社会级商业协同,一起赋能到企业,帮助企业客户提升自动化合规管理水平,理顺数字时代的财税业务流程,升级管理应用,助推财税数字化转型升级战略发展。

在服务中,百望云一方面深度配合监管部门搭建数字化合规管理平台;另外一方面也针对数字税收治理这个大课题提出了自己鲜明的建议和翔实的解决方案,能够承接这些平台和系统的建设,既是国家对百望云品牌的认可,也是对百望云业务的专业性、产品的稳定性、技术的先进性、数据的安全性以及平台综合服务能力的肯定。

2.3.2 百望云业财税一体化解决方案

- 场景一：数字化票据中心（见图 A14-6）

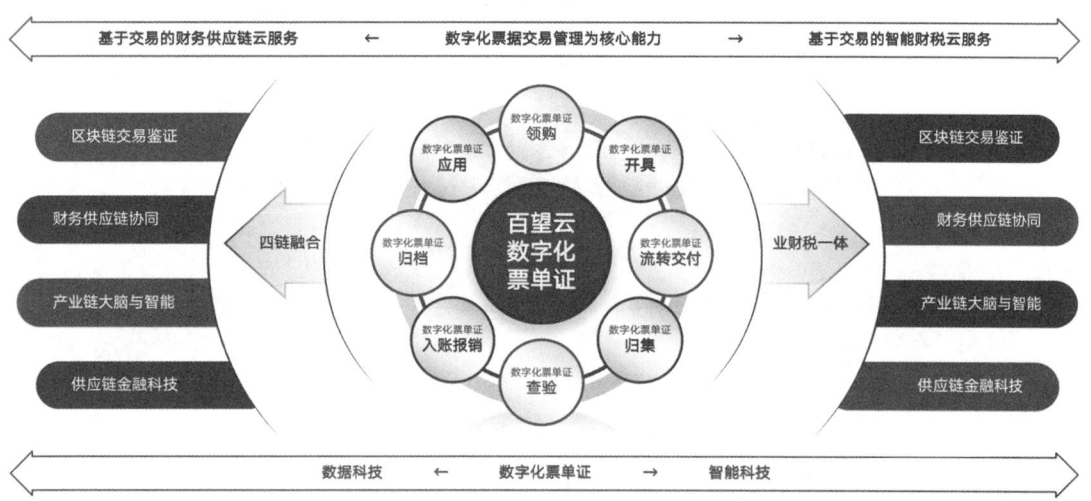

图 A14-6 百望云数字化票据中心

财税数字化包括以下部分：一是数电票的自动化开票、多场景手工开票和扫码开票，二是在整个开票和发票处理过程中实现自动化实时预警，三是基于百望云的平台实现在线的纳税申报，四是打通上游、下游的业务协同，五是提供按票种、按主体、按时间、按发票状态等的多维度分析。通过该平台至少减少了 30% 的工作量，缩短了发票从获取到流转到保管的周期，提高整个企业的大概 90% 以上的协同效率。

在数电票的解决方案里面，百望云提供了原始平台的升级，包括试点单位的黑名单、白名单的发票自动化开具、发票查验、费用一体化入账管理、档案管理；提供了原来税控设备的发票和基于数电票情况下所有系统和企业与税局的交互，大大降低了企业在使用发票过程中的成本。

在百望云数电票的解决方案里面可以和企业的业务系统和财务共享系统及账务系统甚至和其他的系统做完整的对接，打通整个企业的内部处理环境，通过这个平台实现数电票和纸票在同一个平台上自由的分发和处理，降低企业的合规风险，降低企业的开票成本，提高纳税的效率和准确性。

- 场景二：费用和企业支出的管理（见图 A14-7）

百望云的企业支出管理方案第一个场景是前端的供应链协同；第二个场景是在协同完成之后通过多端获取发票，通过发票合规查验能力，解决企业支出端的所有经验管理，同时，提供一个完整的企业费用处理模块去自动化解决员工报销、对公支付、三单匹配的流程；第三个场景是现有的纸票文件、数电票文件自动化归档，后期档案管理等内容。

百望云的企业支出管理方案打通了企业内部各个系统、外部与银行数据的关联，是覆盖企业全员全流程的整体化的一个支出解决方案，百望云有别于传统的企业支出或者费用管理，百望云支持出差、报销、入账和归档的各个流程段的各种情况。百望云深度参与了数电票和财政部的电子凭证试点工作，平台支持数电票和电子凭证的数据文件自动生成、报账。

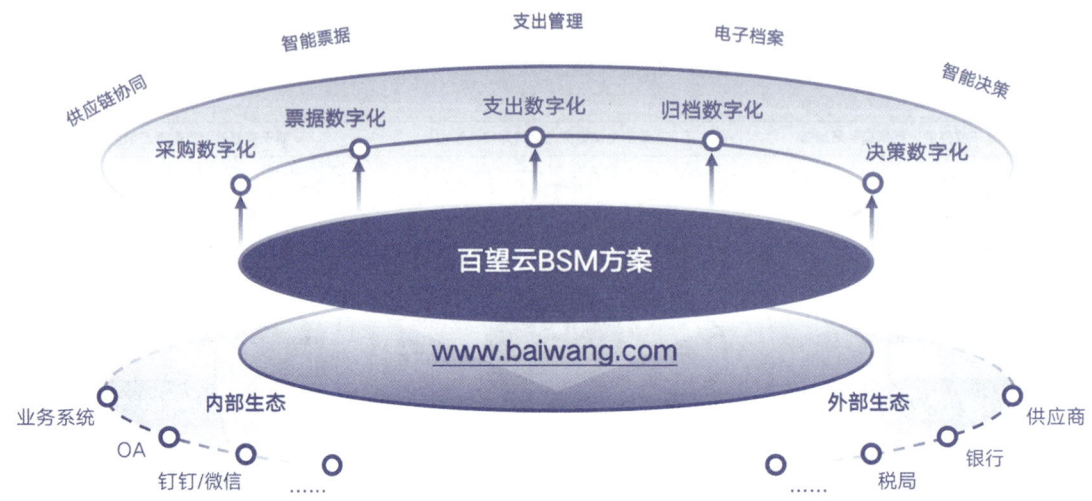

图 A14-7　企业支出管理方案

百望云企业支出管理方案是一个统一的技术平台,可以覆盖员工的费用支出、企业的采购支出,同时可以对接商旅,对接后端财务处理系统,实现智能化的支出管理、智能化的归档。整体方案在百望云的业务实验和测算中,员工的工作量基本下跌了90%,效率提高60%,运营成本降低20%。

- 场景三:电子会计电子档案及税务管理(见图 A14-8 和图 A14-9)

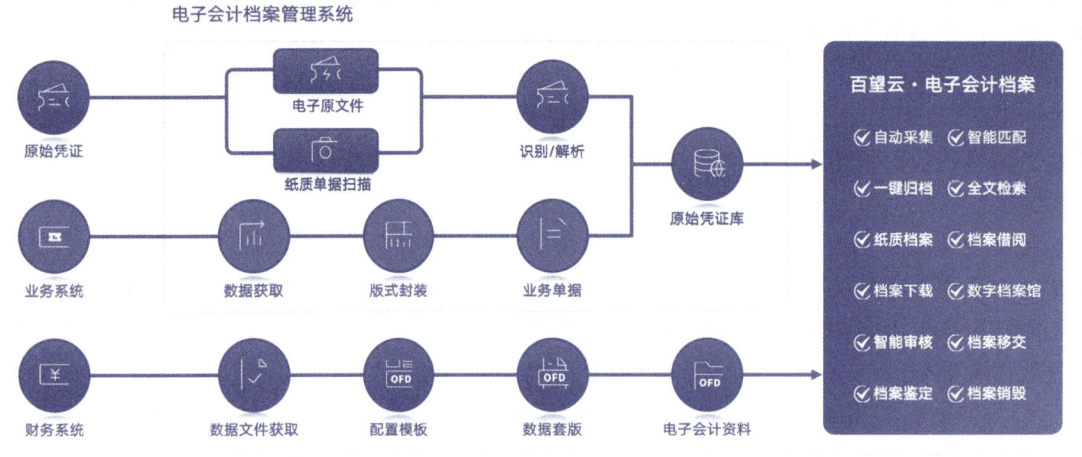

图 A14-8　百望云电子会计档案管理系统

百望云电子会计档案解决方案,实现了对财务凭证、报表、单据、会计资料的自动化归档,可以对接百望云企业内部的核算、税控、资金以及其他的业务系统,实现数据层级的打通,通过标准的服务去生成符合档案管理要求的会计档案并实现归档、查阅和利用,大大提高档案利用效率,降低档案管理成本。

税务管理方面,首先实现了纳税申报,一是对接前端的业务系统实现数据的采集;二是通过百望云各项税务指标的定义、各项标准的纳税申报表的配置实现了税金的自动计算,自

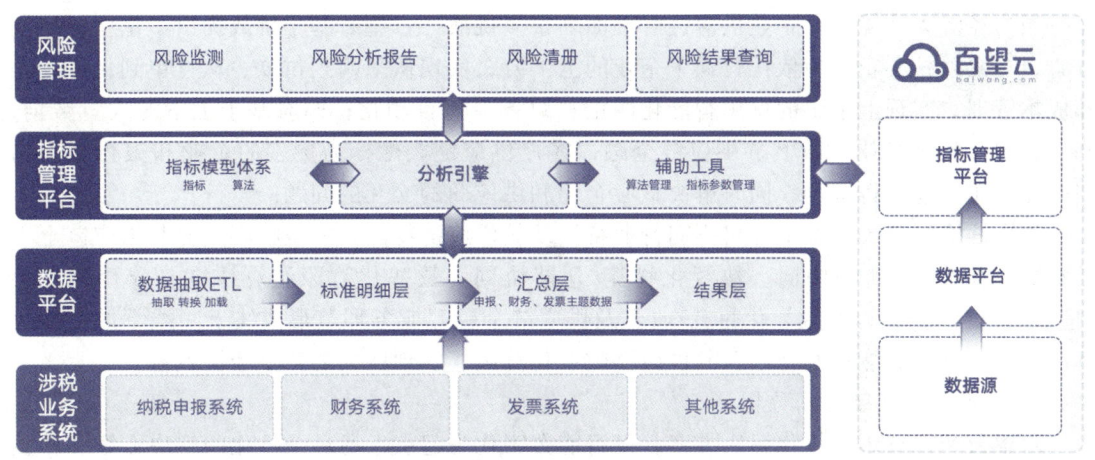

图 A14－9　智慧税务管理平台

动生成申报表；三是对接税局形成申报，保障税金的警戒性，保障一键申报的合理性。

其次是企业的风险管理，百望云基于对自身发票平台数据的获取、加工、整理，同时对接企业的申报系统、财务系统和其他业务系统去生成数据并做转换，最终实现企业的风险管理。

最后，提供第三方或跨行业、跨区域平台的互补，在企业的指标之外，可以在百望云平台上获取相关行业的比较数据，便于企业在整个风险管理上进行对标，帮助企业在税务风险管理层面从原来的经验指导到数据驱动，从原来定性的分析到定量的应用，建立智能化合规资源体系。

- 场景四：供应链协同（见图 A14－10）

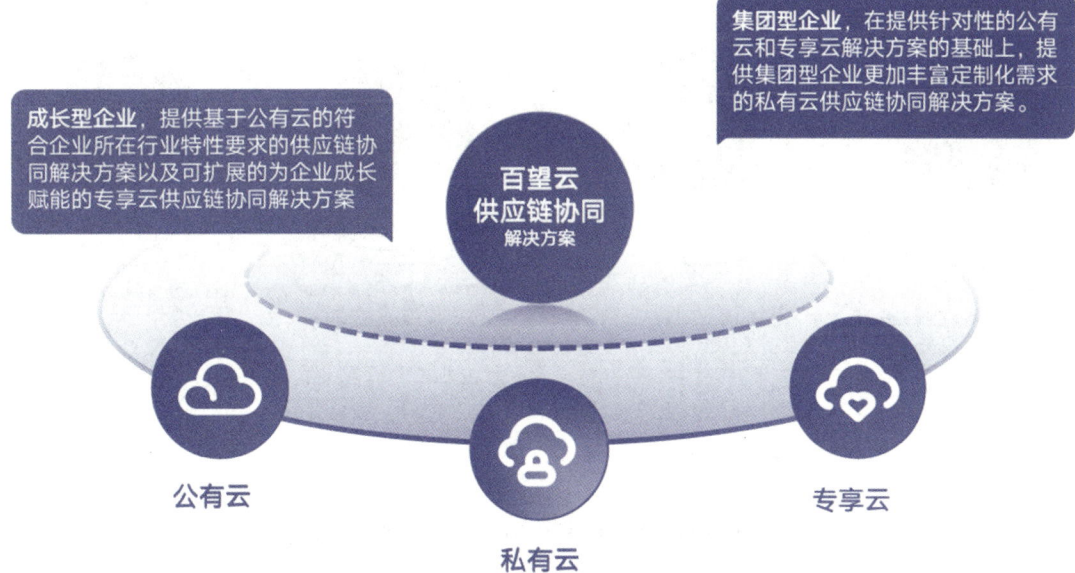

图 A14－10　百望云供应链协同解决方案

当前经济大环境下，企业供应链管理面临很多挑战，百望云基于挑战提出了供应链协同方案，方案以核心企业为依托打通了企业的上下游，实现从采购到付款、从订单到付款的全部成本管理，实现上下游的订单智能化匹配、财务应付自动化；同时基于上下游大量数据，基于百望云数字科技，做上游供应链金融、客户供应链金融，为更多的企业和银行打通出路，让企业快速获得资金，同时解决核心企业和供应商的交互的问题。

供应链协同解决方案，针对不同行业特性及其供应链特点，围绕核心企业与供应链上下游在数智化采购/销售协同、数智化物流/仓储协同、数智化对账结算协同、数智化发票（应收/应付）协同以及数智化付款/收款及供应链金融等业务环节形成线上＋线下的一体化解决方案，真正赋能核心企业及其供应链数字化升级，实现巨大的数字经济效益。

- 场景五：数字诊断分析

百望云智采慧销一体化解决方案，以智能数字化为起点，通过个性化的解决方案和精益运营的数据洞察，为企业端提供商业分析和数据增值服务，应用可视化的方式帮助企业了解经营管理现状并有效防控风险，从而实现卓越供应、精准营销、高效组织。

通过智采慧销平台，可以帮助企业"向内看"，全面了解业务、财务、税务、资金等领域的管理水平，通过数字化手段形成自动且统一的管理机制，以数据应用反映企业经营管理水平；帮助企业"向外看"，通过引入经数据脱敏与大数据治理技术加工的数字商业指数，了解所在行业的运行状态，了解不同地区间相同行业和商品、相同地区间不同行业和商品的市场表现、历史状况和发展预期，为智慧决策、风险洞察、商业规划提供有效依据。

2.3.3 百望绿页 OFD 版式服务解决方案

百望绿页 OFD（Open Fixed-layout Document）如图 A14-11 所示，是基于国家标准 GB/T 33190、具有自主知识产权的版式产品，高效、安全，可为用户提供专业的 OFD 版式文件生成、阅读、利用、安全等一站式解决方案，满足用户对电子文件进行全生命周期管理、利用的需求。

图 A14-11 百望绿页 OFD 版式服务解决方案

百望绿页支持信创环境，可适配龙芯、飞腾、鲲鹏、兆芯、海光等所有信创平台；百望云"绿页阅读器"已正式通过中国电子技术标准化研究院强制性国家标准 GB18030-2022

《信息技术 中文编码字符集》最高级（实现级别3）认证，是首批测试通过产品；能够满足电子发票、电子合同、电子会计档案、电子证照、电子公文等多场景使用需求。

2.3.4 百望云链区块链解决方案

百望云链区块链解决方案如图 A14 – 12 所示。百望云链是一个基于开源框架实现的企业级区块链开放平台，拥有去中心化信任机制、支持多组织资源分配模式，拥有私有化部署与网络运维管理能力，采用分层架构设计、云链结合、优化共识算法、容器、微服务架构与可伸缩的分布式云存储等创新技术。同时，百望云链与自主知识产权且符合国密标准的硬件安全设备高度集成，是满足等保三级安全标准的国密区块链解决方案。

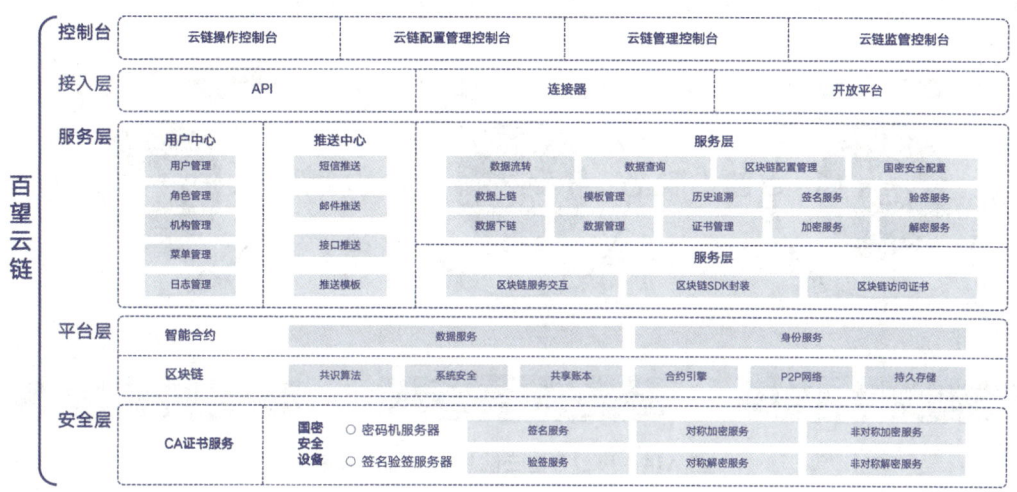

图 A14 – 12　百望云链区块链解决方案

2.3.5 百望云数字科技云服务

百望云数字科技云服务如图 A14 – 13 所示。百望云通过提供"互联网 + 税务"的数字化、智能化的信贷决策支持和信贷管理产品，为致力于小微普惠金融发展的机构提供数字化以及全流程的信贷技术和管理服务，全方位赋能大数据科技产品，推动普惠金融业务创新；同时通过构建大数据智能决策平台，为核心企业提供科学决策、商业预测等能力，形成全链路的决策闭环。

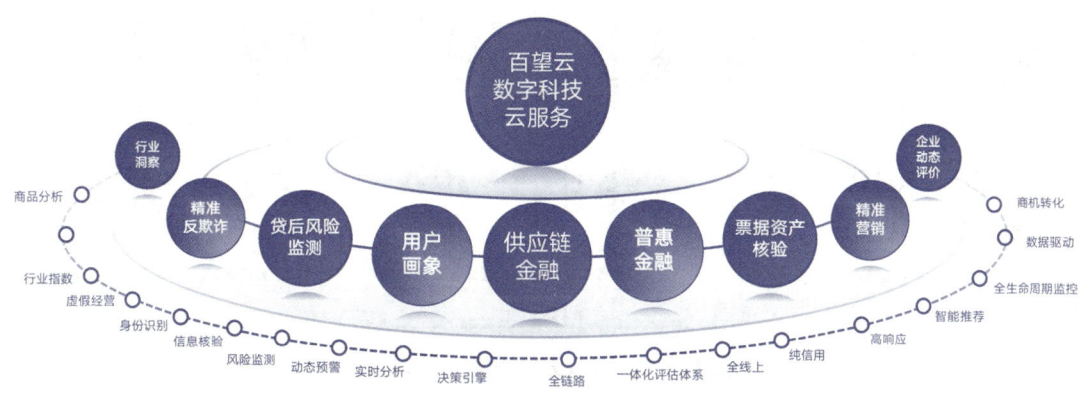

图 A14 – 13　百望云数字科技云服务

2.3.6 百望云院校教育解决方案

- 云税务实训平台

DBTP 云税务实训系统模拟了从企业发行到发票发售、从发票领购到发票填开、从进项认证到纳税申报等企业办税的各个环节,是一款仿真度高、涵盖行业广、票种全,流程完整,且集实训、学习、考核、教学于一体的实训教学系统。

- 大数据分析创新应用实验平台

大数据分析创新应用平台是一款以数据为核心,依托财税数据仓库,综合运用大数据的数据管理、智能分析、模型算法、数据挖掘、可视化展现等技术,实现对商业活动的统计、监控、分析、预测的实验教学平台。百望云院校教育解决方案如图 A14 – 14 所示。

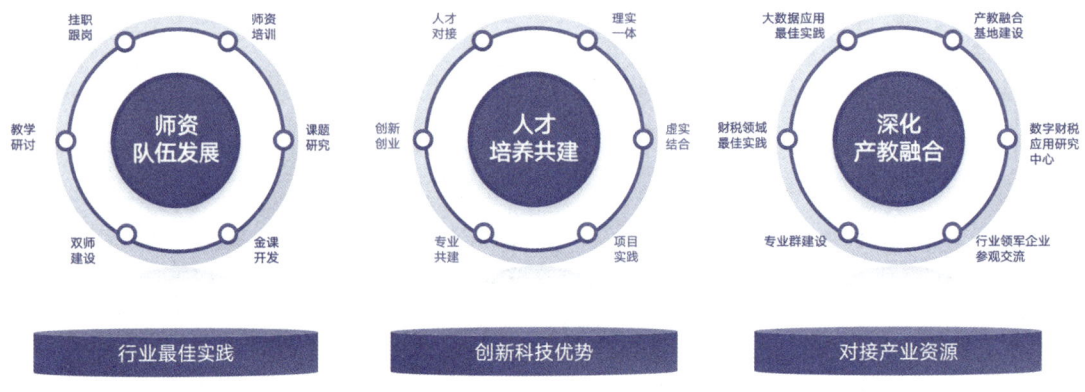

图 A14 – 14　百望云院校教育解决方案

2.3.7 企业培训解决方案

百望云企业培训解决方案如图 A14 – 15 所示,以服务企业战略发展为目标,以百望云校线上培训平台为基础载体,结合定制内训和考察游学,为企业提供高效的人员专业能力提升服务。采用"分层次,分岗位,分阶段"的培养方法,建立线上、线下有机融合的新型培养模式,围绕企业特点、前沿问题、案例实施三个主要内容展开,定制企业人才培养规划,打造企业人才培养平台,全方位保障企业人才培养质量。

图 A14 – 15　百望云企业培训解决方案

3. 典型案例

百望云已为中国石油、国家电网、工商银行、中远海运、中核集团、中国平安等2000家集团型企业、1700万家成长型企业提供数字化解决方案及服务,用户覆盖银行保险、交通运输、生产制造、能源化工、地产建安、电商新零售、生活服务等18大行业,惠及3亿C端消费者。具体如图A14-16所示。

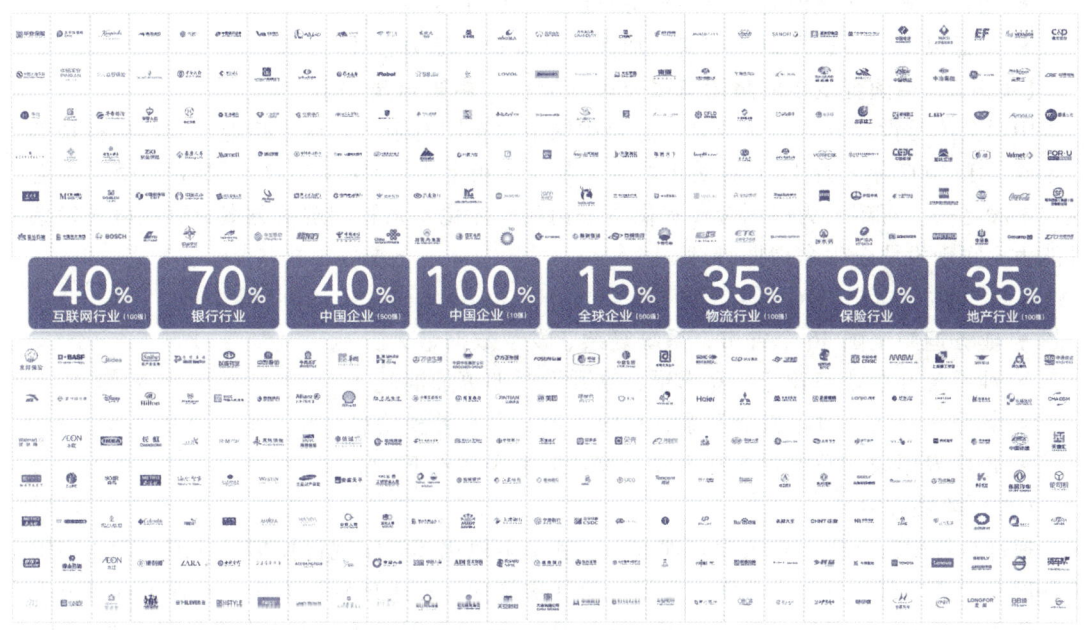

图A14-16 百望云服务客户

【案例1：北京市政交通一卡通有限公司（简称"一卡通公司"）】

北京市政交通一卡通项目是"数字北京"全面建设的重点项目之一,通过身份识别、电子支付、票卡归集和信息处理等功能,在公共交通、商业消费、政府管理、创新应用四大领域28个行业广泛应用。百望云通过为一卡通公司提供百望云电子发票平台服务,帮助客户实现增值税电子普通发票全面替代定额发票的目标,既满足一卡通用户的即时获票需求,也实现了发票全流程电子化管理。

（一）客户痛点
- 每日上万笔交易,用户开票需求强劲,开票量大。
- 每秒仅支持60~150张发票的开具,开票效率低。
- 开票网点多,管理成本高,无法实现总部集中管控。
- 纸票开具耗材成本高,不易保管。

（二）解决方案

一卡通公司与百望云合作,通过接入百望云电子发票平台,从电子发票获票和发票合规开具、查验等方面进行发票数字化变革,实现了增值税电子普通发票全面替代定额发票的目标，满足了一卡通用户即时获票需求。同时，一卡通公司通过发票的全流程电子化，实现了对发票电子数据信息的集中化管理，在票据申领、分发、核验等环节解放大量人力，发票流转成本大幅降低，集团总部也可随时监控发票的使用情况和库存情况，大幅提升涉税管理能力，从而提高企业涉税生产力。

（三）价值亮点

- 平滑过渡：通过百望云扎实技术赋能，实现业务系统与开票系统平滑过渡。
- 便捷获取：实现电子发票的在线自动获取，便捷省力。
- 超长时限：在充值后半年内均可自助获取电子发票。
- 降低风险：通过发票池搭建，加强信息监管，助力企业合规。

【案例2：中国金茂控股集团有限公司（简称"中国金茂"）】

中国金茂是世界五百强企业之一，是中国中化集团有限公司旗下房地产和酒店板块的平台企业，于2007年8月17日在香港联合交易所主板上市（HK.00817），是香港恒生综合指数成份股之一。百望云为中国金茂提供了进销项一体化发票管理解决方案，赋能电子发票开具能力，实现发票全生命周期管理。

（一）客户痛点

- 业务遍布全国36个省市，系统复杂、发票数据量大。
- 纯手工开票效率较低、易出错，高并发时期更加混乱。
- 各分子公司通过单机盘开票，权限分散，存在涉税隐患。
- 进项发票缺乏数字化管理手段，综合成本居高不下。

（二）解决方案

通过与百望云合作，在销项管理方面，利用本地化部署实现税控集中管理，赋能中国金茂各网点电子发票开具能力，实现集团的跨区域管理；在进项管理方面，实现了百望云平台与金茂App和OA的系统对接，利用高效的OCR影像识别系统，实现发票批量查验与认证，并通过关键词设置预警系统，屏蔽违规发票和黑名单商品，从源头做好发票合规性管控。百望云提供的业财税一体化的发票全生命周期管理服务，为未来金茂集团实现税务全面信息化提供了数据支撑。

（三）价值亮点

- 集中管控、智能处理：满足各网点便捷开票和总部集中管控，并满足在线抄报等需求。
- 定制开发、按需设置：根据中国金茂流程进行定制化功能开发，满足个性化需求。
- 系统对接、打通闭环：实现发票管理系统与中国金茂App和报销系统的全面对接，提升效率。
- 逾期提醒、异常提醒：对逾期的发票提醒，对高风险发票预警，减少涉税风险。

4. 主要特点

百望云不是单一的系统供应商，而是提供全流程财税数字化转型升级服务解决方案，如图A14-17所示，并且支撑企业商业交易过程中财税数字化转型的综合服务机构。

厂商篇 157

图 A14-17　百望云十八大行业的数字化解决方案

在财税数字化基础转型阶段，百望云依托长期建设的数字化票单证能力，为用户提供覆盖商业交易上下游全流程的财税自动化管理业务。包括全场景发票销项开具服务、进项发票多渠道采集管理服务、商业单据数字化服务、采购和报销管理、自动化合规风险洞察、供应链协同、自动对账、电子会计档案管理服务等，帮助用户以低成本实现对基础票据、单据以及这些发票、票据、单据承载的数据信息统一、长期的管理和应用，并且通过自动化手段洞察发票业务合规风险，帮助企业放心经营、高效管理。

在管理和分析阶段，百望云投入了大量资源建设"百望云脑"，发掘和激活数据应用价值，为用户提供基于数字化票单证服务积聚的数据的挖掘，治理和分析应用。包括支出与费用的管控、自动生成纳税申报表、一键申报、税务风险识别、供应商的风险监控、可视化销售、支出分析等等服务。通过这些服务，CFO 能够带领团队深入把握企业内部运行情况，进行更加精细化的数据处理，对内赋能各条产线的业务管理，对外递交一份精准的发展预期和数据答卷。

此外，百望云提供数据智能化订阅服务，帮助企业和 CFO 们更加清晰地了解外部市场热点、关注外部商品价格变化，及时调节并优化公司资源配置和战略目标，最终形成实时高效的业务决策建议。

百望云拥有符合信创政策的 OFD 文件技术，深度参与标准的制定，解决机关、企事业单位文件的展示、流转、查看、利用和生成阅读，同时，百望云把它应用到了电子发票、电子会计档案、票据和公文里。百望云 OFD 版式解决方案如图 A14-18 所示。

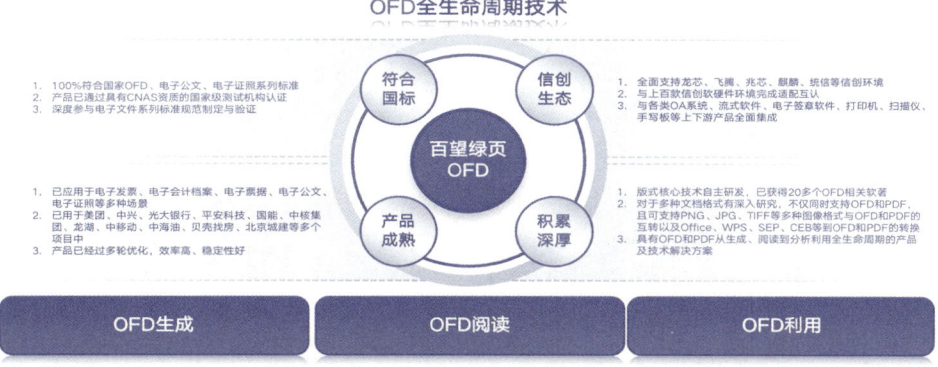

图 A14-18　百望云 OFD 版式解决方案

百望云拥有数字科技能力。百望云利用海量数据资源和大数据分析技术推出数据驱动的智能解决方案，如图A14-19所示。在客户的适当授权下，分析平台上处理的交易凭证所产生的交易数据，使金融服务提供商能够了解企业（尤其是小微企业）的业务表现及经营状况，识别有融资需求的合资格企业，改善金融服务提供商的风险管理。

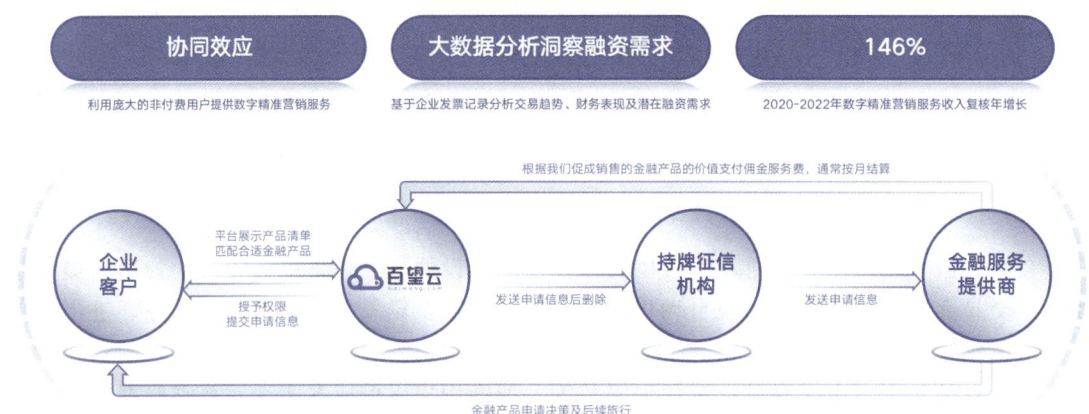

图A14-19　百望云数据驱动的智能解决方案

同时，百望云亦协助有融资需求的小微企业寻找合适的融资产品，也利用大数据分析技术开发智能采购优化服务，使企业能够作出更好的采购决策。

凭借对客户的深入了解及丰富的数据资产，百望云不断扩大服务范围，从解决财税相关痛点到满足更广泛的交易需求。随着不断丰富产品矩阵并推出新的解决方案，百望云可适当地满足客户不断变化的需求，并交叉销售及追加销售解决方案。

A15 汇联易财务数字化

1. 厂商介绍

1.1 基本情况

上海甄汇信息科技有限公司（以下简称"汇联易"）于 2016 年 8 月创立，旗下拥有汇联易、甄选、e 档案、Spendia 等品牌。汇联易利用云计算和人工智能技术为企业客户提供财务费控、电子档案、企业消费的 SaaS 系统和解决方案，基于对用户需求的深刻洞察持续升级产品和服务，现已逐步构筑起立足中国和日本市场、面向全球的产品线及服务网络。公司产品主要侧重于医药和生物行业、金融保险行业、互联网服务业、软件服务业、专业服务行业、工业制造业、装备制造业、连锁零售行业、食品饮料行业等，为客户提供全面费用管理、电子档案管理、企业商旅服务等技术支持。

汇联易利用创新的信息化方式驱动费用管理，构建出有行业深度和经众多领先企业实践过的费用管理体系。

目前汇联易在费控产品市场上保持领头羊的位置。拥有大量中大型企业服务经验，对该类企业需求的理解较其他厂商更加深刻，因此相比其他厂商有明显优势。当前汇联易的战略目标强调对于费控产品质量的提高及市场地位的保持，并不准备盲目扩张。同时，汇联易的其他产品，如甄选及 e 档案产品，是目前公司计划进行推进的未来主流产品。另外，在"十四五"规划中，汇联易会继续对相关产业链中的新产品以质量为导向进行孵化，以满足客户的需求。

1.2 对财务数智化转型发展的理解与认知

在高质量发展的浪潮下，财务会计这一职能无论是在企业界还是在教育界，都在发生迅速的变化。以往财务人员在企业中承担的主要是财务核算、投融资、风控管理、配合审计等工作，随着中国数字化经济的发展，财务的职能也随之走向业务财务、智能财务、战略财务等不同的方向。

1.2.1 中国企业数字化转型的现状

很多公司依然采用依托整套 Erp 产品，并对部分财务相关工作进行有针对性的管控。部分企业会推进财务共享模式，建立相应的运营平台，逐步实现无纸化工作。对于某些技术能力较强且具备研发能力的企业，会依据企业的需求独自开发各种与财务相关的系统及 Erp 产品等。

1.2.2 财务数字化转型发展趋势研判

目前国内数智化发展的趋势是票据的电子化和档案的无纸化、核算的自动化，以及业财一体化，最终实现数字本元化、财务消失化。汇联易认为，财务工作的核心是企业管理经营中的业务数据，而不是通过货币计量体现的一张张票据和凭证。因此，财务的最终目标要回到业务财务数据上去，而不是局限于具象化的单据和票据；通过对业务数据在系统中进行核算，以及相关票据单据的电子化，最终实现数字本元化、财务消失化。目前，财务人员由于数字化的基础条件不够好，进行数字化转型的研究时间往往会被票据、单据等的实务操作占据，而无法对其背后的业务数据及数字化进行深入思考和研究。

2. 产品介绍

2.1 产品与解决方案综述

汇联易数智化产品及解决方案主要包括三大产品：费控产品、甄选系列产品及 e 档案电子档案产品。

2.1.1 费控产品

汇联易的费控产品包含费用报销、发票管理、对公支付管理、费用审批及费用分析报告体系共五大模块。

2.1.2 甄选产品

甄选类产品在整个费控流程中，针对企业消费管理难、资源丰富性和降本增效间难以达到平衡等难题，为企业用户设定了很多具体的消费场景，针对企业运营中的开支，如机票、酒店、火车等。鼓励员工采用预订企业支付的方式，系统自动管控预算及消费，实现从消费管控、开票对账和数据分析的全流程闭环管理。

2.1.3 e 档案

由于财会〔2020〕6 号通知等财税政策变化，企业面临新的会计档案管理合规性风险与挑战；同时在国家 30·60 "双碳"目标驱动下，如何积极推进档案电子化，享受电子发票、单证备案电子化等政策红利是企业面临的又一重要课题。

e 档案依托汇联易核心团队在数字档案管理领域近 20 年信息化实施经验，实现业务流加数据流加档案流三流合一的档案全生命周期管理。提升企业档案管理效率，降低管理成本，并有效管控档案管理合规性风险，帮助企业构建更智能高效，合规的新一代档案管理系统围绕。

2.2 数字化总体架构说明

汇联易的数字化总体架构如图 A15-1 所示。

图 A15-1 汇联易数字化总体架构

汇联易费控产品的产品框架最前端是消费商场景，目前支持两种模式，一种模式可以支持甄选的消费商介入（如携程、国旅运通等），通过和汇联易费控产品建立数据通道，将消费内容自动向汇联易的系统中进行流转。

中间层面是费控的主要应用层，包括事前的申请、差旅借支以及消费项目；事后管控的内容包括费用报销、对公报账、财务审核及国际化支持等。这些应用层面的功能支持与钉钉、飞猪、企业微信等平台进行转接，以方便与企业的日常办公需求相结合。

数据层面主要依托技术层，在技术层基础上部署相应的应用服务，包括基础服务、表单、工作流引擎等。

后端支持将财务审核完成的结果推送到 Erp 系统或其他系统中并生成相应的凭证，并可以在相应的系统进行存储。

以上功能可以通过产品提供的大量接口与企业的系统进行适配与调整，最终实现与企业其他系统的集成合思。

2.3 数字化能力具体介绍

2.3.1 汇联易费控平台

（1）费用管控（见图 A15-2）：

企业可以根据自身需要选择先审批后预订，或者先预订后审批的模式，在流程结束后自动出票。员工在行程申请过程中，系统会根据企业的管控指标及互联网上可查询到的行程价格计算出本次差旅行程预计的消费金额，避免员工在申请过程中仍然需要翻阅公司相关标准、价格查询等低效操作，提高效率。

费用管控

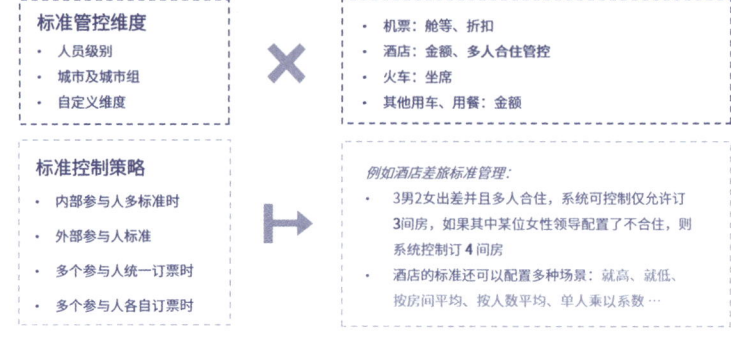

图 A15-2　汇联易费控平台

该功能优点在于员工可以通过多种渠道进行价格对比，选择最适合的出行方式；且通过该平台进行的消费可以由相应服务提供商直接向企业统一开票，减少了员工需要索取发票、财务人员需要处理大量票据以及票据丢失所带来的各种问题，减少员工垫资需要报销的场景。

（2）发票采集与管理：

基于目前国内财税管理的现状，发票仍然是重要的费用计量依据。随着电子发票的普及，汇联易开始对电子报销的方案进行研究并进行了开发建设。汇联易的电子发票报销管理方案支持一站式完成发票归集，员工免贴票，领导在线把控每一笔费用的真实性。财务人员告别人工查验发票归集，企业迈向无纸化。员工报销时只需将发票从微信、支付宝卡包导入汇联易或将发票从邮箱转发至公司的发票邮箱，勾选费用类型后系统自动完成发票的查重并快速完成费用核算。员工提交报销单后，财务无须审票，可根据预先配置进行智能审核，实现电子发票免贴、免打印。如企业需进行打印，员工可在领导完成审批后一键打印发票及报销单，也可以通过财务端统一打印所有员工的发票。报销流程结束后，电子档案自动进行归集、打印、下载凭证、报销单据、票据、银行回单等操作。汇联易的"发票全生命周期"如图 A15-3 所示。

在发票识别及自动查验方面，除直接将电子发票上传至平台指定端口外，也可以通过 OCR 识别并归集纸质发票，如图 A15-4 所示，系统支持群拍群组，自动切割并识别成对应类型；系统也可以进行发票查验，检查发票与报销项目是否匹配、发票是否重复、连号等，减轻财务人员对票据检查的负担。

发票的全生命周期

图 A15 – 3　汇联易发票全生命周期

发票归集-OCR

图 A15 – 4　汇联易发票归集

（3）对公支付：

对公业务的特点在于受益期长，涉及金额大，相应金额通常不会被确认在某一小的时间段内，因此需要区别于员工报销的"收付实现制"，要满足"权责发生制"的要求，同时也要满足相应时间段期间的预算管控原则。对公业务从采购申请的提交、基于该申请与供应商签订合同、合同履约及支付报账过程均可以通过汇联易的系统进行全面管控，如图 A15 – 5 所示。根据不同的应用场景，企业可能会选择不同的费用计提分摊模式、合同形式等。因此在核算管理层面，汇联易系统会依托于前面的业务场景定义产生相应的记账凭证，并形成竣工数据的报表。

对公管理整体解决方案

图 A15-5　对公管理整体解决方案

在对公业务过程中产生的单据和合同也统一在汇联易系统中进行管理。在采购申请被批准后，系统就会进行判断，根据合同金额对相应预算进行冻结。在核算过程中，也可以根据合同约定内容根据系统逻辑进行部分预算的释放。基于以上逻辑，汇联易可以在费用控制过程中与预算逻辑进行关联，达到对项目预算和资金预算的全过程匹配。对于业务合同，在执行过程中的状态变更都会在合同管理台账中进行体现，可以进行有效的追溯和管控，使管理层保持对相关业务财务的了解，进而实现对资金和预算的控制，如图 A15-6 所示。

对签订后的合同进行全程管理，及时跟踪合同付款信息

图 A15-6　合同追溯管控

（4）单据审批与核算：

费用和对公采购业务的审批支持多种终端，包括手机端 App、微信小程序、企业微信、钉钉等，均可以实现业务审批。同时系统支持审批风险预警、加急审批、签字审批、批量审

批等多种审批方式,提高审批效率。

在传统的财务业务中,财务对于纸质的票据和单据需要进行审核校对,浪费了大量的人力;在汇联易的费控产品中,可以通过卷票机等对票据进行扫描识别,支持增值税专票、普票、交通票据、销售票据等多种票据,将相关票据与发票袋进行关联,进行人工或自动审核,通过后可以直接归档。

无论是对公业务还是员工报销,都与项目和部门预算相关。在汇联易的预算的管控过程中,都会依赖于相应的管控策略和逻辑,并有效应用到成本中心的管理体系。在其中的审批流程,在传统的财务过程中需要有关负责人对各方面预算进行分别考虑,存在遗漏的可能性,而在汇联易的系统中,系统会自动匹配相关的预算数据,避免由于人力审批导致的预算超支等问题。

(5)费用报告及分析体系:

汇联易的系统会对产生的费用和对公采购进行分析,如图 A15-7 所示。目前汇联易的费控产品支持 40 余张预制的统计报表,可以允许对程序毫无经验的财务人员根据自身需求对表单进行设计,产生业务报表、审批统计报表、消费商报表等分析报表;也可以根据企业相关数据指标进行自定义设计,帮助企业进行自定义的统计分析。

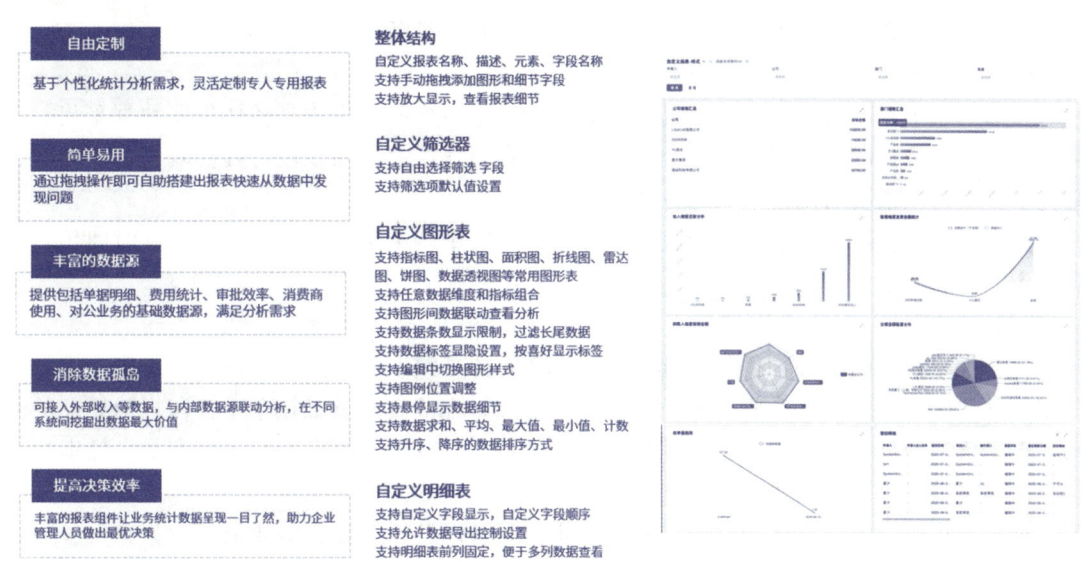

图 A15-7 费用分析与报告体系

2.3.2 甄选业务产品

汇联易甄选企业消费平台,聚合市面主流资源。针对企业如机票、酒店、火车、用车、用餐等,鼓励员工采用预定企业支付的方式,系统自动管控预算及消费,实现从消费管控、开票、对账、数据分析的全流程闭环管理。费用申请时,员工填写费用申请单,选择对应的成本中心。消费需求形成后,系统按企业标准自动配置预算提交申请,让领导有数字化的预估。消费管控领导审批通过后,员工关联申请单根据行程选择资源并进行预定,消费系统按企业设定的费用标准进行消费。为企业控制成本，提升费用合规性，汇联易甄选会按月度生成个性化企业消费账单供企业对账，确认无误后根据实际消费内容开具发票，员工免贴票，免报销。

（1）机票：

目前已与航司进行直连，聚合国内 40 余家航司航线，1000 余家国际航司航线，可以承接企业团体出行，可提供大客户机票托管服务免服务费、快速预订服务。

在对出行费用进行管控时，系统会基于人员级别进行调整，包括折扣及临时低价票的选取等；同时也可以进行行程地点、日期不同强度的管控，使员工的行程符合公司规定。另外，若出现了异常情况，系统会自动触发二次审批或警报提醒相关领导。

（2）酒店：

目前甄选系列酒店已囊括国内排名前几大酒店集团，可以实现统一结算、统一账单及统一发票，企业在甄选酒店平台消费时无须统计每人每次消费明细，每月平台会将总体发票及详细消费明细发送给企业，避免企业财务人员由于核对发票增加很多工作量。

在实际经营业务中，部分员工由于个人原因不愿意采用公司安排。传统的模式中，员工需要服从企业安排，无法享受相应积分；而在甄选系列平台预订的酒店对这一模块进行了打通，员工个人的积分卡也可以与平台的预订进行绑定，即以企业名义进行预订，同时员工也能享受个人积分卡所带来的优惠和折扣，并由企业统一结算。这样解决了企业与员工之间在酒店预订上的利益冲突，也使企业能够更方便地进行报销及结算。

（3）打车：

目前用车平台主要的合作伙伴是高德和滴滴，平台之间也完成了整体发票数据采集、消费记录更新等数据的直接传输，避免员工进行消费后还需要证明该段行程的真实性，同时也避免了员工每次消费后产生的大量发票。

对于用车的控制，企业也可以根据企业管规定在平台上进行设置，如距离、时间等，以满足企业预算需求。

（4）火车：

对于火车行程的预订，目前甄选覆盖了 12306 的资源，可以做到由企业统一取票、统一打印，避免出现员工携带造成报销凭证丢失的情况，也节省了员工在车站打印报销凭证的时间。火车票的预订与其他行程预订相似，提前申请，而后进入甄选平台选择车次，经审批后与申请进行关联，形成出票记录。

火车行程的管控主要在于时间、地点、座位类型以及退改签，需要根据业务和财务预算进行控制。

（5）差补计算：

企业人员出差还会涉及出差补贴的计算，汇联易差补规则生成器如图 A15-8 所示。在甄选平台中包含差补自动计算功能，避免员工单独查阅差补相关规定，也减少了财务复核的工作。甄选平台可以根据员工的出差天数、目的地、费率等信息自动计算差补金额。员工可以在提交差补申请时调整申请单，若发现有不符合差补政策的情形可以进行调减，但不能进行调增。系统也会自动检测是否有行程重复的问题，并根据企业规定及实际情况进行去重。

汇联易差补规则生成器，自动生成差补金额，无须计算

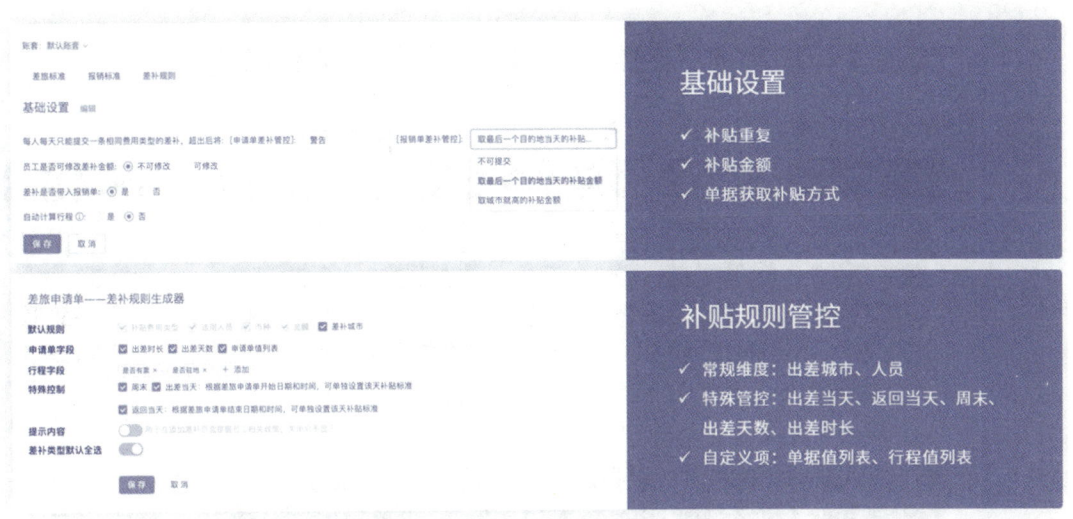

图 A15-8　汇联易差补规则生成器

（6）月结对账：

在员工完成消费内容后，供应商会将消费账单提供给企业，可以自动导入甄选系统，并将线上的消费申请、消费订单与账单进行匹配，系统会自动进行核对，对异常项目进行标记或提示对账无误。

（7）个人报销：

甄选场景也支持个人的简单报销。这类报销主要会用到发票的识别能力及采集能力。

（8）系统生态与布局：

甄选产品作为汇联易的消费前端产品，也可以独立地与其他产品进行相应对接，如与企业制定工作台对接进行使用等。

2.3.3　e 档案电子档案

e 档案依托汇联易核心团队在数字档案管理领域近 20 年信息化实施经验，以帮助企业建立全宗档案为目标，实现业务流、数据流、档案流三流合一的档案全生命周期管理。提升企业档案管理效率，降低管理成本，并有效管控档案管理合规性风险，帮助企业构建更智能高效，合规的新一代档案管理系统。支持对多来源资料进行自动归结，行业内首创自动成册、分类存储、在线审计解决方案，减少 90% 以上凭证匹配工作，并抛弃传统凭证装订工作，重构并优化企业会计档案管理流程，将财务人员从烦琐耗时的低价值工作中解脱出来，助力企业实现财务数字化转型 e 档案提供多种档案调阅模式。汇联易产品功能架构如图 A15-9 所示。

产品功能架构图

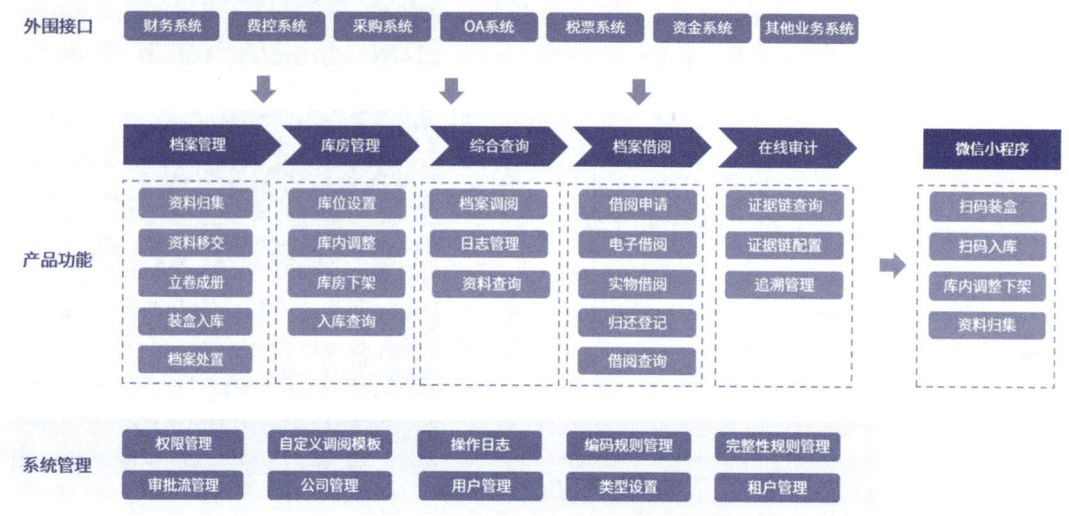

图 A15-9　汇联易产品功能架构

（1）智能采集：

e 档案系统与其他相关业务系统会建立接口，通过接口采集相关业务数据。数据采集可以通过自动或手工的方式进行，对业务系统内电子版资料（如报销单、电子合同等）及纸质版资料（付款申请、纸质合同、纸质发票等）进行采集。

e 档案支持多来源电子发票、财务凭证、报销单等有系统支撑的会计档案，以及手工计提台账、银行回单等无系统支撑的档案系统；支持三种方式的数据归集：

①对于从财务报销等前端系统生成的档案，通过系统对接的方式实现定时或实时自动归集；

②对于非前端系统产生的需要归档的资料支持手工新建资料，并上传附件；

③支持资料 Excel 批量导入，在线下载要导入的资料类型模板，编辑填写后进行文件上传导入。针对缺少附件的资料，可以批量进行对应资料的附件导入并自动关联；对手工创建的报表或计提台账等纸质资料，还可通过系统生成并打印条码，贴附在纸质资料上方便后续扫码入盒。

（2）智能关联：

e 档案的核心是数据的存储，以及未来根据授权对所获取的数据进行展示。汇联易可以在企业的业务系统前端进行一些小的改造，并将 e 档案的功能赋给企业的前端系统，将数据直接存储到企业系统中，并进一步用于财务共享及业财融合。

e 档案通过将不同类型的凭证所需原始单据匹配规则，内置于系统中并自动采集信息，实现自动成册，大幅度减少财务人员凭证匹配工作，如图 A15-10 所示。同时能够满足财政部 79 号令要求的建立电子会计档案与相关纸质会计档案的检索关系。系统支持自动成册以及手工成册，实现资料快速匹配。点击执行临时册，系统将根据内置的匹配规则进行自动成册，如图 A15-11 所示。自动成册后 e 档案系统可基于配置的多种校验规则，对资料册的完整性进行自动检查。对于不完整的临时册还支持手工添加缺少的资料。确认无误后,可以将档案临时册确认成正式册。系统也支持对于无固定规则的档案资料进行手工程成册,如手工费用计台账可通过手工勾选资料进行成册。

档案资料 – 智慧关联,档案完整、准确

> 构建统一的资料类型和资料信息,便于管理和自动化关联匹配

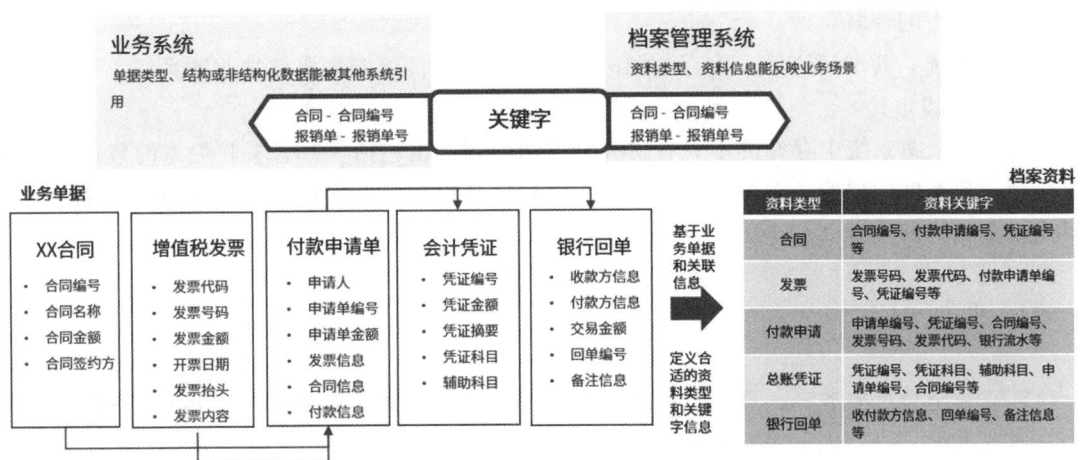

图 A15 – 10　档案资料智慧关联

档案成册及归档 – 统一集中归档、高效便捷

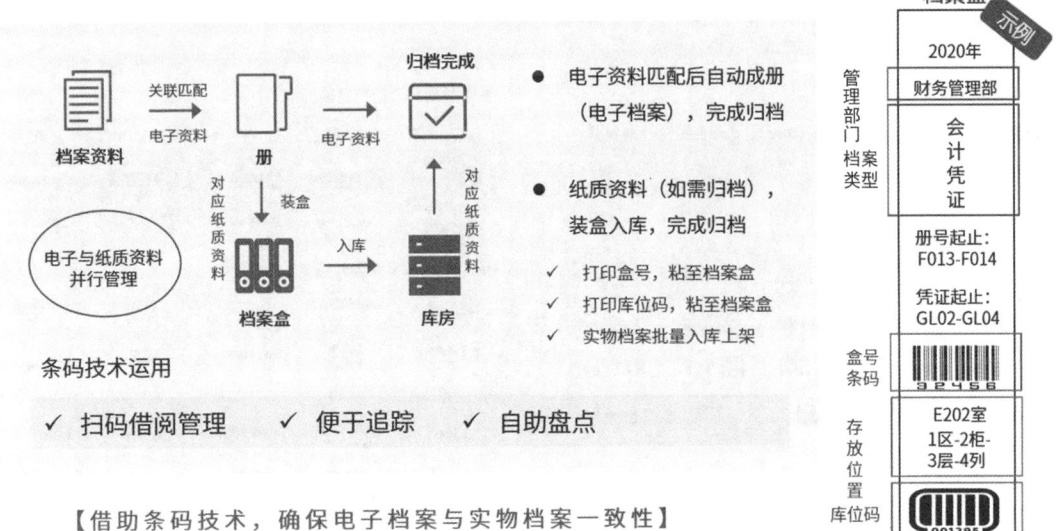

图 A15 – 11　档案成册及归档

(3) 借阅查询:

e 档案提供多种档案调阅模式,支持在企业内全面推行电子化影像查阅模式,提高查阅

效率与安全性。在系统中可以基于安全性考虑进行不同调阅模板配置，并对员工授权。授权类资料可在线稽查。对于授权外资料也可通过在线借阅申请，通过审批后可实现电子或纸质资料的直接在线查看，并支持查阅链接有效期和添加水印等安全性管理。e档案设置了不同模式以进行数据查阅权限设置：

①根据员工安全授权级别设置不同借阅模板，实现对于授权类的档案信息在线借阅；

②对于授权外的档案资料，借阅人发起借阅申请并审批通过后，管理员在系统中选择具体借阅资料，并填写借阅信息；系统会自动发送一个外部链接地址至借阅人邮箱中，打开链接即可在线查阅资料；

③提供统一共享的影像采集存数调阅能力，并支持将该能集成前端业务系统。

（4）在线审计：

由于e档案系统中存储的不只有财务相关的内容，也包括一些有关联关系的数据。企业可以通过数据间的勾稽关系构建出证据链。该功能可以应对外部审计的在线抽凭、穿行测试以及税务相关的检查。

3. 典型案例

汇联易至今已服务三一重工、腾讯、比亚迪、晶科能源、百威、可口可乐、和记黄埔、华东政法大学、三菱化学等数千家客户，制造业、新能源、零售、医疗、教育、化工等几十个行业，构建出有行业深度和经过大型企业成功验证的财务费控管理、电子档案管理、企业消费支出管理系统，帮助客户企业落实降本增效管理理念，提高电子档案管理效果，提升员工工作体验，助推企业数字化转型。汇联易服务客户如图A15-12所示。

图A15-12　汇联易服务客户

4. 主要特点

汇联易的优势主要体现为以下几点：

第一，汇联易的产品与客户企业的需求匹配度是最高的。汇联易的产品有很多可以由企业自定义的部分，系统接口很多也是由企业根据自身需求进行设计，输出的统计报表等可视化的项目也提供给企业很多选择，也可以由非技术人员进行设计，更加贴近企业管理需要；

第二，汇联易的实施保障能力强。汇联易的业务团队对于传统的 Erp 及目前深耕的档案、费控等领域都在进行专业人才的培养和积累。汇联易的创新中心、产研中心、交付中心三大技术团队人数近 400 人，具备中高阶咨询实施能力人员接近 1/3；

第三，汇联易的 AI 应用能力。汇联易凭借与 AI 技术的融合与创新，持续以前瞻性的金融视角引领行业潮流，将智能算法精准植入各个精细化的业务流程之中，致力于提供实用的解决方案，旨在为企业带来卓越而高效的成本优化体验。

A16 用友财务数智化

1. 厂商介绍

1.1 基本情况

用友创立于 1988 年，一直专注于信息技术在企业与公共组织应用与服务领域，是全球领先的企业数智化软件与服务提供商，致力于用创想与技术推动商业和社会进步。

36 年来，用友持续引领企业服务产业发展。用友 1.0 时期，通过普及财务软件，服务超过 40 万家企事业单位的会计电算化，成为中国最大的财务软件公司；用友 2.0 时期，通过普及 Erp（企业管理软件），服务超过 200 万家企业的信息化，成为亚太最大、全球前 10 的 Erp 软件提供商。

当前，用友处于 3.0 发展新阶段，通过普及全球领先的数智商业创新平台——用友 BIP，目标是要服务超过千万家企业的数智化，并成为全球前三的企业云服务与软件提供商。

据 Gartner 研究，用友是全球 Erp SaaS 市场 TOP10 中唯一的亚太厂商，全球应用平台软件市场 TOP10 中唯一的中国厂商，也是唯一入选 Gartner HCM 云魔力象限、Erp 云魔力象限荣誉企业的中国厂商。

同时，IDC 数据显示，用友持续领跑中国企业云服务市场，在中国 aPaaS 市场占有率第一、中国企业应用 SaaS 市场占有率第一，并在中国超大型及大型企业应用 SaaS 市场连续多年稳居市场占有率第一，是中国企业数智化服务和软件国产化自主创新的大国品牌。

面向企业与公共组织数智化市场，用友从 2017 年开始战略投入规模研发打造了全新一代产品——用友 BIP（用友商业创新平台），在平台技术与应用架构、领域与行业应用、生态体系三个层面，实现全面突破，达到全球领先水平。

用友 BIP 定位为数智商业应用级基础设施、企业服务产业共创平台，提供覆盖企业生产经营和运营管理 10 个领域的创新服务，包括智能财务、数智人力、数智供应链、数智采购、智能制造、数智营销、数智研发、数智项目、数智资产、协同工作，沉淀了近 100 个细分行业领先企业业务与管理数智化创新实践，赋能企业推进数智化转型，成为数智企业，迈向高质量发展。

随着以大模型为基础的 AI 普及应用时代的到来，用友发布的业界首个企业服务大模型 YonGPT。YonGPT 契合了企业基于数智技术实现业务与业务、业务与财务、业务与管理融合创新的时代需求，是更懂企业服务的大模型，助力企业数智化迈向大模型时代，让 AI 应用更普惠，让商业创新更便捷。

企业数智化，用友 BIP。用友 BIP 发布以来，得到了一批行业领先的大型及中型企业选择和应用，已成为中国及全球不同规模的众多行业领先企业数智化建设的首选平台，为企业、产业、经济和社会带来独特价值，被重要央媒誉为企业数智化的"大国重器"。

用友始终秉承用户之友、持续创新、专业奋斗的核心价值观，一切源于为客户创造价值。目前，用友在全球拥有 230 多个分支机构、三大产业园区、九大创新中心，拥有超过 2.5 万名员工。未来，用友将携手十万家生态伙伴、亿级社群个人，让数智化在更多的企业和公共组织中成功运用，助力企业高质量发展，赋能产业升级，服务国家经济转型，为数字经济建设贡献力量。

1.2 对财务数智化转型发展的理解与认知

用友是企业数智化服务的头部国产厂商，用友公司认为企业数智化的最终目标是服务于企业的商业创新，数智赋能商业创新成为企业数智化主旋律，企业数智化转型可以分为两大类，如图 A16-1 所示：一是数智化管理，以推动降本增效为目标，聚焦运用新技术驱动的管理变革；二是数智化经营，以驱动增长为目标，聚焦运用新技术驱动的业务创新和商业创新。财务数智化是数智化管理的重要组成部分。

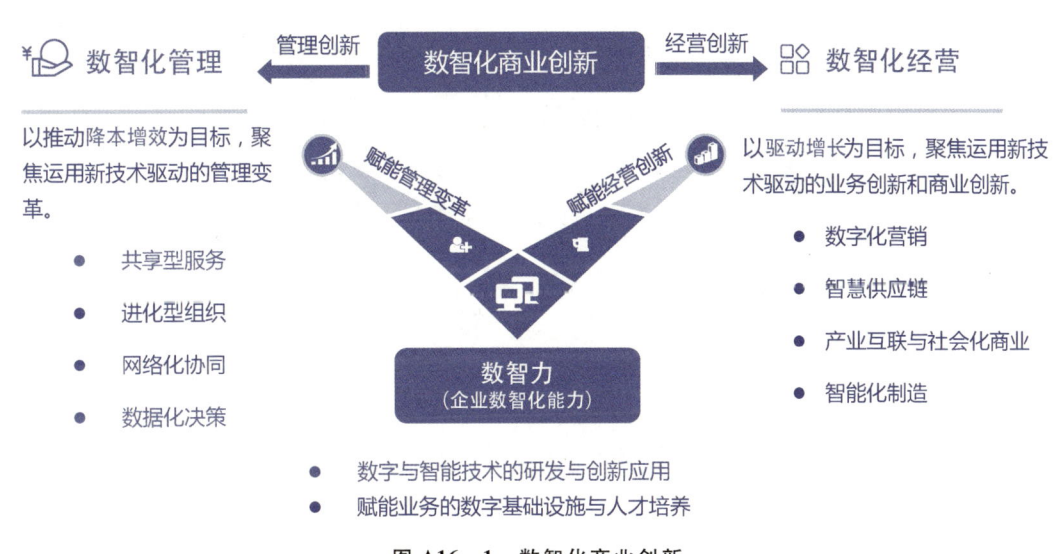

图 A16-1 数智化商业创新

用友认为财务数智化转型的目标是：智能会计、价值财务。通过财务数智化促进业财融合，重构企业精细管理、敏捷经营的基础，实现财务从事后的"核算型"财务向事前、事中、事后的"管理型"财务转型，以实现"价值创造"为最终目标。

数智化时代，用友在业内创造性地提出了"智能会计"的概念，这是全球会计创新发展的又一个里程碑，如图 A16-2 所示。第一个里程碑是 1494 年欧洲诞生了基于"复式记账法"的现代财务会计之后；第二个里程碑是 20 世纪 20 年代美国企业在科学管理基础上的成本会计、管理会计实践以及美国学者研究的基础诞生了管理会计；第三个里程碑是基于中国企业数智化实践、数智化商业环境、数字经济发展逐步领先全球基础上，由用友公司率先提出。

图 A16-2　全球会计创新发展的 3 个里程碑

智能会计的基本框架如图 A16-3 所示：

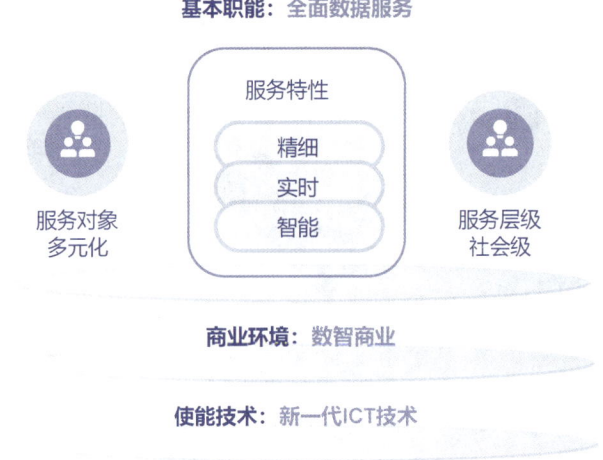

图 A16-3　智能会计的基本框架

首先，它诞生于新一代 ICT 技术集群式发展的基础上，包括大数据、人工智能、移动互联网、云计算、物联网、区块链，尤其是人工智能技术，随着 ChatGPT 的诞生，企业应用服务已经从云原生逐步进入 AI 原生时代。

其次，它诞生于现代数字商业环境中，数字技术改变了传统的生产方式、管理模式，形成数字商业新范式。数字商业环境下，传统会计工作难以适应，如每天 80 万个网上订单的企业，会计怎么核算？

最后，智能会计的基本职能是全面数据服务。数据服务包括 5 个层级：展现级（如报表报告）、分析级（如经营分析）、控制级（如风险预警）、决策级（如智能定价）和创新级（如产品优化）；数据服务的对象是多元化的，除传统的法人口径的数据服务外，更多的是为了满足经营会计、管理会计、税务会计、人人绩效等数据服务；数据服务的特性是精细、实时和智能，精细是指更多的维度和更细的颗粒度，实时是指业务（作业）一发生就进行核算，智能是指基于规则或者智能技术进行自动处理；数据服务层级的社会级是指数据服务从以前的单个企业、企业集团到产业链上下游企业以及工商、税务、银行等外部机构，实现互联互通。

2. 产品介绍

2.1 产品与解决方案综述

用友 BIP 提供覆盖财务、人力、供应链、采购、制造、营销、研发、项目、资产及协同十大核心领域的创新服务，是目前全球覆盖领域最多的企业云服务群。企业还可以基于全域业务中台，解耦、重构、连接、组装，建立全业务领域、全场景的数智化能力。

财务云：采用大数据、人工智能等新技术，基于社会化商业新模式和事项法会计理论，以业务事项为基础，构建财务会计、管理会计、税务服务、费控服务、全球司库、企业绩效、共享服务、电子会计档案服务为核心的实时会计、智能财务的全新财务体系，打造具备实时、精细、智能、多维、可视、生态的财务新平台，助力财务数智化转型。

人力云：人力云以"赋能员工 激活组织"为宗旨，基于"精准人才发展 敏捷组织变革 智能人力运营 卓越员工体验"核心价值，以数智化重构全球人才供应链为目标，围绕人才招聘、组织人事、人力共享、全面薪酬、目标绩效、人才发展、干部管理、人力分析、员工服务等业务创新与管理变革，通过人才画像、组织画像、人力数智分析等数据服务和智能化应用实现智能人才发现，涵盖全球化人才体系构建、社会化用工服务、数智化人才培养等业务，以及聚焦人力资源数智化顶层设计、流程挖掘与优化、数据治理与数据迁移等数智化咨询服务，构建全球化、社会化、智能化、主题化的完整数智人力解决方案。

供应链云：供应链云将计划、采购、生产、销售、库存、服务等活动紧密衔接在一起，提供完整供应链服务，实现企业内部产供销、业财税一体化。通过社会化集成计划与网络协同，将上游与下游企业涉及的供应商、生产商、分销商等企业间的商流、物流、信息流、资金流形成一体化运作。通过开放的生态融合服务，为企业提供更完善的供应链服务，从而不断提升企业供应链管理水平，实现敏捷供应、高效协同。

采购云：以"全球寻源、网络协同、韧性供应"为产品理念，满足大中型企业直接物资采购、间接物资采购的数字化转型需要，通过交易市场（MarketPlace）招募更多供应商（35 万家供应商）并建立更深层次的交易关系。通过寻源到支付（S2P）的完整流程，将采购职能从单一交易转变为战略目标驱动，实现整个采购过程中买方和供应商进行寻源比价、合同签署、订单协同、履约交付、对账、发票处理和支付申请；通过供应链协同（SCC）实现与供应商的计划协同、订单协同、质量跟踪、委外协同、库存看板与补货的轻松协作。用友 BIP 采购云助力企业供应链数字化，实现供应链整体运营效率提升和风险降低，让企业具备韧性供应的竞争力，实现高质量可持续发展。

制造云：制造云基于工信部智能制造标准体系，以精智工业互联网平台为依托，实现制造数据的实时采集，制造信息的集成融合，制造业务的贯通与闭环、制造管控的智能决策，帮助大型、多制造模式、多工厂的集团型制造业管控安全、提高质量、缩短交期、提升效率、降低成本,由此提升综合竞争力,在数智化管理、智能化制造、网络化协同、服务化延伸、个性化定制等方面实现数智化转型,推动工业企业高质量发展。

营销云:营销云致力于为企业营销数智化转型提供一站式服务,实现营销全渠道、全链路、全过程的数智化管理,拉通端到端,实现存量业务数据资产化,以数据服务和模型支撑营销能力的提升,驱动营销推新品、调结构、提动销、创增量,开源节流,营销能力生态化与创新商业模式。

研发云:基于最新技术架构打造的研发管理云产品,旨在帮助研发创新性高端制造企业打造研发创新管理平台。研发云以研发项目管理为业务主线,实现精准的产品数据全生命周期管理,有效缩短产品开发周期、降低产品开发成本,保障产品快速上市获得高额利润,助力工业企业数智化研发转型,全面提升企业的研发创新能力。

项目云:用友 BIP 项目云面向企事业单位项目化管理业务,基于标准的项目管理业务中台能力和开放性连接能力,立足项目业务管理和项目财务管理,覆盖项目全业务、贯穿项目全生命周期,提升企业的综合项目管理能力和经营能力。

用友 BIP 项目云包含投资项目管理、业主方项目管理、设计服务项目管理、施工项目管理、科研项目管理、IT 服务项目管理、项目财务管理等细分应用。

资产云:以物联、智能、生态为指引,致力为企业资产管理提供全面化应用服务,充分发挥数字化时代下资产数据的价值,基于运行大数据进行智能监控、智能分析、掌控资产可能发生的缺陷,实现资产的预测性维护,助力企业资产可靠运行,实现企业资产效益最大化。

协同云:友空间是新一代的一站式数智化高效办公平台,不仅为企业提供协同办公服务,更作为企业数智化工作入口,服务企业内部员工、连接企业外部伙伴及上下游产业链。通过移动端、Web 端、PC 桌面端等多端联动,为企业提供统一服务入口、沟通协作、办公协同、业务协同、数智服务等全方位的数智化工作平台。

2.2 用友 YonBIP 数智化总体架构说明

用友 YonBIP 聚焦数智平台及智能财务、数字人力、敏捷供应链、智慧采购、智能制造、数字营销、数智研发、数字项目、数智资产、协同办公等核心领域,为客户提供数字化、智能化、高弹性、安全可信、平台化、生态化、全球化和社会化的企业云服务产品与解决方案,助力企业高质量发展,如图 A16-4 所示。

用友 YonBIP 是全球领先的数智商业创新平台,是一个以数智平台+十大领域的场景服务+大规模生态为基本产品形态的融合服务群,包括 1 个 PaaS 平台(iuap 平台),以三平台+三中台为核心为企业提供数智化底座支撑能力;十大领域场景化服务,涵盖财务、人力、供应链、采购、制造、营销、研发、项目、资产、协同的核心领域,为企业提供随需而用的企业云服务;大规模生态,携手 ISV 和专业服务等生态伙伴,汇聚生态提供的产品和增值服务,共同服务企业数智化转型。用友 YonBIP 在很多层面实现重大突破创新,在技术架构上,实现五大首创和领先的技术,从技术到底座上做到全球领先;另外在应用架构层面,实现了事项法会计、特征体系等 6 项应用架构的全面领先;另外用友 YonBIP 提供 10 个领域的服务,在全球同类产品里是领域覆盖面最宽的云服务群;以及大规模的生态力量的拓展。

厂商篇

全球领先的数智商业创新平台——用友BIP3

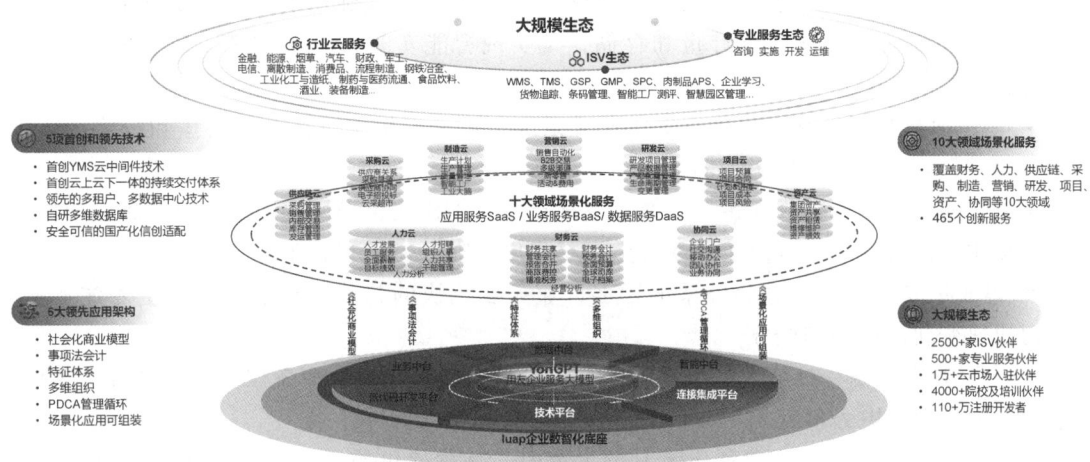

图 A16-4 用户 BIP 数智商业创新平台

2.3 数智化能力具体介绍

用友 YonBIP 财务云采用大智物移云的技术，基于事项法会计理论，以业务事项为基础，实时会计、智能财务、精准税务、敏捷财资为核心理念，构建财务会计、管理会计、税务服务、费控服务、全球司库、企业绩效、电子档案服务、共享服务的全新一代财务体系，打造具备智能、实时、精细、多维的全球领先企业数智化财务云服务平台，助力企业财务数智化转型，如图 A16-5 所示。

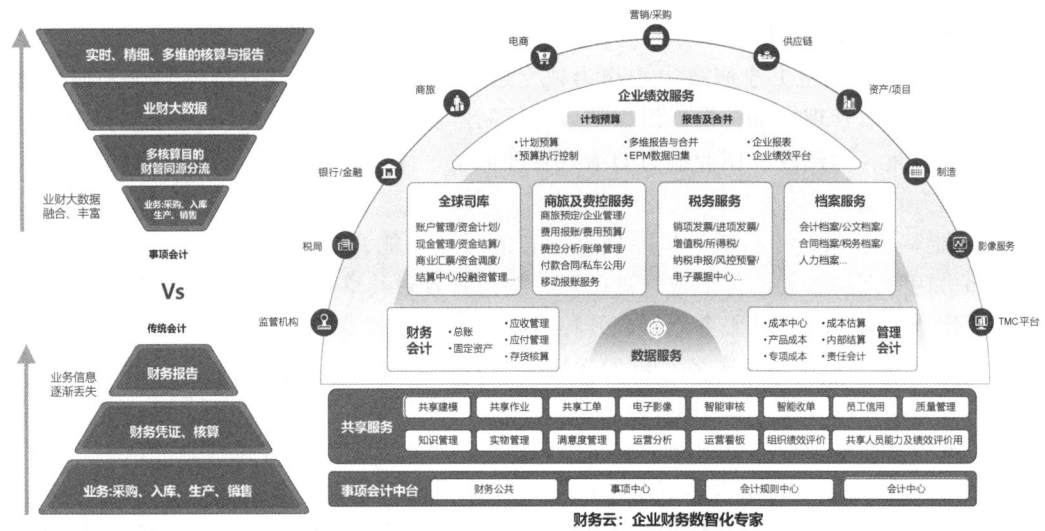

图 A16-5 用友 BIP 数智化财务云服务平台

（1）事项会计中台——服务于财务会计和管理会计的数据底座，是交易级业务数据实时采集、梳理转换和存储平台。

其将前端各类业务经营平台的交易级数据全面、实时、准确地采集，并按照规定的标准与方法对业务事项进行确认与计量和存储，是实现智能实时核算（财会、管会）的基础。其核心特征是：

- 多源海量数据集成：可便捷集成业务系统、第三方系统、社会化数据和智能设备采集的数据，且集成的都是最明细的信息。
- "松耦合"集成：改变传统点对点系统集成架构模式，采用企业数据总线集成架构模式，避免蜘蛛网般复杂接口，实现系统生态集成更清晰、稳定和易于运维。
- 集成扩展性强：应对业务系统增多，业务变化快的趋势。让业务系统更专注业务，以应对快速变化的市场和业务。
- 业财数据底座：打造大财务领域财务中台数据底座，为企业各服务提供精细、多维、实时、全面的业务财务信息。

（2）共享服务平台——中台化能力孵化牵引，持续提供数字化、智能化、全球化共享服务能力。

- 多职能共享服务中心建模：集团管控型、多业态、流程型等各种模式的共享服务中心组织灵活配置，构建其委托服务业务内容，包含但不限于多职能共享、委托单位、服务目录、共享班组、任务规则、共享服务图谱等一体化共享运营管理平台。
- 可视化、数字化的作业现场管理：共享作业为共享中心作业人员、作业组长以及共享中心运营及管理人员提供作业处理、作业调度、作业查询的工作台。实时同步作业现场状态、实时监控作业情况、资源动态统筹，提升资源利用效率、优化资源配置。
- 持续创新的共享运营管理：领先的中国企业已经跨过了财务共享服务中心的建设阶段，逐渐转向运营阶段。相比初建期，财务共享服务中心更关注内部效率持续提升、内部质量管理、绩效管理、人员管理以及服务满意度等深度运营管理。用友基于帮助600余家企业建设共享积累的经验，总结出财务共享中心卓越运营管理方案，并研究出财务共享中心运营管理成熟度评价模型，为财务共享服务中心持续升级转型提供支持。
- 绩效管理：财务共享服务中心作为独立运营主体，应基于共享战略目标和服务水平协议建立组织绩效管理方案；根据组织绩效目标制定员工绩效管理内容，从定量和定性维度设计指标及权重，构建基于作业能力的绩效管理体系，评价作业效率和质量，确定激励机制以及能力提升计划。
- 智能审核：通过事后基于风险模型的智能稽核功能，保障共享中心运营质量。将智能稽核和信用管理、绩效评价形成管理闭环，快速有效对共享中心作业质量进行监控，促进共享中心作业人员主动提升服务质量，管控风险。
- 满意度管理：通过向服务对象发送服务满意度调查问卷和随单评价，收集用户对共享中心的服务满意度评价，系统平台配置评价维度、评价指标、评价模型，可将评价结果具象化至单据，从而能够形成可追踪的整改事项，为满意度闭环管理提供线索和抓手。
- 信用管理：提供共享中心对单据填报人的信用评价功能，有效约束员工不良报销行为，建立企业良好报销生态，提升报账效率、内控质量与管理效益。同时可将信用管理拓展到客户及供应商领域后，发现影响信用管理的重点问题，并在系统中进行预警和跟踪分析。

对客户、供应商进行信用画像，设置客户和供应商的信用等级，以信用等级管控账期以及资金收付方式。系统跟踪收集业务行为数据，触发信用等级调整条件时，通过系统规则实现信用升降级。信用管理的模式，不局限于某一单一公司，可以在整个产业链上下游以及外部舆情信息中拓展，实现全面信用管理。

- 知识管理：作为由标准化、流程驱动型组织，财务共享服务中心需要建立一套完整的、系统化的知识体系，利用知识管理，对内实现员工培训、经验共享、知识搜索等能力，增进组织绩效提升，对外输出知识服务到用户端以及业财端，提升满意度及价值赋能。

（3）全球司库平台——是统筹企业内外部金融资源的资金运营平台，支撑企业实现统筹资金管理，全球资源配置调度，全程风险管控的战略级司库体系。

用友全球司库管理平台以制度为基石，以业务与数据为抓手，以系统为平台，统筹全口径资金领域，构建智慧化的全球司库管理体系，以数字化应用为核心，充分应用数字化、智能化技术，支撑管理变革，实现数据驱动，对标世界一流打造可视、可动、可控、可溯的一体化智慧司库管理平台。

涵盖国资委对司库体系建设的11项司库职能和4项风险管理内容，从操作层、管理层、决策生态层三个方面精益化管理金融资源。

交易操作类应用包含账户管理服务、资金结算服务、票据管理服务等业务，以标准化、规范化、自动化、智能化为管理核心。

资金运营类应用统筹管理企业内外部金融资源，以资金计划统一管理为抓手，依托债务融资统一管理、资金集中统一管理、应收款项清收催收管理、借款与担保统一管理、境外资金统一管理等应用。以金融资源高效应用，流动性风险管理为管理核心。

决策生态层包括金融机构评价管理、协同结算管理、供应链金融管理、战略决策支持管理等构建集团产融协同供应链，充分利用外部社会化数据，构建多维评测与分析模型，撮合链上企业需求与配套合理金融资源，提高融资效率，促进集团高质量发展。

全面构建舞弊风险管理、合规风险管理、流动性风险管理、市场风险管理、虚假贸易风险管理等数据服务类功能，通过流程驱动来深化业财融合，利用数据驱动来引导价值创造。

重点突出"智慧"内涵，发挥数智赋能特色，从对资金等金融资源的在线实时监控向自动分析研判、风险趋势预测等方面升级，提前识别并防范化解中长期资金风险，更好守护集团资金安全。

- 交易操作类服务

①账户管理服务：事前构建账户管理标准，建立金融机构准入管理机制，事中分级分层审批机制与风险管控提示，全面精益化管理各类型账户从申请至开、变、销、U盾、年检所有事项工作，直联覆盖银行超过2500家，同时融入RPA、OCR等智能技术保证交易数据实时全可视，事后监督事项实时预警，以保证对存量资金的安全性、流动性管理和异动监控。

②资金结算服务：以资金流为主线，打通业务与财务链路，业务多维度、全过程、自动化在线管控，对大额资金预警、异动实时反馈等资金风险全过程监控，构筑资金风险"防火墙"，确保资金风险"控得严"。建立数据链路信息规范与标准化是业务与财务深度融合

的核心，业财数据信息规范及集成模式，结算方式统一、支付策略灵活、业务流程适配管理要求、结算自动认领规则扩展、支付安全规则等内容进行规范，防范支付风险，提升支付效率。

③票据管理服务：构建统一票据结算平台。实现企业多银行全量票据开立、接收、背书、贴现、托收、兑付的全流程业务线上管理，票证信息集中管理。票据信息实时动态采集、兑付预警、统计查询分析企业全量票据资源，变动过程一目了然。与银行直联对接配套新一代票据"支付找零"能力，全局资金统筹安排，共用票据池授信额度与提升增信，降低资金占用额度，提升票据流转效率，在资金结算环节合理利用票据资源，收支原始凭证信息在线流转和全程共享，有效防范舞弊风险，实现票据管理的"共生""共享"，降低企业资金风险。

- 资金运营类服务

①资金集中统一管理：搭建多模式的集团资金池，通过银企直联通道服务，提供资金上收、资金下拨、资金调拨、业务查询等业务服务；支持灵活设定各级组织的归集和下拨策略，自动执行任务调度；集中监控账户头寸，集中审批大额及特殊支出，集中监控非受限资金，全面掌握内部账户存款计息，支持代理收付款业务，实现集团资金整体管控，成员资金集中调度的统一管理。

②资金计划统一管理：建立多维预算、精准预测的资金计划管理机制，满足资金计划编制、审核、汇总、调整、执行、管控、考核、分析全生命周期线上化管理，支持计划目标下达、各级计划主体的计划数据录入上报审批、计划调整、查询分析等通用功能，支持计划年度、月度等周期的执行控制。

③投融资统一管理：构建投资理财、直接融资、间接融资的金融业务全过程，实现金融品种的自动定义扩展，包括融资方案与融资计划的制订、授信管理、担保管理、金融机构评级管理、融资业务全流程管理、融资成本管理、融资跟踪、利息计算、到期还本预警、融资信息全量可视化汇总分析等多项业务功能。

④应收款项统一管理：紧密协同财务核算侧的账款业务，在资金管理层面展开应收账款逾期提醒与预警等业务，连接天眼查、万德等外部社会化数据，实时获取供应商与客户的外部信用信息，进行信用动态调整，实现供应商与客户的准入管理。

⑤境外资金统一管理：通过 Swift、直联专线或中资行在境外的分行建立银企直联通道，实现境外资金账户动态可视，境外资金池实时监控。并将境外融资数据在融资管控中心统一汇总，实时对外汇敞口、外汇波动与各类金融衍生品风险进行风险防控，实现全球资金预算一体化控制。

⑥供应链金融统一管理：协同产业生态构建供应链数字化、线上化与平台化服务，建立企业在全球网络中的信息流、实物流、现金流和逆向物流的协同机制，保障数据增值增信，实现对供应链合同、核心企业注册、保理商管理、供应链金融业务申请、额度管控等专业化供应链金融服务功能。

- 数据分析类服务

①资金分析服务：建立司库决策分析指标库，建立管理驾驶舱，提供包括存量资金分析、头寸平衡分析、资金集中率分析、流动性分析、融资结构与成本分析等全量分析；预置账户分析、流动性分析、融资分析、投资分析、风险分析、预测分析等单一主题分析报表，

帮助企业提升资金分析、预测、风险管控能力。

②风险管理服务：搭建事前、事中、事后风险管控体系，依托风险规则中心与风控模型数据资产，对风险事项的高效识别、提前预警、合理处置、客观评价。将风险防控融入管理细节，以消息、流程、单据、字段等不同层面，嵌入风控内容，制定应对策略，实现预警、提醒、制止等不同等级的防控行为。汇集、抽象沉淀风控数据资产，形成上千个风险规则清单，构建风险规则中心；充分利用特征体系，敏捷感知风险事项，快速定位风险事项，自动定时扫描识别业务风险，提前预警防控。集成外部数据，完善风控模型，对未来趋势进行有效预判，辅助战略决策。

（4）商旅及费控服务平台——面向企业全员应用，整合社会资源，为企业员工提供端到端的一站式服务，实现数智降费，报账革新，如图A16-6所示。

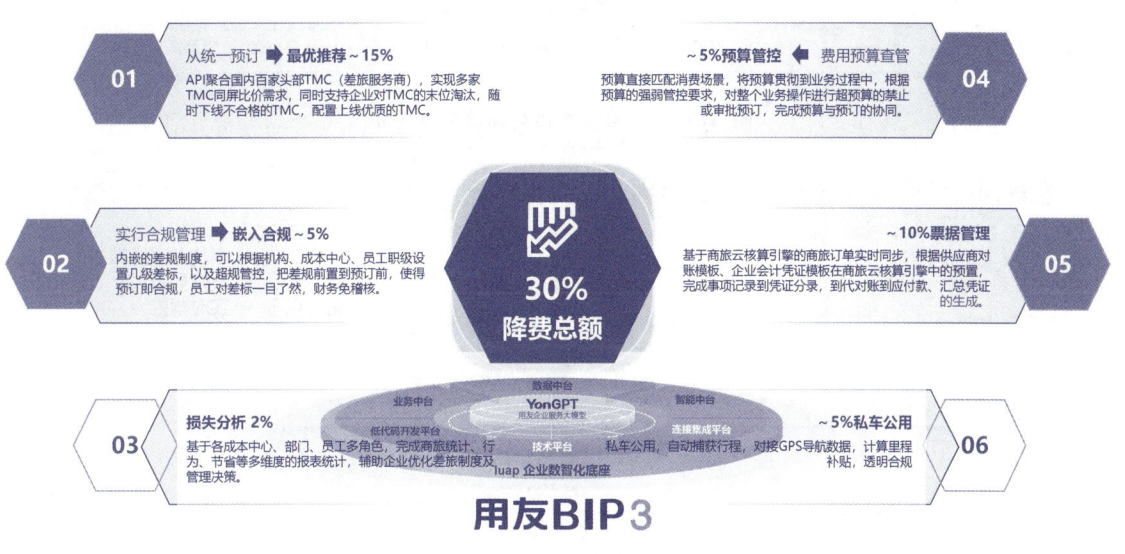

图A16-6　用友商旅费控

从申请、审批、消费、报销、支付、核算到报告所有环节，实现全线上应用，全程管控。通过与服务提供商的连接、整合，为企业提供更高价值的商旅服务，实现数据互联互通，共用共享，规避企业业务过程中的财务风险。用友费用与商旅管理体系如图A16-7所示。

依据不同企业的经营特征、业务运作模式，可以客制化配置报账单据模板，以及丰富的信息内容。企业各业务单元的费用报销标准灵活定义，如：按报销交易类型、人员、职务等设置报销标准。根据企业的费用管控目标，实现按部门、项目、人员的预算控制，以及按月、季、年、自定义时间维度进行预算的刚性控制或柔性控制，如图A16-8所示。

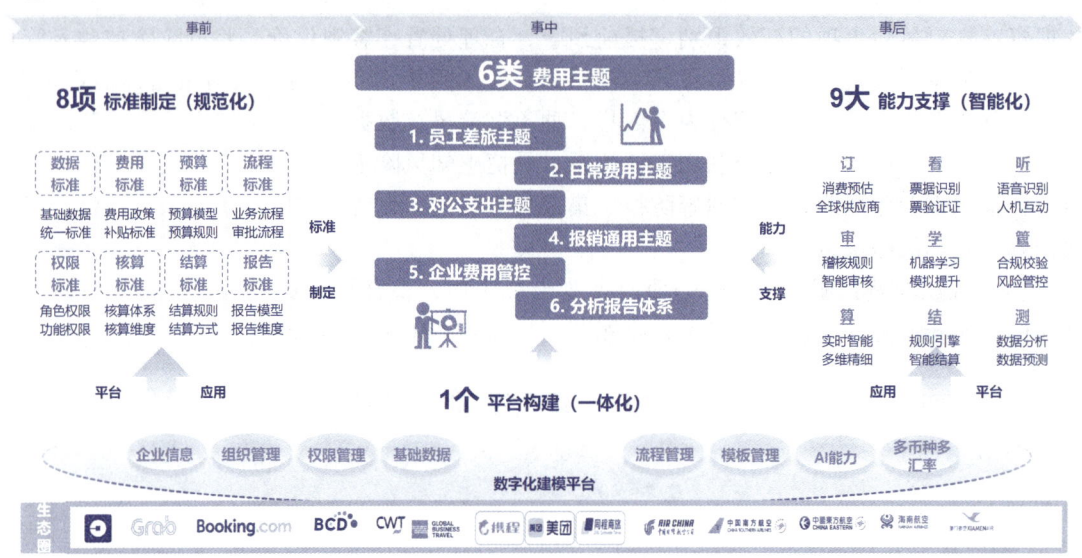

图 A16 – 7　用友费用与商旅管理体系

图 A16 – 8　部门费用预算多维度管理、查看、控制和分析

（5）税务服务平台——基于智慧税务征管体系改革和企业管理智能化转型的需求，为企业构建"业财税档资"深度融合的一流税务管理体系。

以企业税务管理数智化转型的体系建设和系统建设为出发点，构建从全票种、全税费到全管控、全风险的税务管理服务架构，提供集团化多行业、多场景、多生态组装能力，实现与财务、业务、资金等内部相关系统及电子税务局、乐企平台等外部系统直连直通，提供基于事项驱动的数据融合应用服务，确保业财税档资数据同源，实现精准税务、合规高效。

①销项发票管理：通过与企业销售、共享等内部系统灵活对接，销项发票管理实现所有业务场景下的开票数据交互，避免虚开；直连税控设备、电子发票服务平台或乐企平台实现发票申请、拆分合并、开票、回传等全过程智能化应用；支持集团全票种（纸质发票、纸电发票、数电票）、全业务（蓝票、红票、作废、抄报税）多主体跨区域的一体化销项发票共享服务。

②进项发票管理：进项发票管理通过构建企业发票池，实现多渠道发票自动采集、查验、防重；支持按照销项或固定金额、税负率等进行发票智能勾选；支持预置发票合规规则和黑名单，对异常发票进行自动预警管理；与业务、财务、资金、档案等系统联动，自动勾选入账标识，按照国家电子凭证归档要求自动归档，实现票据流、资金流、业务流三流一致性校验和联查，杜绝发票虚抵风险。

③全税种管理：基于业务事项，构建规范涉税数据管理体系，全税种管理通过从业务、财务等相关系统中根据预置的税务规则自动提取税源信息，自动进行全税费的计算和纳税申报，使税法从主动遵从到自动遵从；支持增值税、消费税、企业所得税（预缴、汇算清缴）、印花税、房产税、土地使用税、环保税、资源税、土地增值税等全部税种和地方附加费的全过程管理，自动生成计算过程底稿及纳税申报表，自动生成税费计提和支付缴款的会计凭证，直连电子税务局，实现一键报税、申报任务监控、申报综合看板，并生成税款缴纳统计表。

④税费统计分析：通过建立全量涉税、涉票数据中心，满足重点税源、千户集团、关联交易、国别报告等多口径的企业监管报送的自动化需求；内置海量模板，提供多样式、低代码的自助分析能力，通过指标、趋势、事项等多维度模块展示，支持集团内部财税情况对比分析，与行业、对标企业税务情况对比分析；实现涉税事项全景视图移动客户端展示，支持税费波动分析、变动趋势分析、税金结构分析等多种分析方式的结果展示，挖掘税收大数据价值。

⑤税费风险管控：通过业财税系统贯通，建立税费风险指标引擎及数据引擎，结合多风险指标体系，实现企业税务风险事前、事中、事后的预警和监控管理，支持自定义风险运行周期和运行策略，自动扫描预警，分级处理风险，定期生成风险分析报告，并按管理范围自动进行风险预警事项报告推送，对风险进行全过程监控、追溯与跟踪。

⑥税务知识管理：通过构建完善的、分门别类、逻辑清晰的税收政策法规库及专项业务案例库等实现税务知识管理；支持发票、算税工作底稿、纳税申报表、税收优惠备案等税务档案自动归档。

(6) 档案服务平台。

提供收集、整理、归档、利用、鉴定、销毁等全生命周期、系统化档案管理服务，改变传统纸质档案管理模式、方法和存储形式，为用户提供安全、高效的认证及全档案电子化管理。提供安全规范的电子档案调阅管理流程，既满足了调阅者方便快捷的查阅需求，又确保了档案数据的安全保密。在更大范围内高度共享和数据利用，减少了档案打印耗材成本，减轻了工作人员管理、查阅工作量，提高了工作效率，强化了企业管理，提高了内部管理规范和档案管理水平。

①档案采集服务：实现对档案的采集、立卷、装册、归档、拆册、重新归档、打印封面等核心业务服务。

②档案搜索查询服务：用户可根据凭证摘要、科目等关键信息进行快捷查询。

③档案利用服务：为档案使用者提供多种应用服务，包括档案查询、借阅、下载等。用户通过全文检索、关键字检索、条件组合模糊查询等方式，对不同类型的档案数据进行展示。

④纸质档案服务：将电子档案与纸质档案同步管理，进行档案室授权使用，档案上架、下架、外借、归还、超期归还等纸质档案服务。

⑤档案鉴定销毁服务：对已归档文件的移交、鉴定、销毁服务，为档案建立"生命周期表"，对档案的原始性、完整性进行验证。

（7）企业绩效管理平台——从产品的分支来看，又分为全面预算和报告及合并产品。

全面预算产品支撑企业利用预算对企业各部门、各单位的各种财务及非财务资源进行分配、考核、控制，以便有效地组织和协调企业的生产经营活动，完成既定的经营目标。支撑事前计划、事中控制、事后分析；全面支撑企业预计目标达成。

多维报告及合并产品全面支撑企业经营状况，支持企业价值管理提升；以基础数据为源，以数据整合为手段，以合并及分摊模型为支撑，以多维数据分析为结果，对内支撑管理决策，对外支撑披露管理，并支撑数据由果溯因。

3. 典型案例

当前，近80%中国的"世界500强"企业成为用友长期战略客户，用友为超过65%的"中国500强"企业提供数智化产品、服务及解决方案，近65%的央企、72%的中国制造业500强、63%的中国零售业500强、75%的医疗卫生领域、90%的银行、80%的广播电信企业等各行各业领先企业都选择用友作为数智化合作伙伴。在大中型企业客户群中，用友占据领先的市场。

在能源行业，某一级央企资本投资公司通过一体化数智平台八大系统的建设，实现集团财务信息系统的"横向集成，纵向贯通"，在横向上通过业财一体化的建设，实现流程的端到端打通；某海洋石油集团、某国有特大型能源企业、陕西省某能源化工企业分别与用友在平台、人力、采购、财务四个领域开展合作，推动数智化转型。

在航空行业，某航空集团基于用友YonBIP事项法会计，建设财务"三位一体"管控体系，推动财务组织从"价值核算"向"价值创造"型的财务组织进行转变，要求财务部门"算清账、算细账"，实现业财深度融合，迈向智能财务。

在钢铁行业，某大型钢铁集团基于用友YonBIP财务云建设了全组织、全业务、多行业、多异构系统高度集成的财务共享服务平台，提升了集团公司财务工作效率、控制效率和分析精度；基于用友YonBIP采购云建设了"客商共享平台""电子招投标交易平台""工业品值采平台"，实现阳光采购及降本增效。

在节能环保行业，某央企节能集团携手用友打造资金管理解决方案，实现了全集团银行账户资金"看得见"，实时掌握各级单位资金资源，盘活企业授信资源，共计处理带息负债业务约1000亿元；实现了技术赋能融资管理，优化资产负债结构，降低融资成本，有效控制企业资金流动性风险和信用风险；充分发挥了信息资产价值，为组织的管理决策提供有力支持，驱动集团实现高质量发展。

在铁路运输行业，某专业化轨道交通生产性综合服务企业与用友合作，在充分满足国资监管要求的前提下，建立投资与资产数字化管理平台，实现了对集团投资、产权、资产、专项任务的集中管理，促进集团公司资源配置效率的提升。

在汽车行业，某国产知名品牌汽车携手用友开展数字人力建设，将集团战略转化成一整套可执行的绩效衡量体系，实现绩效管理规范化、绩效评价效率化、绩效结果应用化，为其人才强企战略提供有力支撑。

4. 主要特点

用友 BIP 商业创新平台是企业通过数智化实现商业创新发展的使能平台，具有数字化、智能化、全球化、社会化、生态化、平台化、高弹性、安全可信的八大特征。

在零售行业，用友 BIP 带来了 16% 的业务收入提升，疫情期间线上订单可达 80%、批发分销转型直面消费者零售增长 53% 左右、供应链送货交付时效提升 50%。

在智能制造领域，为了解决废钢判级问题，助力钢铁企业更好地满足生产需求、提升废钢比、减少碳排放，用友 BIP 推出废钢智能判级服务。废钢判级服务融合人工智能深度学习技术、无线物联网技术、全自动聚焦拍照技术、废钢厚度识别技术、产品规模化交付技术等，还首发了移动式卸料技术和压块检测技术，解决行业难题，引领行业发展。目前，通过这一技术，废钢识别率可达 95% 以上。

在企业金融领域，银企联云通过千家银行的一点接入，实现 20 倍支付效率提升，业务流程再造效率提升 70% 以上。

A17 来也科技财务数字化

1. 厂商介绍

1.1 基本情况

来也科技是中国乃至全球的智能自动化领军品牌,为客户提供变革性的智能自动化解决方案,提升组织生产力和办公效率,释放员工潜力,助力政企实现智能时代的人机协同。

来也科技的产品是一套智能自动化平台,包含机器人流程自动化(RPA)、智能文档处理(IDP)、对话式 AI(Conversational AI)等。基于这一平台,能够根据客户需要,构造各种不同类型的数字化劳动力,实现业务流程的自动化,全面提升业务效率。

目前,来也科技帮助电力、银行、保险、通信、零售等多行业的企业客户,以及数字政府、公共医疗、高校职教在内的公共事业领域,实现了各种业务场景的深度突破与打通,构建起了端到端的自动化解决方案。

1.2 对财务数智化转型发展的理解与认知

基于来也科技多年在国内智能自动化领域的服务经验,国内企业财务数智化转型的进程参差不齐,但整体上落后于国际大企业。但已经有一些前沿企业在财务数智化转型上做了尝试甚至体系化的改革。落后于国际大企业不代表落后于国外,发达国家的优势是规则完善、建设周期长,但发达国家的企业也存在适应变化能力相对偏弱的问题。

虽然从技术上一些国外的技术值得参考,但是财务不同的国家或地区管理方法、规章制度有很多不同,不同的行业内细节也是千差万别,所以国际上的先进经验虽可借鉴,但实际的转型操作必须根据企业自身的情况量身定制。

技术方面,已经有领先的国际企业人手一个数字助力来帮助员工,但国际大公司的制度成熟、企业运营相对更稳定,而国内无论从经营环境还是企业自身发展看,变化的速度、频度都与国际公司不同,所以需要企业财务做数智化转型时有更坚定的决心和投入。

对于智能的引入也需要企业对自身管理、经营方面的知识内容进行梳理沉淀,通过一个闭环的反馈机制确保数智化的能力经过实际的应用越来越智能。

虽然有各种挑战,但可喜的是国内已经有企业在数智化转型上不同程度作出了尝试,也看到尝试基本都获得了超出投入的回报或收益。

财务数智化的发展遵循一般的信息化、数字化、自动化、智能化的几个阶段,但是这些阶段并不是孤立和割裂的,而是相互支撑、辅助的,只是总体而言先有了信息化然后才进入数字化的阶段，但是在数字化的过程中信息化的建设并不会停止，同样数字化与自动化也并非相互独立和绝对的先后顺序关系，而是数字化过程与自动化过程可能并行也可能在一定程度上有或先或后的发展。但是智能化通常是基于数字化的基础实现的，所以智能化某种程度上略晚，但当前数字化、自动化与智能化已经在很多企业的财务能力升级中发挥了重要作用，数智化价值体现与建设路径如图17-1所示。

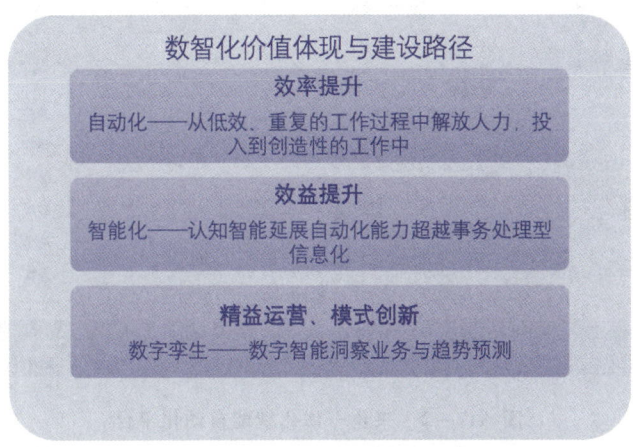

图A17-1 数智化价值体现与建设路径

无论从社会的大趋势来看，人口结构的变化、世界政治局势的日益严峻，都需要数智化的财务在企业和社会发展中发挥更大的作用，进一步释放人力进入更有创造性的工作，更快速适应组织内外部变化，也需要进一步支撑业务的发展。所以，财务数智化转型的节奏将加快，且会越来越快，没有及时转型的企业将面临更为挑战的市场竞争压力；而服务于企业财务数智化转型的赋能公司也将大浪淘沙，从众多良莠不齐的服务提供商收敛到少数头部的服务商存活并壮大的情况。

财务的数智化转型也将不再是过去信息化建设过程的交钥匙工程，而是业主方与服务商协同共建的过程，财务数智化也不是一刀切每个企业都一模一样，而是每个企业根据自身实际情况结合服务商强大工具及咨询交付能力，设计出适合自己特色的发展路径的建设方式。

2. 产品介绍

2.1 产品与解决方案综述

来也科技的产品是一套智能自动化平台，包含机器人流程自动化（RPA）、智能文档处理（IDP）、对话式AI（Conversational AI）等。基于这一平台，能够根据客户需要，构造各种不同类型的数字化劳动力，实现业务流程的自动化，全面提升业务效率。

目前，来也科技帮助保险、通信、电力、金融、零售等多行业的企业客户，以及智慧城市、政务服务、医保社保、公共医疗、院校在内的公共事业领域，实现了各种业务场景的深度突破与打通，构建起了端到端的自动化解决方案，已服务超过200家500强企业，200个省市政府机构及上千家中小企业，2021年《财富》世界500强榜单前十名企业中，7家在使用来也科技的智能自动化产品。

另外，来也科技当前通过一体化智能自动化平台帮助组织建立更为完整的数字化劳动力平台/工作执行系统，加速数智化的建设进程，如图 A17-2 所示。

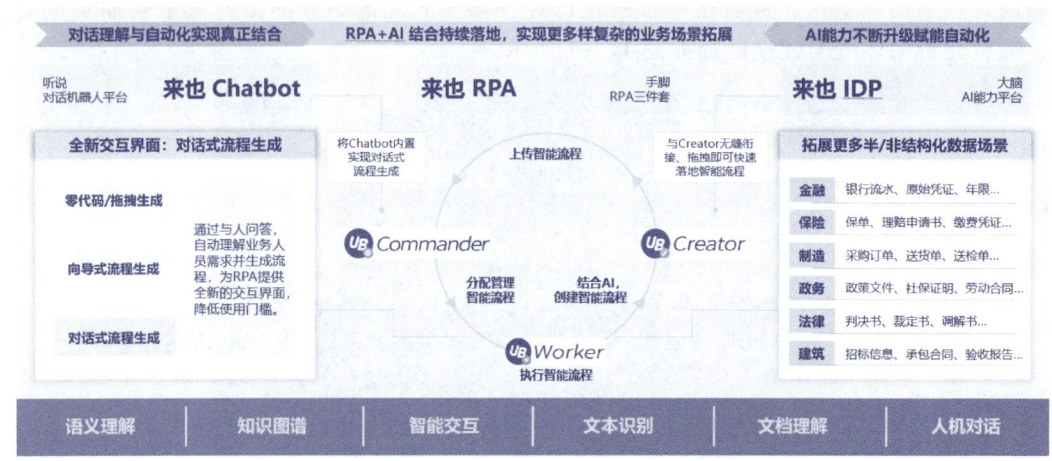

图 A17-2　来也一体化智能自动化平台

2.2　数字化总体架构说明

来也科技智能自动化平台是一个端到端的自动化平台，提供全面、创新、集成、领先的产品及服务和解决方案，更加灵活地解决客户的个性化需求，明显提高业务流程生命周期的效率和生产力，如图 A17-3 所示。

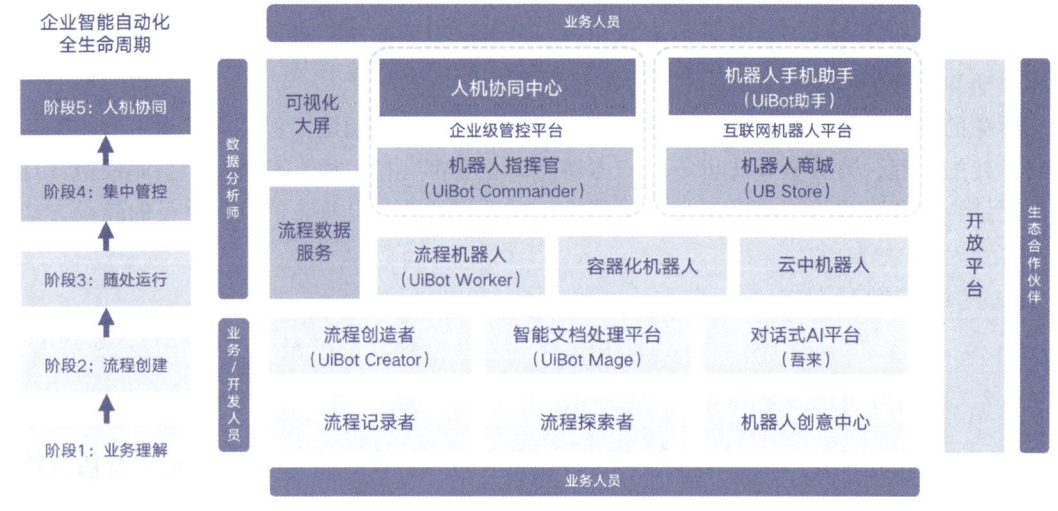

图 A17-3　来也端到端自动化平台

（1）流程创造者：

RPA 的核心是流程的开发和运行，在流程中进行界面自动化操作、AI 识别、数据读写等具体步骤。流程创造者允许您以流程图、低代码的方式，采用鼠标拖拽各个步骤，轻松组装符合业务需求的自动化流程。

(2) 流程机器人：

RPA 流程编写完毕后，部署在流程机器人之中。可以根据需要手动启动运行，或在满足特定触发条件时自动启动。任务可编排，过程可回溯。

(3) 机器人指挥官：

对于企业内部的多个流程机器人进行统一管理，可以快速批量下发任务，并为流程机器人提供运行时所需的数据、凭证、文件等。还可以实时监测流程机器人的运行状态，或回看其历史纪录。

(4) 智能文档处理平台：

基于 OCR、NLP 等前沿深度学习算法打造的智能文档处理平台，提供了文档的识别、分类、要素提取、校验、比对、纠错等功能，实现企业日常文档处理工作自动化。

(5) 对话式 AI 平台：

强大的企业级对话机器人（Chatbot）低代码开发平台。基于深度学习的自然语言处理引擎和强大的企业级应用管理，提供了一站式的对话搭建能力，实现不同交互方式的无缝对接，满足各个行业搭建员工服务、智能营销、智能客服等业务场景对话机器人的需求。同时，满足不同层面的企业级 AI 应用管理的要求。

(1) 流程探索者：

流程挖掘产品，能够通过获取企业信息系统（Erp，CRM，数据仓库等）中的大量日志数据，快速实现业务流程的可视化分析，形成对业务的全面洞察，便于监控和优化企业的现有流程。

(2) 其他：

流程记录者、机器人创意中心、人机协同中心、数据服务与可视化大屏、云中机器人、容器化机器人等众多产品可以帮助企业降低数智化转型管理难度，增强整体平台效果并优化业务流程等。

财务是组织经营中与各个环节交互最紧密的业务域，也需要各个不同其他业务域也能很好地互动才能实现整个组织最佳的自动化、智能化的效果。图 A17－4 从通用的一些业务域或部门的角度列举了一些可以被自动化的场景/流程热图。

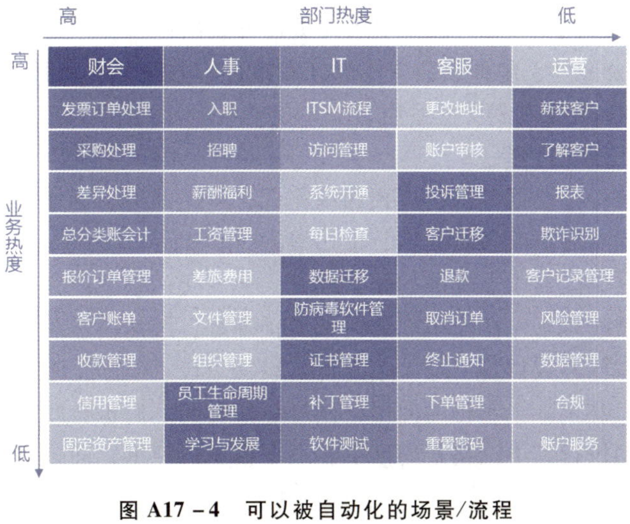

	财会	人事	IT	客服	运营
	发票订单处理	入职	ITSM流程	更改地址	新获客户
	采购处理	招聘	访问管理	账户审核	了解客户
	差异处理	薪酬福利	系统开通	投诉管理	报表
	总分类账会计	工资管理	每日检查	客户迁移	欺诈识别
	报价订单管理	差旅费用	数据迁移	退款	客户记录管理
	客户账单	文件管理	防病毒软件管理	取消订单	风险管理
	收款管理	组织管理	证书管理	终止通知	数据管理
	信用管理	员工生命周期管理	补丁管理	下单管理	合规
	固定资产管理	学习与发展	软件测试	重置密码	账户服务

（纵轴：业务热度 高→低；横轴：部门热度 高→低）

图 A17－4　可以被自动化的场景/流程

2.3 数字化能力具体介绍

来也最主要的几个产品的典型特点：

业务人员友好的过程定制，可以看到其中的过程描述采用自然语言，无须编程开发经验即可理解，对于流程的定义也采用鼠标拖拽组件的方式完成，大大降低了应用的门槛，让业务人员也可以定制，如图 A17-5 所示。

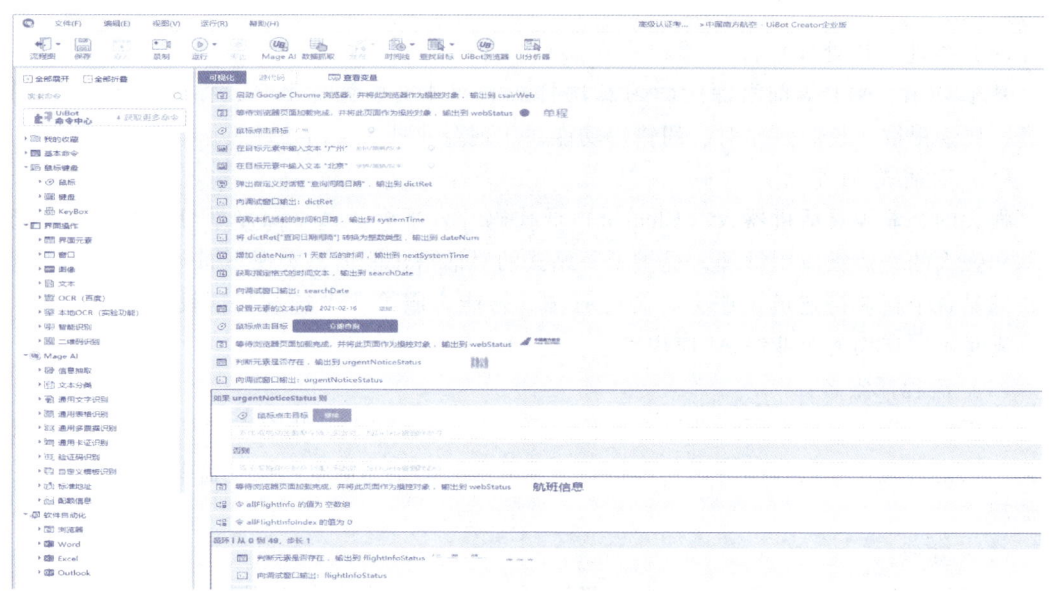

图 A17-5　简易友好的过程定制

- 内置 500+ 预置件，广泛支持界面识别和模拟操作；
- 适配于 SAP、Oracle、用友、金蝶等多种企业应用系统；
- 自然语言描述处理过程；
- 拖拽式编程，双击/拖动快捷配置参数；
- 嵌套结构清晰明了，维护人员/使用人员皆可读懂；
- 支持多种办公软件、邮件、数据库的开发组件，方便开发和调试；
- 开箱即用 AI+灵活定制广泛适用；
- 预置标准开箱即用模型。

各类社会常见的标准票据等都已经预训练完成，开箱即用。例如：增值税发票、机票行程单、火车票、机动车发票等各类票据、证照等。

无须编程即可定制。对于非标准的票据或格式会变化的票据或其他文档，来也科技的智能文档处理平台也已经基于一些通用的能力做了预训练，虽然仍然需要用户基于自己的文档格式做训练，但所需样本数据量已经大幅降低。以图 A17-6 的银行回单为例，每个银行回单的格式并不统一，甚至一个银行的回单格式过一段时间之后也会改变。来也 IDP 平台一方面可以支持多个不同银行、不同格式的回单在一个模型内训练，同时每个银行回单的样本数据仅需几张即可。

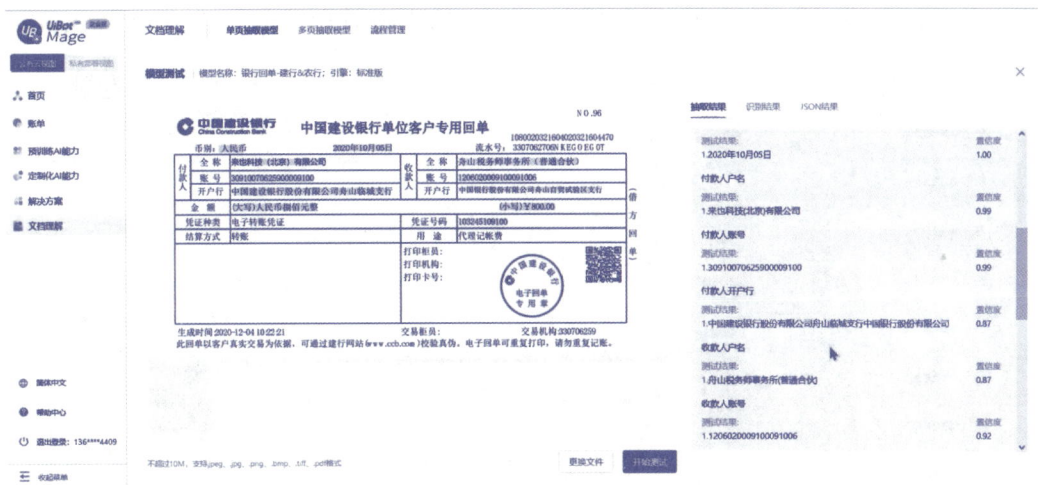

图 A17-6　银行回单示例

从图 A17-6 的界面可以看到，来也 IDP 内各种训练、定制并不需要编程开发，而是通过基于 Web 界面的鼠标和数据录入即可实现标注与训练。

流程集成快速便捷。IDP 的能力通常是自动化过程中的一环，所以也需要被流程集成。来也 IDP 的各类能力可以通过 API 的方式访问，如果是在来也 RPA 内访问，通过图形可视化的向导可以更方便地集成，快速便捷，如图 A17-7 所示。

图 A17-7　来也智能文档处理平台向导

来也 Chatbot 的搭建也是无代码的搭建过程，如图 A17-8 所示。来也 Chatbot 已经能够实现自然语言的理解、多轮对话的处理，但是面向不同的应用场景和业务域，需要对交互过程做一些设计，以基于浏览器的图形化流程形式，用鼠标拖拽即可定义交互的处理逻辑。

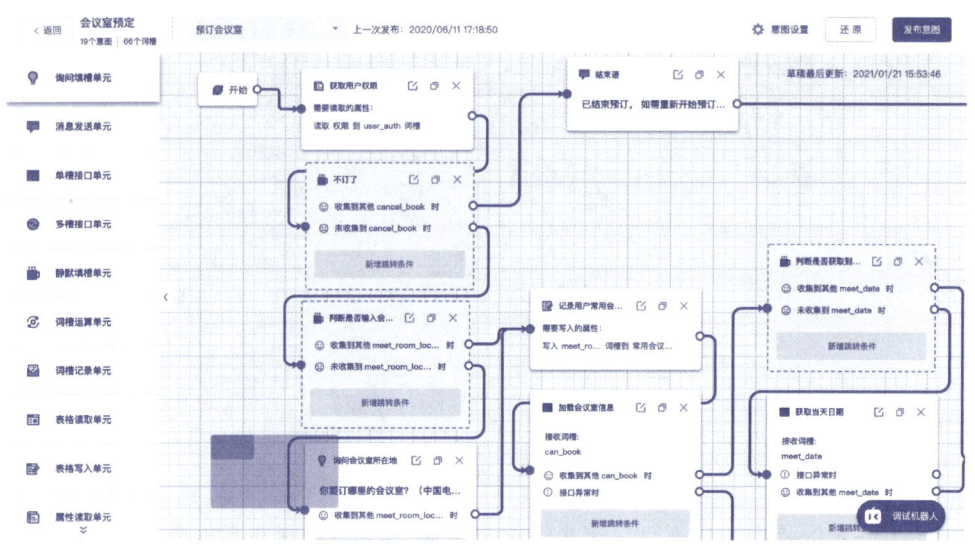

图 A17-8　来也 Chatbot

3. 典型案例

来也科技秉承"帮助组织和个人，做得更好，变得更好"的使命和"机器人助力每个人"的愿景，通过领先的智能自动化技术，为客户打造数字化劳动力，塑造组织核心竞争力；并通过数据赋能业务，助力组织实现智能化决策。

目前，来也科技帮助保险、通信、电力、金融、零售等多行业的企业客户，以及智慧城市、政务服务、医保社保、公共医疗、院校在内的公共事业领域，实现了各种业务场景的深度突破与打通，构建起了端到端的自动化解决方案，已服务超过 200 家 500 强企业，200 个省市政府机构及上千家中小企业，如图 A17-9 所示。2021 年《财富》世界 500 强榜单前十名企业中，7 家在使用来也科技的智能自动化产品。

图 A17-9　来也服务客户

目前来也在细分市场中的份额相对属于头部，报表产品基本覆盖政府业务、部门决算、资产管理、对外披露等。此外，来也的财务共享、全面预算等集团管控管理软件在市场占有率也是比较高的。以中央企业为例，在 98 家央企中来也服务的客户已经超过 50%，说明来也在细分市场中有一定的知名度。来自部分客户的反馈如图 A17 – 10 所示。

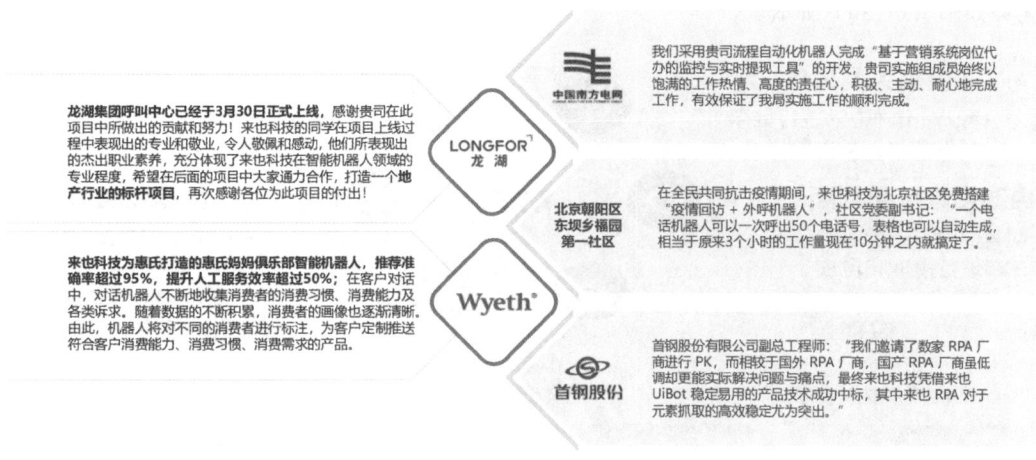

图 A17 – 10　来也部分客户反馈

4. 主要特点

4.1　产品兼容性

来也科技的各个产品（RPA/Conversational AI/IDP 等）之间是无缝集成，并且各个产品秉持开放的设计，易于与第三方系统兼容、集成；

来也科技的产品在财务领域支持的系统从国外的 SAP、Oracle 到国内的用友、金蝶，到 SaaS 的易快报或金税系统等都有众多案例；

来也各个产品都原生支持中文、英文甚至一些小语种；来也 IDP 不仅支持不同的语言，在票据格式方面除了支持国内的标准票据如增值税票、财政收据等之外，也支持海外非固定格式的发票/收据；

对于安全性要求非常高的金融/财务领域，来也科技的产品不仅从开发管理方面严格执行高质量的管理体系、通过了国内等保三级的认证，在运营方面也是国内第一个通过 SoC2 认证的 RPA 企业。来也科技的产品与各大型银行、商业银行的网银等系统兼容，有众多成熟案例。

4.2　咨询实施能力

来也科技的公司策略是保持生态合作优先，与各大咨询公司有着紧密的合作，同样紧密合作的还包括数百家国内在特定行业领域有经验的开发商、集成商，共同提供专业的咨询与实施交付服务；

来也科技通过自身的咨询、交付服务能力帮助伙伴提升咨询交付的水准，虽然少量但也面向客户直接提供 CoE 咨询、流程分析、业务调研、开发交付、持续服务等方面的咨询与交付实施；来也科技的咨询实施严格要求、生命周期各个环节都完整把控，通过里程碑、交付文档标准化模板等各种管理方式提供高标准的咨询与交付服务。

基于 RPA 的自动化方式很多企业、组织都已经应用过，总体而言来也 RPA 适用的场景和优势如图 A17 – 11 所示。

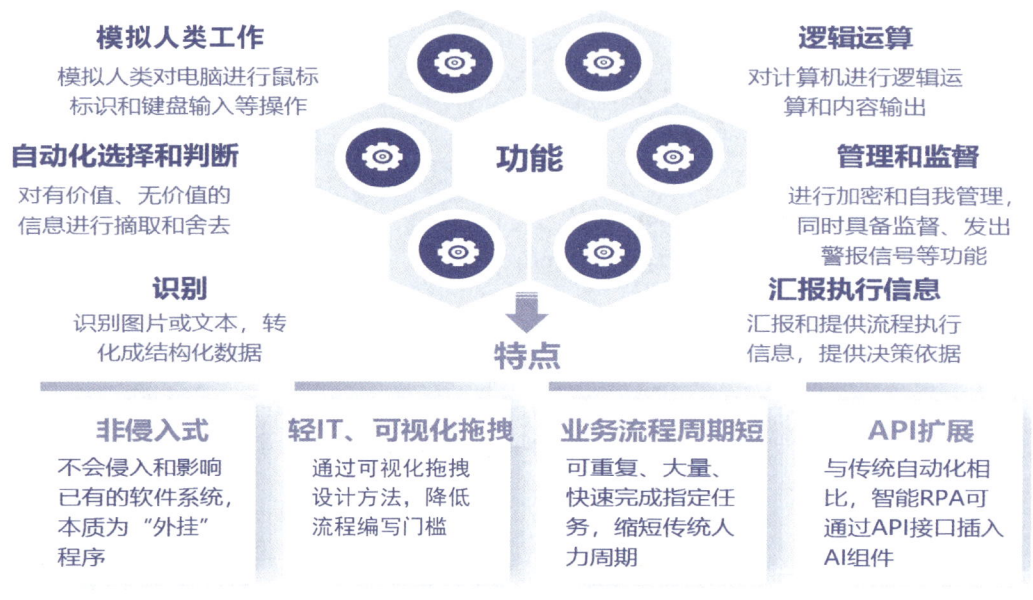

图 A17 – 11　RPA 适用场景和优势

- 非侵入：不侵入现有业务系统，也无须现有业务系统改造；
- 轻量化 IT 建设：通过可视化拖拽的方法设计、定义流程，门槛低；
- 敏捷快速：定制业务流程的周期短，能够快速迭代上线，无须长周期的建设；
- 轻松扩展：通过多语言的扩展能力，以子流程、命令中心等方式易于扩展形成组织自有的能力。

截至 2022 年 7 月，来也科技共有 410 个相关领域专利申请受理或授权。来也科技的产品类型、功能作用和创新能力如表 A17 – 1 所示。

表 A17 – 1　　来也科技的产品类型、功能作用和创新能力

产品类型	功能作用（分析与对标分析）	创新能力（分析与对标分析）
流程创造者	自动化流程开发创建	最易用、组件最丰富、最开放（插件语言全）
流程执行者	自动化流程执行，随处执行	自动化/人机交互/动态调度
机器人指挥官	统一管控自动化流程与执行器	功能完备/分布式计算/OpenAPI
智能文档处理平台	基于 OCR/NLP 的	开箱即用、自助定制

续表

产品类型	功能作用（分析与对标分析）	创新能力（分析与对标分析）
对话式 AI 平台	智能对话平台，实现自然语言对话、多轮问答的数据收集、结合知识库进行问题解答、结合 RPA 实现动作执行	多语言、多渠道、RPA 联动
可视化大屏	数字化劳动力执行情况的直观展示，结合数据服务联动业务洞察展示	预置数字化劳动力展示
数据服务	无代码数据结构定义、数据服务封装、数据分析与展现	全在线数据服务定义，支持数十种常见数据源，RESTful API
人机协同中心	无缝联动数字劳动力与人类员工，AI 反馈与训练闭环	无代码定义表单，任务管理，联动 IDP

A18 中兴新云财务数字化

1. 厂商介绍

1.1 基本情况

深圳市中兴新云服务有限公司（以下简称"中兴新云"）是中国财务数字化领域的管理咨询、信息技术及知识服务机构。作为中国财务数字化领域的创新企业，中兴新云凭借在财务共享服务、财务信息化和数字化等领域的实力以及对中国企业跨国发展的深入研究，将知识和能力外化，向企业提供管理咨询及信息技术解决方案，以"财务＋IT＋DT"的创新研究和实践，引领财务数字化在中国的发展。

1.1.1 中国财务共享服务的引领者

作为中国财务共享服务领域的引领者，中兴新云拥有多个从零到一的创新突破：2005年中兴新云团队主导建立了国内第一个财务共享服务中心，研发了中国的第一代报账系统；在国内首创利用条形码跟踪财务票据、通过影像扫描记录财务资料、通过任务分配机制实现财务流程、运用双屏进行财务处理等，目前已成为国内企业财务共享服务中心的标配；2006年第一个提出"战略财务、业务财务、共享财务"三分天下的财经管理模式；2013年建立了中国本土的第一个全球财务共享服务中心等，至今已经帮助上百家企业集团建立起共享服务中心。中兴新云在共享服务领域的持续进步和推动，在很大程度上改变了中国的会计行业。

1.1.2 财务信息化、数字化领域的创新者

作为中国财务数字化领域的创新先锋，2018年中兴新云财务云信息系统在国内率先采用了微服务架构，实现了组件化、服务化，拥有独立的可扩展性、可升级性；将数据中台的理念融入系统设计，实现跨域整合；借鉴通信行业网优网规的实践，建立接口平台，形成了"微服务架构＋数据中台＋接口平台"的信息系统架构，在业内前瞻、领先。在数字化领域，中兴新云在国内首次提出"财务数据价值链"概念，自主研发的数字化产品，以强大的接口功能支持多源数据自动采集和全量汇聚；以先进的算力支持超量数据处理和复杂指标计算；以协同共享的算子流承载数据治理与数据分析；以开放共享的集成架构支持多终端输出与多场景查看，实现数据自动化流转、计算分析多端协同、计算结果可视可分享，敏捷响应企业经营管理的数据需求。

1.1.3 知识培训领域的先行军

作为理论结合实践研究的向导者，中兴新云在进行企业实践与探索的同时，持续推动行

业理论研究发展，已出版《财务共享服务》《财务就是 IT》《财务数据价值链》等数十本专业著作，发表上百篇有关财务共享服务、财务数字化主题的期刊文章。在财务共享领域，自 2017 年起持续发布《中国共享服务领域调研报告》；在财务数字化领域，发布《2023—2024 年中国财务数字化报告》，成为行业发展重要观察窗口。同时发布《财务的自动化 智能化 数字化》《财务数字化白皮书：从财务走向财经》《司库管理白皮书：走向业务、走向数字、走向全球》等专题研究报告，引领行业发展趋势。

作为中国企业财务变革的推动者，中兴新云积极参与国资委、财政部会计司相关政策制定，包括对《企业会计信息化工作规范》《管理会计基本指引》《管理会计应用指引》《关于中央企业加快建设世界一流财务管理体系的指导意见》《关于推动中央企业加快司库体系建设进一步加强资金管理的意见》等政策的讨论，响应"鼓励大型企业建立财务共享服务中心""加快建设世界一流财务管理体系""加快司库体系建设、进一步加强资金管理"的号召，推动财务共享服务、财务数字化、司库体系建设在中国的发展。

中兴新云在财务变革领域的持续耕耘获得了行业和社会认可，多次荣获由财政部《新理财》杂志、上海国家会计学院等机构颁发的荣誉奖项，如"中国财务数字化金奖""首届智能财务最佳实践""2021 财务数字化领域领军企业"等。同时，中兴新云在财务数字化、财务共享服务、财务信息化三大领域的咨询方案和系统产品已在二百多家大型企业集团和政府相关机构得到落地验证。

1.2 对财务数智化转型发展的理解与认知

"十四五"规划和 2035 年远景目标纲要明确提出"要加快数字化发展""建设数字中国"；2023 年，中共中央、国务院印发《数字中国建设整体布局规划》，提出到 2025 年基本形成横向打通、纵向贯通、协调有力的一体化推进格局，数字中国建设取得重要进展；2020 年，国务院国资委发布《关于加快推进国有企业数字化转型工作的通知》，提出需促进国有企业数字化、网络化、智能化发展，增强竞争力、创新力、控制力、影响力、抗风险能力。数字经济时代已经到来，企业应主动把握数字化发展机遇，加快推动数字化转型进程。

随着不确定性加强、世界市场竞争格局加大，企业对经营管理的精细化要求越来越高，迫切需要充分挖掘和利用数据价值进行经营管理，提高洞察力和决策力，发现新知识、创造新价值、培养新能力、形成新业态。因此越来越多大型企业集团将数字化转型作为企业未来核心战略，数字化将会引领企业和行业变革。财务作为企业经营管理的核心环节，应该因时而进、因势而新、顺势而为，积极拥抱数字化变革和挑战，转变思维、理念和管理模式。

在财务数字化转型背景下，财务逐渐从核算型财务向分析型财务、决策支持型财务以及价值创造型财务发展，即在数智化支撑下，财务由核算走向管理，从财务走向财经。

2. 产品介绍

中兴新云数智化产品及解决方案主要包括四大板块：咨询服务、财务信息化产品、财务数字化产品以及知识与教育产品。

2.1 咨询服务

中兴新云咨询服务如图 A18-1 所示。中兴新云专注财务领域，拥有业务视角和系统视角两种思维能力，提供财务共享系列、财务数字化系列、海外财务系列、司库系列、世界一流及财务职能系列、财务转型与业财一体化系列、财务信息化系列等解决方案，致力于帮助中国企业拥有世界一流财务管理能力，实现财务数字化转型。

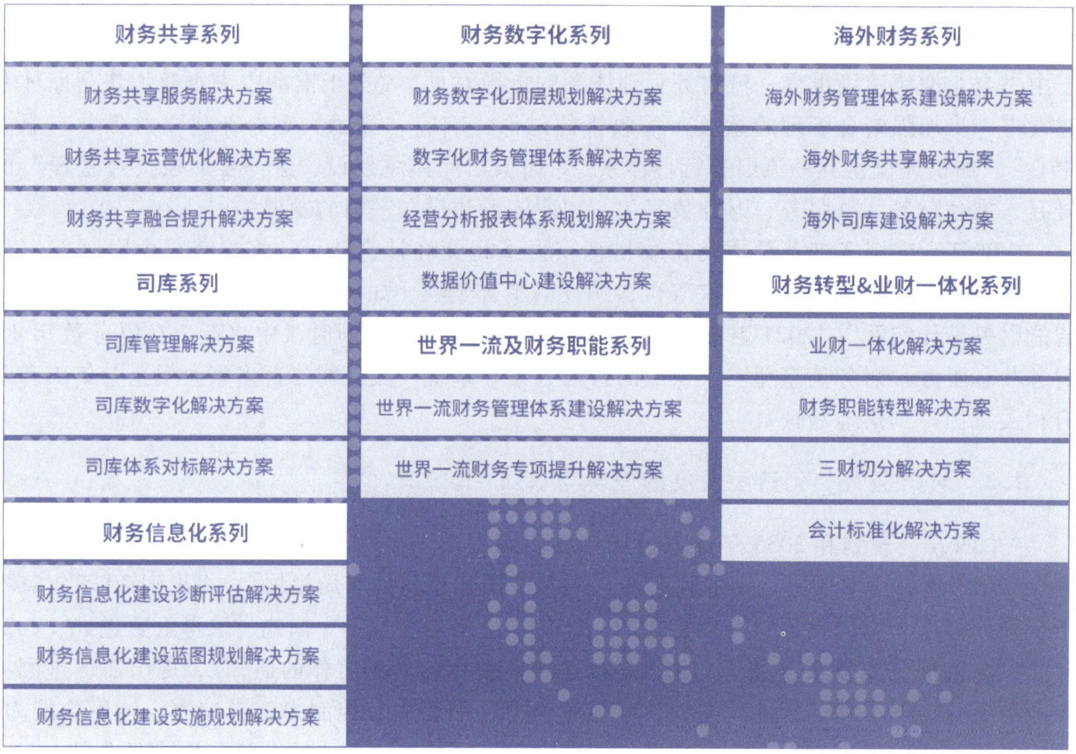

财务共享系列	财务数字化系列	海外财务系列
财务共享服务解决方案	财务数字化顶层规划解决方案	海外财务管理体系建设解决方案
财务共享运营优化解决方案	数字化财务管理体系解决方案	海外财务共享解决方案
财务共享融合提升解决方案	经营分析报表体系规划解决方案	海外司库建设解决方案
司库系列	数据价值中心建设解决方案	**财务转型&业财一体化系列**
司库管理解决方案	**世界一流及财务职能系列**	业财一体化解决方案
司库数字化解决方案	世界一流财务管理体系建设解决方案	财务职能转型解决方案
司库体系对标解决方案	世界一流财务专项提升解决方案	三财切分解决方案
财务信息化系列		会计标准化解决方案
财务信息化建设诊断评估解决方案		
财务信息化建设蓝图规划解决方案		
财务信息化建设实施规划解决方案		

图 A18-1　中兴新云咨询服务

2.1.1 财务共享咨询服务

中兴新云以"1+4+1"全生命周期组建方案帮助企业实现共享服务中心从无到有的建设，建立科学、合理、长效的运营管理机制。独创的 FSSCMM 模型©，帮助企业搭建完整、科学的运营管理体系，建立长效优化机制，助推共享核算集约化、标准化，实现共享多职能拓展与企业运营管理模式转变。

2.1.2 司库咨询服务

中兴新云凭借在司库领域成熟的管理理念以及丰富的实践经验，帮助企业搭建司库体系建设框架，以资金运营管理规范高效、金融资源管理精益有效、资金风险管控严格合规、战略决策支持可靠有力为总体建设目标，明确司库体系作为企业资金集约管控中心、金融资源协同中心、资本决策支持中心的"三大"定位，通过管理模式、管理组织、管理流程、管理制度"四大"管理保障建设，以 IT+DT"两项"技术能力强化"四大"核心模块中的司库业务职能，面向司库数字化未来趋势，帮助企业搭建多维度指标体系，并以数字化平台和数据价值链推动指标体系规划落地，实现资金可视、可控、可调、可溯。

2.1.3 财务信息化咨询服务

中兴新云为企业财务部门与 IT 部门提供前瞻性、可落地的财务信息化解决方案。坚持从业务流程的视角设计信息系统，确保信息系统适应企业特点、满足企业管理诉求，全面支撑财务职能与财务流程；对标先进案例，准确识别企业财务信息化建设阶段及存在问题；开展蓝图规划，明确系统核心要素与集成关系，助力企业管理效率、质量、深度及精细化程度提升；通过理念宣贯、流程优化等全方位实施辅导，保障企业财务信息化建设稳健落地。

2.1.4 财务数字化咨询服务

中兴新云为企业提供前瞻性的财务数字化转型规划设计，实现多业务场景决策支持，帮助企业打造财经数据中心，搭建业财融合网络，建立卓越运营机制，构筑经营分析大脑，绘制战略经营地图，搭建数字化系统应用架构，赋能企业数据洞察与经营决策。

2.1.5 世界一流及财务职能咨询服务

基于国资委《关于中央企业加快建设世界一流财务管理体系的指导意见》，中兴新云为企业提供世界一流财务管理体系建设解决方案，包括体系评价及对标、蓝图规划；并针对性地提供世界一流财务专项提升解决方案，涵盖核算报告、资金管理、成本管理、税务管理、资本运作、全面预算、合规风控、财务数智体系、财务管理能力评价体系、财务人才队伍建设体系等，助力企业打造世界一流财务管理能力。

2.1.6 海外财务咨询服务

凭借海外财务管理实践经验与全球化视野，中兴新云帮助企业构建全球一体化的海外财务管理体系。应对企业海外财务管理痛点，审视海外业务布局规划，以海外财务共享建设为起点，实现核算管理、资金管理、税务管理、风险管理、架构与知识管理等全方位优化提升，以提升集团企业全球管控能力、海外财务运营效率，赋能中国企业"走出去"进程。

2.2 财务信息化产品

中兴新云 FOL 财务云信息系统覆盖企业财务管理的共享核心云、业财云、资金管理云、发票税务云、核算报表云五大产品线，全面支撑财务职能与财务流程，解决业财交互中的断点、痛点，打破系统间"数据孤岛"，实现业务数据的自动采集与财务处理的智能高效，赋能企业财务数字化转型。作为大型集团企业建设财务共享服务、推动财务数字化转型的重要工具，如图 A18-2 所示 FOL 财务云信息系统基于微服务、接口平台、数据中台等七大底层能力支撑，在保证系统稳定、安全运行的同时，支持根据业务发展需求敏捷扩展升级，降低企业重复建设，减少烟囱式协作，全面支撑企业财务流程线上化、财务工作智能化、财务管理数字化。

2.2.1 五大产品线

（1）共享核心云。共享核心云是企业财务实现高效业务处理和运转的重要载体，通过自动化、智能化技术应用，帮助企业规范财务流程和操作，提升运营效率和质量，强化事前、事中、事后全方位管控，并沉淀经营数据和信息，支撑企业经营决策。

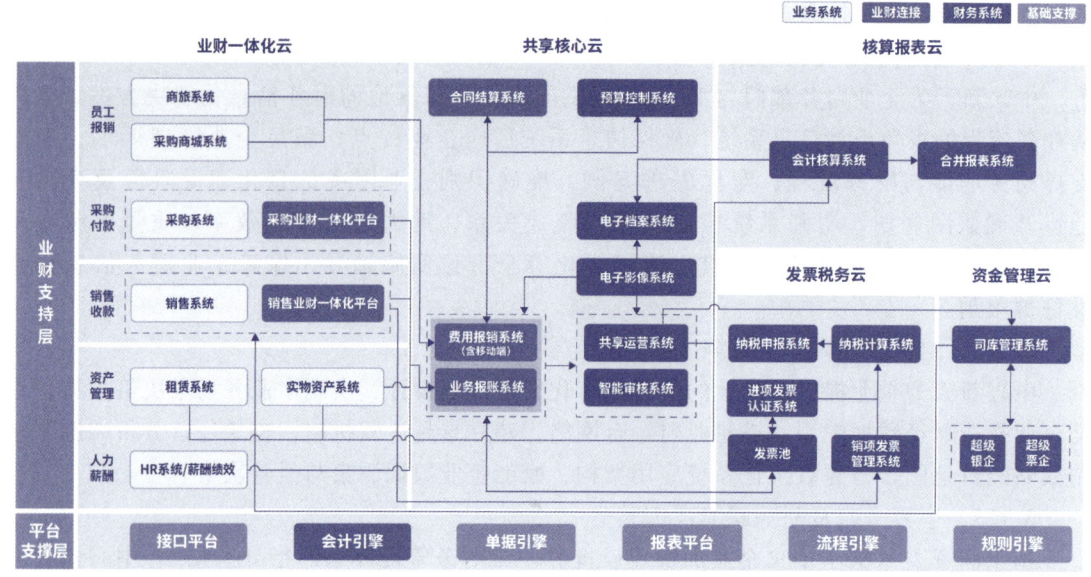

图 A18-2 FOL 财务云信息系统架构

(2) 业财云。业财云是财务系统向业务系统的进一步延伸,系统从企业核心业务流程出发,通过系统功能补全、集成连接、动作自动化等手段,帮助企业弥补业财交互断点,改善业财交互痛点,为业务提供全面、全流程、全方位的支撑和赋能。

(3) 资金管理云。资金管理云是企业重构内部资金等金融资源管理体系,进一步加强资金集约、动态、高效、风险管理的重要依托。通过司库业务系统,在前台承载金融服务及资金运作类业务;通过司库管理系统,在中台承载资金管理类业务,实现动态、高效的资金账户与结算管理、资金集中管理等。

(4) 发票税务云。发票税务云是企业实现涉税业务高效管理的重要信息化支撑,通过自动化、智能化技术全面赋能,大幅减少企业发票管理中繁杂的人工操作,实现发票采集、认证、查验、开具等业务的自动、高效处理,并沉淀发票价值数据,支撑管理者经营决策。

(5) 核算报表云。核算报表云是支持会计循环全过程,实现账务自动处理的重要工具,系统可实现与其他业财系统的高度集成与融合,支持多准则、多规则、多科目体系,通过按照预定的程序和规则对业务信息进行财务处理和记录,帮助企业实现会计业务的高效处理。

2.2.2 七大底层能力支撑

(1) 微服务。系统采用微服务架构,实现了组件化、服务化。系统拥有独立的扩展性及可升级性,每个微服务都可以根据业务实际增长情况进行独立扩展,开发人员可以快速完成服务升级发布流程。

(2) 接口平台。系统利用接口平台实现与外部系统之间的数据交互。接口平台具备统一的接口规范、完善的安全机制,能够实现高效的接口开发、稳定的数据交换、拔插式灵活部署以及接口运行的实时监控。

(3) 数据中台。系统通过数据中台整合经营相关的所有数据,形成标准数据,每个数据的应用均从数据中台获取数据,保证数据的统一和完整,减少重复建设,减少烟囱式协作。

（4）集团云化。系统按照集团多租户的理念设计，部署在集团内部私有云上，通过网络以服务的形式交付和使用。每一个分子公司不需要单独购买软硬件、建设机房、招聘IT人员，就可以按需使用财务云信息系统。

（5）能力中台。能力中台是能力单元的组合，内含单据设计器、流程引擎、规则引擎、会计引擎、台账引擎主数据引擎、列表引擎、报表平台等低代码平台，运用OCR识别、NLP等智能技术，改造提升传统动能，赋能业务加速创新转型。

（6）业务中台。业务中台将企业的核心能力沉淀为各种服务中心，通过业务板块之间的链接和协同，持续提升业务创新效率，确保关键业务链路的稳定、高效和经济性。

（7）安全保障。产品从网络安全、应用安全、数据安全、管理制度、系统安全五个维度，结合多种安全性保障技术及方案，既保证数据的安全性、完整性、一致性、可追溯性，又保证数据的易得性和获取效率，已通过国家信息安全等级保护三级认证。

2.3 财务数字化产品

2.3.1 财芯·智算平台：零代码、协同共享的财务计算平台

中兴新云财芯·智算平台以功能全面的计算中心、简便灵活的分析工具、稳定高效的协作平台为产品定位，由算法中心、数据网盘、可视化中心构成。算法中心以独立算子封装数据处理能力，帮助用户进行"零代码"数据分析；数据网盘是连接各类数据资源、实现数据驱动决策的智慧枢纽，实现协同高效、实时共享、并联工作与经验传承；可视化中心可生成电子表格与图文报告，可对接BI大屏，呈现数据分析结果，传递数据价值。

作为功能全面的计算中心，平台通过输入输出、数据准备、数据关联、数据转换、财务计算、扩展编程六大类抽象算子，助力财务人员深度挖掘数据潜在价值，全面支持人工高频、规则多变等复杂场景的计算需求。

作为简便灵活的分析工具，平台比Excel更强大，比IT系统更敏捷，可以通过提供零代码、可组装、可视化的数据分析体验，帮助企业完成数据采集、清洗、计算、输出和质量监控的数据价值链全过程处理。

作为稳定高效的协同工作平台，平台支持数据协同、流程协同、经验协同。基于三大协同功能，帮助企业一站式处理多源数据，满足跨区域、跨部门财务计算需要，促进数据分析经验沉淀与团队内共享。

平台通过算法中心、数据网盘、可视化中心三大功能模块，帮助财务人员轻松完成数据采集、质量校验、数据清洗、算法搭建、可视化输出、数据资产沉淀的全过程处理，为财务人员提供更加智能高效的计算分析体验。

（1）全量数据轻松汇聚：平台支持本地上传、直连内外部数据库、API接入等多种数据采集方式，可一站式采集多源头数据，实现自动取数、定时收集。

（2）数据质量校验提升：平台通过设置多条校验规则，快速识别空值、重复值和异常数据，自动化完成数据校验。

（3）数据清洗实时完成：平台具备清洗去重、格式转换、空值填充等功能算子，清洗过程可视、可监控、可追溯，搭建完成的标准化数据清洗算子流也支持应用于整个数据集，减少重复操作。

（4）计算模型可视化搭建：面对管理者灵活多变的分析需求，平台支持财务人员以无

编程、拖拽式、可视化的方式，搭建或优化调整数据数据模型，清晰展示每一步的计算结果，全程无须频繁切换表格编辑公式，轻松实现多源数据的复杂分析。

（5）可视化结果多端输出：平台支持将计算结果通过电子表格、图文报告、BI 大屏呈现，财务人员通过拖拽即可灵活设计可视化看板，轻松完成大屏配置。

（6）数据资源轻松管理：平台支持财务人员通过数据网盘轻松进行数据源管理、数据共享、数据资源下载，并可及时向管理者提供所需数据，打通数据到使用者的"最后一公里"。

2.3.2 财务数字化应用场景与系统承载

数字化应用场景是财务数字化面向需求，应用数据价值的场景，将赋能财务支持科学决策，支撑企业经营管理。中兴新云归纳总结"4×4"财务数字化应用场景矩阵，如图 A18-3 所示，由"4 横"与"4 纵"共同构成："4 横"为数字化财务的四种工作方式：操作记录、规则计算、统计分析、模型算法；"4 纵"为数字化财务职能的四个层次：财务会计、管理会计、业务支持与决策支持。

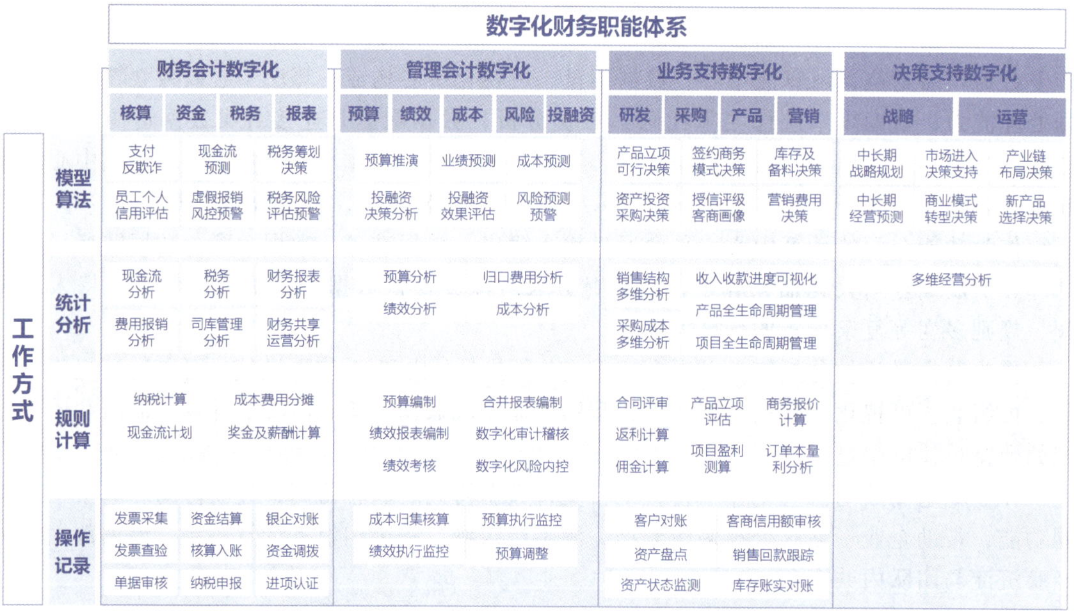

工作方式		数字化财务职能体系										
		财务会计数字化				管理会计数字化				业务支持数字化			决策支持数字化	
		核算	资金	税务	报表	预算	绩效	成本	风险	投融资	研发	采购	产品	营销	战略	运营
模型算法		支付反欺诈	现金流预测	税务筹划决策		预算推演	业绩预测	成本预测			产品立项可行决策	签约商务模式决策	库存及备料决策		中长期战略规划	市场进入决策	产业链布局决策
		员工个人信用评估	虚假报销风控预警	税务风险评估预警		投融资决策分析	投融资效果评估		风险预测预警		资产投资采购决策	授信评级客商画像	营销费用决策		中长期经营预测	商业模式转型决策	新产品选择决策
统计分析		现金流分析	税务分析	财务报表分析		预算分析		归口费用分析			销售结构多维分析	收入收款进度可视化			多维经营分析		
		费用报销分析	司库管理分析	财务共享运营分析		绩效分析		成本分析			采购成本多维分析	产品全生命周期管理 项目全生命周期管理					
规则计算		纳税计算		成本费用分摊		预算编制		合并报表编制			合同评审 返利计算 佣金计算	产品立项评估 项目盈利测算	商务报价计算 订单本量利分析				
		现金流计划		奖金及薪酬计算		绩效报表编制 绩效考核		数字化审计稽核 数字化风险内控									
操作记录		发票采集	资金结算	银企对账		成本归集核算	预算执行监控				客户对账	客商信用额审核					
		发票查验	核算入账	资金调拨		绩效执行监控	预算调整				资产盘点	销售回款跟踪					
		单据审核	纳税申报	进项认证							资产状态监测	库存账实对账					

图 A18-3 "4×4"财务数字化应用场景矩阵

中兴新云以财芯·智算平台为底座支撑，围绕财务数字化四大应用场景提供可落地的系统产品。如图 A18-4 所示，以中兴新云司库监管系统为例，该系统是集数据收集、监管分析、风险预警、数据报送于一体的数字化系统。可基于企业司库体系建设需求与央企数据监管要求，预置司库监管相关指标体系、智能校验数据质量、支撑资金全景透视、风险预警监控、资源统筹调度、辅助经营决策，并帮助企业实现安全、高效的司库数据上报，响应央企司库管理要求。

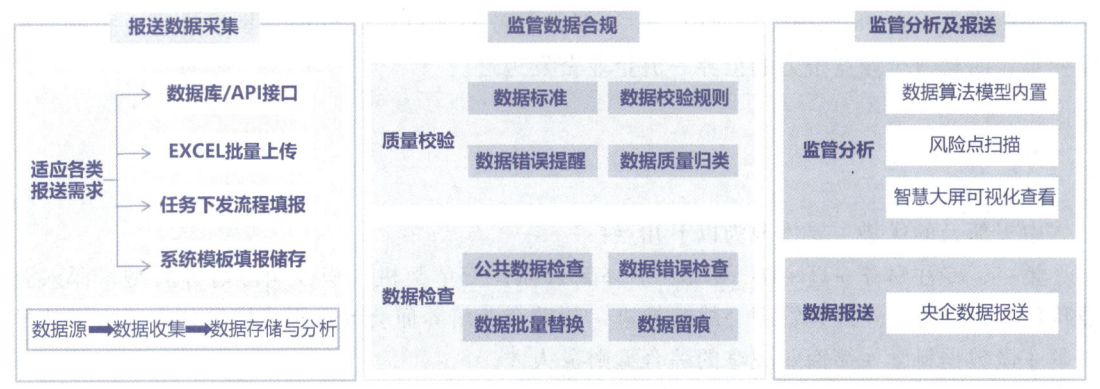

图 A18-4 中兴新云司库监管系统

通过数据采集、数据标准、数据检验与智能匹配、算法规则、风险扫描与分析、数据报送六大步骤，实现数据填报全面覆盖、数据质量多维校验、数据风险及时监控、数据算法多场景支持，为企业司库数据监管保驾护航。

2.4 培训与教育

中兴新云培训与教育产品主要包括两大模块：

一是企业培训模块。中兴新云联合三大国家会计学院与相关专业机构开展公开课与企业内训，呈现财务数字化、司库管理、世界一流财务、财务共享、智慧财务等多元主题课程，持续助力企业财务人才梯队建设与培养，帮助财务人员实现观念再造与自身转型。

二是高校教育模块。中兴新云携手国内众多一流院校共建校企合作基地，与高校联合开设财务转型与财务共享服务、智慧财务、财务数字化相关专业课程，传播财务前沿理念与新兴技术应用，共同培育数字时代的财经人才；首创智能财务云 VR 实验室、智慧业财实验室、财务大数据实验室，致力将新理念与新技术应用于高校财会课堂。智能财务云 VR 实验室是通过 VR 技术模拟的全景式业财一体化元宇宙，创新性地通过多角色任务沉浸式体验业务场景与财务流程，帮助学生提升业财融合与新技术应用感知能力。智慧业财实验室是基于财务云平台的业财一体信息化实操实验室，立足于企业全业务链场景设计，助力学生塑造多场景多岗位的信息化实操与架构能力。财务大数据实验室是集数据采集、建模、分析、展示于一体的大数据应用模拟实验室，帮助学生构建数据思维，提升数字技术应用能力。

3. 典型案例

中兴新云至今已服务 200 多家客户，覆盖十二大行业，包括科技、传媒和电信行业、能源与资源行业、教育行业、工程建筑及房地产行业、运输与物流业、生命科学与医疗行业等。中兴新云服务的客户多为集团型企业，规模体量较大，拥有多行业、多板块、多业态，一般在全国乃至全球拥有众多的分支机构，且大多处于快速发展阶段，并对财务管理、财务转型、财务变革提出了更高的要求和挑战。

根据 2023 年最新的《财富》世界 500 强榜单和央企名录，入围世界 500 强的中央企业中，中兴新云服务的客户超过 60%，助力中央企业打造世界一流财务管理能力、支撑世界一流企业建设；在98家中央企业中，中兴新云服务的客户接近50%，携手推进央企财务转型变革、向具有全球竞争力的世界一流企业奋发迈进。

4. 主要特点

中兴新云的优势主要体现为以下几点：

第一，专注财务+IT+DT领域。中兴新云抓住变革契机，积极响应财务转型，深入企业价值链，支持企业经营管理、战略推进，帮助企业培养懂会计规则+懂管理方法+懂技术工具+懂数据科学+懂商业战略的综合型财务人才。

第二，"理论+实践"的双重优势。中兴新云团队通过持续的研究和创新，输出源源不断的知识和洞察，为解决方案的前瞻能力提供保障；中兴新云来源于企业、服务于企业，实践经验丰富并重视沉淀和总结，出具的方案更具落地性。

第三，"咨询+系统"一体化服务。中兴新云能够为客户提供从可行性研究到详细组建方案以及运营优化的整体方案。同时，中兴新云具备前瞻的IT规划能力、创新的产品架构以及强大的开发与实施能力，能够提供财务信息系统架构规划、需求设计及系统实施的整体服务。

第四，自主研发的信息化系统和数字化平台。中兴新云作为财务数字化领域领军企业，拥有业界领先的设计理念和技术架构，坚持走自主研发之路，在信息化系统与数字化平台的建设中投入大量精力，为各项业务的高效开展提供了全方位的信息化工具支撑，驱动企业数字化转型。

第五，全球财经管理视野和实战经验。中兴新云团队在2013年建立了中国第一家以中国本土为总部的全球共享服务中心，负责全球上百个国家或地区的会计核算、报表出具、资金管理及税务管理等工作，服务语言20余种，能够帮助大型企业集团规划全球财经管理体系、全球共享服务中心建设方案。

第六，全面支持国产化及信息技术应用创新。在数字化转型浪潮中，中兴新云始终坚持信息技术应用创新，不断梳理当前软件应用现状和问题，明确需求和场景，统一规划布局，打通企业数据和业务的整个流程，构建完善的信息技术应用体系。作为中国本土财务信息化、数字化咨询及软件企业，咨询过程、信息系统产品更加安全、更有保障且自主可控，提供的项目实施、技术支持、学习培训等本地化服务更贴近企业实际需求。中兴新云的财务信息化系统、数字化产品，在基础设施、系统、服务、数据多层面具有安全保障，已过国家信息安全等保三级认证。

中兴新云在打造一个生态系统，它与企业、高校、政府及产学研政金界各个方面全部打通，正在打造数字时代产教融合、协同培育智能会计人才的立体生态系统。

A19 FONE 财务数字化

1. 厂商介绍

1.1 基本情况

FONE 是一家成立于 2015 年的企业,到目前有 8 年专业企业业财一体化经验。目前,在各个行业有 200 家灯塔级客户,在 20 个行业里边有深度解决方案和实践经验,全国 10 个城市有技术和服务中心。是一家具有核心技术,国产自主可控的 EPM 软件、产品及服务提供商,如图 A19 - 1 所示。

图 A19 - 1　FONE 业财一体化

公司从 2010 年开始产品研发;2015 年公司正式成立,同年公司发布了 FONE 全面预算 1.0 版本;2016 年获得天使融资,同年获得包括联波华强集团、夏普和上汽通用等几位标杆客户;2017 年公司拿到红杉融资;2019 年公司拿到华创资本和企业基金 B 轮融资;2021 年公司获得 IDG 资本融资。

FONE 定位为一个民族品牌,拥有完全自主知识产权,从底层平台到上层应用以及核心技术完全自主可控，包括了核心技术、核心团队、自主解决方案、用户服务和资本市场，尤其是资本市场整体融资路线是以人民币基金为主。公司所有核心技术是由自研和部分使用开源组件后自行研发而成。公司在为各位客户服务的扩展应用性包括和其他的一些软件兼容性上，有比较强的掌控力，具备安全资质。公司成立期间，获得了政府机关和一些组织颁发的中国 CFO 最信赖企业智能化转型服务商，以及一些其他奖项。

公司总部位于上海，武汉设置研发中心，大连、成都、南京、广州有研发基地，华东、华北、华南和西南有分公司服务当地企业客户；二线城市以上公司都有当地实施团队。

1.2　对财务数智化转型发展的理解与认知

随着中国企业管理能力提升，财务组织在企业中发挥的作用也越来越大。现在很多公司对于企业财务定位已经不是以核算计账事务型财务为主，而是转向规则制定，包括一些更高级的财务领域；尤其很多在战略型转型过程中，财务是比较重要环节。

当前财务数字化转型已经进入到新阶段。从最早 1G 时代也就是会计电算化，到业财一体化的 3G 时代，到近几年流行的财务共享 4G 时代，以及最近提出的业财融合的 5G 时代，如图 A19 - 2 所示。在 5G 时代，公司基于目前 AI、大数据和云计算相关技术，通过产品保证业财融合数据智能服务能够在企业里真正实现，尤其是业财融合核心部分是利用分布实时数据，通过数据建模及算法为公司整体战略运营提供信息化支撑能力。

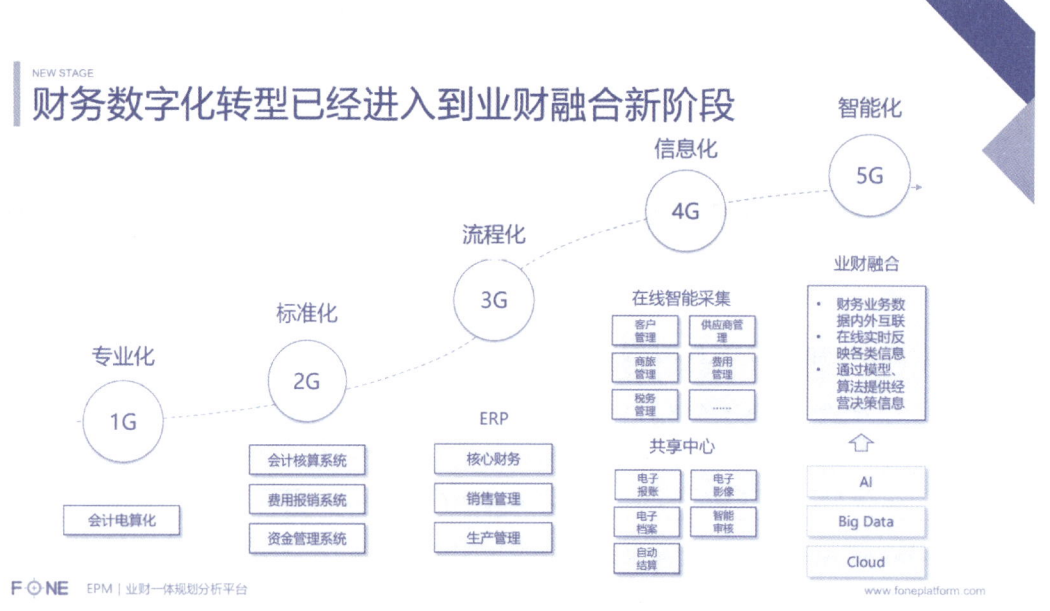

图 A19 - 2　业财融合新阶段

在整个职能及价值转型过程中，数字化在其中发挥着至关重要的作用，从会计电算化到业财一体的 Erp 系统到现在流行的财务共享，以及当前大热的基于 ABC 技术的业财融合的数据智能服务。业财融合核心是利用丰富的实时数据，通过数据建模及算法为公司战略—运营—财务提供信息支持。

2. 产品介绍

2.1 产品与解决方案综述

FONE 的 EPM 业财一体化规划分析平台，是结合中国对 EPM 领域实践经验，以及新通院研究之后的全新定义。产品在 EPM 整个绩效管理领域里，把企业经营分析规划以及整体预算放到同一平台内进行管控。通过统一平台，在企业内进行业务规划后赋能财务，助力企业整体战略落地。目的是基于一体化业财数据平台，打造中国企业级的业财一体化建设基础设施；通过 EPM 的技术能力、标准产品与行业及场景的应用结合，更加深入了解中国企业管理诉求；以国产、自主、可控为核心理念，打造 EPM 里的最强国货。

公司产品具备高性能底层数据平台，具备高性能多维建模能力和实施计算能力，以及分布式存储和分布式计算的 EPM 核心技术能力。公司有三个标准业材一体化应用产品，分别是 FONE 全面运算、合并报表和销售绩效管理。这三个核心产品也是公司基于中国企业特点打造的更加符合中国企业需求的本土产品。通过多个行业场景化应用案例，以及这些行业的场景化的应用，帮助企业快速降低实施成本并且同时获得行业最佳实践经验。

2.2 数字化总体架构说明

FONE 平台架构，是一个平台多个应用，集 ETL、业务建模、前端展现为一体的架构，如图 A19 – 3 所示。

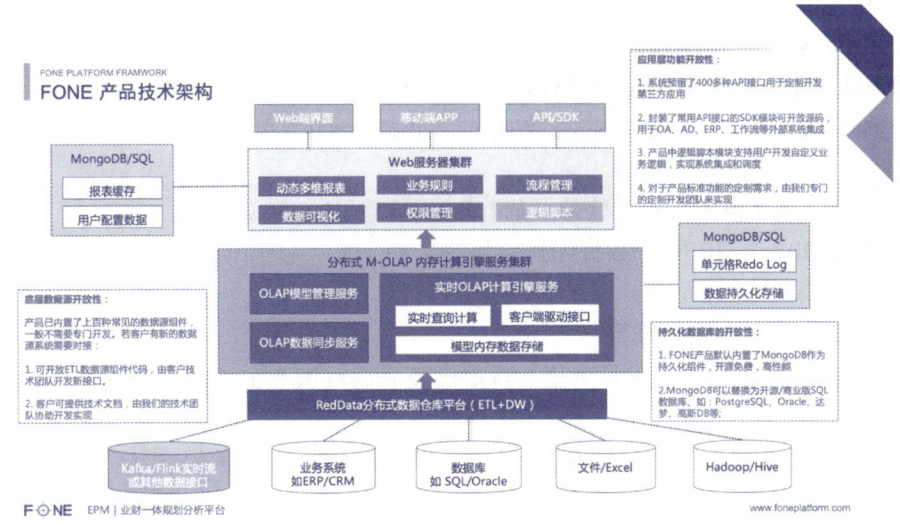

图 A19 – 3 FONE 产品技术架构

主要包含三部分特点：

高性能引擎：基于实时大数据处理技术，包括内存计算、流式计算等，保证复杂多维分析秒级响应的计算体验。

分布式架构：是大用户量、高并发、高可用场景下的系统性能与稳定性保障。

平台化设计：基于"一个平台，多个场景，化繁为简"的设计理念，为企业提供一个具备良好扩展性的绩效管理与分析解决方案。

2.2.1 FONE 产品技术架构

FONE 产品技术架构主要是三部分：第一个是分布式数据仓库，包含核心数据引擎，在底层数据方面开放性比较强，目前在 ATR 里内置了数百个常见数据组件，如各种 Erp 系统和各种数据库都可以在系统内进行一键连接。第二个是数据持有层使用 MongoDB 作为一个持有化组件，性能相对比较高，开源免费，可以为客户省去相对比较多的数据库硬件投入成本。第三个是 MongoDB，可以根据客户需要替换为开源和一些商业版搜狗数据库。

架构核心如下：

（1）底层数据源开放性：

产品内置上百种常见数据源组件，不需要专门开发。若客户有新的数据源系统需要对接：可开放 ETL 数据源组件代码，由客户技术团队开发新接口。客户可提供技术文档，由技术团队协助开发实现。

（2）持久化数据库开放性：

FONE 产品默认内置 MongoDB 作为持久化组件，开源免费，高性能。MongoDB 可以替换为开源/商业版 SQL 数据库，如：PostgreSQL、Oracle、达梦、高斯 DB 等。

（3）应用层功能开放性：

系统预留了 400 多种 API 接口用于定制开发第三方应用。封装了常用 API 接口的 SDK 模块可开放源码，用于 OA、AD、Erp、工作流等外部系统集成。产品中逻辑脚本模块支持用户开发自定义业务逻辑，实现系统集成和调度。对于产品标准功能的定制需求，由我们专门的定制开发团队来实现。

2.2.2 主要产品兼容耦合

与第三方兼容 FONE 数据流引擎提供了丰富的功能组件，简单操作实现数据传输。

（1）和交互支持直联各类主流数据库，如：Oracle、MySQL、MongoDB、SQLServer、DW 等。

（2）支持链接各类主流业务软件，如：Erp、OA、Mes 等。

（3）支持 ODBC、JDBC 等数据库连接协议。

（4）支持 Excel 导入导出。

2.2.3 国产化基础设施兼容

FONE 作为中国信创联盟成员单位，目前已经完成对国产主流基础设施兼容，并已在客户生产环境中上线。

在产品兼容性方面的五大措施包括 Open API、Web hooks、扩展 SDK（接口拦截）、静态资源替换、低（零）代码技术平台。

2.3 数字化能力具体介绍

2.3.1 FONE 全面预算

贯穿企业预算执行、管控、评估全过程。后 Erp 时代，业务驱动企业采用新技术和新商业模式进行变革，EPM 作为业财融合数字化转型的中心环节，已逐渐成为变革中的核心支撑系统。FONE Planning 为企业建立统一的全面预算平台，端到端覆盖计划、预算、预测、分析等各个关键节点，实现全面预算全闭环管理，如图 A19 - 4 所示。形成统一的业财数据中心，让集团各业务部门间的业财指标进行联动，为经营决策提供数据智能支撑。衔接发展战略与年度经营计划，穿透业务流程，挖掘合理利润，控制不合理成本。

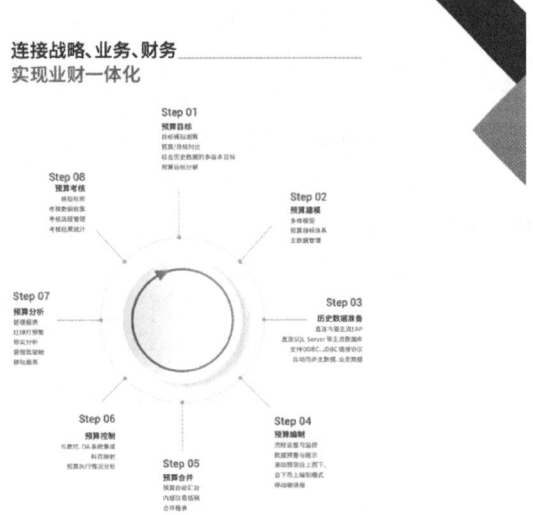

图 A19 - 4　FONE 全面预算

核心价值：

(1) 将战略转化为可执行的计划。

基于历史数据进行预算目标预测与设定，科学制定战略经营目标；自动化进行目标分解与校验，快速将战略转化为可执行的业务计划。

(2) 消除业务和财务间的割裂。

集成核心业务系统，打通业财数据，搭建财务与业务部门间协作的桥梁；财务管理部门可及时、全面掌握一线业务情况，实现业财融合管理模式落地。

(3) 零代码高性能建模能力让预算管理更具敏捷性。

拒绝烦琐的编程开发，简单点击和拖拽即可自定义预算填报表单、审批流程等；人人可用，减少对 IT 资源的需求，让业务专家聚焦经营分析，敏捷决策，响应业务需求。

(4) 更快、更可靠地预测收入。

实现事前校验、事中预警与控制、事后分析预测的全周期预算管控；快速、准确地预测收入，快速调整经营策略。

(5) 高效的数据采集，极少的手工填报。

集成各业务系统、本地文件中的业财数据，形成唯一且准确可靠的数据来源；整合异构 Erp 数据、兼容多种数据库、实现 Excel 数据双向交互的自动化。

(6) 在统一平台内完成业务规划、预算、预测和分析。

打造统一决策平台，实现从战略目标制定到执行反馈的预算闭环管理体系；以战略目标为导向，贯穿企业价值链各环节，全面、实时、高效地进行业财融合管理。

2.3.2 FONE 合并报表

FONE Consolidation 合并报表系统帮助企业在统一智能系统内,完成各种复杂场景下的报表合并抵消。

整合集团内各股权公司、分子公司的数据核算,实现对整体财务状况和经营成果的管理,为决策提供可靠的分析依据,同时满足信息披露的要求。财务人员自助配置抵销规则后,系统可自动高效地完成报表合并工作。一体化的流程界面使得财务人员对合并任务进行便捷的管理与控制,追溯每一笔抵销结果的计算过程。整个合并抵销过程自动、准确、合规、透明、实时地呈现集团的财务合并报表。

合并报表部分在财务领域里面比较专业,各大型公司肯定都会涉及,具体要求如图 A19-5 所示。第一主要强调自动可信,就是在统一平台里面不管预算产品、合并产品还是销售绩效管理,其实都是基于 FONE 的底层数据平台,从一体化平台里面,从数据采集开始到数据校验,往来对账,合并抵消、报表生成各个环节里面,会生成一个唯一核心的数据来源。第二是灵活应用,一些系统配套合并报表在组织架构调整,股权关系调整,对照流程功能配置修改上会更加便捷,基于低代码的使用平台,可以通过点击拖拽完成配置动作。第三就是合规性保证,就是多个会计准则之间转换在系统内可以进行内置。

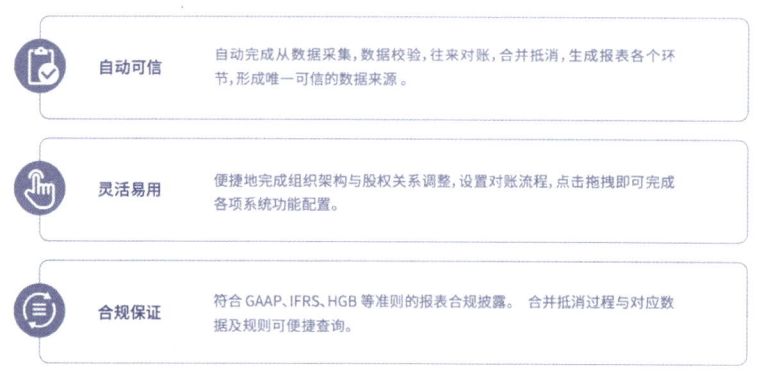

图 A19-5 合并报表要求

核心功能第一是可以进行跨系统合并,尤其分子公司业务系统可以进行跨系统合并,无缝对接相关主流系统;第二是多会计准则如 prc 等相关会计准则可以多会计准则之间合并;第三是复杂股权关系下权益抵消,一些企业会有联合持股或者交叉持股,可以在可视化的股权架构里进行设定,后期自动化抵消,便捷管理收购和处置同一控制下的企业合并。第四是所有抵消分录可追溯,每一笔自动生成都会生成合并底稿。如果企业发现数据异常每一笔抵消分录、数据来源都能进行回溯。

核心价值:

(1) 自动抽取计算,一键完成报表合并。

打通各核算系统,自动获取所需数据,一键计算并生成合并报表,极大程度提升编制的效率和准确性。

(2) 轻松完成内部往来明细对账。

自助配置内部购销等各往来对账类型,支持合并子节点与独立子公司间对账,自动计算关联差异。

(3) 凭证级明细逐层钻取,数据来源清晰可查。

支持凭证级明细的逐层钻取。可快速、准确找到所需的凭证明细完成审计复验,提升查看效率,让数据来源清晰可查询。

(4) 流程透明,数据可追溯。

财务人员可对不同数据结果进行多维度的过程追溯,提供一致、准确、合规的财务信息。

(5) 合并底稿,看清数据背后的逻辑。

自动生成合并底稿,可下钻查看调整、抵消凭证,每一笔所涉及的数据与抵销规则清晰可见。

(6) 实时查看节点合并进度,做到全局把控。

集团总部可实时查看各节点完成进度,推进任务流程。提供多终端可视化展示方案,让企业整体财务状况触手可及。

2.3.3 FONE 佣金/奖金管理

把握当前销售趋势,激活未来销售潜力。FONE SPM 销售返利/佣金管理系统是销售驱动型企业的最佳帮手。使用有效的激励组合和评估方法,以激励各业务等获得最佳表现,是销售目标达成的保障。FONE SPM 产品具备灵活、易用、高效等特性,用户可自助设置多样化的考核激励规则。系统自动进行绩效奖励的考核计算,生成返利报表后进行发放,大幅提升了返利的准确性和管理效率。FONE 销售绩效管理如图 A19-6 所示。

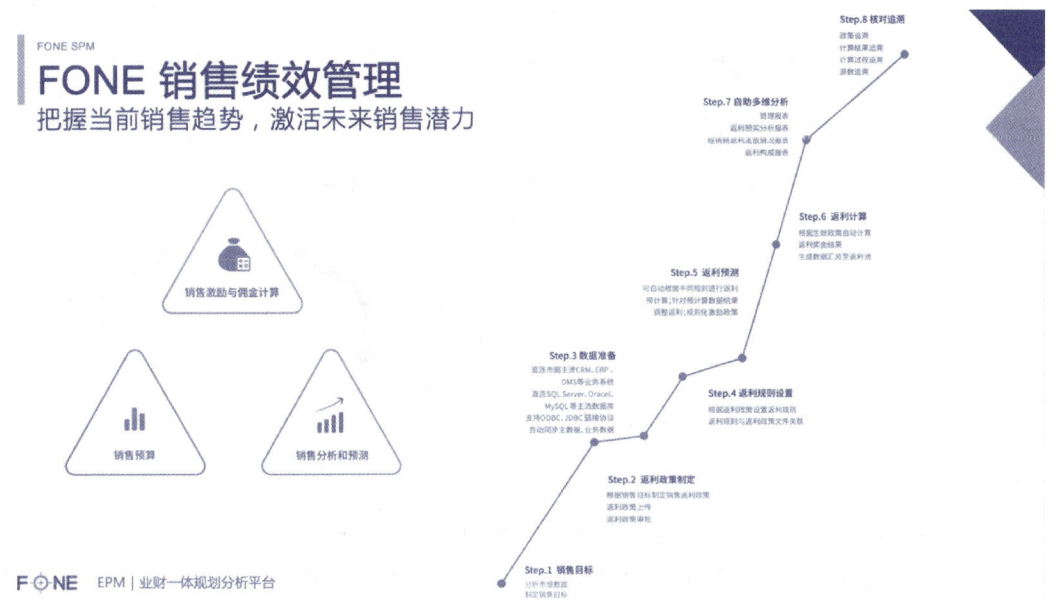

图 A19-6　FONE 销售绩效管理

基于数据资产,企业可以针对不同政策效益、渠道商健康度等进行多维分析、预测和管控,分析奖金政策的收益表现和激励效果。企业可以根据业务市场的变化,快速调整返利政策,占得市场先机。

核心价值:

（1）自动准确计算，规避核算错误。与企业 CRM、DMS、财务等业务系统集成，自动获取所需数据，严格审核与管控，提高计算效率与准确性。

（2）优化调整激励政策，构建销售力。自助创建分析模型，实时了解销售进展数据，模拟佣金支出、分析渠道健康度。评估政策激励效果，实时调整优化。

（3）一体化销售绩效管理平台。覆盖政策测算、政策配置、DMS 数据集成、返利计算、返利数据中返利池、经销商端、报表等功能，完成返利全生命周期的闭环管理。

（4）极速算奖，即刻到账，终端核验。自动形成返利报告，配合自动流程审核，提升核销/发放效率。终端实时查看返利数据及变化，反馈帮助制定更优激励政策。

（5）激励效果分析预测，自主提升盈利水平。各经营主体参与者可自助搭建佣金/返利分析报表，准确估算不同激励政策的投入与产出，发掘盈利最大化方案。

（6）建设科学、精益的佣金管理体系。摒弃手工作业、达标发奖的一刀切管理模式，将用户拓展、行业拓展、成单周期、回款周期等因素纳入佣金体系，形成精益管理体系。

3. 典型案例

FONE 合作的主要灯塔客户如图 A19-7 所示。

图 A19-7　FONE 服务客户

【案例 1】

A 公司是一家大型的股份制银行，应用 FONE planning 全面预算部分，从年度战略目标开始，经历年度预算、控制与分析、滚动预测，进行整体绩效评估。比如在预算目标这个领域里面为客户提供目标模拟测算以及预算和目标的情况对比，并综合历年数据多版本目标导出以及预算目标分解等；同时在第六步预算控制这部分与费控 OA 系统集成，并对科目进行映射预算执行情况分析。另外相对比较重要的还有在预算分析部分提供了管理报表产品，包括给管理层展示的红绿灯预警、预实分析、BI 的管理驾驶舱、移动报表等功能。通过 FONE 产品实现了每日预测经营目标管理，确保预算目标达成。

在这个案例里边 FONE 为客户提供的价值就是：基于当期预算预测模型获取各分支机构

当期预测经营状况，识别经营风险，及时制定风险的应对措施，让业务更加稳健、持续地发展，最终达到预算和经营目标。

【案例2】

B公司是一家A股上市公司，在选用FONE的合并报表产品后从开始到结束两个月时间，提高整体披露报告质量和合规性，整体合并上线后合并时间周期缩短很多。

4. 主要特点

FONE核心竞争优势，归纳主要有三点：

第一是投入大量资金开发的高性能平台，高性能平台有几个核心点：高性能多维建模能力引擎、自主研发的实时在线分析引擎；同时平台支持分布式架构，能够做到高并化与高可用，目前可以跨Windows和linux双平台。

第二是坚持用产品加组件的方式，把业财标准产品如全面预算、合并报表、销售绩效管理，这些有业财共性的需求做成了相对比较标准的一个业财应用产品；同时可以在平台内选择一些高级组件，比如一些分析预测需求和一些复杂报表需求，以组件化方式去定制化给客户提供。

第三是人人可用的极致体验，在操作性上更加简单，可以拖拉拽去使用所有功能。尤其是产品中的模板与社区，是公司从2020年下半年开始重点开发，把部分客户包括高校一些实践经验以模板化的方式进行保存。无论是后续同类型的企业客户，或者说同类型业务场景，可以直接使用。

FONE是民族品牌，是中国新创联盟成员单位，联盟单位对公司产品整个技术使用情况、组织架构，包括资本情况都进行了评估。目前公司产品主流基础设施兼容已经基本完成，包括一些国产芯片和系统在客户的某些生产环节中已经上线，使用情况较好，比如现在比较主流的达梦和高斯等数据库，以及像腾讯JDK产品都可以支持。

同时针对目前国内市场，FONE产品逐渐从本地部署方式，逐渐转移到云端部署，但云端也不是一个纯公有云形式，会兼容更多的部署方式。包括在给国内很多企业客户提供产品时候，会把应用从预算领域扩展到一些管理报表，甚至更多的一些经营决策，这更符合目前国内客户需求；第二是在传统EPM使用的时候需要大量的开发人员和数据科学家进行数据分析工作，目前FONE新一代产品EPM的核心要求是能够让业务人员自行搭建数据仪表和模板；第三是集成了语言、ifwhat相关人工智能算法，为数据分析提供了较好基础；第四能够支持国能移动端，和钉钉、飞书更加紧密结合。

A20 IBM 财务数字化

1. 厂商介绍

1.1 基本情况

IBM 创立于 1911 年，是一家认知解决方案云平台公司。IBM 业务遍及 170 多个国家，运用最先进信息科技，助力各行各业客户创造商业价值。IBM 业务涵盖技术与商业领域，始终寻求高价值创新，汲取全球最领先的 IBM 研究机构的创新支持，推动持续改造与转型自身的业务。通过从行业领先大数据、云、社交移动、物联网与认知计算技术、企业级系统和软件、咨询和 IT 服务中形成的产品与整合业务解决方案，为客户创造价值。

IBM 致力于推进三大战略——利用大数据推动行业转型、打造竞争优势；利用云计算，重塑企业 IT 架构，推动业务模式变革；利用移动和社交技术，并依托安全能力构建企业互参与体系。正在为现代 IT 骨干创建一个专注于开放创新的全新系统基础架构，以满足新计算时代前所未有、日新月异的需求。

IBM 庞大、复杂的业务经营活动造就了同样庞大、复杂的生态系统，涉及诸多方面的利益相关方，包括股东、员工、供应商、非政府组织、政府和社区组织。满足并超越各个利益相关方期待的是 IBM 孜孜以求的企业文化，更是商业战略和成功的核心要素。于 IBM 而言，所有这些利益相关方同等重要，力求做到让各方都从 IBM 的经营中获益。

在驱动全球商业和社会进步的诸多技术中，IBM 是多个领域内的技术先驱——如大数据分析、认知计算、云、移动、社交和信息安全。2015 年，公司将超过 6% 的总收入用于研发，旨在推进能够给世界带来重大积极影响的创新工作。

1.2 对财务数智化转型发展的理解与认知

财务部门不是孤立的部门，财务部门职能是要支撑业务部门。销售跟市场营销、人力资源、信息技术、运营操作涉及的方方面面跟财务未来的交互，是企业运营业财一体化的前提。持续使公司财务计划跟公司目标保持一致并且让公司运营计划跟市场事件相链接是其中比较关键的点。当前受各类外部因素影响，不确定性非常大，因此企业如何通过数字化或者信息化建设快速让财务去支撑业务去做符合目前内外因素影响的业务决策，是企业财务有更大价值的地方。

同时传统财务也面临数字化挑战，企业本身在财务执行层面的挑战跟企业财务数字化面临的挑战有一定区别。

企业财务数字化，面临的挑战是高层战略愿景。很多企业要做企业数字化、财务数字化，但是数字化的愿景并不是太清晰。所以企业根据自己企业实际情况要定义更清晰财务数字化愿景。同时技术手段难以弥补财务流畅本身的推进。回到最底层 IT 层面系统数据的割裂导致数据收集清洗花掉了更多时间。当体系发生变化的时候，更多依靠数据来去做数据决策，进行数字化智能化建设的时候，人员能力就不仅只是传统财务人员能力，财务人员需要有一定数据分析能力。

因此，在传统财务核算基础信息平台上，企业一定要尽早布局对决策支持和管理控制层面的信息化能力。目前企业财务现状处在核算型会计跟分析型会计之间，核算型会计就是传统记分员，它可以反映业务核算和业务信息。但是企业贡献度跟财务能力相对来讲是比较低的。分析型财务可以从多维度分析业务财务效果，可以对数据进行整合，准确抓到数据做相应数据分析。决策支持型财务是财务有了一定数据分析之后，财务需要深入参与到业务运营，且能让财务支撑运营，支持战略目标实现。

未来业财一体化趋势是价值创造平台，也就是由财务分析、决策、洞察来推动商业模式重塑和价值重构。很多 CFO 或者是 CEO 对企业经营看的大多是财务报表。当数据维度跟数据决策分析洞察很精准，并且能带有一定预测性的时候，可以通过财务报表对未来业务增长和其他一系列业务决策有一定预测，可以推动整个商业模式重塑和价值重构。因此财务数字化转型是从最底层交易处理产生的数据，然后用数据包括数字化流程去做管理控制，用业务财务洞察去支持战略预测，逐层向上。

IBM 总结的财务管理提升路径如图 A20 - 1 所示。

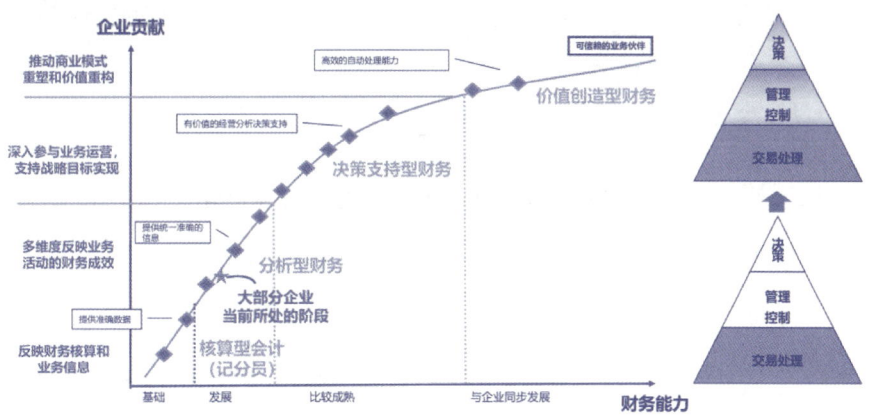

图 A20 - 1　财务管理提升路径

2. 产品介绍

2.1　产品与解决方案综述

平台是 IBM 现在全球战略产品，称为"IBM Planning Analytics"简称 PA。产品定位是：

通过平台能够满足企业从战略到财务到运营层面所有计划和分析管理需求。包括计划、预算、预测合并、分析测算等。产品和业界友商产品有非常大区别，不只关注财务，还可以承接上层战略、下沉运营，在一个平台上实现完整、实时拉通。比如计划系统做到更细颗粒度，零售快销企业做到 SKU 级别，生产制造型企业成本要做到物料级别。

IBM 的业财一体化系统 PA 和 Erp 有很大区别。Erp 实施完之后，在未来 5 年甚至 10 年变化不会特别大，基本上只是做一些小变动。但业财一体化同企业经营活动密切相关。比如组织架构发生变化，预算一定发生变化；比如新产品上架老产品下线。这些变化要迅速在业财一体化平台里面得到实现，而不能像传统的去做这样一个系统。

2.2 数字化总体架构说明

IBM Planning Analytics（图 A20 – 2、图 A20 – 3）是一个高性能集成计划管理解决方案，它同时具备电子表格的灵活性以及多维数据库的强大功能和控制力。现在，广大企业可通过高效的计划、准确的预测以及富有洞察力的场景分析来适应不断变化的市场动态。

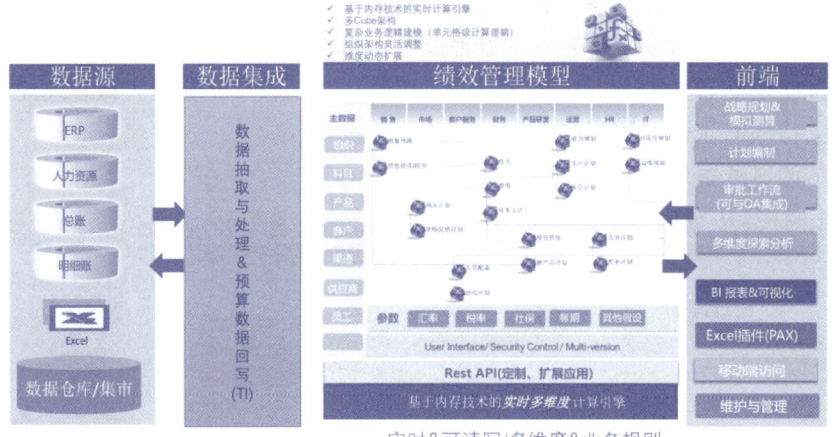

图 A20 – 2　IBM Planning Analytics 技术架构

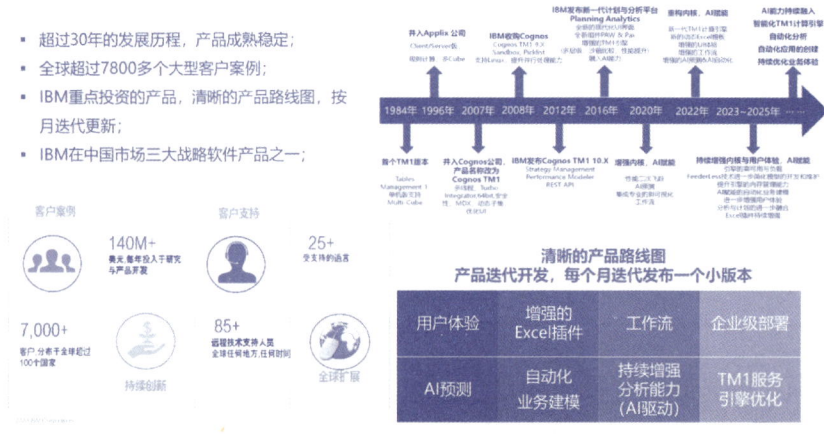

图 A20 – 3　IBM Planning Analytics 的价值

PA 要做数据集成，它有很强数据集成能力，可以做数据的抽取整理以及保证数据的回信。可以对接各类 Erp 系统，或者人力资源，甚至 Excel 数仓。中间绩效管理的模型构建在高效的内存的数据库里面，是多立方体模型。在前端，产品会提供丰富的前端展现方式，比如说可视化的 Excel、移动端、工作台等。

从前端整个使用界面包括像 Excel 的组件，有全新 PA 工作台。背后核心引擎 TM1 跟 2012 年或者之前的产品相比有了很大变化，不但性能得到成倍增加，同时还融入了多层级概念以及融入了 AI 能力。

PA 整个架构跟 Excel 非常相似，每个 worksheet 会有不同主题，比如管销量、管单价、管收入利润、管成本。PA 每一个"cube"就类似一个 worksheet，其他的特点是整个数据采集通过统一方式，能够保证数据一致性。

2.3 数字化能力具体介绍

2.3.1 产品核心功能

- 动态多层分析功能

多层次能力，使得在组织架构这一维度下面以维护多个组织架构版本，还可以动态增加动态指数；同时商品有非常多属性维度，比如说品牌，产品的类型、颜色、尺寸等，但很难在系统设计初期，把所有属性全部重聚放到里面。在 PA 里面有动态层级，可以随时添加属性维度，而且不需要任何 IT 技术，可以在分析报表里面进行拖拉拽操作。

- 实时预测与计算功能

比如修改某一年总数。所有跟它相关的，比如说按月的分摊，按不同类型的分摊，按不同渠道的分摊，乃至后面的所有的销售的收入成本、毛利全部发生且变化是在一秒钟之内发生的，所有的都是支持联动。在几千万数据量的情况下是秒级处理，对应图表也是实时联动。

- 灵活成本、费用分摊功能

成本分摊从集团一直到下面多层级的分摊依然可以高效率去做，整个分摊的模型是业务同事可维护的。可以在多个版本下做测算，测算去改变一些分摊的因子、改变一些分摊的比例，在工作台上做分摊测算，而且整个分摊的结果、出来的每一笔费用，都可以通过点击，去看到它整个分摊的全过程，计算模型这些都追溯。

- 模拟测算功能

整个过程产品融合实时模拟测算，相当于创建一个沙箱，也就是 sand box 过程，PA 默认功能不需要任何定制化开发。相当于 PA 里面定制之后放到 PA 里的表单，默认就有创建沙箱功能，然后在版本上做大量的模拟测算，而且对于创建的沙箱的版本数量没有要求。而且不同的版本之间是可以进行实时的补对，根据整个差异化情况进一步调整。

- 多样化分析功能

整个分析功能贯穿企业计划和经营全过程，可视化手段在 PA 里面都是内置。管理层经营用一个动态方式 story telling 展示整个经营分析情况。多维分析包括分析非常复杂、固定报表，不需要借助外部系统，在系统内部做预算的同时，可以做同类分析。

- 一键发布 Excel 功能

业务人员可以在 Excel 里面开展日常工作，背后用 PA 来进行统一的管理。数据、计算、权限都在 PA。不需要安装任何 Excel 插件,可以兼容 Excel 所有版本,Excel 所有功能可以继续使用。

- 自主模型构建功能

产品中销售单价、销售收入每一个单元格权限都是单独控制,每一个单元格的算法和模型都是单独去设定。

- 标准 API 功能

应用业界标准的 REST API 去扩展 PA 的应用:

(1) PA 的 REST API 定制移动端可视化甚至所有界面,提供动态测算和经营绩效展示。

(2) 集成开源算法,特别针对 python 有专门集成叫 TM1 python。对应开源算法结果很方便放到 PA 里面。

(3) 与微信、范微 OA、邮件系统、portal、Erp 可以集成。

(4) 通过 API 定制开发工具、定制管理工具。

2.3.2 应用场景

- 全面预算管理

IBM 的 PA 产品可以建立以战略为导向、以业务计划来驱动财务预算的全面预算管理系统。在整个预算过程中,以业务动因为基础,进行计划和共同预测。在全流程预算过程中,产品会把整个预算分析整合到预算流程里。不只在预算执行过程中进行分析,还能把预算编制、目标测算等分析能力整合到一起。

下面是具体的产品功能:

(1) 自上而下年度预算目标分解;

(2) 多样化自下而上的详细预算编制,支持基于业务动因的预算;

(3) 支持以业务计划驱动财务预算编制;

(4) 将多场景动态实时模拟测算融合到目标测算和预算编制过程;

(5) 滚动预测;

(6) 将多样化的预算分析贯穿预算的整个流程。

- 管理报表与分析

管理报表主要是通过 KPI 反馈企业经营状况,另外是分析原因,发现一些业务异常的时候,需要通过很多分析手段及时找出原因,有很多新的技术去支撑做灵活分析。制定新的业务计划,帮助业务目标达成。

从整个平台架构来看,包含很多模块,包括数据调整、管理合并,比如说在集团性公司里面会有一些内部交易,需要做管理口径合并,会有很多成本和费用分摊,这是管理报表里面最重要部分,产品也提供经营多维度分析模型。

- 产销协同(S&OP)

现在制造业产销协同在整个企业的供和销过程中,需要不同部门参与到部门决策。从整个企业来说,期望需要有一个协同计划的平台,把不同的部门纳入一个平台里面去。就会支撑到很多企业里面从需求端、供应端,不同计划的模块,包含在这样的平台里面去协助学习,做一个高效、有效的决策。

产品包含很多能力,包括说协同计划的流程,来管控或者把计划纳入平台里实行。另外通过 what-if 分析,在整个计划制定过程中,可以进行多场景实时模拟测算。产品还把 AI

技术跟计划结合在一起,进行更加准确需求预测。同时,通过报表可视化能力去监控到风险和异常,能够及时去对整个计划进行有效决策。

- 销售预测与规划场景

销售预测与商品规划包含 AI 算法进行需求预测,结合未来业务变化,比方说开发新的产品、开拓新的渠道、新的促销计划等,通过业务变化,对预测结果进行修正,从而制订非常准确的需求计划。

计划会分解到区域、渠道或者品类商品计划,整个计划自上而下进行总目标的分解,同时自下而上进行计划的编程,然后两者之间做到平衡。整个计划,支持到 SKU 级别。针对不同门店或者市场细分特点,定义不同商品的规划。在整个计划过程,会通过高效的测算,及时地对市场变化做出快速响应,从而制定一个比较有效的方案。

- 线上促销计划管理

包含很多功能,包括目标管理、系统管理、业务规划,同时在整个过程中,支持模拟测算等,进行事后分析。

3. 典型案例

IBM 全球客户有 7600 + 家,如图 A20 - 4 所示。

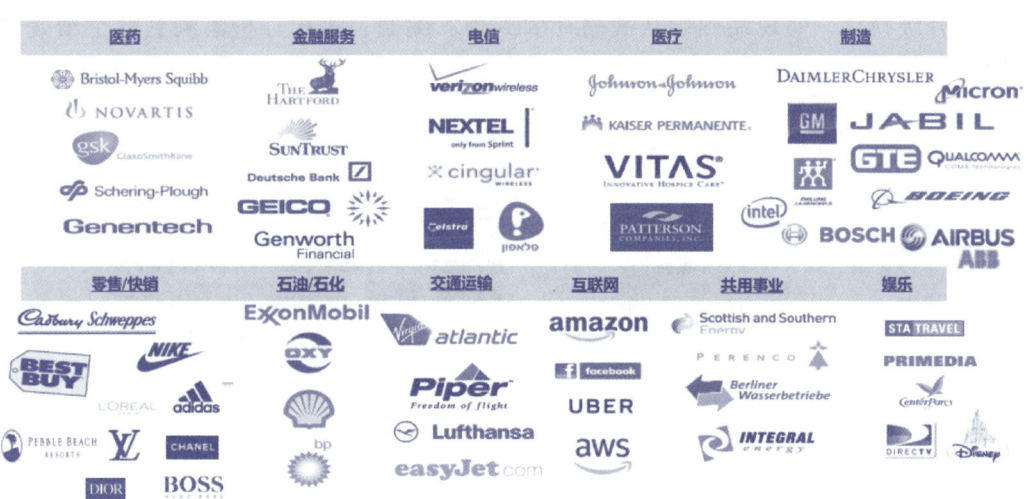

图 A20 - 4　IBM 全球客户

IBM 技术在国内市场上对中国企业的数字化转型起到了重要作用。在国内有非常多 PA 用户,从财务数字化转型这一垂直领域来看,IBM 技术也是被国内客户广泛接受的,产品涉及到不同领域且都得到了非常好的运用。

部分中国客户案例如图 A20 - 5 所示。

图 A20－5　IBM 中国客户

【案例一】

客户是国内全球领先一家做整个声光电 ODM 的厂商，如图 A20－6 所示。友商产品也做过全面预算系统，但随着整个业务快速扩张，加上管理要求提升有很多问题，包括整个系统性能、稳定性和时效性没有办法在原有系统里面解决。预算模型没有办法达到细致颗粒度，扩展性和灵活性都会存在问题，缺乏实施动态测算的能力，也缺乏分析能力。PA 产品全面做了升级换代，实现端到端从战略计划到预算编制，执行分析滚测到整个绩效考核闭环。

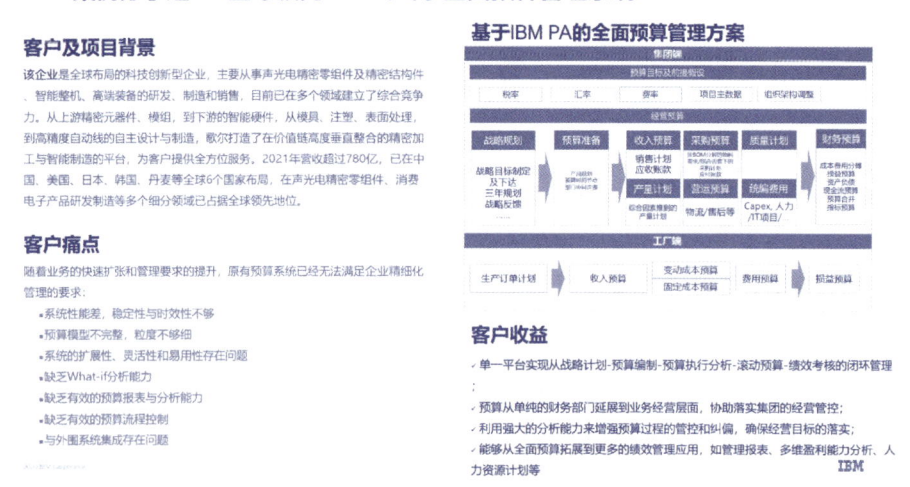

图 A20－6　IBM 客户之 ODM 厂商

【案例二】

客户是国内大型合资整车厂，全球基本整个产业都是 PA 用户具体如图 A20－7 所示。客户之前用的是另外一家国际知名厂商产品，做了两次全面预算系统都不成功，原因首先就是因为整个架构没有提供足够的灵活性,像组织架构的变化、产品的变化跟不上;其次,不支持实时测算,大数据量情况下,比如像到物料级别,性能非常差;最后和 OA、Excel 整个集成也不理想。公司花了八个月时间做全面替换,从集团到工厂一直到各个部门,不仅是预算包括整个目标监控和自动化分析体系。现在正在做二期,包括整车经济型测算、装备经济型测算、材料成本、投资测算等。

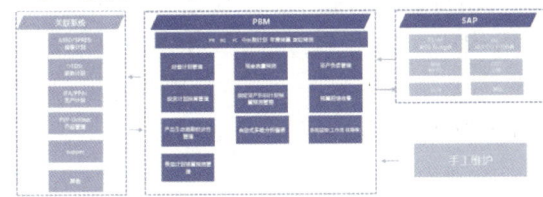

图 A20－7　IBM 客户之大型合资整车厂

4. 主要特点

(1) 有强大灵活的业务建模能力。

组织架构的变化、产品的变化、渠道的变化,可以进行实时调整。传统系统做新组织架构变更,必须调整后台系统,在 IBM 的 PA 里面不需要。

(2) 有业界最领先内存技术。

通过纯软件实现内存技术,不用昂贵大型软硬件一体机。PA 产品配置比较低的服务器就可以承载高效实时计算引擎,使大数据细颗粒度预算、成本分摊实时性成为可能。

(3) 产品完全拥抱 Excel。

产品把 Excel 作一个重要客户使用前端。所有 Excel 功能在 IBM 系统整合时候,完全都可以保留下来。财务业务同时依然可以用 Excel 去定制表单、填报数据、生成分析。背后所有计算、权限管理、协同,全部由 PA 管理。既保证使用习惯,又规避了 Excel 数据量大一点就不能工作、不能协同、安全性和数据不一致等问题。IBM 持续投入非常强的数据分析能力并融入 PA 中,在做预算的时候,通过一些拖拉拽,可以实时地、自助地生成分析图表。PA 是单一平台,满足从战略、财务、运营各个层面计划与分析需求。

(4) 多场景支持。

从整个场景落地来看,PA 可以在多个财务数字化转型里面持续为企业提供平台支撑。

整个开发里面，组织架构在全面预算里要有、在产销协同里面要有，在不同系统里面要建设多次模型。

（5）端到端业财一体化。

从全面预算开始会做整个投资收益测算。比如说生产制造型企业，做它的整个成本测算；像电子行业会做产品报价，包括财务战略预测、需求计划、产销协同、财务合并报表。

（6）可视化。

每一个系统都会提供自身管理报表，包括可视化。

（7）真正实现实时联动。

其中一部分发生变化时候，只要相互之间关联就会实时联动，比如需求定价发生变化之后，会联动到最后财务三表。

（8）避免大量重复开发。

在体系架构里面，全面预算里面做了组织架构整个模型，组织架构发生变化之后，只要维护这个模型，在一个地方维护，其他系统都是联动的，所以整个开发周期和运维成本会大大降低。

IBM 的 PA 平台在中国制造型企业以及零售快销行业都得到了广泛应用。这些不管是合资企业，或者外资企业，在中国全部是本地实施。业财一体化系统在中国市场情况或者管理要求与国外有很大差异，因此不会引用国外体系。

IBM 是一个技术公司，致力于给客户提供好的技术，帮助企业快速地成长。

A21 久其软件财务数字化

1. 厂商介绍

1.1 基本情况

久其软件是一家专注于政企信息化建设、数字化转型与智能化升级的管理软件供应商。在电子政务、集团管控、数字传播等领域为用户提供自主可控的解决方案与产品;通过技术与行业应用场景的深度融合,满足政企客户对数据治理和运营的核心需求;致力于实现数据价值的最大化。

久其始终坚持以核心技术驱动创新。久其女娲平台作为公司自主研发的新一代业务开发集成平台,不仅是满足政企客户产品升级与创新的重要技术保障,更是适配国家信创环境的数字化平台。基于女娲平台,通过政府统计报表、资产管理、财务一体化、企业绩效管理、财务共享、行业大数据等产品线的打造,成为了政企数字化转型的中坚力量。久其主要业务分为三大类型,分别是服务于政府的电子政务管理软件、服务于企业的集团管控管理软件和数字营销。久其软件基本情况如图 A21 - 1 所示。

1997年	2009年	3000余	3大	33个	27.65亿
成立	上市	员工	研发中心	分子公司	收入规模(近两年平均)

图 A21 - 1 久其软件基本情况

1.2 对财务数智化转型发展的理解与认知

久其多年来服务了 50 多家政府部委和 300 多家企业集团,所服务客户数字化水平整体比较领先,这和这些企业的所有制有很大关系。抛开所有制来说,目前中国的企业大部分处于数字化转型的初级阶段,存在一定的人才储备,但实际上在战略重要性程度或者是转型的方向上不是特别明确,多数是效仿其他企业的转型路径。还有一部分企业因为国家政策的引领,追求高质量发展,领导层具有比较强烈的转型意识,通过采用较多、较成熟的智能技术,实现企业生产过程向高附加值转变。少数处于头部行业的头部企业,管理者有明确的数字化转型目标和未来 3~5 年的规划,对于目标和路径都已经比较清晰,因此他们的数字化水平也走在行业前列。

在久其服务过的众多客户中,观察发现企业数字化转型的三个阶段是迭代和递进的过程,但不同企业所处的位置跨度还是较大的,如图 A21 - 2 所示。部分企业早在 10 年前就提出信息化甚至数字化的需求,也仍有部分企业至今还没有清晰的规划。

提升企业(20%~30%)
- 高中层领导有强烈的转型意识,具备基本的数字化转型能力;
- 财务共享与服务意识强,对业财融合有深入的理解和实践经验。
- 对财务分析和决策支持有明确预期。

起步企业(50%企业)
- 具备基本的数智化转型意识,有一定的数智化人才储备;
- 会计作业从电算化到数字化过渡;
- 基本具备财务报告体系数字化能力。

优化企业(5%~10%)
- 有明确的财务数智化转型目标与规划;
- 对于企业战略和财务战略有清晰的理解;
- 数智化转型走在行业前列。

图 A21-2 数字化转型三个阶段的企业

国家政策给企业数字化转型带来了很好的引领作用,"十四五"规划指出"迎接数字时代,激活数据要素潜能,加快建设数字经济、数字社会、数字政府,以数字化转型整体驱动生产方式、生活方式和治理方式的变革"。财务数字化转型则是加快企业数字化发展的先锋,分别从财务会计数智化、管理会计数智化、产业金融数智化三个方面提升企业财务管控,对企业数字化转型具有标杆意义,如图 A21-3 所示。

财务会计数智化
- 以财务共享中心为核心的会计作业数智化
- 以业财融合为目标的业财税资管理数智化

产业金融数字化
- 以资金筹划为起点的金融司库管理数智化
- 以资本为核心的产业规划与金融支持数智化

管理会计数智化
- 以绩效管理为目标的财务规划和报告集成数字化
- 以决策支持为方向的财务数据分析智能化

图 A21-3 财务数字化转型三个方面

数字时代,智能财务先行。通过智能化的工具手段,最终实现创造企业价值的目标。久其认为智能财务发展整体划分为三个阶段:第一阶段主要基于"十三五"规划,大部分企业完成财务共享中心的建设,在此基础上建设了智能机器人的流程自动化处理,使会计作业从电算化向数字化过渡;第二阶段主要以业财融合为主,财务作为企业管理创新或管理提升的突破口,通过财务和业务打通,服务整个企业决策以及组织和商业模式变革;第三阶段主要是服务于终极目标——追求价值,前两个阶段会计的核算职能和管理职能,都还是偏辅助的职能,到了第三阶段财务也可以像其他业务部门一样去创造价值。

2. 产品介绍

2.1 产品与解决方案综述

久其在细分市场处于领先地位,主要基于两点:一方面是坚持使用自有的技术,自主研发、技术创新,以技术驱动企业发展;另一方面是优质客户群体,无论是政府客户还是企业客户,都能在服务过程中为久其带来业务沉淀,促进解决方案和产品的不断更新迭代。

久其整体产品架构和产品体系也是紧紧围绕上述两点在做功课。产品架构是在2021年发布的第三代产品——女娲平台,如图 A21-4 所示。伴随数字经济、数字社会的到来,将更多的数字技术融入平台,形成包括云原生、低代码、大数据、AI 等七大核心能力。尤其是其中的低代码平台,可以很好应对大型企业集团的客户个性化的管理诉求,多数功能只需简单拖拽即可配置完成,如果客户有信息中心或者计算机方面的专家,完全可以通过知识转移让客户快速上手学习系统配置,并自主完成后续的运维工作。

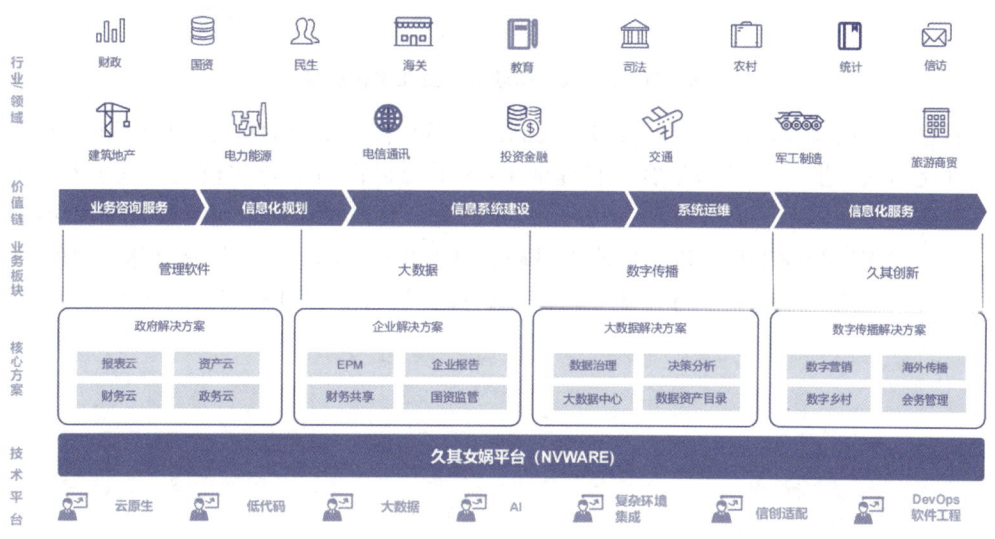

图 A21-4 久其女娲平台

在平台基础上,构建了管理软件、大数据、数字传播等解决方案和系统应用,同时积累了大量行业场景,如政府域的财政、民生等,以及企业域的机场行业、建筑地产行业等。而且久其服务客户都是长期伴随式的服务,随着客户业务创新持续迭代产品功能,例如,服务的中国铁建已经超过十年,服务范围从传统财务系统延伸到了工程业务、供应链金融等非财领域,甚至共同成立了公司专门提供建筑地产行业数字化转型方案和产品。

2.2 数字化总体架构说明

久其在数字化建设过程中的独特路径:以中央部委和特大型企业集团自身数字化转型路径为核心依据,因为其在管理和技术层面都处于行业领先地位,有一定的引导作用。通过IT层,连接物理世界和数字世界,解决企业的应用和企业基础设施耦合的问题,实现物理的从 0 到 1。而从 1 到 N 则需要 DT 层，借助数据来解决。对照着久其的产品体系来说，最底层的基础设施是女娲平台，在此基础上面向政府、企业分别提供数字政务和数字企业的解决方案，如图 A21-5 所示。

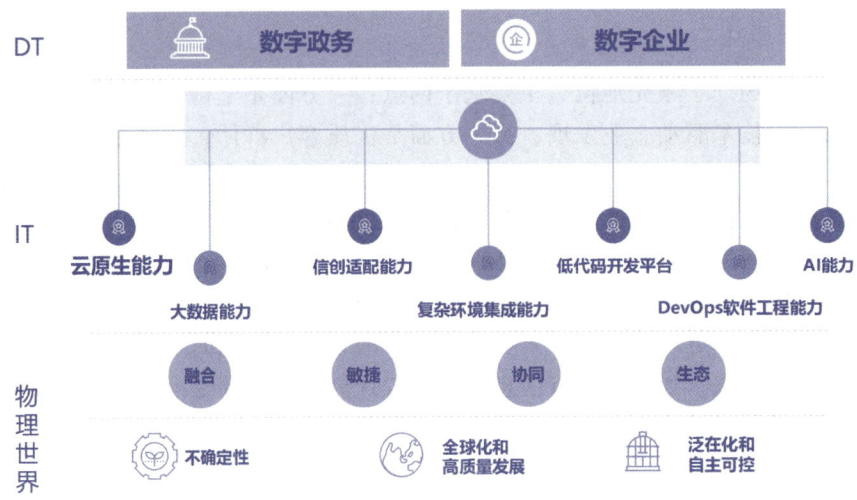

图 A21-5　久其向政府、企业提供服务

久其整体产品架构最底层是上文多次提到的女娲平台，企业的所有管理应用均基于女娲平台组件化的这一层，可以基于客户自建的 PaaS 平台提供新的合作模式。基于女娲平台，构成久其两大产品体系，如图 A21-6 所示，分别是以数据驱动的企业绩效管理，包括全面预算、合并报表等管理工具，以及以流程驱动的财务共享产品。再上层是具体应用的解决方案和行业解决方案，高度聚焦行业核心业务，例如机场行业，目前国内将近 50% 的机场和久其有深度合作。

图 A21-6　久其两大产品体系

2.3　数字化能力具体介绍

久其始终定位于以自身的平台技术和产品，助力客户挖掘数据价值，实现企业高质量发

展。通过软件全面服务于数字政府、数字社会、数字经济和数字生态,最终的目标是通过数据实现数字未来。久其的女娲平台·技术中台如图 A21-7 所示。

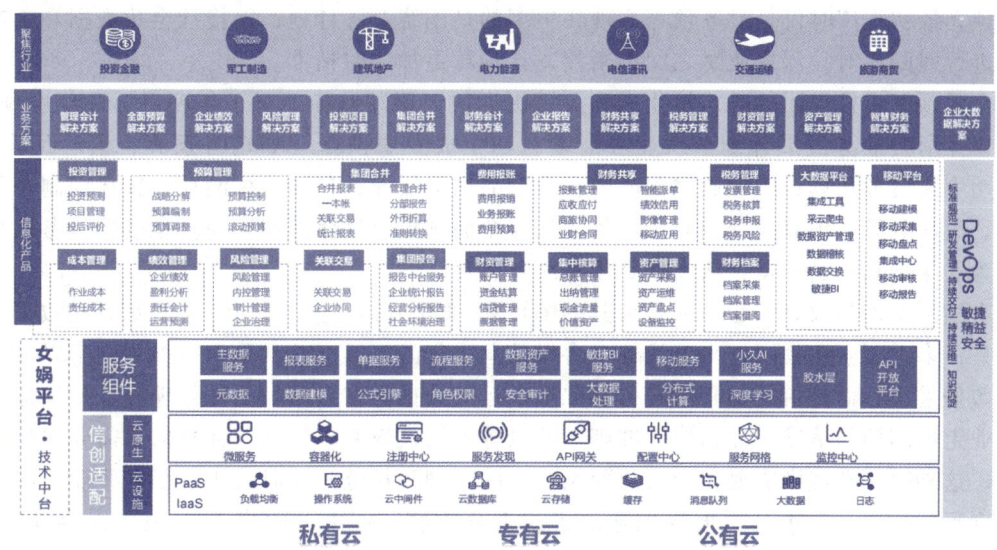

图 A21-7 女娲平台·技术中台

早在 2015 年久其就意识到数据的重要性,开始发展数字营销业务。从公司管理结构来看,按业务和行业划分事业部,深耕重点行业,为客户提供更加专业化的服务。

2.3.1 合并报表

报表类产品是久其最早安身立命的产品,如图 A21-8 所示。在云时代,报表产品也有较大的变化:其中核心变化是数据采集需求的变化,例如能源行业,该行业数字化水平普遍较高,在数字化转型过程中更多的是财务从核算中心向数据中心的转型,沉淀更多数据。那么传统报表采集数据的范围也将扩展至企业的管理数据、生产运营数据等,逐渐将财务数字化转型作为企业数字化转型的基础设施。目前 98 家央企中使用久其搭建报表平台的超过 50%,在国内市场占有率方面,比例还是较高的。

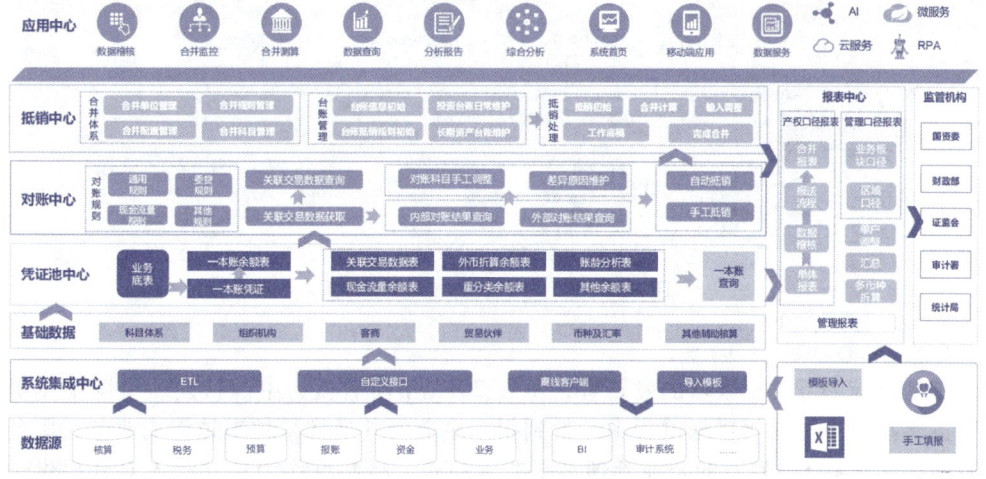

图 A21-8 报表类产品

2.3.2 全面预算

久其全面预算最重要的特点,是以多维+指标的模式,来解决企业全面预算的应用。区别于预算最初推广时仅是财务预算,现在更多的是围绕业务计划,衔接社会化数据和生产端数据进行回归比对,深入业财之间的衔接,让预算更加实时精准。

全面预算承接集团战略,量化成为关键指标便于跟踪监控。对于年度目标和年度预算,全面预算衔接业务发展计划,从业务前端自动生成专项预算(如销售预算、生产预算等)再自动生成财务预算,实现业财深度融合。产品功能层面,包括目标测算、预算编制、预算调整、滚动测算、预算控制、分析考核,涵盖全面预算全生命周期管理。年度分析考核数据将作为次年预算编制依据,从而达到预算闭环管理。

上述两个产品放到一起,就是久其的中台和EPM方案,如图A21-9所示。在数据采集环节,很多大型企业集团越来越依赖中台做信息采集的工具,并且采集范围不同于以往对报表的数据采集,而是借助物联网设备获取生产运营数据。在数据加工和处理环节,伴随着大型企业走出国门的情况,面临境外准则、监管等不同披露要求,导致部分信息需要授权才能采集,这种限制和规则需要在中台层面做统一的管理和规范。同时近年来很多企业关注ESG等社会责任报告,上市公司披露也增加了这部分内容,在中台中将ESG报告内容规范化,帮助企业更好地完成信息披露。从预算报表再到报告,形成了完整的闭环,就构成了国际上比较通用的数据标准,也叫作EPM体系,是近年来大型企业集团数字化转型中需求比较旺盛的管理工具。

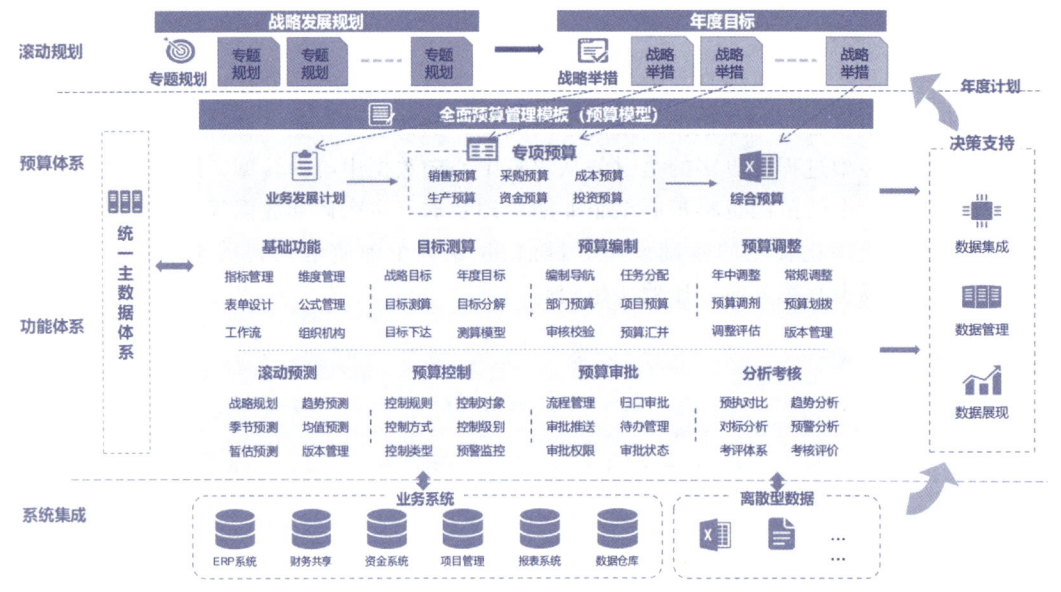

图 A21-9 久其中台和EPM方案

2.3.3 财务共享

久其是目前财务共享领域的发轫者,早在2010年前后就为中国铁建、中国中化等企业建设财务共享。在十几年耕耘过程中,看到很多企业的共享变得越来越深入业务,服务能力越做越强,甚至有5%左右的企业管理水平非常领先,将共享作为独立法人对外提供运营服务。此外,也看到很多行业通过共享完成管理创新,例如机场行业,从传统的财务共享延伸到业务域，打通旅客、航司等多方业务链条，实现财务对业务的赋能。久其财务共享方案如图 A21-10 所示。

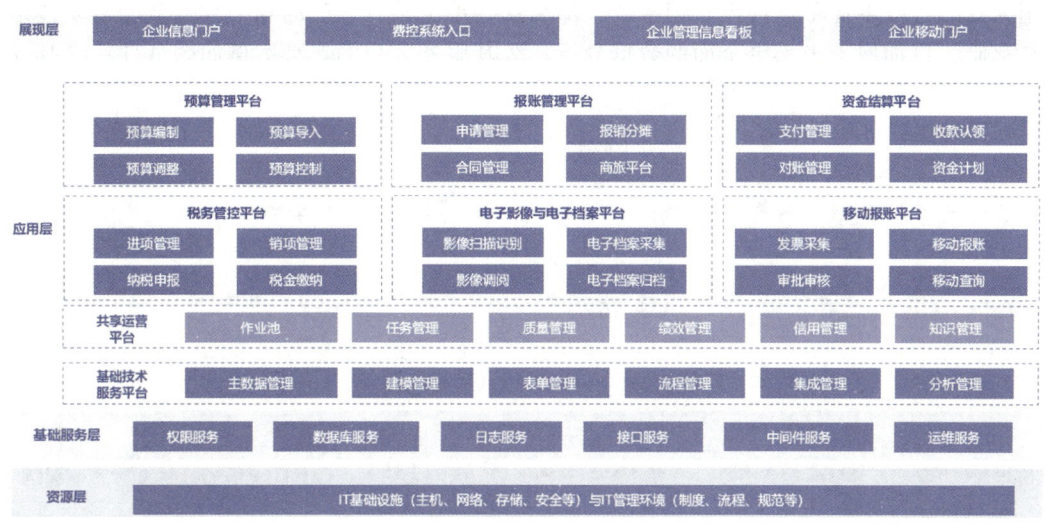

图 A21-10　久其财务共享

2.3.4　政府业务

对于数字政务的产品也是同样的五层架构，主要围绕报表、财务、资产、政务和大数据五个核心产品领域深耕。面对国家部委上云和信创特殊环境下的高难度的数据治理要求，久其提出"参数即服务"的概念，这在国内供应商中是极为罕见的。久其政府业务如图 A21-11 所示。

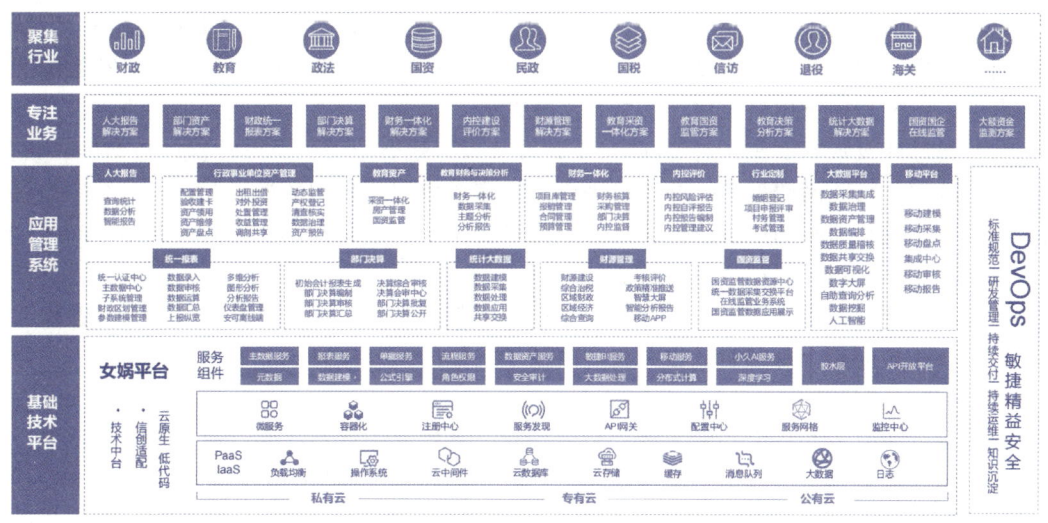

图 A21-11　久其政府业务

3. 典型案例

久其的主要市场集中在政府和大型企业集团，在 20 余年里长期服务超过数十个部委、上百多家企业集团。在服务客户的过程中，一直坚持着和数据打交道的初心，希望通过技术和数据的融合，发挥数据价值。例如在为财政部服务过程中，上万家行政事业单位基本都在使用久其的行政事业单位资产管理系统，那么这些单位国有资产的相关数据就能更完整地采集与存储，更加便于未来更全面的数据分析。久其服务客户的典型案例如图 A21-12 所示。

图 A21-12　久其服务客户

目前久其在细分市场中的份额相对属于头部，报表产品基本覆盖政府业务、部门决算、资产管理、对外披露等。此外，久其的财务共享、全面预算等集团管控管理软件在市场中占有率也是比较高的。以中央企业为例，在98家央企中久其服务的客户已经超过50%，说明久其在细分市场中有一定的知名度。

【案例一：某能源企业】

A 企业是国内比较大的矿山企业。客户在建立数字矿山、物联网、Erp 等业务系统后，发现所有数据是割裂的。在大型设备定额管理时，Erp 数据、实际生产数据、定额数据无法准确获取，定额如何下发给班组，又如何考核绩效，都成为了这家企业管理的难点。

久其通过建设数据底座，打通30余个系统接口，融合业务、财务数据，包括 Erp 数据、数字矿山数据、物联网数据等，并通过平台能力完成数据治理和数据加工，形成统一口径数据，更加真实反映业务的运营情况。只有数据口径统一，不同部门、不同业务环节间才能在一个平面上对话，用数据把话说清楚。

通过项目建设，最直观的变化是这家企业的定额原本是3年左右修正一次，现在修正周期已经可以缩短为6个月左右，很大程度降低了定额的偏差风险。

【案例二：某机场】

在机场行业财务共享中心的案例中，财务在交易过程中逐渐扩圈，通过平台连接航空公司、空管局、旅客等多方数据。将传统意义上以交易和合规为核心的财务共享，逐渐和业务领域进行深度融合，把财务共享和财务作业通过平台向外延，借助平台化和微服务化的能力，从财务到业务端的延伸。

4. 主要特点

平台、数字和场景是驱动久其产品设计的三个核心要素，如图 A21-13 所示。基于核心客户和标杆客户的需求打造系统平台,再用数据结合场景进行赋能。同时在信创环境下有一些技术创新,例如低代码平台,近年来很多非计算机背景的学生会去学习 Python,但很难上手,相较之下低代码平台是更好的选择。通过系统将业务场景封装,就能给财务人员或者财会专业的学生代入感。

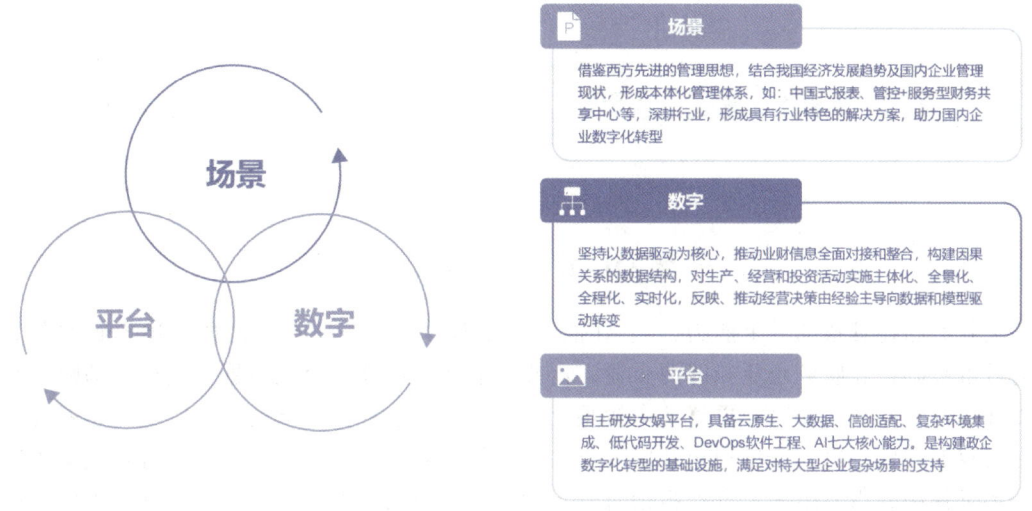

图 A21-13　久其产品设计三大核心要素

数字化转型是从平到深的过程,底层平台对应用的支撑作用越来越大。在久其服务的军工、能源等行业,都可以看到低代码平台、复杂环境的数据治理和数据获取能力,已经成为特大型企业财务数字化转型的底层能力。久其业务中台与数据中台如图 A21-14 所示。

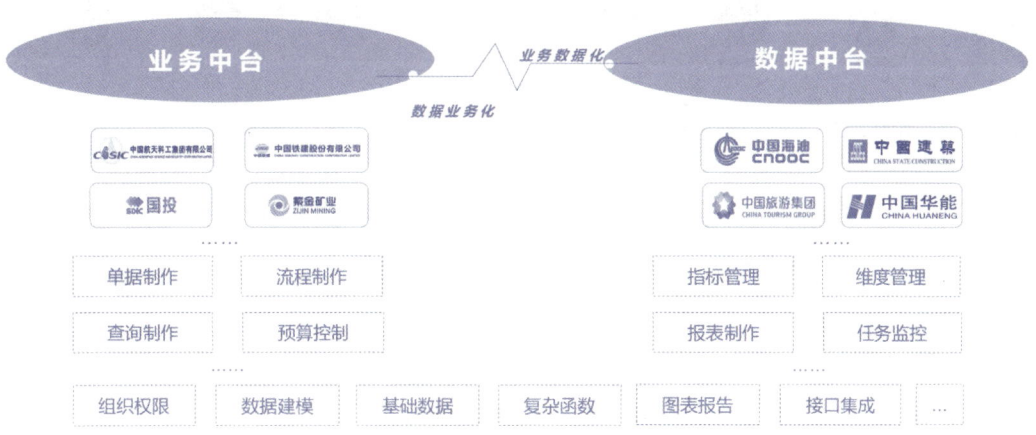

图 A21-14　久其业务中台与数据中台

久其在为特大型企业应对复杂环境国产化支持的时候,也提出了很多创新应用,例如为国内的一个运营商提供复杂的大数据处理工具,再到近若干年在国产数据库下的管理创新。以量化的数字举例,很多企业在财务数字化转型时会建设财务一本账,部分企业甚至将其扩大为经营一本账,满足核算或者 Erp 等系统异构、数据杂乱的情况。通过一本账完成数据治理,形成统一的数据标准并存储,同时具备可以存储部分非结构化数据的能力。对于特大型企业来说，一本账存储的明细数据量是相当庞大的，大部分中央企业每年凭证都会在6000万条记录以上，这对平台的性能和算力提出了很高的要求。一本账需要深度加工、分析，为预算、成本等其他管理会计提供数据支持，如图A21-15所示。

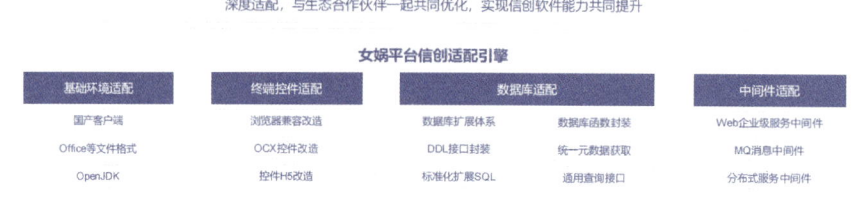

图 A21-15　久其一本账存储

久其产品还具备的一个能力，是 AI 能力，如图 A21-16 所示。例如上述提到的久其服务的城市基础设施服务企业和能源企业，需要获取物联网和社会化数据，实现内部财务数据和外部数据的交换，让财务更好地衔接整个生产运营。这种情况下财务数字化转型就会更关注底层数据校验逻辑、数据稳定性以及自助式数据服务的能力。例如在通信行业做财务数字化转型过程中，当发生固定资产报销时，不同环节部门关注点会存在差异：资产入库时关注资产管理系统是否已经登记了这张卡片、报账时会检查是否有发票、财务核算时会查看核算系统是否有固定资产卡片（价值管理），它们分属于不同系统，但数据合规性和一致性又有关联关系。这就需要企业将原本局部的数字化转型，转变为整体的数字化转型。通过校验规则的公共服务，为全局数据提供校验和服务能力。

图 A21-16　久其 AI 能力

久其凭借技术与产品创新，不断提升数据价值服务能力；借助专业的行业洞察能力和差异化的解决方案，与客户实现共创、共生和共赢。目前，久其的产品与解决方案已在财政、国资、民生、交通、教育、司法、建筑、能源、通信等众多行业得到广泛应用，如图 A21-17 所示。

客户名称	项目名称	服务类型		客户名称	项目名称	服务类型
中国铁建	中国铁建财务共享服务中心项目	企业大数据		中国民用航空局	民航综合统计信息系统	交通大数据
中国铝业					…分析系统	金融大数据
西部机场集团						金融大数据
天保控股						决算大数据
中国移动						国资监管大数据
人民日报						财税大数据
首旅集团						行业大数据
国家旅游局						行业大数据
黑龙江省交通运…						民生大数据
青岛交通运输委…						民生大数据
甘肃省交通运输…						民生大数据
江苏省交通运输厅						民生大数据
贵州省交通运输厅	贵州交通行业大数据分析平台	交通大数据		北镇市人民法院	北镇市人民法院智慧法庭应用	司法大数据

数据亮点：
- **90万** 协助财政部完成全国90万户行政事业单位部门决算及资产管理工作
- **482万亿** 协助完成全国人大国有资产报告涉及482万亿国有资产数据管理工作
- **70套** 在国家统计局备案的统计制度中，久其承建超过1/3，市场第一
- **>12000** 中央行政事业单位使用财务系统用户超过12000户
- **60年** 协助政府对建国后所有的义务教育、高等院校教育数据进行管理
- **8600万** 协助国家科协针对全国8600万科技工作者进行数据统计分析
- **22.8万** 协助相关机构对全国记者进行证件管理
- **101万** 协助国家卫健委进行101万家医疗卫生机构的数据统计分析
- **>50%** 协助全国超过50%的法庭进行智能化庭审
- **9348万** 协助国务院及地方各级扶贫办开展精准扶贫工作，累计减贫人数
- **51,000** 协助全国51000家养老机构进行数据管理
- **>24万** 协助中注协对全国注册会计师会员进行系统管理

注：以上数据来自于久其业务估算，不应被视为具有约束力的承诺或正式的信息披露

图 A21-17　久其数据价值服务能力

机 构 篇

　　咨询公司在企业财务数字化转型中扮演着顾问兼实施者的角色。咨询公司不仅为企业提供数字化战略规划的引导，还担任技术实施的协调者，同时还塑造着企业的组织文化。通过专业知识和丰富的实践经验，咨询公司帮助企业制定和实施符合自身特点的数字化转型战略，评估和改进现有业务流程和系统，帮助企业选择合适的软件解决方案和技术供应商，协助监督数字化转型的实施过程，有效降低转型风险，提高转型效率，在企业内部培养起强大的数字化能力，为企业的长远发展奠定坚实基础。

B01 德勤中国：一体两翼三支撑税务转型框架

1 机构概述

1.1 基本情况介绍

德勤中国是一家立足本土、连接全球的综合性专业服务机构，由德勤中国的合伙人共同拥有，始终服务于中国改革开放和经济建设的前沿。德勤中国的办公室遍布中国 31 个城市，现有超过 2 万名专业人才，向客户提供审计及鉴证、管理咨询、财务咨询、风险咨询、税务与商务咨询等全球领先的一站式专业服务。

德勤诚信为本，坚守质量，勇于创新，以卓越的专业能力、丰富的行业洞察和智慧的技术解决方案，助力各行各业的客户与合作伙伴把握机遇，应对挑战，实现世界一流的高质量发展目标。

德勤品牌始于 1845 年，其中文名称"德勤"于 1978 年启用，寓意"敬德修业，业精于勤"。德勤全球专业网络的成员机构遍布 150 多个国家或地区，以"因我不同，成就不凡"为宗旨，为资本市场增强公众信任，为客户转型升级赋能，为人才激活迎接未来的能力，为更繁荣的经济、更公平的社会和可持续的世界开拓前行。

1.2 在国内市场的发展历程

伴随改革开放的进程，德勤 1981 年在上海设立代表处。1992 年成立中外合作会计师事务所，独家担任财政部会计准则咨询项目顾问。1997 年，德勤与关黄陈方会计师行合并，成为香港实力领先的会计师事务所。2013 年，在财政部领导下顺利完成本土化转制的德勤华永会计师事务所（特殊普通合伙）正式开始运营，作为全球网络中的成员机构，更好地为中国经济建设提供专业服务。

1.3 组织与团队

德勤中国办公室遍布国内 31 个城市，现有超过 2 万名专业人才。

德勤从客户核心问题出发，坚持多元专业服务模式，为客户提供综合性、端到端的一站式服务，全面赋能客户。德勤中国积累了丰富的行业知识经验，是在国内外长期服务于各行业的领军企业，协助各行各业的客户把握产业变革机遇，以定制服务支持企业提升发展质效，聚焦的行业包括消费，能源、资源及工业，金融服务，政府及公共服务，生命科学与医疗，科技、传媒和电信等。

除此之外，作为知识型、研究型、智囊型专业服务机构，并依托广泛的服务网络，德勤打造了坚实的研究能力。德勤中国的研究体系包含了多个内部组织，如数智研究院、研究中心、公司治理中心、国资国企发展研究中心、监管合规中心、税务技术中心等。其中，德勤首席财务官菁英中心汇集经验丰富的专业人士，组成跨领域团队，旨在协助首席财务官有效应对日益转变的挑战和需求。凭借德勤广泛的专业能力，为首席财务官职业发展的各个阶段提供前瞻思维与崭新洞察，协助其处理复杂工作，应对公司的严峻挑战，并适应市场的战略性转变。

2 价值主张

2.1 核心观点

2.1.1 八项预测

针对"财务职能在2025年将如何变化"，该机构专家提出了八项预测：

趋势一：财务角色将更多聚焦在服务、分析及业务洞察领域

根据"支持者－业务伙伴－驱动者"模型，机构专家认为财务正在从业务伙伴角色进一步向价值驱动者转型。纵观国内外知名企业，大部分公司尚处于业务伙伴阶段，主要提供财务分析以支持业务经营决策。距离真正的驱动前端业务发展与运作的"驱动者角色"，尚存在一定差距。

趋势二：财务运作模式将不断变革

随着财务角色的变化，运营财务将通过与战略财务及业务财务的协同，实现企业财务向"三位一体"运营模式转变。

趋势三：财务自动化焦点将从运营财务转向财务洞察

财务将会持续自动化，但焦点将从运营财务转型向财务洞察。同时，数字化将引领共享发展的新方向，从单一职能的财务共享演变为跨职能共享，并利用数据资产、新技术革新，逐步向数字化商业服务模式转型。

趋势四：非周期性报告的需求将加速增长

疫情后的经济打破了对供应链、技术、劳动力的限制。财务需要提供非周期性的洞察见解，同时高效地提供周期性报告。

趋势五：基于触发器的警报和自然语言处理将普遍应用

财务部门将投入更多时间与业务协作，统一自助服务工具和记账系统之间的差异。同时，基于触发器的警报和自然语言处理将在自助服务中变得更为普遍。

趋势六：Erp系统将持续升级，市场转向云计算

传统的财务信息化已由原先的Erp内核转变为数字化内核，其中包含了众多创新式的技术应用，这将是一次彻头彻尾的财务信息化革命。

趋势七：标准化与高质量的数据变得越来越重要

标准化、高质量的数据是业务洞察、自动化及无接触操作的重要基石。为了实现数字化转型目标，财务需要由领导者监督执行企业的数据战略，也需要优化流程和变革管理能力。

趋势八：具有商业敏锐度、服务意识并精通数字化的人才将极具吸引力

新环境、新技术对人才提出了新的要求。财务人才体系的变革迫在眉睫，这不仅要求人才具备更多的高阶技能，同时也对整个人才管理模式提出了挑战。

2.1.2 企业税务数智化转型的关键考量因素

税务的数智化转型，不是简单的选择一套数字化解决方案，将原来的税务管理业务，由线下搬到线上。由于其专业性和合规性的特点，企业在税务数智化转型时，需要从目标定位、运营模式、平台能力、建设模式和支撑体系五个方面进行综合考虑。

（1）目标定位：

目标定位即企业在税务数智化转型中需要解决的核心问题或需要重点实现的目标。不同规模、不同发展阶段的企业，在税务数智化转型的目标设定上应该是不同的。比如，一个快速成长型企业，它的核心问题是如何形成一套标准化体系，实现快速复制，以支撑企业的快速成长；对于一个发展到一定规模，运营已进入稳定期的企业，它的问题可能是如何增强集团管控能力，充分掌握下属公司税务状况，控制税务风险。另外，税务由于其法规的复杂性，在很多地方存在细节要求，如果面面俱到，其数智化转型成本巨大，投入产出比不理想。

机构专家建议，企业应根据自身情况，设定合理的预期目标，才能更好地指引税务数智化建设方向。

（2）运营模式：

在企业税务管理实操中，由于其专业性问题，往往出现多种运营模式并存的情况。在税务数智化转型的考量上，也需要针对不同的运营模式，设计不同的支撑方案。

常见的运营模式如表 B01-1 所示。

表 B01-1　　　　　　　　　　企业常见的运营模式

运营模式	模式说明
独立模式	纳税主体自身负责整个税务的日常运营工作，包括税务申报、统计分析、风险管控等 该模式下，一般纳税主体配备有完整的税务团队
共享模式	集团设置统一的共享中心（全国或区域），由共享中心完成日常的税务运营工作；同时总部配备税务管理团队，负责政策解读、流程制定、税务筹划等专业性工作 该模式下，一个纳税主体内部往往不会配有完整的税务团队，但从整体集团看，集团配置有完整的税务团队
集中模式	总部设有完整的税务团队，并通过总部税务团队，完成总部及下属纳税主体的日常税务运营工作 该模式与共享模式类似，一个纳税主体内部往往不会配有完整的税务团队，但从整体集团看，集团配置有完整的税务团队
协调模式	介于独立与集中/共享之间的模式，通过总部与下级纳税主体之间的联动，完成日常的税务运营工作 该模式下，一个纳税主体配置非常有限的税务团队资源
代理模式	企业将日常税务运营工作外包给第三方专业机构进行处理，企业仅负责日常管理性工作 该模式下，整个企业配置非常有限的税务团队资源

上述不同的运营模式，对于税务数智化转型会带来非常大的差异化需求。表 B01-2 列

举了几种不同模式的关键考量点,供读者参考。

表 B01-2　　　　　　　　　　不同运营模式的关键考量点

运营模式	关键考量点
共享模式	• 流程的标准化,规则的统一化,以便批量快速处理 • 税务自动化能力,实现降本增效 • 按岗位批量作业的便捷性,提升分岗位快速处理的用户体验 • 流程过程中的风险控制能力,需要嵌入风险控制点,在提升效率的同时,降低合规风险 • 集中检查的能力等(如监控各主体完成进度情况)
独立模式	• 不同组织之间功能差异性与集团统一性的平衡 • 税务任务的引导便捷性,以便税务专员能够快速完成整个纳税主体的税务运营事项,避免遗漏
代理模式	• 日常税务基础数据的快速准备,以便快速提交第三方处理 • 税务处理进展的跟踪,及时掌握自身情况 • 税务处理结果的保管,避免在第三方人员变动时出现衔接问题

(3) 平台能力:

企业在税务日常管理中,涉及税务遵从、税务风险、税务规划等多方面事项。税务的数智化转型,也需要考虑多方面的能力。机构专家建议未来的税务数智化平台,应重点考虑六个方面的能力:

①统一灵活的基础标准体系。

规则的准确性决定了平台的可用性。与其他的业务应用不同,税务政策因为其多变性,给未来的使用带来了更大的挑战,因此,在规则体系上,需要强调"统一"和"灵活":

统一:规则决定结果。税务规则库应能达到"不同的人,在同一数据基础上,得到相同结果"的目标;

灵活:税务政策多变,平台应尽可能设计弹性,减少代码维护量。

②直观严谨的税务过程处理。

税务处理属于低频业务范畴,用户日常操作较少,如果设计复杂,很难让人熟练操作,无形之中会增加很多操作风险,所以平台应充分考虑便捷处理设计,方便快速操作,减少使用成本。

另外,鉴于"税收法定"原则,税务平台产生的计税结果,代表了纳税人对合规要求的解读。平台必须要强化过程校验,风险预判,减少不合规现象,让使用者"用得放心"。

③内外兼顾的风险防控机制。

企业内部的税务风险管控体系,不能简单以"防止税局稽查"为目标,机构专家更建议企业以"强化风险内控体系"为目标,强化"内控"并关注"过程":

强化"内控":风控体系建设应同时满足"内外"要求;

关注"过程":发现问题后,需要建立风险应对的闭环管理体系,跟踪问题解决情况。

④敏捷智能的税务决策支撑。

信息及时:上级组织实时掌握下级公司税务管理实际情况,支撑经营决策;

分析智能:以业务视角洞察税费变动原因,支持场景式深度分析,实现从"简单分析数据"向"主动影响业务"转变。

⑤切实可行的税务规划能力。

税务规划是税务专业化服务的突出体现，其特点是具有不确定性以及非标准性，这与信息化建设的一般方向正好相反。企业如果未想清楚具体的管理目标，很有可能出现投入与产出无法配比的情况。在税务规划能力建设上，机构专家建议落地方案一定要"切实可行"，具体可以在两方面着力：

滚动预测：趋势预测是集团税务管控的核心，税务数智化转型可聚焦利用数据和技术，搭建科学合理的预测模型，提升预测精准性；

事项清单：通过税务规划事项清单化、方案模型化、案例共享化，推动税务价值创造，如转让定价模拟测算、税收优惠测算等。

⑥及时专业的税务资讯服务。

税务政策的不断更新迭代，是保持税务数智化平台持续生命力的基础，也是体现税务专业化的核心。在税务资讯能力建设上，需要重点考虑：

及时：政策变更可第一时间精准推送，帮助企业构建可靠的"知识库"，避免政策过时；

专业：不能仅考虑政策的推送更新，还需要加入税务政策的"专业解读"，才能让政策落实到位。

（4）建设模式：

建设模式指税务数智化平台搭建和运营的建设主体选择方式，不同产业和组织架构的集团所选取的税务数智化建设模式，也存在很大区别。

通常，企业在税务数智化平台建设模式上，存在三种方式：

①总部集中化建设模式。

总部直接构建集团整体智慧税务管理体系，通常适合于行业单一型集团企业，如超市、快消、房地产行业。该模式下综合建设成本较低，未来运维成本也可控，但因为统一化较高，不适于财务管控或战略管控型集团，也不适用于版块多且版块间差异大的集团企业。

②事业部集中化建设模式。

总部制定统一的税务数智化转型框架，但不负责具体税务运营模块的建设。在总部辅导下，事业部制定适合自身的智慧税务管理体系。该模式下各事业部灵活度较高，且因为有总部统一标准框架指引，亦能兼顾到总部统一管控及事业部个性化需求的平衡性，适合业务板块多且各自成规模的集团企业，但整体建设成本较高。

③基层单位分散型建设。

基层单位独立制定税务管理体系并向集团和事业部备案，该模式适用于财务控股型公司。该模式下，各建设单位可根据自身管理特点制定转型方案，方案的针对性更强，但综合建设成本最高，且集团和事业部对信息的掌握难度较大。

企业在建设模式选择上，需要根据自身特点，选取合适的方案，甚至是几种方案的结合。

（5）支撑体系：

税务因为政策多变性和专业性的问题，在数智化平台的运维支撑方面，也存在很多的难点，常见的问题有：

- 税务政策的多变性导致维护及时性要求很高；
- 税务专业性高，规则管理难度大；
- 税务对前端业财数据的规范性依赖度高，需要关注前端变化对税务的影响；
- 税务操作规范性要求高，容易因为疏漏导致税务问题。

面对这些挑战，机构专家建议企业在税务数智化平台建设时，应充分考虑好未来支撑体系的同步建设，重点可以考虑以下一些建议：

- 产品功能设计尽量灵活，对于预估不确定性的内容，要采用可配置化方案，如风险指标，申报底稿等；
- 配备长期稳定的专业维护升级团队，或者与第三方团队建立长期合作关系，确保发现政策变化时能及时响应；
- 准备临时方案，以应对突发状况；
- 设置专业的政策研究和规则管控团队，制定定期规则复核机制保障合规性；
- 建立常态化校验监控机制，能主动发现异常情况；
- 建立匹配税务数字化转型的运营规范手册，并能及时更新确保有效性。

总之，支撑体系决定了税务数智化平台可持续生产的生命力，税务管理者充分认识支撑体系建设的必要性和重要性，做好资源的规划，才能保障税务数智化转型的最终成效。

2.2 方法论

机构专家在基于对各行各业的企业业务的理解基础之上，总结了一套独特的企业税务数智化转型框架，如图 B01-1 所示。

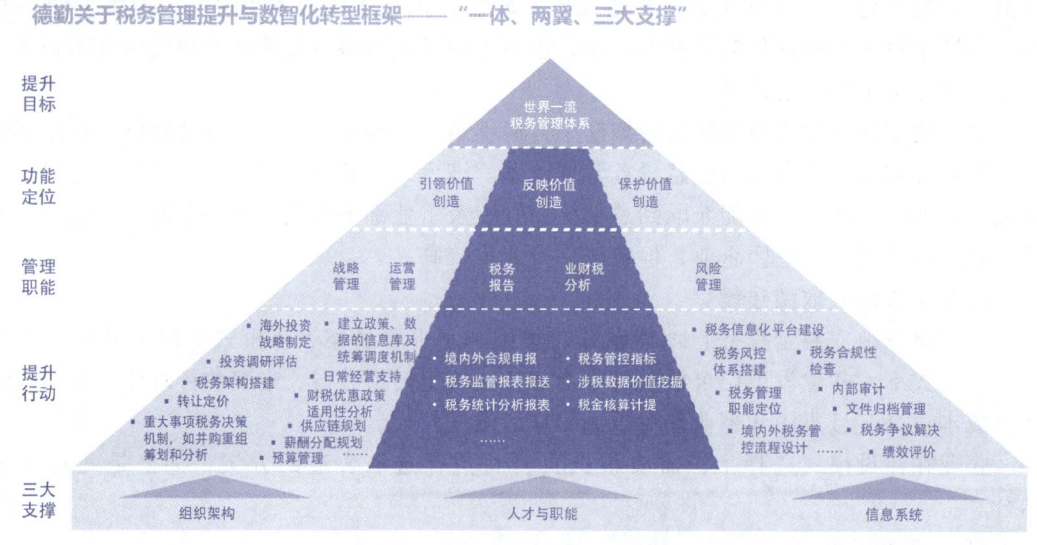

图 B01-1　企业税务数智化转型框架

该转型框架可以从组织架构、人才岗位职能以及信息系统三个方面帮助企业有效把握和管控税务数智化转型，包括在哪些方面做转型，到底要做哪些具体的事项。基于它的目标和价值，总结为一体两翼三支撑的转型框架。

2.3 解决方案

在企业税务数智化转型领域的解决方案，机构专家建议采用如图 B01-2 所示的应用架构，具体用五个一来表示。

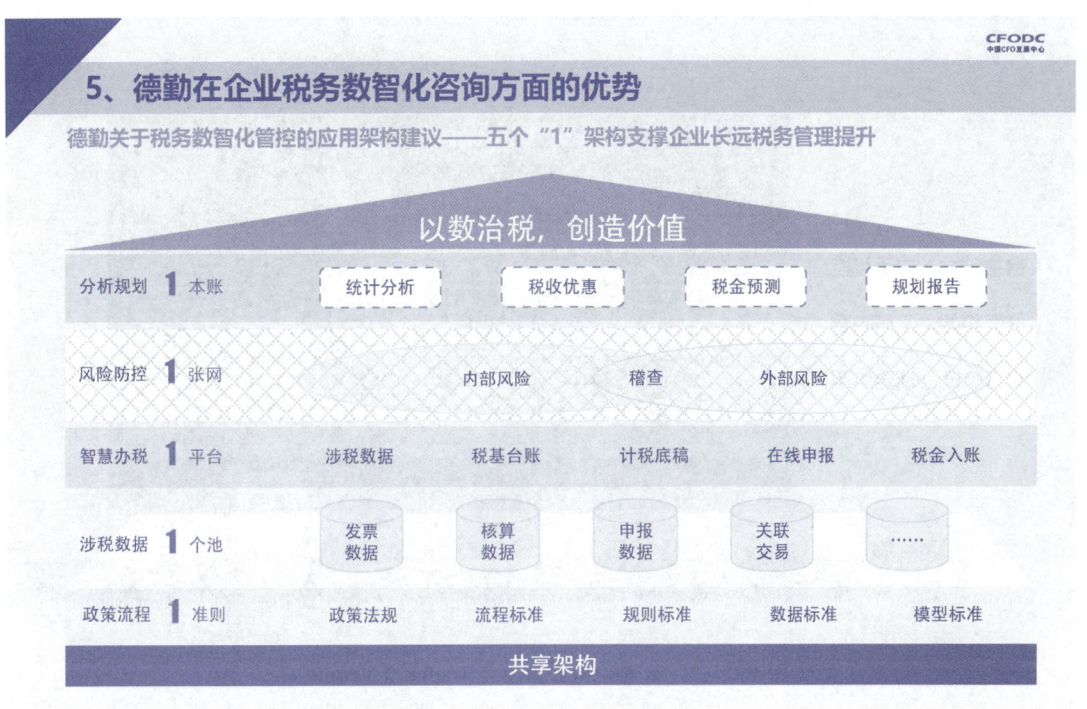

图 B01-2　企业税务数智化转型框架

一是政策流程一准则。税务中有很大的问题是很多人是靠专业判断的，大家面临同一套数据推论的结果是不一样的，不能说谁对谁错，只观点与判断不一样，但这种情况会带来风险，那就用同一准则，尽量让不同的人利用一套数据得到的结果是一样的。

二是涉税数据一个池。企业涉税数据有很多，有发票数据、核算数据、关联交易数据等。数据是整个数智化税务管理的基础，我们需要用一个池子保持数据口径的统一。

三是办税业务一平台。对于税金的计提、申报、支付等，企业经常会碰到很多差异，相对而言，采用一个平台可以对差异进行拉通和跟踪。

四是风险防控一张网。我们希望通过平台实现对内部风险、外部风险的把控，能够在一张网里全面覆盖。

五是分析规划一本账。一本账的目标也是解决口径差异的问题。口径不统一，相关的税费统计、税金预测或税务筹划等都是没有意义的。

该机构自主研发的智慧税务管理套件 Digital T-Suite 如图 B01-3 所示，其具有两个特点，一是把不同行业的税收法规政策和相关的风险点整合到系统当中，帮助企业快速解决实际问题；二是平台一直在保持验证升级，目前已经在100多个企业客户的实际案例中经过了应用验证，具有比较好的成熟度，且随着外部政策的变化，定期进行功能升级以保持产品的生命力。

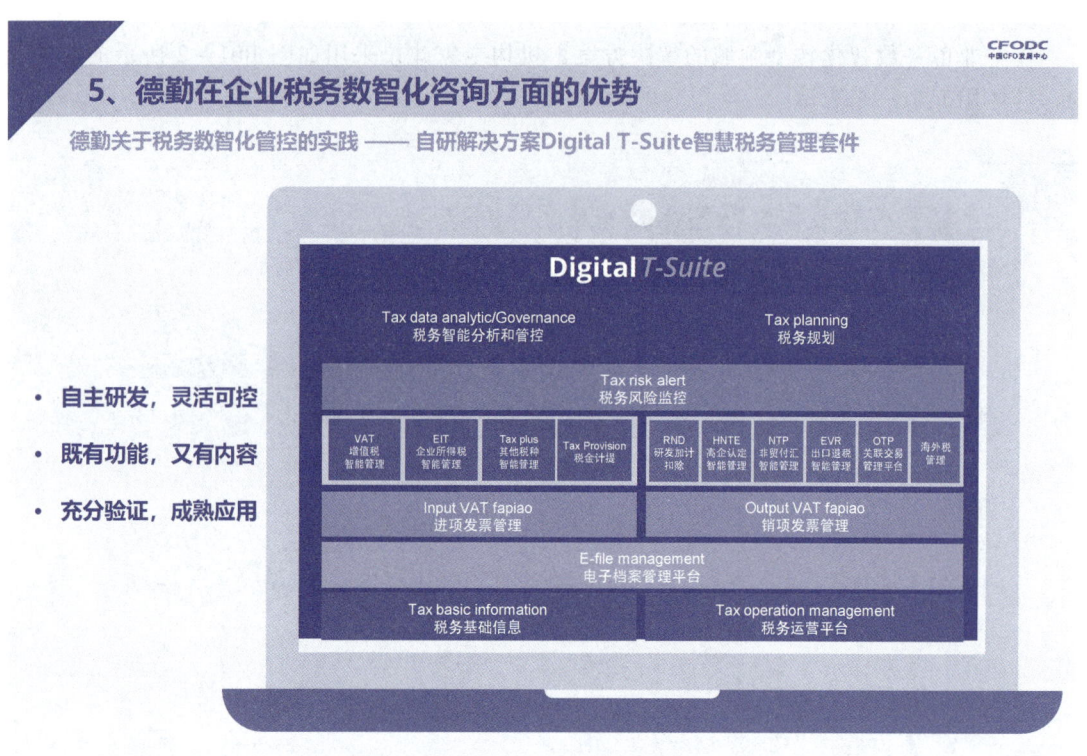

图 B01-3　智慧税务管理套件 Digital T – Suite

3. 典型案例

【案例一：A集团通过税务数智化转型支撑企业快速扩张】

A集团是中国的大型高科技制造业集团，业务涉及制造、贸易、金融等领域，正处于快速成长、快速扩张期。它的组织机构十分庞大，在国内就有超过百家子公司，在海外有几十家分支机构。由于正处于快速成长期，且分支机构众多，因此A集团在发票管理、合规申报等方面，有大量事务性工作需要处理。集团每年的合规遵从成本居高不下。而集团的税务人员疲于应对日常合规遵从工作，无力进行税务风险管控、全球税务治理和税务分析筹划，难以匹配集团的发展速度。

面对这一系列问题，A集团财税负责人深觉应进行税务管理转型。该机构在接受A集团委托后进行了系统调研，了解到一个重要情况：在处理日常合规遵从事项上，A集团下属各子公司的税务人员各自为战，标准化和统一化程度不高，且基本采用手工模式，工作效率较低。同时，集团税务人员对下属单位的税务信息掌握不够及时，难以从集团层面统筹管理税务工作。经过与 A 集团财税团队的反复讨论，我们确定了 A 集团税务管理数字化转型的重点，并开始实施。

在税务管控模式方面，A 集团建立起以中国区总部为核心，覆盖全球的集中管理模式，将税务职能划分为专业管理类和日常运营类，专业管理类的涉税事项，由集团总部税务部门集中管理，从而加强集团的统筹管理能力。在日常运营架构方面，A 集团独立设置税务共享中心，负责所有成员企业的日常税务遵从工作，包括发票管理、税务会计、纳税申报以及日常统计报送等。同时，各成员企业撤销全职税务岗位，设置兼职税务岗位，处理日常沟通事宜，从而降低运营成本并应对企业的快速扩张。

在信息化支撑方面，A 集团搭建全球税务合规管控平台，在统一各类税务运营流程和规范的基础上，打通前、中、后台数据，实现业务、财务与税务，子公司、共享中心与总部税务，以及国内总部与国外分支机构的连接，支撑起日常税务共享运营以及全球税务集中管控，从而提高集团税务管理的运营规范性和效率。

历经近两年的转型建设后，A 集团的税务管理能力大大提升。参与日常运营的税务人员大量精简，集团税务部门整体精简四成人员，合规遵从成本大大降低。转型前，集团在每月 10 日方可完成上月的税会差异核对和申报表制作，现在，每月 5 日前即可完成上述工作。受益于集中统一的税务大数据池，A 集团的统计分析管控由原来 5 天准备时间变为实时查看，管控能力进一步提升。与此同时，数字化转型释放了劳动力，在未增加专业人员的情况下，A 集团的税务风控管理由原来每年进行，转变为每月进行，风险防范能力也进一步提升。

【案例二：C 集团通过税务数智化转型积极应对外部征管环境变化】

C 集团是全球知名的智慧能源解决方案提供商，业务遍及全球 100 多个国家和地区，年营业收入超过 1000 亿元，连续多年上榜中国企业 500 强。

自 2020 年起，国家税务总局启动"金税四期"工程，持续深化税收征管制度改革，建设智慧税务，推动税收征管现代化，实现从"以票管税"向"以数治税"转变。C 集团作为"千户集团"和"重点税源单位"，迫切需要通过数字化手段，提升税务管理效能，加强自身税务内控体系建设，提升税务合规能力和集团税务统筹管控能力。

为应对内外部的新挑战，推动税务管理转型升级，C 集团于 2020 年上半年启动税务自动化平台建设项目，并确定了"两个阶段，四大目标"的建设方案：

税务自动化平台建设作为 C 集团推动税务数字化转型的重要举措，不仅是系统平台的研发，更涉及税务管控模式、组织岗位、业务流程等一系列的管理效能提升，实现了多方面的建设成效：

建设成效一：纳税申报合规自动化，申报效率显著提升

通过与多个系统集成接口自动获取原始核算数据，设置自动计税规则，建立申报流程，改变了人为多系统取数和统计的操作模式。

自平台上线以来，C 集团已累计完成近千次的申报，自动化率达到约 80%，自动化合规能力显著提升。

建设成效二：税务风险监控常态化，建立了"事前预防，事中提醒，事后监控"的闭环智慧风控体系

在税务风险管控方面，C 集团以建设"事前预防，事中提醒，事后监控"三道防线为目标。事前预防上，将税务合规规则嵌入业务流，全集团预置了超过百项合规申报规则；事中提醒和事后监控上,设置税务风险动态监控模型,预置多个税务风控指标。

建设成效三:税务数据集中可视化,建立税务大数据池,支撑集团"以数管税"

通过税务自动化平台,C集团实现了全集团涉税数据的标准化和集中化,归集了全集团超过千万条的涉税数据。通过不同口径和不同维度的各类税务分析指标和动态分析模型,一方面支持数据趋势和变化实质的分析,追溯生产经营活动前端,增加了集团税务管理能力,另一方面通过实时展现各级主体税费构成、税费负担、综合税负率变动趋势以及税收优惠享受情况等关键指标,支撑集团税收优惠的应享尽享。

4. 热点问答

(1) 关于国内企业和国外同类型的企业差距。

提问:能不能分析一下国内企业和国外同类型的企业差距究竟在什么地方?你们对国有企业国有控股企业或者是混合所有制企业的未来走向及竞争力有何建议。

回答:国有企业所承担的社会责任和国际500强企业有很大的不同,国有企业对地方经济有一定的社会责任,肩负国家的要求,来平衡经济,比如国有经济怎么拉动非国有经济发挥作用;另外国企承担的社会责任,还包括员工方面,很多国外企业,可能会随意炒掉员工,但国有企业需要稳定发展;但在管理的质量和水平上,已经大大提升,不存在什么太大差距。

(2) 关于CFO的角色和任职能力模型。

提问:在新的时代背景下,CFO的知识结构构成中的核心要素有哪些?是应该注重资本运作、投资者关系或者说内部的风险管理呢?还是说应该更注重一些战略目标的落地、成本控制?再或者是企业数智化转型?一个优秀的CFO能引领企业往前发展,从财务的角度能为企业发展带来价怎样的价值?

回答:首先有四大方面的知识提升:第一个是气候变化。未来要去关注气候变化和可持续发展,不只是报告层面,而是要深刻认识对企业的影响,因此关于可持续发展、气候变化方面课题是必须要提升的。第二个是数智化,不只是财务数智化,而是整个企业,整个生态圈里面的数智化的影响,数智化后财务怎么发挥作用的。第三个是对财务报告的信任度,同样让大家对企业和财务报表、财务信息、企业关系、信息披露的信任度提高,这能维持内部和外部的可信度。第四个就是人才团队在工作模式方式上的转变,现在的财务是集中管理,未来"90后""00后"的时候思维想法和要求都会不同,怎样能够和这些年轻人连接,发挥他们的能动性,工作方式应该怎么做,这是全球范围内最被关心的事。

另外还有四个能力,一是网络安全,数据安全性怎么做;二是风险管理监管要求怎么进行;三是企业的创新思维怎样体现,部分财务人员给人的感觉就是保守、谨慎,但现在要学会创新思维;四是敏捷性和韧性,因为现在有很多不确定因素,在无限的变化中怎样保持心态也很重要。

(3) 关于世界一流企业的评价指标。

提问:德勤在中央企业对标世界一流企业方面做了大量的工作,是这方面的先驱者,那在财务的数智化转型方面构建世界一流企业的核心要素和评价指标有哪些?

回答:怎样去评判企业的数智化转型到底做到什么程度,有什么标准?通常会从四个方面去看。

第一个方面是管理层的认知，数智化转型绝对不是财务的事，也不是税务的事，应该是企业整个经营决策的事项。财务和整个公司的一把手，对数智化转型是怎么认知的？是为了追求时髦，还是真的想企业做转型？如果认知只停留在为了技术而技术，为了创新而创新，那大概率是失败的。

第二个方面是商业模式和运营模式的转型配套，数智化领域中商业模式是决定一切的，如果围绕数智化转型，那首先要靠设计合理的围绕数字、围绕客户的商业模式，不管是产品设计，还是营销模式等，都要转换。

第三个方面是数智化人才的积累，这企业有没有设置，比如说首席数据官（Chief Data Officer，CDO）的角色，他有没有认识到情况的转变？还是只是把名字改了？如果这些方面有充分的认知了，积累了相应的配套人才等，那可以说转型初见成效。

第四个方面是技术支撑以及它的落地水平，如果前面几个做不好，技术应用得再多都是浪费钱。

（4）关于数据资产。

提问：假设我们已经认定数据确实是一项资产了，那么数据资产的价值是怎么确认的？它的价值在企业里面是怎么体现出来的？

回答：数据资产跟财务意义上的资产是不是同一个概念？我不能说是也不能说否，这是在不同的场景下的问题，从广泛角度来谈数据，会有很多可以挖掘的空间，那么它对于企业的运营是有价值的，从这方面来说，资产就是增值的基础，那它其实就是可以是个资产。但是在会计上要定义为资产，是要有可衡量的价值，要评估这个东西到底值一千万还是值两千万，就像商誉一样，必须要有数字，实际上数据也确实是可以量化的。首先要场景化，数据是一堆杂七杂八的数字，我怎么样把它背后的东西体现出来，先要做到场景化，场景换完之后再把它转成可见的软件、平台，而软件、平台就可以定位为无形资产。现在其实有很多企业是专门运营数据的，以卖数据为营收点的，它在网络上去搜集各种各样的数据，经过加工给出行业一些分析，或者供大家的引用。包括我们做转让定价，转定价要会看各个行业的定价基础、各个公司的定价基础，这背后是一大堆的数据，要做定价需要所谓的基准，就要去买它的数据，那作为运营，这家数据的公司账上一定是有东西的。所以你说它能不能形成为账上的资产，是可以的，关键是要场景化，场景化之后把它形成平台化，或者真正的无形资产，这样是可以的。

如果体现到账上，其实还是看它的规模和它的质量，看它的商业应用场景，才能够进行量化。还有一些公司直接卖数据，比如说发票数据，他们拿了各公司的发票数据之后从发票数据里面去做文章。不管说从法律上合不合规，但至少企业是有诉求的，这些都是我觉得财务账面上可以体现的。

现在有两个概念，数字资产和数据资产，有数据的数智化工具怎么做，会计怎么去入账，分两个部分，一方面是会计准则怎么做，怎么去评价这些数据的资产，或者是数据里面能够应用工具分析的一些资产化部分，另一方面就是本身的这些数智化工具，怎么样把它资产化。据观察，主要还是用市场的和收入的模型去考虑问题，也就是到底会创造多少收益和市场，这是非常重要的。但目前这里最大的挑战就是，各个市场都刚刚萌芽，在估价、估值时其实是有难度的。这部分需要数字专家去进一步考虑。

B02 普华永道：三分财务及其数字化框架

1. 机构概述

1.1 基本情况介绍

普华永道，即普华永道会计师事务所（Pricewaterhouse Coopers；PwC），由会计师事务所 Price Waterhouse（普华）及 Coopers Lybrand（永道）于1998年7月1日合并而成。追朔两家会计师事务所的历史，接近170多年。

随着时代的不断发展，普华永道提供的服务也在不断增加。财务审计作为传统服务内容，在业务中依然占有很大比例，同时普华永道还提供税务服务、管理咨询服务、交易服务等。普华永道在国内税务服务市场上独树一帜，一直备受认可。管理咨询服务包括从战略咨询到相应的运营管理，涵盖财务、人资、业务、供应链等一系列内容，还包括新系统方面的相关服务。普华永道能够为客户提供从战略开始到落地的一揽子完整的管理咨询服务。交易服务方面，依托于财务专业能力，普华永道帮助大量的企业进行并购、投融资相关业务服务，包括在过程当中的尽职调查，协助很多大型企业完成投融资。

1.2 在国内市场的发展历程

中国的普华永道，最早于1902年进入了香港，于1906年进驻上海。以这个时间而言，普华永道在中国的服务跨越了时代，也正是因为普华永道能够不断适应时代的发展，通过自身不断的迭代变化，才能够创造更多的价值。

普华永道在改革开放之后的90年代重新进入中国，在服务中国客户的同时，也为整个市场输出了大量的人才。从某种意义上说，普华永道对于整个中国市场财务服务的发展起到了一定的推动作用，也为中国企业不断提高财务管理水平作出了一定的贡献。

1.3 组织与团队

普华永道在全世界156个国家和地区设有办事机构，拥有接近30万员工，是全世界最大的专业服务机构之一。即便是疫情期间，各个公司之间往来不是特别方便，但普华永道利用全球网络资源，其国际性业务依然得到了大幅增长。普华永道在中国也发挥了越来越重要的作用，帮助企业连接起了世界各国。

最近几年，普华永道建立了自己的创新中心，把与数字化相关的业务进行了一个重新整合，成立了数字化管理咨询部门，整合了财务、人力资源、税务等相关的数字化服务，更为聚焦。这也是普华永道作为一个传统的大型会计师事务所及专业服务机构,为了顺应数字化发展浪潮下的改革。目前,普华永道是市场上拥有最大规模的数字化咨询服务的专业服务机构。

面对今日中国市场的机遇与挑战,普华永道秉承企业使命,汇集专业力量和多元智慧,与时俱进,以新方程战略布局为指引,针对五大领域进行重点投资。数智重塑,共建数智化智慧生态,加速数字转型之旅,创造专业安全高效的数字产品及解决方案,赋能企业可持续发展。为了应对数字化浪潮的过程,普华永道提出数智重塑的口号,即用数智化的手段来重塑业务。也就是说未来不光是财务、业务,一切经营活动都可以通过数智化的手段来进行重塑。为此,普华永道专门成立了数智重塑业务部门,这是市场上唯一一个在整个专业服务机构里专门从事数字化业务的部门,也是现在普华永道第二大的业务部门。

除此之外,普华永道的咨询、供应链、并购等服务,在业内排名也处于领先地位。咨询方面,普华永道收购了当时全球著名的与麦肯锡相当的博斯咨询,构建了现有的普华永道全球战略咨询团队——思略特,使得普华能够从高端的战略咨询做到真正的落地,满足市场客户的需求,提供完整的服务。

普华永道根植中国十余个城市群,与政企携手共促协调发展,构建敏捷、以市场为中心的数字化人才团队,为客户创造差异化价值。

2. 价值主张

2.1 核心观点

2.1.1 大型企业集团的财务职能正在与时俱进

从时间轴上来考察财务发展的趋势,可以把财务的发展简要划分为四个阶段,如图 B02 – 1 所示。2000 年以后每十年一个台阶,随着信息化、数字化技术的演进,财务的定位、财务的职能以及需要的核心能力也在不断演进。大型企业的财务职能,已经从事务执行型升级为战略支持型,并且不断在可视化、自动化和智能化水平上进行演进。

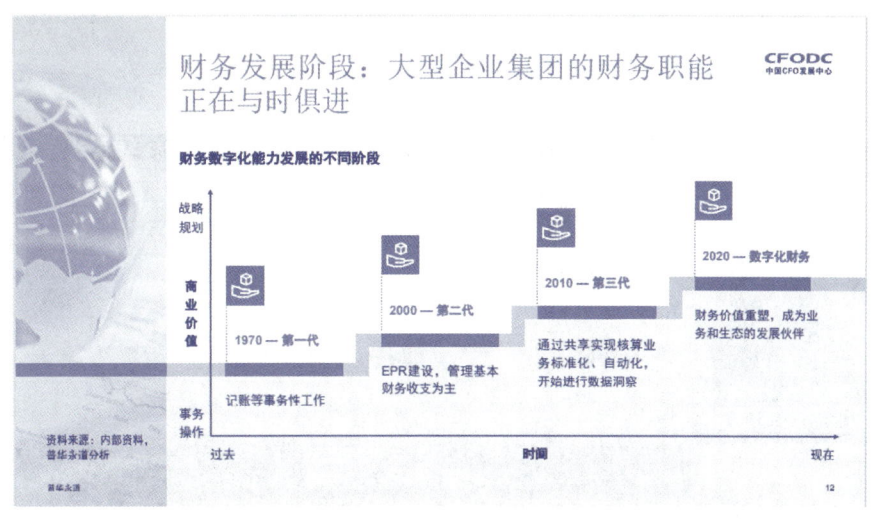

图 B02 – 1　财务发展不同阶段

1970~2000年，当时财务的定位是为业务提供中心化的财务执行工作与管理。其主要职能集中在记账和会计，需要的财务人员的核心能力是支撑专业化的业务知识和一些事务性的能力。

2000年以后，大型企业对于财务的定位发生了变化，基于一些自动化系统建设能力的逐渐推广，以及对流程的重视的驱动，很多企业已经开始尝试通过共享服务的形式来实现整个财务机构的转型变革和流程优化，以大幅提升事务性的质量和效率，其职能上也开始向管理职能进行转化，管理基本的财务支出、成本管理和收入管理成为主要职能。而财务人员的核心能力提升，除了通过一些专业的财务培训获取之外，还需要具有比较强的专业管理能力以及学习Erp系统功能。

2010年之后，很多企业把财务进行了三分财务的设计，主要影响来自于普遍的系统建设和共享服务的广泛运用。通过系统和共享服务的建设，使得流程更加标准化和自动化，从而构建覆盖关键业务流程的财务信息系统，促进财务信息的快速处理和实时共享，使财务管理的定位和愿景实现了进一步提升。这一阶段财务职能的变化，是集中在通过财务和经营分析实现对客户的洞察并逐渐提升对业务经营的影响力，而财务人员的能力支撑，在传统的能力模型基础上，增加了构建平台，强化数据分析，并且在建模能力上提出了进一步的要求。

2020年以后，财务的愿景定位演化为引进数字技术驱动财务价值重塑，成为业务和生态的发展伙伴。财务人员也逐渐成为企业战略目标的重要推动者，对业务进行实时的跟踪预测，支撑企业未来战略发展决策，并打造高效的服务和业务赋能能力。对于财务人员的能力要求和素质结构，也在不断地迭代升级，越来越需要复合型人才，并且是具备战略思维的，能够执行财务和数字化专业知识的复合型人才。

2.1.2 常见挑战

企业的财务数字化转型势在必行，但在实际的执行过程中，也存在一些实际的困难和挑战。主要是集中在战略定位、业务能力、数据与技术、组织与人才这四个方面，如图B02-2所示。

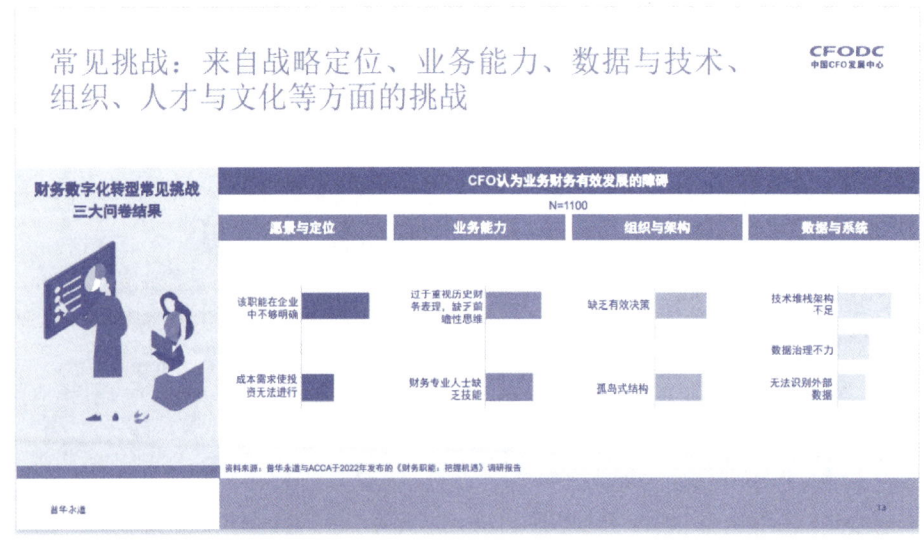

图B02-2 企业财务数字化转型常见挑战

财务职能在数字化浪潮下不够清晰是首要的挑战。业务高速发展，技术不断迭代，财务与业务之间的边界也需要进行实时的调整和厘清。财务职能不明确，会进一步导致财务和前端的业务在交流过程中产生冲突和摩擦。

从成本投入的角度，财务处于成本中心，进行数字化转型需要大量成本的投入，比如人才梯队的搭建和系统前期的投资。这部分的投入产出比很难量化，所以，如何使决策层下定决心来进行投资，也具有比较大的难度。

在业务能力方面，财务更加注重历史经营数据的表现，对于未来的前瞻性相对缺乏思维上的补充。能否进行前瞻性的分析，一方面是数据分析的技术，另一方面是需要有足够的、海量的并且颗粒度足够细的数据沉淀。而在数据的时间跨度上，至少需要具有10年以上的历史数据，且不能只是核算数据，还要有交易层面的数据和业务上的数据，才能够满足预测分析的需求。这就要求财务人员对前端的业务有一定了解，并且能够把财务和业务的融合在一定程度上通过算法来建立出来。财务人员在财务领域的知识储备足够，但对于数字化先进技术对财务有哪些影响，以及先进的技术对于财务有哪些场景、在这些场景上应该如何使用这些技术，这些方面的储备还是比较缺乏的。

组织与架构层面，也存在制约财务转型的因素。数字化转型并不仅是财务职能的事情，它其实是对企业整体的重塑，是原有的传统的组织架构所不能够进行支撑的。在数字化转型下，整个企业的组织架构将以怎样的职能来进行划分，是转型时面临的常见问题。传统架构中以组织来进行划分，这本身其实有碍于整个组织的数字化转型的。

在数据和系统层面，主要的挑战是技术对战的架构不足，技术架构的前期规划不能适应现在以及未来技术的演进。比如，很多企业的财务系统基本上是先上核算来满足账务处理的需求，随着财务职能的拓展又开始上资金、税务、预算等系统，并且每个系统的厂商还很不一样，这种"烟囱式"的信息系统对后续系统的集成、数据打通都存在很大的技术障碍，由此也给后续的数据治理带来了很大难度。为此，很多企业开始建设数据中台以及主数据管理系统，但这样的一个主数据系统其实很难做到与不同的技术架构的系统来进行同时分发，因而导致很多大型的集团能够集中管理的主数据的数量或者是种类其实非常有限，进一步又会导致数据结果的不一致，高层看到的经营分析的结果、业务结果、财务结果各有不同，决策层很难以一个唯一的数据来对决策进行有效的支撑。

2.1.3 转型趋势

在技术推力和需求拉力驱动下的转型趋势挑战在技术推动和需求拉力驱动下，重塑财务管理体系的价值创造场景和手段如图 B02-3 所示。

数字化转型由两部分动力来驱动，一是技术的推力，二是内在需求的拉力。

技术推力是现在的外部技术不断发展，很多比较成熟的技术已经在财务领域被广泛应用，从而潜移默化地推动财务管理的变革。外部环境也会促生财务服务对象产生新的需求，对数字化的迫切度起到进一步的拉力作用。比如监管机构和利益相关者要求的信息披露的速度要更快、内容要更广、质量要够高而且颗粒度要更细，从而要求内部系统与外部机构系统或者是平台要实现一定程度上的信息互联，并且加快对外披露的速度，提升信息呈现的质量，使用技术手段赋能管控的一个精度来提高监管的效能。并且，在这样的一个时代，商业和运营管理模式不断变化，需要建立新型的关系以提升创新和价值创造的能力。宏观环境也在快速地变化，需要把控经营风险，快速抓住市场机遇，那就要充分利用各种财务数据以及

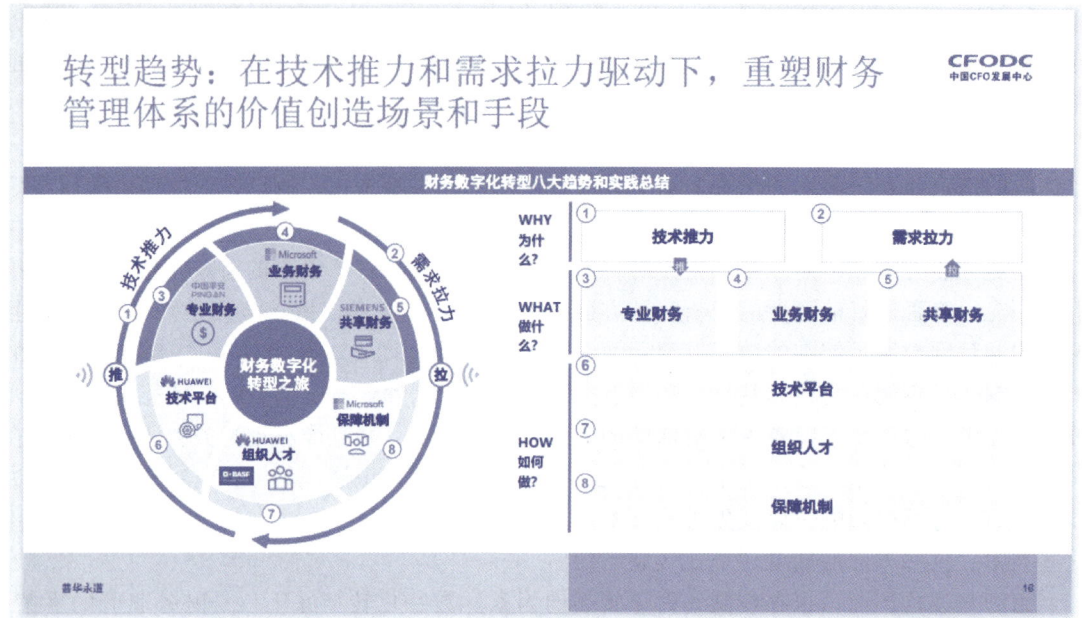

图 B02－3　财务数字化转型八大趋势和实践总结

非财务数据来支撑对业务的洞察、分析、估值、判断，建立与数字化匹配的一个治理体系。与此同时，很多大型企业也都在建立自己的合作伙伴生态，也要求其产业链、生态链能够进行数据的互联互通，生态圈内的各类主体、各种要素能够协同联动，聚合发力，实现内外部利益相关者共生共享。

这一推一拉的两种力量促使三分财务的形成，即专业财务、业务财务和共享财务在定位上、职能上和能力上发生一些变化，并且所使用到的工具和手段也进一步更新和迭代。

在专业财务领域，很多企业的专业信息系统建设不够智能，专业系统没有拉通，其发展趋势将会是延伸核心的财务智能，使得财务管理看得更清楚、更实时，能够看明白财务未来的边界在哪里，风险管控能力也能够更强。

从业务财务管理领域来说，当前存在一些问题。横向协调不够、数据获取有断点；纵向贯通也不畅、计算分析有卡点；业财发展不均、管理提升有痛点而且场景建设不够足，价值挖掘也很困难。其发展的趋势将是不断推动业务和财务的深度融合，提升对业务洞察和决策的支持，在预算管理、经营分析和价值分析这三方面进行发力，以价值创造为导向。

在共享财务方面，共享中心的职能目前还是局限在核心的核算和交易类的处理，在数据服务技术服务上还存在很大的提升空间，发展趋势上可以整合资源，沉淀财务能力，不断拓展服务范围，强化数字化的交付，打造共享中心内部的能力中心，对其他财务领域提供更加产品化的服务，同时作为财务能力向业务能力标准化输出的一个端口。

2.2　方法论

三分财务，是把财务的组织进行三分化，如图 B02－4 所示。以财务的总部、运营实体事业部、能力中心也就是集中的共享服务中心，形成一个铁三角模式。

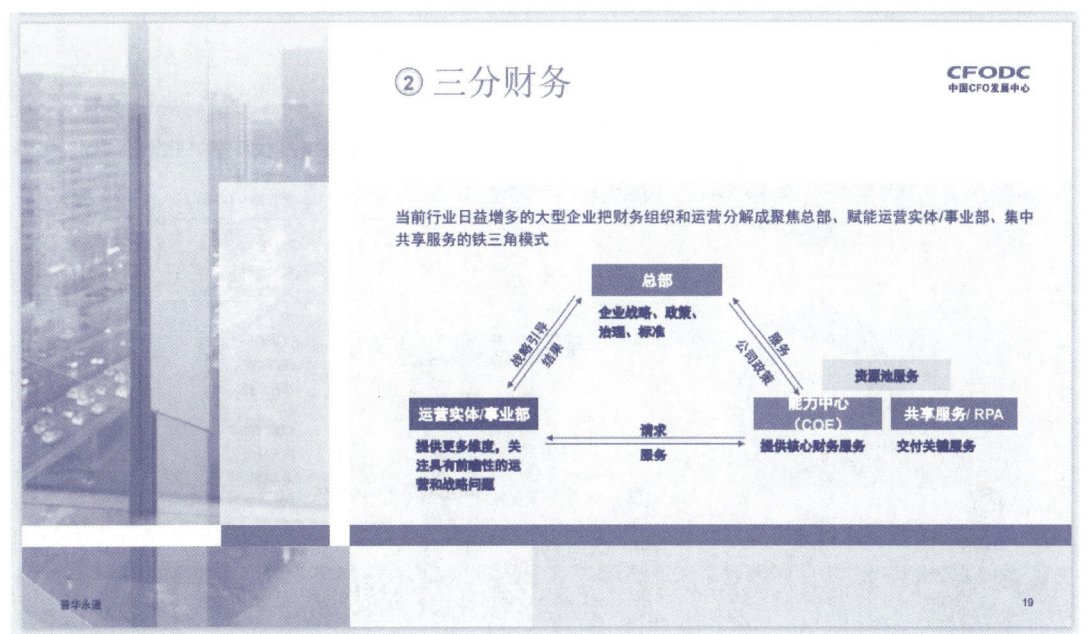

图 B02-4　三分财务

总部的职责聚焦在制定标准控制流程，包括提供战略的政策和程序，管理合规风险的策略，向外部利益相关者汇报，支持企业总部业务角色的流程，可以概括为企业、战略、政策、治理、标准五项。企业战略支持、投资者关系管理、并购支持、外部报告和合规以及税务和财政战略、会计政策及监管等相关流程的标准政策的制定是总部的主要职能。

运营实体（事业部、或业务单元的财务部）提供更多的维度，并关注有前瞻性的运营和战略的问题。具体来说，负责制定财务相关度非常高的一些流程，以及跟客户的体验和收益管理相关的流程，包括决策支持、场景规划、定价、交易分析、商业分析、动态规划等。

共享中心的定位，是专业知识的输出的相关流程。这些流程一般具有以下特点，一是需要特定专业知识的流程；二是要面对分散的客户需求；三是需要具有一定规模的资源池，能够确保体量和专业度；四是不需要频繁地面对面接触。这类流程一般放在共享中心来进行制定和管理，比如企业绩效管理和报告、成本分析、预算的实时分析对比、标准化的管理报告以及在流程节点上固定规则的控制和合规等。另外，共享中心还提供交易服务流程，这些流程通常是以规则为导向、跨业务单元或跨板块且有巨大的交易量，有比较有限的交互需求，以及有通用的信息系统的基础设施，非常适合放在共享中心来进行处理。比如总账核算、固定资产核算、关联交易的对账以及采购制支付、订单制收款、纳税申报等。

三分财务，在具体的业务领域或者说场景上，分为业务财务、共享财务和专业财务，如图 B02-5 所示。

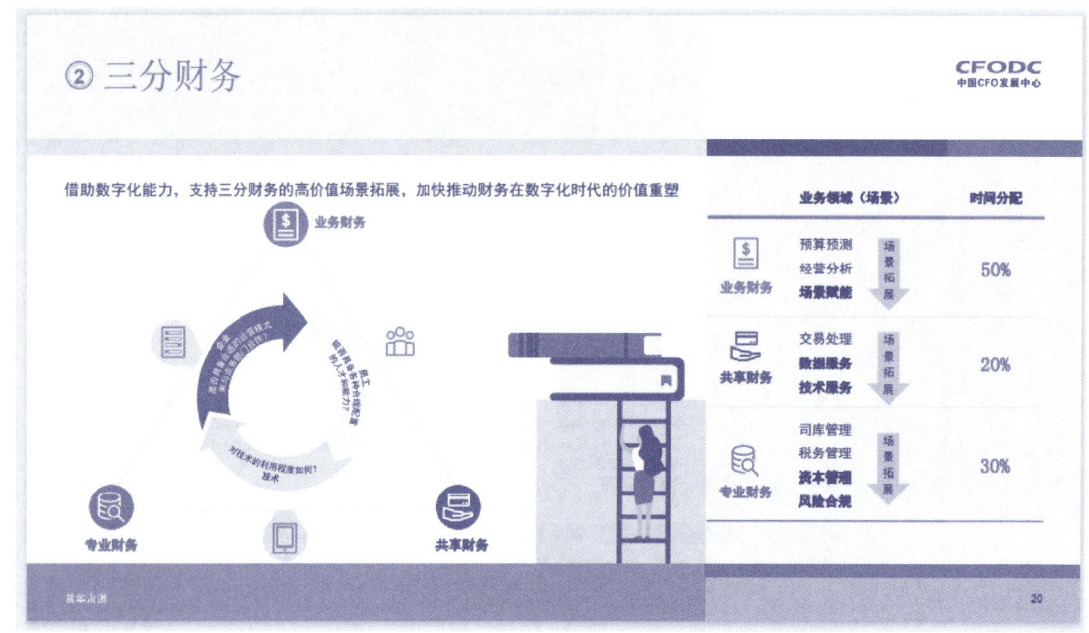

图 B02-5 三分财务的业务场景

（1）专业财务：分为财务报告、司库管理、税务管理和风险合规，是数字化转型相关度比较高的四个领域。

财务报告，传统的作业模式大量依赖人工且非常耗时，很难响应监管以及管理需求的变化。数字化转型之后，可以更加迅速准确地编制财报，通过重塑报告流程，以及一些可视化的手段，来识别编制流程上的一些卡点，然后进一步优化，从而大幅度提升财务报告编制效率。

司库管理，主要痛点在资金的流动性低、资金利用的效率低，以及内部不能够进行统一调拨，产生不必要的费用，资金的潜能未被充分激活。通过资金的集中以及线上管理可以集约、高效、安全地管理资金，实现高效统筹整个财务资金的资源，敏捷提供资金的价值返现。

税务管理，要从传统的后台支撑满足合规要求，转型成为主动预测，提供闭环体系管理。通过建立税务政策资源、信息数据的统筹调度和使用的机制，从遵从合规监控税务风险动态，数据发掘的方向来进一步优化。

风险合规，企业常常面临的问题是风险管理与战略发展的方向不一致，所以需要识别风险过程中为考虑目标因素导致的风险评估与战略和经营管理的目标存在的脱节情况。风险合规的未来趋势是通过打通企业内外部数据的资源，结合战略目标量化，进行风险指标的定义以及监控，实现整个风险的事前、事中、事后全链条的一个可视化监控。

（2）业务财务：业务财务未来将在预算预测、经营分析和场景赋能三个领域发力。

结合数字化时代的要求，未来会实现以业务驱动这样的预算编制，打破现在业务端和财务端内部信息不对称以及数据滞后的情况，提升数据的时效性、准确性和可穿透性。在业财融合的条件下，可以展开全面预算管理，提高战略落地的合理性和执行能力，并且及时了解业务的真实情况，支持灵活的决策调整。

经营分析目前的痛点是依赖人工，数据信息的收集困难很大，并且集成的难度也很大，分析的角度也受限，而且诊断的能力比较弱，结果的利用也比较低效。未来可以在监察机构专项汇报、集团阅读经营分析、职能部门日常控制和业务单元全面分析等经营分析的场景下进行数字化的探索。将业务和财务的指标进行一个深度的融合，从数据的底层以及数据的加工的指标口径就开始进一步的融合，来体现业务特征和财务特征，增强财务对前端业务的适应能力、理解能力以及响应能力。

在数字化时代，流程将会逐渐弱化，取而代之的是场景化管理，也就是将企业的价值链进行更细度的拆解，把每一个价值点拆解出来，然后以价值点作为出发点来进行全面的梳理和分析，哪些场景是可以通过应用数字化的手段来进行价值提升和效率提升的，也是以价值点作为业财融合的出发点来构建企业整体的价值地图。比如从集团总部到业务单元，多层级地将价值点进行穿透分析，在满足战略落地的同时也能看到一线的实际情况，实现绩效结果的可见，以及业务成长的可预测性和供应链可控的模式。

（3）共享财务：共享财务一般从四个维度入手：服务范围、交付手段、运营模式和人才模型。这也是未来共享中心进行转型升级需要重点考虑以及重点发展的领域。

从服务范围来看，一方面从区域上进行扩张，把分散在全国全球各地的业务纳入共享中心来集中处理。另一方面是内生的服务实力上的拓展，就是将服务范围进一步拓展，把一些标准化的交易服务向数据服务和技术服务来进行拓展。

从交付手段来看，RPA 运用非常广泛，很多共享的交易服务是标准化、线上化的，并且量非常大，非常符合 RPA 的使用场景。另外，电子档案和应用智能客服机器人的应用，使得未来共享服务的交付手段会越来越趋近虚拟化和无人化。共享财务应该是比专业财务和业务财务更加具有数字化场景的管理领域，其交互手段也将越来越数字化。

从运营模式来看，未来的共享财务会更像一家具体公司，有配套的组织和管理职能，有后勤职能，未来也可以像企业一样去追逐现代企业管理模式，整合内部增值服务来降低成本，探索从成本空间向利润空间的转型，逐渐市场化，以数字来驱动业务。并且，利用创新的数字化技术进一步加快内部流程的效率，通过数字化手段来重购流程以推动智能化的交付。

从人才模型来看，从培养优秀的纯财务专家，向培养擅长数据科学、技术流程的复合型人才转变。

2.3 解决方案

普华永道服务的能力优势，是一揽子的解决方案，从服务的规划，到具体的落地实施，包括财务的各个领域，核算、司库、共享等，同时具有丰富的财务数字化服务经验，拥有业内最大的数智重塑的数字化专业人才梯队，致力于为客户提供整合的一揽子财务数字化综合解决方案。

2.3.1 财务数字化解决方案

普华永道的数字化解决方案如图 B02-6 所示，具体包括六个方面。

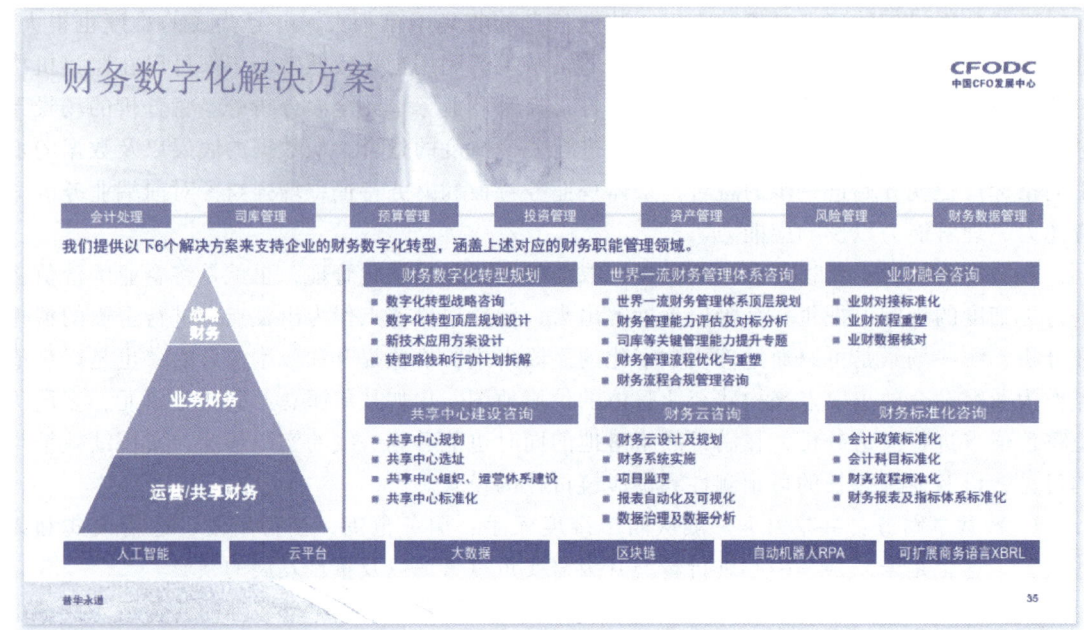

图 B02-6 财务数字化解决方案

一是财务数字化转型的规划。帮助企业对于转型的战略规划顶层设计、新技术的应用方案设计以及转型战略和行动路线进行拆解。

二是财务管理体系咨询,对于世界一流的财务管理体系的成熟的解决方案,包括从顶层的规划,到财务管理能力的评估,以及对标的分析,还有关键的领域,以及大家比较关注的司库建设、核算、共享还有税务。

三是业财融合。业财融合是未来财务数字化转型的发力点。业财对接的标准化,业财流程的重塑以及对业财流程的核对,从而帮助企业在业财融合上提出一些解决方案。

四是共享中心。能够帮助企业"从0到1"地把共享中心建立起来,还能够对于现有的已建设的共享中心的未来发展进行优化,提供相应的"从1到2"的提升的规划以及解决思路。

五是财务云。将所有的财务应用都放在一个平台上,并且全部上云。对于财务云的整体设计和规划、系统的实施、项目的监理、报表的自动化和可视化以及数据治理和数据分析,都有配套的服务。

六是财务标准化咨询,很多企业虽然有了顶层系统,但是底层财务标准化的基础没有做牢,导致上面很多应用没有办法很好地应用起来。解决财务标准化会要从四个方面帮助企业来进行梳理,财务政策、会计政策、会计科目以及流程,还有整个报表以及指标体系的建设。

2.3.2 税务数字化解决方案

税务数字化的解决方案,首先可以提供相应的税务管理系统,和战略转型的一些咨询服务,如图 B02-7 所示,比如税务合规咨询、税务战略咨询、税务风险咨询、税务治理和税务流程的优化等,以及税务的信息化顶层设计、全球税务和一些涉税的管理咨询。

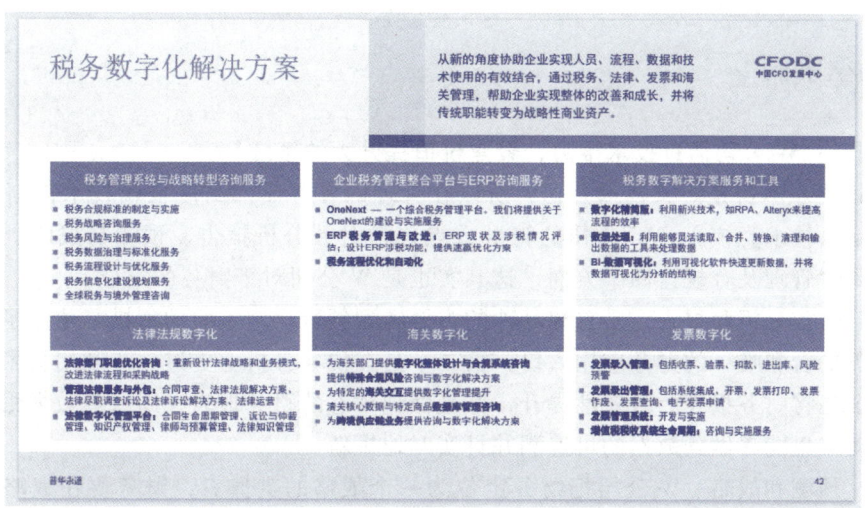

图 B02-7 税务数字化解决方案

普华永道有 ONE NEX 综合税务管理平台，提供企业的税务管理平台和 Erp 的咨询。这是其自主开发的一个平台，提供相应平台的建设和实施服务。包括可能在 Erp 建设过程中因为税务政策的变化而调整 Erp 系统，从而提供 Erp 系统的调整优化方案。

除此之外，普华永道也会提供税务数字化的解决方案、税务法律法规的数字化、海关的数字化、发票数字化等。

2.3.3 财务数字化应用架构分析

财务数字化技术架构分析如图 B02-8 所示。传统的系统建设普遍是用竖井式或者烟筒式，系统之间相对封闭，数据的共享也很有限，系统建设的自动化和敏捷程度都不足。现在很多企业开始搭建统一的技术平台，基于统一平台去建设不同的应用。这样的趋势也是在系统选型当中需要去充分考虑的。很多大型央企也逐步选型云平台，并且开展了传统版本的替代工作。

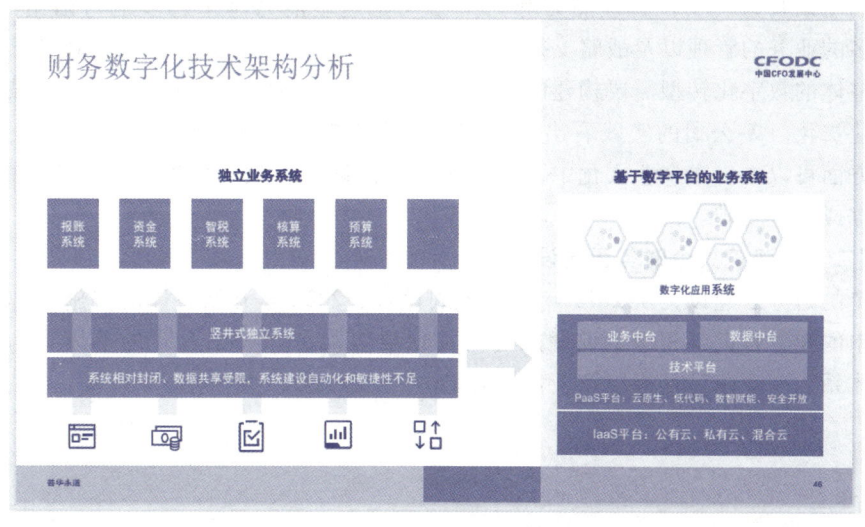

图 B02-8 财务数字化技术架构

3. 典型案例

【案例一：W 公司通过技术推力，聚焦价值提升大的领域】

W 公司由于本身是一家技术公司，所以在管理的各方面都高度依赖技术创新。W 公司的定位就是以技术为核心。W 公司的转型重点包括财务分析报告、预测与战略、业务流程自动化、风险管理及合规这四个方面，这其实也是 W 公司对于财务的定位。

首先，财务分析和报告，是首要其冲的主要转型领域。它主要的举措是建立了一个统一的商业分析平台和唯一的财务应用入口，第二个是在税务分析上更进一步利用技术实现自动化，第三个是将财务报表的时效性提升，并且做到动态的财务报表，即财务数据根据一些核销冲毁等动作也能够做到数据的可追溯并且实时地更新。

其次，预测和战略。W 公司把财务定位为一个战略的支撑者，财务要在战略支撑上做到更加准确地预测收入，并且包括应收账款的收入和产品销售预测等，都要由财务进一步的转型升级来支撑未来销售战略的制定，以此来明确进一步需要加强销售动作的市场的细分领域。

再次，在业务流程化方面，体现在 W 公司对财务的要求是要成为一个效率的提升者。具体措施包括采用了财务的聊天机器人、信用和借款聊天机器人来回答用户常见问题，例如一些报销事项或者是对于控制节点具体的规则要求，以及员工或是供应商的信用评分查询等，都采用财务管理报告自动化、合同自动化等措施来提升流程的自动化水平。

最后，财务的落脚点就是风险的一个管控者，转型的重点就是风险的合规及其管理。作为一个大型的、跨国的、全球性集团，不同国家的政策对于 W 公司来说是很大的风险因素，所以 W 公司要建立全球财务相关政策工具的搭建，以实时看到不同国家的财务相关政策的变化，从而调整财务决策。此外，还有合规的预测性分析、Smart Link 等技术应用，主要集中在机器学习、大数据还有人工智能。

保证转型的两个能力是人员和企业文化。组织能力要求财务人员具有战略思考与分析的能力、影响与谈判力、项目管理能力等。W 公司把这些能力越来越多地付诸给财务人员，参与到更多的业务的管理以及战略支撑上。在企业文化上，也是遵从了其整体数字化转型的要求。以整体的数字化转型需要构建的文化，包括以客户导向、多元包容、不分彼此等一脉相承的企业文化。W 公司的实践看出，一方面技术是财务数字化转型的核心的、硬性的工具，另一方面可以看出在企业文化中，组织能力是保证财务数字化进行转型成功的重要的、软性的支撑或者是基础。

【案例二：某建筑央企财务云建设案例】

某央企的财务云建设，从 2019 年顶层规划设计，2020 年开始整体的实施工作，包括在整个实施中的业务咨询，相应的监理服务。其顶层架构是"一三五"的整体架构，即建立一个管理体系、三个建设目标以及五大核心能力，如图 B02-9 所示。

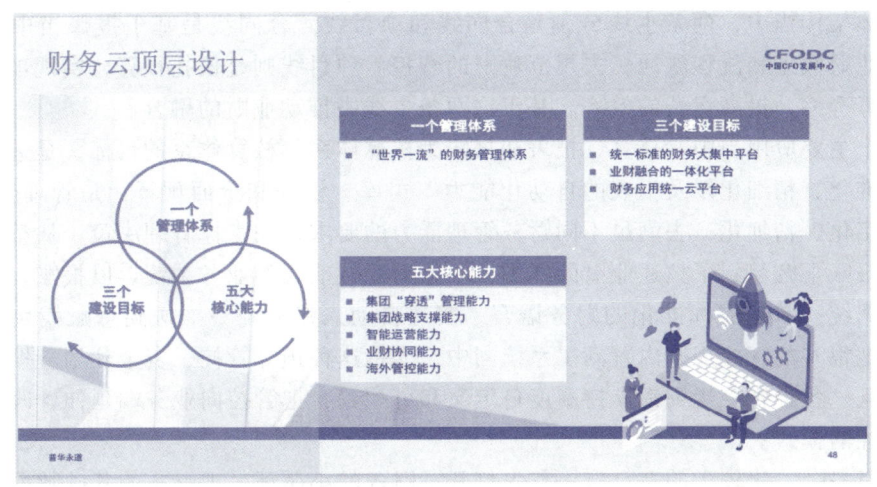

图 B02-9　财务云顶层设计

一个管理体系就是世界一流的财务管理体系，三个建设目标是统一标准的财务大集中平台、业财融合的一体化平台以及财务应用统一的一个云平台。五大核心能力就主要包括集团最为关注的穿透管理能力、战略支撑能力、运营能力、业财协同能力以及海外管控能力。世界一流财务管理体系这样的一个目标，是基于集团战略发展的需要、管理的现状以及建筑行业的特点提出来的。在"一三五"目标的推进中反复与各级管理层做了大量的宣传贯通工作。

三个建设目标中，首先是统一标准的财务大集中平台，其中突出的关键词是标准和集中。标准，指流程标准、管控标准，要嵌入整个流程环节当中，包括核算标准、税务申报、缴税标准等，都需要在系统实施过程中的主要环节进行标准化。其次是大集中，主要是强调全集次的、统一的上云，改变过去系统版本不一、分散部署的情况。业财融合的一体化平台主要是指，报账平台提供的是统一的业务标准，财务对业务标准进行的明确说明，依托报账表单的建设，实现业财的融合和对接。财务应用统一的云平台，主要是指统一的上云，使得基础设施的云化。

基于统一的技术平台，普华永道团队为该央企规划了六个主要应用，包括报账、资金、税务、核算、预算、报表，如图 B02-10 所示。

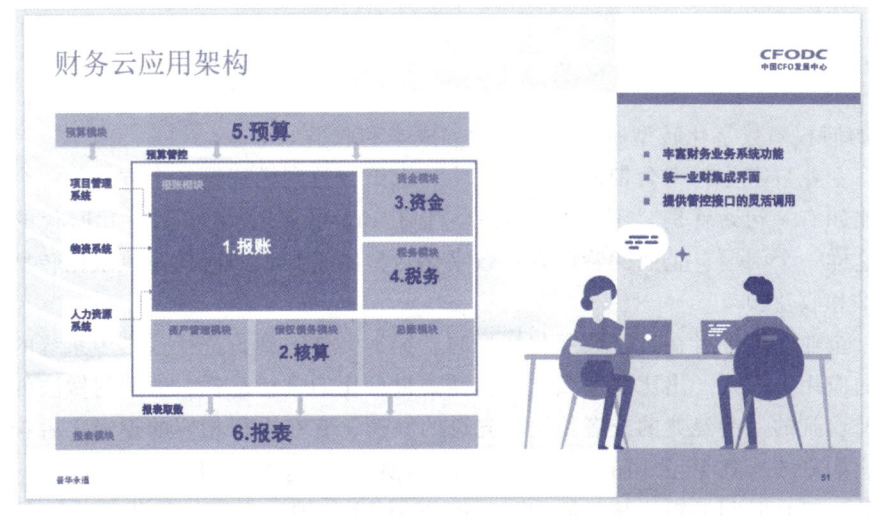

图 B02-10　财务云应用架构

在整体架构当中，两条主线分别是合同线和项目线。合同线是基于报账当中的合同管控，实现业财数据和流程融通，去规范业财的管控。项目线则是依托预算，实现项目级的精细化的预算管控，提高运营的效率。基于这两条主线去推动业财的融合。

在六个主要应用当中，核算、报表和报账为核算体系。核算体系的目标，是进一步提升核算的标准化、精细化以及报表的自动化能力。司库、税务和全面预算，是管理会计体系，目标是数字化、精细化，去满足不同财务管理能力的要求，去支撑管理决策。从整体架构体系来看，报账平台起到了拉通业财的作用，一方面对接前端的业务系统，以报账表单的方式把业务数据统一转换成标准化的财务语言，实现自动入账，统一推送到总账模块。另一方面，也是把很多的管控规则内置到了系统当中，支持这种预算管控、资金计划管控、合同管控等。并且，各种管控规则都支持高度自定义和可配置，把管控向业务端延伸，改变了原有的事后管控的模式。

整个财务云，比较大的亮点有：首先打开了财务的小循环，把财务的基础数据升级为集团的基础数据，统一的全集团供应商的数据。规范了整个集团的合并架构，搭建多层的、多种的组织树，去满足不同的管理报表、决算报表的数据要求，相当于业财融合的一个主干道，一个贯通工程。

其次是把全业务报账升级为财务的核心 Erp。在整个资金模块的规划中，充分考虑到司库体系建设的要求，实现整个金融资源的闭环管理，包括建筑行业当中债权债务和账龄管理的源头，解决数据口径的差异，去解决业财之间的数据统计口径存在的差异问题。

再次是完成了流程、数据、管理规则的一个深度的标准化、精细化和自动化。系统上线之后，会计凭证的自动化率达到了 95% 以上，月报的自动化率达到了 98%，决算报表的自动化率达到了 88%，管理报表的自动化率达到了 95%，整个的资金计划能够根据合同进行自动生成，提升了资金计划的准确性。

最后是建立业财联动的双循环，统一了各个场景下的财务数据的标准和管控的标准。在整个报账平台当中设计了 32 类单据、29 类不同的管控类型，并且提供了统一的数据接口，其他的跟财务云对接的业务系统必须按照统一的接口进行调用。整个财务云为业财融合奠定了很好的基石和桥梁。

4. 热点问答

（1）如何权衡数字化转型所存在的风险、成本和收益。

提问：企业数字化转型会带来企业的战略、组织、盈利模式等各个方面的一个管理平衡的改变。比如有一句话就是"不上 Erp 等死，上了 Erp 早死"，到了数字化时代的时候，可能也面临这样一个问题。企业的管理者在数字化转型的时候，如何权衡数字化转型中存在的风险、成本和收益？

回答：企业的管理者在进行数字化转型时，经常会被问到，进行这么多系统的上线，这么多系统的应用，投入产出比是怎么样的？需要很量化的进行解释。通常的做法就是，一是会依据以前看到的一些经典的或者是比较先进的案例，它在进行相应的投资之后获得了怎样的收益？比如刚才看到 W 公司的一个收入预测的模型，比较量化的指标就是，一是准确率得到了提升。二是时间缩短，从三周的时间缩短到 30 分钟，很容易量化到收入预测。三是管理层的人员，效率的提升、时间的缩短就是成本的节约、效率的提升。归结到可量化的一个货币指标，其实是能够体现出来的。另外还会帮助整个企业的资金测算，尤其是知道资金的价值主要体现在时间上，如果在数据获得的及时性上能够大幅提高的话，那资金运转的周期，包括结合一些利率水平，相当于进行一些比较复杂的财务模型的建立和测算。可以帮助一些大的企业一天就节省几千万元的成本。那相对于投入的几千万元或者是上亿元的数字化成本来说，这样的收益也是很好的。

风险上，存在的更多是一些管理上的风险，比如数据安全的风险。尤其是一些国企，对于纪检监察这个层面上，需要对于风险更加严格的管控，提供相应的解决方案，采用专线来进行网络设置。对于管理上的权限，会对集团以及下属二级子公司、三级的孙公司之间的用户的权限进行一个很好的设计和隔离。甚至发现有一些企业的客户管理上，不同企业之间的销售代表，对于字段上的数据、风险以及权限的隔离也是要进行详细设计的。这些相应的建议及方案就能帮助企业有效地规避比较重点关注的一些安全上的风险。

（2）关于三分财务背后的逻辑。

提问：多年前咨询提的是战略财务、业务财务和共享财务，今天提的是业务财务、专业财务和共享财务。这种变化背后的逻辑是什么？是什么促进了这种定位上发生的变化？

回答：之前在谈财务战略的时候，确实是以战略、共享以及专业财务来进行梳理的。现在的观察在理解未来财务的发展方向上，离不开四个字——业财融合。应该是企业财务管理，以及高管决策层在探讨的一个重点、难点。所以未来会加深在业务财务方面的发力，把业务财务定位为未来实现业财融合的一个重要的管理领域。在这个逻辑下，业务财务、专业财务和共享财务各自的职能定位是略有些侧重的。像原来战略财务比较关注的，例如说整个财务战略的制定、整体的财务核算政策的制定和观察、一些标准的制定甚至是预算的管理，这些可能就都放到了业务财务端。但是，这些只是业务财务比较常规的一些管理，即战略管理的高度，更多的还是要与前端的业务进行融合，了解业务的逻辑，然后把财务向业务端推进，并且向业务端赋能。

（3）关于共享中心的问题，包括虚拟共享中心，国外近年的发展和应用情况，以及定价机制等问题。

提问：①共享中心作为组织，可否虚拟化。目前国内企业有没有建设类似虚拟的共享中心，这是否是未来的一个趋势？②国内企业在共享中心方面的实践，基本上是基于早期的国外财务共享的理念。近几年国外在财务共享的推进和应用方面，有没有一些新的变化？③如果共享财务比较适合从成本中心向利润中心去转型，那么财务共享中心如何进行市场定价，是按照成本法还是按照价值创造法？

回答：

①共享中心的虚拟化，甚至无人化，是未来的一个趋势。目前从大型的企业来看，限制它们本身的地域也好，编制也好，人员的其他条件和要求也好，还没有看到有完全实现这种虚拟的共享中心的搭建。但是现在也看到了，随着数字化应用进步，以及管理的规范化和标准化之后，很多都可以进行线上化的管理。很多集团在进行共享中心的规划时，也在探讨进行虚拟组织的建立，更多的是承载一个很大的应用平台，向上支撑未来的业务的服务。可能还会存在一些问题，比如说纸质档案的管理，必须限制于当地，因为涉及当地的纳税申报、与税务部门银行关系的维护等，这些问题还是需要有属地化的一些人员来处理。未来这一部

分内容将逐渐线上化,但是目前看来,还是需要保留一定的属地化的人员。

②目前越来越多的财务共享的模式已经突破了财务的边界,走向了其他的管理职能和领域。国内的很多企业,尤其是民企,可能因为更注重效率的提升、成本的降低,所以越来越多的共享中心,已经不仅局限在财务共享,而是把一些其他的管理职能,比如说人资管理、IT 管理,或一些行政后勤部门的职能,都纳入共享。共享中心的名字其实也逐渐发生了变化,可称它为全球商业中心或者是共享中心。也就是说它是一个全球的商业中心,可能会定位已经不只是在财务领域。一个是职能上的横向的扩张,另一个是它逐渐也在沉淀成为一个数据中心,把财务共享的职责定位越来越多地向数字化进行延展。财务的共享中心其实是有这样的优势,就是能够集中很多的财务数据,因为终端业务经营结果的直接反应最后是沉淀在了共享中心,基于此把数据中心逐渐建立起来。随着它职能的扩张,未来就可能成长为整个集团的数据中心。这个是两个主要的变化。

有的集团甚至把职能中心作为一个集团下的二级子公司来运营,属于集团内部关联交易的方式。

③共享中心在收取服务的定价上,一般有几种方式。一个是固定价格的方式,适用于比较标准化的一些服务。另一个是以人的工时的方式。如果提供的服务类型是需要脑力活动更多一些,或者是根据客户不同的情况进行定制化的分析,它的价格应以工时为基准。还有一种就是以交易量来进行定价。比如说一些订单的处理上,尤其是应收循环上,每一个订单的收价方式不一样,比如说几分钱或几毛钱这样来定价。问题中提到的价值创造或者基于成本的方式,在市场上还未见到。

④对中小企业财务能力建设和提升的建议。

提问:依据案例的介绍,财务共享的实践目前主要限于集团化企业、央企或大型国企。那么对于中小企业,适不适合推行财务共享?对中小企业的财务能力建设和提升,包括信息化建设方面,能否有一些建议。

回答:中小企业在数字化的投入上肯定不会像大型企业有这样的一个魄力,或者是急迫的一个需求。尤其是看到很多中小企业其实是把自己内部的一些核算的服务外包出去,来进行成本的一个压降。建议中小企业还是要保留自己一部分的数据分析的能力,在财务端这里。然后以此来支撑整个财务的决策,和未来管理的决策。把这部分的内容进一步地加强,才能够使得财务在中小企业,以及未来的风险管控上,实现效率提升还有成本降低上,能够有更好的一个发挥的空间。

⑤关于财务共享运营模式的选择。

提问:刚才的介绍提到财务共享有三种模式。第一种是分布式的共享模式;第二种是按照板块的 1 加 n 的模式;第三种是全面集中统一的运营模式。这三种模式对于企业在推进财务共享的流程化、标准化和企业化的建设过程中有什么影响,哪种模式对于共享建设能最大程度地实现降本增效的效果。

回答:刚刚提到了有三种主要的建设的模式。如果单从集约化的程度,包括降本增效的效果来看,那肯定是统一集中的共享中心是集约程度最高的。很多企业做得比较好,就是建立一个独立的法人机构,它是一个市场化的运营模式,建立这样的共享中心的运营子公司。这样的子公司所有的人员都是统一集中管理的,所有的人员编制都归属于公司。不管这些人员是否分布集中在一个地方,还是分布在几个地方,都是这样一个统一集中的模式。在这种情况下，标准化的推行，效率的提升，肯定是比分散式的模式效率会更高一些。当然这种推行的难度也是最大的。因为毕竟需要改变原有的人员的迁移，还有组织的变革，人员所在的编制变化，都是变动最大的。所以是否选择这种模式还是要基于企业目前的情况，包括业态和区域的一个分布的情况，来相应地选择。

⑥关于流程标准化、业务标准化、核算标准化的建设。

提问：对于多元化的集团企业，比如说特变电工，分了四个大的业务板块，其业务模式比较多，在成本核算和成本管理方面，肯定受不同业态影响。但是企业要做集中共享的建设，那在多元化的背景下，尤其是分子公司业务场景不同，核算的标准也不同的情况下，从集中化向标准化的过程中，对于流程标准化、业务标准化、核算标准化的维度体系的建设有哪些经验和痛点？

回答：关于标准化的建设，特别是多元化的集团企业，在成本核算，包括业态上的差异如何去权衡，确实是在做标准化管理当中的一个痛点和难点问题。一般强调的还是既要共性，也要兼顾个性。对于一些共性的一些场景和流程，比如说费用报销、固定资产管理、总账管理，都应该是统一的一个标准、一个流程。其他的一些偏业务的流程，比如说应收应付的流程，跟企业所在的业态是有相应的关系的，一般会基于业态去梳理相应的流程和标准化。不同的业态可以允许有不同的流程的标准，但是同一个业态内部一定是统一的。通过这样的方式能够实现既强调共性、又能够兼顾个性的需求，保证整个标准化体系的建设是能够落地的。

B03 安永咨询：新时期财务管控模式与运营模式

1. 机构概述

1.1 基本情况介绍

安永（中国）企业咨询有限公司（以下简称"安永"）是全球领先的审计、咨询、税务、战略与交易的专业服务机构之一，在150多个国家及地区聘用逾400000名人员，帮助社会和客户解决复杂紧迫的挑战和问题。作为领先的专业服务机构之一，安永为客户提供审计、税务、战略与交易和咨询等全方位专业服务，与客户分享全球顶尖企业的领先实务，通过优质的专业服务帮助客户实现长期发展与战略增长。安永高绩效的跨职能团队可帮助客户满足监管要求，确保投资者及时了解信息并满足利益相关者的需求。安永的战略是运用长期价值概念，帮助企业转型，包括在业界提出 CFO（首席财务官）要转型为 CVO（首席价值官）的观点。从企业的角度，长期价值会更加完整地跟整个商业体系相贴合。安永整个战略围绕着转型和长期价值的理念，以管理咨询和科技咨询两大板块服务客户，如图 B03-1 所示。

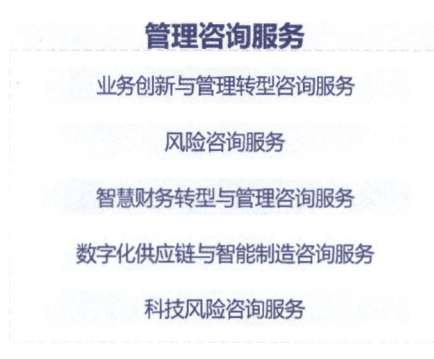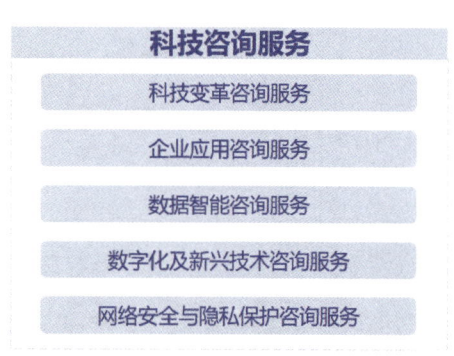

图 B03-1 安永两大板块服务

管理咨询，为偏战略型业务的转型，进一步细分有：业务创新与管理转型咨询；风险咨询；智慧财务咨询，供应链咨询，以及与 IT 审计紧密结合的科技风险咨询。

科技咨询是近年的重点发展，提供的服务包括从传统意义上的 IT 信息化规划到现在整个数字化转型变革的规划，包括了企业的应用、数据咨询和数据治理分析等，也包括了数字化核心技术、网络安全、信息安全与保护咨询等。

作为领先的知识型管理组织，安永给客户提供的服务也是基于其内部的知识平台和分享平台积累的优质相关经验案例，为企业提供整合的服务。

安永以行业专注为导向，致力于为多个专业领域提供领先的服务，如图 B03-2 所示。为了实现这一目标，安永将全球客户划分为十几个行业，并按照不同的行业对员工进行储备划分。这确保了安永的人才具备从全球和本土角度深入了解不同行业领域的能力，积累了大量行业的领先实践经验。

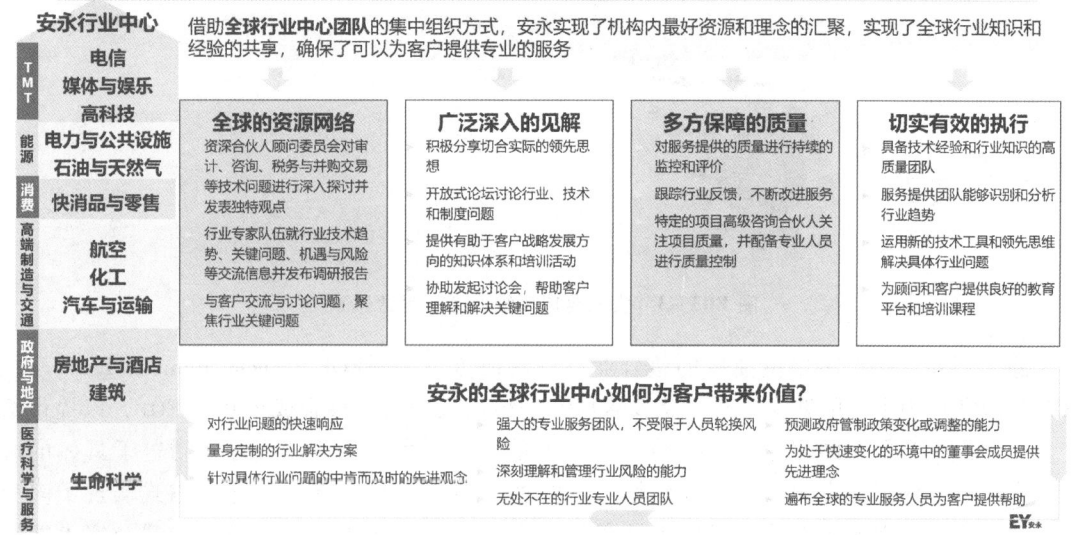

图 B03-2　安永为多专业领域提供领先服务

为了更好地实现跨平台的协同服务，安永在全球范围内为每个行业设立了一个全球行业中心。这些中心汇聚了该行业的专业知识和经验，以及来自不同领域的专家团队。通过这些中心，安永能够为客户提供更具针对性和创新性的解决方案，以满足他们在各个行业的特定需求。

1.2　在国内市场的发展历程

安永在大中华区的成员机构由本土合伙人拥有及管理，已在大中华区提供专业服务 55 年。我们的使命是"以一流人才、创新精神，坚守社会责任，创造长期价值，引领高质量可持续发展，建设最受信赖的专业服务机构。"安永大中华区拥有超过 23000 名专业人员，其中包括逾 1000 名合伙人。安永有 34 个办事处地点为客户提供服务。安永的服务内容涵盖了各个领域，成为专业机构中在区内业务整合程度最高的机构之一。

1.3　从专业的角度来看，安永高度关注财务咨询、数字化和创新咨询、财务智能化，以及 ESG 和企业可持续发展等方面

安永采用多维业务与运营体系维度来运作，如图 B03-3 所示。通过多维业务与运营体

系维度的运作,安永成功地整合了各种资源,增强了安永在业界的影响力和竞争力,也确保在各个行业中都能够提供高质量的服务。

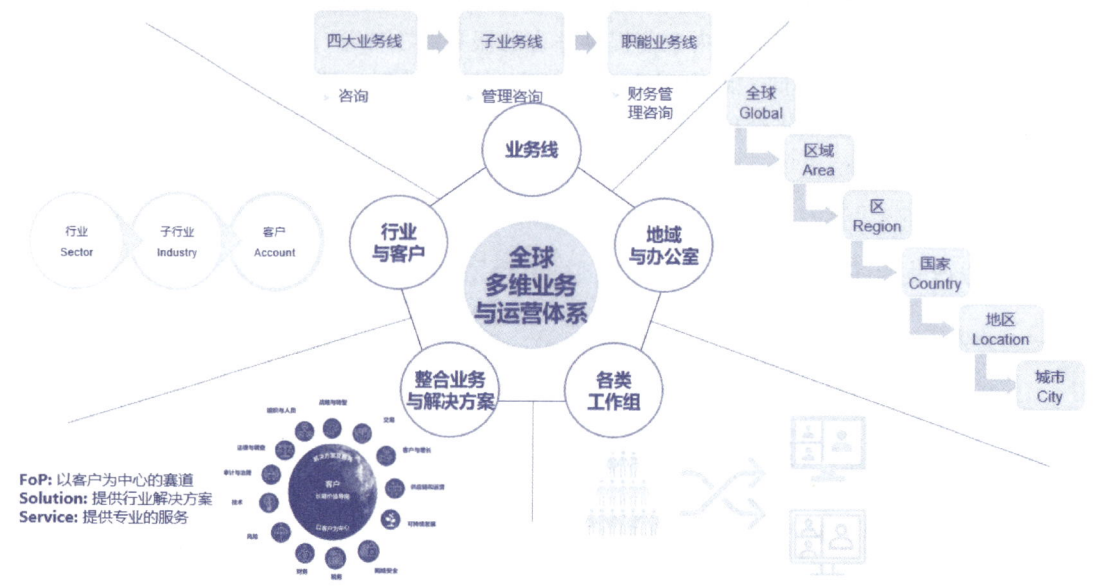

图 B03-3　安永全球多维业务与运营体系

除此之外,安永还提供独有的整合业务与解决方案——FOP（Focus Industry Practice）。FOP 是以客户为中心的赛道概念,将安永所有的咨询服务类别整合成十几个 FOP,以提供给客户更加集中和专业的服务。FOP 的背后支撑是解决方案,这些解决方案涵盖了具体的服务。安永将这些服务像积木一样进行整合,再通过 FOP 提供给客户。这种方式实现了多个维度的整合,使得安永能够更好地满足客户的特定需求。通过 FOP 的整合方式,安永能够更加高效地为客户提供定制化的解决方案。每个 FOP 都有专业的团队负责,并由经验丰富的合伙人来牵头推动工作,能够为客户提供更具针对性的服务,创造出更多的价值和发展机会。

安永非常注重创新和研发,为此设立了两个机构：安永研究院和创新增长中心。安永研究院是一个整合全球内外部专家和顾问委员资源的机构。该机构通过整合全球资源,持续地分享最新的洞察,尤其是在财务各职能领域的最新动态。研究院的内部和外部专家、顾问委员们通过智库分享最新的研究成果和趋势,为客户提供更有价值的见解和建议。

为了激发企业的创造力和创新活力,安永在北京、上海及香港搭建了安永创新增长中心 WaveSpace™。这是一个开放的平台,员工和客户可以在这里共同探讨各个领域未来的发展目标,激发创造力和创新思维。在这里,大家可以互相交流、分享经验和想法,共同推动各个领域的发展和进步。

安永通过设立研究院和创新增长中心,进一步巩固了其在业界的领先地位,为客户提供更加全面、专业的服务。这些机构不仅提高了安永的创新能力和服务水平,也为客户带来了更多的价值和发展机会。

2. 价值主张

2.1 核心观点

2.1.1 当前财务管理面临的典型问题与提升需求（见图 B03－4）

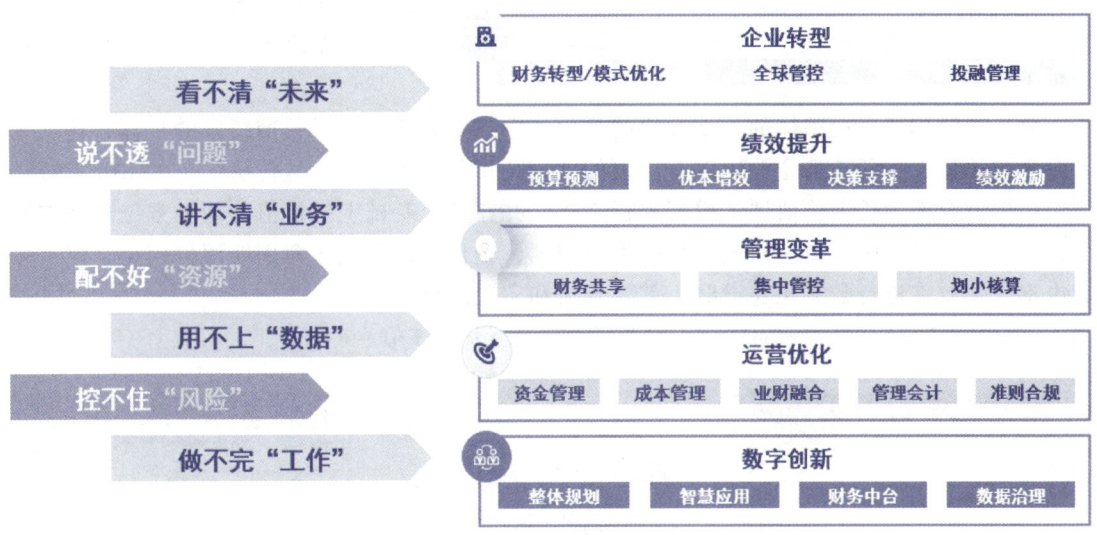

图 B03－4　当前财务管理面临的典型问题与提升需求

安永在多年的客户服务中发现，企业在财务转型中普遍面临的痛点和难点可总结为以下七点：看不清未来、说不透问题、讲不清业务、配不好资源、用不上数据、控不住风险和做不完工作。从整个需求角度，这些痛点、难点其实就是围绕着企业的整体转型，包括了财务转型、模式优化、全球管控，如投融资管理、绩效预算和降本增效等内容，共享、集中管控、划小核算等变革，以及整个运营中资金、成本、业财、管会、合规以及数字化的规划应用需求。

2.1.2 长期价值导向推动 CFO 转向 CVO（见图 B03－5）

图 B03－5　长期价值导向转变

数字化转型也需要回归到初心，倒退回来看每一步。第一步就是长期价值导向的推动考虑，也就是从 CA、CFO 到 CVO 的一个转变过程。财务管理转型的历程基本上可以体现为财务组织的最高层或者负责人的职能变化。过去叫 CA（总会计师），核心词就是会计，要求更多的是会计核算或者报告合规，或者是账务处理的准确性、内控的有效控制等。现在大多叫 CFO（首席财务官），关键词就是财务（Finance），要相对完整地从财务管理的角度，在财务内部区分出各个职能或者各类功能去支持企业，因此也叫首席财务官。安永率先提出 CVO（首席价值官）的概念，强调从财务管理的角度，去引领企业实现长期价值。为此，安永也提出了长期价值理论——LTV 框架体系，要求企业围绕四个维度的建设实现长期价值的最大化。

第一是要构建企业整体的长期价值的文化。第二是要建立相对长期绩效的目标，建立未来竞争的优势，重新塑造企业内部对价值的度量评价和政策引导，从传统简单的 KPI 考核转为运用更为全面的长期价值评估模型进行考核，并在这个基础上把价值管理全方位镶嵌在整个企业的经营过程中，由此而建立长期价值规划，量化监控和全生命周期评价模型。以上领域也都是企业在进行数字化建设时，需要发力和实现的核心领域。

2.1.3 全球财务转型与功能演进的五大方向（见图 B03-6）

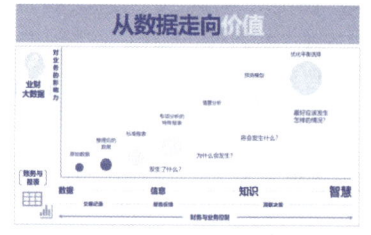

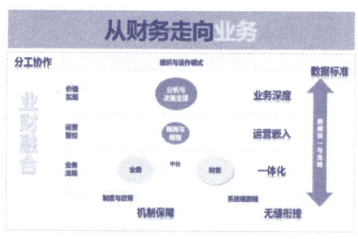
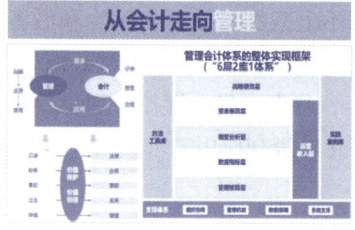

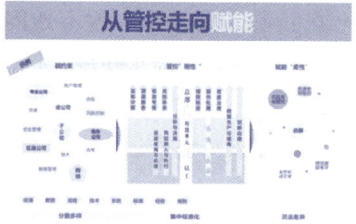

图 B03-6 全球财务转型与功能演进的五大方向

安永为全球财务转型和功能演变总结成了五大方向：一是从数据走向价值；二是从财务走向业务；三是从会计走向管理；四是从规范走向智能；五是从管控走向赋能。有时候可以加上从运营走向战略，随着企业的 S 型曲线的变化，带来新业务模式的变化；以及从企业走向生态，也就是从关注股东利益到关注股东的价值，最终到关注所有利益相关者的价值，包括了关注整个生态的价值与企业可持续发展等。

（1）财务转型与功能演进之一："从数据走向价值"（见图 B03-7）

从数据走向价值，即从传统数据记录—报告—洞察—决策，转变为从数据到专题报表数据分析，最后到预测模型搭建，实现优化平衡选择，实现从狭义的财务数据走向真正意义上的业态大数据。

财务转型与功能演进之一:"从数据走向价值"

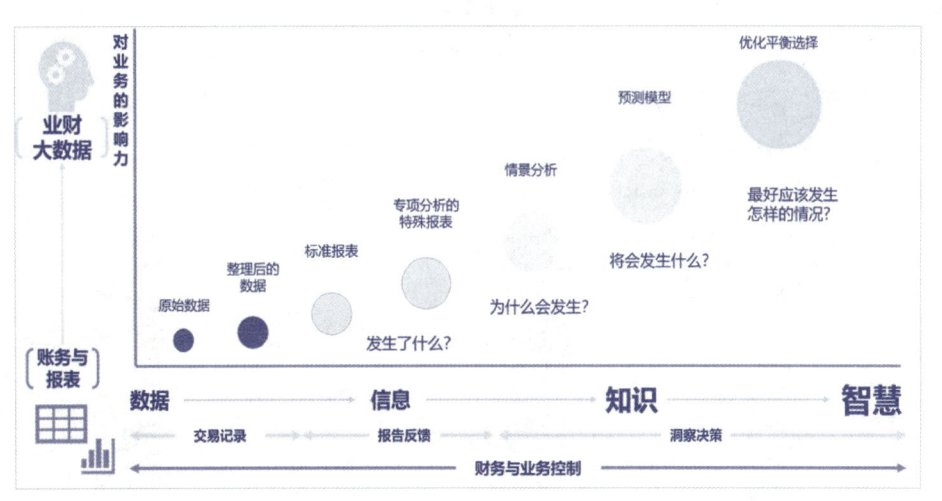

图 B03－7 "从数据走向价值"

(2)财务转型与功能演进之二:"从财务走向业务"(见图 B03－8):

财务转型与功能演进之二:"从财务走向业务"

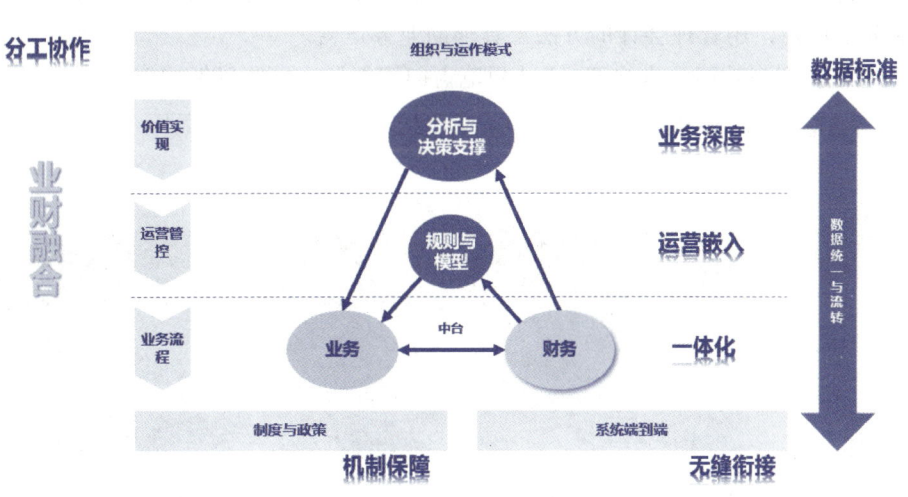

图 B03－8 "从财务走向业务"

从财务走向业务,将业务和财务的流程制度、系统和数据形成统一整体,通过数据中台,打通业务流程和财务流程的断点,实现业财一体化,并将运营模型和价值模型嵌入财务分析,最后形成分析与决策的支撑。

（3）财务转型与功能演进之三："从会计走向管理"（见图 B03-9）：

财务转型与功能演进之三："从会计走向管理"

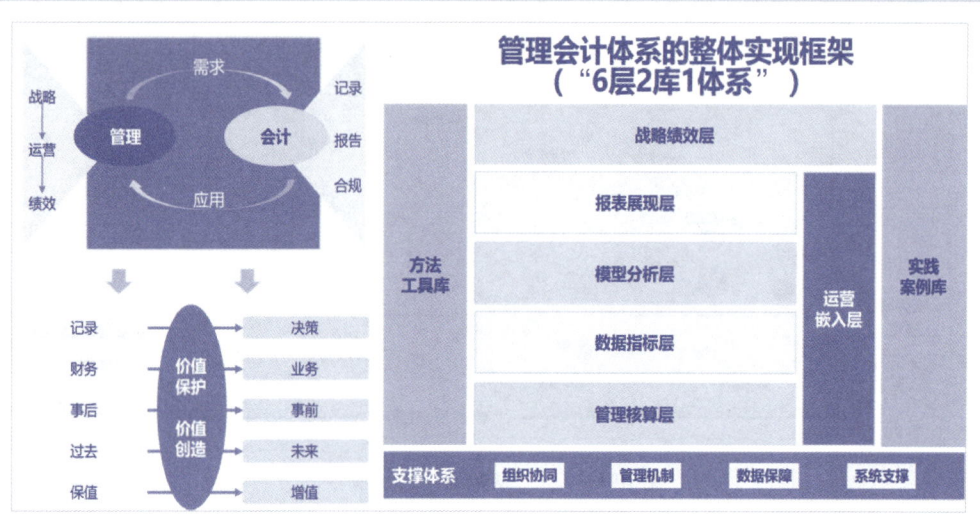

图 B03-9　"以会计走向管理"

从会计走向管理，即从传统的财务记录、报告、合规，走向战略、运营和绩效的管理应用，从事后回顾到事前预警，从过去分析到未来预测，从价值保值到价值增值。目前，一些央国企已经将管理核算的概念应用到企业管理实践，通过将业财体系嵌入业务运营，让财务走到了业务的前端，用管理会计的方法工具辅助业务运营。

（4）财务转型与功能演进之四："从规范走向智能"（见图 B03-10）：

财务转型与功能演进之四："从规范走向智能"

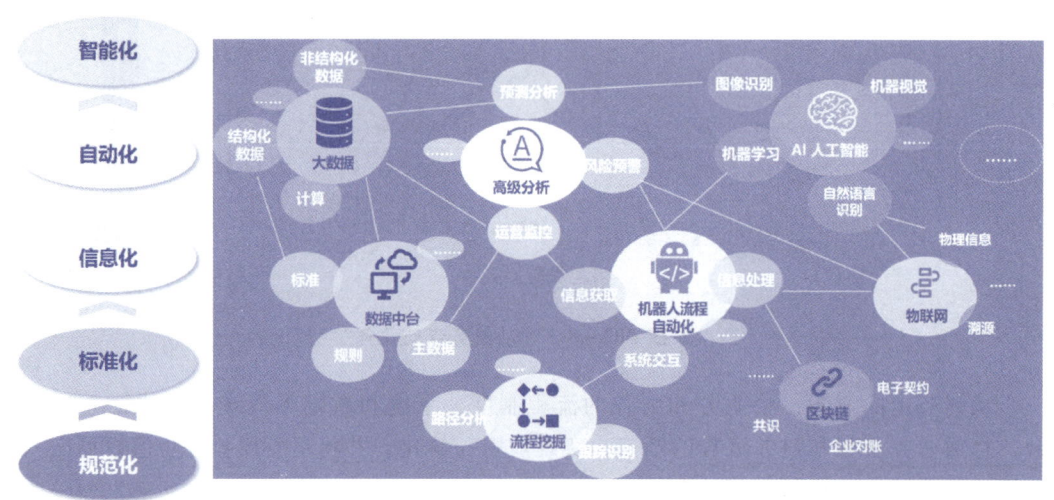

图 B03-10　"从规范走向智能"

从规范走向智能，是从传统的信息规范化、标准化和自动化建设，发展到信息的智能化建设。信息智能化建设需要企业有一定的数字化基础,先建立起财务数字化的企业文化和理念,将组织、人员、管理、数据和技术应用作为一个整体通盘考虑。对内,需要建立起横向各部门以及纵向集团各级单位的高效协同;对外,需要建立起企业和外部生态的高效协同,最终形成可以快速迭代和和高效运转的内外部的协同机制。

(5) 财务转型与功能演进之五:"从管控走向赋能"(见图B03-11):

财务转型与功能演进之五:"从管控走向赋能"

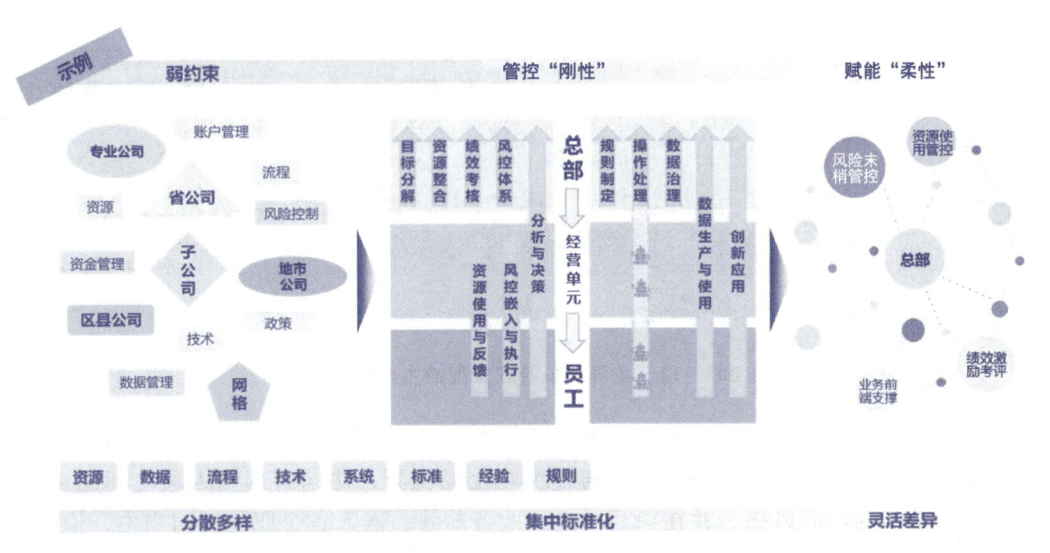

图 B03-11 "从管控走向赋能"

除了制度规范、系统集中等集团管控手法,企业需要积累并建立规则指引、方法工具、知识经验、数据模型、智能应用等财务能力中台,实现对下属单位灵活有效的赋能。

2.2 方法论

2.2.1 业务财务管理转型的主要模式(1位-2模-5化-6力)

安永将财务转型和数字化总结为"1位2模5化6力",如图B03-12所示。"1位"即财务的定位和愿景;"2模"即大型集团财务管控模式以及运营模式,如目前流行的"三分财务";"5化"即集中化/标准化、前端化/一体化、专业化/增值化、敏捷化/通用化和自动化/智能化。

"6力"即数据运营力、技术创新力、人才多能力、组织协同力、资源整合力以及流程适应力。一是数据运营能力,表现为优秀的数据治理能力以及打通数据链条,在此基础上,财务通过对数据敏感优势,对历史数据进行分析以及对未来进行预测。二是技术创新力和人才多能力,这可以是在做人才选聘时关注候选人的技术创新的能力或是相关背景经验的多元化能力,也可以通过企业内部培养,从财务人员发展的多元化规划来打造财务人员的能力,例如,先在共享服务中心进行1~2年的基础知识和能力培训后,开始让员工承担共享内部的创新工作,提供共享创新服务以扩展共享服务范围;又如,通过业财融合的机制,让财

业界财务管理转型的主要模式（1位-2模-5化-6力）

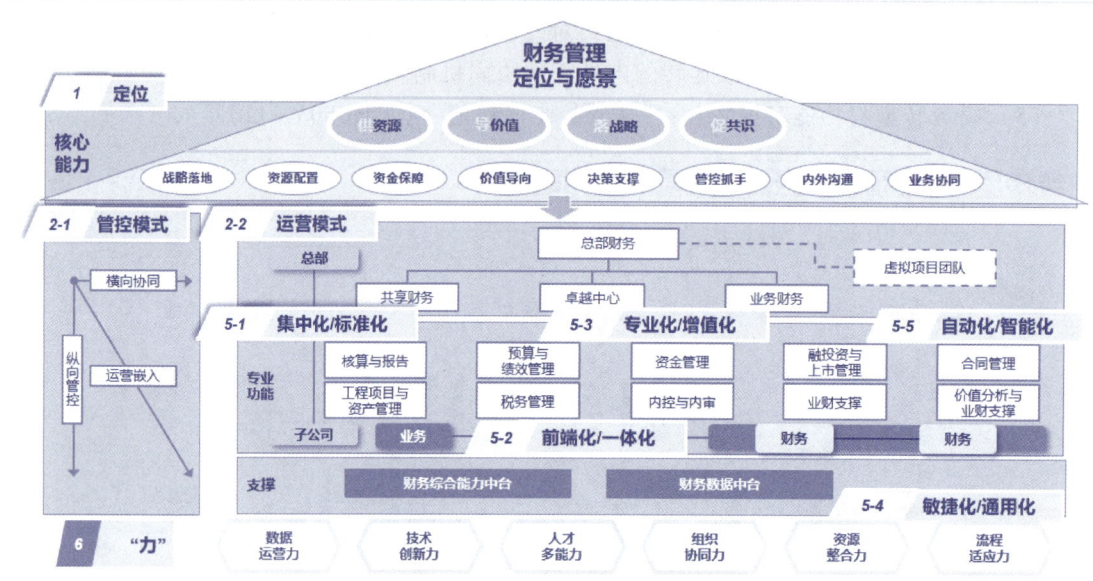

图 B03－12　业界财务管理转型的主要模式

务人员走向企业业务前端，培养财务人员的业务能力。三是组织协同力，财务人员优秀的协同能力是企业发展的重要支撑，企业财务通过纵观全局视野，协同跨部门人员之间的工作，整合不同部门之间的不同风格，并在项目中走到业务前线，嵌入各个职能部门当中，推进项目进行。四是资源整合力，即如何更好地整合可利用资源来为企业提供服务。五是流程适应力，当今企业，尤其是高新科技企业，在发展的过程中面临着日新月异的变化，如外部的政策方向、法律法规，内部企业自身的运营模型和发展方向等，这都要求财务人员具备很强的学习能力、流程创新能力和高弹性能力，为不同业务部门或产品线赛道提供服务。

2.2.2　面向数智化转型浪潮，结合企业转型需求，打造企业智能导航

未来的智能财务或者数字化财务到底应该做什么？若把企业比喻成一辆汽车，财务就应该是开车时的智能导航仪，如图 B03－13 所示。其他不同的职能部门，在企业内部也应该有不同的对应零部件：例如，战略部门 CSO 负责为企业制定大方向，定位角色应是汽车方向盘；首席运营官 CEO 或者投资部门，则负责在前进的过程中控制油门，将资源和马力用在合适的地方；内控内审部门则负责控制刹车、速度、弯道减速等；最后是导航，即未来财务的工作和整体定位——价值的引擎、管控的抓手、战略的参谋，在这些领域引导油门、方向盘、刹车，引导企业领航员推进前行：指引企业前往有价值的地方，指引企业推进和不断创新。

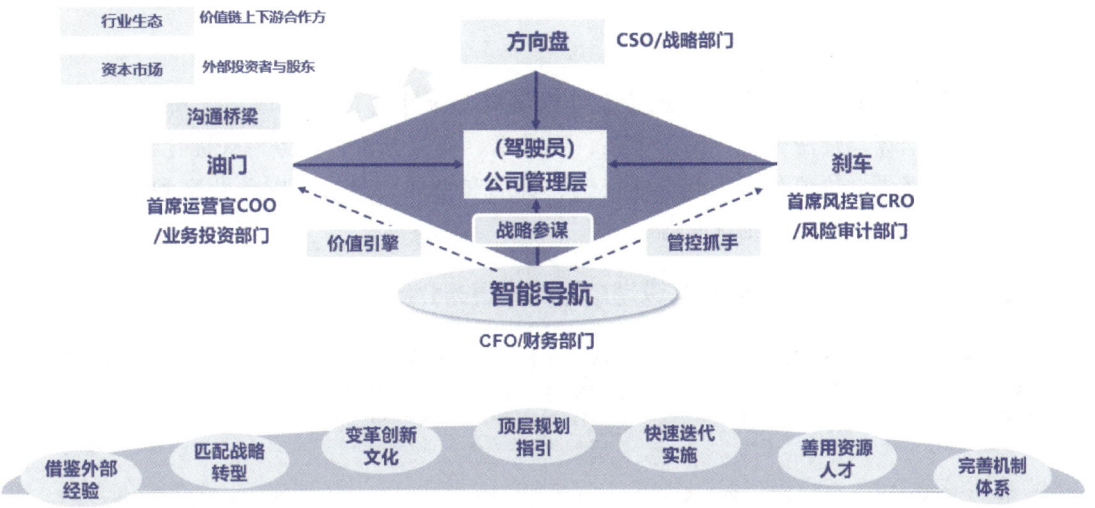

图 B03 – 13　财务的智能导航作用

2.2.3　安永业务模式创新与转型方法论

安永的业务模式创新和转型方法论可以归纳为"S 曲线",如图 B03 – 14 所示,即从未来定位规划出发,推导出目前的定位设计。首先是定义未来,要求企业以长期价值趋势作为导向,先做好企业的未来展望和规划,并由此而倒推企业目前应做的变革和规划等相关工作,通过小步快跑地动员资源和前进,完成对应的数字化建设,并逐步巩固成果,步步为营,有序推进,最后达到一定规模。如果只是根据客户提到的零散点状需求而按部就班地往前推进,低头前行,则可能最终南辕北辙,浪费资源。尤其是在当今信息化数字化时代,每一步改革都需要投入大量的资源成本。因此,安永秉承的"S 曲线"业务模式和创新转型方法论,不仅适用于财务领域,更可以推广运用到其他领域。

安永业务模式创新与转型方法论

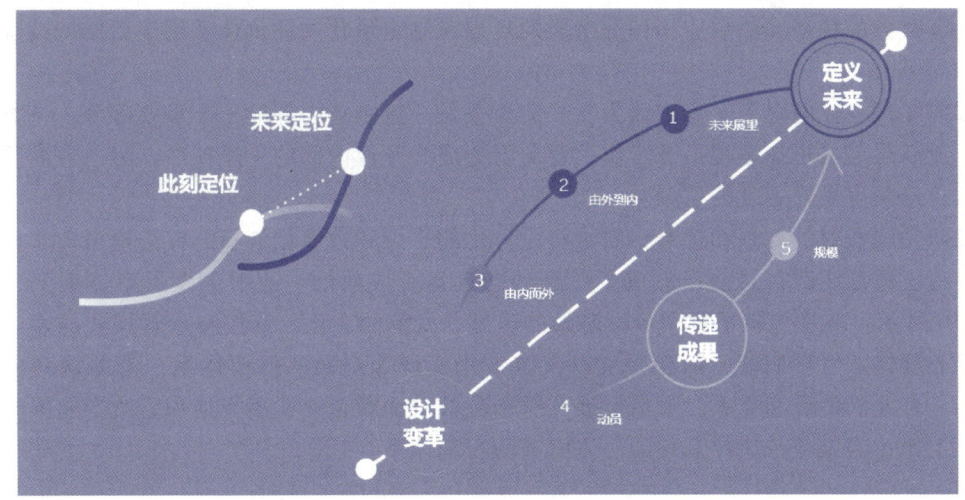

图 B03 – 14　安永业务模式创新与转型方法论

2.3 解决方案

安永智慧财务解决方案全方位覆盖企业财务转型需求，如图 B03 – 15 所示。从集团的财务管控，到预算、资源配置、绩效考核，到成本、业务分析、业务模式优化，再到项目价值管理、管理报告、价值分析，到全球资金、资产和增效，最后到财务共享和财务标准化、业财融合、财务制度数据规则优化等。

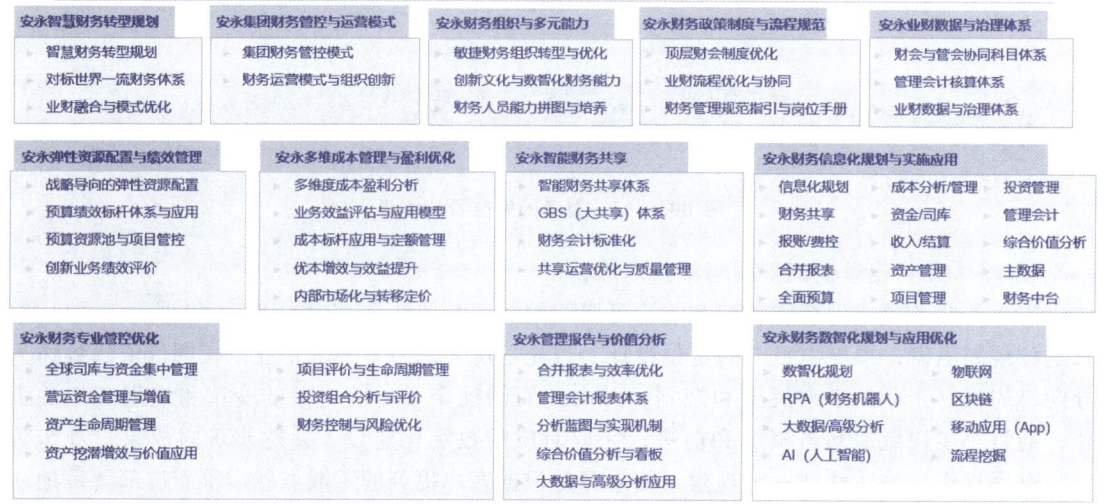

图 B03 – 15　安永智慧财务解决方案

安永全球 CFO 调研显示，80% 的 CFO 意识到了创新变革的重要性，而企业长期价值也是备受他们关注的一个课题。安永认为，领先的企业应该结合自身的特点，通过业财融合和风险投资管控等手段，实现战略目标和价值创造，并根据自身情况，定义出真正符合自身特点的一流财务的特征，然后应用到分阶段的规划，制定量化的评价体系用于后续持续优化的过程中。

如何实现一流的财务？安永认为，一流财务是一流企业内部的一个重要部分。一方面是要求企业高层需要更加重视财务工作，避免财务成为企业内部的一座孤岛，另一方面是要求财务从自身角度做好适度的引领。

如何开展业财的规划和提升？安永将设计化的思维和数字化创新的方法论引入了很多企业并进行了落地实践，目前已形成了一套动态且富有成效的一流财务发展整体框架，如图 B03 – 16 所示。其中包括了整个目标愿景的建设、变革的文化、管控和运营模式的建立和定位、核心载体、管理职能、赋能要素以及数字化实现等全面的框架体系；借助这套框架体系，结合企业的特点和需求，灵活地展开对标分析，诊断企业蓝图规划和后续专业提升和持续优化工作，为企业搭建控制化的一流财务的管理体系。

安永世界一流财务管理体系框架

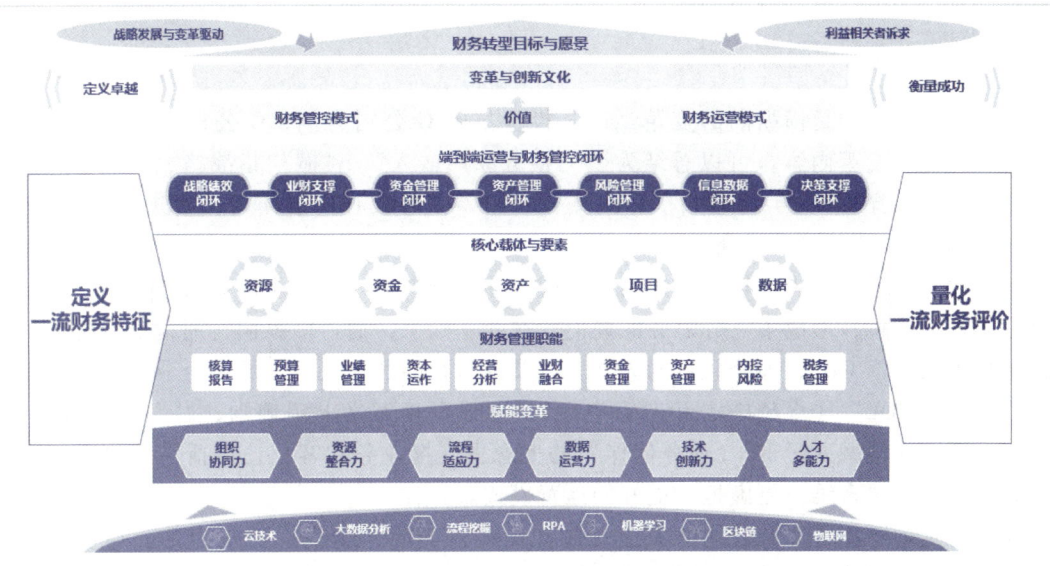

图 B03–16　安永世界一流财务管理体制框架

3. 典型案例（见图 B03–17）

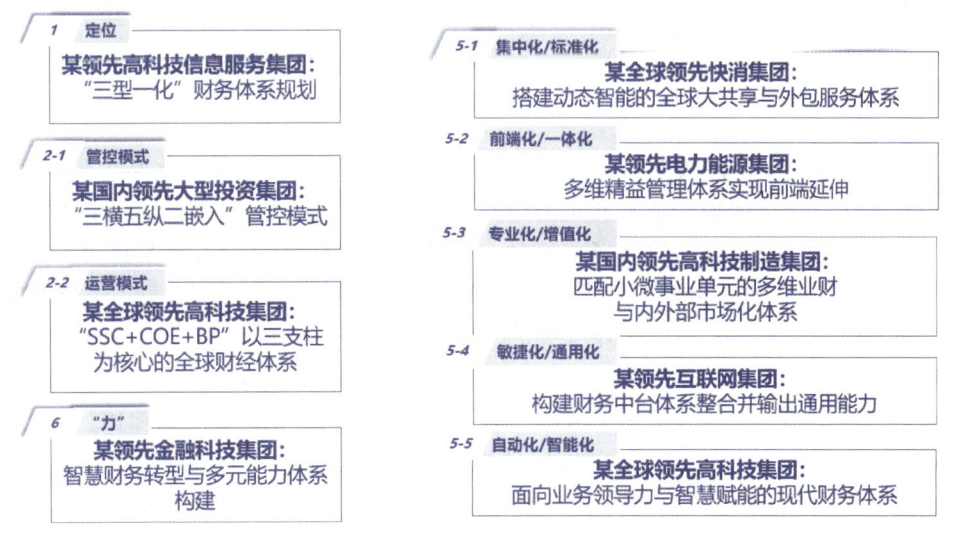

图 B03–17　安永典型案例

3.1　定位

Y 集团（某领先高科技信息服务集团）已走过 20 年建设基础型财务的历程，近几年结合"十四五规划"和数字化转型趋势，Y 集团在企业内部提出了领先和创新的"三型一化"

路线方针来驱动数字化转型,即"战略型""融合型"和"集约型"。Y集团是一个典型的、多方面综合推动财务定位的案例。

3.2 管控模式和运营模式

管控模式更多的是横纵向的变革。以某投资集团G公司为例,G公司规划了一体两翼和其他多元化的变革内容,可以总结为"三横五纵两嵌入"。"横"指战略、绩效、风险等端到端的横向贯穿;"纵"通过共享、预算、内控等一些核心要素作为抓手进行纵向把控;"嵌"指将管会、业财嵌入业务。

运营模式目前在业界仍较多地采用三支柱,即三分财务。以某全球高科技集团为例,结合共享等一些变革,形成了三分财务的局面。在此基础上,通过横纵向打通,发展延伸,最终形成集团大共享GBS,即跨领域的大共享以及虚拟智能的大共享。原来企业管理的后端部分,发展为"COE"(卓越中心和专家中心),形成真正意义上定规则、做专家的管理端。而前端,则更多地融入了BP(业务伙伴)的概念去支撑业务和客户,包括借助如元宇宙等高新技术,形成更多维、更虚拟、更好的运营模式。

从管控走向赋能,以S公司(某全球领先高科技集团)为例,安永为S公司设计了一套适合其自身发展的管控模型,通过引入能力中台的概念,共享化S公司的综合能力,达到灵活管控的目的。传统的企业管控,通常存在"管而不控"或"控而不灵"的困局,如虽已下发具体的规则办法,但其实下属公司怎么做,往往出了问题才会知道;又如虽已通过建系统方式建设了流程标准化和授权机制规范化,但各级单位叫苦连天,管控甚至可能成为业务开展的阻碍。因此,管控需要与灵活相结合,从集团角度出发而躬身入局,总结方法工具和知识经验等各方面内容,在中间形成一个螺旋的迭代,达到灵活管控的目的。S公司是行业领先的实践案例。

3.3 五化

集中化和标准化常见的表现形式为通过共享,如组织共享或系统和数据共享的方式来实现规范和标准化。以全球知名企业B集团为例,B集团拥有高度动态智能的标准化,有一部分区域是共享外包,结合成本效率形成互动。国内的全球化公司,比如L集团(某领先高科技信息服务集团),也有类似的情况。再如M集团(某领先金融科技集团)在中国的运营,通过对成本、效率和专业的统筹考量,已将大量工作进行外包。

前端化和一体化也有很多实际的运用案例。如D集团(某国内领先高科技制造集团),不仅从原来的集约化发展成为了多维精益,也实现了集团数字化基础的前端化。

专业化和增值化,如H公司(某国内领先高科技制造集团)和其他一些公司在某些专业与财务领域里面已经是专业水平:一方面精益求精,继续专业水平能力提升,另一方面则将专业能力对外输出,内部做市场,外部做厂房,尤其是价值链上下游,将企业本身的专业优势转化为专业服务,形成专业化增值化。

敏捷化和通用化为行业内的流行概念,有如Erp(企业资源管理系统)提及的敏捷化、通用化,也有如国内大型互联网企业提出的"中台"概念,有组织的中台,也有技术的中台、业务的中台,这部分更偏向泛能力敏捷。如安永其中一个服务案例,为客户提供了"概念模型",安永与客户一起探讨研究政策制度,探讨数据、方法、经验以及智能自动工具的通用化。背后核心的理念是泛知识共享、泛能力共享的创新功效,最后形成敏捷化的过程。

最后是自动化和智能化,如 M 集团(某领先金融科技集团)通过智慧化实现现代财务概念,实现业务上的财务领导力,值得国内公司进行参考。

4. 热点问答

(1) 关于全面预算建设方面的核心和关键。

提问:全面预算建设方面核心和关键在哪里?业财融合的边界如何合理地确定?业务系统的建设顺序应该如何确定?

回答:第一个关键是全面,很多企业所谓的全面预算,其实还是没有做到"全面"二字,尤其是纵向上没有做到端到端打通。典型的问题如战略计划、预算、成本光有编制但是不管控,或者说管控跟成本等日常运营之间不结合,没有做到灵活调整,KPI 等关键要素也没有打通,这是实践中预算没做好的典型体现。

第二个关键是预算本身,很多公司在做预算时,没有将成本管理和会计分析完全区分开来,其实也很难完全区分。一个非常关键的问题在于如果围绕价值进行管理,如何将它们打通。现在已经有很多公司在做这些方面的尝试,把预算驱动等相关要素与价值管理相结合。

第三个关键是新技术的应用,尤其是大数据技术的应用,比如说安永给一些公司做 3～5 年战略模型,怎么去预测?不是简单用 Excel 公式来做,而是用大数据分析技术,对一些包括日常关键业务的分析,尤其是那种非传统不成熟的业务,或者是受环境影响较大的业务,需要用这样的方式来做。

第四个关键是结合长期价值,对原有 KPI 体系做重整,这是一个非常好的抓手。有些企业在做健康度评估,然后再从健康度评估到高质量体系评估,再到真正的长期价值评估,通过这种方式来驱动全面预算。

(2) 关于企业人员精简和效率提升。

提问:第一个问题:作为企业的管理者,在数字化的过程中,如何更有效地跟业务融合来提升综合效率?第二个问题:在业务和财务一体化的过程上,对于财务人员的要求确实更高了,从传统的财务会计到管理会计的需求,对财务人员自身素质的要求也越来越高,如何让业务部门和财务都接受数字化转型。

回答:

首先,举个例子,假如企业完全实现了人工智能,人都不用干活了,那么企业的人干什么呢?这个可能是很大的问题。所以从这个角度,安永理解它更多的是一个转型的概念。大家可能常听到财务说人不够。比如董事长对财务提做业务前端分析的要求,但财务可能有其他诸如出具报表或者配合税务稽查等常态化工作需要处理而无暇处理董事长的需求。所以无论是共享建设也好,或者是信息化 Erp,甚至包括现在进一步的财务转型,都是希望能把人转型,去释放出来,去做更必要的一些事情,甚至以后业务跟财务之间边际会更加模糊。

其次是业务财务,有些 CFO 会感慨说,公司太大了,以后大企业必有很大的负重,希望能重新建设。但是就算重来一次,企业负重也会慢慢增大。所以,安永认为这个过程就是所谓的业财形成的过程。做的好的公司业务财务应该有一个机制,当业务出现变化,有新的业务或者业务拓展的时候，就应该马上从业务推到财务，那么财务从一开始就能够解决业务的问题。安永也帮很多企业专门去设计过业财的相关机制，比如规定参会人员的机制和发表意见或者会签意见的机制。如很多价值引擎都是跳出财务以后，从端到端的角度通盘考虑，打通企业流程。

最后，至于怎么去更好地做实施，第一是做规划，包括企业的战略规划和财务规划，都应该有一个蓝图，可粗可细，形式可以多样，但企业一定要有对未来 1~5 年的规划。第二个是思考数字化为什么要有规划？因为有了规划不容易走偏，但是规划有时候会"计划赶不上变化"，这个时候就要进行快速迭代。有些东西要快速回头看并且调整。互联网公司有些时候就觉得"差不多行就先做，做了以后慢慢再调"。但是互联网企业很注重客户体验，他们设有一些专门的社区、内部的网站，当用户提出意见立马就改，这个对持续提升用户体验就显得尤为重要。

数字化转型规划在转型的过程中确实是能帮助企业提升效率。而在这里面更重要的是业务部门要理解财务的想法和理念。因为业务在开展的过程中，实际上就替财务做了一些工作。所以，现在所谓的 Erp 等数字化系统就是把财务的基础工作被自动化、数字化所替代了，反过来要求财务人员对业务要有充分的了解，这才是安永一直提倡的业财融合。

机 构 篇　279

B04　信永中和：企业财务数智化转型服务实践

1. 信永中和概述：擘画数字化发展蓝图

1.1　集团情况介绍

信永中和集团是中国成立时间最早、存续时间最长、首家建立自控国际网络品牌的专业服务机构，在中国大陆及其他 19 个国家和地区设有 101 个办公室，员工总数 12000 人，包括 590 多位合伙人。历经 40 多年发展，信永中和已实现集团化、一体化管理和国际化发展，成为当今中国具有品牌影响力且具备国际服务能力的综合性专业服务机构，如图 B04 - 1 所示。

图 B04 - 1　信永中和集团简介

作为智力型服务企业，凭借高度整合的一体化管理体系，集团一路蓬勃发展，始终秉持"为人信、求道永、执事中、取法和"的核心价值观，将全面提升服务国家建设能力作为发展目标，通过总分部之间、境内外之间的融合协同，通过审计、税务、咨询、工程管理等多元化专业服务，发挥集成共享优势和全产业链优势，助力政府与企业客户实现长期可持续的发展。

1.2 信永中和咨询

信永中和咨询起源于1992年中外合资会计师事务所的管理咨询业务部,在中国已深耕30年。2016年重塑管理咨询板块,引入了大量国际咨询公司的精英人才,致力于打造本土咨询业的标杆。随着信永中和集团的发展,目前已经成为门类齐全、专业突出,能力覆盖了交易服务、管理咨询和数字化全领域的高端咨询服务机构,拥有除四大外,国内最大的管理咨询服务团队,团队规模近600人,其中获得专业资格资质113人,CISA持证62人,合伙人47位。

信永中和咨询对摆在企业面前的诸多业务模式和运营模式创新的重大议题有着深刻洞察。我们深刻理解中国企业在高质量发展和争创世界一流的背景下在业务发展、管理升级和转型变革方面的内在诉求,为此我们将服务能力聚焦在交易支持、管理咨询、数字化服务三大领域,如图B04-2所示。

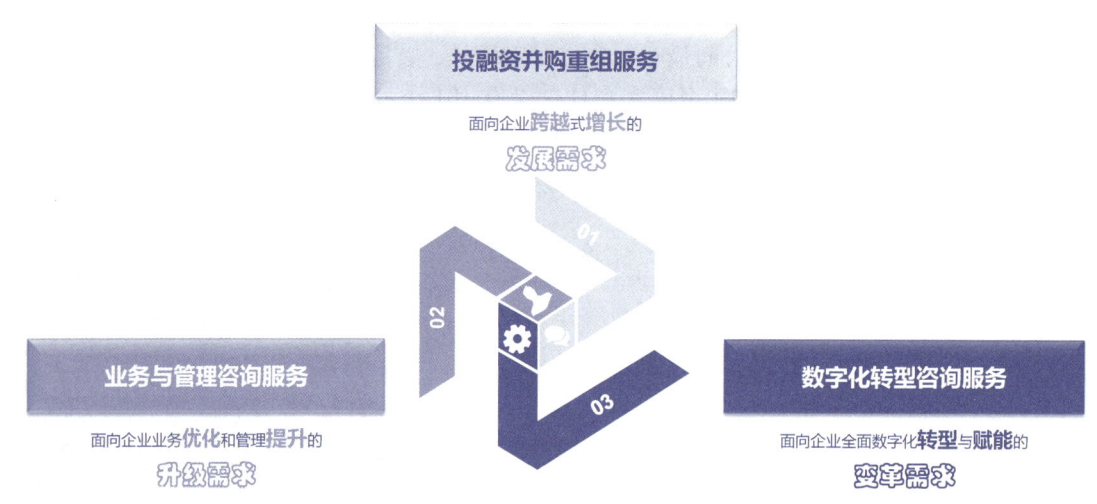

图 B04-2 咨询板块服务聚焦三个领域为市场提供全面的综合服务

从业务范围上来看,信永中和咨询服务呈现出多样化、高端化态势,从投融资与财务顾问、并购重组与破产重整等交易支持服务,到企业绩效与财务管理、风险管理与合规咨询、信息系统审计等传统管理咨询服务,再到数字化规划咨询服务、管理信息系统实施、数字技术服务、大数据产品部等领先的数字化咨询服务,实现全面覆盖,如图B04-3所示。结合我们的行业洞察和以往积累的行业经验,服务于高科技、金融、保险、通信、媒体、能源、化工等各大行业的央企国企、民营企业和外资企业,其中包括大量的上市企业。随着国家"一带一路"战略的实施,信永中和咨询也通过自建的国际网络,为中国企业走向世界提供综合性的服务,助力中国企业全球化的经营和并购整合,为中国企业走向世界保驾护航。

1 投融资与财务顾问
投融资与财顾条线提供企业投融资交易从交易前尽调、估值、可研，到交易架构设计，到交易后并购整合的全流程顾问咨询服务。

2 并购重组与破产重整
并购重组与破产重整条线提供公司破产重整、并购重组、跨境业务等综合集成类独立场景的投融资咨询服务，聚焦企业的跨越式增长的诉求。

3 企业绩效与财务管理
企业绩效与财务管理条线推动财务管理理念、组织、机制、手段的变革，协助客户建立"规范、精益、集约、稳健、高效、智慧"的财务管理标准，助力企业建立和完善高水平的财务管理体系。

4 风险管理与合规咨询
风险咨询条线承接国际先进的咨询理念、工具和方法体系，与国内实践充分结合，提供全面风险管理、内部控制、ESG、内审合规管理等多种咨询服务，致力于客户的经营效率提升和可持续发展。

5 信息系统审计与咨询
信息系统审计与咨询条线提供对企业信息系统一般控制的诊断和评价服务，帮助企业健全信息系统基本制度规范，明确信息系统管理的要求和约束机制，搭建完整高效的信息系统控制流程。

6 数字化规划咨询服务
数字化规划咨询条线提供数字化能力现状诊断、数字化转型规划、数字化创新业务场景设计、数字化企业架构设计、数据治理咨询、数字化转型保障体系规划以及数字化转型实施路径设计服务。

7 管理信息系统实施
管理信息系统实施条线为企业提供全面企业级系统实施服务，包括ERP系统和MES系统实施服务，司库系统、共享中心、供应链、智能制造等专业系统建设等，助力企业数字化转型。

8 数字技术服务
数字技术服务条线为企业客户提供包括数据安全、云计算，大数据，物联网和人工智能等在内的全面数字化技术服务，协助企业建设数字化中台，并向企业提供定制开发和运维服务。

9 大数据产品部
大数据产品部通过自建自主数据分析平台和输出人工智能技术能力，为客户提供全量数据分析、数据核查和各风险类系统落地服务，推动企业数字化转型及系统产品的实施落地。

图 B04 – 3　信永中和咨询的服务条线

我们希望以信永中和咨询以卓越的服务能力和价值展现，成为中国企业迈向高质量发展的战略性长期合作伙伴。

1.3　信永中和的数字化发展战略

信永中和早在2019年擘画集团第五个"五年规划"时，就设定了"致力于成为一家具有国际影响力并受人尊重的综合性专业服务机构"的宏伟愿景。为此集团特别制定了"品牌战略、平台战略、高端战略、国际战略、数字战略"这五大战略，清晰地提出了紧扣数字化发展的战略思路，并以"坚持以健康和谐合伙文化和价值观引领；坚持走质量品牌发展道路，不片面追求规模、速度；坚持 体化管理模式；坚持质量为导向的风险管控体系；坚持核心业务转型升级，不断提升高端服务能力"的五个坚持来确保这一宏伟愿景的实现。集团之所以很早就强调信息化建设和数字化建设的重要性，是因为我们能做到先谋篇定局，确立自身正确的发展宗旨，再规划发展，把握行业的发展规律。

信永中和充分把握住数字技术成熟与广泛部署，以及数字经济迅猛发展的时代机遇。过去若干年来，包括大数据、云计算、物联网、区块链、人工智能、5G通信等新技术风起云涌，其应用遍及包括新金融、新零售、新制造等诸多传统产业的升级改造，也贯穿企业从市场与客户、产品与创新、供应链、卓越运营、人才与组织、风控与合规、主动价值管理等转型变革的所有方面，如图B04 – 4所示。"十四五"提出，迎接数字时代，激活数据要素潜能，推进网络强国建设，加快建设数字经济、数字社会、数字政府，以数字化转型整体驱动生产方式、生活方式和治理方式变革。

基于以上认识，信永中和的数字化战略既有针对集团内部的信息化建设和数字化转型建设的强大需求和动力，也有全面提升我们面向企业数智化转型服务能力的自觉和规划，形成了"对内数字化管理、数字化作业平台，对外数字化产品解决方案"双管齐下的基本格局，如图B04 – 5所示。

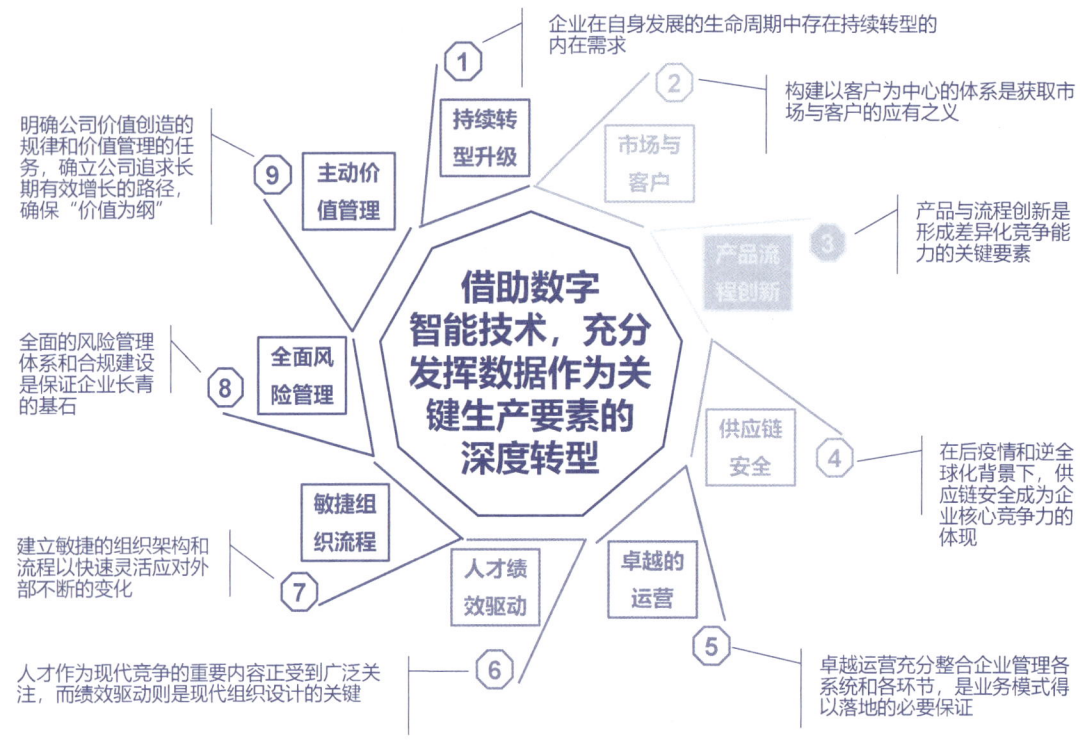

图 B04-4 数字化转型贯穿在企业转型变革的所有方面

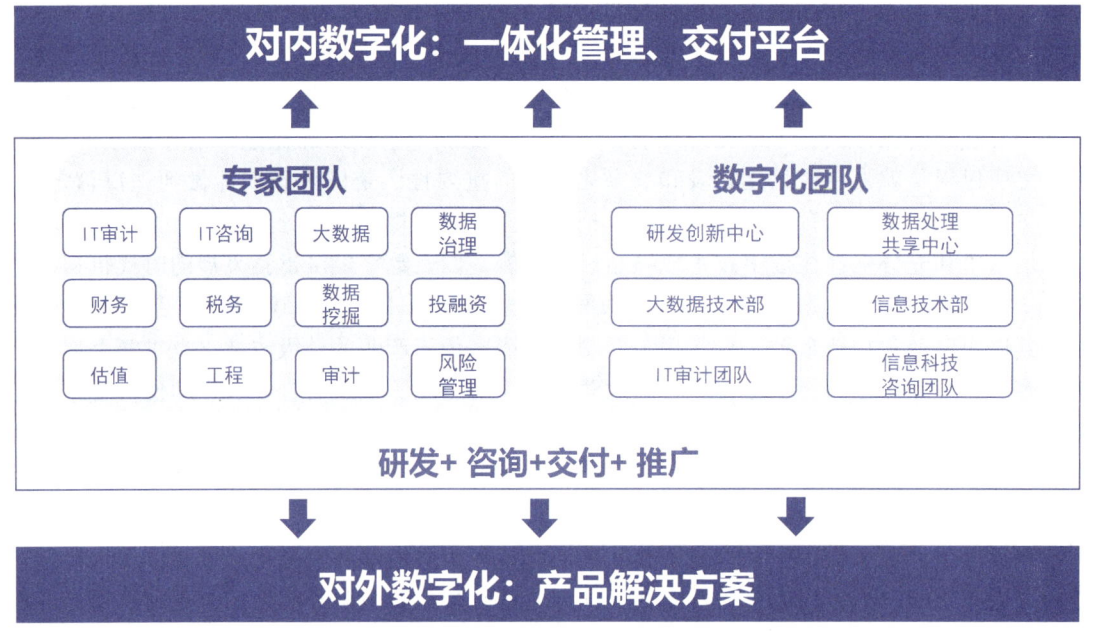

图 B04-5 信永中和对内与对外双管齐下的数字化发展格局

对内，信永中和紧跟技术进步，搭建先进适用的私有云网络平台，开发信天游管理系统、财务系统、作业管理系统等各类应用系统，包括共享中心、知识库、效率工具库等，覆盖管理和业务交付全过程，高度集成、数据共享。

对外，信永中和通过组建数字化专业团队、研发数字化产品及服务、提供整体数字化解决方案等提升数字化服务能力，赋能企业数字化转型。经过多年建设，已建成一支由财税专家＋数字技术咨询专家构成的数字化团队，涵盖研发创新中心、数据处理共享中心、数字化规划、实施和技术服务交付团队、大数据技术部等部门，提供包括研发、咨询、交付、推广等多元化综合服务。团队规模已达400余人，形成了比较完整的建制，在国内事务所中处于相对领先的地位。

作为国内领先的以审计、税务、咨询、工程等综合服务为基础的专业机构，信永中和在企业数字化转型过程中，具有不可替代的专业、业务和一体化资源整合的优势。信永中和在各个板块、各业务条线都拥有一支贴近市场、贴近用户的专业服务团队，长期以来和企业协同工作，针对各行业的业务场景做好场景设计和场景捕捉工作，形成了对客户需求的深刻理解与洞察，同时充分依托自身综合性专业服务能力，将业务需求与数字化技术相结合，由业务专家与IT专家深度协作，为企业数字化转型变革提供从规划到交付的端到端服务，如图B04-6所示。

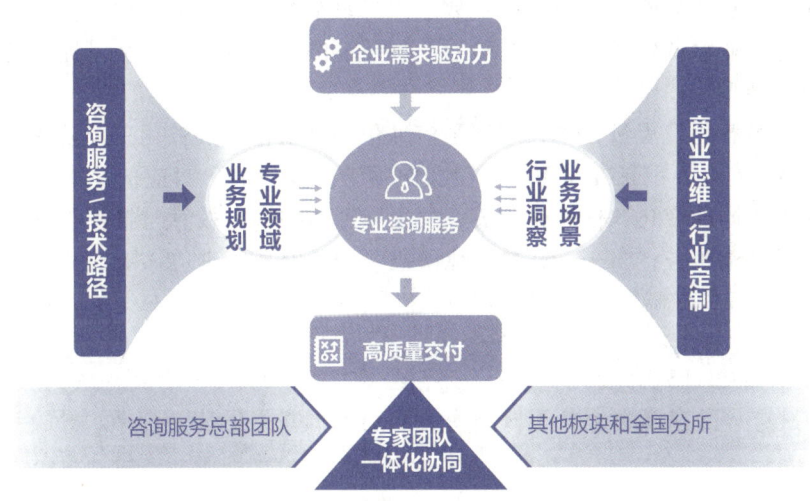

图 B04-6 信永中和数字化团队能力

勇立潮头，乘"数"而上。数字化变革时代要求信永中和必须有一个大的跳跃式加速发展，我们已经做好了准备，与企业共同投身数字化转型发展热潮。

2. 打造以"财税报审"为核心的财务数智化综合服务

2.1 信永中和关于企业财务数智化的观点

2.1.1 以数据为关键要素

《"十四五"数字经济发展规划》（以下简称《规划》）着重强调，除了劳动力、土地和资本以外，数据作为生产要素，而且是作为一个全新的生产要素登上舞台，它贯穿生产力、生产关系的各个环节之中，极大地促进了全要素生产力，成为从数量发展到高质量发展的一个非常重要的驱动因素。

在定义数字经济时，经常提到数字经济"四化框架"，即：数据价值化、数字产业化、产业数字化和数字化治理。数据价值化的过程横贯所有数字生命周期的各个环节，包括数据采集、汇聚、数据确权、定价、数据交易市场、数据安全和数据保护。数字化治理通常由政府主导、多主体参与，这个过程通过技术与管理的结合提供数字公共服务的基础架构。但无论数据价值化还是数据治理，都围绕着数字产业化和产业数字化展开。《规划》着重强调以数字技术与实体经济深度融合为主线，加强数字基础设施建设，完善数字经济治理体系，协同推进数字产业化和产业数字化，赋能传统产业转型升级，培育新产业新业态新模式，不断做强做优做大我国数字经济。

2.1.2 企业财务数智化发展的三个阶段

在整个数字经济生态中，有标准规划体系、环境服务体系、技术设施支撑体系、应用服务体系等，其中最重要的体系就是应用服务体系。甚至可以说数字经济全生态的各个环节，最终都是为了应用服务体系服务的。

在整个应用服务体系里面，有各个领域业务场景的深度应用，其中就包括企业在财务数智化领域的应用。这背后的驱动力包括：数字经济政策推动企业财务数字化转型、成本精益化管理要求促进企业财务转型、日益激烈的竞争环境倒逼企业财务转型、提升运营效率的需求推动企业财务转型。

企业在财务数智化发展过程中，历经了信息化、自动化、数智化三个阶段，如图 B04-7 所示。绝大多数企业目前正在从第二个阶段向第三阶段过渡。对应的，财务管理在不同阶段的定位也有着不同的变化。信息化阶段，关注管理与控制、核算与报告；自动化阶段，关注专业、业务及前端服务；未来，在数智化阶段，企业财务管理应该更加关注战略决策与价值管理支持。

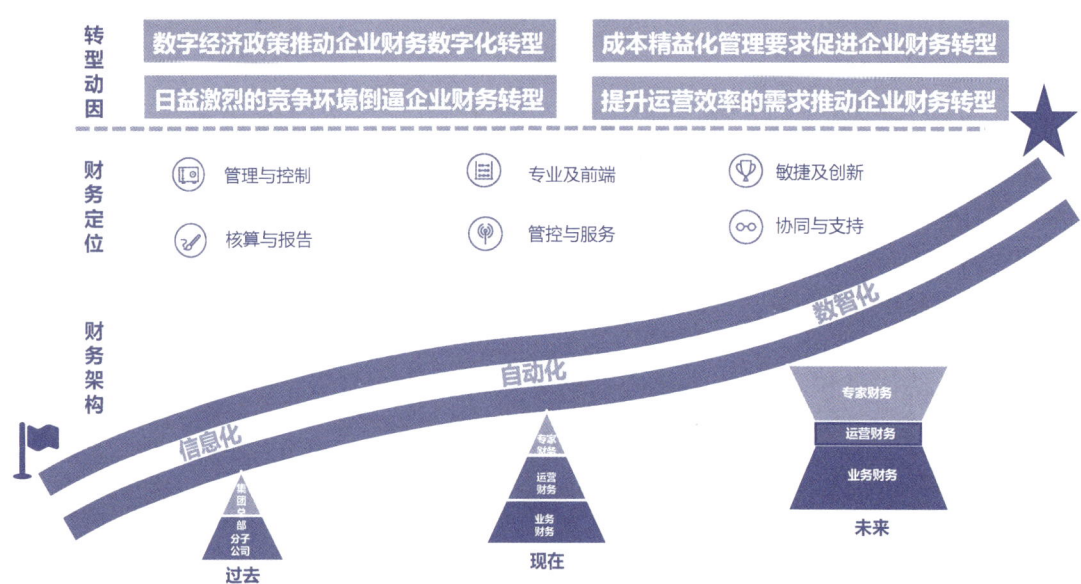

图 B04-7　企业财务数智化的发展阶段

2.1.3 企业财务数智化转型不同阶段应有不同关注

企业在财务数智化转型的过程中，大致上顺应着从流程自动化到业财税一体化，到智能决策化的发展路径，如图 B04-8 所示。当然，各行业的企业财务数智化实践进程可能先后不一。

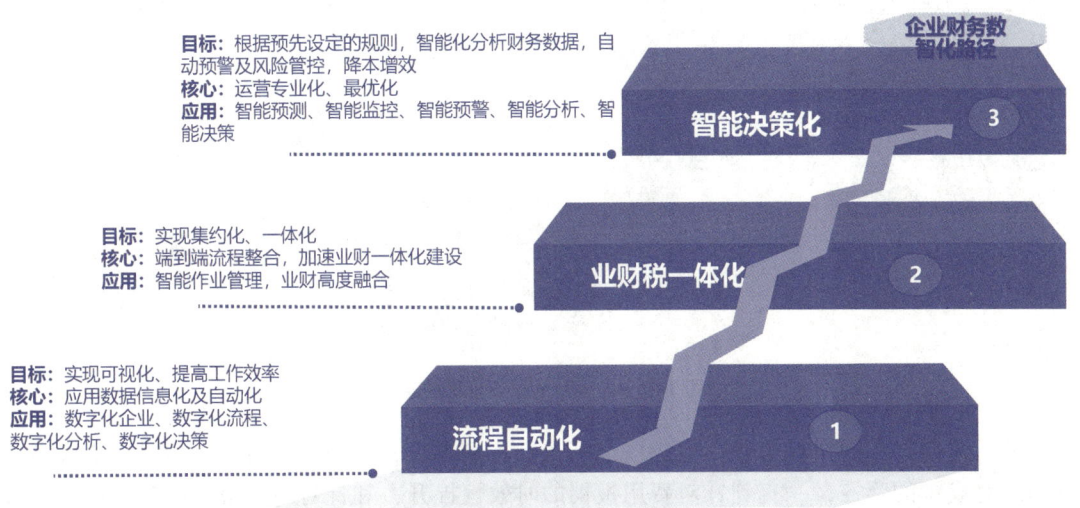

图 B04-8 企业财务数智化不同阶段的不同关注

企业在流程自动化环节，核心目标是实现系统的可视化、提高工作效率，而转型的关键则在于数据应用方面的信息化和自动化。

当企业进入业财税一体化的阶段，企业的目标是实现集约化和一体化。在这个过程之中，企业专注的核心会放到端到端的流程整合，特别是业财税一体化建设过程中流程的整合。

从业财税一体化阶段向智能决策化的转型阶段，企业应该开始把着眼点放在如何对业务乃至于对管理对决策的价值提升上。部分企业对于企业的总体发展战略，从财务管理的角度深度介入，企业的目标会放在如何去设定管理规则，如何对财务数据、甚至是业务数据展开智能化的分析，提出风险预警和预报，提升对战略实施过程的管控，包括对于战略决策的支持和价值管理乃至价值直接创造等领域。

2.2 信永中和财务数智化总体框架

2.2.1 企业财务管理全价值链分析

在提出总体框架之前，我们有必要对企业财务管理的价值链做一个完整和全面的分析。依照财务管理的功能与对数字化转型需求的逻辑脉络，基于对其的场景分析和业务价值的梳理，我们可以把财务管理总体上分为财务运营和财务管控两个大的流程闭环，如图 B04-9 所示。

图 B04-9 企业财务管理价值链

从运营型财务的角度来看，它应该包括从销售到收款，从采购到付款，到对存货库存的管理，对成本的管控，一直到针对费用报销的时效性提升，和针对财税报告的时效性提升等内容，其实质是让业务和财务充分结合，这是第一个闭环的管理。从管控型财务的角度来看，包括资产管理、资金结算、预算管理、风险合规与制度管理等，其实质是赋予财务以价值管理和直接价值创造的功能，使财务管理直接服务于公司管理和战略决策，也就是战略和财务的结合，这是第二个闭环的管理。

多数企业对于财务运营闭环应该有较好的实践和数字化转型的思路，问题可能更多地体现在以分析和决策为核心的财务管控闭环方面，即如何通过财务对业务的深度洞察提供企业可持续发展的盈利能力的战略决策方面，或者通俗地说，如何帮助公司的主动价值管理方面。

公司价值是公司未来可持续自由现金流的折现值。公司的回报、增长和风险，决定了未来自由现金流及其可持续性和折现水平。而这些正是现代财务的核心管理目标。现代财务是面向未来的，充当的是业务伙伴，维护的是公司价值。它要将公司价值从财务语言转化为业务语言，要成为公司整体价值的创造者和推动者。

因此，以面向未来的财务管理的切入点，应聚焦于资本结构、现金创造、现金管理、资金筹集、资产配置五个关键领域。其中，现金创造和现金管理与公司的回报和增长水平直接相关，决定公司自由现金流的规模和效率；资本结构和资金筹集体现公司的财务能力，决定公司的加权平均资本成本，或者说主要风险水平；资产配置推动公司的持续性发展，体现为折现期。它们与管理实践密不可分，并在很大程度上使价值理念真正具备在公司管理实践中运行的可行性，进而确保公司的日常运营在公司战略方向的指引下，持续地创造更大的价值。

2.2.2　适用于不同发展阶段的财务数智化转型通用框架

信永中和以帮助客户推动财务管理理念、组织、机制、手段的变革，协助客户建立"规范、精益、集约、稳健、高效、智慧"的财务管理标准，助力企业建立和完善高水平的财务管理体系为目标，面向企业提供财务数字化转型综合服务。为此目的，信永中和整理出一个适用于不同企业在财务数智化发展不同阶段的通用转型框架如图 B04 – 10 所示。

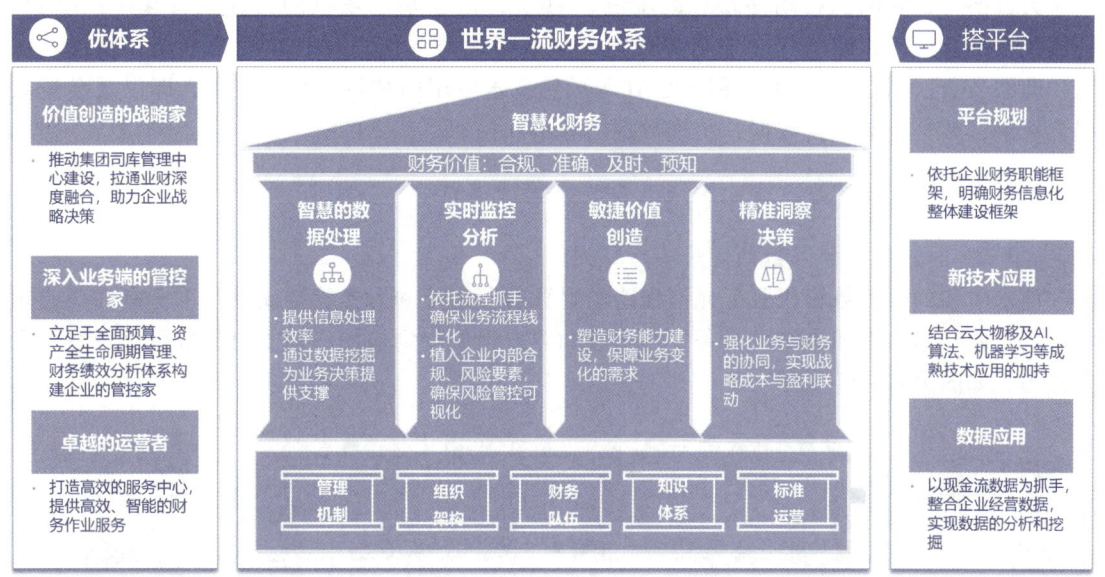

图 B04 – 10　适用于不同发展阶段的财务数智化转型通用框架

（1）世界一流财务体系的目标与内涵：

我们需要明确整个财务数智化转型的体系架构是什么？企业财务数智化的目标和愿景应该围绕着"合规、准确、及时、预警"8 个字展开。它的核心体系应该是建立在数据处理的时效性、实时分析和监控、敏捷价值创造以及更好的洞察和决策这四个支柱上。其中，智慧的数据处理是指提高数据处理效率、通过数据挖掘为业务决策提供支持；实时监控分析是指依托流程抓手，确保业务流程线上化，确保风险管控可视化；敏捷价值创造是指塑造财务能力建设，保障业务变化需求；精准洞察决策是指强化业财协同，实现战略成本与盈利联动。

为对以上目标和支柱起到基础建构的支持作用，在财务数智化转型的框架里还应包括非常重要的一个保障机制，包括管理机制、组织架构、财务队伍、知识体系、标准运营。

（2）对现有财务管理体系的优化：

如前所述，多数企业的财务数智化发展已经度过了信息化和自动化的阶段，正在历经从数字化到智能化到智慧化的演进过程中。不同的企业均应依据自身特定的发展阶段，有针对性地优化现有的体系架构，并不同程度地侧重于以下三个领域：

- 价值创造领域：推动集团司库管理中心建设，拉通业财深度融合、助力企业战略决策。
- 业务管控领域：立足于全面预算、资产全生命周期管理、财务绩效分析体系。
- 卓越运营领域：打造高效的 GBS 服务中心，提供高效、智能的财务作业服务。

还应结合公司所处行业对公司核心业务及相关管理职能进行分析，梳理业务、系统、数据及技术关键要素，并参考行业领先实践，识别财务领域的新需求和适合智能化提升的场景，为持续的架构优化打下基础。

(3) 总体应用平台和数据架构的搭建：

基于对需求的全景扫描，形成整个财务管理的场景分析，结合新的技术手段，诸如云技术、大数据、物联网、移动终端、区块链、AI 等，搭建基于场景的财务数智化应用平台。具体包括平台规划，即依托企业财务职能框架，明确财务信息化整体建设框架；新技术应用，即结"合、云、大、物、移"及 AI 等成熟技术应用的加持；数据应用，即以现金流数据为抓手，整合企业经营数据，实现数据的分析和挖掘。

2.3 信永中和财务数智化解决方案光谱与服务能力

2.3.1 信永中和财务数智化解决方案光谱

信永中和的财务数智化服务光谱横跨了财务运营闭环和财务管控闭环几乎所有的功能领域。基于此，信永中和事实上具备了向市场和客户提供端到端的一揽子财务数智化转型的服务能力，如图 B04-11 所示。

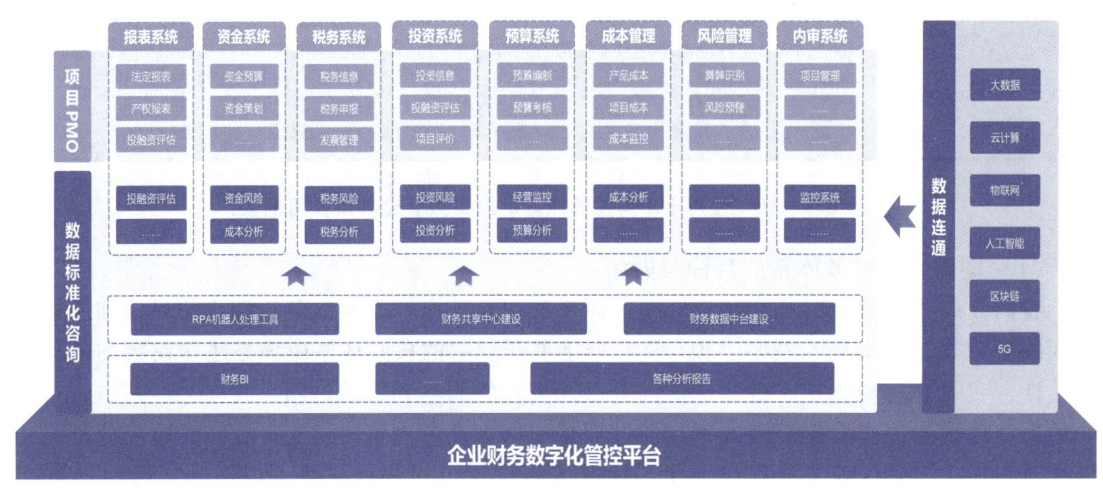

图 B04-11　信永中和财务数智化解决方案光谱

- 报表系统：法定报表、产权报表、投融资评估……
- 资金系统：资金预算、资金筹划……
- 税务系统：税务信息、税务申报、发票管理……
- 投资系统：投资信息、投融资评估、项目评价……
- 预算系统：预算编制、预算考核……
- 成本管理：产品成本、项目成本、成本监控……
- 风险管理：舞弊识别、风险预警……
- 内审系统：项目管理……

2.3.2 信永中和财务数智化的增值服务

除了针对企业财务运营和财务管控不同业务场景的具体财务数智化解决方案外，信永中和在财务数智化项目的交付过程中，还提供诸多的增值服务，包括企业财务数智化现状诊断、项目群管理与系统选型、财税数据标准化和数据资产管理以及项目后评价等增值服务，如图 B04-12 所示。

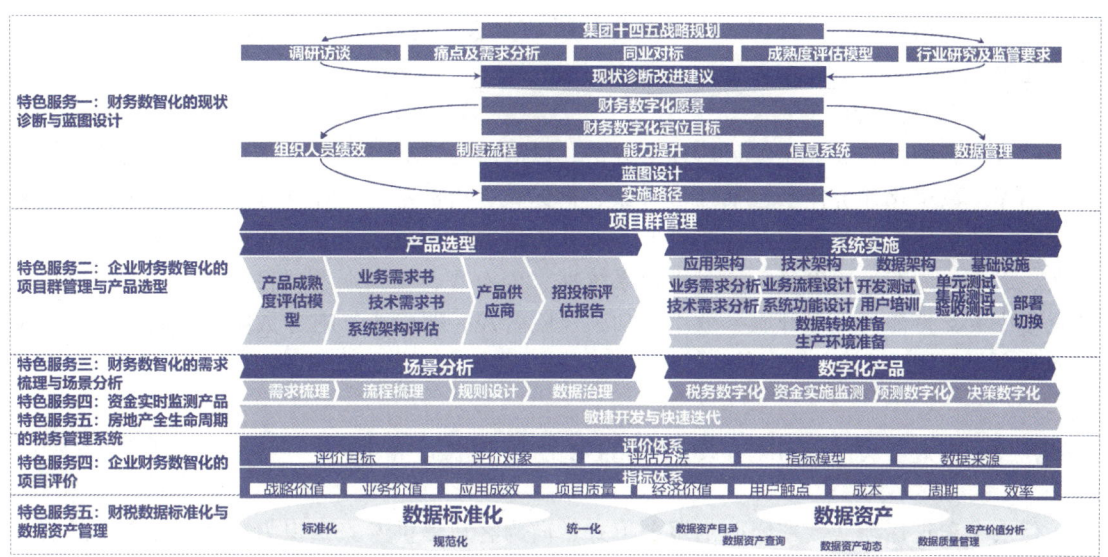

图 B04-12 增值服务致力于陪伴企业从诊断、规划直到实施、评估的全过程

(1) 企业财务数智化的现状评估服务：

信永中和结合全球近百家企业财务数字化实践，整理出一套"财务信息化+财务数字化"成熟度评估的七维评估模型，分别从制度流程、组织人员绩效、系统数据、风险管理、运营管理、绩效管理、资产管理七个维度，在不同层级开展横向对比、寻找差距，为企业财务数智化能力的提升设立一个方向和基准。

(2) 项目群管理服务：

任何应用系统的具体实施过程，都包括需求分析、功能设计、架构设计、基础设施、开发测试以及上线后的运维支持等诸多环境，这个过程对项目群的管理依赖性很强。信永中和的项目群管理体系有统一的 PMO 管理机制，进行统一领导、统一规划、统一监控、统一调配，进行建章立制，明确职责，明确分工，形成必要的管理流程和汇报机制。

(3) 系统选型服务：

项目的实施还会涉及底层产品的选型与采购。对企业而言，通常会比较困难，因为企业经常会面临财务数字化目标不明确、需求不清晰、产品线前瞻性不够、产品功能性缺乏拓展等挑战。信永中和团队针对每个产品选型，会有一个产品比较模型，进行产品成熟度评估，包括业务需求、技术需求和系统架构评估。基于评估进行产品的供应商管理，包括招投标选型，并形成招投标报告。

(4) 企业财税数据标准化：

从多个方面建立全集团"会计语言"的标准和统一，包括财会政策标准化、会计科目体系标准化、核算规则标准化、财务主数据标准化、财务核算流程标准化等。形成标准化方案成果，包括会计政策、会计科目及辅助核算项、经济事项核算规则、核算流程、财务主数据等。标准化方案成果将直接用于指导后续信息系统平台建设落地，包括合并报表系统、财务核算系统、报账系统、财务共享系统、主数据系统等。

作为财税数据标准化项目成果，法、管、税一体化平台是一个综合性、多功能平台，将满足跨部门（财务部、战略投资部、审计部、风控部），跨主题（会计、运营、资金、税务、审计、战略、风控)等多方面对财务分析的需求,进一步推进落实财务信息化项目一体化建设。

(5)项目后评价服务:

信永中和的财务数智化项目后评价方法,以战略为目标,结合数字化战略,搭建评价体系指标库。数字化评价体系包括评价对象、指标库、指标定义、计算方法、权重占比及数据来源等。数字化指标体系包括战略价值、业务价值、应用成效、项目质量、经济价值、用户触点、成本、周期、效率等。通过搭建系统性、全面性、端到端的项目后评价体系,可以提高企业决策支持能力,提升服务效率,加强风险管控,明确未来财务数字化战略定位,制定财务数字化蓝图设计和实施规划。

3. 构建以"专家知识"为载体的财务数智化产品服务

信永中和正逐渐从专家团队的服务模式转向为客户提供专家知识为载体的数字产品服务模式。专家知识产品服务模式是未来咨询走向高端化、规模化、产业化的必经之路。新型的知识服务模型可以给客户提供稳定的、高质量的专家经验输出,为客户解决通用层面和定制化层面的需求和痛点。以下是部分列示。

3.1 数智化产品服务之一:资金实时监测产品

资金流水即时监控系统是由我们专家经验和知识为载体凝结而成的数字化产品。企业尤其是大型企业,通常会每半年或一年委托中介服务机构进行一次资金流水的检查,在这种背景下,我们推出了资金流水监控系统,如图B04-13所示。资金流水即时监控系统以银行日记账、银行网银流水为对象,以定义的风险类型为目标设计风险监控模型,对每一笔资金收、付进行实时监控,根据资金特征识别出交易风险并采取相应措施,旨在帮助财务部门用智能化、自动化的方式管控资金风险,提出这种风险之后有相应的企业团队进行线下处理。

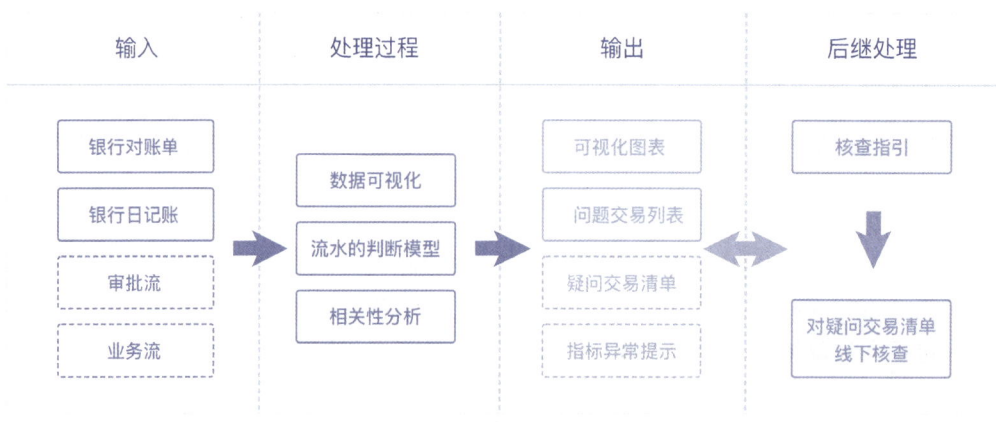

图 B04-13 风险监测模型

3.2 数智化产品服务之二：房地产全生命周期税务管理系统

当下，无论是外部监管的要求，还是企业内部信息化以及风险管控的要求，企业对于税务的信息化需求日益旺盛。企业对税务风险要素的管控需求，成为信永中和税务团队强大的驱动力，形成税务管理系统，从三个维度帮助企业税务管控如图 B04 - 14 所示。一是以防控税务风险为导向，从事前、事中、事后三个方面管控企业税务业务的全链条，闭环各个环节；二是随着金税四期上线，更加符合企业财税管理上的业务、流程、数据、风险预警的管理需求；三是事前纳税遵从、事中纳税合规、事后通过数据分析预警验证企业税务健康度。

图 B04 - 14　精准施策"三板斧"信永中和涉税数据治理整体解决方案

3.3 数智化产品服务之三：投资管理信息系统

投资管理信息系统，满足资本运作全生命周期管理需求，贯穿投资计划及预算、投前论证与决策、投中执行与实施、投后管理及评价、投资退出及处置等环节，打通投资数据及信息传递路径，统筹协调多方资源并推动资本运作实施。大量投资数据沉淀及分析，为投资决策、风险防控及投后管理提供数据支撑，助力实现公司级资本布局和战略实现，如图 B04 - 15 所示。

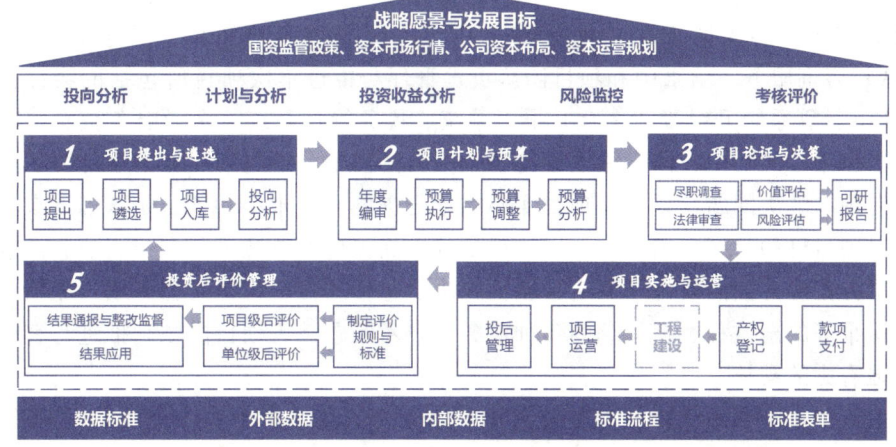

图 B04 - 15　助力资本运作，反哺投资决策与资本布局

4. 典型案例

【案例一：某大型汽车制造企业领航 PMO 项目】

伴随客户集团业务快速发展与企业规模壮大，管理水平不断提供与管理要求日益精细，原有的信息化系统老旧，已难以适应新形势、新发展、新要求，迫切需要对原有信息化系统进行重新构建、升级改造与优化完善。

客户经过慎重考虑与精心准备，决定启动领航计划 2.0 项目，如图 B04-16 所示旨在搭建国内领先、国际一流、创新突破的新一代一体化财务管理平台，满足集团快速发展、管控转型的需要，形成全集团一个平台、一个标准，实现管理透明化、数据自动化、流程高效化、分析智能化。

图 B04-16　领航计划 2.0 项目是技术、人员和组织的全面变革

由于本次项目涉及的组织范围广、业务需求复杂、产品技术多、专业水平要求高，因此客户聘请了信永中和团队来为领航计划 2.0 项目群提供高质量的项目管理与业务分析（PMO&BA）咨询服务。信永中和项目团队负责管理与推进本次项目所包括的会计标准化体系咨询、Erp 核算系统升级改造、合并报表系统、税务管理系统、企业财务数仓、财务分析与报告等诸多项目的实施；同时深度参与各个项目的需求分析与解决方案设计等具体实施工作，及时发现与解决问题，以确保项目实施质量与进度。信永中和项目团队借助自身的经验与能力，对项目群的目标、组织、范围、计划等方面提出专业意见，参与到业务需求、技术路线、解决方案等方面的研讨与制定，全面解决了包括项目可行性研究、项目立项、项目交付、后期运维等的全过程、全周期的各种业务和技术问题，为项目的顺利推进与客户的快速决策提供强有力的支持。

通过引入信永中和团队提供专业的 PMO&BA 服务，信永中和团队全程发挥了保驾护航、方向引领、组织协调、监督执行的重要作用，帮助客户选择合理的产品与解决方案，避免了无效投资;帮助客户选择最好的实施伙伴,在项目过程中确保了交付质量,确保项目达到预期目标,实现成功交付。本次项目也获得了国资委"对标世界一流管理"的标杆项目的殊荣。

【案例二】:某大型央企集团财务标准化及财务数据平台项目】

随着该央企集团业务快速发展,需要整合和管理集团内外的财务信息,满足各级各部门的管理需求,实现集团总部向"管资本"的转型。同时,该客户集团坚持放管结合,在加大对下属企业放权同时,通过战略管控结合财务管控来确保"看得见、管得住、审得清",并计划通过实施集团层级的会计核算标准化和财务管理数据平台,为高效透明的财务管控夯实基础。

为此,信永中和信息化咨询团队用了三年时间,协助该企业在集团财务管控模式框架下搭建了统一的财务管控数据平台,所提供的财务管控整体解决方案在该客户企业内部担负起承上启下的职责,如图B04-17所示。在集成集团内外财务信息、满足各级各部门管理需求的同时,自动提取财务报表数据,建立起规范、稳定的报表数据及合并平台,形成覆盖全集团的财务数据库,支持财务合并、资金分析、运营分析等各项财务应用,为各级需求部门提供共享统一的财务数据来源,将集团财务管控思想、流程及财务标准化的内容贯彻到各级单位。不同于一般IT系统实施,财务数据平台建设不仅关心功能的实现,而且更多地关注如何从业务侧解决问题,达到财务数据的精细化与准确性。通过财务数据平台对财务数据进行分析,不仅发现差异,而且尽量从问题源头解决。

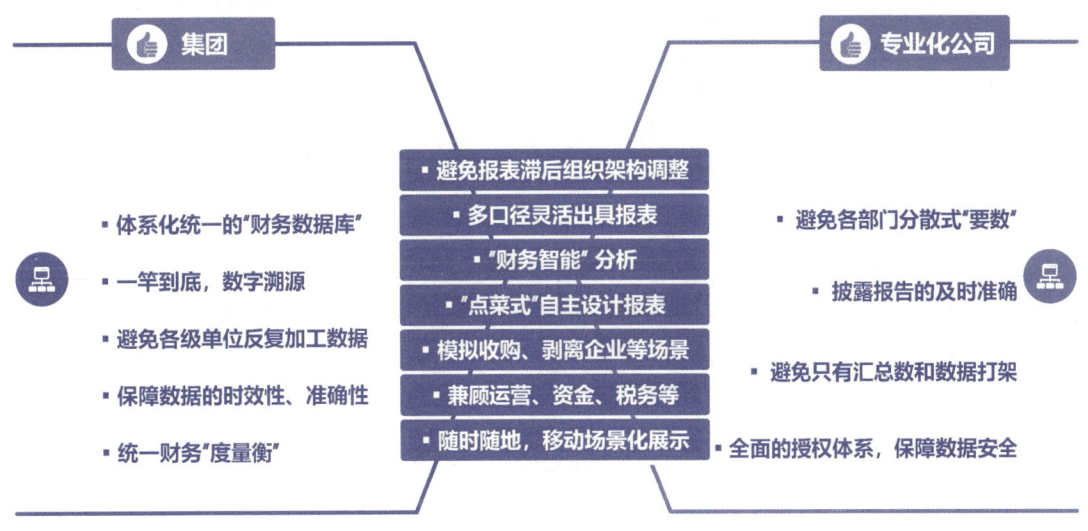

图 B04-17 搭建财务管控平台后收益

信永中和信息化咨询团队成功助力该集团完成数字财务标准化工作,完全覆盖集团所有多元化业务板块,作为引领项目,标准化项目成果直接用于指导后续财务信息系统平台建设。成功地在该集团实现了"18+1"专业化公司及平台的"横向到边、纵向到底"的财务管控体系。从业务、流程、系统、数据四个方面综合解决了客户所遇到的挑战,实现全集团"会计语言"的统一。

【案例三：某大型汽车制造企业税务数字化管理平台项目】

目前，税务机关在"金税四期"的建设和开发上进展迅速，带来了很多新的征管理念和要求，该客户企业的业财税一体化管理也要制定相应的建设规划，为未来平台的后续发展、升级预留空间。该客户企业"税务数字化管理平台建设项目"，是企业实现财务共享中心业财税融合工作的一部分，其建设应充分考虑到业财税融合的整体发展规划。

由于本次项目涉及建设规划层级高、业务需求复杂、专业水平要求高，因此客户聘请了信永中和团队来为税务数字化管理平台建设项目提供高质量的咨询与实施服务。我们通过对企业的业务、财务全流程的调研，并基于我们对税务的专业经验，为该客户企业设计了短、中、长期发展规划路径：在短期内，搭建业财税一体化管理体系，完成纳税申报平台的建设；在中期内，利用税务管理流程再造的工作成果，进一步完善业财税一体化管理体系；从长期来看，逐步实现智能税务管理，利用信息化技术，在企业内部搭建信息共享平台，将税务信息融入企业业务、财务管理全流程，逐步实现涉税事项事前、事中、事后的管理体系，逐步实现税务管理的智能化。

信永中和项目团队以"一套标准、五项能力"（即：统一的税务管理业务标准；建设纳税申报能力、税务分析能力、税务运营能力、税务风险预警能力、税务知识共享核心业务能力）作为本项目的建设方案，为客户搭建起全面的税务健康性检查和标准化的税务流程，如图 B04-18 所示。

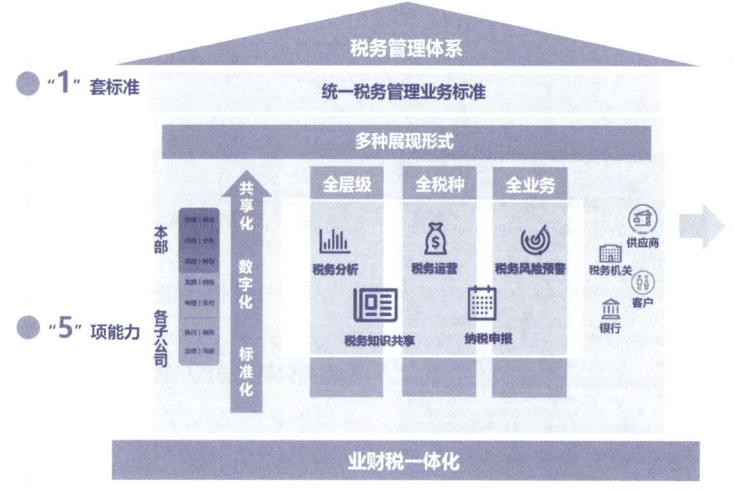

图 B04-18　建设方案——税务信息化规划

信永中和项目团队成功助力该客户企业搭建税务数字化管理平台，以自动化、信息化、标准化手段提升工作质量和工作效率，帮助客户完善"税务标准化管理体系、税务分析与规划体系、税务风险监控体系"三大体系，提升集团业财税一体化协同能力、税务规划能力、税务风险预警能力等八项能力。

5. 热点问答

（1）关于项目群管理的问题。

提问：你们在分享过程中提到了一个项目群管理的增值服务，为什么会提项目群管理的概念呢？我理解是一个大项目管理分成若干的子项目来推进，那么这个管理模式与项目管理的内容有什么区别呢？

回答：关于项目群管理的问题，我们从项目群管理的定位来看，主要体现在三个方面。一个是转型方向的引领：一般来讲，整个项目群的方向引领包括了战略目标、运营目标以及项目执行的目标，这个是第一个要去关注的内容。第二个就是所谓的计划引领：就是说对于整体转型计划的落地性怎么去引领、去执行，包括执行状态怎么去把控。关键就是从总体计划到项目计划乃至到作业状态，在项目群管理中是日常要去做的工作。第三个就是质量的保障：怎么去落实从总体项目到单一项目运营的整个过程中的质量管理。项目的质量是要依赖于跟各个方面的相互配合的，这里面包括甲方、供应商和服务提供商等。怎么把各方面联动起来，而且有质量地执行，对项目目标的高质量达成是一个很重要的辅助。这里就涉及既要懂技术又要懂业务，同时要懂整体方向的相关人才，也就是有经验的咨询顾问去引领。以上是在项目群管理中最主要的需要关注的三个方面。

（2）关于咨询机构如何引导企业数字化转型的问题。

提问：数字化应该是不同于以往的信息化以及简单的 Erp 的。说实话，有些企业甚至连自己的需求都不明确。在这种状况下，如果企业想发展，想乘上数字化的东风来进一步提升自身的管理水平，作为一个咨询机构，可以如何来引导企业的数字化转型？或者说咨询机构如何有效施加影响，让企业跟随先进的理念，有前瞻性的方法和系统性的建设，如何让他们能够认同这一方面的做法？

回答：通常情况下，我们和企业在沟通的过程中，确实发现企业在数字化转型的过程中，有多种的情况出现。有一种情况，就是企业不认为他有任何问题，他也不觉得自己有迫切的转型需求，这是第一种情况。第二种情况，就是企业确实知道自己有问题，也觉得有紧迫感，但是没有办法去描述、去定义，甚至是量化这个问题。第三种情况，还有一类的企业，它能够明确地知道问题是什么，但是没有办法去找到解决的方法。最后一种情况下，企业知道自己的问题，也知道自己应该怎么去解决，但需要一些外力来帮助，包括解决问题的一些工具，包括解决问题的一些实施路径。通常会有这些不同类型的情况出现。

那么您的问题可能更多的是针对前两类的企业客户。比如说，第一类客户他可能自己都不自觉自己有问题，或者是第二类的客户，他有紧张感，有压力感，但他不知道自己究竟问题出在哪里。

针对这样的两种情形，通常我们会做的是什么呢？就是在和企业客户沟通的过程中，我们会引入一些工具，这些工具我们叫故障诊断，或者叫问题诊断以及现状评估。我们依据这些现状评估或者问题诊断的工具，首先会展开一个行业分析的过程。我们通过行业分析，来提供企业所处行业的一个大致的外部状况，包括行业的发展历程与进展、行业的集中度以及行业中先进企业的一些基本状况，当然还包括行业政策、宏观环境、监管、行业发展趋势等的情况。其次，我们会帮助企业去做一些竞争分析的工作。这种分析我们主要是采用价值链模型的方式去展开竞争分析,也就是点对点地去对价值链的各个环节,从市场需求到设计,到生产,到供应链,到市场获取,到人才准备,到财务管理……对整个价值链的各个主价值链环节和辅价值链环节去做一对一的竞争分析,去帮助企业了解自己和市场或者行业的最佳实践间的差距和优势。最后,我们会帮助企业有针对性地去做现状评估。我们会基于企业发展过程中的业务和管理各个方面去做全面性的现状评估,包括企业的问题诊断。我们基于以上这样的一些方法,帮助企业找到自己的问题,并且非常精确地定义和描述自己的问题。一旦我们能够跟企业客户就问题的理解达成一致,后面的工作就是如何围绕着问题去展开了。

(3) 在企业数字化转型的过程中,事务所(咨询机构)扮演的角色。

提问:作为事务所,在推动企业财务数字化的进程当中扮演什么样的角色?我为什么问这个问题呢?是因为前面我们调查访谈了供应商,还有企业本身。在调查访谈的过程中,我们感到如何定位事务所是一个很重要的问题。

回答:我们咨询机构在和企业合作的过程当中,我们给企业提供有价值的服务的过程当中,我们究竟扮演什么样的角色?我们不同的角色定位会直接导致企业在面对我们的时候定位不同。

大家都知道,我们大多数的乙方,面对甲方的时候,其实它是一个服务体。乙方,尤其是在咨询、会计培训方面,由于特殊的专业能力,能够教给甲方很多的知识,所以他扮演了一个老师的角色。所以,在我来看,我们信永中和,由于在财务方面的专业功底、在财务审计方面的专业潜力以及在咨询方面的能力,其实我们面对企业更多的是一个合作伙伴和一个价值贡献者,我们提供的是一个长期的陪伴职能。在这整个的服务过程当中,我们其实给企业当老师,跟企业做伙伴,跟企业做服务商,这几种身份是兼而有之的。在企业面临一些疑惑困难的时候,我们有些时候是给他们当老师来教他;在企业需要服务的时候,我们是给他们做服务商;更多的时候,我们是企业长期的伙伴。因此,我们咨询机构的身份应该是一种合作伙伴和价值的贡献者,是一种长期的陪伴式的服务伙伴的角色。

企 业 篇

　　在企业财务数字化转型中,企业是变革的主体和受益者。企业一般需要在咨询机构的协助下明确转型目标,制定相应的转型战略规划,确定需要改变的业务流程和模式,选择合适厂商的技术和解决方案,并确定可投入的资金、人力和时间来支持上述转型活动。在咨询公司和厂商的共同协助下,企业引领组织模式创新和生产方式变革,通过优化业务流程、数据驱动决策开拓新业务模式和市场机会,提升客户满意度和忠诚度,降本增效提高企业盈利能力,最终提升生产力和竞争力。

C01 陕投集团：管控服务型财务共享建设强化业务赋能

1. 背景

陕西投资集团有限公司（以下简称"陕投集团"）是陕西省首家国有资本投资运营公司，隶属于陕西省人民政府，注册资本 100 亿元，总资产 2700 多亿元，2019 年入围中国企业 500 强。全级次企业 200 余家，全系统员工 2.5 万余人。陕投集团投资领域涉及国民经济 16 个行业，形成了产融结合的业务布局。其中实业方面涵盖地勘、煤炭、电力、航空、房地产酒店、物流、化工、新能源及新兴产业等板块，金融方面涉及证券、信托、基金、期货、保险、融资租赁、财务公司等业务。

陕投集团的前身是 1991 年成立的陕西省电力建设投资开发公司，依靠国家集资办电政策起步，管理和使用电建电权基金，在陕北、关中和陕南投资火电厂、水电厂和电网建设。1998 年，公司改制为陕西省投资集团（有限）公司，由单一的电力建设专业化公司走向以电力建设为主导、多元发展的综合性投资公司，并形成了金融行业的半壁江山。2011 年陕西省投资集团（有限）公司与陕西省煤田地质集团有限公司合并重组为陕西能源集团有限公司。陕西省煤田地质集团有限公司是由创立于 1954 年的陕西省煤田地质局改制成立的国有独资地质勘查与开发一体化企业。重组以后，公司形成了以能源、金融为主体，多元优势互补，企业稳健发展的格局。2018 年，公司按照国有资本投资运营公司的功能定位和发展要求，更名为陕西投资集团有限公司，专业从事省内国有资本的投资和运营。

2. 举措

在国资委要求国有投资资本运营公司提升国有资本管控能力，加强财务一体化建设的背景下，陕投集团为实现"高质量发展"要求，积极对标 5C 价值型财务管理体系，打造管控服务型财务体系，提升财务精细化水平。在内外部要求共同推动下，为了实现"打造一流国有资本投资运营公司"的战略目标，陕投集团财务要从传统财务向价值创造型财务转型。

陕投集团以自身"十四五"财务规划为纲领，建设"一型四中心"为特征的财务共享服务中心。其中"一型"为"管控服务型"财务共享中心，"四中心"为业务处理中心、财务管控中心、人才培养中心、数据服务中心。经过两年多的准备工作，陕投集团财务共享服务中心于 2021 年 12 月 22 日正式揭牌成立，标志着集团财务管控和数字化转型跨入了一个新阶段。

财务共享服务中心以三位一体、财务数字化驱动的财务组织架构为依托，建设财务一体化智慧平台，如图 C01－1 所示。通过对标央企的先进经验，参考行业领军企业的先进做法，在新技术的引领下，"财务一体化智慧平台"包含九大模块。在数据基础与专业财务管理方面，主要涉及财务会计的相关模块，包括集中核算、财务共享、报表管理、电子档案等；在承接战略与业务决策支撑方面，主要涉及管理会计的相关模块，包括全面预算、资金管理、税务管理、移动应用、智能分析等。同时将财务流程与风险管理、财务制度管理、财务基础数据管理三个方面贯穿整个平台，以保障实现财务一体化平台的强价值创造能力、强决策支持能力、强风险控制能力和高会计基础信息质量。

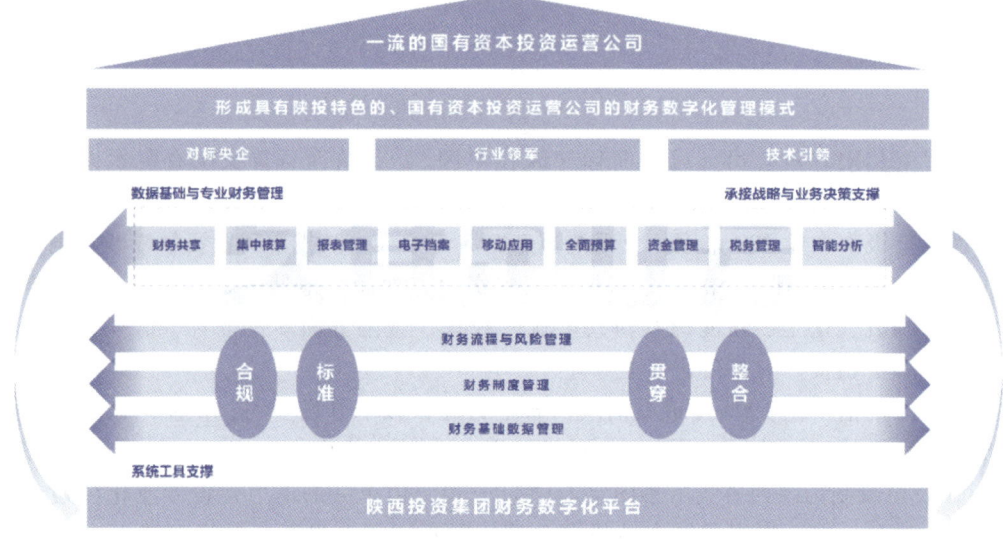

图 C01－1　陕投集团数字化财务一体化平台

3. 亮点

由于管理部门对投资公司的监管要求相对严格，因此陕投集团的财务数字化转型从一开始就带有"管控服务"特色。

陕投集团建设一体化财务智慧平台，以高效、自动、精益的财务共享体系为基础，建立预算管控体系、司库管控体系、税务管控体系、财务风险管控体系，积极打造高效卓越的财务管理体系，构建具有更精益运营能力、更强大业务管控能力、更精确决策支持能力，具有陕投特色的财务管理机制。基本实现了财务管理工作标准"六统一"：即会计政策统一、财务核算统一、资金（源）管理统一、人员管理统一、预算管理统一、融资管理统一。从组织架构、集权授权、人员管理、制度设计等层面规范了与财务相关的各种管理关系，指导子企业财务管理工作，逐步形成相对集中的财务管控模式，如图 C01－2 所示。

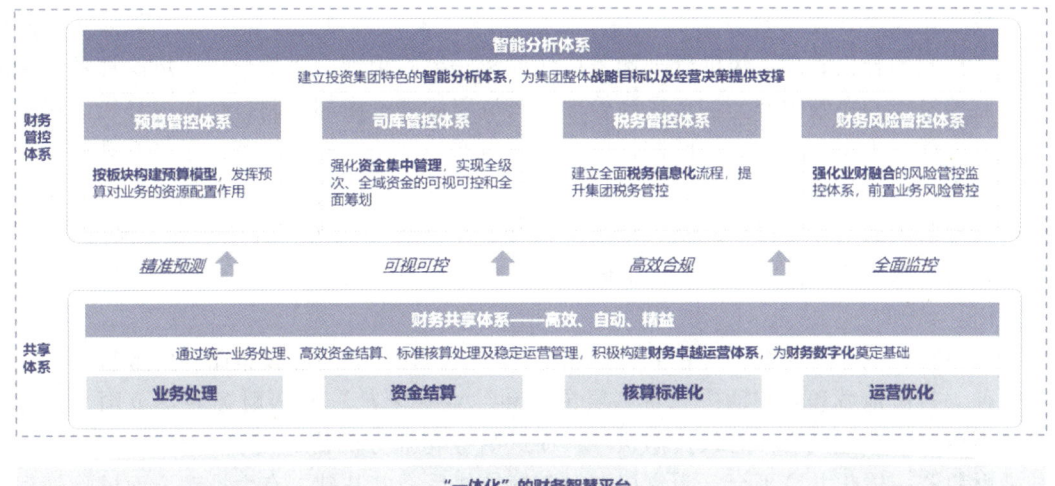

图 C01-2　陕投集团财务集中管控模式

预算管控方面：通过发挥全面预算对企业生产经营的事前引导、事中控制、事后分析作用，改善经营管理水平，加强财务成本管控。在预算编制阶段，对标企业历史最优和行业先进企业的成本费用利润率、主要产品单位成本、人工成本总额等指标；在预算执行阶段，坚持"凡做事都要有预算，没预算不开支，有预算不超支"管理理念；在预算考核阶段，加强成本费用利润率指标考核奖惩，通过预算管理、成本管理、投融资管理的精细化管理，有效促进降本增效。

司库管空方面：以自身"十四五"资本规划为指引，以落实集团"十四五"期间资金需求为目标，以合理的资产负债率指标为约束，结合领先企业实践，构建符合陕投集团特点及管理要求的司库管理体系，建设智能资金管理平台，充分发挥陕投集团结算中心行政化职能和财务公司金融牌照的"双资金池"优势，着力提高集团资金保障能力和资金使用效率。设计集团司库管理管理体系，明确集团司库定位、管控模式和治理架构，开始建设集团司库信息系统；进一步加强投融资管理，健全投融资决策机制，降低投融资风险，提高投资效益；强化资金运营管控：提前规划、过程监控、解决缺口、动态平衡，增强资金管理的计划性和前瞻性；继续推进下属金融公司的配股工作，增强集团内部金融机构实力。

税务管控方面：建设"四位一体"的税务管理体系，建立税务管理数字化平台，规范集团税收操作事项，税务信息透明化，税务风险预警机制自动化，强化集团税务管控。通过信息化手段打通税务云，建立发票池，实现自动在线防伪、匹配、防重、认证等，打通发票与报账系统之间的业务关联，实现以发票为抓手的税务内控落地；自动计税、报税，提升税务工作效率，自动计算税额、自动汇总税额到纳税主体、自动计算并生成纳税申报表；规范税务管理标准，防范税务风险，统一企业涉税票据、税款缴纳、税务备案、纳税申报、汇算清缴等涉税标准，规范税务风险管理流程；通过纳税统计、发票统计、预警分析、税负分析、税务报告，支撑决策支持。

风控管理方面：搭建数字化风险管控平台，对包括财务风险在内的多项风险进行识别、监测、控制，将合规管理要求配置到系统规则中，通过指标监测对集团营运中的风险实时预警，及时发现集团出现的重大财务风险，及时做出预防措施，为集团的稳健高质量发展提供支撑。数字化风险管控平台分为三个层次，应用层、工具层和支撑层。应用层包括风险管理、内部控制和合规管理。风险管理涵盖搭建框架—风险识别—风险分析—风险评估—风险应对—监控复审的完整闭环，实现风险管理的全流程管理；内部控制包括内控环境、风险评估、内控事项、信息与交流、实时监控等，实现内部控制的全覆盖管理；合规管理涵盖企业的各个方面，包括报告合规、税务合规、财务合规、反欺诈、内部政策合规等。工具层指企业风险管理落地的具体手段，包括关键风险指标、基于流程的风险管控矩阵、风险自评等。支撑层指实现数字化风险管控平台的保障措施，包括信息与报告、政策与流程、组织与人员三个方面。

结合预算管控、司库管控、税务管控和财务风险管控体系，陕投集团将财务管理向业务前端延伸，打破地域和组织的方式将基层单位和"业务末梢"纳入财务共享范围，把各类业务事项植入标准化流程并有效贯彻执行，促进财务与业务的协同配合和资源的有效共享，形成业财税资一体化共享平台，为集权型财务管控体系夯实基础，有力推动全面风险管理和精细化管理，为集团提供强力的数据和决策支撑，提升企业价值创造能力。

4. 启示

陕投集团的财务数字化转型具有较强的管控、服务特征，在企业财务数字化转型的探索道路上呈现出管控服务型财务共享中心建设的新思想。

按照财务数智化转型理论，内部经营与财务工作必须相互引导，相互联系，相互影响，使业务保持同步。但实际上大部分集团公司并没有真正明确内部的业务和财务工作，二者之间并没有达到真正的同步。陕投集团就是由于公司架构复杂、层级较多、行业差异大等因素导致信息传递水平较低，传统财务管理模式下总部对成员企业经营信息、生产活动等核心信息难以进行有效沟通，无法形成信息的有效扩散和有机整合，造成集团统一管理的困难，这对于投资型企业来说尤其危险。在整体信息化规划下，陕投集团充分利用人工智能、工业互联网、数据中心、5G技术等科技技术，建立大规模、大并发环境下，可快速扩展的财务数字化平台，形成具有陕投特色的价值型一体化财务管控模式，让财务有了更多的路径与手段，以及更多的可能，能够发挥更多价值创造的作用。

C02 陕重汽：业财融合创新 提升业务管控效能

陕西重型汽车有限公司（以下简称"陕重汽"）成立于 2002 年，是我国大型商用车制造企业，首批整车和零部件出口基地企业，是新能源重卡和智能网联领域的领导企业。

陕重汽资产总额 676 亿元，现有员工 1.51 万人，拥有国内一流的重卡新能源研究开发与应用实验室以及博士后科研工作站和院士专家工作站，在阿尔及利亚、肯尼亚等 15 个"一带一路"共建国家建立本地化工厂，设有 42 个海外办事处、190 余家一级经销商、38 家配件中心库、97 家海外配件专营店、240 余家海外服务网点，产品远销海外 130 多个国家和地区，出口量保持行业前列。

1. 背景

面对数字时代对于企业所带来的挑战，陕重汽选择在发展中转型，在转型中发展，把握数字时代的发展机遇，充分吸收新技术赋予的新能量来实现全面转型。坚持"四新"引领，以客户为核心，以数据为驱动力，应用数字化技术（大数据、云计算、移动互联网、物联网、AI 等），打造智慧陕汽，提升客户满意度与产业竞争力。

为更好支持公司创新业务发展与数智化转型，加强数据治理工作，充分挖掘数据资产价值，全面赋能公司管理创新、经营创新和模式创新，陕重汽设立"数据资产管理委员会"作为公司数据资产管理的决策机构，管理公司数据资产从采集、存储、加工、应用、归档到销毁全生命周期中的重大决策，确保对数据资产管理的持续关注，制定公司数据总体的战略，明确方向，统一思想，提升数据资产管理的决策效率。

2020 年，陕重汽财务部按照公司的数智化转型的总体部署进行总体策划，将财务数智化转型作为《陕重汽"十四五"财务战略规划》中非常重要的专项战略，明确"十四五"期间陕重汽财务系统要持续推进基于财务共享平台的数智化转型与升级，实现财务一体化和业财融合，持续提高财务管理效率与效果。

2. 举措

陕重汽的财务管理模式向"财务管理专业化、财务核算集中化、业务财务一体化"的格局发展，已科学地形成"战略财务、共享财务、业务财务"三大职能组别。战略财务承担"战略管理中心"职能，负责集团财务战略规划与实施、过程监控及结果评价；共享财务承担"运营支持中心"的职能，形成"标准化、高效率、低成本"的财务数据生产平台，为战略财务和业务财务提供数据支持；业务财务承担"资源管理中心"的职能，实施财务基础数据的分析和资源管理,协同保障公司价值创造。陕重汽财务组织架构如图 C02-1 所示。

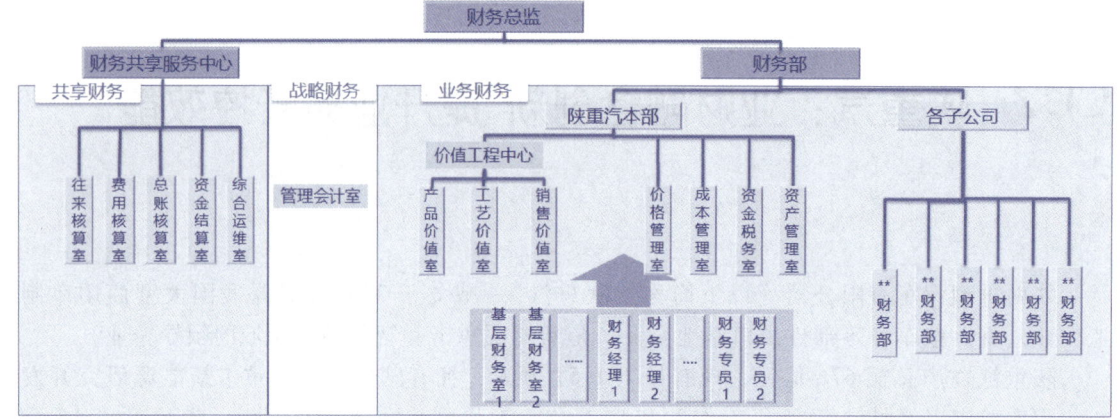

图 C02-1　陕重汽财务组织架构

根据"十四五"财务规划,陕重汽本部及子公司的财务数字化转型由财务部来统筹管理,实施方面由财务共享服务中心来承担。陕重汽财务共享服务中心持续发挥"运营支持"作用,以"标准化、高效率、低成本"的财务数据生产平台为基础,通过财务信息化建设,建立集团财务的六个中心,形成质量实效、客户体验、管理支持三大基石,有效支持集团年度经营目标的实现。这六个中心包括:账务处理中心、税务处理中心、资金结算中心、业务融合中心、财务大数据中心、财务智能化中心。

陕重汽财务数字化转型建设进程如图 C02-2 所示。

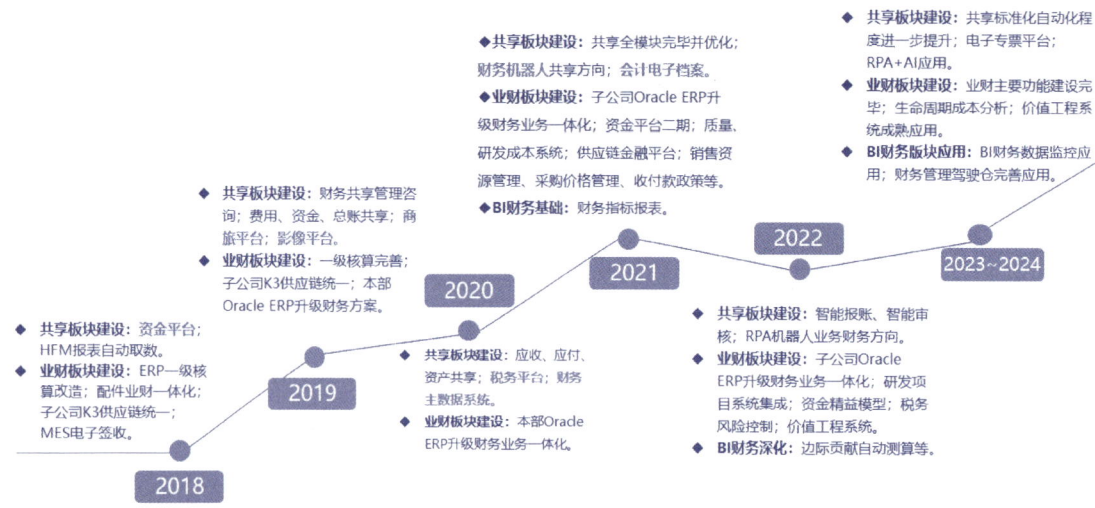

图 C02-2　陕重汽财务数字化转型建设进程

从 2018 年到 2023 年,陕重汽财务数智化转型主要从以下方面进行:

一是智能平台搭建:建成涵盖费用、资金、应收、应付、总账、资产、税务、返利八大模块的财务共享平台,使之成为既是集团公司财务核算、资金结算、税务运营一体化、标准化的会计工厂,也是业务工作和财务管理的融合平台;并以共享平台为核心,搭建资金、税务、影像、商旅、财务数据标准化为辅的信息化管理系统，打通共享系统与集团内各公司产、供、销、管全链路数据的集成，建成财务的大数据仓库。

陕重汽共享服务中心智能平台的应用系统建设主要包括：

（1）资金平台建设：为满足并适应陕重汽的资金管理，建成科学合理、规范高效的资金管理平台，实现全集团资金管理的六大统一要求。

（2）财务机器人应用：通过近两年的建设，陕重汽已经完成财务机器人二期项目的成功上线运行，使用7个机器人完成21个业务场景的应用，节约工时约593小时/月，整合精简现有人员，优化共享财务人员结构，促使财务人员转型，为公司创造更大的价值。

（3）会计电子档案管理系统搭建：会计电子档案系统提供标准的接口归集方案，可衔接财务共享系统、Erp系统、影像系统等相关业务系统，实现档案采集、整理、归档、保管、利用等全生命周期管理，提升财务处理效率，降低人员成本。

（4）影像系统构建：利用AI识别技术，对增值税发票进行识别、查重后验真，确保票据信息的真实、准确性（公司已顺利成为国家增值税电子发票报销入账归档的试点单位）。

（5）商旅平台引入：一是实现一站式的商旅预订，并将其与共享系统对接打通，使差旅申请、审批、预订到集中结算的全流程线上化，实现机票、酒店等在线的出退改以及对应的商旅管控，提升员工商旅预订便捷性，简化商旅报销操作、提高工作效率；同时积极运用市场手段和规模效应不断促进集团公司商旅成本的整体降低，助力陕重汽降本增效和高质量发展。

二是业财融合拓展：巩固"GS + Erp"为核心的财务管控系统，将产、供、销、管全链路数据集成和打通，提高数据质量。目前业财主要功能已建设完毕，包括但不限于资金精益管理、价格管理、返利管理、售后三包管理、税务风险控制等，同时质量成本系统、价值工程系统等业已成熟应用。陕重汽财务共享服务中心大数据平台如图C02 - 3所示。

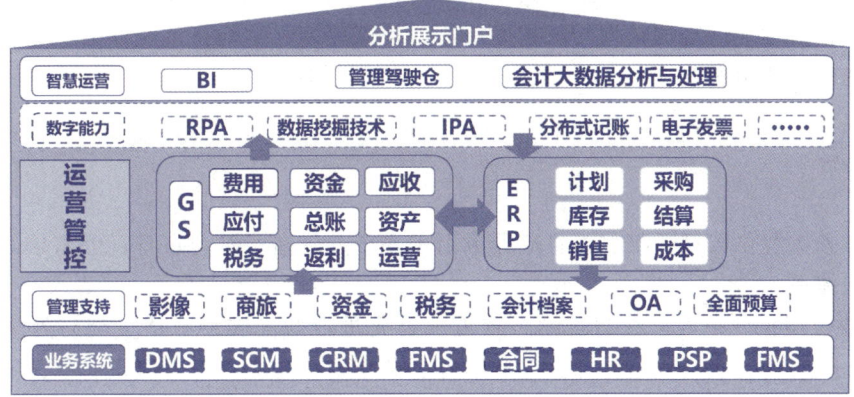

图C02 - 3　陕重汽财务共享服务中心大数据平台

三是共享数据应用：充分发挥共享系统数据汇集和交互的优势和能力，实现在线的数据采集和调用，挖掘数据宝藏。探索新兴技术应用，深挖数字技术应用场景，自动化、智能化、数字化，成本降低、效率提升，业务赋能、智能运营。目前已建立财务大数据仓库，实现财务报表自动报告、边际贡献自动测算等。

四是合规风控体系完善：充分发挥风险三道防线的作用，使得公司上下形成较为完整、全面的风险管理机制，并通过事后复盘重新识别业务风险盲点，及时设置控制规则，对系统进行补漏修复，做到风险闭环管控。

3. 亮点

经过近六年的摸索与实践，陕重汽财务共享建设从"跟随"逐渐向"特色"转变，并以"引领"为目标，将陕重汽财务管控的"数字化转型"推到了"数智化转型"的新高度。

新技术应用及系统集成与贯通： 通过搭建新模型，引用新平台，功能优化拓展，提升用户体验，提高财务数智化水平，进一步巩固财务共享系统作为业财融合平台的作用。截至目前，已全面建成以共享和 Erp 系统为主，商旅、影像、资金、档案、税务、主数据、RPA（机器人）、供应链金融等多平台为辅助的财务数智化综合应用系统组，为财务数智化转型提供了更多种财务应用场景的选择。

大数据应用挖掘与共享： 共享系统八大模块业务全面上线，本部与子公司产、供、销、管、财等20余套系统的贯通，打通部门间数据的壁垒，使得价值链条中的全链路数据均在共享系统中进行汇集，并根据业务管控的要求进行清洗，形成销售池、返利池、采购降本池、发票池、价格库、资金计划报表等10余个数据集合，为产品研发、供应链、市场营销、后市场管理、税务管理、投融资管理进行数据采集、建模分析与多维度的综合应用打下坚实的数据基础，为公司提供更完整、更高效的决策分析支撑。

风险管控能力提升： 通过信息系统搭建与智能技术的应用，将上游供应链融资与下游营销一线融资风险管控在业务前端，使得风控数字化、预警智能化，通过指标多维、灵活迭代、差异化管理等手段，不断指导实际业务开展，并通过一键直连、交叉验证、实时预警等方式，打破风险监测盲点。

未来，陕重汽将以打造重卡行业共享建设标杆为己任，以数字思维、平台思维打破产业链信息壁垒，持续推进管理转型与新技术应用的模式创新，全面打造企业财务数智化转型与高质量发展的立体生态系统。

4. 启示

通过财务数智化转型，陕重汽打通业务财务系统，创造了符合自身管理需求的业财融合全流程管理体系。

（1）通过组织变革促进数智转型。陕重汽首先进行职能转型，从重交易处理向价值管理和决策支持转变，实现战略财务、业务财务、共享财务分立的财务组织变革，不仅为陕重汽财务数智化转型演变出了财务共享服务中心这个组织基础，也使业务财务成为促进业财融合数智化创新的牵头领域。

（2）总体规划、分步实施的策略。陕重汽严格按照"十四五"战略规划，每年都会有两部分规划，其一是数字化转型的规划，其中财务部分有专门的方向；其二是财务部按照公司要求制定的财务整体战略规划。

（3）通过业财融合实现转型创新。陕重汽根据业务管控的核心需要，打通业财系统，贯通公司价值链，创造了多个业财融的合自动化管理流程，大幅提升核算效率、人力效率和成本费用管理效率，并通过精细化数据运营和数据管控为公司领导实时决策提供支持。

C03 TCL科技:"利他共赢,合和共生"——财务数智化转型之路

1. TCL简介

TCL创立于1981年,前身为中国首批合资企业之一——TTK家庭电器(惠州)有限公司,最初从事磁带的生产制造,后逐步布局半导体显示、新能源光伏与半导体材料等领域,业务范围不断拓展。2019年,TCL完成资产重组,集团分拆为TCL科技集团股份有限公司(以下简称"TCL科技")和TCL实业控股股份有限公司(以下简称"TCL实业"),其中,TCL科技聚焦半导体显示、半导体光伏及半导体材料产业,以产业金融与投资平台支持主业发展,加速向技术、资本密集型的高科技产业集团转型。

2. 数智化转型背景

TCL科技作为一家大型跨国集团公司,业务板块众多,随着集团业务规模不断增长,以及不断对新业务板块进行投资,使得公司管理的复杂性和难度逐步增加。同时,各业务板块多以事业部形式发展和管理,各业务板块业务特性和发展程度不同,也给集团战略落地和强化管控带来了巨大压力,加之全球经济形势放缓,竞争加剧,对企业的管理提出了更高要求。在这样的背景下,传统财务体系因其自身的局限性,愈发难以有效支持公司业务的高质量发展。为了应对日益复杂的业务环境和管理问题,TCL科技开启了财务数智化转型的变革实践之路。

从TCL科技发展过程中面临的内外部环境来看,主要有如下几个问题:
(1)管理幅度广,产业众多,业务特性差异显著,规模庞大且遍布海内外。
(2)管理层级多,分支机构庞大,职能部门、事业单位交叉管理。
(3)规则不统一,不同产业、不同国家或地区在会计、税务等领域规则差异巨大。
(4)管控难以触达底层,数据无法打开,透明化程度低,难以全面掌握业务实际情况。
(5)风险频发,缺乏系统性的风险防范和治理机制。

与此同时,TCL科技的财务体系也暴露出诸多局限性:
(1)财务工作以核算为主,且财务组织分散、管理困难、运营成本高、难以有效支撑业务。
(2)核算体系不统一,标准化程度低或存在空白,数据颗粒度不足,无法真实客观反映业务实质,难以实现客观公正的业绩评价,也无法满足经营决策需要。
(3)财务以事后管控为主,缺乏对业务的事前管控,难以对业务经营和风险形成有效管控。
(4)数字化水平低,系统烟囱式布局,分散建设,存在大量信息孤岛,同时,大量数

字化作业能力缺失，财务作业效率较低。

综合分析以上这些问题，对企业管理者来说，打造一套风险可控、合规经营、核算统一、数据透明、支撑业务的数智化财务体系刻不容缓。

3. 数智化转型战略

TCL科技以"领先科技和合共生"为愿景和使命，以战略为牵引，以用户为中心，以创新为动力，希望通过财务数智化转型加速向"全球领先的智能科技产业集团"迈进。因此，对于财务体系的整体转型方向有如下定位：

（1）向价值创造型财务转型，通过建立财务共享服务中心，进一步明确财经组织三支柱分工，将交易型业务的财务核算工作上移，进一步解放财务COE和财务BP，使得财务体系能更多地开展公司战略推进、业务经营分析和决策支持、业务价值挖掘等工作，真正为公司创造价值。

（2）向数字化财务转型，通过标准化体系建设，进一步统一业务、拉齐标准，实现公司层面的统一核算体系，在标准化体系的基础上，不断引进和应用数字化手段提高财务运转效率，进一步释放财务组织潜力的同时加强对业务的支撑。

（3）向管控型财务转型，转变事后核算的工作模式，全面梳理战略、预算、执行、核算、预警、纠偏、评价业务流程与规则，提高业财融合、联合作战能力；同时，加强数据提炼、数据挖掘和数据应用，以更加准确、精细、符合需求的数据来牵引和指导业务，从而达到管控目标。

围绕上述三个转型方向，TCL科技财资体系制定了财务数智化转型的财务战略中，聚焦于"风险管控、价值创造、运营支持"三大核心工作，逐步将财资体系打造为有效整合资源、支持公司健康成长的价值管理组织。TCL科技的财务战略规划逻辑如图C03-1所示。

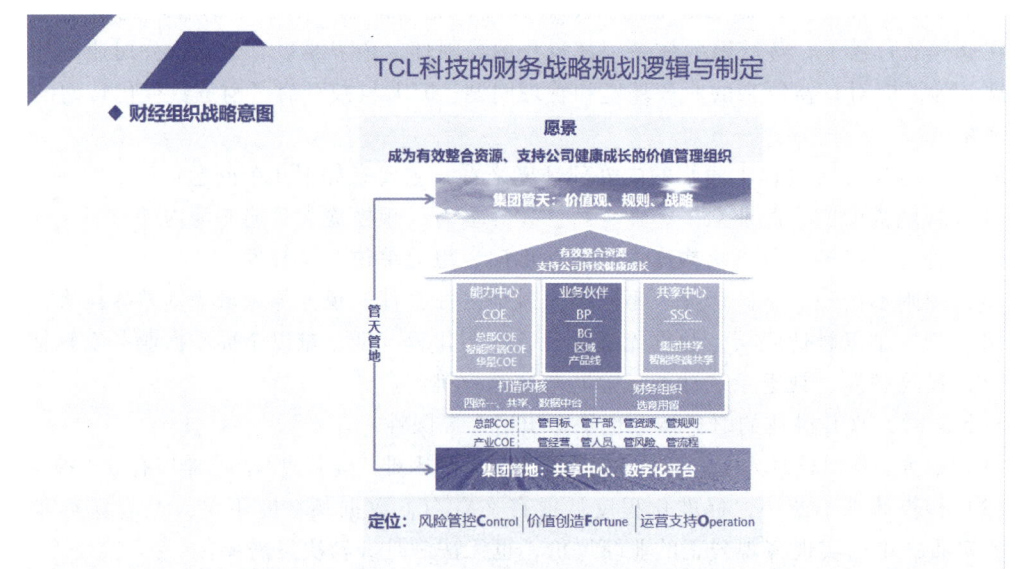

图C03-1　TCL科技的财务战略规划逻辑

4. 数智化转型历程

TCL科技在2000年左右就已经实现会计电算化，到2004年开始思考和布局财务数智化转型，经过近二十多年的发展，TCL科技的数智化财务体系逐步发展稳定并且在TCL迈向千亿规模、突破千亿魔咒、迈向全球领先的征程中发挥了不可替代的作用。目前，TCL科技的数智化财务体系正在向着更高水平迈进。纵观TCL科技的数智化财务体系发展历程，可划分为三个不同阶段，具体历程如下：

4.1 初建期（2004~2011年）

2004年，TCL科技创新性地提出了"核算上移、管理下移"的管理理念，将核算工作收归总部，将业财高度融合的工作逐渐下沉到业务一线以支持决策，并在TCL电子公司实行了试点。

2006年，TCL科技为了强化资金集中管理，建设并上线了TMS系统，实现了资金的集中管理。

2008年，在核算上移的基础上，TCL科技开始强化预算考核，并逐步开始了核算标准化体系的建设。

2010年，正式启动建设财务共享的论证，同时走访海信、华为、中兴通讯财务共享服务中心，了解和学习财务共享服务中心建设思路和路径。

在本阶段，TCL科技的数智化转型处于萌芽状态，对后续财资体系发展影响深远的财务管理理念得以提出和落实，财务共享服务中心的建设也逐步进入公司管理层的视野，为后续财资体系转型奠定了坚实基础。

4.2 发展期（2012~2019年）

经过前期准备，TCL科技于2014年启动了财务共享服务中心建设项目，并于2015年正式成立财务共享服务中心。同年，孵化成立供应链金融平台"简单汇"。

在财务共享成立初期，为了顺利实现财务共享服务中心的建设和业务覆盖，TCL科技选择了集团内规模较大且业务模式相对统一的TCL电子作为试点企业，快速实现了财务共享服务中心的建立和成功上线。

此后，TCL财务共享服务中心逐步覆盖TCL电子下整个国内业务板块，然后覆盖整个集团，在国内业务基本覆盖且运营稳定后，TCL科技在2019年开始了海外业务的覆盖，截至2022年，TCL科技已将亚太、欧洲、北美、拉美、中东非等地区97%以上的海外业务纳入财务共享服务范围。

在本阶段，TCL科技逐步引进了各项数字化技术和模式，如OCR、RPA、BI、大数据等技术手段，打造"小前台、大中台、稳后台"财资数字化系统体系，并且，为了进一步有效推进财资数字化体系建设，成立了财资数字化委员会，明确了"数出一孔、数出价值、数出管理"的转型目标。

4.3 成熟期（2020年至今）

2020年，TCL开始推进集成财经变革，通过建立战略、预算、核算、分析、评价闭环的财务核算报告体系，对业务进行准确、精细且符合管理需求的核算、评价和分析，为业务提供经营决策数据，助力业务看得清、看得明；通过建立业财融合的协同作战体系，打造高效的端到端业务流程和数字化体系，支撑业务高效作战；通过打造涵盖税务、资金、法人治理等的专业财经能力体系，强化财经专业能力，有效支持业务开展，为业务保驾护航；通过建立匹配战略和业务实际的流程和数字化体系，提升财经作业效率，为财务更加有效地支持业务奠定基础。

同时，TCL科技同步开展数字化技术引进和统一的财资数字化蓝图设计，进一步推进财务数智化转型。

5. 亮点

目前，很多企业都面临着财经核算体系和企业财经报告体系的重要转型阶段，TCL也正在参考华为、美的等行业标杆建设TCL自己的面向责任中心的核算与报告体系，主要是通过财报、管报以及多维度分析经营分析报告体系的建设，实现从交易核算到责任中心核算的转型，助力业务作战，全面提升经营管理水平。TCL在数智化转型过程中，以下三个方面具有很强的代表性：

5.1 资金管理方面

TCL科技资金管理整体的战略目标是成为值得信赖的业务伙伴，主要包括四个关键举措。第一，融资源。保障日常运营及重点项目资金需求，保障充足的银行额度，尤其是区域性便利额度，提升资金集中度和账户可视度；第二，控风险。整个全球资金账户集中可视，实现与Erp系统的对接来实时管理外汇风险敞口，提升外汇风险的管理能力；第三，创收益。通过把握金融市场机会，以理财、外汇筹划等方式提升整个产业链收益；第四，业务支持。资金要更早介入业务，及时响应业务伙伴的需求，提供定价、逾期利率、开户、融资及外汇管理等方面的支持，提升海外综合服务能力，助力业务发展，同时，以业务视角看财务费用，增加正向激励，牵引业务。另外，TCL科技在建立海外共享服务体系时，协同财务公司共同搭建了整个海外的银企直联通道和全球集中可视的资金管理体系，如与花旗、汇丰合作来提升对整个海外业务运营的支持。

5.2 成本管控方面

TCL科技强化成本管控的最终目标是实现全球领先的端到端极致成本，因此，TCL从价值链源头入手，重点关注三大模块：产品成本、功能领域成本和成本管理体系建设。

其中，产品成本聚焦老品的持续降本以及对新品的极致降本，重心在于保证业内一流的物料标准化水平以及强有力的关键物品供应优势。

在功能领域成本方面，TCL科技更多着力于实现极致效率，包括极致的供应及物流效率，以及售后服务的制造成本达到最优，同时也通过制定经营目标来倒逼实现极致成本。

5.3 税务管理方面

TCL 科技的税务管理目标是通过建立全球统一的业财税票集成的流程和系统，实现风险可控、合规运营。主要以业财税票集成的 ITBC 建设项目为抓手，以"一体两翼一皇冠"的建设方针来进行税务变革。首先，"两翼"是指税务申报直联、开/收票管理以及档案管理、发票管理的流程和数字化体系建设，由此形成 ITBC 的底座；"一体"主要包括政策法规落地、交易处理、计税、税务申报的流程和数字化体系建设；"一皇冠"包括风险管理和纳税布局规划管理的流程和数字化建设。TCL 科技以此为抓手来实现业财税票打通的税务作业、筹划、管理体系。

6. 启示

总的来说，TCL 科技的财务数智化转型之路具有十分显著的特点，众多标杆企业在开展数智化转型之前，率先完成了集团层面的标准化建设工作，这使得这些企业的数智化转型之路走得十分顺畅。但由于过往整个 TCL 集团的标准化程度较低，在整个转型过程中，如果先开展标准化建设再开展数智化转型，整个战线会拉得比较长、过程也会比较困难，因此 TCL 科技选择了对各产业逐一突破，通过财务共享建设为抓手，先实现核算业务的上移，然后采取"一边开展财务共享建设和推广，一边联合 COE 组织开展标准化建设"的模式提升集团整体的标准化程度，同步开展数字化技术引进、财经变革等举措，最后顺利地走出了一条独具 TCL 科技特色的财务转型之路，也为其他企业提供了借鉴意义，以下几点建议可供其他企业参考：

（1）标准化先行，制度、规则、流程的标准化程度越高，开展数智化转型的阻力就越小，可以通过集团层面统一的标准化体系建设，开展端到端的业务流程梳理，统一业务、核算、考核、分析规则。

（2）培养财务数字化意识，改变财务体系的传统认知，对财务数字化基本理论、数字化技术运用、数字化产品设计等理念的宣贯，可以促进财务人员的数字化规划、运用能力提升，为数智化转型培养土壤。

（3）做好顶层设计和统一规划，要结合公司战略和财务组织战略，明确财务体系应当具备的能力，按照能力体系规划数字化体系建设蓝图、目标和路径，并通过变革项目等推动落地，过程中做好盘点和管理，确保数字化建设统一、有序。

（4）广泛学习业界先进经验，通过深入学习标杆企业的转型理念、转型路径，可以避免战略方向错误导致的转型失败，但过程中应当结合企业自身情况，做好充分论证，避免盲信盲从。

C04 航空港投资集团：数智化推进预算与经营计划

河南航空港投资集团有限公司（以下简称"航空港投资集团"）前身为郑州航空港兴港投资集团有限公司，成立于 2012 年 10 月，自成立以来，始终围绕国务院赋予航空港区的五大战略定位，秉承"服务空港建设、助力经济发展"的宗旨使命，紧紧围绕区域主导产业规划进行业务布局，业务范围从单一的城市开发拓展至产业园、金融、公用事业、光电显示、北斗导航、生物医药、国际贸易等多个领域。截至 2022 年年底，下属参控股企业 357 家，合并资产总额近 3000 亿元，拥有国内 AAA、国际 BBB 主体信用评级。

2022 年 9 月，经河南省政府批准，改组为航空港投资集团，按照省管骨干企业管理。明确了"城市发展、金融支撑"两大核心功能定位，通过聚焦"服务大局、服务城市、服务产业、服务民生"，重点布局"城市开发、科技园区、科技产业、金融服务"四大集群作为核心支持要素，吸引、汇聚、整合、服务各方产业资源，打造航空港区城市发展服务平台，实现城市发展和资产增值。

在上述功能定位与经营理念下，围绕航空港实验区建设发展大局，坚持产城融合发展思路，借助存量资源基础优势，充分发挥市场"无形之手"作用，补齐政府"有形之手"缺口，积极服务城市基础设施建设、产业基础设施建设以及重大产业导入落地，努力实现与社会资本错位发展，科学布局多元业务，推动城市品质提升与产业持续发展。

1. 背景

2012 年 10 月~2014 年 2 月，航空港投资集团成立初期，为提高业务推进效率，采用一级管控架构，各项业务由航空港投资集团直接承接，有效满足了集团公司政策类项目建设者的定位，确保资金筹措、成本控制、施工管理等职能的迅速实现。

2014 年 2 月~2015 年 11 月，为了改善多元化业务发展下一级管控模式导致的部门职能集中和繁重，航空港投资集团启动二级管理架构，将集团公司分为母公司和子企业两个层面运营，着力解决部门职能与业务发展相适应的问题，进一步提高管控效率。

随着业务急速扩张，过于扁平化的二级管控体系使子企业独立运行权限不足、管理权限和幅度不足，导致横向协调成本高，产业多元化对专业性的要求日益迫切。2015 年 11 月开始，航空港投资集团针对多元化业务现状实施分类管理，本着"一级强、二级专、三级活"的管理原则，启动三级管控模式。第一层级是集团公司，定位是国有资本投资运营公司，主要管理战略方向、宏观政策制定、股权管理、运营监控。第二层级是专业子集团，定位是专业管理公司。第三层级是项目公司，定位是项目的实施主体。

航空港投资集团的跨越式发展、管控模式的调整以及企业战略的实施对财务管理提出更

高更新要求,财务管理面临诸多挑战,具体如下:

(1) 财务管理职能不能有效发挥。在产业升级、结构转型背景下,供应链越来越长,客户差异化越来越大,业务复杂程度不断提升,如何实现标准化、规范化和流程化,进而有效提高业务处理质量和效率,成为财务管理面临的新问题。

(2) 管控难以统一。不同子公司的财务管理、人力配置等没有统一的标准和规范,职责界面不清,协同工作机制紧密度不强,集团公司难以实现统一管控,集中式管理制约了业务进一步拓展。

(3) 集团知情权受到挑战。不同的分子公司财务、绩效如果得不到正确反映,股东就无法预测投资结果,会使企业的扩张受阻。

(4) 经营和财务风险不断增加。一个分子公司出现问题,可能会牵涉到其他分子公司的连锁反应,集团的发展扩张受到制约。

因此,为了更好地适应集团公司高速发展的形势,实现管办分离,激发内部活力,航空港投资集团自 2015 年开始谋划探索财务共享中心建设,希望通过开展财务数智化转型提高集团整体的财务管理水平,降低成本,提升效率,为集团提供准确、及时的财务信息,支持集团的战略决策和业务发展。

2. 举措

为了解决共享前母子公司财务权责划分不清晰、财务重核算、轻管理的现状,2015 年年底航空港投资集团通过学习调研,结合实际情况,制定了财务集中管控模式,财务职能从由侧重交易处理向重视管理控制、决策支持转变,构建了以制度流程为基础,以信息化系统为平台,以资金集中、统一核算、全面预算、人员垂直管理"四位一体"为支撑的财务战略管控模式,如图 C04-1 所示,并于 2016 年 3 月下发实施《兴港集团财务管控优化方案》,构建起权责清晰的财务战略管控体系,发挥财务价值效应,实现公司利益最大化,根据"集中不集权"的原则,建设财务共享服务中心。

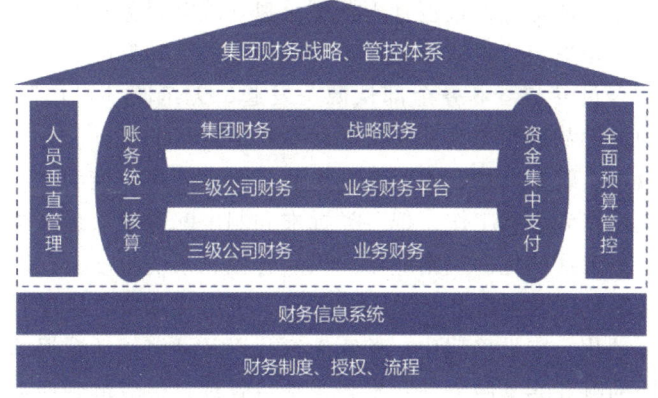

图 C04-1 航空港投资集团四位一体的财务战略管控体系

在过去十年中,航空港投资集团面临着发展中的诸多问题,让财务共享成为集团发展的重点关注问题。第一是业务的快速增长,短短十年间从一家单一的企业成长为拥有超300家企业的集团公司;第二是业务跨度大,业务复杂程度不断提升,由原来的城投类市政的建设开发到城市运营、产业园运营、国际贸易的集团公司,航空港投资集团要为这些业务提供专业的财务人员以支撑业务发展。另外在快速扩张期间,集团与一线公司之间还存在信息对称不平衡的问题。

在这样的情况下,采用共享服务的模式成为航空港投资集团在2017年作出的最终选择。形成了三纵三横的管理模型,在纵向上形成了集团、子集团、三级公司这样的层级,在横向的职责界面上形成了战略财务、业务财务、共享财务的协同分工。航空港投资集团财务共享破解管理难题,由集中向集约转变,如图C04-2所示。

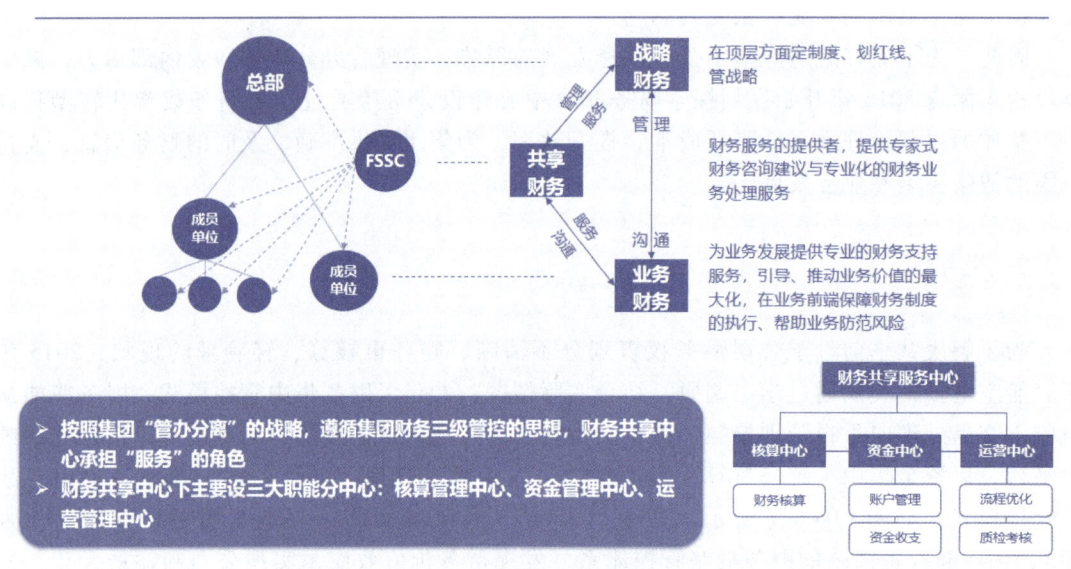

图C04-2　航空港投资集团由集中向集约的转变

引进财务共享服务管理理念,重塑管理模型,建立战略财务—业务财务—共享财务分工协作的财务管理模式,是集团公司财务工作重点向管理会计转型的关键。航空港投资集团的财务共享服务具备"全员参与、业务全部从源头发起、无纸闭环操作"三个特征,财务人员能够在不同流程的关键节点轮岗为下一次的转型打下良好的基础。

在财务共享建设中,航空港投资集团总结出业务和系统两个维度:业务维度上,将流程再造和标准化体系建设作为重点工作,把各类标准和制度配置于系统,镶嵌于流程,形成刚性留痕的工作机制,实现系统化的规则应用和风险管控;系统维度上,以财务共享系统为主干,上游对接业务系统,中游连接办公自动化系统,下游连接资金管理系统,实现了全业务线上操作、收付款自动化、审批移动化、核算无纸化以及经济活动数据的全程采集与分析。

航空港投资集团的财务共享服务平台整合了项目管理,供应链管理,办公自动化以及资金管理等系统,形成无断点的信息流转闭环,确保了财务数据的实效性。同时,通过减少人工干预和线下操作,既提高效率,又降低了财务风险。通过业务、系统两个维度的有机结合,航空港投资集团构建了全链条一体化、全场景标准化的财务共享服务平台,为管理会计向智慧财务转型奠定了基础。

3. 亮点

航空港投资集团自 2021 年开始通过比照 6S 管理体系将预算与经营计划融合，推进业财深度融合，搭建计划运营系统平台，建立全面的指标体系、管理分析模型。集团的数据共享和分析平台实现了运营分析系统从财务系统、各业务系统以及线下经营计划套表和全面预算套表中取数，建立多维分析模型，将经营考核体系、战略目标、指标考核进行分解，将业务层面的业务量、业务单价和预算金额三方面的信息收集，全方位地将业务数据和财务数据进行运用，同时引用价值地图的指标分析理论，多维度的数据收集与分析，对各类业务进行前瞻性预测及分析，进行全方面的运营分析，真正找到制约企业价值最大化的瓶颈因子，快速自动化输出集团合并报表与经营分析报表。

航空港投资集团的数据共享和分析平台如图 C04-3 所示。数据共享和分析平台为集团各层次用户提供了统一的决策分析支持，支撑了业务的创新与发展，提升了投资及经营管理、数据治理能力，还对集团经营活动和财务情况进行分析监控，为科学、精准决策提供了有价值的数据分析结果。同时，集团通过业财大数据分析平台实现对所属分子公司的关键事项监测、预警，提升过程管控力度，加强集团风险管控，为财务数据增值赋能，真正实现业财融合，推进集团的财务数字化转型。

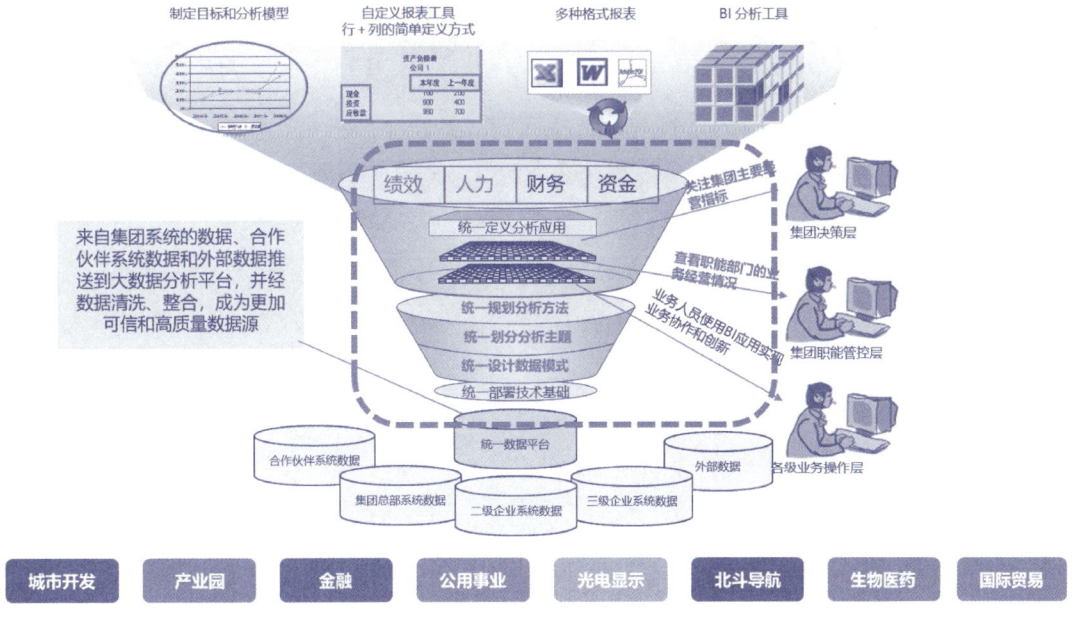

图 C04-3 航空港投资集团的数据共享和分析平台

4. 启示

航空港投资集团的财务数智化转型历程给众多企业进行数智化转型提供了生动的案例和

经验启发，成功的数智化转型至少应包括以下几个方面：

（1）管理层的大力支持：财务数智化转型意味着打破原有的组织架构和业务流程，在实施过程中不可避免地会遇到众多问题和"杂音"。在这样的情况下，高层领导的决心和毅力是至关重要的，管理层的战略眼光和顶层设计能力在某种程度上决定了转型的成败。

（2）健全的系统和技术工具建设：财务数智化离不开先进的技术支持和平台建设。航空港投资集团以财务共享系统为主干，上中下游均与企业的业务系统进行集成，全链条、无断点的信息闭环流转至总账系统。企业在开展财务数智化转型时，也需要选择合适的技术工具和平台来支撑财务数智化转型。

（3）财务服务于业务支撑的态度和意识：公司的管理诉求是成功进行财务数智化转型最大的根源与基础，而业务单位的支持和服务意识的提升也尤为重要。业务单位尤其是子公司的管理层对自身业务健康发展的认识，对于成本管理的意识、生产效率的构成、效益与风险的把控决定了其对财务数智化转型的支持力度。

C05 河南投资集团：以主数据平台促进数智化发展

河南投资集团（以下简称"投资集团"）的前身河南省建设投资总公司与河南省经济技术开发公司成立于1992年，注册资本120亿元。2017年，集团成为河南省首家国有资本运营公司试点单位，2018年被国务院国资委认定为全国"双百企业"综合改革试点单位。截至2023年9月底，集团总资产3100亿元，净资产1123亿元，参控股上市公司69家，作为第一大股东管理资产超过3.4万亿元。拥有国内最高AAA，国际A信用评级，聚焦金融产业，基础设施、基础产业，新兴、未来产业，现代服务业四个产业领域投资布局。

1. 背景

面对国企改革的大环境，投资集团需要推动财务管理的理念变革、组织变革、机制变革、功能手段变革四项内容，建立与一流企业相适应的一流财务管理体系，在发展过程中碰到的主要问题如下：

（1）集团管控需要统一监管工具：投资集团作为河南省首家国有资本运营公司试点单位，在财务数据收集方面已经取得了一定的成果，随着国企改革日渐深入，财务组织分散、集团管控缺乏数字化抓手的问题日益凸显，集团总部层面难以高效了解下属企业的财务状况与经营成果，无法实时了解下属公司的实际业务，决策层不能及时、完整、准确地看到关键数据，对统一监管工具提出了迫切需求。

（2）企业经营决策需要业财税金档一体化支持：投资集团下属企业板块经营业态众多，在企业快速扩张过程中，随之而来的是跨地区、跨行业、并购业务频繁等问题，业财税金档一体化不深入、财务标准化未完全实现、采购、生产、销售、人事业务系统未实现全面集成，导致业务数据无法自由流动，"烟囱效应"问题突出，企业经营决策所需信息无法通过统一渠道获取，需要业财税金档一体化支持。

（3）企业财务人员需要转型提升：投资集团拥有一支高水平的财务队伍，但花费在财务管理方面的时间和精力不足22%，财务人员在预算管理、财务分析、决策支持、业绩推进等高价值工作方面的能力需要进一步深入挖掘。

为解决以上发展问题，投资集团开始国有企业数字化转型研究及实践，以智慧集团建设为引领，构建了"数据为核、统分有序、聚焦能力、多层应用"的智慧集团建设战略框架。投资集团自2015年起规划财务智慧平台蓝图，2018年建立起省管企业首家财务共享服务中心，经过四年的建设和运营，经历共享财务、智能财务和市场化运营三个阶段，构建起一套较为完整的智能财务体系，并形成了核算、分析、预测、管控四位一体的管理格局，形成规范、阳光、便捷和智能四大特色。通过财务数智化转型，投资集团有力支撑集团的经营决策,为集团高质量发展注入了数字化新动能。

2. 举措

河南投资集团财务共享中心建设历程如图 C05-1 所示。

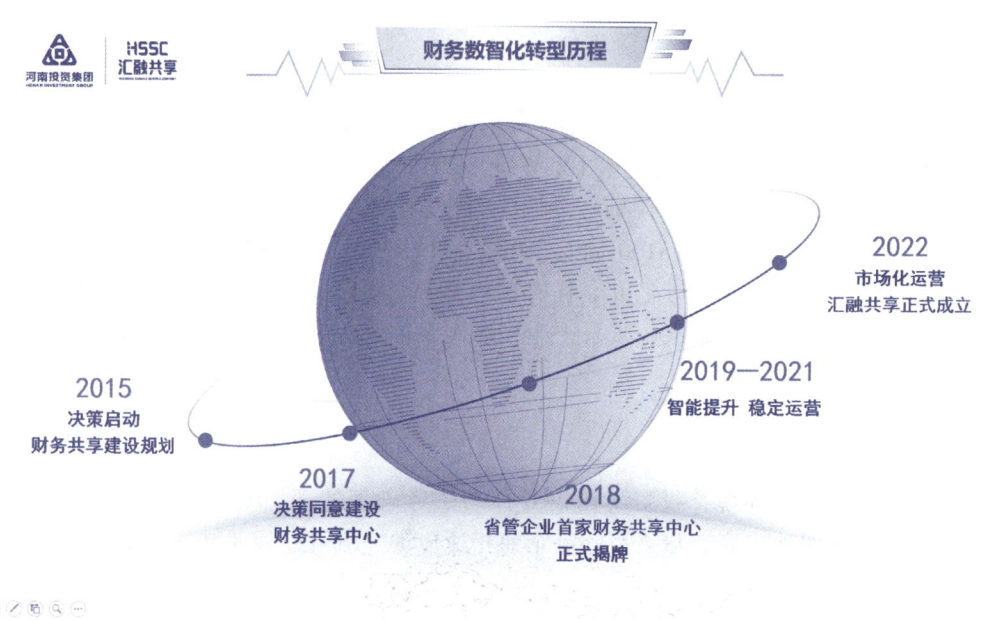

图 C05-1　河南投资集团财务共享中心建设历程

2.1　业财税金档一体化平台建设

2018 年 3 月,投资集团财务共享服务中心建设工作正式启动,以"统一规划、统一部署、板块实施、集团集成"为建设思路。投资集团将核算系统由十几个版本统一为四个版本,上线了包含财务共享、主数据、跨核算合并报表、进项税管理、资金支付等功能模块的财务共享平台,建立起"1+3"财务共享服务中心,实现统一平台架构。其中"1"作为投资集团总部的管控中心,负责搭建统一的财务共享服务平台,实现"管控+服务"功能;"3"指投资集团旗下综合能源、环保产业和安彩高科三个分共享中心。财务共享于 2018 年 12 月正式上线,目前上线单位 503 家,累计访问量超 1930 万人次,生成单据 235 万单,极大降低财务人员的基础工作量,较大程度解决信息不对称问题,便于集团及时、全面、准确掌握下属企业财务状况,夯实财务管理基础,提升集团整体管控能力。

2.2　业务系统互联互通

2019 年,财务共享平台对接招行 CBS 银企直联系统,实现线上业务一键支付,目前累计打通招商银行、建设银行等 18 家银行直联通道,92% 的资金支付业务通过共享平台完成,强化集团资金管控能力。

2020年以财务共享平台为核心，横向扩展业务系统互联互通，对接合同法务系统，提升合同管理效率；对接工程管理、资产管理系统，进一步打通前端业务系统和业务数据自动生成财务数据的信息化路径。

2021年上线 RPA 机器人应用，并于6月完成了电子会计档案的系统上线工作，打通核算、财务共享、合同法务、合并报表、统一门户接口，实现会计资料的档案归集。并于2021年11月通过国家第三批、河南省首批增值税电子发票电子化报销、入账、归档试点验收，基于电子发票的业财税金档一体化是企业财税数智转型的切入点，实现业务应用、财务应用、税务应用的互联互通。

2022年资金管理系统推广上线，实现建设资金流动性管理、建设融资全生命周期管理流程、建设理财投资管理、完善与共享平台及各系统集成，实现数据及流程的互联互通。并且于同年启动税务共享建设，按照"智慧集团"建设要求，结合集团财务信息化水平，以"强管理、提效率、控合规、降风险、创价值"为目标，打造一套国内一流的自动化、智能化的税务信息系统，面向未来征管方式，支撑集团强总部建设，强化本部财务管控职能，提升财务共享服务中心税务服务能力，服务企业经营快速扩张。

2023年，集团成为河南省首家与国家税务总局"乐企"平台打通数据共享通道的企业，打破税企间涉税"数据壁垒"和"信息孤岛"，积极探索税务管理新模式、新理念。

2.3 决策支持系统

2019年全面预算管理系统上线，以"一流平台，两大延伸，三化合一，四项推动，五级应用"为建设目标，打通预算管理系统与共享系统的接口，将预算管理系统中的费用、资金数据传递至共享系统，结合各企业制度规范，设置月度、季度、年度及柔性、刚性相组合的控制策略，将费用的事前控制、统筹资金计划用系统落到实处，在更大程度上降低审计监察风险，全面预算管理系统的建设，有利于推动战略落地、优化资源配置、增强预算刚性、业财充分融合、预算管理更加智能化，集团管控再添新抓手。

2019年8月智慧财务系统一期上线，拥有管理驾驶舱、智慧报表、智慧报告、财务风险管理、智能预测、对标预警六大功能模块，财务分析及风险预警实现自动化、智能化。2019年10月启动系统建设，12月完成开发集成，实现上线运行，智慧财务与财务共享平台实现对接，通过对财务数据的挖掘、应用、预警和报告，以其标准化、自动化、智能化的特点成为财务共享系统的升级版，投资集团全级次的智慧财务报告与财务风险报告体系成为省管企业财务管控能力的新标杆。智慧财务二期2023年上线，包括了风险识别、风险管控、风险反馈、风险追踪、风险报告、绩效评价、行业对标、智能报告、智能报表、管理驾驶舱业务系统集成、定制化开发等功能模块建设。将财务风险管理流程融入智慧财务与财务风险管理系统中，实现集团财务风险管理的信息化、流程化、数字化、制度化管理。

3. 亮点

河南投资集团的财务信息化建设遵循"整体规划、咨询先行、分步实施、高质量落地"的原则，聘请知名咨询公司调研设计整体方案规划，以公开招标的方式采购共享核心平台，组建以集团领导为一把手、跨部门、跨专业的项目管理办公室，以共享平台建设为基础，逐步扩大系统集成外延,平稳推进业财税金档一体化建设,如图 C05-2 所示。

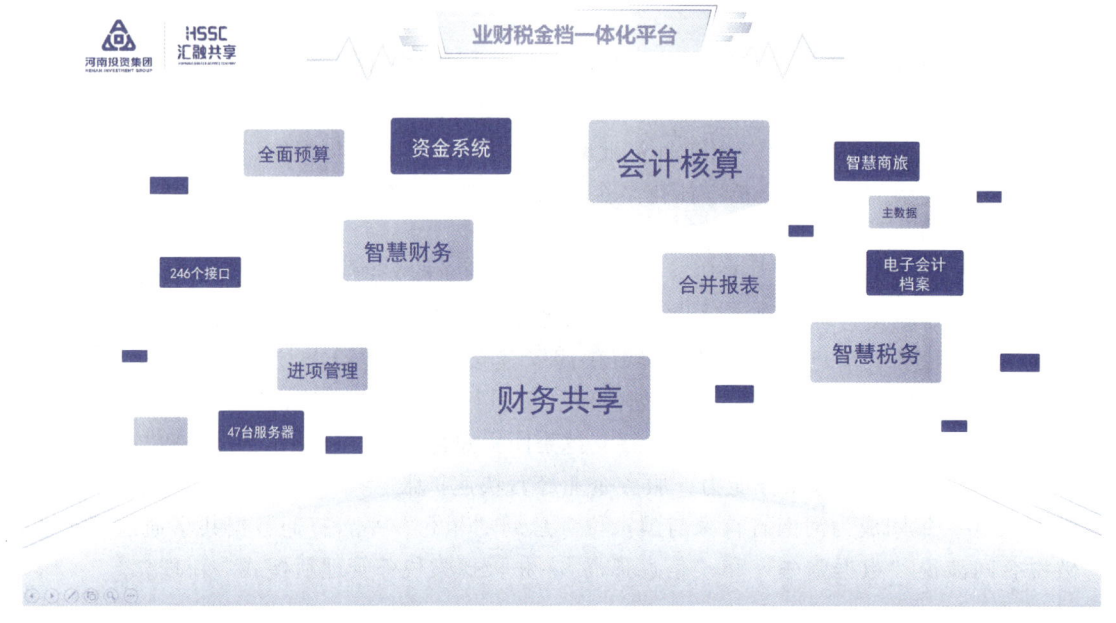

图 C05-2　河南投资集团财务共享平台主要系统集成情况

自财务共享平台建立以来,投资集团以该系统为基础和核心,打通 32 个业务系统,已完成约两百个系统的接口,将业务系统中规范的流程化的数据与共享系统相集成,实现简化业务人员操作流程,并且以财务平台为基础,沉淀财务数据、业务数据,为日后数据的综合分析运用奠定基础,如图 C05-3 所示。

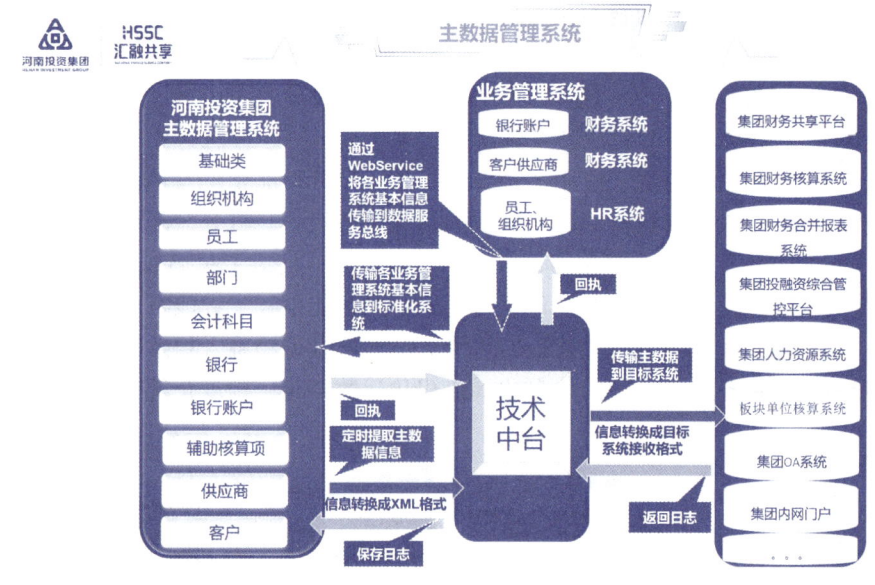

图 C05-3　河南投资集团主数据管理系统

投资集团 2018 年以财务部牵头搭建集团整体主数据管理系统，对于前三类数据类型管理，是以人力资源系统为基础，进行事前集成、数据抓取、下游系统分发，对于其下几类，均以主数据系统为源头，进行数据抓取，然后系统分发，实现统一数据规则，便于系统相互集成，极大地减少数据映射工作。

4. 启示

河南投资集团的财务数智化转型历程为众多企业进行数智化转型提供生动案例和实践验证，成功的数智化转型至少应包括以下几个方面：

（1）项目规划：建设财务共享服务中心应做好规划，这对集团而言是一次较大的组织和管理模式的变革，完成统一规划，明确共享中心定位、组织架构、人员配备等相关内容对后期项目顺利推进起着至关重要的作用。

（2）咨询机构：建设财务共享服务中心必然会打破原有稳定结构，推进变革需要得到各方面的理解和支持，同时，该变革是一个长期的过程，"死亡谷"是变革必经的困境，为迅速走出"死亡谷"，变革需要在继承的基础上循序渐进地进行，聘请有成功经验的咨询机构协助，可以有效降低失败风险。

（3）技术支撑：信息化建设是财务共享的保障，财务共享要实现人员减少、业务集中、效率提升的目的，解决信息化是唯一途径，需要有专业的研发团队为共享建设及运营进行服务。

C06 内蒙古机场集团：智能共享助力集团财务转型

内蒙古自治区民航机场集团有限责任公司（以下简称"内蒙古机场集团"）成立于2003年12月19日，前身为民航内蒙古自治区管理局。2005年12月19日，首都机场集团公司正式托管内蒙古民航机场集团公司。截至2022年1月底，内蒙古机场集团经营管理自治区内已运营的机场20个（不含满洲里、鄂尔多斯机场），形成了涵盖干线、支线、通勤、通用机场在内的多层级机场管理体系。2020年实现营业收入9.72亿元，2021年实现营业收入10.35亿元。2022年成立内蒙古民航机场建设投资集团有限公司，作为新的独立投资建设主体，统筹负责自治区通用机场的前期规划和建设。

1. 背景

随着企业的发展，内蒙古机场集团的业务日益复杂，内部系统产生的电子会计资料越来越庞杂，会计凭证之间的关联关系也愈发复杂。在发展过程中，运营层面效率问题也是个难点。从财务管理角度来看，存在财务人员配置不足、财务人员配置不足、会计数据监督不及时不到位等问题。即无法满足相关的会计监督职能实时、全方位落地，原有财务系统和体系无法有效支持企业的高质量发展。同时，企业会计核算和财务管理成本在不断增加，企业信息系统集成程度仍相对较低或企业运营成本相对偏高。例如，内蒙古机场集团在项目一期做需求调研时，内部已有一些在用系统，比如投资、合同、采购系统；在项目二期做业财融合时，生产端也原有系统，因此存在原有信息烟囱或是信息孤岛方面的问题。

在财政部有相关文件建议建立财务共享中心外部政策的指引下，结合内蒙古机场集团自身的实际情况，在前期规划和统筹设计方面，统筹以智慧财务为总体引领思想，以智能化、数字化为核心技术，以共享服务、业财融合和管理会计为驱动抓手的管理需求，内蒙古机场集团从2017年开始探索财务数字化转型路径。即内蒙古机场集团以"四型机场"建设为引领，以"智慧财务"转型为指导思想，以"智能化、数字化"为技术驱动，以"共享服务、业财融合、管理会计"为实施路径，建设打造"一二三四五"财务数据中台体系。在数字化和法治化的基础上，对内能提升单位的管理水平和风险控制能力，对外能服务相关经济数据需求方和满足宏观经济的治理需求。内蒙古机场集团财务数据治理体系建设规划框架如图C06-1所示；其财务战略规划逻辑框架如图C06-2所示。

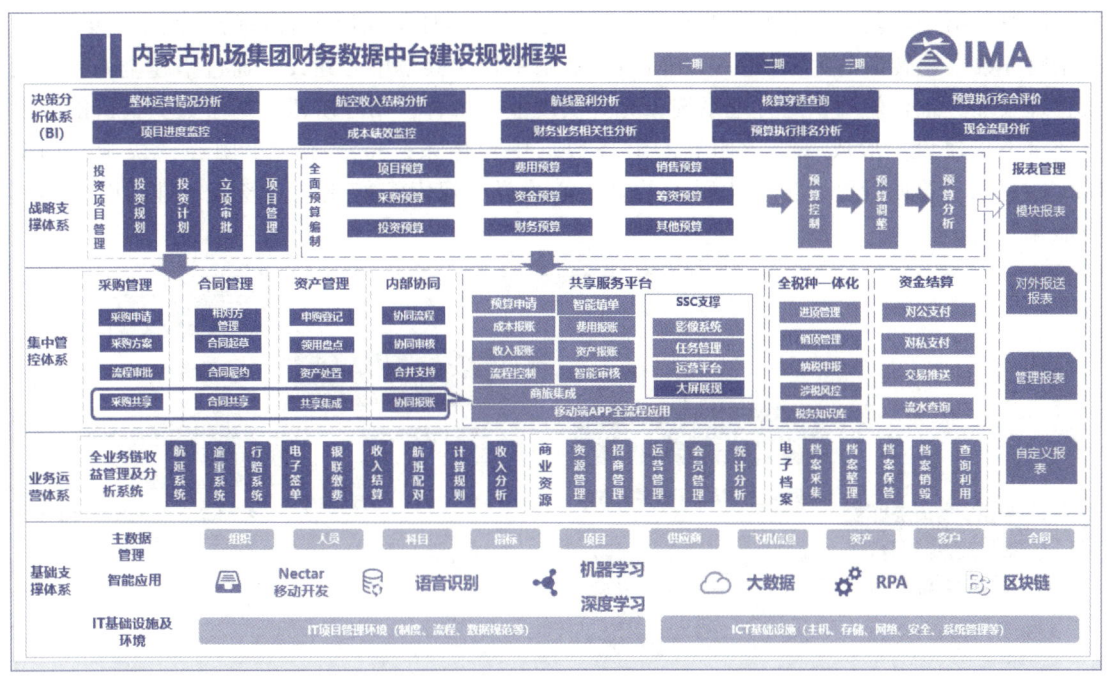

图 C06-1　内蒙古机场集团财务数据治理体系建设规划框架

图 C06-2　内蒙古机场集团财务战略规划逻辑框架

2. 举措

结合企业发展政策引导、管理诉求和技术变革等驱动因素,内蒙古机场集团从 2017 年开始启动财务数字化转型前期总体规划,其财务共享建设历程如图 C06-3 所示。总体分为四个阶段：第一阶段，标准财务共享服务中心建设，实现集团财务管理的标准化、集约化，这是财务数字化转型的第一步。第二阶段，业财一体化共享中心建设，通过搭建全业务链收益管理系统、融合前端职能管理系统，充分实现业财融合。第三阶段，基于数据价值链的财务共享中心建设，形成一二三四五的财务数据中台体系，持续赋能集团经营决策，如图C06－4所示。第四阶段，智慧化财务共享中心建设，探索智能化应用场景，推动财务共享智能化转型。

图 C06－3　内蒙古机场集团财务共享建设历程

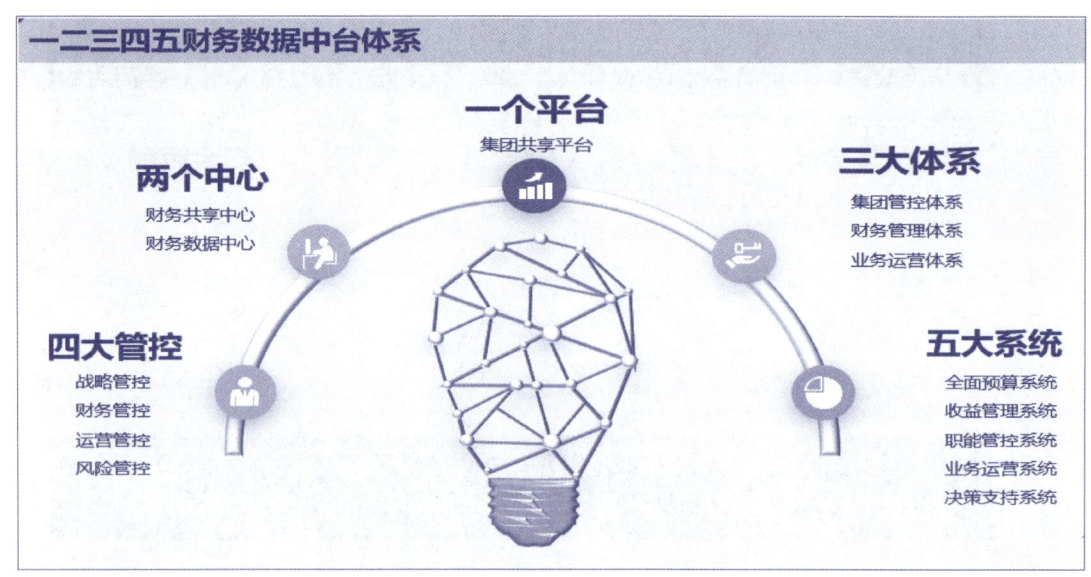

图 C06－4　内蒙古机场集团"一二三四五"财务数据中台体系

3. 亮点

内蒙古机场集团财务共享中心依托业财一体化管理平台，涵盖战略管理、业务管理和财务管理三大应用体系，同时在系统中融入智能化技术，提升用户体验和应用效果，降低财务风险。内蒙古机场集团智能费控协同新方式如图 C06-5 所示，其移动端全业务全流程如图 C06-6 所示。

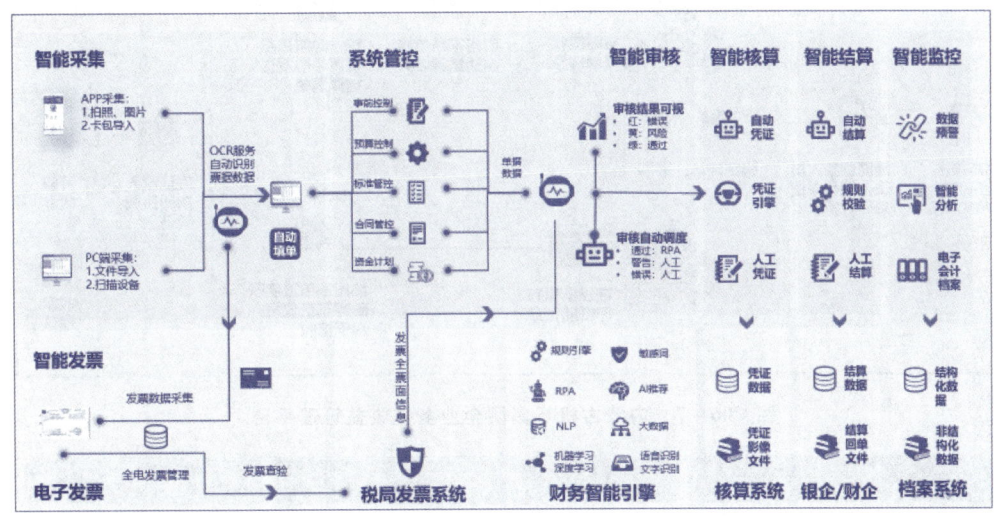

图 C06-5　内蒙古机场集团智能费控协同新方式

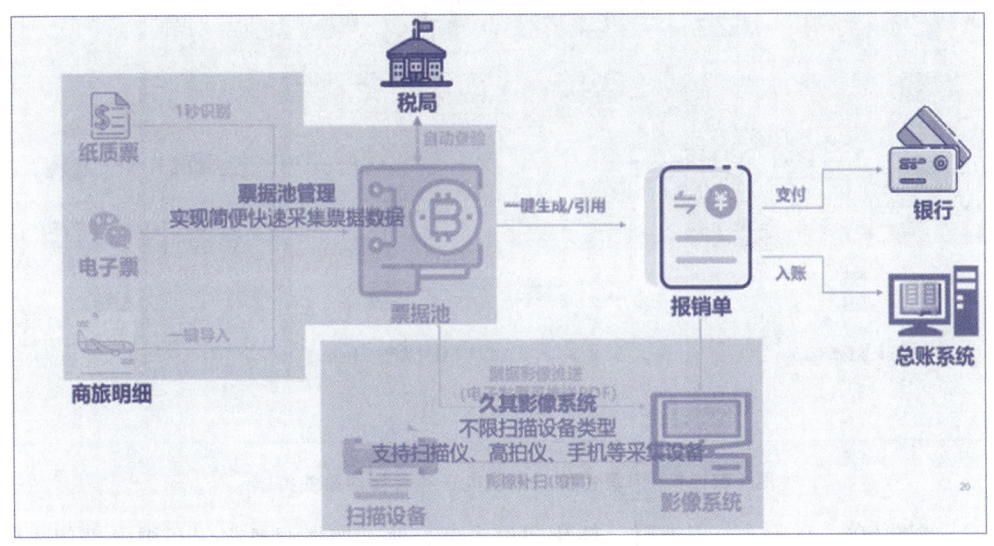

图 C06-6　内蒙古机场集团移动端全业务全流程

内蒙古机场集团在实施智慧财务转型的过程中，典型应用场景如下：

（1）以费用报销业务为例，通过智能采集识别票据文件，自动生成报销单据，在业务处理过程中，自动触发预算管控、发票管控、合同管控，极大程度减少了财务相关工作人员的工作量，提高了工作效率。同时通过智能审核、核算、结算和监控，对每笔业务进行全流程优化，规避了潜在的财务风险，为集团决策提供支持。

（2）如图 C06-7 和图 C06-8 所示，以全业务链收益管理系统为例，结合民航局收费指导文件、航司收费协议结算标准、合同信息，自动完成每日收入结算工作，利用共享中心数据资源，深入发掘数据价值、追本溯源，为机场经营管理提供有效助力。

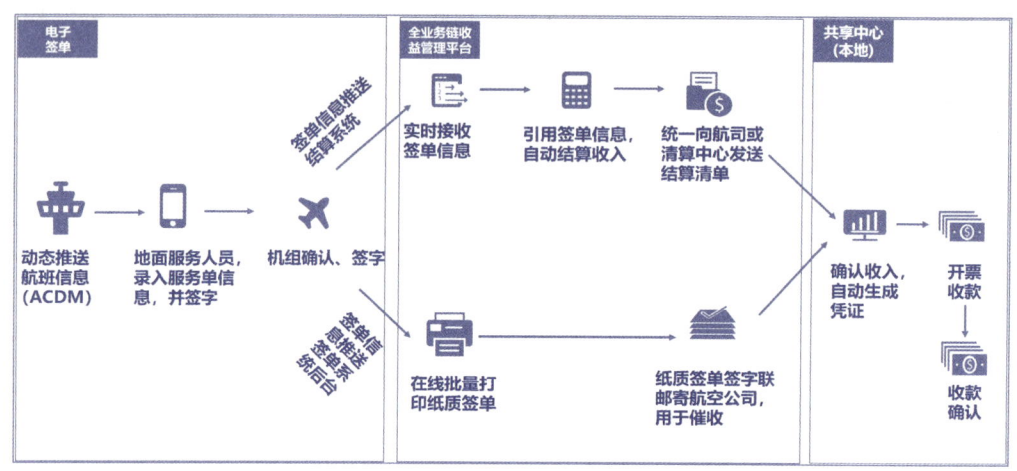

图 C06-7　内蒙古机场集团全业务链收益管理平台

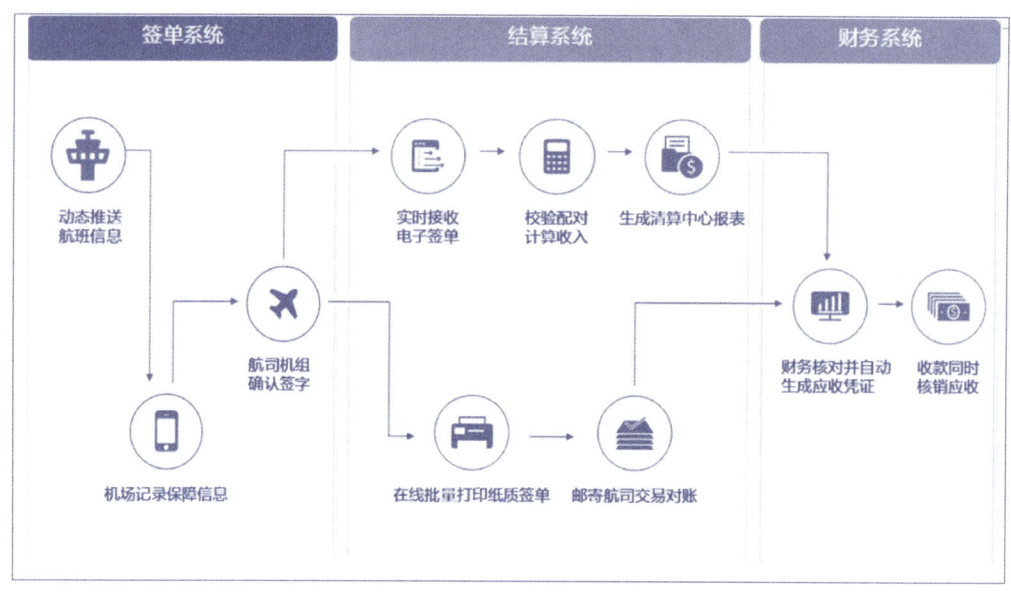

图 C06-8　内蒙古机场集团电子签单智能采集终端

（3）如图 C06-9 所示，以业财一体化建设为例，通过加强业务部门与财务部门之间的深入融合，在投资管理、采购管理、合同管理、报账管理、共享管理、资产管理等多方面建立起立体化的协同体系，实现跨职能全流程管控。

企 业 篇　327

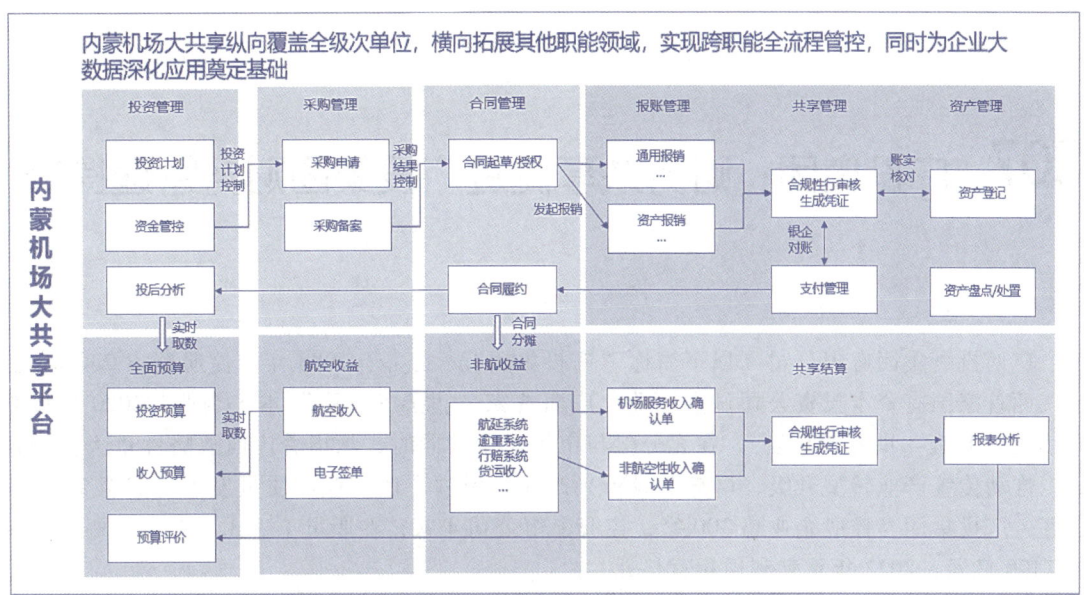

图 C06-9　内蒙古机场集团跨职能全流程一体化管理

4. 启示

内蒙古机场集团财务共享智能化拓展框架如图 C06-10 所示。内蒙古机场集团建立的财务共享平台在打破财务和业务的数据壁垒的同时，建立了数据共享标准化通道，统一了数据标准，实现了各系统之间的数据统一存放和沉淀，充分利用数据价值发挥的数据价值赋能，同时助力了内蒙古机场集团建设完整的数据资源生态体系。集团在智慧财务转型中，实现全流程自动化，提高了集团工作效率，规避了潜在风险，为企业战略规划决策提供科学依据，提升企业集团在战略规划决策中财务管控力度，同时也进一步推动内蒙古机场集团财务数智化转型。

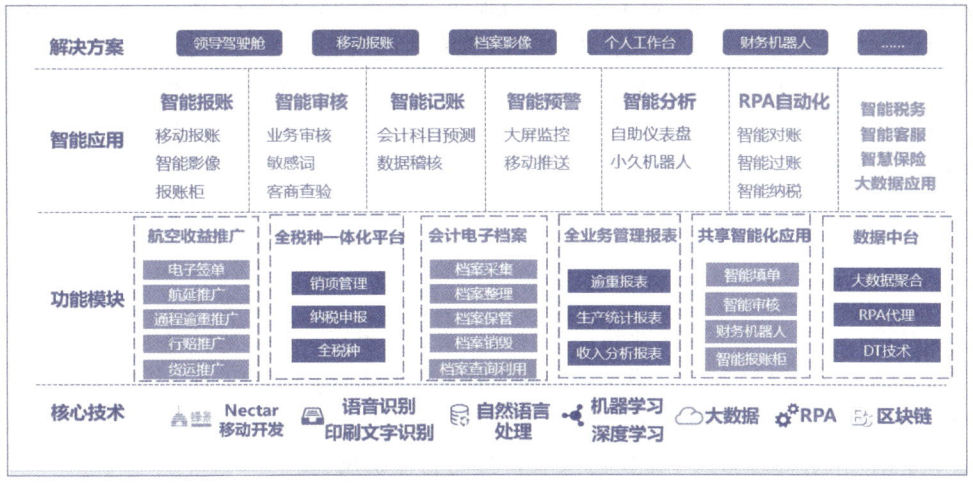

图 C06-10　内蒙古机场集团财务共享智能化拓展框架

C07 广投集团：财务共享促进广投集团财务管理提升

广西投资集团有限公司（以下简称"广投集团"）成立于 1988 年，注册资本 230 亿元，是广西首家国有资本投资公司试点企业、广西首家"世界 500 强"本土企业，2020 年以来连续三年上榜"世界 500 强"，在充分参与市场竞争的同时，承担着广西战略性重大投资任务，推动传统产业转型升级，培育发展新兴产业，引领广西产业高质量发展。截至 2022 年年底，广投集团参控股企业超 300 家，控股上市公司 4 家，在职员工近 3.3 万人，资产总额超 7400 亿元，2022 年贡献利税超百亿元。

广投集团发挥国有资本投资公司功能作用，实施"产业为基础、金融为保障、投资为引领"的产融投协同发展战略，形成了以能源、铝业、医药健康、数字经济、金融、资本投资为主，盐业、现代服务、产业链服务等业务共同发展的格局。能源板块扎实推进海上风电、页岩气、抽水蓄能等项目建设，争当广西建设国家综合能源安全保障区主力军，位居 2022 年中国能源 500 强第 23 位；拥有"铝土矿—氧化铝—电解铝—铝精深加工"全产业链，整合内部铝产业资源组建广西铝业集团，打造成为有全国影响力和国际竞争力的铝产业龙头企业；医药健康产业控股中恒集团、重庆莱美药业两家上市公司，构建了"中成药—化学药—生物药"格局；数字领域服务广西"数字政府""数字经济""数字社会"建设，推动建设的中国—东盟数字经济产业园 2022 年开园，致力于打造"中国信创第一园"；2019 年年底与广西金融投资集团战略性重组，当前正加快组建广西金融控股集团。

广投集团 2022 年位列世界 500 强第 445 位、中国企业 500 强第 128 位，连续 6 年位居广西百强企业首位；连续 8 年获 AAA 主体信用评级，获穆迪、惠誉授予"Baa2""BBB"国际信用评级，为广西企业最高评级；2022 年入选首批国务院国资委"公司治理示范企业"，为广西唯一；党建考核连续 6 年获评为"好"；广西国资委企业负责人经营业绩考核连续 8 年获评 A 级；荣膺第五届自治区主席质量奖；荣获"全国脱贫攻坚先进集体"；连续 19 年成为中国—东盟博览会战略合作伙伴。

1. 背景

数字经济是继农业经济、工业经济之后的主要经济形态，以数据资源为关键要素，以现代信息网络为主要载体，以信息通信技术融合应用。2021 年 3 月 12 日，《中华人民共和国国民经济和社会发展第十四个五年规划和 2035 年远景目标纲要》提出"加快数字化发展，建设数字中国"，这标志着数字经济越发展，智能会计越重要。

在数字经济时代背景下，新一代信息技术交融渗透，许多工作都可以利用信息技术来完成，而这样的办公方式有可能需要突破空间的限制来进行办公，使集团的财务管理变得迅速、便捷。然而，广投集团传统的财务管理模式各职能部门的信息并不能互相传递、连接，因而集团的财务资源配置与业务行为难以实现同步，这样并不利于实现集团资源的配置最优化。因此，为了集团的可持续发展，广投集团开始致力于财务数智化转型。

广投集团历来重视信息化建设，2015~2017年分别聘请赛迪、德勤等机构进行信息化规划和业务流程再造，2018年5月，在自治区政府牵头下，广投集团旗下子公司"数字广西集团有限公司"应运而生，被自治区政府赋予了"自治区党委政府在数字经济领域的平台企业"的战略定位，同时负责承接广投集团数字化建设任务。2019年，数字广投项目正式启动建设，并成立数字广投建设领导小组，全面加快推进数字化转型。广投集团财务战略规划逻辑与目标制定如图 C07-1 所示。

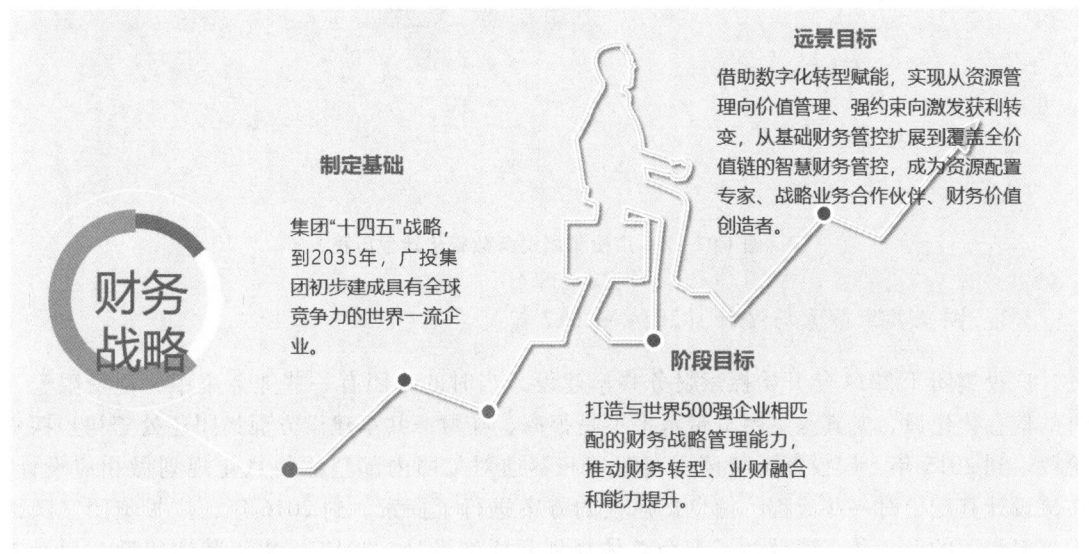

图 C07-1　广投集团财务战略规划逻辑与目标制定

为了促进财务数智化有效转型，广投集团根据自身发展设定了相应的财务战略规划。首先是制定基础，集团根据"十四五"战略，希望借助财务数智化转型到2025年初步建成具有全球竞争力的世界一流企业；其次是阶段目标，希望打造与世界500强企业相匹配的财务战略管理能力，推动财务转型、业财融合和能力提升；最后是远景目标，集团期望借助数字化转型赋能，实现从资源管理向价值管理、强约束向激发获利转变，从基础财务管控扩展到覆盖全价值链的智慧财务管控，成为资源配置专家、战略业务合作伙伴和财务价值创造者，为集团的战略业务发展和经营业务扩展做好财务的决策支持。

2. 举措

1988年，广投集团成立后，到2014年开始提出数智化转型的构想，直到如今，广投集团的财务共享服务中心基本趋于完善，具体经历历程如图 C07-2 所示。

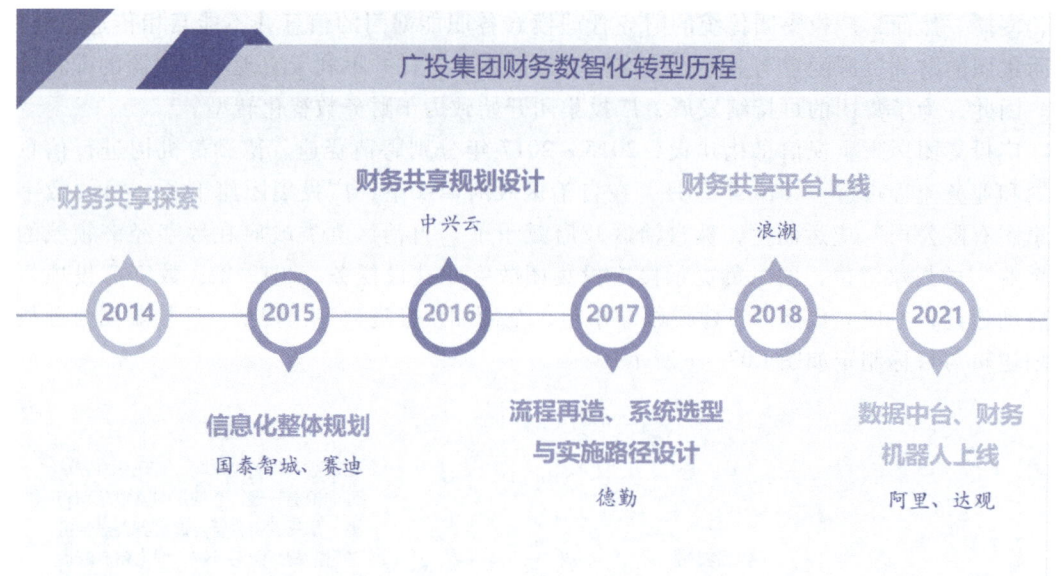

图 C07-2 广投集团财务数智化转型历程

2.1 财务共享探索与设计（2014~2017年）

广投集团于2014年开始探索财务共享建设，当时的集团有一些业务集中，但受限于当时的信息化建设，尤其是集团宽带水平不是很高，在财务共享建设方面集团还处于初步探索阶段。到2015年，广投集团聘请国泰智城和赛迪对集团内部整体信息化规划做相应设计，在该设计基础上对一些流程、信息化建设的方案进行了探索。到2016年，广投集团又聘请中兴对集团的财务共享建设做了一个总体规划和详细设计。2017年集团聘请德勤公司对于流程再造、系统选型和实施路径进行设计，德勤当年在广投集团不仅对财务信息化的建设，同时对集团整体的信息化建设进行了统一的梳理，如OA流程系统等，也对一些业务流程系统进行相应设计，如合同管理、党建管理等。

广投集团在该时期属于标准化建设阶段，通过把会计政策与核算规则、主数据（组织、会计科目、客商、物资等）、流程和接口标准化，构建业财资税档一体化应用体系，实现业财深度融合，强化业务合规风险控制，提升业务处理效率，为后续财务共享平台的建设奠定基础。广投集团财务数字化建设路径如图C07-3所示。

2.2 财务共享上线与应用（2018年至今）

2018年广投集团开始真正地推进上线财务共享平台，2018年年底广投集团七家试点单位正式上线财务共享平台以及业务，如费用报销、业务资金结算业务开始进行上线。目前，广投集团已经实现100余家企业纳入财务共享服务，在成熟企业中实现全业务纳入共享服务；广投集团财务共享平台已实现与税务系统、资金支付系统、采购系统、电子影像系统、合同系统、主数据系统、OA系统，电子会计档案系统的集成；广投集团在数字中台、财务机器人上线方面也进行了进一步探索和应用。

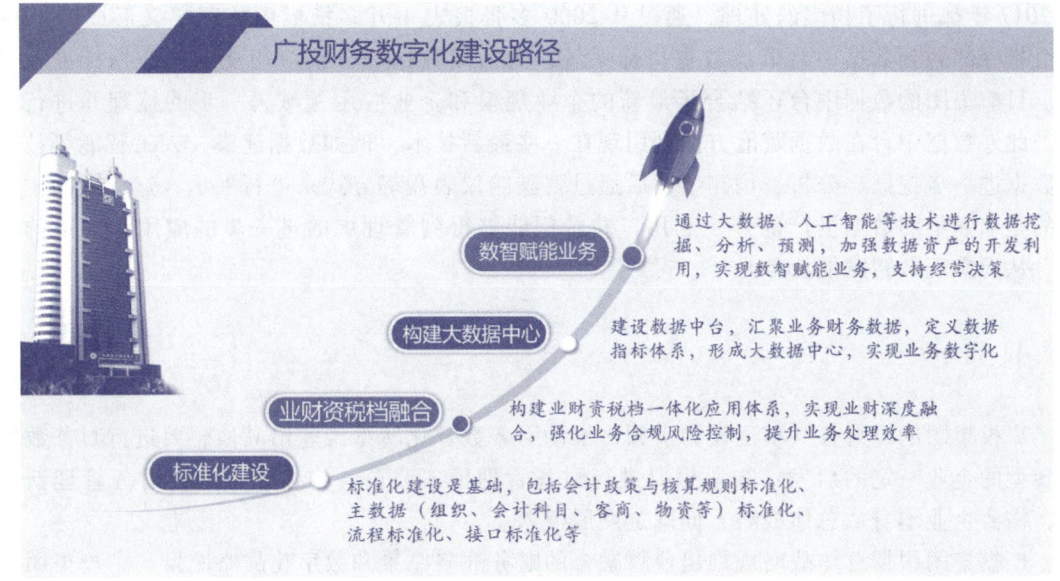

图 C07-3　广投集团财务数字化建设路径

3. 成效

广投集团通过搭建财务共享平台，推动财务数智化转型，不断提升集团管控能力和运转效率，并初步形成了集团的数据中心。

（1）夯实集团管控基础：集团公司以推广财务共享服务为契机，收集和掌握各级企业财务管理相关制度，梳理共性要求，实现费用相关管理制度报账要求的逐步统一。通过统一制度，借助财务共享系统这一唯一报账平台，设置统一表单、内置统一规则、统一数据来源和接口，财务共享服务中心按照统一口径、统一规则，对相同的财务业务进行加工处理，财务标准化和可比水平显著提升，为集团加强数据管理和分析提供了可靠的管控基础。

（2）强化集团管控手段：以财务共享系统为工具，全面落实业务过程管控，预算、财务、资金管控前移至业务报账环节，在报账单上预置了预算控制、合同控制、标准控制、资金控制、业务预警等规则，业务经办人员填写报账单的时候自动触发业务管控点，防止超预算、超资金计划、违反规定付款；通过集成税务系统，实现发票的统一在线验真、认证管理，杜绝假发票报账；通过集成资金管理平台，实现资金的集中支付，实现资金风险可控在控。

（3）提升集团管理效率：财务共享系统集成电子影像系统和流程审批系统，业务经办实现单据"一站提交、线上流转、移动审批"，业务审批、财务审核、账务处理的全程电子化、移动化，各级审批人员可以随时随地通过移动端进行审批，提升了报账流程的效率。银企直联的推广使用，减少U盾的使用和支付数据的重复录入，提升资金支付的效率和准确性，保障资金管理的安全，银企对账和银行回单管理效率也大幅提升。

（4）发掘集团数据价值：广投集团通过完成主数据标准体系建设打通各系统接口，从而形成业务财务数据池；另外，还要对数据指标体系进行相应的梳理，广投集团在2016年和 2017 年都进行了相应的处理，通过从 2000 多张报表 4 万多指标中梳理定义形成的 1300 多个指标部署到数据中台形成数据指标系统，为后续数据的分析应用奠定了数据标准化基础。目前集团的数据中台还结合了最新的企业规模和企业应用领域再一步的梳理并进行规范，此外数据中台在数据赋能方面利用现在一些最新技术，例如数据建模、人工智能等技术将数据进一步挖掘、分析、预测，然后通过驾驶舱仪表盘等方式来进行展示，这样做的主要目的是加强集团数据资产的开发利用，并希望能够得到管理层的进一步的应用和决策的支撑，从而实现数智赋能业务。

4. 启示

广投集团的以财务共享建设为引领，推动财务数智化转型经验给其他想要进行财务数智化转型的企业一定的启发：企业想要进行财务管理模式改革，构建业财融合财务管理新模式，需要企业本身从总体战略方面确定发展规划。

广投集团根据总体战略规划出业财融合的财务战略愿景和数字化战略愿景。广投集团后期在这样的战略指导下，通过建设业财融合内部基础设施，以及建设业财融合运行保障机制，促进了集团日常经营的顺利进行。

其他企业可以借鉴广投集团的转型经验，明确企业本身的发展战略和财务发展战略，并基于企业自身的总体发展战略需求去进行财务战略规划，为企业进行业财融合提供相应的指导思想。

C08 蒙牛集团：司库管理体系打破传统资金管理边界

蒙牛集团是中国领先、世界知名的乳制品企业，位居全球乳业七强。1999 年，蒙牛集团成立于内蒙古自治区，总部位于呼和浩特市，2004 年在中国香港上市（股票代码 2319.HK）。

蒙牛集团专注于为中国和全球消费者提供营养、健康、美味的乳制品，在乳制品行业中处于领先地位。蒙牛在国内建立了 41 座生产基地，在新西兰、印度尼西亚、澳大利亚建有海外生产基地，全球工厂总数达 68 座，年产能合计 1000 多万吨。蒙牛着力整合优质资源，先后对富源国际、现代牧业、圣牧三家大型牧业集团进行战略投资。目前，在国内拥有合作牧场 1000 余家，日均收奶超 2 万吨，生鲜乳 100% 来自规模化、集约化牧场。同时，蒙牛积极布局海外优质资源，在澳大利亚收购乳品加工企业 Burra Foods、有机婴幼儿食品企业贝拉米。2022 年，公司营业收入 925.9 亿元，归母净利润 53 亿元。

蒙牛在北美、欧洲建有跨国研发中心，并与国内外多家知名科研机构进行战略合作，集团持续完善"从牧草到奶杯"的全产业链质量管理体系，用数字化、智能化手段覆盖养殖、加工、物流等各个环节，2021 年，蒙牛凭借"奶及奶制品安全控制与质量提升关键技术"项目，荣获国家科技进步奖。

1. 背景

蒙牛集团成立之初产品单一，市场规模小，随着蒙牛集团企业规模的发展壮大，蒙牛集团原有的企业组织结构呈现许多弊端，阻碍企业的发展壮大，尤其在全球数字化经济迅猛增长的时代下，集团的传统财务管理模式已经很难支持集团继续扩张发展，具体问题表现在：

（1）财务结构不佳。蒙牛集团在国内国外都建立了生产基地，全球工厂总数达 68 座，而这些基地都设有各自独立的财务账套，且配置了各自相应的财务人员，如此巨大数量的财务人员对蒙牛集团来说无疑是一笔巨大的开支，并且在传统的财务模式下，财务的工作琐碎重复，工作效率低下，难以创造更多价值。

（2）业务流程低效。传统的财务模式下，蒙牛集团的业务与财务分离，财务人员主要依据企业发生经济的活动编制财务账簿。对财务信息使用者来说，仅依靠财务账簿难以全面了解企业的具体经营情况，如后续出现问题还需财务人员按步骤追溯，严重影响了工作效率。

因此，为了提升集团的竞争优势，进一步促进集团自身发展，蒙牛集团需要尽快对传统的财务管理模式进行变革以适应财务数智化大环境。

蒙牛集团的财务职能转型从 2007 年开始已在财务组织内达成共识，建成"战略财务、业务财务、共享财务"三位一体的财务战略板块。共享中心的建设开启了数智财务转型之路，结合共享中心的建设，整个财务组织磨砺数智之角，拓耕财管之田，如图 C08-1 所示。从共享财务方面，标准化集中作业、端到端流程管理、制定统一的规范，承接法律行政制度政策落地及低成本高效率运营；从业务财务方面，让专业的人做专业的事，释放业财的工作精力，让他们深度参与到业务中，成为业务的伙伴，促进公司价值最大化；从战略财务方面，财务人员更专精，承接公司的战略引导业务达成，牵动整改集团从上到下的经营信息分析，为决策提供有效支持。

图 C08－1　蒙牛集团财务职能转型

在三位一体的财务模型下，蒙牛集团的财务组织职能也相应划分：横向财务运作、财务报告、资金管理、投资与产权管理、税务管理、预算管理、业绩分析、成本管理八大模块细分，纵向在战略层、控制层、执行层三支柱上有不同职责承接。战略层专精分析，支持决策；控制层强化事前算赢，引领业务，价值加速；执行层规范高效的处理业务，产生规模效益。财务的职能保障公司战略目标达成。

2. 举措

蒙牛的数智化并非一蹴而就，1999 年公司成立，从数据视角看是"离散、起步、数据孤岛"的状态，从各事业部板块看各自拥有系统平台，直到 2006 年都处于互不关联的状态，蒙牛集团财务数智化转型历程如图 C08－2 所示。随着企业经营业务范围的扩大和公司管理的日益精进，企业的财务数智化转型已迫在眉睫。

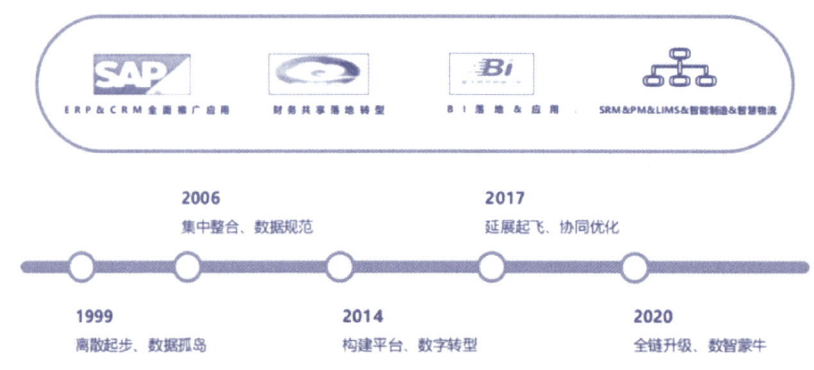

图 C08－2　蒙牛集团财务数智化转型历程

2.1 前期奠定基础（2009~2012年）

蒙牛集团自2009年开始提出建设财务共享服务中心的构想，财务共享服务中心建设是转型的开端与基础，承载着财务专业知识和公司业务基础的业务标准化、系统智能化、办公无纸化、服务全球化、体验无感化、共享无人化的职责与使命。蒙牛集团从战略指导，自动化操作等方面进行优化，奠定了业财融合财务管理模式实施的基础。

2.2 中期试点运行（2013~2016年）

2013年蒙牛集团CFO张平升华了财务共享服务中心的推进思路，将其清晰地定位为集资金管理共享和会计核算共享的统一财务共享服务平台FSSC。2014年4月，蒙牛集团组建项目团队，开始深入项目的探索与研究，同年，蒙牛集团SAP-Erp/CRM系统试点上线成功，并向旗下49家子公司推广，实现了财务业务一体化的良好系统基础，2015年3月18日蒙牛的财务共享服务中心项目启动，同年11月正式揭牌运营，经历7个月12天，一步建成了全业务循环交易处理的同步共享，2016年2月进入全面推广阶段，到2016年年底，实现59家法人单位的财务并入财务共享服务中心。蒙牛集团财务共享服务中心的建设是基于高度集成的信息系统，是以SAP-ECC为基础的共享系统平台（综合管理报账平台+影像传输管理系统+共享操作平台），并接口集成了资金EAS资金管理系统、peoplesoft人力系统、hyperion预算系统、MDMMDG主数据、SAP数据仓库系统，实现六大系统互联互通，以此为重要基石支持搭建了一套完整的业务财务数据流转的信息化平台。随着信息系统构建得越来越完善，蒙牛集团业财融合财务管理模式进入正轨。

2.3 后期运营提升（2017年至今）

蒙牛集团的财务共享服务中心在2017年达到延展起飞、协同优化的阶段。蒙牛集团在2018年试点收费开启向利润中心转型，2019年完成中国蒙牛下全资分公司财务共享，2020年开始向海外推广财务共享，2021年运行人单酬模式，并正式上线"可牛了共享"，2022年通过机票酒店月结迈入"无感化"报销时代。蒙牛集团财务共享建设推进历程如图C08-3所示。

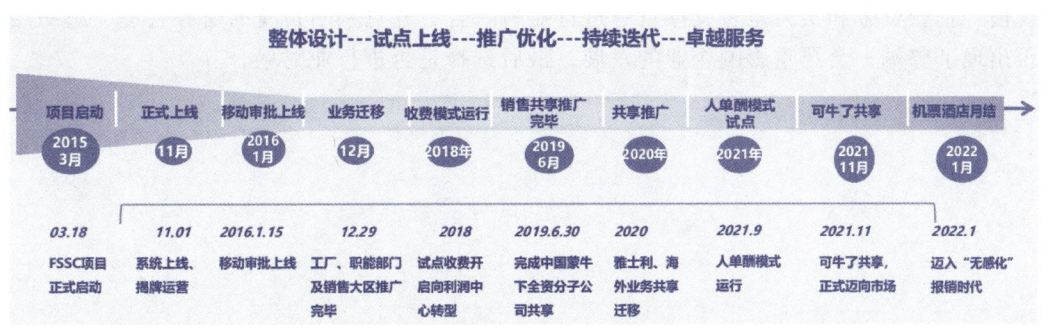

图C08-3 蒙牛集团财务共享建设推进历程

总地来说，蒙牛集团在20多年的发展历程中，财务作为重要的职能部门起到了很好的牵引和助力作用，它突破了效率瓶颈，打破数据壁垒，有效管控风险，实现全产业链服务，精益财务管理。对蒙牛而言，不论是公司战略还是经营目标的达成，财务都给予了最大的支持和保障。

3. 亮点

蒙牛集团通过数智化转型，在资金管理方面建立了集团化司库管理体系。该体系秉承"安全、高效、创新、增值"的管理理念，明确了"为什么做、怎么做、谁来做、做什么"等内容，采取各种措施和方法，有效防控金融风险，以服务集团战略、支撑业务发展，创造价值为导向，对集团整体金融资源实施有效把控，进行统筹管理。它包括现金管理、投资理财管理、融资管理、外汇管理、内部信贷管理、供应链融资管理、票据管理、现金流预测管理、风控管理、稽核管理、指标管理、客户关系管理、平台运维管理共 13 个业务单元。

蒙牛的集团化司库管理体系对每一个业务单元都建立了完整的业务操作流程，其中涉及流程中的每一个关键节点，关键节点的工作标准，以及负责流程操作的具体责任部门及相应的人员岗位，通过完整的流程操作，整个体系内容能够有效落地，并逐步打破传统的资金管理边界，从操作型向管理型转变。

集团化司库管理体系在蒙牛集团已得到广泛深入应用，它依托 EAS 资金管理平台、供应链融资管理平台，运用现代化网络信息技术，实现端到端的闭环管理。集团化司库管理体系以资金共享和信息共享为重点，在满足日常生产经营的基础上，提高资金运营效率，降低资金运营成本，从而保证收支结算准确，高效处理。

4. 启示

蒙牛集团的财务数智化转型对乳制品行业具有一定的借鉴意义：企业应根据自身规模确定业财融合的必要性。蒙牛集团是我国乳制品行业的佼佼者，由于发展规模壮大，业务财务信息传递不及时，出现数据孤岛，因此企业迫切需要进行业财融合构建新型财务管理模式。蒙牛集团根据自身规模确定进行业财融合，创建标准化业务流程。

因此，其他企业在自身发展的过程中，也需要调研分析自身的发展规模，分析自身的发展规模、企业资金和实力是否支撑自身进行业财融合，并且判断自身的财务管理、组织结构是否出现了弊端，会严重影响企业的发展，最后选择是否进行业财融合。

C09 洪都航空：以"六事集权、六事授权"管控模式为基础的业财融合

江西洪都航空工业集团有限责任公司（以下简称"洪都航空"）隶属中国航空工业集团有限公司，创建于1951年4月23日，是新中国第一架飞机、第一枚海防导弹的诞生地。洪都航空是集科研、生产和经营为一体，拥有完备的飞机、导弹研制生产能力的专业航空研发制造企业，兼具"厂所合一、机弹合一、战训合一"特点，培养造就大批优秀人才，为新中国航空事业发展作出杰出贡献。

自建厂以来，洪都航空先后研制生产了5大系列20多种型号飞机，交付飞机5000余架。经过70年的深耕细作，洪都航空始终坚持自主创新，已经拥有以初教六、K8、L15等为代表的初、中、高级全谱系教练机产品。进入新时代，洪都航空不忘航空报国初心，牢记航空强国使命，秉承"忠诚奉献，逐梦蓝天"的航空报国精神，着眼长远、高起点规划建设南昌航空城洪都产业园区，并于2019年实现整体搬迁入驻。展望未来，洪都航空将以入选国家"科技示范行动"企业为新的契机，继续坚守主责主业，发挥优势特长，强化使命担当，与合作伙伴一道，精诚团结、携手奋进，共创美好未来！

1. 背景

洪都航空在2000年之前均采用手工做账的形式进行账务记录，效率较低且错误较多，大量重复工作浪费人力物力。洪都航空于2000年启用用友软件，迈出财务信息化转型的第一步；于2012年开发网上报销平台，财务初步达到信息化水准。随着公司业务规模和产品数量不断增加、信息化技术日趋成熟、集团财务体制变化，财务人员需要更多的参与到预算制定及成本管理的任务中，以往重复性、事务性工作则需要通过信息技术来完成，以减少财务人员的工作压力，使财务人员能够真正发挥其专长，协助集团更高层次的职能。

正因如此，洪都航空希望以信息技术和管理优化提升整体财务技术能力，通过构建财务职能转型，引领财务数据价值统一规划分步实施。洪都航空计划利用3~5年，于"十四五"期间建成覆盖财务全职能、贯穿全业务领域的数字财务平台，推进洪都全面数字化建设的进程，实现业务平台互联互通和业财融合，同时随着未来业务不断发展，单纯财务的人员规模会越来越少，但业务和财务间的距离更近，形成财务人员与业务人员工作联系更加紧密、互相融合的局面。

2. 举措

2.1 洪都航空财务数字化的建设

洪都航空在 2000 年之前采用手工记账的方式，效率较低且成本较高，因此公司于 2000 年引入用友财务系统，实现账务记录的信息化转型。为建立与战略相适应的财务管控体制，实现法人治理完善、产权清晰、权责明确、管控有力的现代型集团企业，2012 年以来，洪都航空基于财权配置，构建"六事集权、六事授权"的财务一体化管控新模式，通过委托代理链在公司内部的不同组织结构上分层实施财务决策权、财务执行权、财务监督权等财务控制。2012 年及 2014 年公司分别自主开发网上报销平台及全面预算平台，进一步丰富财务信息系统功能，简化员工实际操作流程。洪都航空财务数字化建设进程如图 C09 – 1 所示。

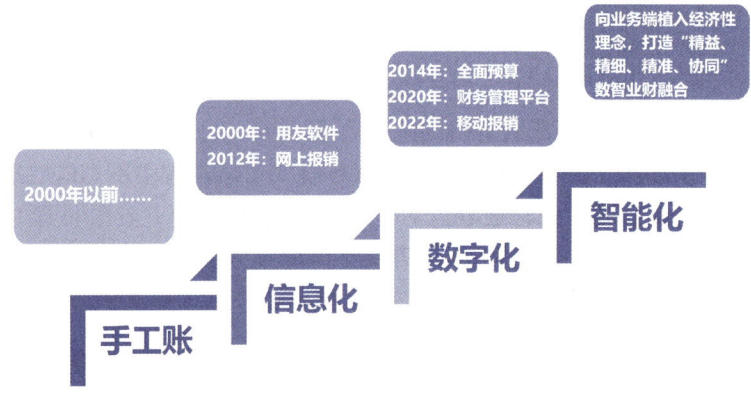

图 C09 – 1　洪都航空财务数字化建设进程

"十二五"时期，洪都航空以"五大体系"达标为契机，修订、完善和补充相关的财务制度，明确工作界面、建立工作标准、优化工作流程，对现有核算流程开展梳理、整合和固化，完成了 20 多项会计核算制度和 11 条核算业务流程的梳理，建立规范、完整的会计核算标准，并逐步推行至各子公司执行，统一会计语言；建设集全面预算、网上报销、资金管理、价格管理、工时定额、成本核算六大功能为一体的财务管控系统，开启财务大数据发掘运用之路。

在未来的建设规划中，洪都航空还将更加细化财务信息系统的功能，如升级财经档案模块，增加电子影像功能，实现票据、凭证等财务资料的信息化，另外，还将对现有财务信息化结构进行加强与补充，如升级现有定额系统、新建成本管理系统等，与业务部门产生更紧密的联系，进一步深化数字化体系建设。

2.2 搭建以全面预算为核心的财务信息化系统

为了适应集团的发展需要，洪都航空确立了以"总体规划，定制开发、边建边改、适时补位、灵活有序"为纲领的财务数字化转型方针，通过梳理关键业务环节，设定销售、生产、物流、科研、人工、费用、固定资产投资、股权投资 8 个重要资源分配控制域，按照成本效益原则，确定相应的预算管理方式。自 2014 年起，企业已完成了以全面预算为核心，以综合结算、财经档案、资金计划为抓手，以产品价格、工时定额为基础的一体化财务管理平台建设，并已于 2021 年将以上平台系统投入使用，实现了财务业务的交互、集成控制，持续优化管理流程，实现"一站式"服务等一系列突破创新。洪都航空财务数字化建设规划如图 C09 - 2 所示。

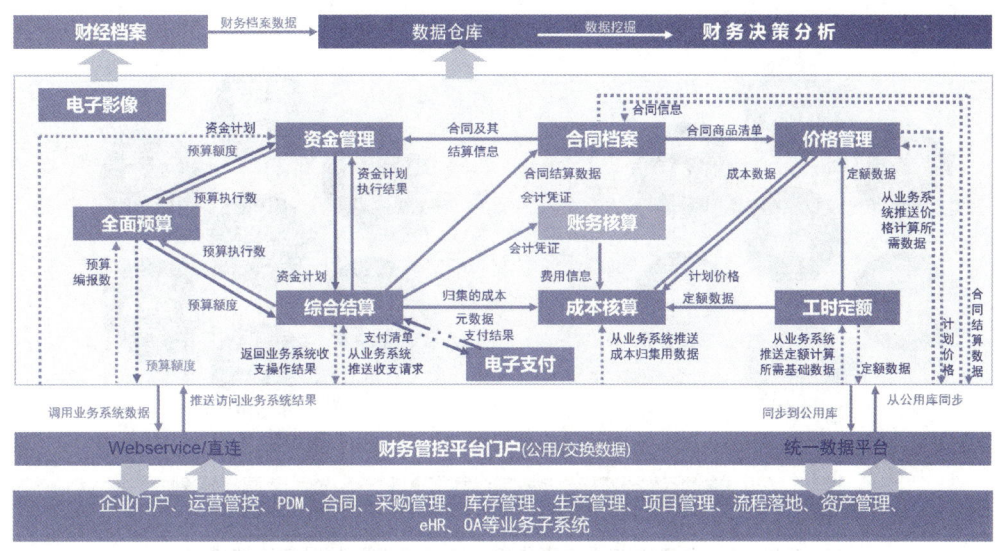

图 C09 - 2　洪都航空财务数字化建设规划

全面预算系统于 2014 年开始建设，并于 2016 年建设完成并投入使用，在洪都航空财务数智化转型中，全面预算起到了战略引领的作用，以业务为牵引，运用信息系统手段，通过"目标分解、资源配置、执行监控、分析预警、考核评价"等步骤，实施全过程管控，达到"业务标准化、过程精细化、操作规范化、成果数字化"的管理效果。

为发挥全面预算的战略引领作用，洪都航空以五年发展规划、三年滚动预算、年度预算等形式，以不同阶段的形式对企业战略进行层层分解。洪都航空全面预算系统架构如图 C09 - 3 所示。在业务一体化板块中，主要包括项目财务管理、投融资与运营资金三个部分，形成项目与财务一体化的体系，让各个业务域提升全面预算的理念，同时适应和高效运用全面预算这个体系。

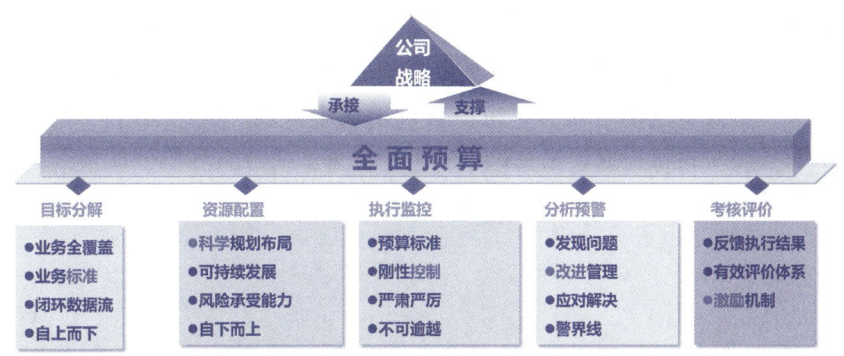

图 C09 - 3　洪都航空全面预算系统架构

3. 亮点

为建立与战略相适应的财务管控体制，实现法人治理完善、产权清晰、权责明确、管控有力的经营管理目标，2012年洪都航空基于财务现状建立"六事集权、六事授权"的财务管控模式，如图C09-4所示。

图C09-4 洪都航空"六事集权、六事授权"的财务管控模式

该模式实现了公司内不同组织层级的财务权力分配，将财务决策权、执行权及监督权按照管理层级进行明确分配，各层级各司其职，分工明确。洪都航空希望将战略性、管理性的职能集中在集团层面，由集团进行统一筹划，其中"六事集权"包括：财务发展战略、资产和资本管控、资金集中管控、航空产品调定价、统一财务和会计政策、财务干部委派和会计人员从业管理。对于较为事务性、基础性的事项，集团希望各分子公司结合各自实际情况，对该类事项进行处理，即"六事授权"：预算内各项开支、资产使用和维护、资金的合理使用、非航空产品的调定价、依法合规的会计核算、会计人员的具体配置。

洪都航空管控体系分为三个层面：支撑层、执行层与核心层，以实现"六事集权、六事授权"的管控模式，如图C09-5所示。其中，支撑层主要负责基础的定额管理、基础的价格管理以及财务核算方面工作，对应业务管理系统中的定额管理、价格管理、账务核算、各业务管理系统等功能，是"六事授权"的主要适用目标。核心层的主要职责为财务分析、全面预算管理及风险管控，负责公司经营战略的制定和财务集中管控。执行层作为支撑层与核心层间的纽带，主要负责综合结算、资金管理、成本管理、资产管理等中层级管理类职能，与支撑层及核心层相辅相成，避免出现上下层分离、企业管理脱节的情况。

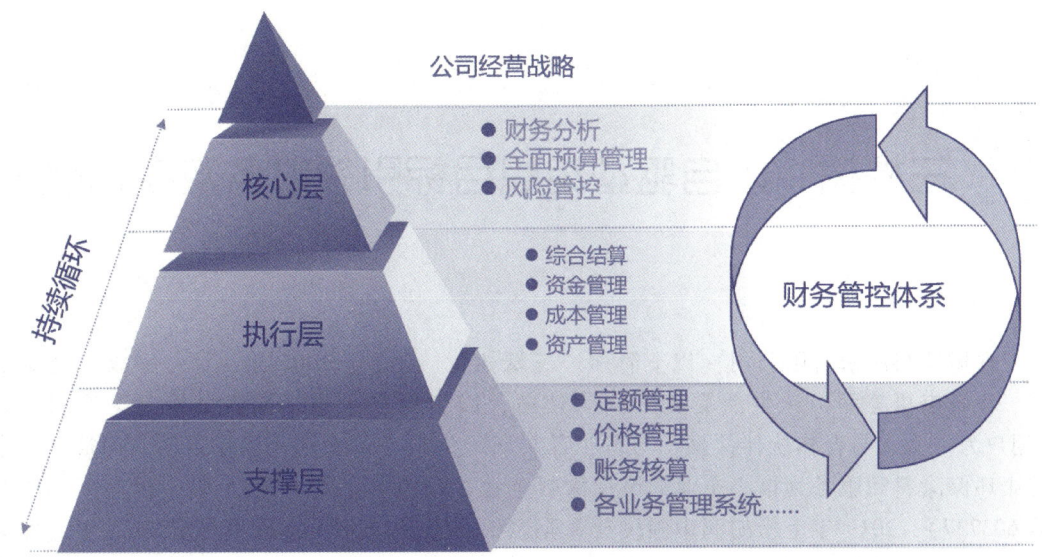

图 C09-5　洪都航空财务管控体系

通过一体化管控体系的构建和运用，财会队伍向管理会计转型，业务流程实现标准化管理，通过信息系统实时监控、快速反馈，实现业务流、价值流及信息流高度集中，确保各业务信息及时、准确地传输到整个财务平台；大幅优化财务资源配置，以完整的财务数据提升企业业务效率，实现整体财务资源的统筹布局，有力保障了洪都航空发展战略的实现。

4. 启示

洪都航空在数智化转型过程中，为数智化转型设置了"六事集权、六事授权"的全新业财一体化模式，以公司战略为导向，通过全面预算分解集团总体、各分部、各项目、各级经营管理目标，促使各级预算主体主动开展经营活动。贯彻落实以预算为核心的财务理念，实现集及时性、完整性、准确性为一体的数字财务体系，这一全新业财一体化模式值得各个企业学习，有力助推企业财务数智化的发展。

C10 三棵树：以自驱型组织目标引领财务数字化建设

三棵树涂料股份有限公司（以下简称"三棵树"）创立于2002年，是一家以"让家更健康、让城市更美丽、让生活更美好"为使命，以"树立天地、绿满世界"为愿景，以"以用户为中心、与合作伙伴共赢、与奋斗者共享"为核心价值观，以建筑物、构筑物及家居健康环保涂料和服务为核心主业的民用涂料企业。2016年三棵树在A股主板上市（股票代码603737），2019年上榜胡润中国民营企业500强榜单，2020年成为北京2022年冬奥会官方涂料独家供应商，跻身全球涂料上市公司市值排行榜10强，2021年位居全球建筑装饰涂料排名第8位。

三棵树集团现有员工近10000名，在全球拥有20000多家合作伙伴，33家全资及控股公司。三棵树组建了60多个技术创新团队，现有科研和技术人员1000多人，在上海成立全球研发中心，邀请诺贝尔化学奖得主杰马里·莱恩教授担任国家认定企业技术中心首席技术顾问，设有博士后科研工作站、院士专家工作站、CNAS实验室。三棵树参与了90多个国家、行业等各项标准的制定，现拥有近600件授权专利，研制了30多个一级保密配方，发表了核心技术期刊论文69篇。

1. 背景

基于"道法自然、无为而治"的文化核心与企业目标，三棵树集团建立了"以用户为中心、与合作者共赢、与奋斗者共享"的核心价值观。三棵树在经营过程中，依据各时期内外形势制定相应的发展战略，在管理过程中通过优秀企业文化渗透、完善的制度流程管控、开放包容的创新机制、共创共享的合伙人机制，完成从人治到法治的深度进化，潜移默化地影响并引导员工行为，从管控治理走向人人自我驱动、自我管理，实现无为而治。

为了推动自驱型组织建设，三棵树将引入的战略地图、平衡计分卡工具进行层层分解和落地，最大程度激发每个员工的能力和能动性，以阿米巴经营模式为指导，不断划小经营单位，实施精益核算和财务管理，推进经营责任制和合伙制细分落地，提升各成本、利润中心自主经营、自主管理能力和活力。同时也开始构建以合规风险底线为基础、以价值创造为核心的自驱型财经体系。

在不确定性的世界里，数智化成为全球领军企业的重要战略举措。数智化技术和工具颠覆了财务管理的实施路径，使财务管理对精益化管理的支撑摆脱了实现手段的限制，提升了财务管理的决策价值，促进了企业管理、生产要素配置以及价值创造模式的变革。三棵树充分认识到财务数智化转型对企业发展的重要性，确定了与数智技术应用程度相适应的财务战略和方法论，同时加大业务系统的数字化改造。三棵树集团构建的自驱型财经体系如图C10-1所示。

图 C10-1 三棵树集团构建自驱型财经体系

2. 举措

三棵树在将财务转型愿景和方法论与数智化建设密切关联的基础上，有序推进财务数智化建设工作。

三棵树的财务战略强调工作事项的集中化、自动化管理，以及数字化、智能化技术的逐步应用，财务战略愿景与数智化水平密切相关。首先是基于业务与财务相融合的智能财务共享平台，这是智能财务的基础；其次是基于商业智能的智能管理会计平台，这是智能财务的核心；最后是基于人工智能的智能财务平台，这代表着智能财务的发展。伴随财务战略目标的落实，三棵树的财务职能从传统的记账员与监督员，向业务伙伴与战略家逐步转变，实现智能财务。三棵树集团的动态数智化财务战略愿景如图 C10-2 所示。

图 C10-2 三棵树集团的动态数智化财务战略愿景

三棵树集团的财务数字化转型方法论同样体现着全局规划和动态演变的思想。三棵树数智化转型的方法论包括以下六个方面：一是视为一把手工程、全局数字化布局、财务全员参与；二是以终为始、一步规划、分步实施、先易后难、坚持不懈；三是先外后内、先保基本运营，后做决策支持；四是功能优先、体验迭代、持续优化；五是职能前移、原点控制、系统集成、数据共享；六是业务导向、深度挖掘、数据赋能业务和流程，数据资产创造价值。

三棵树从2002年刚成立就一直关注着财务数智化方面的应用，企业通过20年的信息化建设发展，实现了从部分业务线上化到全面数字化的跃迁。具体经历历程如图C10-3所示。

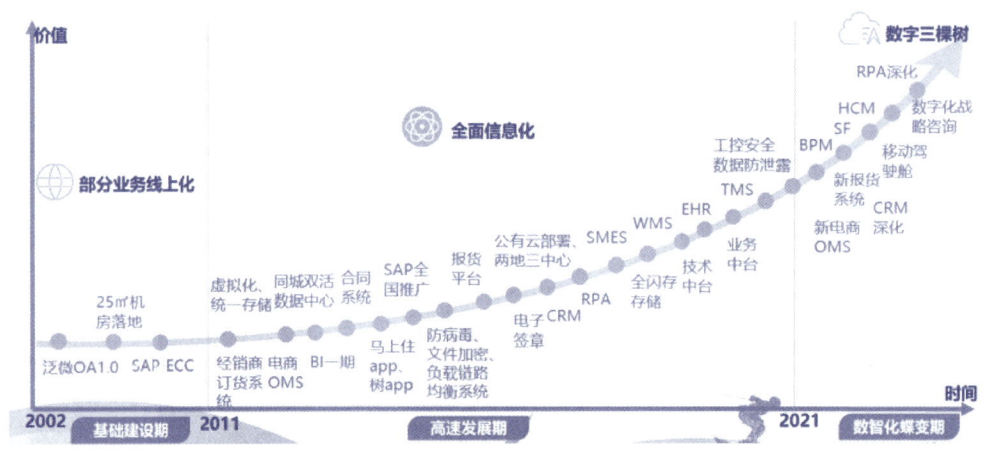

图C10-3　三棵树财务数智化转型路径历程

（1）基础建设期（2002~2010年）：三棵树从2002年创立初期就有了数智化转型思路与规划，并开始探索财务共享建设，这个阶段里只是做了一些基础搭建，实现了部分业务线上化。

（2）高速发展期（2011~2020年）：随着经营业务范围的不断扩大和管理日益精细化的需求，三棵树的财务数智化转型进入高速发展期。2011年引入Erp系统，核心应用涉及采购管理、库存管理、生产管理、人力资源、财务管理、品质检验、销售订单管理、设备管理、客服管理和产品开发管理；2013年开始持续做协同平台，包括OA、CRM、SRM、HR、研发、电商和费控；2014年三棵树启动BI评价和建设；2016年三棵树开始推动智能制造系统MES、WMS和TMS。

（3）数智化蝶变期（2021年至今）随着经营发展的持续发展和进一步扩张，三棵树从2021年开始深化RPA、CRM，并上线新电商OMS，与此同时做了新报货系统和移动驾驶舱。三棵树从Erp起步实现业务流程化，协同OA及报货平台，前台建设CRM与BI，中台建设生产智能系统（MES、WMS、TMS），并通过业务数据搭建会员精准营销、新业态商城、管理驾驶舱、工厂平台等，目前已基本实现业务全场景覆盖，三棵树财务数字化转型正朝着数智化蝶变期不断前进。

三棵树财务数智化系统架构如图C10-4所示。

图 C10-4 三棵树财务数智化系统架构

3. 亮点

自驱型财经体系的建设，无论是合规还是价值创造，就需要秩序和规范。三棵树认为这些秩序和规范应该包括两方面，一方面是满足外部规范要求的部分，它们有标准可依，相对容易实现，比如上述财务数字化标准流程的建设和应用；另一方面是内部价值创造的部分，这是需要靠自己的创造部分，除了资本和税务这方面可以直接创造价值外，希望能够驱动业务部门去创造更大的价值。三棵树通过学习稻盛和夫的阿米巴模型、海尔小微组织及人单合一逻辑，准备搭建一个核心的业绩评价平台，让每一个小单位去创造价值。

那么如何让每个人都成为一个经营体，做到对每个业务员的价值创造可视化？对前端每个小微组织的价值创造也能可视化？三棵树通过实践认为核心的部分仍然是要将价值评价做到最小颗粒度去，这要求业财融合，财务端能把目标和责任分解到足够细，费用科目做到足够细，成本中心和利润中心颗粒化，同时能够实时地让业务个人看到自己完成的数据和差异，让他自己能够据此进行自我决策，在此基础上配上一套核心的激励机制，就能做到自驱。所以财务必须往前发展，必须做到前端控制。对外披露部分，无论税务、银行和股东上市公司的披露，都是以会计准则为核心的，是有标准化的东西，有成熟的软件可用，是相对简单容易做的事。对内的经营质量和经营效率及经营目标的控制属于管理会计范畴，这部分需要依靠部分自研软件来做，而且非常需要业财融合去实现，这是财务数字化转型的重点与核心。

实现财务共享之后，财务要介入业务最前端流程的设计与审核。要让所有数据在产生的第一关就能符合三棵树管理逻辑与财务逻辑，尽可能确保所有数据的采集是真实有效的，并且在数据源就被打上了多维管理和财务分析所需要的标签。这就要求财务人员要懂业务和流程，才有可能以终为始地将财务控制拓展到业务最前端。实现了前端控制，数据就可尽可能实现共享，通过系统来进行控制，通过建模来实现分析，从而实现更高效、更智能的财务服务。所以财务人员要一直要往前走，走到最前端去控制数据原点，用一切手段让业务能够采集到的数据是可靠的、真实的、及时的、完整的。

财务审核和分析控制实现智能化化，财务就可以将更多时间花在培训业务团队如何以财务的视角做经营，把财务的管理工具和经营体系教给前端的经营主体，让他们去看报表、看数据，更好地做决策，从而实现协同业务部门去创造更大价值，实现更高质量的发展转型。

4. 启示

三棵树集团财务数字化转型具有鲜明的战略一致性和动态发展性特点。

在战略一致性方面，三棵树集团围绕自驱型战略发展目标，确定自驱型财务体系，并将财务转型战略、方法和数字化建设工作作为实现自驱目标的有力手段，实现了财务战略与企业战略的完美统一。

在动态发展性方面，三棵树集团制定阶段性的财务战略目标，根据其不同阶段所面临的问题，聘请不同外部机构助力，采用适当的数字技术与企业发展任务相匹配，通过企业优化业务、整合资源、赋能企业创造营收，最终实现企业的财务数字化优化和数智化转型。

C11 云从科技：业财一体推动电子档案系统提质增效

云从科技集团股份有限公司（以下简称"云从科技"）成立于2015年，孵化自中科院，是第一家在科创板成功上市的人工智能平台公司。云从科技致力于为客户提供高效人机协同操作系统和人工智能解决方案，助推人工智能产业化进程和企业数智化转型升级，助力打造"数据驱动、人机协同、跨界融合、共创分享"的智能经济形态。

云从科技人工智能研发团队，拥有国家自主可控的全链AI能力，获得了9次人工智能的世界冠军，构建了整个从感知、认知到决策的核心闭环自主研发的跨镜追踪、3D结构光人脸识别、双层异构深度神经网络、对抗性神经网络技术等人工智能技术均处于业界领先水平。云从科技受邀参与人工智能国家标准、公安部行业标准等30项国家和行业标准制定工作，同时承担发改委、工信部人工智能创新平台建设任务。通过多年技术积累和业务深耕，云从科技在智慧金融、智慧治理、智慧城市、智慧出行、智慧商业等领域已实现成熟的落地应用。

1. 背景

2019年，在多方面因素驱动之下，云从科技将财务数智化转型提上财务战略日程。这些背景主要包括：

第一，效率方面：随着公司的快速发展，传统会计处理方式效率很低，当时整个财务团队的重复性基础工作很多，加班很多，但工作的质量并不高。第二，经营方面：随着股权融资的增加以及IPO，云从科技需要人为地、重复性地准备大量资料；同时内部经营决策对管理会计数据的新需求越来越大。第三，业务方面：随着公司业务从单一主体向全国迅速发展，迫切需要一个能够实现跨区域、多主体服务的数字化财务团队。第四，技术方面：我们发现市场上有很多新技术已经得到了广泛深入的应用，财务运用相关技术实现变革开始相对可行。第五，转型方面：随着技术的发展，业务和财务的边界越来越模糊，迫切需要财务职能和财务人员的转型，否则整个财务职能和人员会面临被业务压缩的情况。第六，政策方面：国家大政方针的导向、政策的支持以及社会各方的积极参与，为云从科技的财务数智化转型提供了帮助和支持。

在上述背景之下，云从科技务实地确立了财务数智化转型的目标。一是实现业财税金档一体化，将业务处理、财务做账、税务申报、资金结算、凭证归档、档案管理一条链路拉通，实现相互关联、验证、控制和融合；二是实现自动化核算与报表生成，能够高度自动化生成凭证与GAAP报表及附注；三是通过建设财务共享服务中心，为战略财务和业务财务提供多元、灵活、有效的资料、数据和管理决策支持；四是通过财务数字化转型，有效提升财务服务水平。

2. 举措

在财务数智化转型目标下,云从科技在2019年设立了共享财务部,确定了以数字化基础设施建设的总体方针,确定了基本蓝图和规划。同时做了一些基础性的工作,在2019年上线了一些系统,包括资金管理系统、Erp系统,以及财务会计、供应链和内部开发的类似于OA的流程平台。其中,比较重要的是打造了主数据平台,对基础数据本身和整个基础数据流程进行了规范,保障以后各个系统在用到主数据的时候有一个统一规范的基础数据。

2020年,云从科技在上述基础上做了一些深化和延展。一方面跟CRM进行了对接,另一方面上线了资产管理系统,与资产的核算和管理做了一些对接。还上线了智能费控系统,引入了一些比较先进的、目前市场上比较主流的技术。另外与项目管理系统PPM以及项目行为管理系统JIRA也做了一些对接和延展。

2021年,整体来说是一个完善和整合。云从科技做了对公费用信息化建设的项目,同时上线了会计电子档案系统。在目前拥有的规范数据基础上,可以在BI里面建立模型,给基层管理层做一些展示,也在持续做一些局部功能的优化和日常运营,云从科技财务数字化转型建设进程如图C11-1所示。

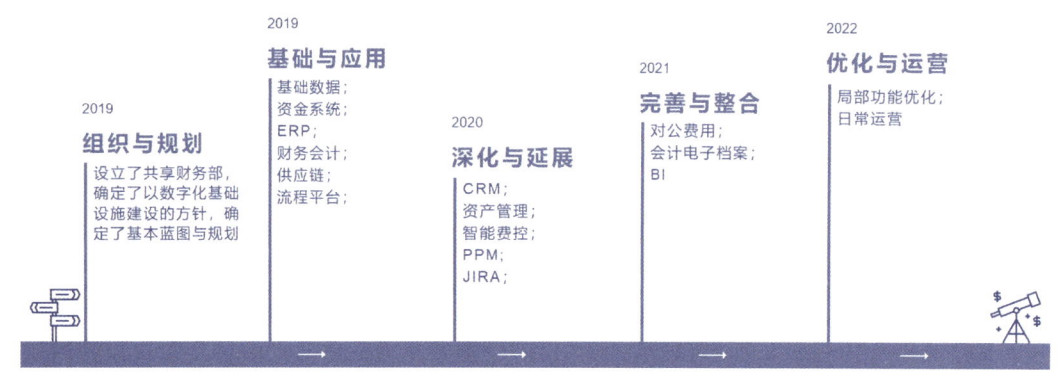

图C11-1 云从科技财务数字化转型建设进程

财务数字化转型使得云从科技获得了高质量的发展,主要体现在效率提升、质量提高和战略支持三个方面。在增效方面:1个对私费用报销审核岗1年可审核2万份以上,1个出纳负责年超4万以上的收支量;员工平均报销付款的处理时间为2天,经办人可实时了解办理进展;自动化凭证生成率大概为89%;档案不需要线下配凭、装订工作,线上远程审计也不需要线下配合抽凭。在提质方面:通过系统强校验、控制关系,使错误风险大大降低;通过高度自动化、流程化的设计,有了岗位的标准化、标准动作以及SOPR,可复制性比较强,不会对具体某个人产生太强的依赖。在战略支撑方面:通过财务数字化转型之后,共享财务作为基础使得企业能够释放出更多精力,将工作重心转移到业务财务和财经管理等更有价值的工作上去。

3. 亮点

随着数据成为生产要素，数据开始能够作为证据使用，于是相比传统的档案，现在所有的内外部数据本身就是一个档案。同时档案本质上应该是经过验证的数据原件，发票式样的文件若未经过验真并非一定是原件，截图也并不是原件。云从科技基于对电子档案的深刻理解，建立了与业务深度融合的会计电子档案系统。

整体逻辑是：各个系统（财务系统、资金系统、办公系统、费控系统以及云盘）通过三个要素——分别是单据（结构化数据）、支撑结构化数据的附件（可以理解为原始凭证、原始单据）以及它们之间的关联关系——给到电子档案之后，电子档案系统会对单据进行关联匹配，然后进行归档。云从科技会计电子档案系统自动归档逻辑如图C11-2所示。

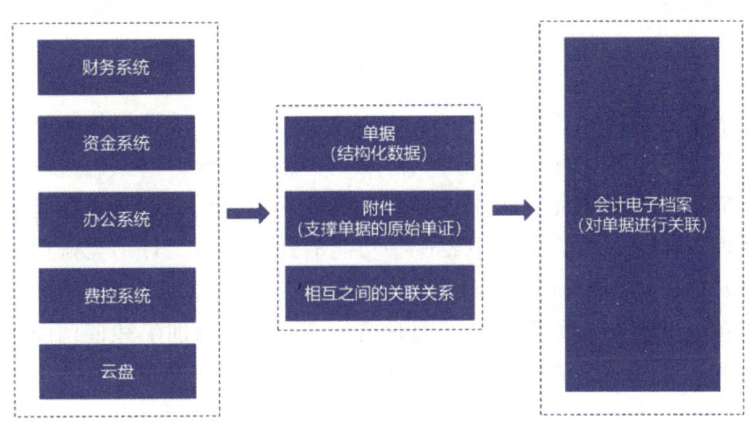

图 C11-2　云从科技会计电子档案系统自动归档逻辑

云从科技做了很多业财一体化的工作，以实现电子档案系统会计电子化的采集和匹配。比如让业务单据自动生成记账凭证，并随记账凭证、版式文件和附件可以直接传送至电子档案系统。云从科技的电子档案系统中做了六七十个业务单据的对接，同时可以提供发票验真和储存的功能，也可以获取到银行流水和回单，如果内部做了业财一体化，能够把单据和票证对应关系的规则设立清楚，系统就可以进行整合，整合之后进行归档，不需要手工再去配凭证。

在上述工作基础上，云从科技的电子档案系统首先可以实现对非标准文件的归档管理，比如报销单据、电子合同。可以通过档案系统自定义单据，根据业务灵活生成不同的单据模板，接口对接导入数据。可能合同不是一个很标准的结构化数据，但是可以在档案系统里面建立一个结构化数据描述的单据，把合同内容对接进去，通过结构化数据对电子合同进行描述，然后再进行归档。同时，可以管理一些非标准纸质文件，比如线下签署的合同。通过OCR将其中的关键要素识别出来，生成结构化数据。此外，可以做到标准电子票据的对接。如果发票、回单、凭证都是标准的，制作相对比较规范和简单的；对于标准纸质票据，通过OCR扫描后识别归档。云从科技会计电子档案系统主要功能如图C11-3所示。

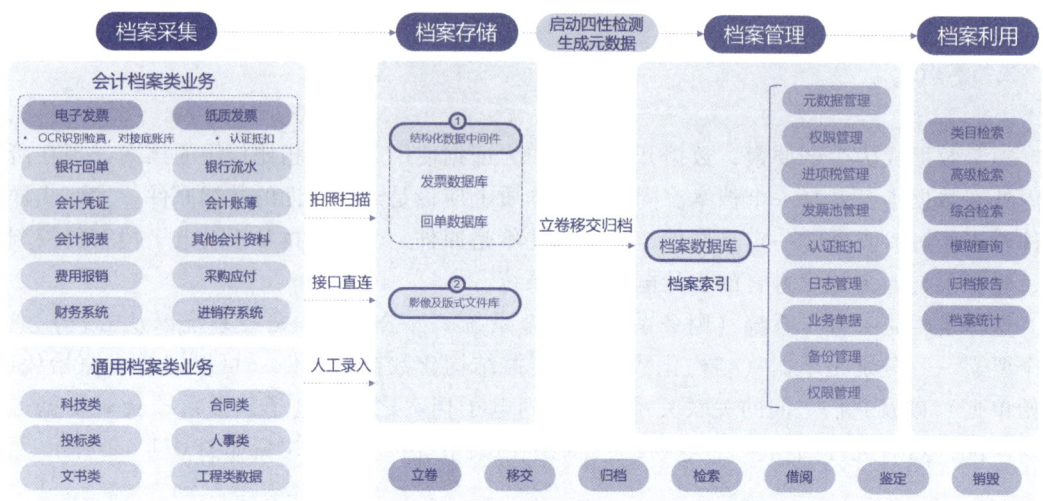

图 C11-3　云从科技会计电子档案系统主要功能

除了会计电子化的采集和匹配之外，云从科技电子档案系统还提供档案管理的功能，比如归档、调用、分类、立卷、移交、检索、借阅、鉴定、销毁。以报销付款为例：发票、业务单据、回单全部附在虚拟的凭证页上，导出后是 Excel，通过结构化数据进行归档，基本没有任何手工处理。通过在核算系统中做一些功能的开发，每个月结完账后如果检查没有问题就会进行一键归档，它会把所有凭证、凭证附件以及生成凭证单据的附件全部搜索出来，将它们传到档案系统里面进行关联归档。同时在核算系统中添加了凭证调阅的功能，比如审计查账要调用档案，通过一键调阅可以直接跳转到档案系统进行查询。

4. 启示

云从科技的财务数字化转型建设在较短的时间内取得了有效的成果，主要得益于以下几方面的优势：

一是后发优势。老企业在做财务数智化建设的过程中会面临系统老旧、流程改造等历史问题的解决。相对于"旧城改造"，云从科技的财务数字化建设是"新城开发"，轻装上阵。

二是团队优势。云从科技的财务团队相对比较年轻，对于信息化的操作或理解便于接受，学习之后上手更快。

三是技术优势。云从科技本身是 AI 中很核心的平台公司，处于整个社会数字化进程中的一环，在这个行业背景下，云从科技会对新技术的理解、新产品的应用更加包容，愿意去进行更多的尝试。

C12 协鑫集团：建设共享人才黄埔军校推动财务转型

协鑫（集团）控股有限公司（以下简称"协鑫集团"）是一家致力于环保和再生能源的开发与生产的专业性能源投资控股公司，是中国混合所有制电力企业的探路者。协鑫集团拥有先进的专业技术能力与管理经验，以领先的绿色低碳零碳科技主导创新发展，是半导体材料的领跑者，通过参与国际国内的能源基础设施建设与运营管理，不断促进当地经济的可持续发展。

协鑫集团自 1996 年创立至今，目前拥有六大产业集群，协同发展风光储氢、源网荷储一体化，新能源、清洁能源、移动能源产业新生态，硅材料、锂材料、碳材料、集成电路核心材料等关联产业。经过二十多年的创业和发展，协鑫集团已成为中国领先的大型综合高效环保能源企业，也是中国大型的外资热电营运企业之一，位于全球新能源 500 强的第二名，中国第一，同时也是中国企业 500 强，中国民营企业 500 强。目前资产规模两千亿元，四家上市公司（两家港股上市，两家 A 股上市），员工人数四万人，科研人数 3000 多名，发明专利和知识产权有 3000 多项，业务覆盖六大洲。

1. 背景

协鑫集团 2004 年起开始集团化管理模式之后，从单一电力企业发展至光伏、新能源、集成等多板块产业集团，从单一制造型企业集团上升至较为复杂的大型综合性能源产业集团。在"碳达峰""碳中和"国家战略背景下，协鑫集团坚持以绿色能源科技驱动企业创新发展，2022 年提出"科技协鑫""数字协鑫""绿色协鑫"三大战略，坚持科技驱动、数字赋能、绿色发展，稳字当头，永远依靠科技兴企。从财务的角度来看，面临的压力不断加大：复杂的业务场景提出更高的财务场景需求，不断涌现的数字技术及应用创新正在重塑财务职能。企业需要在合适环节运用相匹配的新兴技术，才能够有效提高财务的生产力，为企业的良性经营、健康成长、可持续发展而保驾护航。

企业数字化转型的战略同时影响着包含财务在内的业务职能体系的转型。协鑫集团信息化的"昨天"始于 2004 年，Erp 是早期信息化建设的重点，致力于构建一个大一统的 Erp 能够形成端到端业务的协同。之后协鑫集团开始不断地把 Erp 和周围的一些生态系统进行集成和互联，避免出现烟囱式发展问题。随着数字经济的快速发展，业务平台、中台的建设逐渐成为现阶段协鑫集团数字化工作的重点，"数字协鑫"的战略愿景是成为一个互联、智慧、创新的一个数字强企。协鑫集团数字化转型的未来是希望随着数据驱动规模的扩大，实现业务重构、流程完善、市场发现等更加深刻的创新变革。协鑫集团企业数字化转型整体战略如图 C12-1 所示。

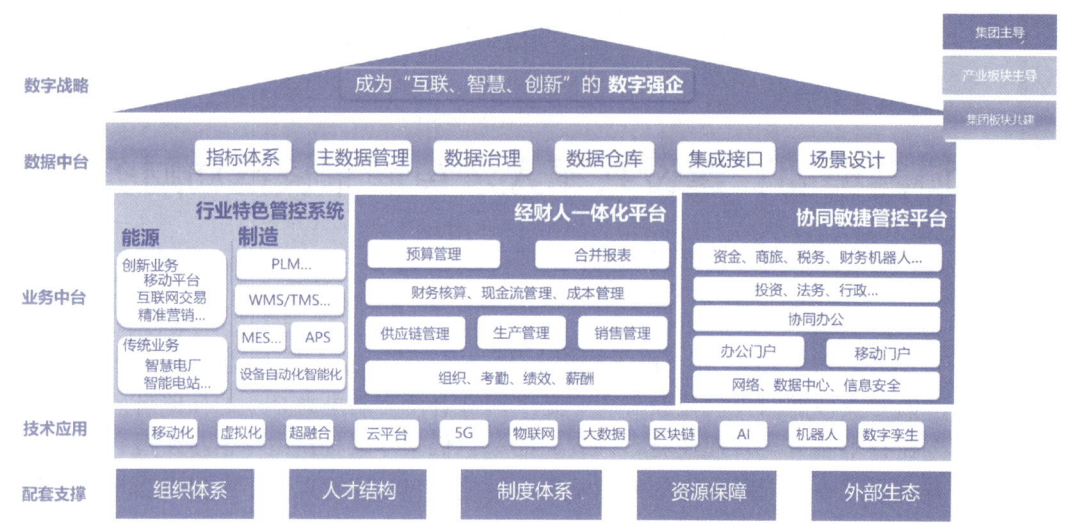

图 C12-1 协鑫集团企业数字化转型整体战略

在打造"数字协鑫"的过程中,协鑫集团把核心 Erp 当作稳态,把各业务系统当作敏态来构建整体业务平台,特别注重数据的整体抽取、挖掘以及分析,构建数据中台,致力于将协鑫构建在数据的土壤上,数据驱动是本阶段的重点工作。在此背景下,协鑫集团致力于打造"经财人一体化平台"和"协同敏捷管控平台",依托云平台以"降本增效、风险控制"为初衷,不断推动财务共享的数字化转型。

2. 举措

目前协鑫集团财经定位于战略型集团财经总部建设,由传统核算财务转向过程管控型。看结果、重回报、简指标,致力于集团和股东的利益最大化。以供应链金融为抓手、共享为平台、分析为重点,围绕降负债、控费用、保安全,划定风险红线,应对集团流动性安排。通过搭平台、推优才、精条线强化条线管控,打造随需而变的柔性共享,保障集团业务稳健发展。目前已形成在集团领导下,对全集团财经条线战略规划、垂直管理、整体合作的"大财经"管理体系。

从集团管理的角度来看,协鑫集团财经管理体系职能定位是两管理(管财务战略、管财经体系)、四职能、三中心(集团级)。两管理一方面是管事,整个集团财务战略由集团财经部来制定,所有上市板块、拟上市板块都要遵从于财经战略的指挥;另一方面是管人,整个财经条线一定级别以上的人员,包括 CFO 选用、预留、评价、考核都由集团财经部确定。四大职能包括经营与预算、资金规划与调度、产权税务直属、财务与信息共享承载着(会计与核算)职能重要的平台和管控。另外,从集团财经的角度,"三中心"定位致力于成为培训和交流的中心、咨询和协同的中心、决策和支持的中心。

协鑫集团财务共享平台转型历程如图 C12-2 所示。

协鑫集团财务共享中心发展史

2010—2012年 初创期
2010年7月，开始财务共享中心调研，同年12月电力财务共享中心正式在徐州成立。
2012年4月，电力财务共享中心搬迁至苏州，服务范围扩大至光伏等其他板块。

2013—2016年 发展期
2014年，全面推进财务共享标准化、体系化建设。
2015年5月，协鑫集团财务共享服务平台成立，设立电力、光伏、新能源、集成等事业部。
2016年12月，荣膺被誉为"财界奥斯卡"的"CGMA全球管理会计中国大奖——最佳共享服务中心"。

2017—2019年 转型期
2017年1月，协鑫集团财务共享服务平台主动转型，以"业财一体化"为目标，贴近业务，成立了五大共享平台公司，实施共享+板块统一管理。
2018年1月，协鑫集团财务共享服务平台更名为协鑫集团财务共享平台，重点以"信息化、智能化、平台化"实现共享服务转型。

2020年至今 超越期
2020年前后，形成有协鑫特色的财务共享模式，构建财务共享平台化经营，对内提供全面财务服务能力，对外提供共享整体解决方案，紧围市场，不断升级、不断超越。
2021年1月，完成两期数字化RPA改革项目，深化RPA覆盖广度。
截止目前，共接入1000余家公司。

图 C12-2　协鑫集团财务共享平台转型历程

协鑫集团是传统的能源企业起家，财务共享始于 2010 年电力板块。2013~2014 年开始慢慢摸索创新，建立具有自己特色的财务共享，之后有了光伏、新能源以及集成，目前形成四大上市公司的共享平台以及集团财务共享。2016 年协鑫集团的财务共享取得了 CGMA 管理会计最佳共享服务中心的奖项。

2017~2019 年，协鑫集团财务共享进入转型期。通常人们认为财务共享中心承担的是中初级财务核算工作，而协鑫集团赋予它越来越多的财经管理职能，包括资金管理、财务计划与分析、预测与预算、公司治理、关联交易管理等高价值的财经流程管理。2017 年协鑫集团开始倡导共享财务与前端业务财务的融合，推动共享服务需要融入前段的业务板块，为前端的业务服务，为集团创造更多的价值。转型之后，协鑫集团把财务共享拆分成五个小的共享，实现"集团+板块"的统一管理，以便更好地服务于业务板块。财务共享转型发展离不开信息化、智能化的支持，在财经整体深化改革蓝图下，制定以"信息化、智能化、平台化"的财经信息化策略，重点布局业财一体化平台、敏捷财经管控平台、智能决策分析平台及创新增值服务平台的建设，以信息化建设加强财务共享管理深度、优化共享服务效率、助推平台转型发展，最终实现对外平台化运营服务。协鑫集团期望财务共享中心的人员能够在已有的信息化建设和智能化建设的基础上，在日常的经营调度中发挥强管控、数据中心的作用。

2020 年开始，协鑫集团财务共享进入超越期，在进一步深化数智技术应用和数据驱动范围基础上，启动了对财务共享平台的经营，开始对外提供共享服务，输出一些整体的解决方案等。目前海信集团的财务共享服务已经的接入的公司达到 1000 家左右。

经过财经体系的转型和数智化技术的应用，协鑫集团财务共享中心实现了核算中心、数据中心、风控中心、黄埔军校和输出中心"五个中心"的职能建设，主要包括两大核算系统（NC 的用友核算系统，SAP 的核算系统），在这两大系统的基础上还建设了移动商旅和资金系统。协鑫集团财务共享数字化转型后五大职能如图 C12-3 所示。

图 C12-3　协鑫集团财务共享数字化转型后五大职能

3. 亮点

相对于数智技术的应用和平台系统的建设，协鑫集团在财务转型人才方面的培养意识显得更具特色，也是因此财务共享中心有着"黄埔军校"的美誉。协鑫集团财务中心在人力资源的选、用、育、留方面，做出了一些探索和努力：

（1）拓宽专业序列：并不是所有的员工都适合管理，很多人可能就是一个专才。因此协鑫集团共享中心的员工升职通道不仅有管理序列，还有专业序列和业务序列的管理岗位，可享受同级别同薪酬待遇。

（2）高价值介入：财务共享中心会让一部分同事去做高价值业务类型的工作，比如合并报表、常规财务分析、预算管控、审计对接等，高价值业务能激发共享中心员工更大的兴趣和专业化的潜能。

（3）新职业通道：财务人不一定局限于只做财务，很多岗位都需要财经的理念和意识，才能将工作做得更好，因此财务的延伸空间也有很多，比如 HR、采购、销售等。当企业内部有岗位招聘需求时，共享中心就会对优秀的员工进行内推。

（4）优先内聘：协鑫内部财经人员的招聘是集中到集团财经本部的，财经本部所发布的招聘信息首先是进行财务共享中心内聘，其次对外进行招聘，这给共享中心员工提供了优先晋升的机会。

（5）新鲜血液：企业内部需要新鲜血液流通，内部输送出一批人到其他公司后，也会引进来一批实习生。

（6）薪酬激励：激励和保留人才。薪酬设计在共享是非常重要的，如果浮动工资较少，对于员工来说就很难起到激励作用，也无法体现多劳多得。因此协鑫集团不仅提高浮动工资占比，同时采用薪酬包和奖金包形式进行激励，极大地提高员工积极性。

（7）培训机制：协鑫大学将新入职的员工和入职两年以上的员工分成五类，进行系统、全方位的职业培训，包括业务培训、沙盘实际演练等。在技能方面，共享中心通过组织内部培训（包括业务培训、专业财务培训、职称考试支持），鼓励骨干员工将他们的经验分享给新入职的员工。在综合能力方面，对员工进行企业文化灌输、商务礼仪、逻辑思维、领导管理能力的培训。

（8）团队建设：协鑫财务共享中心成立党工团、兴趣小组、舞蹈小组等小组，组织歌唱比赛、知识竞赛等活动，通过不同的活动形式活跃员工日常生活，以正能量、团队协同性激发协同性战斗力。

4. 启示

协鑫财务共享进入全面改革与创新时代，主要从组织、人才、数智化三方面革新，并取得良好成效。

在组织方面：在原有以业务核算和处理为主的基础上，成立"质量与创新中心"和"数据中心"，组建一支类似特种兵的小分队，将集团多年来形成的海量数据，利用大数据分析和 AI 机器学习等技术，建立强大的分析模型，为业务板块提供更高附加值的服务内容。

在人才方面：全面培养国际化、信息化的综合型财经人才队伍，推动共享分析师团队建设，打通财务共享员工的职业通道，打造成协鑫财经的"黄埔军校"。

在数智化方面：运用数智化为财务共享转型发展添翼。通过图像识别技术、影像技术、AI 智能机器人和大数据挖掘等科技手段，提升财务审核时效和质量，挖掘数据背后潜在的业务机会和风险，有效推进以数据驱动、数据增值、效率提升的创新财务共享模式建设。

C13 云天化：以完善业务数字化推动财务数字化

1997年7月，云天化股份有限公司（以下简称"云天化股份"）由云天化集团独家发起组建并在上海证券交易所挂牌上市。云天化股份主营肥料及现代农业、磷矿采选及磷化工、精细化工、商贸物流等业务，是全球优秀的磷肥、氨肥、共聚甲醛制造商，中国化工百强上市公司，全国国有重点企业管理标杆企业。

云天化股份资产总额、营业收入均超过500多亿元，在云南、河南、内蒙古、重庆等省市建有生产基地，在中东、东南亚等地区设立销售公司，销售网络点分布世界各地。目前化肥产能1000万吨/年，磷矿采选产能1800万吨/年，聚甲醛产能9万吨/年，在建磷酸铁产能50万吨/年，商贸业务规模超过1000万吨/年。2022年，云天化股份位居《财富》中国500强排行榜第219位、中国石油和化工企业500强"独立生产经营"类榜单第14位。

1. 背景

企业的经营压力和快速变革对云天化股份财务部门基于价值创造的资源配置和管理手段提出了更高的要求。内外部环境的变化推动着云天化股份于2019年开始启动财务数字化转型。

从企业外部来看，2022年1月财政部印发《会计信息化发展规划（2021—2025）》，明确提出"十四五"时期应积极支持加快数智化发展、建设数字中国，提升会计信息化水平，推动会计数智化转型，构建形成国家会计信息化发展体系，充分发挥会计信息在服务宏观经济管理、政府监管、会计行业管理、单位内部治理中的重要支撑作用。同时，云天化的竞争企业借助数字化手段赋能业务提升创新现有的运营管理模式和管理能力，增强了企业的竞争力。

从企业内部角度来看，公司业务和财务系统关联性不足，影响了整体管控效率。比如生产方面：生产基地众多，并分散在全国各地，亟须对原料进行统筹安排并进行账务的统一处理。销售方面：长期以来缺乏统一平台管理，产品定价和客户信用管理缺乏有力的信息化抓手，同时销售模式多样，导致在客户关系管理、统计分析等方面存在难度，引发开票和发货不及时、决策滞后等影响企业发展的问题。资金方面：云天化股份的资金管控模式在2019年之前相对分散，存在内部资金沉淀冗余、融资能力参差不齐、现金收支缺乏统筹、关联结算沟通内耗大、人工成本高、管理效率低等问题。物流方面：2020年以前，云天化股份内部物流体系整体性较弱，功能相对分散，在业务配合方面存在很多问题，一定程度上影响了物流成本的精准核算，不利于物流成本的降低。系统方面：云天化股份同时使用多个公司的多个管理软件（包括用友、浪潮、SAP等），随着公司规模的逐步扩大，亟须将这些系统与财务系统整合统一,使系统间产生更紧密的联系,以进一步降本增效。

基于企业发展所遇到的上述问题,云天化股份提出要向以价值创造为核心的数字化财务管控体系转型,实现价值链的业财融合和精益化管理。随着信息化的发展,业财融合偏向于由信息化系统来完成。云天化股份以"构建财务支撑战略、支持决策、服务业务、创造价值、防控风险"为核心目标,以"规范、精益、集约、稳健、高效、智慧"为原则,通过新建六大信息化系统:资金集中管控系统、财务共享系统、合同法务系统、仓储物流系统、销售贸易系统、供应链金融系统,打造以 SAP Erp 系统及 OA 办公系统为核心的信息化系统集群,推动云天化财务管控体系向数智化转变。

2. 举措

云天化股份的财务数字化转型从 2020 年开始,主要分为框架建立、业财一体建设和持续推广三个阶段,如图 C13-1 所示。

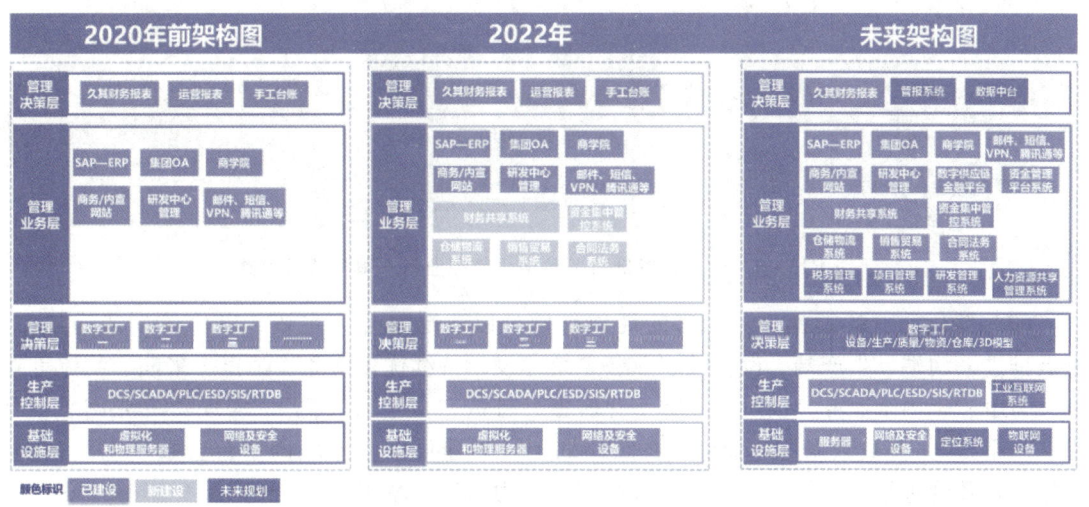

图 C13-1 云天化股份财务数字化转型总体规划

(1) 阶段一:建立框架。确立"统一设计、统一标准、统一规划、分步实施"的建设原则,并于 2020 年 5 月启动业财一体化。

(2) 阶段二:业财一体化建设。云天化股份将 SAP 作为核心 Erp 管理系统,统一规范整个系统,在此基础上建设财务共享系统、资金管控系统、仓储物流系统、销售贸易系统、合同法务系统,开启数字化转型的业财一体化建设。业财一体化建设以风险控制、价值挖掘为主线,围绕财务共享作为基础,以 SAP 为核心对底层数据进行集成。

截至 2022 年,项目建设已实现组织范围内的会计共享、税务共享、资金共享、信息共享,开发建设涵盖 7 类业务功能:总账报表、应收、应付、费用、资产、资金、成本,3 项管理系统:税务管理、商旅管理、报表管理。集成类业务将与其他系统集成,收集其他系统已经填写并可以参照的数据,避免信息重复填写工作。非集成类业务,根据业务规范填写各类标准化单据,按照规划的业务流程在系统中实现业务处理。已实现与 SAP Erp 系统、财务公司核心系统、OA 办公系统、合同管理系统、销售贸易系统、百望增值税管理系统共 7 个外部系统的开发及集成，实现了财务共享中心集中报账、集中核算、集中支付，同时还能支持绩效管理、作业管理、信用管理。云天化股份财务数字化转型业财一体化建设思路如图 C13－2 所示。

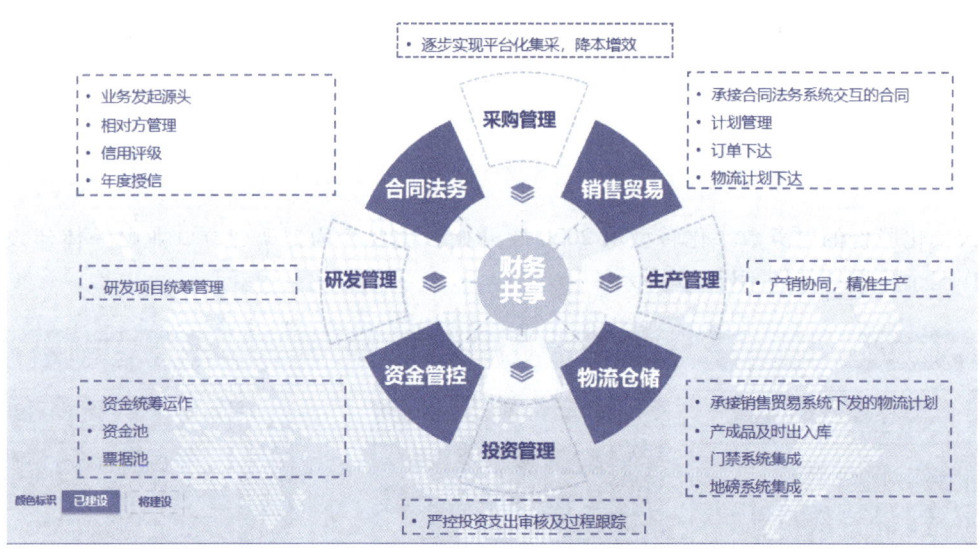

图 C13－2　云天化股份财务数字化转型业财一体化建设思路

（3）阶段三：持续推广。未来的规划目标是以业财融合为主线，以价值创造为核心，重点推进采购端、生产端、设备端、业务系统建设，持续优化财务、销售、采购、物流等业务，力争三年内全业务完成阶段化数字化转型，打造"数字云天化"，实现"一张网、一个库、一朵云"，释放数据资产价值。在此计划上规划建设工业互联网平台、数字工厂系统、数据中台及管理报告系统、税务管理系统以及人力资源共享平台。

虽然数字化转型尚在进行过程中，云天化股份已经体会到财务数字化转型对企业高质量发展带来的积极效果。第一，有效支撑决策落地，推进产业布局加快转型。各级管理人员能够高效取得和运用覆盖企业全价值链的及时、全面、精准的信息，企业价值链管理的精细化水平和协统能力进一步提升。第二，一体化优势凸显，成本竞争优势持续增加。"三项费用"总规模明显下降，全力保障财务的低风险、可持续、低成本运营。第三，全产业链管控，抗风险能力进一步加强。借助数字化管控平台，持续优化覆盖了供应采购、生产统筹、物流协调、营销策划、财务管控全方位运营协同和统一管控模式，全产业链价值不断凸显，盈利能力和偿债能力持续增强。第四，释放数据资产价值，赋能"对标"提升行动。不断集中建设的数据资产、数据库有力支撑与一流企业财务管理体系的对标工作。

3. 亮点

云天化股份由于缺少统一业务信息化管理平台，企业内部部分管理流程、客户管理未实现完全的数据互通，无法实现业务、物流、结算等板块的高效协同，缺少有效的预警功能和有效的风险管控手段，客户信息、授信信息、流程信息缺少技术控制，业务风险性较高。在云天化股份财务数字化转型业财一体化建设中，针对这个问题启动了相应的业务数字化建设，其中最典型是销售贸易系统的建立。

一方面，销售数据与财务系统有紧密的关联，云天化股份一度出现的问题是业务数据和财务数据存在一定差异，导致差异分析苦难，管理者难以准确、及时实现营销决策。另一方面，业务指标统计维度与财务指标统计维度存在时点差异，尤其是销量、库存等关键指标，需要大量手工统计才能查找到差异。

云天化股份通过建设专业的销售贸易系统，统一规范了销售业务数据的统计口径，并跟财务共享、财务报表实现数据互通。同时还进一步集成销售前端国际国内营销系统，中台计划管理、国内国际业务、库存信息、财务管理、报表流程系统，以及后台仓储、合同、法务系统，构建10大模块、51个子功能，打造销售中台，实现销售业务全覆盖。云天化股份销售贸易系统设计思路和功能如图C13-3所示。目前云天化股份所有的销售贸易业务都应用了这个系统。

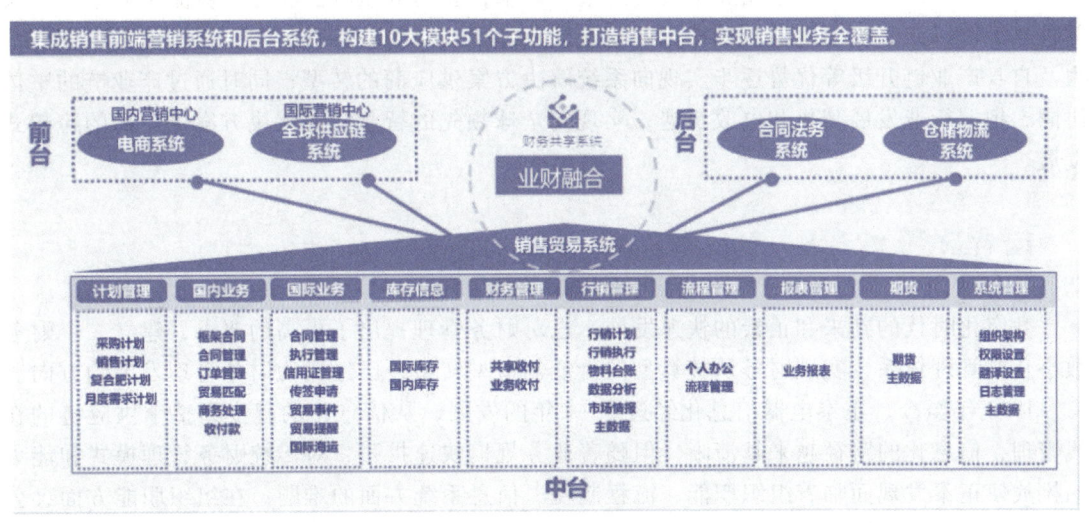

图C13-3　云天化股份销售贸易系统设计思路和功能

4. 启示

在转型规划方面：云天化股份的财务数字化转型采取了统一规划、分步实施的稳步推进方式，以风险控制、价值挖掘为主线推进系统建设。

在转型实施方面：云天化股份的财务数字化转以财务共享为基础，以业财融合为核心目标，以保障业务财务数据统一为原则推动业务系统的建设，以业务数字化的完善推动财务数字化的变革，多场景的转型成效显著。

C14 正泰集团：智能税务管理平台防控动态税务风险

正泰集团股份有限公司（以下简称"正泰集团"）始创于1984年，是全球知名的智慧能源系统解决方案提供商。创立39年来，正泰始终聚精会神干实业、一门心思创品牌，深入践行"产业化、科技化、国际化、数字化、平台化"战略举措，形成了"绿色能源、智能电气、智慧低碳"三大板块和"正泰国际、科创孵化"两大平台，业务遍及140多个国家和地区，全球员工4万余名，年营业收入逾1000亿元，连续20年上榜中国企业500强。

旗下公司正泰电器为中国首家以低压电器为主营业务的A股上市公司。正泰电器成立于1997年8月，自2016年完成重大资产重组以来，公司低压电器和光伏新能源双主营齐头并进。上市以来，正泰电器利用稳固的行业龙头地位、卓越的品牌优势、强大的技术创新能力及自身产业链升级等优势逐步实现向系统解决方案供应商的转型；同时通过产业链的整体协同，把握行业发展契机和电改机遇，实现向全球领先的智慧能源解决方案供应商的跨越式发展。

1. 背景

数字化时代的到来和正泰的快速发展，也对财务管理提出了更高的要求，建立一个财务数字化的管理体系，实现财务从核算型向价值创造型转型，已经成为财务管理发展的方向。

1993年至今，正泰电器信息化经过30来年的发展，从信息化的起步到整个供应链的在线管理，信息化的路径越来越清晰，但随着业务规模快速扩张，对传统财务管理模式和能力的挑战使正泰发现面临着组织职能、流程制度、信息系统方面的难题。在组织职能方面，公司业务规模快速发展下，职能结构待优化，基础核算占比高，支持业务、战略、预算、绩效评价等价值创造型职能占比少；在流程制度方面，流程效率待提升，主数据标准不一，自动化程度不足；在信息系统方面，烟囱式架构下各类信息系统的数据、流程横向拉通不足，跨系统流程多存在断点。

面临以上难题，正泰不断深入发展数智化，突破重重难关，在加速数智化的进程中，制定"懂战略、促经营、控风险、支撑业务成功"财务数字化变革目标，从多角度多方面入手，助力数智化向纵深发展。

2. 举措

为了提升财务服务质量和效率，加强公司财务管控能力和支撑公司的业务发展，正泰电器在借鉴国内外大型企业发展经验的基础上，围绕"让数字植入业务、让数字广布云端、让人才支撑转型"建设目标，实施开展智能化财务建设。

2.1 构建财务数智化战略

正泰电器秉持着让数字植入业务、让数字广布云端、让人才支撑转型的建设方向，构建三方面的财务数智化战略，围绕公司"一云两网"战略，财务与相关方建立广泛数字化连接，推动业务端到财务端实时互联与财务服务全面在线化；通过大数据、人工智能等技术搭建治理体系与数据平台，探索数据驱动的智能财务分析、监控、预警与决策，实现财务智能化；通过财务在线化、智能化，创新共享财务、业务财务、战略财务三维一体财务管控体系，助力公司战略推进。正泰电器财务数字化全景如图C14-1所示。

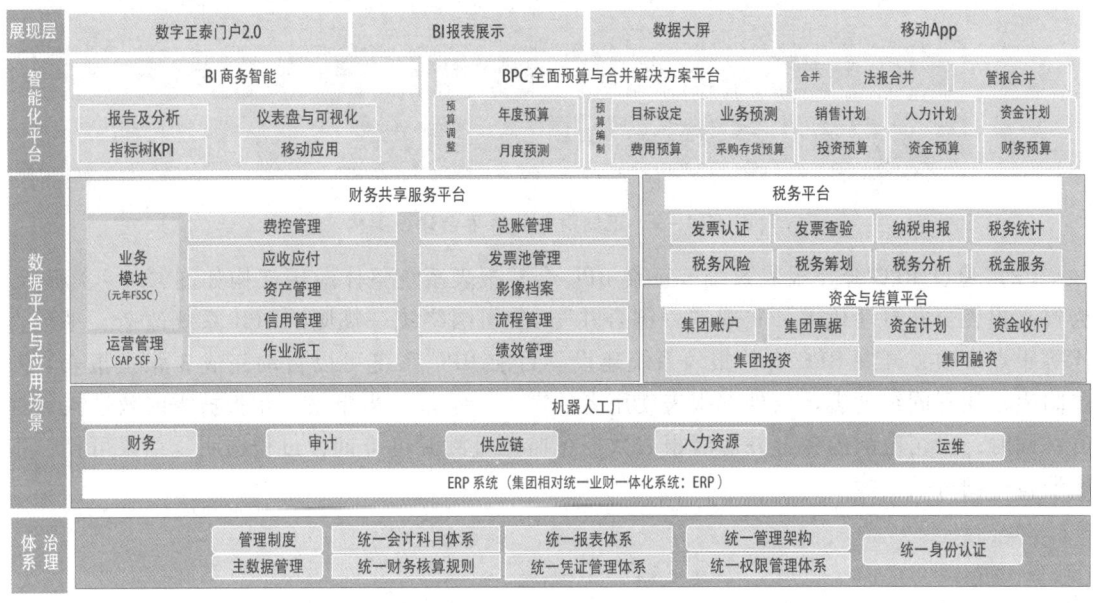

图 C14-1　正泰电器财务数字化全景

正泰整体的智能财务体系以 SAP 系统平台为载体，通过推进运营层、管控层与决策层信息化平台建设，完成财务共享平台、税务数字化平台、合并报表等系统逐步上线，实现流程、制度、系统平台的统一和共享。

2.2 深入推进财务数字化

（1）搭建财务共享平台。正泰财务共享平台建设架构如图C14-2所示，正泰财务共享平台涵盖商旅、费用、发票、应付、资产和总账共6个模块，共享平台除自身共享平台、电子影像、发票管理、移动端集成外，还通过建设75套接口，与周边19套系统连通，打破了原各系统信息孤岛，提升系统易用性，数据传递效率，成为业务与财务的桥梁，加速业财融合。

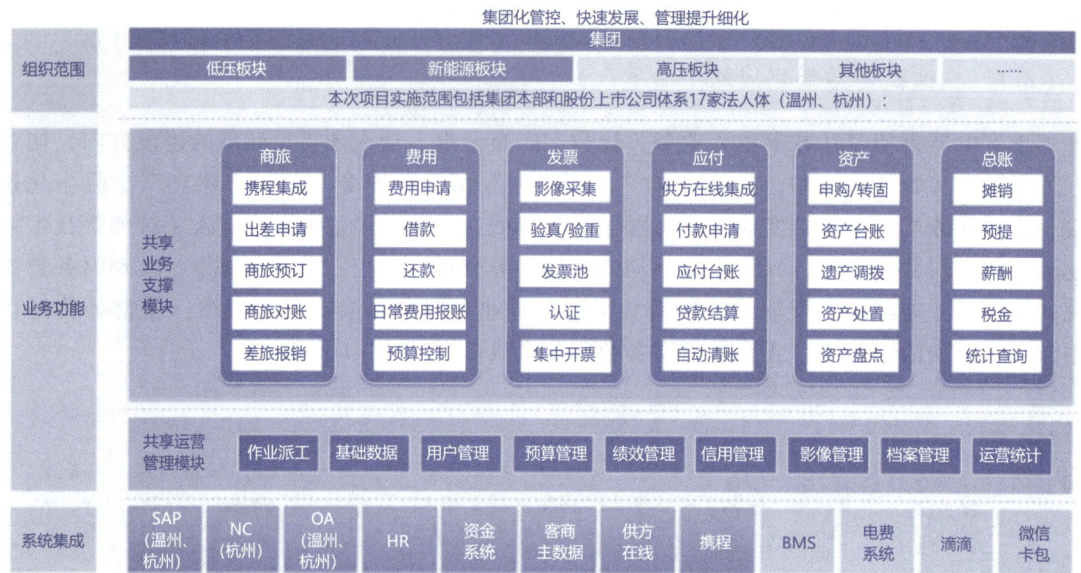

图 C14-2　正泰财务共享平台建设架构

（2）建设 BPC 合并报表系统。正泰 BPC 合并报表系统整体应用架构如图 C14-3 所示。为提高报表合并自动化率，实现"一键合并"，公司围绕统一规则、EPR 系统改造、平台直连等重点事项，开展 BPC 合并报表系统建设。目前 BPC 系统可以自动完成 3 张主报表、93 张附表，从不同维度满足内外部报表使用者的需求，季报、半年报、年报披露时效性大大提升；同时，公司范围内各合并层级报表数据可监控可溯源可查询，过程透明、结果可控，报表质量得到有效保障。

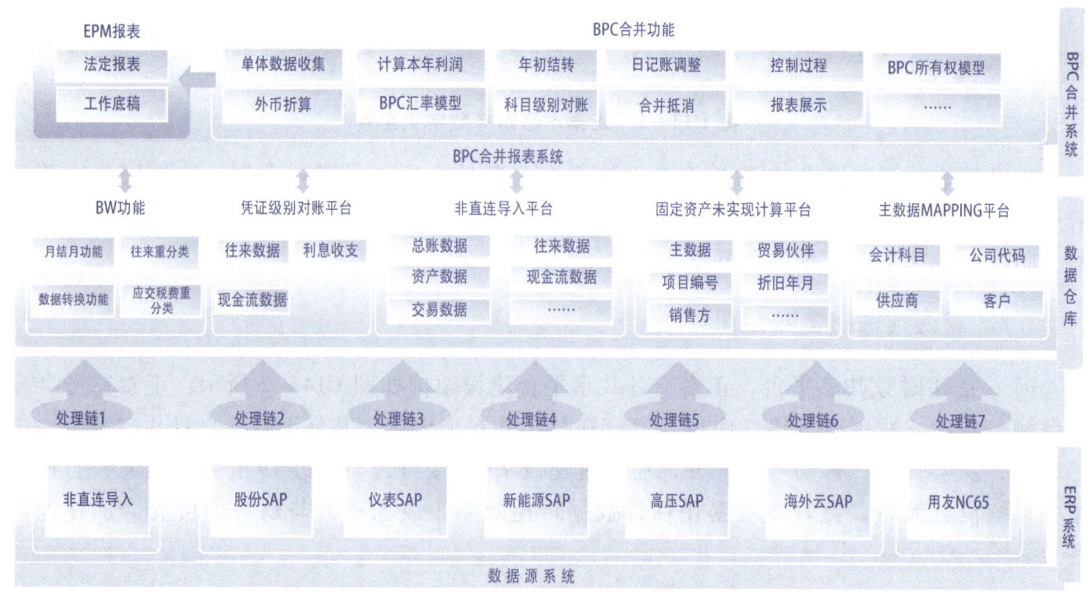

图 C14-3　正泰 BPC 合并报表系统整体应用架构

3. 亮点

随着公司业务的扩展、规模的壮大，企业税务部门的工作量也越来越大，加之外部税务征管体制不断发生变化，"动态信用+动态风险"的新征管手段的推行，也要求企业必须加强税务信息化建设以提升自身管理能力。

正泰秉持"两个阶段，四大目标"的方针，构建税务自动化 TAS 基石，搭建税务共享平台，正泰税务管理平台应用架构如图 C14-4 所示。第一阶段，从集团税务战略与管理架构、税务合规管理以及建立"税务数字化管理平台"三个方面提出优化改进建议，结合业务与财务信息，聚焦于税务数据的分析，实现在税务规划、风险控制等方面价值创造。第二阶段，基于此目标，税务数字化平台以基础税务为依托，分步实现税务自动申报、税务可视化分析及税务风险预警等功能，建立业、财、税系统联动机制，加强纳税申报的流程管控，建立标准的税务管理电子工作底稿体系，实现纳税申报的自动化；建立税务大数据池，满足不同层级管理需求，及时掌握税收动态，提升集团税务统筹管理能力；建立税务风险事前、事中、事后预警机制，实现税务风险常态化监控管理，"以数管税"有效降低税务风险。

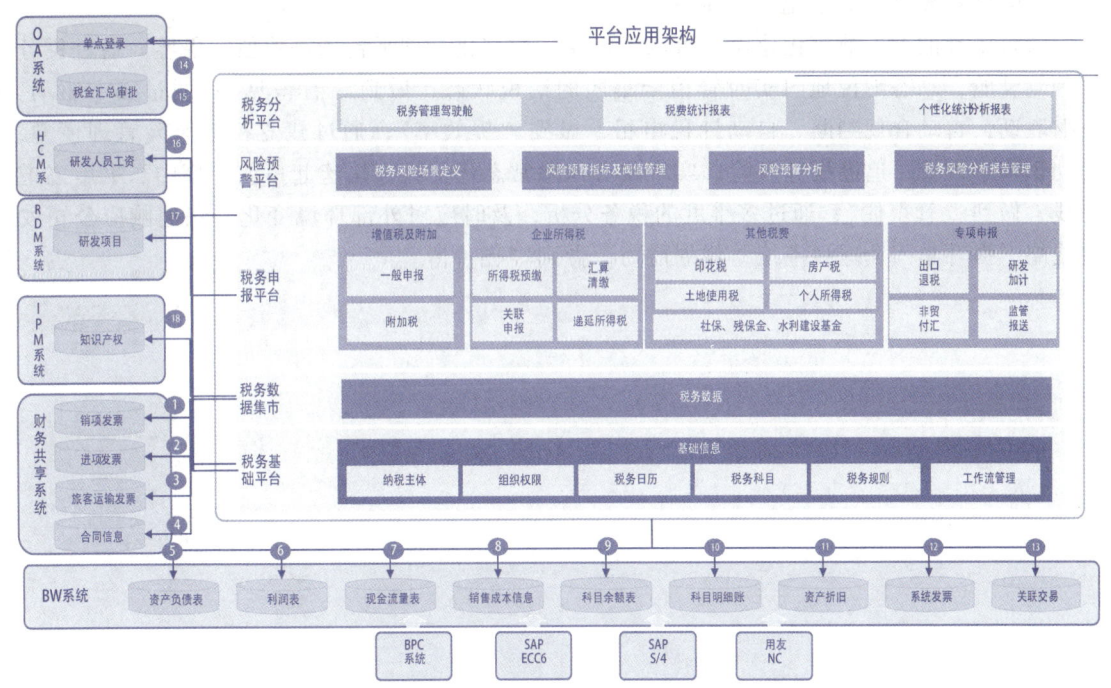

图 C14-4 正泰税务管理平台应用架构

正泰的税务数字化平台通过与前端系统紧密对接，构建业、财、税系统联动机制，对接内部业财系统，集成税源数据接口；将标准计税规则、纳税申报流程内嵌于平台，实现全税种从计税、查验、合规判断、纳税申报表，全过程自动化处理，并可适配未来各主体业务差异，实现灵活运用；通过税务数字化平台，对税务风险进行统一管理，在通用风险场景、监控指标的基础上，融合公司发展和自身税务管理需求，充分考量风险监控所需数据的可获取性，设置个性化风险场景近60个，细化分析指标近140个，建立税务风险识别和预警模型，每月自动扫描、预警，对异常指标层层分解、追溯，及时处理涉税风险，减少企业利益损失。

正泰的税务管理平台体现出了核心优势及行业的领先性，在统一各类计税规则的基础上，打通前、中、后台数据，实现业务、财务与税务的融合，国内总部与国外分支机构的连接，支撑起日常税务共享运营以及全球税务集中管控，从而提高统筹税务管控能力；建立税务大数据池，深度挖掘税务数据价值；利用可视化技术建立税务动态分析模型，实现税务数据的价值提炼；建立税务风控量化模型，提升税务风险防控能力，建立事前、事中、事后全方位防控体系，实时动态风险监控机制，从风险识别到处置闭环管理；提升自动化作业能力，提高税务管理的效率和准确率。

4. 启示

财务数字化转型是一个长期动态的过程，需要与时俱进不断迭代，要从培养财务数字化人才、提高财务数据的质量、打通业务流程、搭建智慧财务管理与风控平台等方面，根据企业发展需要不断完善数字化财务体系。

通过正泰的财务数字化建设，可以发现税务数字化管理平台的搭建值得借鉴。通过税务管理驾驶舱，动态纳税地图实时管控全集团的纳税状态，做到"看得见"；通过数字驱动、业财联动，自动合规判断、自动计税申报，做到"提效率"；通过建立税务风险管理模型，自动识别、预警、追溯税务风险，实现税务风险常态化管控，构建起事前、事中、事后三道防线，做到"管得住"；通过多维度的税务分析，及时应对外部环境变化，快速响应公司发展战略，提升集团全球税务统筹规划能力，做到"创价值"。

C15 步步高：打造纵横协调组织架构推动财务数智化

步步高集团于1995年3月创立于伟人故里湖南湘潭，以"共创美好生活"为企业使命，以"用户为先、守正有爱、勇于创新、敢于担当"为核心价值观，致力于成长为用户最信赖的全渠道服务商。目前步步高已成长为拥有超市、便利店、购物中心、商业综合体、物流运输等多业态的商业集团，是中国连锁百强14强、中国企业500强。

步步高集团2008年在深交所上市，2014~2017年推进大西南战略，陆续收购广西南城百货、四川梅西商业、湖南心连心、湖南家润多。2015年开启全球化战略，在北美洲、欧洲、亚洲、大洋洲设立六大全球采购中心，整合全球供应链资源，建立完整的供应链体系。经过7万多名步步高人的同心共聚、携手奋斗，步步高集团近700家多业态实体门店遍布湘、赣、桂、川等省市，持续领跑湖南、广西零售业。近几年步步高致力于向线上线下融合的数据驱动新零售企业转型，目前拥有数字化会员超3000万。

1. 背景

随着未来技术的发展以及共享服务平台的进一步成熟，智慧财务颠覆了传统业务和财务流程，并将适应新的商业模式和市场竞争模式，为企业的创新变革提供新的动能，满足企业各种管理需求。

步步高集团信息化建设历程如图C15-1所示。步步高集团从1995年企业初创时期的手工账为主，过渡到2001年使用用友U8局域网的核算软件，开始信息化的第一步；又于2004年进一步发展，改用金蝶K3系统，实现系统模块单一化；2007年升级用友NC系统，与业务系统的集成，初步开展业务财务一体化；2013年应用ORACLE的EBS系统，使用财务Erp管理模式做核算和管理，业务财务一体化理念得到强势推广。

虽然步步高数智化发展在稳步推进，但初期建设过程中依然面临诸多困境与难点，步步高呈现多级管理的分散模式，跨地域经营、跨行业经营，分子公司众多，组织结构复杂，集团制定的战略难以达到统一，管理难度大；集团式财务管理以市场为向导，其成长速度较快，与管理方式很难进行匹配；核算型财务仅是对经营活动的事后反映，在满足基本的财务会计内部控制的同时，其管理理念难以有效支撑集团战略；集团对财务管理制度的认可程度影响财务的运行机制。在面临诸多难题的情况下，步步高积极寻找路径突破困境，助推财务数智化转型。

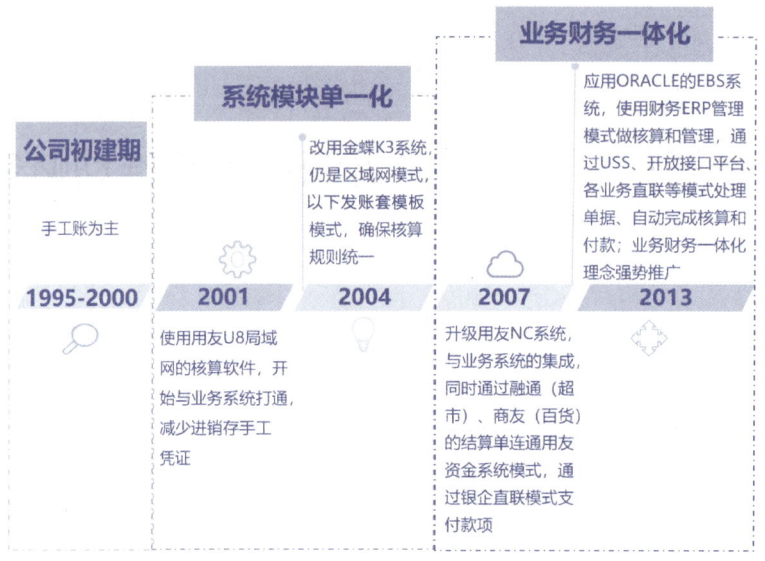

图 C15 -1　步步高集团信息化建设历程

2. 举措

步步高在财务数智化的探索中，先完成财务共享，实现业务财务一体化；同时通过不断的技术创新和管理创新，将财务共享服务中心打造成数据中心，让财务价值的最大化，最终实现财务数智化转型。

2.1　探究财务数字化历程

步步高的数字化建设至今为止经过了三次转型，第一次转型是 2014 年搭建财务共享平台，从费用报销到商品和非商品结算，再到营收稽核和杂项管理，再到总账，都进行了逐步完善和建设，其中还包括中台、微服务等新理念、新技术的应用；第二次转型是 2019 年财务共享智能化，一经应用，财务 Erp 系统向更自动、更智能、更高效发展；第三次转型是 2020 年至今由 IT 到 DT，以服务大众、激发生产力为主的技术发展，通过对外部服务对象提供财务服务。

三次转型之后，步步高的财务数字化水平逐渐提升，业财融合能力也进一步发展，体现出财务工作的重心从核算反映逐步向决策支持转型，发挥财务管理的价值分析与控制职能，使企业资源得到高效配置，为企业实现科学民主的决策提供财务支持。

2.2　构建财务数智化战略

步步高针对所面临的情况制定了短期、中期、长期三个阶段的发展战略，如图 C15 -2 所示。短期实现专业化，搭建公司层面的专业化财务共享平台，以信息技术为重要支撑，变革财务管理模式，坚持制度规范化与个性化相结合，致力于会计基础核算标准化、规范化，实现全国财务核算、资金结算、报销的集中处理；中期实现多元化，集团支持多业态多业务的共享平台，以专业化的财务共享平台为基础，吸收整合集团其他版块的财务核算业务，同时支持对公司新兼并收购的主体进行快速整合;长期实现数智化,打造行业先进的财务管理核心竞争力,以由成本中心向利润中心转变,考虑对外部公司提供服务输出,实现共享服务平台多渠道覆盖,进一步拓展共享的价值。

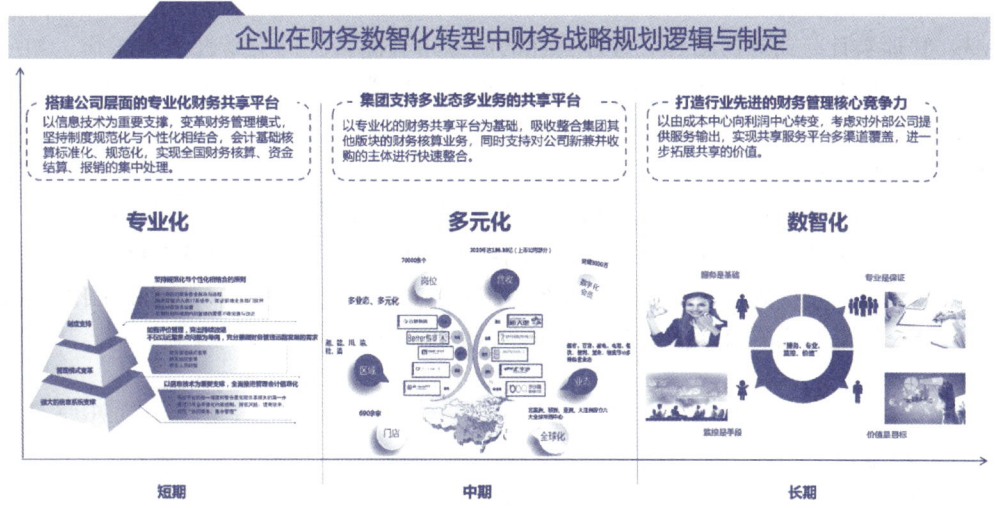

图 C15-2　步步高集团三阶段财务数智化转型战略

3. 深化财务数智化建设

(1) 财务共享中心信息化建设向智能化转型。步步高财务共享中心的服务内容逐步扩展至在提供流程优化与整合的同时推动新技术的应用,推动端到端流程的整合与提升,流程自动化机器人(RPA)、人工智能、区块链技术等不断落地应用,为流程效率提升提供了更多的空间,有效降低交易处理的人工投入,并促进流程整合方面投入更多资源。步步高财务共享中心系统搭建如图 C15-3 所示。

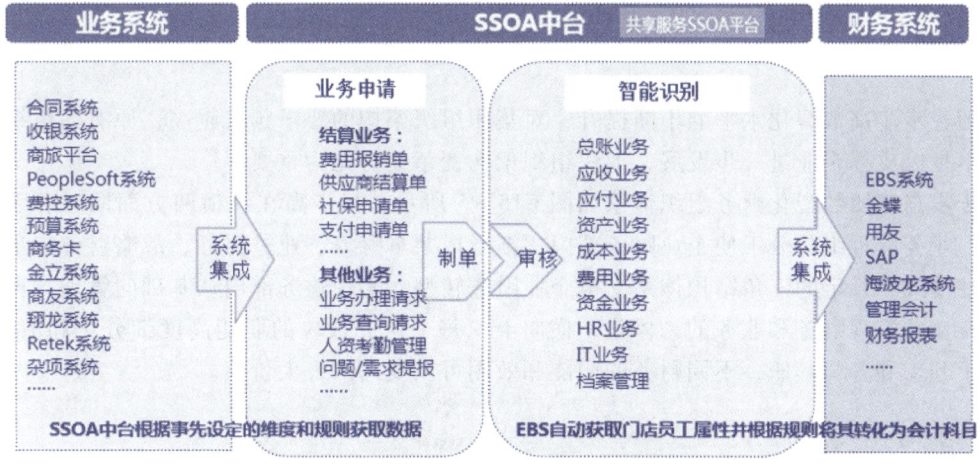

图 C15-3　步步高财务共享中心系统搭建

（2）财务共享中心与市场战略的融合。线上线下融合的新零售企业，在线上及时更新商品种类，推出多样化产品，增加企业销售净利润，并利用财务共享中心做好分类管理，在线下优化网络系统，加快物流、售后服务、供应链等方面的服务，加快线上线下结合，推动财务共享中心与市场战略融合。

（3）管理会计与业务的融合。管理会计的服务内容除传统的交易性流程工作，如应收、应付、资产、费用报销、现金、总账管理等之外，延伸到更多的高价值流程工作，如计划分析、全面预算、税收筹划、资金运作、风险管理、公司治理、投融资管理等，实现人才的进一步利用与业财的一体化发展。

（4）智能化纳税申报。由于报税流程复杂且重复率高，步步高开发利用系统，使其自动生成纳税申报表数据，通过流程自动化机器人（RPA）自动进行纳税申报，由此可以降低操作风险、减少人工成本、有效提升税务申报环节的效率，进一步释放财税工作人员的基础工作，投入到更有价值的工作中去。步步高智能财税流程如图C15-4所示。

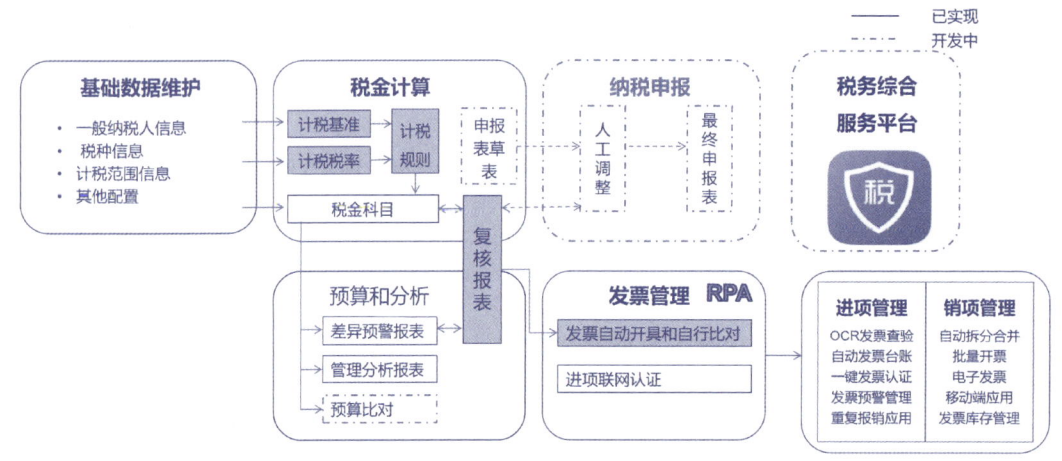

图 C15-4　步步高智能财税流程

4. 亮点

随着步步高数智化水平的不断提升，对集团组织架构的要求越来越高，原有的组织架构已经不足以支撑企业进一步发展，加快组织架构变革显得尤为重要。

步步高集团数智化财务组织体系如图C15-5所示。步步高在纵横两方面同时着手。纵向上，业务的重组与分工使企业财务部门逐渐形成共享财务、业务财务、战略财务三足鼎立的管理模式，稳定的三角结构体系支撑企业财务转型，实现财务部门从基础向管理、再向战略的转变，实现财务和业务的一体化；横向上，每个财务板块的职能高度细分化和清晰化，有利于分工和各司其职，不同财务的职能和效用可以发挥出最大价值。

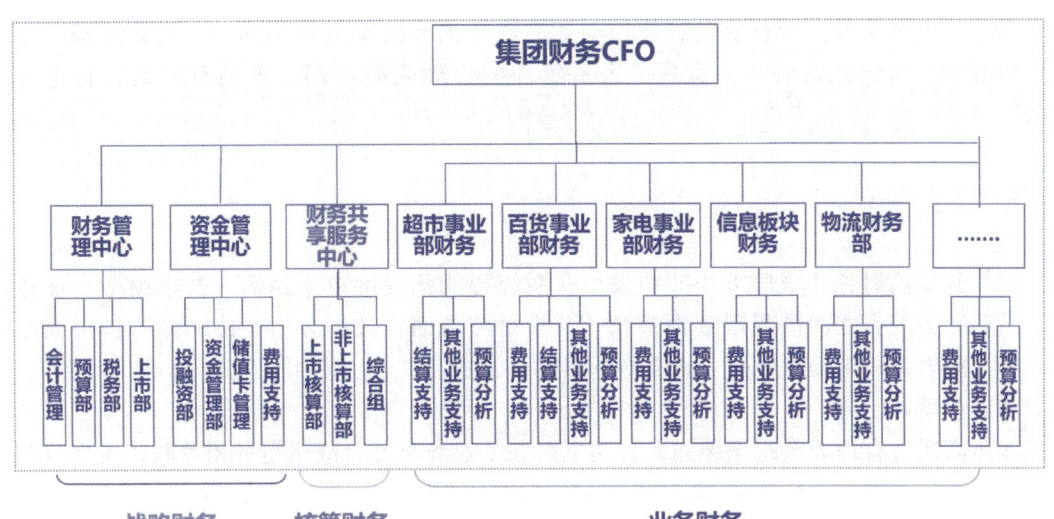

图 C15-5　步步高集团数智化财务组织体系

步步高财务共享服务中心设立总部财务、业务单元财务和核算财务三个部分作为组织架构，如图 C15-6 所示。总部财务是集团战略的协助参与者、政策规范的决策支持者，负责企业的稽核风险管控和绩效管理、资金管理和资本运作、规划/报告合并等，是企业的财务战略和管理的关键；业务单元财务是政策规范的执行者、运营单位业绩和流程合规的监控者，负责监督总部下达政策规范的贯彻程度反馈、分析业务经营结果、结合业务作出计划和预测，是财务活动向业务部门的延伸；核算财务是会计报表的生产者、财务数据/结算服务的提供者、财务信息和档案的管理者，通过集中化、标准化和端到端的核算流程管理，低成本、高效率、高安全性的为集团内各公司提供统一的会计核算、资金结算服务和常规报表编制，是企业的财务服务平台。

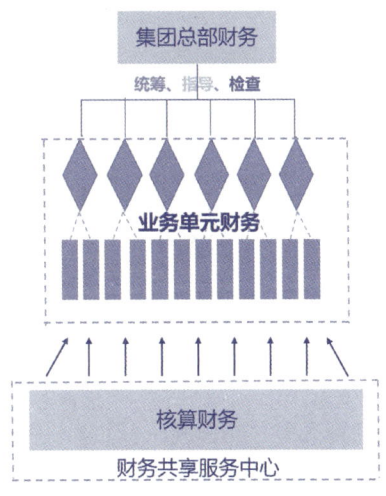

图 C15-6　步步高财务共享中心组织架构

通过纵横规划与三个部分的组织架构，步步高将财务数智化转型前由集团财务统一管理，各门店财务自行核算管理，到转型后，采用财务共享服务中心，通过核算集中管理，减少大量核算人员岗位，所释放的核算岗向业务财务岗和战略支持岗转型，更好地服务于集团、事业部、门店经营管理，实现了人员管理的合理高效利用，推动财务数智化进一步完善。

5. 启示

随着步步高财务共享服务中心的发展，系统智能化程度越来越高，共享财务、业务财务、战略财务三者之间的界限逐渐模糊，共享财务借助大数据分析，协助参与公司战略制定，为战略财务决策提供数据分析支持；借助信息技术，规范公司业务，标准化业务流程，为业务财务赋能。

步步高通过合理规范组织架构，将共享财务、业务财务、战略财务相关联，实现分散化管理向集中化的转变，统筹协调，科学调配资源，使财务从"幕后的账房先生"走近业务链成为"站在决策层面的管理会计"，实现业财融合，进一步推动财务数智化的发展。

C16 瓦轴集团：实物流、信息流、资金流——对应奠定财智化基础

瓦房店轴承集团有限责任公司（以下简称"瓦轴集团"）系国有控股企业，始建于1938年，是中国轴承工业的发源地。瓦轴集团聚焦轴承主业，整合国内外关键产业资源，围绕轴承产业链进行布局和经营，打造国际化轴承产业平台和产业生态体系；支撑国家"工业强基"战略，引领我国轴承产业技术创新和国产化替代，为客户提供一站式轴承整体解决方案，世界轴承业排名前十，是具有国际竞争力的一流轴承产业集团。

瓦轴集团专注轴承主业，围绕轴承产业和产业链上下游进行布局和经营，主导产品涵盖重大技术装备配套轴承、轨道交通轴承、风电新能源轴承、汽车车辆轴承、特种装备轴承等领域。ZWZ和KRW两大品牌、20000多种规格的轴承产品全部拥有自主知识产权，远销海内外40多个国家和地区。瓦轴集团在国内外拥有九大产品制造基地、拥有上海、大连、德国、美国4大研发中心、31家分子公司、28个制造工厂，各类高档生产线118条，员工9493人。2021年被国务院国资委评为管理提升"标杆企业"，连续十七年进入中国机械工业百强企业。

瓦轴集团公司以国企改革"双百行动"和《国企改革三年行动方案（2020—2022）》为契机，全面实施体制机制改革，搭建全新的自适应组织，管理去中心化，简政放权，激发企业发展内生动力，在短期内迅速提升企业适应市场的能力，迅速扩大规模，实现企业业绩和员工收入同频共振。其自适应组织改革经验成功入选大连理工大学国企改革案例库，受邀参加中国国企改革论坛，参加业内经验交流活动30余次，自适应组织改革成果和财务数智化转型成果均荣获辽宁省管理创新成果二等奖。

1. 背景

在不断变动的外部环境下，瓦轴集团在产品质量精进、成本压缩、生产效率提高方面都面临更严峻的挑战。一方面，国家目前推行绿色制造，低碳生产，制造业需要由价值链的中低端迈向中高端。瓦轴集团作为老牌国企，轴承行业的排头兵企业，有振兴民族工业发展和引领行业进步的义务。另一方面，客户现在对于企业的需求不仅是买产品本身，更加关注需求个性化、交货及时性、质量可靠性、价格有竞争力，从整个产品全生命周期角度对企业提出了更高的要求，挑战巨大。这需要企业在业务模式上不断创新，并利用数智化手段加快实现。

互联网与数字化大背景之下，用数智化手段支撑企业战略落地和转型升级是瓦轴集团现实而紧迫的需求，瓦轴集团数字化转型系统规划如图C16-1所示。在"一体两翼"战略指导下，瓦轴集团的数字化转型围绕价值链快速进行数字化的改造和智能化的提升，把"互

联网+""资本+"两个策略落实到信息系统规划当中。瓦轴坚持"业务融合、集成共享、数据挖掘、高效创值"的信息化发展方针,以打造数字瓦轴、智能瓦轴和生态瓦轴为目标,以两化融合管理体系为抓手,加快推动形成以轴承产业为主体、以"资本+"和"互联网+"为两翼的发展模式,发挥"资本+"和"互联网+"的倍增效应,通过"产业+互联网+资本"的协同发展打造产业生态,实现公司的跨越式增长。

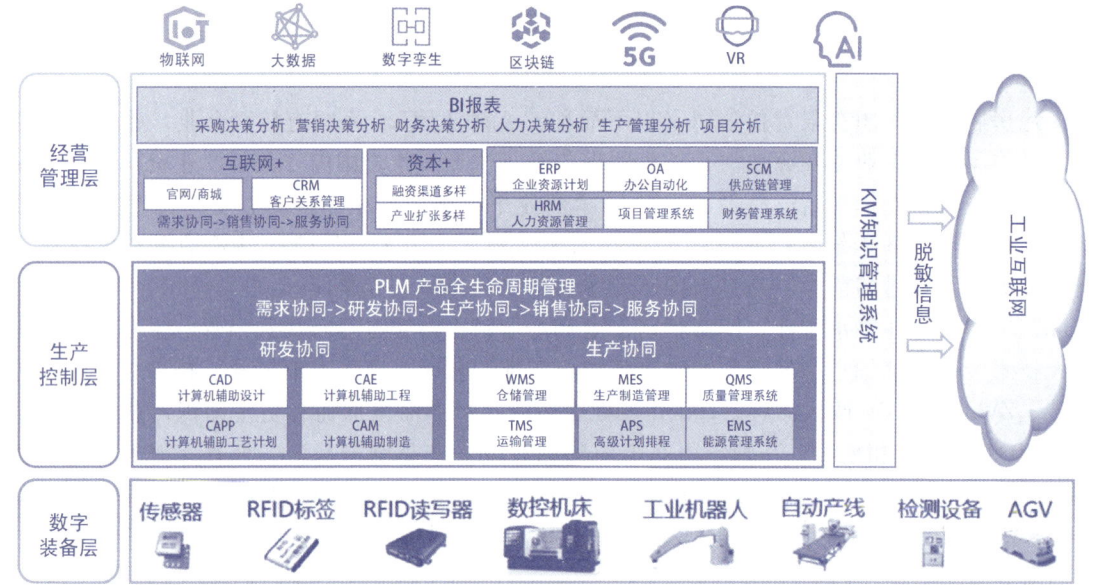

图 C16-1 瓦轴集团数字化转型系统规划

瓦轴集团首先改造升级网络基础设施,强化网络安全建设,为企业数字化转型和混合云部署夯实网络环境基础。瓦轴以营销为切入点加快研、产、销、供全价值链的数字化建设,实现客户关系管理(CRM)系统上线,夯实客户资产,赋能营销前端;启动产品全生命周期管理(PLM)系统建设,提高研发效率,强化产品管理;实现 Erp 系统重新上线,统一核心主业核算平台;实现财务共享服务中心(FSSC)上线,实现财务管理模式转型升级;开展制造执行系统(MES)建设,实现生产透明,改善生产交付;实现物流仓储管理(WMS)系统上线,提升仓储效率,加速库存周转;推进知识管理(KM)平台建设,强化知识沉淀,赋能技术创新。目前从营销端、内部管理到服务,均实现了全面数智化,下一个重点是在研发方面进行数智化改造,搭建产品全生命周期管理(PLM)系统,实现国内外研发平台全面协同。

在经营管理变革和数字化转型的过程中,瓦轴集团面临母子公司信息不对称、数据库信息孤岛较严重、财务管理专业化能力弱、会计核算标准和基础不统一、同质化业务复制难、管理成本较高等多方挑战,传统的财务管理模式已经无法满足外部政策监管和内部运营管理的新需求。因此,瓦轴集团从 2019 年开始,基于现有条件重新定位、重新规划、快速落地,以搭建财务共享平台为契机,建立战略财务、共享财务、业务财务三位一体的财务管理新模式,赋能业务、创造价值。整体采用"集团统一规划、保持股份公司独立性"的规划方式,分步实施,逐步实现财务共享平台的标准化、流程化、智能化、集成化。瓦轴集团财务战略

体系如图 C16-2 所示。

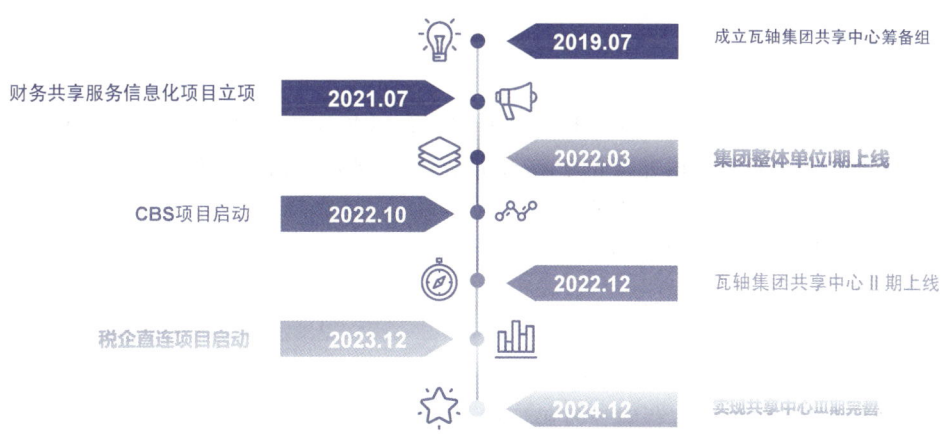

图 C16-2　瓦轴集团财务战略体系

2. 举措

瓦轴集团财务共享平台分两期进行建设。第一期实现人员共享和业务流程共享，第二期实现全部数据共享和能力共享。瓦轴集团财务共享中心建设历程如图 C16-3 所示。

2019.07	成立瓦轴集团共享中心筹备组
2021.07	财务共享服务信息化项目立项
2022.03	集团整体单位 I 期上线
2022.10	CBS 项目启动
2022.12	瓦轴集团共享中心 II 期上线
2023.12	税企直连项目启动
2024.12	实现共享中心 III 期完善

图 C16-3　瓦轴集团财务共享中心建设历程

财务数智化进程是一个建立在 Erp 系统基础之上的业务、财务的数据存储及信息处理过程。通过 Erp 将分布在各个单元的零散的财务及业务数据整合到共享中心，进行标准化和规范化的处理。过程中，（1）先对现有岗位指标进行梳理和定义，明确各业务的开始、流转、终止确认时点及确认方式；针对不同的指标，设定不同的归集统计方式；对差错指标设定确认机制，规范差错的认定和处理。（2）通过财务组织架构变革，不断优化流程，使用云技术、OCR、自动识别、RPA等新兴技术和手段，满足内外部客户需求，使财务由价值守护型向价值创造型转变。（3）利用共享中心的信息化平台，通过与人力资源系统、Erp、CRM、WMS、OA、CBS、SRM、携程商旅等系统集成，制定标准化规则，将业务数据推送到共享中心中，业务数据和财务数据数出一门，规范业务过程，规避运营风险。实现各系统互联互通、数据集成共享，支撑瓦轴集团经营管理决策。瓦轴集团财务共享中心如图C16-4所示。

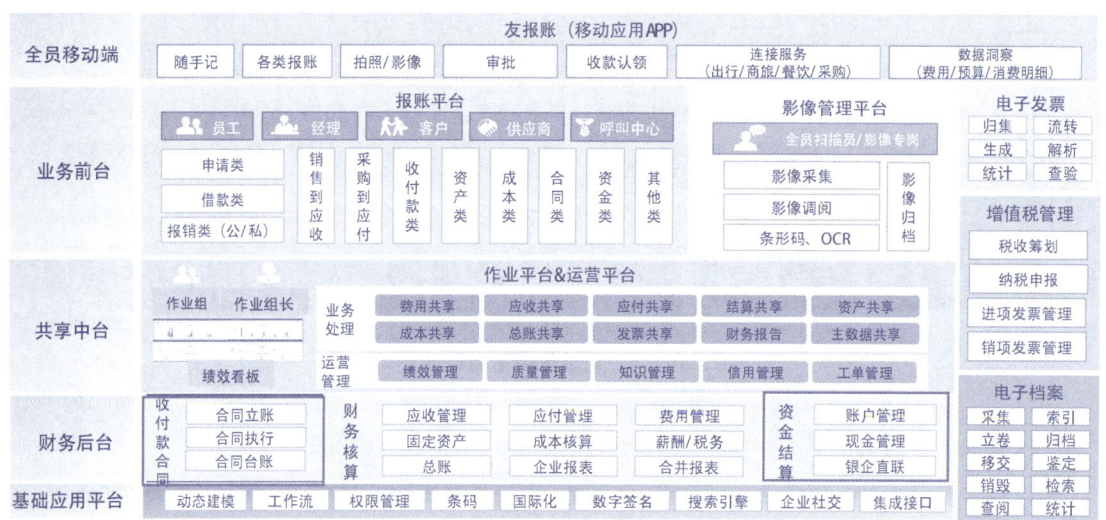

图 C16-4　瓦轴集团财务共享中心系统架构

3. 亮点

数智化系统需要通过制度来约束和规范使用，瓦轴集团在财务数智化系统建设过程中，按照业务场景梳理、业务流程完善的思路开展业财融合流程相关工作，横向拓展、纵向做深、动态调整，推进制度、流程和模板"三大建设"，制修订各级制度2322项，梳理流程664个，为实现财务数智化提供了重要支撑。

3.1　横向拓展，联动协同

要想真正发挥财务数智化赋能业务的作用，有必要建立起完善的业财融合工作流程。瓦轴集团在构建财务共享中心流程时，打破旧的组织构造，建立以业务发生过程为主的业务管控流程，密切关注财务部门和销售、生产、投资、研发等业务部门之间存在的矛盾和问题，构建联动机制，推进财务管理的精细化建设，提高财务预警的准确性、全面性。比如，在应收账款管理中，借助 Erp、CRM 和 FSSC，财务部门详细分类应收账款的账龄，识别高风险客户，给业务部门下达专项催收任务，防止出现呆账、坏账。同时利用数据分析，发现各单位回款管理中的共性问题，将重复发生的问题处理流程形成制度，固化到系统中。

3.2 纵向做深，精细管理

（1）首先对现有流程进行整理、甄别、合并和查漏补缺，确定纳入财务共享中心的业务流程范围，整理出现状流程的目录。（2）从战略财务、共享财务和业务财务三个整体规划层面出发改造流程，围绕预算管理、绩效管理、会计核算、资金管理、成本管理、纳税筹划、管理会计应用等主要业务板块制定主要业务流程，既要关注独立的财务流程，也要兼顾交叉业务流程的融会贯通。然后通过主业务流程，再分解到二级流程、三级流程。（3）从业务—财务衔接点出发，站在财务管理角度确定获取业务数据的标准，并充分考虑系统是否能自动生成凭证、是否有足量的信息数据支撑管理、数据采集传递的渠道是否易于理解等。（4）以"统一标准，兼顾差异"为原则，对于费用、资金、资产、薪酬、税务等差异性较小的业务，设置统一的流程标准；对于销售、采购、成本等差异性较大的业务，按照业态设置流程，特殊业务特殊考虑。

3.3 相互衔接，动态调整

系统流程设计过程中，充分考虑现有的销售、生产模式，充分考虑与 Erp、CRM、OA 等系统的融合；流程草拟后，需要与所涉及部门和业务人员充分讨论，验证流程的可行性、数据的畅通性、范围的全面性及结果的可控性；对于系统流程的衔接、数据抓取的路径、数据标准的认知、各自的权责反复确认，直至大家对流程的执行认知达成一致，确保流程落地实施；流程上线应用后，安排专人负责，根据外部技术变化、内部管理需求、生产模式变化等变化，通过日常收集、专题会议、满意度调查等，收集问题和意见反馈，持续改进优化流程。

4. 启示

瓦轴集团通过财务数智化转型初步实现了业务流程标准化、系统集成一体化、外来票据影像化、资金结算集中化，同时在质量和效率上得到有效提升，其建设过程提供以下经验启示：

注重数据准确。通过升级集团 Erp 系统，把企业的人、财、物、产、供、销及相应的实物流、信息流、资金流紧密集成起来，保障数据准确、实现资源优化和共享；重点优化升级生产制造、供应链和财务会计模块，匹配改革后的生产模式，为财务数智化提供基础。

注重业财融合。流程不再以报账为起点，而是以业务为驱动，管控前移，即先有业务后有财务，业务数据推送生成财务数据，数据追索可查。

注重技术运用。将 OCR 技术应用于会计核算（尤其是费用报销），自动校验、识别；运用信息检索、数据汇集、在线分析等技术，深度数据挖掘，提升财务会计报告、税务管理、预算管理、绩效管理等财务工作质量；还将运用云计算、区块链技术等新兴技术，利用其"不可篡改和伪造性""全过程跟踪性""可追溯性""公开透明性"和"集体维护性"等特点，为各部门、各基层自组织建立分布式账簿，实现精细化管理。

C17 威胜信息：以成本管控统筹连接业务链全过程

威胜信息技术股份有限公司成立于 2004 年，注册资本 5 亿元人民币，主营业务为智能电网、智慧能源、智慧安防/人防等领域提供物联网综合应用解决方案，主要产品为电监测终端、水气热传感终端、通信模块及智慧公用事业管理系统，产品贯穿物联网感知层、网络层与应用层。2020 年 1 月 21 日在上海证券交易所科创板成功挂牌上市，成为湖南省首家科创板上市企业。

威胜信息是领先的能源物联网解决方案提供商，深耕行业十七年，以"物联世界、芯连未来"为发展战略，聚焦数字电网与数智城市，以数据感知、通信芯片为核心技术，为城市、园区、企业等提供能源物联网综合解决方案，让电力、水利、消防等基础设施变得更加智能，目前已成为世界级电力物联网的龙头企业及智慧城市领域的专业公司。同时，威胜信息坚持核心技术自主可控，围绕能源流和信息流，帮助客户实现能源、水资源的高效利用和低碳零碳的可持续发展。

1. 背景

威胜信息借助云计算、大数据以及通信技术为物联网发展带来的巨大机遇，依托自有的通信网络技术和多层次的系统解决方案能力，从业务、技术、市场等方向全面提升公司市场竞争力与行业地位，成为一家物联网全产业链的龙头企业。威胜信息的发展历程如图 C17-1 所示。

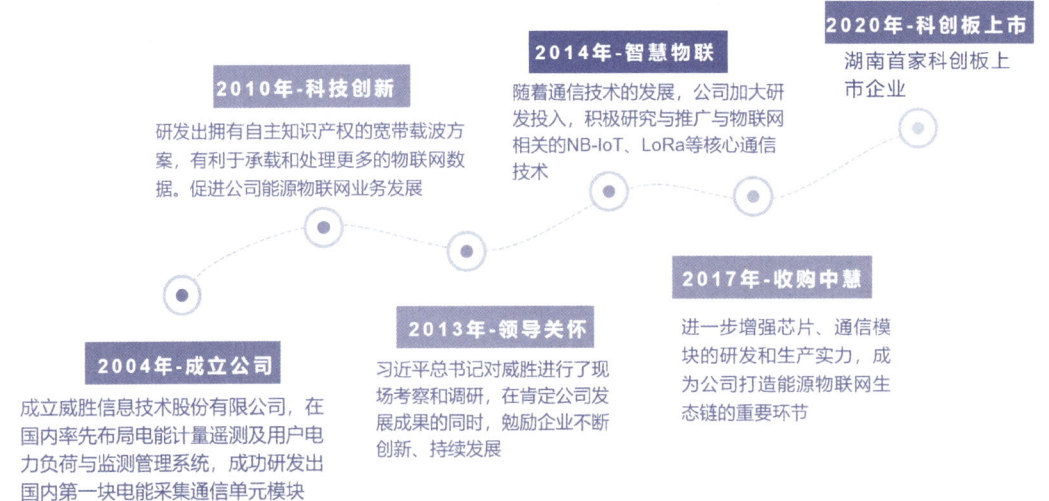

图 C17-1 威胜信息发展历程

随着威胜信息尝试推进财务数智化的进程,其发现面临诸多困境需要突破。

(1) 基础数据多,数据应用体系标准化难度大。

历年基础数据多,往期数据质量不高,主数据量庞大,财务、业务语言不一致,需跨部门协作,涉及面广,数据体系缺乏有效支撑,实现业务数据和财务数据同步、统一数据应用难度较大。

(2) 业务多元化,产品差异较大,信息需求差异化。

产业布局不断扩大,业务复杂度不断提升,且不同板块产品差异较大,同时,各板块业务控制点及信息关注点、需求不一,标准化难度大,对业财一体信息化有一定的影响。

(3) 不被"业务"理解,能力局限,业财融合不易。

业务需求维度多,信息的不及时、不连贯可能导致业务的不理解,同时,财务人员自身的专业知识应用能力、对接业务掌控能力、信息挖掘整合能力不一,导致"业财"融合阻碍。

正是面临如此多的难题,威胜信息及时明确财务数智化的发展蓝图,为企业树立财务转型的战略目标,如图 C17-2 所示。威胜信息坚持精益化财务管理,打造业财融合的财务管理模式,事前分析预警,有效把控风险,支撑战略落地,赋能企业增值,建设智能业财系统,对销售、生产、采购等环节提供策略支持,提升公司竞争力,实现公司物流、信息流、资金流一体化管理,打通信息孤岛格局。

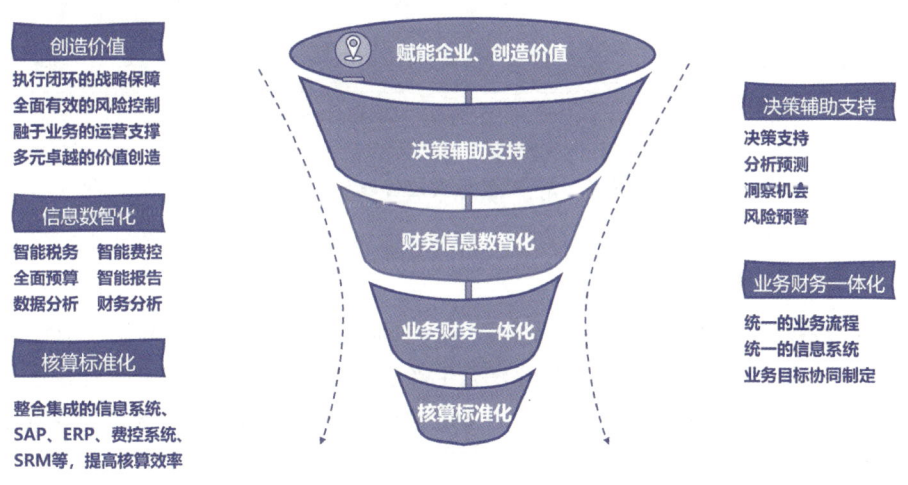

图 C17-2 威胜信息财务数智化战略目标

2. 举措

2.1 持续深入推进财务数智化

(1) 搭建全面智能税务整体框架。

威胜信息搭建了全面智能税务整体框架,从销售端合同签订到最终销售实现,在 SAP 系统自动过账确认收入、销项税金,形成系统发票,营销部门通过电子流传达开票需求,财务部根据业务电子流及合同信息开具发票,突破了原有的业务复杂、数据量大、数据获取能力低、人工配单效率低的状况。

（2）启用云费控管理系统。

威胜信息开发启用威胜云费控管理系统，在启用系统之前采用传统纸质单据审核审批，在 SAP 中手工录入凭证，在启用威胜云费控管理系统形成了一系列转型优势：整合差旅出行产品，一品多供比价形成竞争机制，评估服务商对差旅管理效益；对接税务发票校验系统、自动检验发票真伪、保障票据合法合规性的同时极大节省人工审票时间；银企直连、对公付款，减少个人垫支，保证资金支付安全性；建立自有商旅管理平台及数据库，保障信息安全；自动生成报表，满足内部管理及审计报表需求；降低成本，进行商旅消费管控，提高效率，节约人工。威胜云费控管理系统框架如图 C17-3 所示。

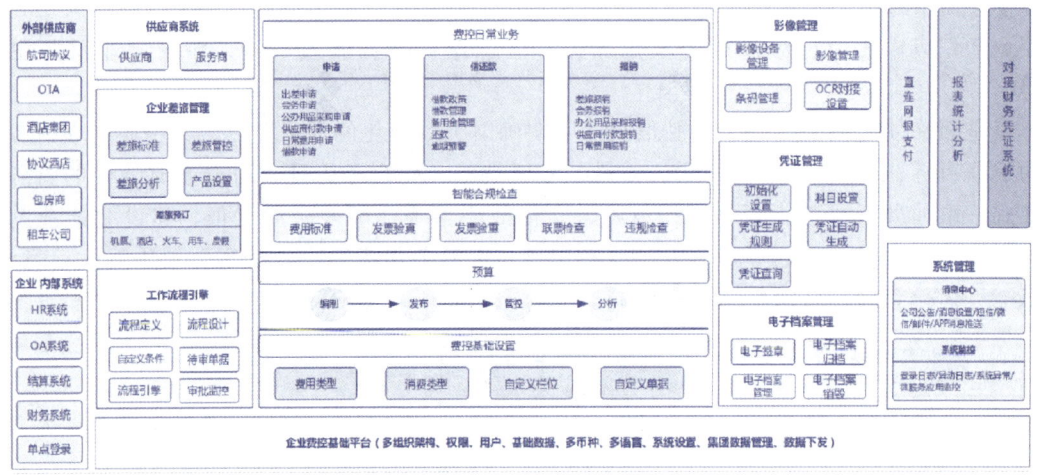

图 C17-3　威胜云费控管理系统框架

2.2　财务数智化转型成效

威胜信息持续推进财务数智化转型，将 OA 协同、SRM、WMS、MES、费控等系统与 SAP 系统对接，搭建完善合格体系，对销售、生产、采购、库存管控等环节提供系统支撑与风险把控，实现标准化、体系化、自动化的系统运行，扩展数据采集范围，提高数据应用效率，打通了信息孤岛的格局，致力于智能业财系统的优化提升；提高财务数据的及时性、有效性，可以缩减信息、数据传递时间，降低沟通成本，同时，围绕数据展开，通过集成化软件和定制化开发的应用，系统化、可视化输出数据，聚焦数字服务能力，以服务支撑业务为目的，监控各项经营指标的达成；提高财务工作效率，让财务融入业务，推进流程、数据、技术等要素的统筹，推动财务管理体系建设，同时，打破壁垒，将数字化、智能化、企业内外部管理要求，实现业财深度融合，赋能企业高质量发展。

3. 亮点

威胜信息上线了数智化系统后，进行的标准成本管理，通过 PDM 系统组件标准 BOM，上传至 SAP，将研发 BOM 转变成生产 BOM，根据物料主数据、工艺路线、工作组中心自动的计算成本，对于成本进行事先管控（比如：研发 BOM 出来后，财务就可对产品进行成本演算，事前对产品成本进行反馈预警）。在月末，系统自动的月结，结算生产订单差异，并自动生成报表进行订单差异分析，由以前核算会计转变为事业部 BP 财务管理，系统支持释放基础数据耗用时间，提升工作效率，将时间用于跟进、参与业务活动，服务于事业部经营管理，从数据处理占用工作时间的 60%，到数智化系统更多的是参与、助力经营管理。在成本管控领域威胜信息突破了原有的手工打造、"埋头苦干"的情况，实现了通过系统支撑，转型业财融合。威胜信息成本管控后的业务运行流程如图 C17 – 4 所示。

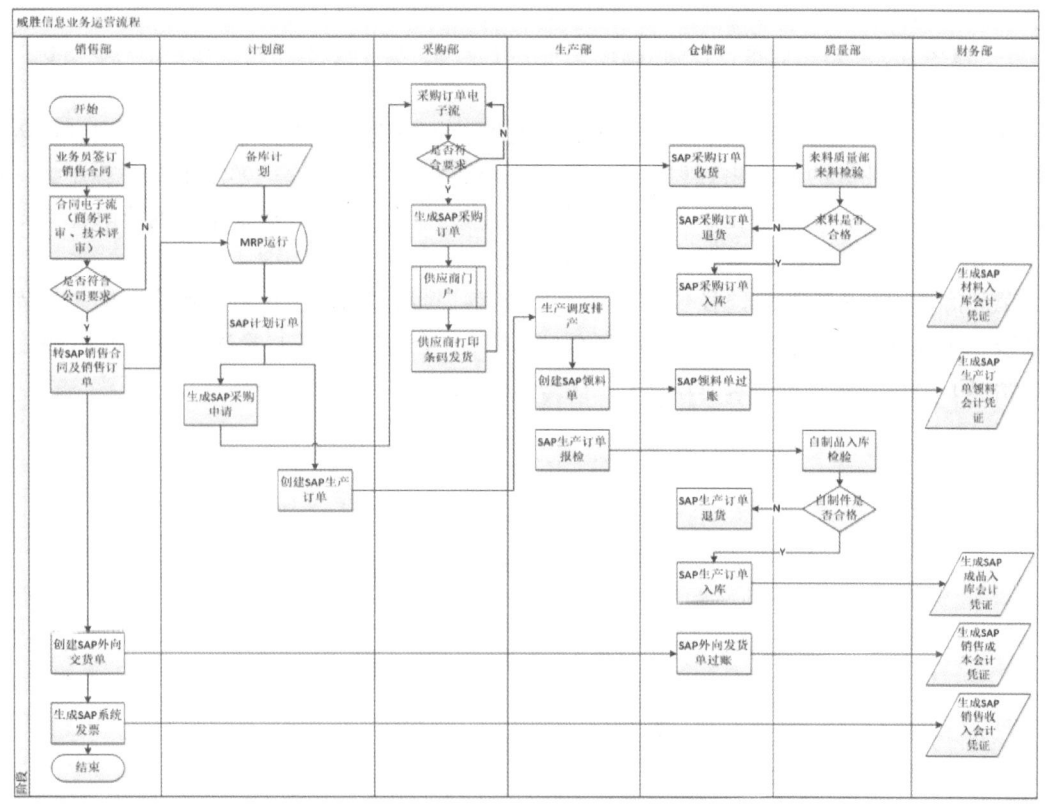

图 C17 – 4 威胜信息成本管控后的业务运行流程

威胜信息通过成本管控实现了企业整体业务链全过程连接，在财务管理方面，实时更新信息数据，对各环节进行实时监控，有效地发挥财务预警功能，及时纠正，降低风险；在库存管理方面，实时查询各物料收发存明细、存储情况及跟踪管理，保证了数据传递的及时性、准确性；在生产与计划管理方面，根据销售订单下达生产计划，在 MES 系统中进行订单管理，并形成 SAP 系统中的领料、报工等动作，可随时跟踪生产订单的执行情况，进行成本分析；在质量管理方面，提供报表支撑，实现质量追溯及物料全系统业务的追踪；在采购管理方面，根据销售订单、BOM 物料需求下达的采购申请，生成采购订单，通过供应商门户网站下达给供应商；在销售管理方面，随时查询合同的执行情况、开票情况、回款信息息，减少手工录入及核对工作，极大地提高了工作效率。

威胜信息通过成本管控统筹事前、事中、事后，将各模块业务连接，实现整体业财融合、数智财务、携手共赢的情况。事前算赢、提升经营质量，财务人员全力支撑、全程参与投标报价成本核算、价格策略分析、合同评审测算等助力业务开源，同时，从年初到年底，根据年度经营计划及市场价格趋势，设定目标成本，助力毛利率目标的达成；事中控制、护航稳健发展，实行精益化成本管控，通过年初设定目标成本引导，助力降本增效，全程跟踪主流产品降成本，协同业务挖潜各项降成本举措，共同寻找降本突破口；事后分析、优化管理提升，威胜信息实行了全面预算管理，从年初的下达目标，到过程中的预算执行及预警分析，对接绩效管理，进行及时纠偏、查漏补缺、闭环管理的过程。

4. 启示

威胜信息的财务数智化建设依托企业信息化系统，将财务职能前移至业务前端进行风险把控，实现整个业务的链条化管理，统一数据来源，减少手工操作，实现了财务、业务、信息技术的三位一体，规范企业业务流程，帮助企业提升管理价值，保证信息的及时性、有效性、充分性和真实性。

威胜信息的财务数智化路径值得很多企业借鉴，其从多角度、全方位将业务链全过程连接起来，通过具体化的系统运用将数字化、智能化、企业内外部的管理与实现业财高度融合，来赋能企业的高质量的发展。

C18 孩子王：税务共享建设稳健后台

孩子王儿童用品股份有限公司（以下简称"孩子王"），创立于2009年，总部位于江苏南京。孩子王是一家以数据驱动、基于用户关系经营的创新型亲子家庭服务商，是中国母婴童商品零售与增值服务的知名品牌，专业为准妈妈及0~14岁儿童提供全渠道一站式商品解决方案、育儿成长及社交互动服务。

创立以来，孩子王始终以顾客需求为导向，通过"科技力量+人性化服务"，深度挖掘客户需求，建立高黏度客户基础，在零售商业内开创以会员为核心资产的"商品+服务+社交"的大店模式、育儿顾问式服务模式、重度会员制的单客经济模式，快速成长为中国母婴童零售行业知名品牌，获得业界与消费者良好口碑。

1. 背景

孩子王企业数智化建设主要发生了三次里程碑式的变革，如图C18-1所示。第一阶段是传统零售阶段，2010年成立伊始，通过Erp管理整体的进销调盘存，使用POS售卖，WMS做出入库，通过信息化满足企业内部管理的线上协同；第二阶段是电商多渠道模式，从2015年，技术团队进驻孩子王，全面布局线上渠道，通过用户端数据化建立CRM，形成千人千面的用户画像库，配合营促销平台，实现数智化建设的第二次里程碑式变革；第三阶段是全渠道模式，自2018年推进线上线下各步骤交互，逐步实现全渠道融合，随着业务前端的灵活性和多样性，从通用、业务以及财务各中台体系建设，搭建抽象中台体系，并同步进行税务共享平台后台系统搭建，以此实现灵活前台、抽象中台和稳定后台的全方位布局。

图C18-1 孩子王企业数字化发展里程碑

孩子王在发展财务数字化的过程中面临着获取信息困难的问题，当前处于快速变化的时代，企业的发展也紧跟时代步伐，孩子王所有工具技术领先代表所有生产领先，另外孩子王的生产要素、商品服务、管理人员、客户、员工、供应商等都是在线的，共同推动整个财务发展，推动财务数字化的要求。原来按照财务准则可以将业务中遇到的所有信息，按照财务语言进行转化，但是由于数字化的需求，财务获取的信息是零散的、不断变动的，其获取信息源就遇到很大挑战，财务无法做到准确获取信息源。

正是因为孩子王在财务数字化发展过程中面临的困难，其将未来近十年的发展战略目标设定为实现全面服务化、全面数字化和全面生态化，基于孩子王财务数智化的转型趋势，以及长期战略全面服务化、全面数字化、全面生态化的布局，在战略层面，孩子王以一套数据标准、系统标准、分析标准为分子公司服务，实现集团化；财务对应不同模块的智能化系统，由机器完成基础工作，实现无人化操作，财务人员通过监控和分析决策实现智能化；孩子王将产品工具赋能生态业务伙伴，在业务、共享、分析各个层面通过赋能，实现双方共赢。孩子王财务数字化发展蓝图如图C18-2所示。

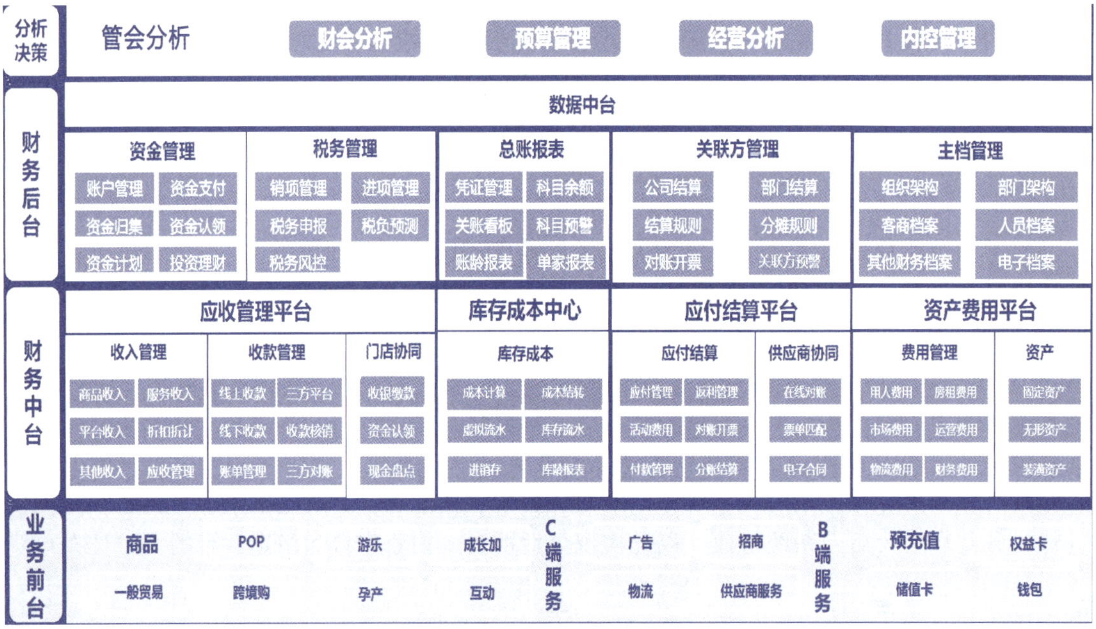

分析决策	管会分析	财会分析	预算管理	经营分析	内控管理
财务后台	数据中台				
	资金管理	税务管理	总账报表	关联方管理	主档管理
	账户管理 / 资金支付 / 资金归集 / 资金认领 / 资金计划 / 投资理财	销项管理 / 进项管理 / 税务申报 / 税负预测 / 税务风控	凭证管理 / 科目余额 / 关账看板 / 科目预警 / 账龄报表 / 单家报表	公司结算 / 部门结算 / 结算规则 / 分摊规则 / 对账开票 / 关联方预警	组织架构 / 部门架构 / 客商档案 / 人员档案 / 其他财务档案 / 电子档案
财务中台	应收管理平台		库存成本中心	应付结算平台	资产费用平台
	收入管理	收款管理 / 门店协同	库存成本	应付结算 / 供应商协同	费用管理 / 资产
	商品收入 / 服务收入 / 平台收入 / 折扣折让 / 其他收入 / 应收管理	线上收款 / 三方平台 / 线下收款 / 收款核销 / 账单管理 / 三方对账 / 收银数款 / 收款物款 / 资金认领 / 现金盘点	成本计算 / 成本结转 / 虚拟流水 / 库存流水 / 进销存 / 库龄报表	应付管理 / 返利管理 / 活动费用 / 票单匹配 / 付款管理 / 分摊结算 / 在线对账 / 对账开票 / 电子合同	用人费用 / 房租费用 / 市场费用 / 运营费用 / 物流费用 / 财务费用 / 固定资产 / 无形资产 / 装潢资产
业务前台	商品（一般贸易）	POP（跨境购）	游乐（孕产）	成长ft（互动）	C端服务（物流）	广告（供应商服务）	招商	B端服务（储值卡）	预充值	权益卡（钱包）

图C18-2　孩子王财务数字化发展蓝图

2. 举措

2.1 探究孩子王的财务数智化建设

孩子王持续开展数智化建设，围绕公司业务和数智化架构展开变革，财务数智化建设也在不断升级。孩子王财务数字化建设历程如图C18-3所示。

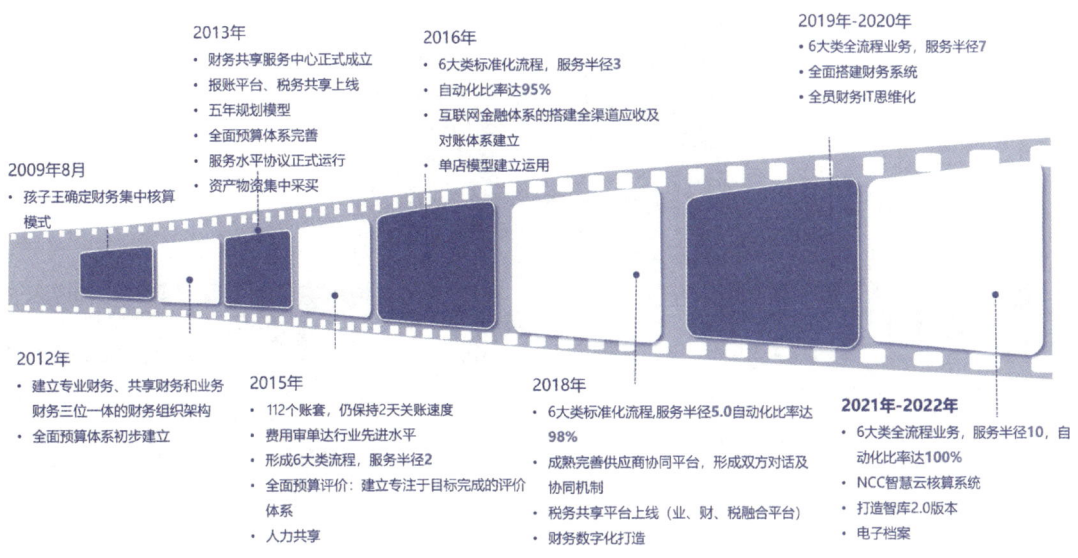

图 C18-3 孩子王财务数字化建设历程

2009~2013 年,孩子王初步确定财务集中核算模式,开始建立专业财务、共享财务和业务财务三位一体的财务组织架构,财务共享服务中心正式成立,同时报账平台、税务共享上线。

2015~2018 年,推进四化建设,建立互联网财务核对体系,搭建全渠道应收及对账模型,2018 年开始打造财务数字化,完成财务中台的建设,上线业财税融合的税务共享平台,逐步推进整体全渠道相融合。

2019 年至今,全面搭建财务系统,全员财务 IT 思维化,由财务数字化向财务数智化转变,深耕财务数智化,启动智慧云财务项目,建立财务数据中台,实现业管财同源,实现单据—凭证—档案全链路溯源,统一指标名称、口径、计算逻辑等内容,建立十二大标准化单据,形成业管财统一的"数据字典",部门间协作、异常风险指标、关账进度可视化,建立财务关账可视化看板,形成标准化对接机制,实现管会与核算在组织、流程、系统、数据层面的协同,形成标准化管理机制,及时反映业务风险,支撑业务价值创造,保障系统间数据交互的一致性。

2.2 深入推进财务数智化

(1) 财务组织再造。孩子王形成战略财务、业务财务、共享财务三位一体的财务职能分工与协作,利用先进的信息技术支持财务服务的效率和有效性,确保财务部门与财务人员高绩效发展,通过系统数字化水平的提升,减少简单基础的重复性工作,优化基础财务人员,往业务财务、专业财务方向发展,帮业务挖掘增长点。同时伴随着自动化、智能化技术在财务领域的深度应用,共享服务中心财务团队职能结构得到进一步优化,从"金字塔"型向"纺锥型"转化。孩子王财务职能架构如图 C18-4 所示。

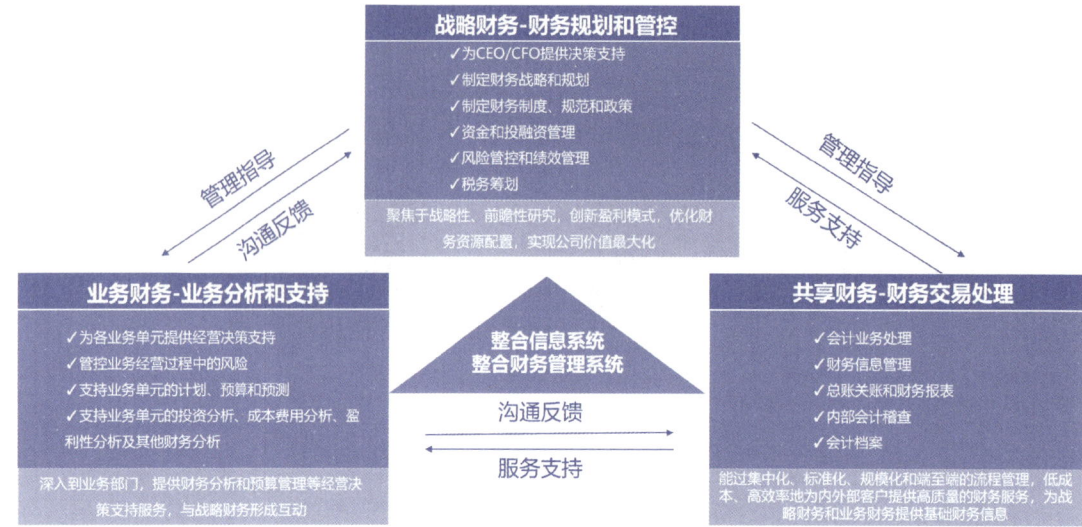

图 C18 – 4　孩子王财务职能架构

（2）优化应收结算系统。由于业务发展迅速，原有的业务体系规则无法套用，需要通过系统化管理，对不同属性业务进行分类，纳入各业务方，规定同一业务方用同一个收入确认规则，对各业务进行集中化管理。孩子王建立统一完整的应收管理平台，囊括公司全渠道业务各项收入；制定支持灵活的核算规则，按照权责发生制下的各种维度进行汇总；新业务承接分类分级，合理分配资源；项目接入全面统一，梳理涉及环节清单，确保规则统一，按《上市公司核算管理规则》落地。

（3）完善资金司库系统。孩子王完善资金司库系统，加强账户等主数据管理，在系统内实现所有银行账户的全生命周期管理，管理所有与银行账户相关的信息及电子档案；实现银企直连，打通资金系统与银行的通道，搭建资金池，实时上收，联动支付，减少人工录入，防范结算风险，提高财务人员的工作效率；开发回单管理，使用银企联云技术，通过云服务平台，一点接入实现回单下载云服务。

3. 亮点

由于国家财税政策带来的财税管理变化，"后营改增"深入变革、"金税三期"全面升级、"互联网＋税务"持续推进，使得企业税务外部环境产生极大变化，企业管理从被动接受期进入主动实践期，同时孩子王自身迅速发展，孩子王已经从单一的新零售公司往多元化业态发展，从线下经代联模式，往线上线下平台化＋经代连模式发展，实现了构建新生态，提供专业化服务，目前的税务共享平台功能与覆盖范围已不能满足孩子王内外部发展的需求，因此启动升级改造。

孩子王于 2013 年建立税务共享平台，2018 年持续完善共享平台实现业财税相融合。孩子王税票平台系统架构如图 C18 – 5 所示。在完善税务共享平台中，孩子王深入推进了以下几个方面：规范系统中与税务相关的主数据管理，清理系统中垃圾商品 SKU 档案，将国税主档税收分类编码全面细化与商品主档 SKU 一一对应，加强增值税征收管理全面数据可视化；实现全面电子化，打通企业系统与税务系统壁垒，实现税企直联，实现批量自动化开票、匹配、签收、认证、申报；变化管理职能，由分部门店自行管理转变为总部财务共享中心管理全国发票数据，实现总部集中开票，当地打印，减少地方管理成本与税务风险；从规范开票主数据、增值税征收管理可视化、税企系统直连，逐步实现全面数字化，建立税务共享平台，搭建税务数据，实现智能税务分析。

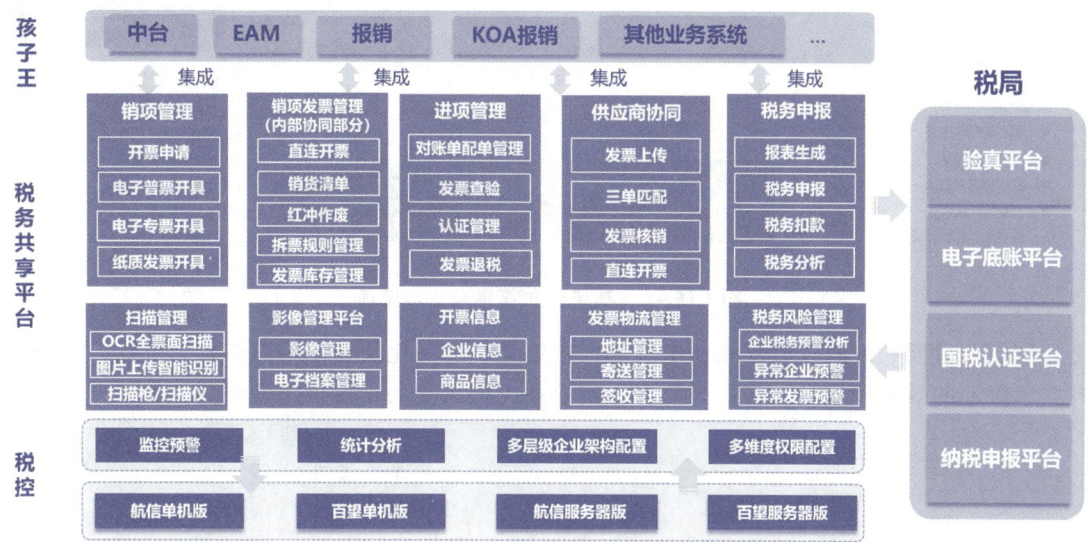

图 C18-5　孩子王税票平台系统架构

孩子王开展的流程优化实现了供应商协同直联开票，不仅使企业纳税数据明细可以追踪溯源，关联供应链上下游，同时也为供应商的工作方式提供了便捷的工具，为公司提供增值收益；实现横向协同、纵向打通，资金系统与中台系统集成，打通业务的最后一环，实现业财资税一体化；面向业务、服务转型，通过资金的杠杆倒逼业务管理转型，加快资源的流转效率；加强风险管控，"事前+事中"的管控模式，通过资金流程梳理、资金制度建设及完善资金系统实时监控、数字证书安全认证等进一步加强集团、业务单元的资金风险管控。孩子王税票平台业务流程如图 C18-6 所示。

4. 启示

孩子王通过数据运营驱动业务增长，风险预警保障企业健康，构建以财务数据整合为驱动，形成业财和财财一体化，达到业务数字化、数字服务化、流程自动化以及系统智能化的效果，实现以数据驱动经营决策的层面。

孩子王基于价值链的标签及指标体系，通过对财务体系数据进行梳理，形成标准化、规范化的数据，整合财务数据构建财务体系的数据底座和中台，提高数据服务于使用的价值；端到端解码企业愿景及战略，通过业务模式分解，识别价值驱动因素，落地价值创造和价值支撑的分析体系，实现企业数据价值；孩子王财务共享中心在处理效率、流程优化、系统建

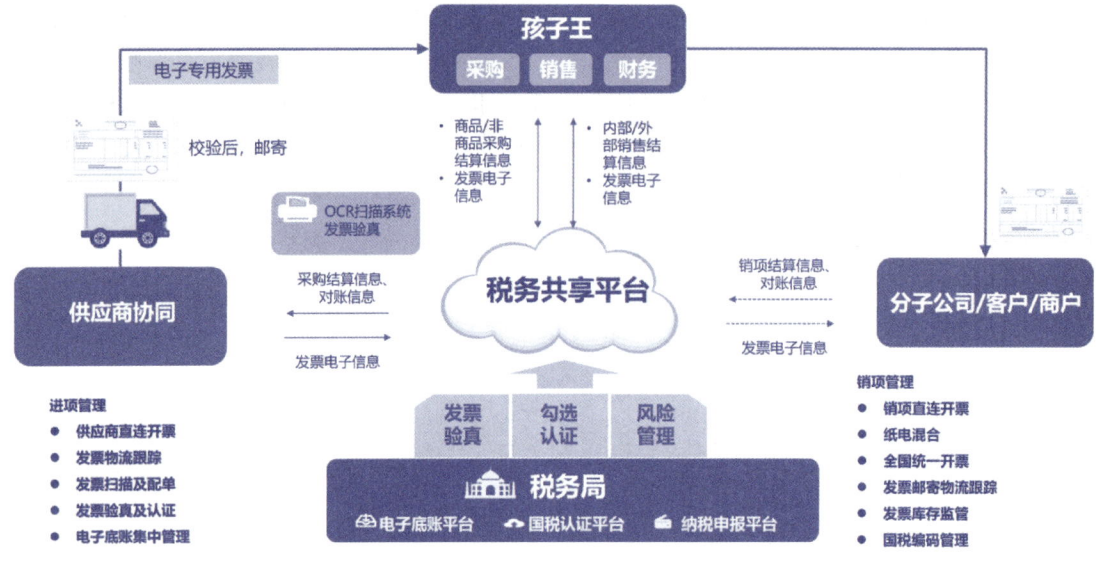

图 C18-6　孩子王税票平台业务流程

设、创新项目四大方面以流程化、规范化、智能化、产品化及人才培养体系为依托，不断提升共享服务的效率和质量，确保高效率、高效益、低风险的支持公司发展。

C19 施耐德：聚焦 SAP 多模块实现数字化转型

施耐德电气是法国的工业先锋之一，是世界 500 强企业，属于全球顶级电工企业。19 世纪，施耐德电气从事钢铁工业、重型机械工业、轮船建造业；20 世纪，从事电力与自动化管理业。施耐德电气为 100 多个国家的能源及基础设施、工业、数据中心及网络、楼宇和住宅市场提供整体解决方案，其中在能源与基础设施、工业过程控制、楼宇自动化和数据中心与网络等市场处于世界领先地位，致力于为客户提供安全、可靠、高效的能源。

在中国，施耐德电气从渤海之滨一家不足百人的小型合资工厂起步，到今天，中国已发展成为施耐德电气全球第二大市场。施耐德电气是中国改革开放的亲历者和参与者，并受益于中国的巨变。作为产业数字化转型和可持续发展的引领者，施耐德电气以领先的技术专长，助力中国产业在提升效率的同时实现绿色可持续，共同向高质量发展迈进，秉持多元本土化战略，不断强化包括本土化人才、本土化创新、本土化供应链和本土化朋友圈在内的四大本土能力，以高度的信心和决心持续深耕中国市场，助力中国"双循环"发展。

1. 背景

施耐德企业 187 年的发展历程，经历四大转型阶段。第一阶段 19 世纪成立之初，施耐德起源于钢铁工业，随着整个工业不断转型和革新，电力成为能源的主要部分，施耐德也进入到第二阶段电力与控制时期。21 世纪初施耐德意识到能源管理和自动化更加重要，开始在原有产品基础上进行终端用电管理，进入第三阶段能源管理和自动化阶段。目前施耐德处于第四阶段数字化和物联网阶段，进一步开展技术转型，发展成为数字化企业。

施耐德电气认为，技术创新可以推动人类进步和可持续的共同发展，以完整的数字化解决方案赋能客户和合作伙伴向可持续发展转型，共赢数字化时代，为实现高效和可持续探索更多新机遇。施耐德设立明确的财务数字化转型目标，利用 BI 和 RPA 等工具致力于提升账务、报告、分析和预算效率，从多角度入手提升整体数字化程度和水平，提升财务信息的真实性、完整性、时效性和有效性。

2. 举措

2.1 施耐德财务数字化的建设

施耐德财务数字化进程迄今为止共经历三个阶段，如图 C19-1 所示：

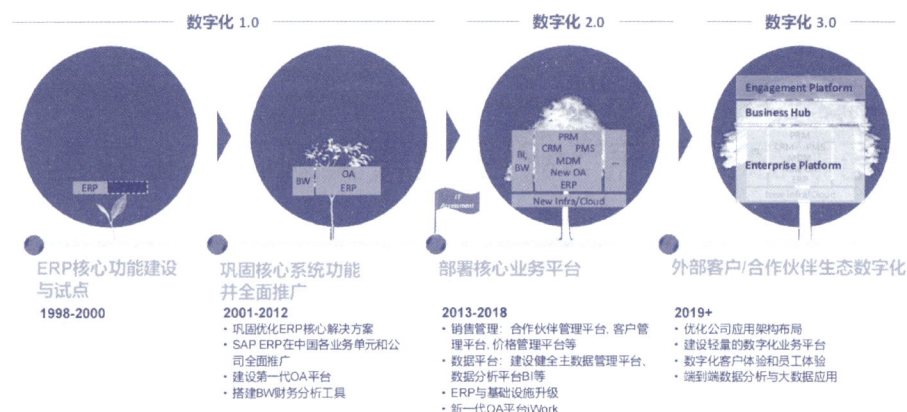

图 C19-1　施耐德财务数字化建设进程

（1）数字化 1.0 阶段，主要是以 Erp 为核心，进行 Erp 核心功能建设与试点，通过建设第一代 OA 平台、搭建 BW 财务分析工具，进行 Erp 核心系统的巩固和优化；

（2）数字化 2.0 阶段，进入到主要核心业务平台的搭建中，从主数据管理入手，建设健全主数据管理平台、数据分析平台 BI，夯实管理基础，提升数据分析能力，将流程再造与系统实施并行，逐步覆盖到公司全业务，搭建一个核心业务平台；

（3）数字化 3.0 阶段，开始建设数字化生态合作伙伴，希望通过数字化能够助力于整个合作伙伴和客户的生态发展，能够从独立的各个 seo 的系统变为更开放的平台，以及采用更多平台型的解决方案来去面对快速业务需求的变化，增强客户体验，增强内部协同效应，以及使数据能够更好地赋能业务。

2.2　深入推进财务数智化

（1）施耐德财务组织职能演进，如图 C19-2 所示。

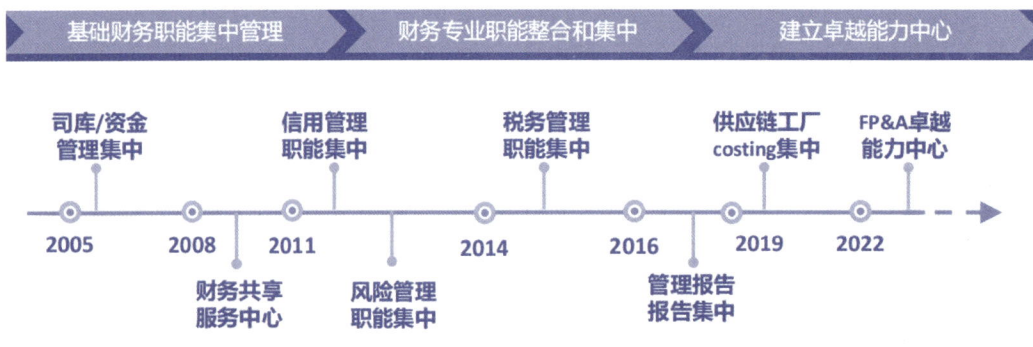

图 C19-2　施耐德财务组织职能演进

施耐德财务组织的变革也是一个逐步演进的过程。从进入中国开始，通过不断地并购形成现在施耐德的前身，随着时间发展，施耐德不断进行整合和集中，在财务组织上，对司库和资金进行集中统一，对中国境内所有施耐德分公司辖下的资金进行管理。施耐德于 2008 年推出施耐德中国整体的财务共享服务中心，开展信用管理和风险管控职能的集中，进一步扩展到税务集中。近 5~10 年，施耐德的目光更多集中于数据和分析工具的集中，于 2016 年建立整个公司层面管理报告的集中数据，更多体现底层数据的集中以及管理报告和分析的标准化。

（2）施耐德数据流程管理，如图 C19-3 所示。

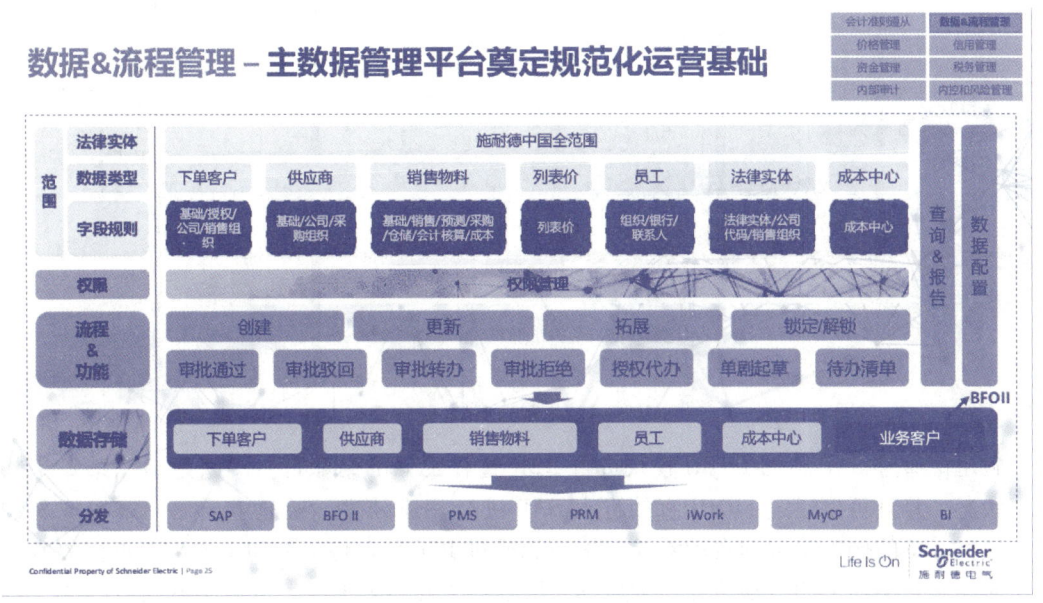

图 C19-3 施耐德主数据管理平台

随着数字化服务引入和业财一体化实现，财务需要做出相应转型，而财务转型的前提通常是从共享开始的，施耐德在进行财务数智化的过程中，始终秉承共享在本质结构上以流程为核心的基础，从而实现真正的协同效应，将可以流程化的工作一起开展，实现效率整合，促使财务人员去提供更多的业务支撑。

同时，施耐德的财务共享中心以流程方式进行组织，P2P、O2C、R2R 分别对应采购、销售、从记录到报告的流程，另外，对于不同流程主数据的管理，都有相应数字化的工具进行支持。以 O2C 为例，施耐德存在 MyCP 和 MySE 系统，通过 MySE 可以形成和客户之间销售订单的交互，通过 MyCP 可以实现和客户之间在信息流方面的交互，两者结合可以实现在整个销售或者对应应收收入中的全自动化，由此可以极大减少双方交易和对账的工作量，形成一体化、自动化价值链，提高数据使用效率，也提高整个财务管控以及共享服务中心日常操作的效率。

3. 亮点

SAP 作为一个交易和后台的系统，进行全部数据的管控，在业务部门之间完成和实现信息协同，施耐德从订单到采购、从生产到销售的整体信息流中上线十几个核心标准的 SAP 模块。施耐德 SAP 整体架构如图 C19-4 所示。

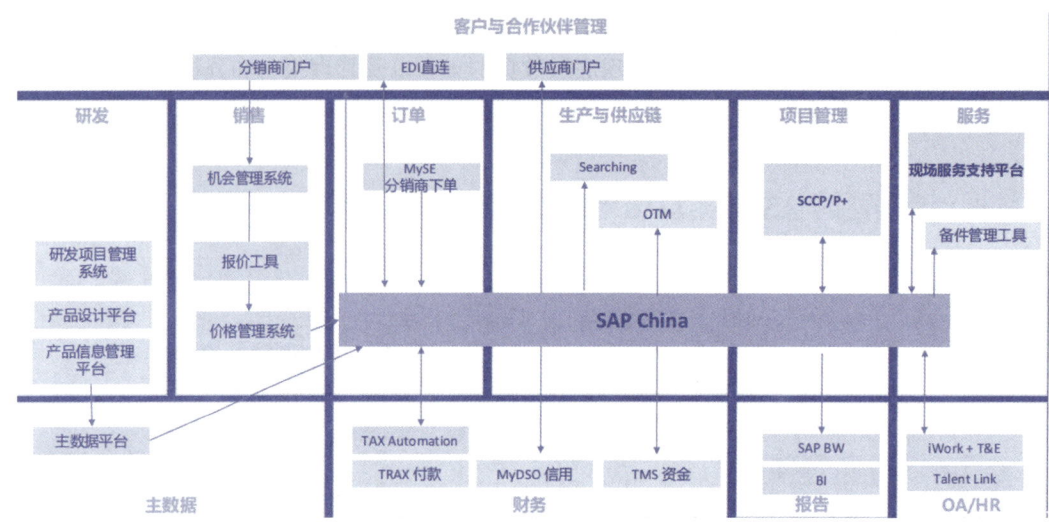

图 C19-4 施耐德 SAP 整体架构

施耐德通过 SAP 中的 FIORI 模块进行 R2R 过程之间的结账部分，快速追踪结账步骤及中间状态，并且可以通过 FIORI 直接进入 SAP 进行相应处理，通过电子化方式实现采购订单和销售订单的同时生成和自动对应。施耐德通过 ICT 平台将买方和卖方之间进行关联，实现在前期业务层面上的自动传导，为后续关联公司对账做好基础。在业务和财务模块，每一个环节都与 FICU 和财务模块紧密相连，施耐德在财务报告方面有 HFM、DFL 等体系系统进行支撑。此外，施耐德还通过 SCRN 平台对非生产性的需要审批的公司进行记账。

通过施耐德对于 SAP 核心模块的开发，从多个角度入手连通全产业链，实现整体业财一体化，进一步助推财务数智化发展，施耐德坚持流程可视化，基于真实业务数据，致力于还原整体业务流程，同时发掘机会，聚焦端到端流程，发掘数字化机会，坚持数字化内审，开展风险分析及预警，并结合自动化工具，提前部署预防性措施，为企业发展提供新视角新价值；施耐德提供低代码数字化工具，降低数字化学习及应用的门槛，逐步建立数字化文化，发展数字化公民作为数字化转型的引擎，同时开展分层培养，将通用、集中、复杂的数字化项目由高级开发者实施，实现数字化转型；施耐德实现从"想法"到"价值实现"的全生命周期管理，发展自动化机会，对于目标项目加强管理，开展集中治理、投资回报、文件归档等一体化管理，建立数字化社区和数字化应用市场，致力于推动企业级全面数字化。

4. 启示

通过施耐德数字化的不断推进，可以看出数字化改革是当前甚至未来所需的重要项目，企业数字化转型不仅是制造企业当下做大做强的抓手，更是面向未来进行前瞻性布局的核心战略，每个企业必须要关注和重视数字化改革的进程，进而推动数智化发展。

（1）转型首要驱动力来自内部。

施耐德转型首要驱动力来自企业内部，投入过高而回报率偏低、缺乏数字化转型人才、数字化技术与业务难以整合等。此外，来自产业链的生态压力、行业内部竞争压力、政策压力等同样有着重要的影响。

（2）总结归纳指引数字化转型。

自2015年中国提出制造强国战略后，绿色智能制造成为每一个中国制造企业的发展方向，实现这一目标需要内外兼修，据此施耐德发展"整体全套解决方案能力"，即明确转型路径、加强自身能力、优化组织架构、打造企业文化。同时施耐德总结了四大价值主张指引数字化转型：规划先行、场景聚焦、敏捷韧性、生态共赢，从多角度、多方面入手推动企业数字化转型。

C20 中国太保：财务智能化突破共享业务瓶颈

中国太平洋保险公司成立于1991年5月13日，在2001年分业制改革后成立了中国太平洋保险（集团）股份有限公司（以下简称"太保集团"），总部设在上海，是国内领先的综合性保险集团。太保集团拥有人寿保险、财产保险、养老保险、健康保险、农业保险和资产管理等在内的保险全牌照，是国内首家A+H+G（上海、中国香港、伦敦）三地上市的保险公司。太保集团连续十三年入选《财富》世界500强，2023年位列第192位。

1. 背景

中国太保坚持长期发展理念，多年来通过持续改革转型，逐步成为国内领先的综合性保险集团。早在2012年转型1.0期间，太保开始注重客户数量的增长，为推动和实现可持续价值增长积蓄能量。为应对保险行业深度调整的"新周期"，太保于2018年开启战略转型2.0，以客户需求为导向，寻求公司价值可持续增长的"新动能"，致力于客户体验最佳、业务质量最优、风控能力最强，成为行业健康稳定发展的引领者。

根据"三最一引领"战略转型2.0的要求，太保挖掘财务的价值创造能力，通过推动传统基础财务转型，发挥财务对经营管理决策的赋能作用。在战略财务、业务财务和共享财务的财务组织体系变革趋势下，太保根据公司基础财务管理现状，聚焦优化基础财务管理痛点，在全司范围内建设财务共享中心，促进基础财务转型。太保集团财务共享中心于2019年5月正式成立，设上海、成都双中心，兼具全司基础财务管理专家，以及提供集团及产寿险等37个总部、全国近1000家分支机构财务共享服务的双重职能定位，设置共享服务、产品管理、系统管理、运营管理、综合管理五大职能模块，将费用报销、业务收支、资金管理、资产管理、税务管理、总账报告、采购应付七大基础财务流程纳入了财务共享业务范围。

在数字经济的大背景下，太保集团将数字化战略与"客户需求为导向"的战略相结合，从客户的需求与痛点出发，实现全方位数字化改造，从数字化前端、数字化中后端、计算能力建设、敏捷开发机制与数字安全五个方面入手，积极与外部合作，以实现全面的转型升级。

在"数字太保"战略背景下，太保集团的财务共享中心建设本身就伴随着数字化建设。太保财务共享建设以基础财务转型为核心定位，以流程规范化、操作智能化、业务一体化、分工专业化为主要目标，通过加强顶层设计，将高重复性、可标准化的基础财务操作通过流程再造和系统优化进行有效整合，加快推进基础财务管理规范化、集约化和智能化建设，充分发挥后发优势，推动财务业务和人员转型，助力公司成为行业健康稳定发展的引领者。

2. 举措

太保集团的财务数字化转型道路围绕财务共享中心数字化建设展开。在公司转型2.0和数字战略驱动下，太保集团在财务共享中心数字化建设过程中充分融合超前的顶层设计方案和数字技术应用，实现了数字化转型的规范化、集约化和智能化。

同业财务共享中心建设一般经历先标准化集中化、后平台化系统化、再智能化数字化三个发展阶段，如图C20-1所示。而太保集团财务共享建设把握后发优势，打通三个阶段并行推进，实现弯道超车并成为行业新的标杆。

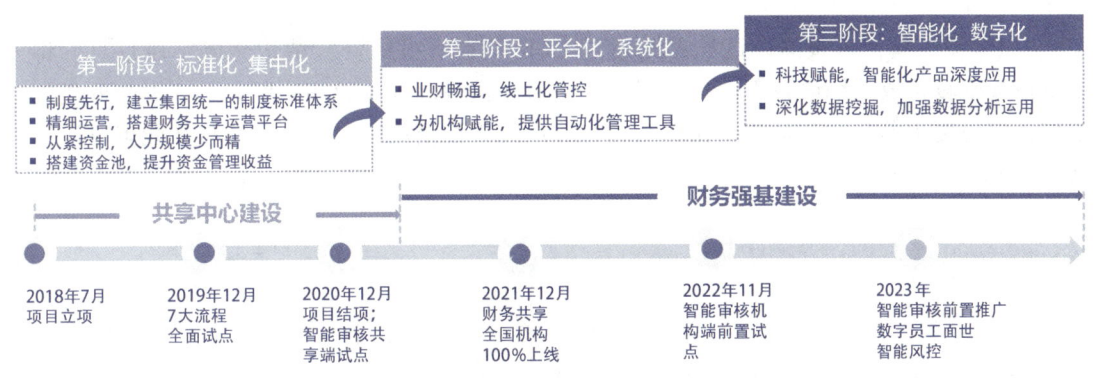

图C20-1 太保集团财务共享中心建设三阶段

第一阶段的重点是提升标准化、集中化水平。通过建立集团统一的制度标准体系、搭建财务共享运营平台、从紧控制人力规模、搭建资金池等措施，有力提高了基础财务工作的标准化、集中化程度。

第二阶段的重点是提升平台化、系统化水平。按照"线下转线上、手工变自动"的实施路径，去流程断点、打通财务端到端全链路；实施业财畅通工程，从财务后端推动业务前端线上化，做厚平台、做宽链路，赋能机构财务管理。

第三阶段的重点是提升智能化、数字化水平，积极探索财务智能化，在共享流程推广过程中同步上线智能审核产品，提升运营效率并降低运营成本。搭建智能风控平台，技控代替人控，全流程管控基础财务风险。

3. 亮点

在标准化、平台化、系统化并行推进的数字化转型过程中，太保集团突破常规，主动变革，全面推动财务管理向智能化、数字化的方向转变，主要体现在财务共享审单智能化的攻克方面。

财务共享服务中心将分散在全国的审核任务集中到总部统一审核处理，可以提高规模经济效率，但是随着业务扩张，越来越多集团型企业在享受财务共享服务中心带来管理红利的同时，不得不面临共同的瓶颈：财务审单数量激增，每日审单量有限，审单效率难以提升。

太保财务共享全国推广以后，全司费用报销单据量激增至年均150万单。员工进行长达数月的专业培训并记忆海量的审核规则，耗费大量的审核时间却依然存在审核出错的概率；仅依靠增加审单人员，除了增加额外的成本，并无法降低人为审核带来的管理风险。

为了解决海量报销单和人工审核出错的难题，太保财务共享中心自 2020 年起重点攻克费用报销智能审核项目，以加强风险管控为根基，降低运营成本和提升运营效率为宗旨，优化资源配置为目标，将智能审核作为财务共享服务中心提效减负的新武器。历时 6 个月打造慧眼、慧脑、慧手智能化解决方案，推出了业内历时最短、流程最全、效果最佳的"财慧核"智能审核产品。运用 OCR 慧眼实现财务信息结构化，运用规则引擎慧脑内嵌上万条规则实现自动审核，运用海量数据慧手实现全流程风险管控。

3.1　方案

"财慧核"智能审核的设计思路是通过 OCR 识别将报销资料结构化成字段信息，将人工审核规则转化成系统语言内嵌规则引擎，由系统执行规则校验和判断，最终逐步取代人工审核，实现费用单据的全量数字化和结构化、风险管控全流程覆盖。财慧核智能审单设计思路如图 C20 – 2 所示。

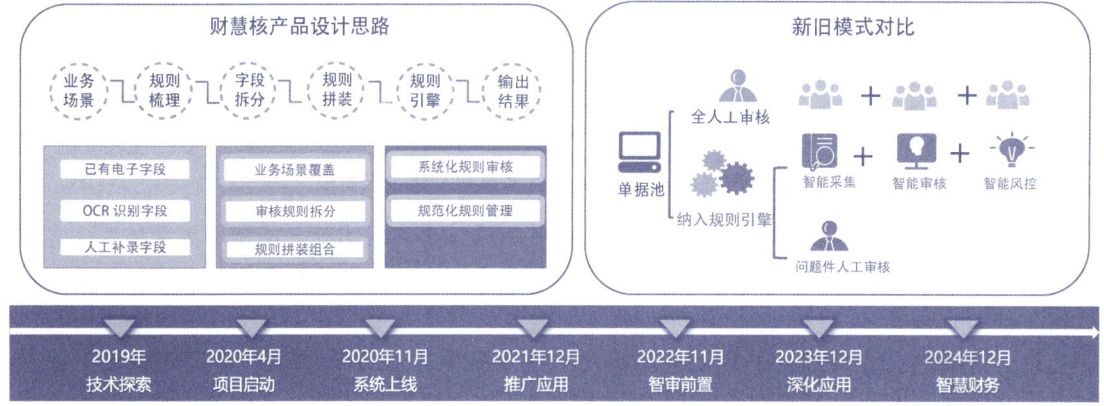

图 C20 – 2　财慧核智能审单设计思路

（1）慧眼：运用业界领先的 OCR 图像识别算法，通过深度学习、迁移学习等人工智能技术，替代人眼快速、精准、灵活地对复杂的财务凭证检测并识别付款人、金额、税率等影像审核内容，自动提取财务关键要素并基于业务规则形成结构化财务信息。通过嵌入式流程设计，将 OCR 影像采集模块嵌入平台现有流程中，实现影像数据自动采集，将全部附件进行字段拆分并结构化成 OCR 识别字段。财慧核"慧眼"智能审单如图 C20 – 3 所示。

（2）慧脑：通过嵌入式流程设计，将规则引擎智能审核模块嵌入平台现有流程中，以达到把控质量、统一平台、最小改造、最大提效的成果。由规则引擎接收已有的电子字段、OCR 识别字段以及人工补录字段，对报销单提单信息与发票附件信息做全方位校对，以及无间断进行费用标准、发票重号等财务规则的审核校验，输出可视化的审核结果，辅助人工进行审核和决策。针对有问题单据生成"体检式"审核报告辅助人工复核完成审核支付归档流程，或针对无问题单据自动审核并完成支付归档流程。

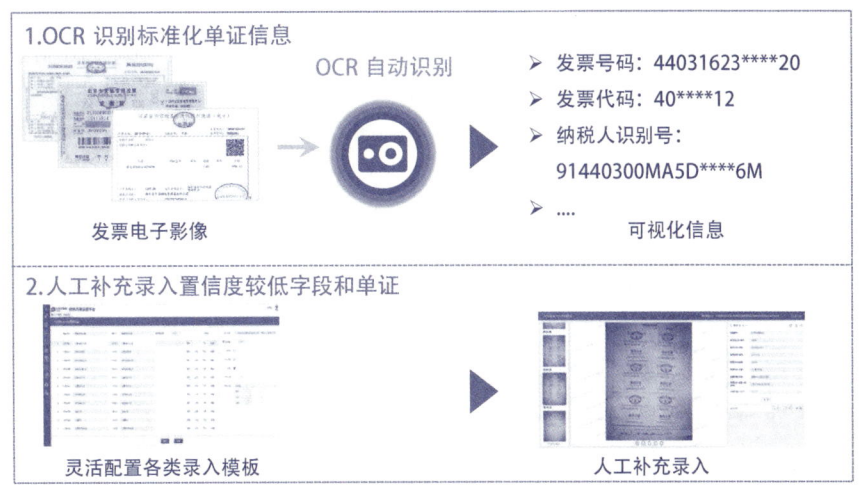

图 C20 – 3 财慧核"慧眼"智能审单

作为太保财务全面数字化经营的驱动力和里程碑，智能审核产品体现了重大转型项目核心技术领域自主研发的示范效应。针对太保复杂的财务审核场景，专项组历经四个月梳理，最后形成了 22 种版面、315 种字段式识别和提取，为太保智能审核平台提供强有力的支撑。财慧核"慧脑"规则引擎如图 C20 – 4 所示。

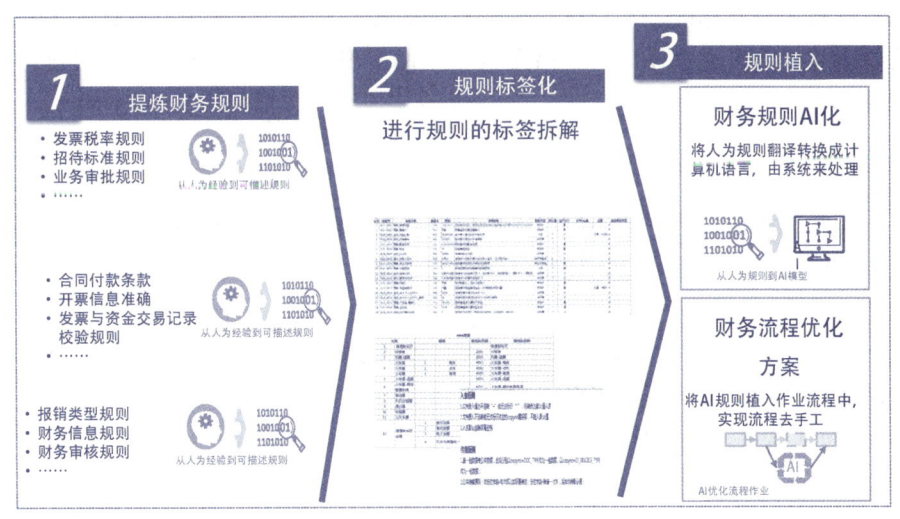

图 C20 – 4 财慧核"慧脑"规则引擎

（3）慧手：运用海量数据"慧手"实现全流程风险管控，从单据提交到过程自动审核并生成凭证传送数据。可以做到实时监控作业情况，识别风险单据，加强事中风险管控力度，提升运营效率。并通过双网关控制的方式，针对前端报销审批后的单据从多个维度进行筛选与分流，区分产品类型进入单据池，按照配置的风险评估维度，区分单据流转环节及流程，对于高风险触发条件配置一定的阈值，保证风险可控。财慧核"慧手"风险管控如图 C20 – 5 所示。

图 C20-5　财慧核"慧手"风险管控

我们可以通过一张报销单的旅程，深度了解智能审核产品：报销人通过影像扫描上传一份招待费报销单据，智能审核平台运用业界领先的 OCR 图像识别算法、深度学习、迁移学习等人工智能技术，替代人眼快速、精准、灵活地对复杂的招待费凭证检测并识别付款人、金额、税率等影像审核内容，自动提取财务关键要素并基于业务规则，形成结构化财务信息。StrategyOne 规则引擎作为智能审核平台的大脑，7×24 小时高速无间断运行标准化财务审核规则，进行招待费标准、发票重号等财务规则的审核校验，输出可视化的审核结果，辅助人工进行审核和决策。太保集团"财慧核"产品实现 2 天审核完成、1 天快速到账，报销体验大幅提升。

3.2　成效

通过智能审核产品在共享端的应用推广以及在机构财务段的前置应用，持续推动了太保集团的财务智能化、数字化建设，优化资源配置、降本增效，加强财务风险管控，提升了公司核心竞争力。

"财慧核"产品实现五大成效。第一，全面数据挖掘：通过 360 度财务大数据平台，从多维度数据管理进行价值赋能，使财务数字化由 10% 提升至 100%；第二，风险防范：实现 100% 财务全场景覆盖，实现标准统一、流程统一、执行统一，审核标准化由 70% 提升至 100%；第三，自动化率提升：60% 以上的财务单据由系统审核代替人工审核，人工审核率降低至 40%；第四，时效提升：财务审核时效提升 50% 以上，审核时效降低至 2 天；第五，人力节约：40% 以上的基础财务人员实现价值转型。

"财慧核"智能审核产品的上线，是太保集团数字化转型的一项重要成果，一是实现审单业务的全域线上化，二是实现深度数字化，三是实现融合生态化。它是太保集团科技创新的新探索，为企业风险防控提供了新的手段，更为公司高质量发展提供了新的动能。

4. 启示

太保集团财务共享数字化转型充分把握后发优势和自主研发，实现财务数字化的快速建设和效益实现。

在转型设计方面,太保集团通过借鉴咨询公司的先进经验,在财务数字化转型框架设计初期就保持前瞻性。在转型路径方面,太保集团在借鉴同业串行建设的基础上,采用了并行建设的方法,既保证了财务共享数字化建设的速度,又加深了各阶段建设的协同性。比如,在经历第一阶段标准化和集中化建设时,太保就考虑了第二个阶段的系统化和自动化;在推进第二阶段自动化建设时,就已启动智能化设计和技术应用。在转型方法方面,太保集团牢牢把握财务智能化的发展趋势,基于实际业务痛点,集中力量实现突破和技术创新,打造具有示范效应的"财慧核"智能审核产品,有效体现财务数字化转型的实践效应。

5. 结束语

太保集团财务共享中心建设历经五年,已打造成集团"财务数字化转型枢纽",并通过推进智能化建设突破共享业务瓶颈,创造了财务共享发展的新速度。未来,太保财务共享中心将致力于打造"数智财务新引擎",进一步提升太保财务全流程风险管控能力和数智化水平,以专业驱动人才转型,以数据赋能业务经营,为太保高质量发展保驾护航,并力争成为行业新的标杆!

C21 特变电工：借力 ERP 主干作用推动财务数字化

特变电工集团从 1988 年濒临倒闭的街道小厂成长为超 1500 亿元总资产的大型民营企业集团，主要从事能源相关产业，主要包括输变电、新能源、新材料和传统能源四个板块，在国内有 18 个国内制造工业园区、三个海外基地。培育了"一高两新"（高端制造业以及新能源、新材料）三大国家战略性循环经济产业链，成为我国输变电行业的核心骨干企业，变压器产量稳居世界第一；硅基新能源、铝基新材料进入国际供应链第一梯队，光伏 EPC 装机总量位居全球前列。特变电工集团下属三家上市公司，新疆交建在深上市、新疆众和在上海上市、新特能源在香港上市。截至 2022 年 6 月末，全集团总资产 1679 亿元，净资产近 740 亿元，销售收入同比增长超 60%，利税超 180 亿元，全年预计收入超过 1000 亿元，利税超过 250 亿元，提前三年完成"十四五"确立的"十百千"目标。

1. 背景

特变电工集团在国家推动和自身追求下，提出"经营一体化、运作国际化、业务多元化、生产智能化、模式创新化"五大目标，快速实现企业数字化转型。

特变电工是国家首批两化融合管理体系贯标试点企业，是工信部"工业互联网试点示范企业""制造业与互联网融合试点示范企业""智能制造试点示范"及国家级"绿色工厂"荣誉称号的企业。是国家工业互联网联盟单位、工业互联网+安全生产主任单位之一等。集团先后承担了国家工信部的"智能输变电装备材料生产应用示范平台""工业企业网络安全综合防护平台""高端电力变压器绿色工艺制造及系统集成"等多个智能制造、绿色制造、工业互联网专项的建设。

在信息化建设进程方面，因为特变电工集团的很多下属企业是收购过来的，这些单位以前的信息化都不一致。在此背景下，特变电工集团基于整体业务设计，以 Erp 为核心主干完成 HR、SCM、CRM 等 12 个业务平台的快速搭建，形成比较完整的集团管控体系。在建设体系方面，大一点的信息系统实行统筹统建，比如采购管理、库存管理，由公司统一建设；相关的系统采取统标分建的方式，集团一管理，各单位分头建设；另外各单位还通过自主建设，围绕自身的相关业务做一些信息化改造和建设。

随着两化融合程度的逐步提升，业务范围逐步扩大到国内外四大板块，特变电工的传统财务模式面临着巨大的挑战。在智能技术面前，企业以财务管理为核心的经营战略越来越受重视。上下游的很多业务使财务人员开始面临如何适应公司的发展战略，提供更好服务、创造更高价值的问题。财务部门必须在新变化中及时调整生产关系、塑造新格局、适应新变化，成为企业经营的仪表盘，让数据成为资产更好的支撑企业战略。

特变电工集团"十三五"信息化建设历程如图 C21-1 所示。

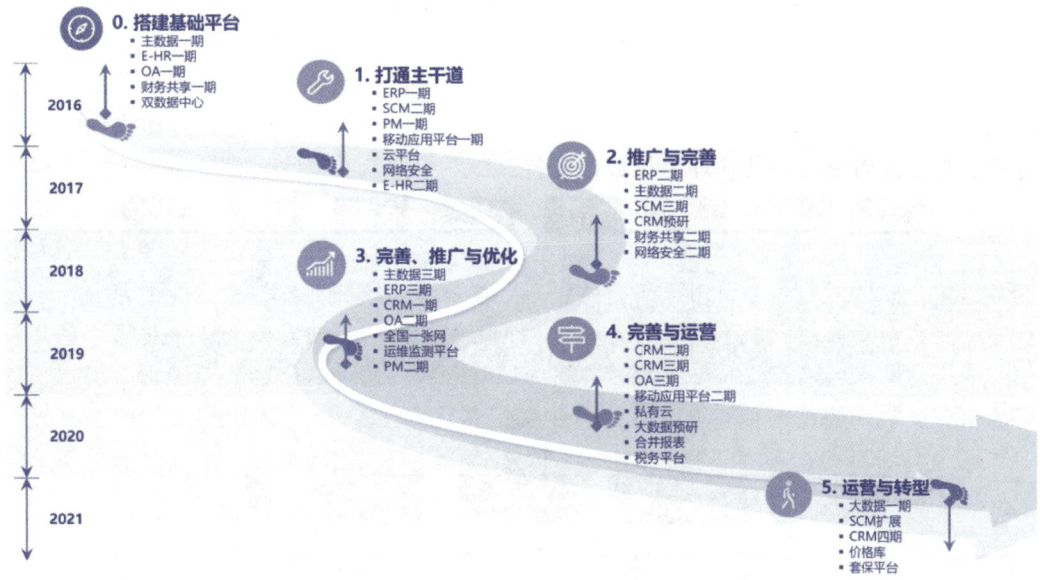

图 C21-1　特变电工集团"十三五"信息化建设历程

2. 举措

在新形势下,特变电工通过确定财务转型战略、巩固财务核算基础、强化财务系统建设三个方面的有序努力,逐步实现了财务数字化转型。截至 2021 年集团整休取得了比较好的成果,结账周期由每月 25 日~次月 7 日缩短到每月 31 日~次月 2 日,关账周期从 13 天减少至 2 天,自动入账率达到 96%,促进了财务体系由核算向管理转型。

2.1　重塑财务战略

特变电工的财务转型战略以提供卓越财务管理增值服务为愿景,建立以财务管理为核心的企业运营、价值管理体系为目标,致力于为实现公司战略目标保驾护航。在财务组织方面,全面建成战略财务、业务财务和基础财务三级组织架构;在财务职能方面,加强战略研究、标准制定、全面预算、成本管控职能,提升业务前端的参与能力;在财务管理方面,建设财务专业体系技术通道和管理通道的双通道建设,形成上下左右互通的"井"型体系通道;在财务数智化方面,以优化提升 Erp 作为核心主干道,提升信息化基础整合作用,促进财务信息平台与业务平台的数据互通。

特变电工对财务转型高度重视,成立了以总裁为组长、总会计师为副组长的财务数智化转型领导小组,公司相关部门作为配合部,致力于打通各业务行业的相关系统,打造"高效的价值创造型"财务团队。

2.2　打通核算流程

在财务数字化转型方面,特变电工首先打通并固化以 Erp 为核心的智能核算流程,如图

C21-2 所示。完成从"采购到付款""销售到收款""生产到成本""合同到交付""核算到报告""日常运营到管理分析"六个一级流程以及下辖 38 个二级流程、116 个三级流程、329 个四级流程的梳理和固化，横向明确系统定位、系统流程和集成关系，纵向实现跨系统、部门、业务流程的整合。通过业务和财务系统流程的打通，解决了单个系统各自为政的局面，形成数据闭环，为财务体系"产供销一体化"、财务核算标准化、自动化、财务大数据分析、财务决策赋能经营管理提供数据支持。

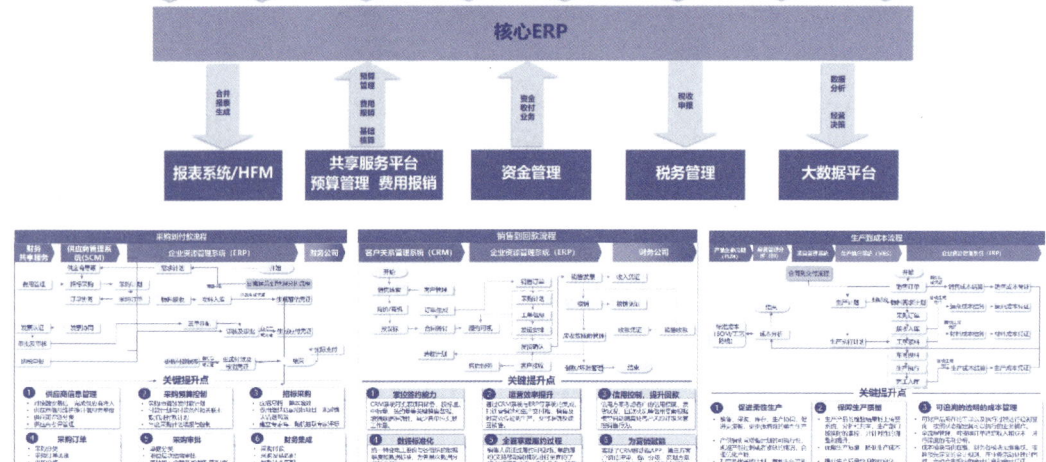

图 C21-2 以 Erp 为核心固化整合智能核算流程助力财务数智转型

2.3 深化财务共享

特变电工财务数字化转型与企业数字化转型同步进行，财务共享中心建设历程如图 C21-3 所示。共享中心一期建设始于 2016 年，目前已经建立结算中心、税务中心、核算中心、报表中心。同时财务共享中心集中处理财务核算活动，是企业财务大数据的基础。目前特变电工建设财务共享下的业财全流程智能场景，在数据采集、数据加工处理、数据任务处理和数据运维分析四个阶段，结合报账全流程的四个智能化场景，从高效化、可视化、合规化和透明化四个层面实现了智能化场景的闭环管理。

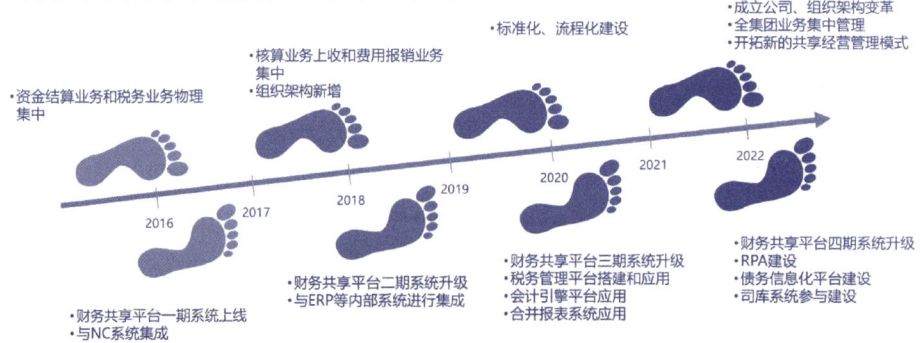

图 C21-3 特变电工财务共享中心建设历程

特变电工财务共享中心建设不是简单去实现组织架构和业务物理集中，更多是将财务流程、业务流程和系统进行有效融合，内容涉及流程优化、系统构建、制度再造、风险管控、协议管理、绩效管理、知识管理、人员管理等各方面，在管理理念、管理方法、管理模式、管理工具和人力资源上进行持续变革和创新。在这个过程中融入管理会计思想，逐步扩大财务共享流程的种类和范围，将共享的流程范围扩展到预算、资金管理、税务、绩效评价等高价值流程中，打破现有信息孤岛，使共享中心的信息系统在支持财务核算等交易性流程的同时，更多地与企业业务系统相结合，逐步实现深度业财融合，这样才能真正实现会计核算向财务管理的智能转变。特变电工财务共享中心业务范围和数据闭环管理如图 C21-4 所示。

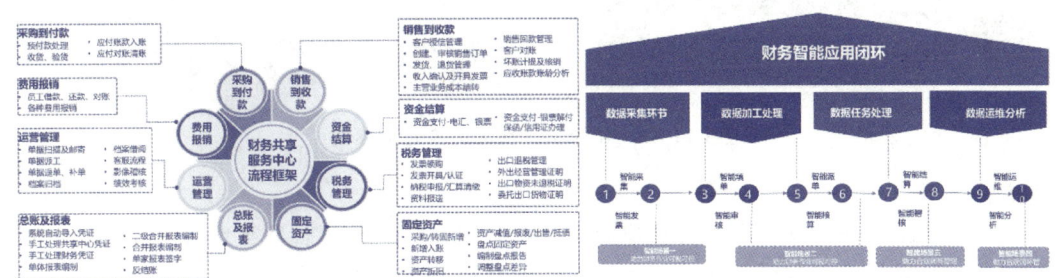

图 C21-4　特变电工财务共享中心业务范围和数据闭环管理

3. 亮点

随着公司业务体量不断扩大，分子公司层级多、资金愈发分散、结算业务量加大，资金管理风险增大，人工管理手段及功能不完善的信息化平台开始无法支撑日益多元化、专业化的管理要求，亟须打通业务、财务、资金类系统模块壁垒，实现资金资源的统一管理，提供更加便捷的线上流程，进行及时、准确的数据分析，实现集业务、财务、分析等多维立体可视的管理，最大化资金集中管理效能。

特变电工高度重视金融资源管理，在搭建财务共享中心作为集团基础财务业务集中服务平台的基础上，还成立财务公司专门承担金融服务中心的角色。财务公司管理系统，根据相关监管要求，打通了财务大数据及财务共享平台。目前跟大概 13 家银行对接，直接报送人行、银监局的监管报表系统。

特变电工 2021 年启动司库平台建设，主要通过总部统筹、平台实施、基层执行"三位一体"的组织体系，搭建具有特变电工自身特点的资金管控平台，聚集全集团可视化功能模块，实现 100% 资金投向可视化，全面提升公司资金管理效率。特变电工集团司库管控系统如图 C21-5 所示。

司库平台主要有四大功能：

一是账户管理，通过对集团各级次账户的全生命周期管理，实现对子企业银行账户的信息动态实时穿透监测。

二是票据管理，实现票据业务管理的联动性控制，与共享系统、财司系统实现票据支付与核算；通过银企直连、RPA 数据抓取和辅助人工信息等级的方式，实现信息共享，对票据信息进行集中管理，形成完整的票据台账，定时掌握票据业务全貌，到期兑付自动预警，

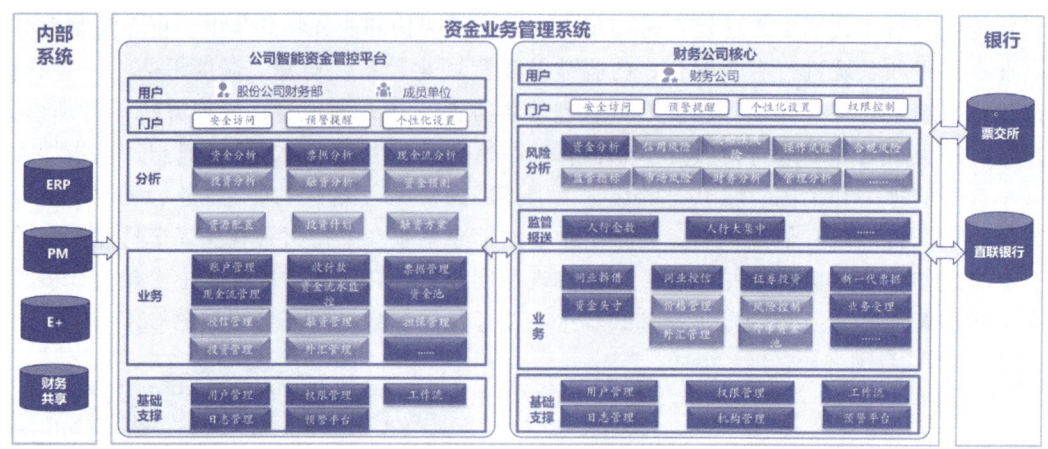

图 C21-5　特变电工集团司库管控系统

增强风险控制。

三是现金流管理，基于全银行账户流水获取，结合资金预算管理实现对资金收付性质的分类，按日对交易流水进行经营性、筹资性、投资性分类，改善手工汇总统计现状，提升现金流管控水平。

四是业务报表，除了上市公司年报半年报、各类主副表，对于贷款、信用证等资金业务的相关数据，有多少数量、多长时间到期、怎样更好匹配相关资源、资金如何预警、何时启动、项目该怎么办等一系列信息，均实现在办公室就可以看得到。

4. 启示

特变电工集团财务数字化转型成效的成功因素主要在于系统化建设思想的贯彻和执行。在集团财务数字化转型的过程中，特变电工较早地确立了以财务管理为核心价值的财务战略，并对财务组织、职能和信息化建设进行了系统化定位。在财务数智化系统建设方面，特变电工从业务整体出发，以 Erp 为主干道梳理和固化核算流程，系统性地打通财务智能核算的流程和数据，为财务数智化的推进奠定了核心基础。在此基础上，特变电工根据财务管理的核心场景，建设了核算中心、报表中心、税务中心、资金中心等重要管控平台，有效推动财务职能从核算向管理转变。

C22　八一钢铁：以生产成本为导向推动财务数字化转型

宝钢集团新疆八一钢铁有限公司（以下简称"八一钢铁"或"八钢"）始建于1951年9月，是老一辈无产阶级革命家王震将军率领驻疆解放军指战员和新疆各族群众艰苦奋斗、节衣缩食创建起来的。2007年4月加入宝钢集团，现为中国宝武集团一级子公司。建厂70年来，八钢始终坚守"屯垦戍边、钢铁报国"初心，传承红色基因，坚持改革创新，在中国宝武集团的坚强领导和自治区的大力支持下，企业实现了跨越式发展，目前已成为新疆产业链最长、产能水平最高、产品品种最全的千万吨级钢铁企业，为自治区经济建设和社会发展作出了重要贡献。公司现有八钢本部、巴州钢铁、伊犁钢铁三个生产基地，产能水平一千万吨，产品覆盖棒材、线材、优钢、型钢、热轧、冷轧、彩涂板、镀锌板、中厚板等品种，拥有新疆最大的金属制品生产基地，钢铁产品规格达到2400多个。

近几年来，八钢铁水成本始终保持在全国领先地位，在全国钢铁行业11项制造成本对标中，八钢非低合金方坯、线螺等6个产品成本排名第一，其余产品指标均进入前三名，区域市场成本竞争优势不断增强。

八钢始终坚持创新驱动，不断完善创新激励机制，鼓励全员创新，专利申报数量多年来始终居新疆首位，2021年发明专利占比达到53.03%。作为中国宝武低碳冶金试验基地，八钢持续推进技术创新，成立"双碳"工作专门机构，完善碳中和工作体系，绿色低碳冶金创新取得重大技术突破，实现碳减排达15%，在全球低碳冶金技术发展方向上发挥了引领作用。

1. 背景

随着信息技术不断发展，数字化已经逐渐渗透到各个行业。对于钢铁企业而言，数字化转型可以在提升生产效率、改善产品质量、降低成本、提高企业竞争力等多个方面起到重要作用，促进企业可持续发展。2020年12月，八钢对巴州钢铁及伊犁钢铁进行了兼并重组。随着企业规模的逐渐增大，企业年收入额大幅提高，由2020年的243亿元增长至2021年的407亿元。企业规模的扩大、收入的增长给企业带来了更大的管理难度，对财务信息化的需求日渐增加。

从企业外部来看，2022年1月财政部印发《会计信息化发展规划（2021—2025）》，明确提出"十四五"时期应积极支持加快数智化发展、建设数字中国，提升会计信息化水平，推动会计数智化转型，构建形成国家会计信息化发展体系，充分发挥会计信息在服务宏观经济管理、政府监管、会计行业管理、单位内部治理中的重要支撑作用。

2. 举措

八一钢铁在2018年提出了"智造美丽乡村、智筑时代钢城"的发展战略，以智能化为核心引领产业升级，并建立财务数智化转型领导小组，以公司总会计师为组长，财务部首席专家及部长助理为副组长，小组成员包括财务部、数智办、共享中心、各分子公司负责领导等。按照中国宝武三层管理架构及公司一总部多基地管理模式的建设要求，全面推进"四个一律"和"三跨融合"，率先建成"决策智能、业务赋能、洞察风险、极致高效"的数字化、智能化财务管理系。整个财务的构架分为三层管理：资本运作层、资产运营层、生产经营层。八一钢铁总部财务是以财务的战略政策为主，包括制度、顶层设计等工作。二级公司以资产运营型业务财务为主，侧重于按照集团财务管理要求进行财务人才管理，培养业财融合、系统建设等工作。三级公司为生产经营层，以共享财务为主，侧重各种执行集团及上级公司财务管理要求，会计核算、税收筹划、成本费用控制等工作。八一钢铁财务信息化战略构架如图C22-1所示。

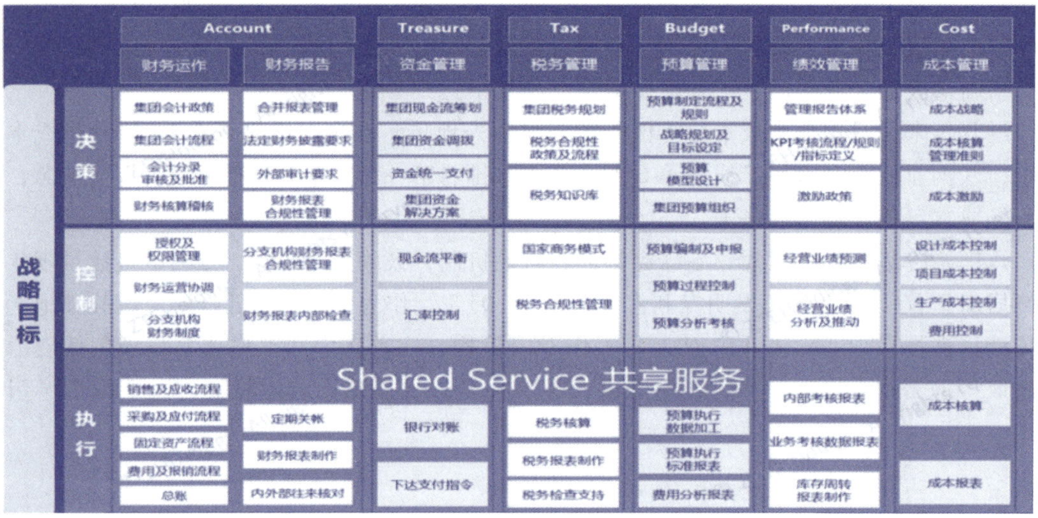

图 C22-1 八一钢铁财务信息化战略构架

八钢的财务信息化及业务信息化围绕着管理体系建设开展。宝钢现代化管理以集中一贯把体制为核心，以五制配套和六西格玛精益运营为基础，以信息化为支撑手段，以16项专业管理为主要内容。提升管理水平和可持续能力，实现了企业价值最大化，建设了一整套的管理体系。2007年宝钢增资并购八钢以来一直就是运用的宝钢这几套管理体系。从原料进场到产品出场的集中一贯式管理体制，各工序按公司统一计划组织生产，以作业长制为中心，计划值管理为目标，以检修制为重点，以标准化作业为准绳，以自主管理为基础。

财务信息化同样根据集团的三层构架进行设计，主要分为共享财务、战略财务和业务财务实施三个方面的管理变革和组织变革。八一钢铁财务数字化建设主要分为财务会计数字化建设和管理会计数字化建设。其中，财务会计数字化涵盖财务共享、报表管理、报支管理及资金支付管理，八一钢铁为此也开发了多个系统及程序支撑财务共享在集团的实现。管理会计数字化包括成本管控、财税管控分析、全面预算管理、司库管理、存货可视化等方向，为公司的业财融合提供了有力支撑。

八一钢铁的数字化转型取得了卓越成效，主要集中在以下方面：

（1）形成了业财系统间的高度整合，做到了物流、信息流、财务流、工作流的"四流合一"。在高度整合的系统中，财务信息的收集基本上实现了自动化，提高了会计、成本核算质量和核算效率。

（2）实现了成本会计与普通会计的有机分离。普通会计与成本会计在整体管理上有较强的协同关系，因此通过成本中心对成本科目与会计科目进行了勾稽，确保普通会计与成本会计数据口径保持一致，实现了系统间的统一。

（3）报支业务规范化。避免人工处理时产生差异的同时实现了资金流出的集中统一管理，在系统的辅助下加速资金周转、进行资金的合理安排并提高资金效率和安全性。

在系统中增加了稽核功能。在业务发生时系统自动匹配相关规则并进行审核，大量减少了财务人员对业务的审核工作，降低了工作量，同时也降低了因人工审核而出现错误的可能性。

3. 亮点

八钢所处的钢铁行业，对成本的把控是企业管理及信息化建设的核心，因此八钢的财务数字化建设主要围绕着生产与成本模块进行展开。八钢的财务数字化不只是着眼于财务，由于财务需要的数据需要业务部门进行支撑，因此财务的数字化建设不仅要服务于财务人员，也要服务于业务人员，从而实现更深层次的业财融合。

八钢在此过程中采取的策略是：先在现场的生产线上安装相关的硬件设施，保证业务数据的采集，作为整体数字化的一部分；业务部门由此可以更容易获得业务相关的数据；建立了一个中继的抛账中心，收集业务部门传输的信息，而后财务系统再从抛账中心将所需数据提取出来，根据业务数据辅助财务部门进行决策。抛账指将相关的业务信息通过设置的抛账规则转变为财务信息并传送到财务系统的计算机逻辑处理过程。产销系统在各种业务信息产生的同时，自动将涉及会计、成本的相关业务信息转换成会计信息。按照何处产生成本数据，何处就是一个成本的抛账点，在生产作业线实现了实时动态的抛账作业，及时反映各产副品的产销存情况。可以按日动态掌握产副品在所有工序的原料耗用、产出状况及期初存货、期末存货、准发确认等财务成本相关信息，其他系统也采用抛账方式向财务成本系统抛账，实现了相关业务信息向会计信息的自动转换，实现了财务成本系统与其他管理信息子系统的高度集成，做到了"物流、信息流、财务流、工作流"的"四流合一"。在高度整合的系统中，财务信息的收集基本上实现了自动化，提高了会计、成本核算质量和核算效率。

4. 启示

在数字化转型中，八钢的数字化转型领导小组立足于自身的产业特性，将转型的重点放在成本控制和成本会计上，以核心板块的财务数字化逐步摸索并推动公司整体的财务数字化进程，以循序渐进的方式探索适合八钢的财务数字化方向。

八钢的数字化转型包括三个主要部分：财务会计、管理会计和业务支持数字化三个模块，在较早的时候这些模块相互独立，之间没有任何关系；近年来随着业财一体化的推进，三个系统间逐渐打破数据孤岛的状况，向数据互联方向迈进，从而使八钢的数字化发展有了质的飞跃。

C23 北投集团：深度连接合同管理的业财一体化全面预算

广西北部湾投资集团有限公司（以下简称"北投集团"）是广西壮族自治区人民政府直属的大型国有独资企业，集设计咨询、技术研发、投资开发、施工建造、运营维护于一体。业务范围涵盖基础建设领域，形成了以综合交通、口岸物流、环保水务等基础设施投融资建设为主业主轴，以新兴业务和产业金融为两翼的"一轴两翼"业务发展格局，产业链完整，行业全覆盖，专业领域齐全，具备大型工程项目的全过程运作综合实力，能为基建全领域提供一揽子解决方案，是独具特色的"基建树""产业林"。

北投集团是广西交通基础设施建设的主力军和排头兵，积极参与西部陆海新通道建设，负责投资建设高速公路3055千米，国省道干线公路4500千米，完成的设计、施工、养护业务分别占广西交通市场的70%、30%和50%。截至目前，北投集团拥有员工超2万人，资产总额达3652亿元，净资产1154亿元，资产负债率68.39%；连续在广西国资委业绩考核中获评A级企业，连年获评"广西十佳企业"，位列中国企业500强第320名、广西企业100强第8名。

1. 背景

随着数字化浪潮的兴起，越来越多的国家将数字化转型作为重要发展战略，希望通过数字化转型推动传统企业转型升级。2021年3月，我国发布的《中华人民共和国国民经济和社会发展第十四个五年规划和2035年远景目标纲要》专门将"加快数字化发展，建设数字中国"作为一个篇幅，提出了"拥抱数字时代，释放数据要素潜能，推进网络强国建设，加快建设数字经济、数字社会、数字政府，推动全面数字化转型，转变生产方式、生活方式、治理方式。"的发展目标。国务院国资委2022年2月发布的《关于中央企业加快建设世界一流财务管理体系的指导意见》更提出了"完善智能前瞻的财务数智体系"的工作目标。

根据国家发展规划和国资管理的相关要求，北投集团依据自身管理需求，提出"数字北投"的建设规划，努力打造"两一两化两体系"的数字化工程，即：建设统一基础设施平台和数字中台，按照"统一网络、集约发展、安全管理"的原则，形成互联互通、安全规范、资源共享、高效利用的网络体系，完成多个信息系统上"云部署"，通过数据中台"信息库"构建智能数据决策能力，实现全集团"一张网、一朵云、一个库"，从而实现企业管理信息化和产业数字化，建设信息资源标准规范体系和安全防控标准体系。同时对标世界一流财务管理体系，通过财务数智化转型实现北投集团"事务型+核算型"财务向"战略型+价值型"财务的转变，充分发挥新型财务资源整合、支撑战略、支持决策、服务业务、创造价值及防范风险的作用。

2. 举措

北投集团整体数字化转型的目标是全业务财务一体化。将"业务、财务、税务、资金、资产、预算"全部模块之间所有的数据互联互通,实现整个财务的数字化,确保所有数据的真实、合法、合规。北投集团业财一体化建设规划如图 C23-1 所示。

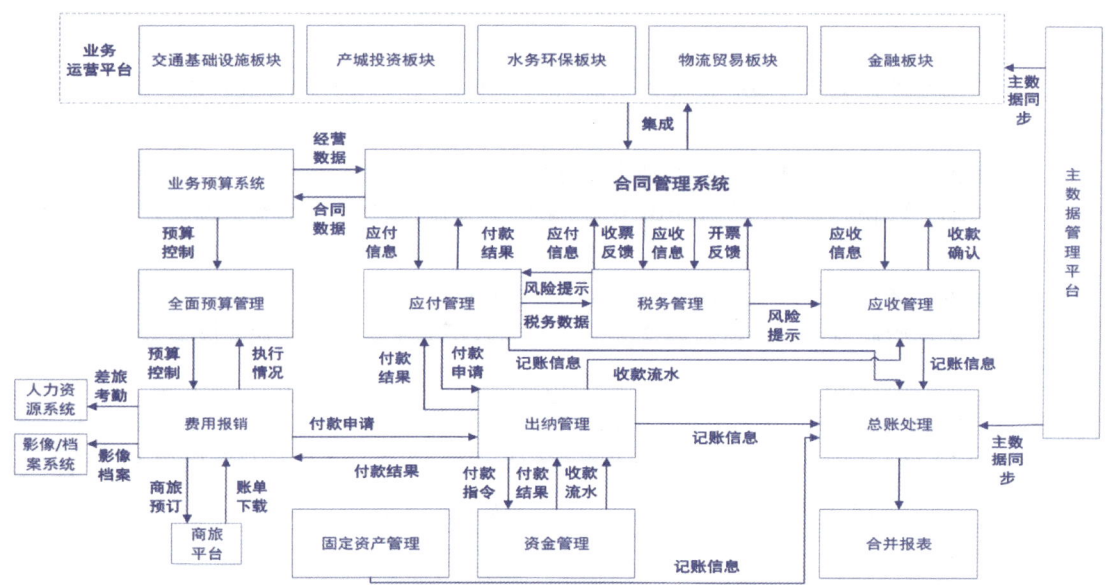

图 C23-1 北投集团业财一体化建设规划

在建设内容方面,北投集团在财务数字化领域重点构建四大管理体系:

一是构建一流财务核算体系,建立统一财务数据标准,健全核算和报告体系,开展电子凭证会计数据标准化试点工作,打通合同与财务的壁垒,实现业务信息与财务信息相关联,保障财务资金数据来源的可靠性、准确性。

二是构建"编制有标准、审核有依据、管控有抓手、分析有价值"的业财一体化全面预算管理体系,完善由战略规划到年度预算、由预算到考核的闭环联动机制,实现资源的合理配置、优化升级,加强战略管理水平,提升战略引领能力。

三是构建智能化的司库管理体系,实现账户管理、银企直连、资金监控等业务的覆盖,健全全员、全要素、全价值链、全生命周期成本费用管控机制,实现成本精益管控,加强资金风险防控、创造企业价值。

四是构建税企互通的税务管理体系,实现基础税务工作的规范高效,提升税务风险管控的能力。推进集团化税务管理,建立税务政策、资源、信息、数据的统筹调度和使用机制,统筹税务风险控制与成本优化。

北投集团财务数字化转型规划如图 C23-2 所示。在建设路径方面,北投的财务数字化转型大致分为四个阶段:第一阶段,要构建集中核算、智能报账平台,先把基础搭建好。第二阶段,要构建业财一体化,把各个业务模块产生的数据直接推送到财务系统,直接在财务系统里生成凭证,以及根据逻辑关联设置管控措施。第三阶段,要构建共享、智能化核算平台,推进数据的高效获取、加速企业运营决策。第四阶段,还会持续地进行升级,来满足公司持续发展的要求。

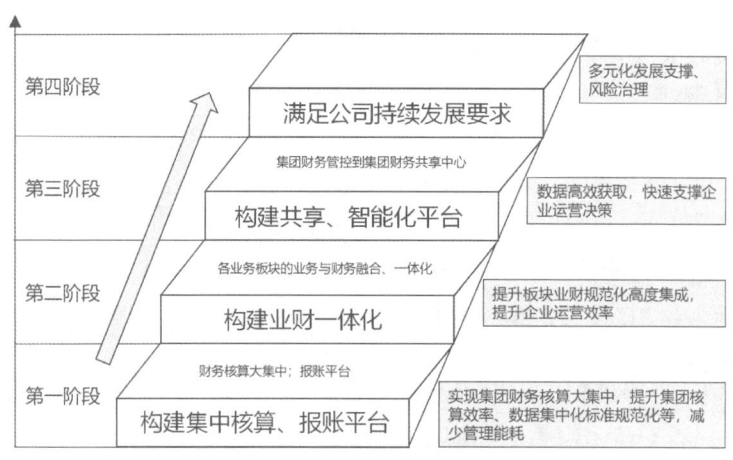

图 C23-2 北投集团财务数字化转型规划

3. 亮点

为了提升战略管理水平和战略引领能力,北投集团创新建立"编制有标准、审核有依据、管控有抓手、分析有价值"的业财一体化全面预算管理体系,完善由战略规划到年度预算、由预算到考核的闭环联动机制,实现全面预算与企业战略、中长期发展规划紧密衔接。

(1) 系统建设逻辑。以战略经营计划为基础,以合同管理为抓手,以业务预算编制系统为过程管理,以北投财务系统-预算管理模块为结果载体,建立全面预算管理系统。将预算编制管理移到业务前端,通过对合同执行的计划预测和分析,把握业务流程中的关键控制点和潜在风险点,实现资源的合理配置、优化整合。业务系统、合同管理系统、预算编制系统、北投财务系统之间实现集成互通、系统间相辅相成、相互联动,更好地为经营管理决策提供依据。其中,合同管理系统承担业务基础数据的承载和推送,如合同基本信息、实际进度、实际业务数据推送等;业务预算系统承担战略规划、生产经营计划、预算定额、预算编制等,可以理解为业务人员的编制平台;北投财务系统预算数据的处理中心,通过费用报销、预算凭证、预算科目余额表将预算管理系统推送的数据进行加工处理,形成全面数据管理报告,并承担目标下达、预算控制、预算分析等功能。北投集团"以合同管理为主轴"的全面预算系统应用架构如图 C23-3 所示。

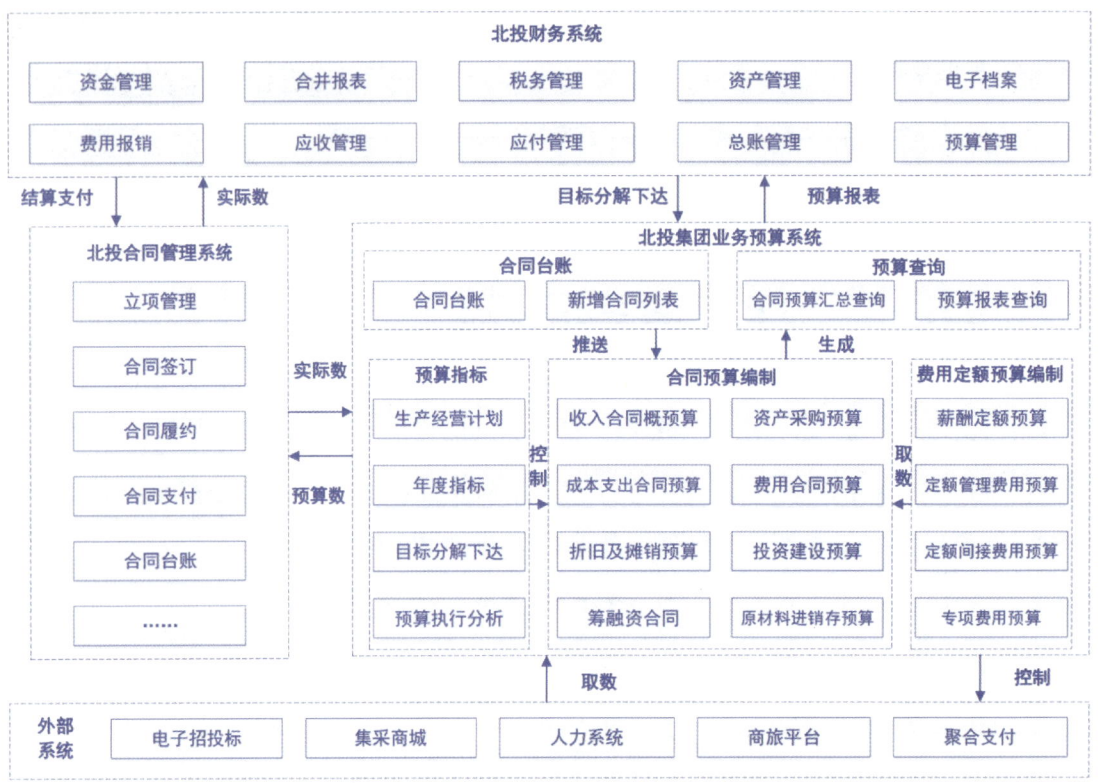

图 C23-3　北投集团"以合同管理为主轴"的全面预算系统应用架构

（2）预算智能化编制。北投集团的全面预算管理，以合同管理为主轴。整个全面预算的编制，首先依据国资委给北投集团的总目标做下达分解。一级组织结合国资委的目标对二级组织下达预算目标，二级组织接收目标后对下级组织层层分解到最末端的预算编制组织。然后末端预算组织根据下达目标，进行全面预算的编制，过程中该组织对编制的结果进行管控。如果编制出来的预算距离目标有差距，或是超额，或是达不到，系统都会提示预警。

末端组织部门编制预算的工作稿，是根据合同或薪酬、费用定额编制出来的，之后会根据合同对它进行拆分，拆分以后推送到财务系统里，生成预算凭证。各种预算凭证传递到总系统之后，可以灵活生成各种各样的明细表、余额表、辅助核算的余额表，这样就解决了滚动预算编制的难题。只要合同有涵盖的期间就可以灵活组装，可以按月滚动，也可以按年流动。只要系统中有数据，这笔业务涵盖有期间，就都可以参与滚动，还会顺带把各种维度的全面预算也做出来。财务核算里有什么样的维度，预算凭证里面也可以做相同的维度。同时建立会计模型：每一笔经济业务一旦确定立项以后，会根据立项涉及的预算、签订合同的期间，以及收入或支出合同的金额，方便地生成生命周期的几张主表，同时提前分析很多会计指标。北投集团全面预算系统流程如图 C23-4 所示。

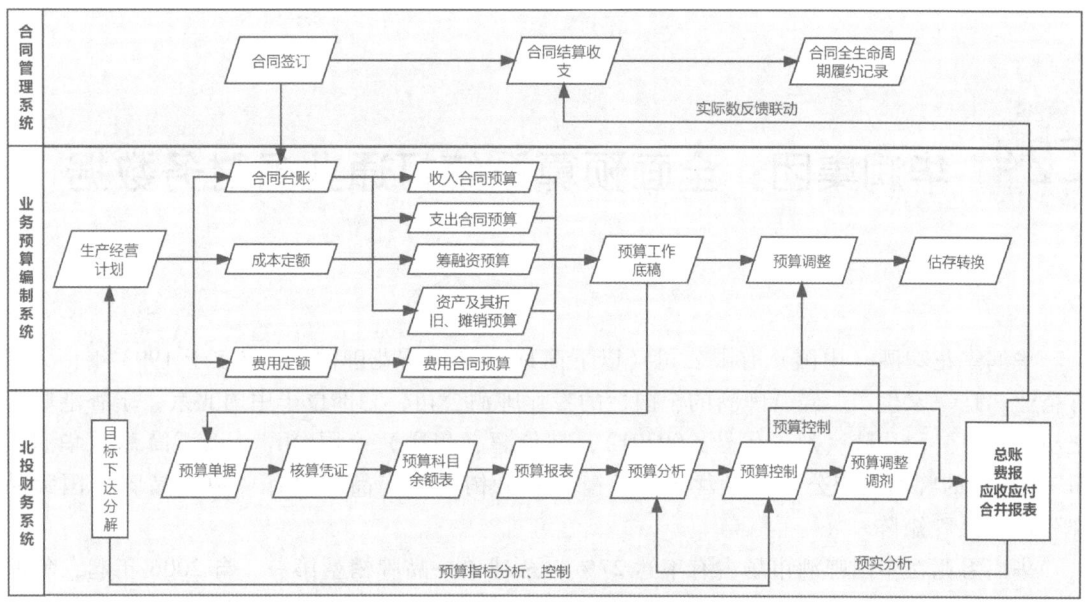

图 C23-4　北投集团全面预算系统流程

（3）全面预算控制。整个预算编制完以后如何与管控有关联？全面预算控制分为刚性控制和柔性控制两种，控制范围包括数值、指标比率等。通过对不同科目的个性化参数设置，完成符合企业要求的控制体系。过去全面预算编完了以后，预算数跟实际数之间没有逻辑关联，就会导致预算编制跟实际开支之间存在差距。现在所说的编制的预算，是年度开支的一个"大包"，是整个预算包，是整个年度预算的一个估量。年度里面企业会中标很多合同、会签很多合同，每一份合同就对应调整原来对该项费用或收入的一个预算额。合同执行后，把合同的生命周期拆出来，就是一个精准的预算，合同实际的执行金额就是实际数。过程进行实时监控，如果有超过或差距比较大的，在过程中就要找原因并进行调整。因此整个全面预算也是人人预算的概念。每个人要告诉系统，系统根据个人需求来做预算，确定要达到的目标，配置各种各样的资源。

4. 启示

（1）北投集团注重对标世界一流的财务管理体系进行转型，致力于转型成为"智慧、敏捷、系统、深入、前瞻"的数字化、智能化财务。

（2）北投集团制定了全面的业务财务一体化的转型规划，将"业务、财务、税务、资金、资产、预算"全部模块之间数据互联互通，确保所有数据的真实、合法、合规。

（3）北投集团在建设财务数字化系统的过程中充分发挥创造精神，密切结合合同管理业务设计预算管理系统，实现了深度融合的业财一体化全面预算管理体系。

C24 华润集团：全面预算系统打通业务财务数据

华润雪花啤酒（中国）有限公司（以下简称"华润雪花啤酒"）成立于1993年，为国有企业，是一家生产、经营啤酒的全国性的专业啤酒公司，总部位于中国北京，于香港联合交易所有限公司挂牌（股份代号：00291），是华润（集团）有限公司（以下简称"华润集团"）属下的啤酒上市公司，专营生产、销售及分销啤酒产品，拥有"中国品牌+国际品牌"高端品牌矩阵。

华润雪花在中国啤酒市场占有率达27%，全球单一品牌销量第一，自2006年起，华润雪花啤酒总销量连续位列中国啤酒市场销量第一，产销量破双千万吨，2017年以来华润雪花啤酒实施"3+3+3"战略，落地品牌重塑、产能优化、组织再造、营运变革、企业文化重塑、信息化升级等重大举措项目，提质增效，盈利水平跨跃式增长。

1. 背景

从数字化的整体发展趋势来看，华润集团进行数字化转型是大势所趋，究其根本有外因和内因共同决定。其外因有以下三点：（1）国资委明确政策要求，关于加快推进国有企业数字化转型工作的通知："经济增长格局逐步实现由要素驱动转向数字化创新驱动发展"；（2）数字化价值已得到广泛认可，大量企业实践经验表明：数字化制造可提高企业利润率约25%，个性化营销可带来收入增长约10%；（3）资本对数字化企业十分看好，全球市值排名前十企业，7家处于数字化行业，取代了原有的银行、制造、零售等传统企业。其内因为以下三点：（1）华润集团"十四五"目标建设：具有全球竞争力的世界一流企业，优化资源配置，巩固和培养核心产业，拓展新赛道，为客户提供优质的产品和服务，持续提升股东价值；（2）数字化是当前宏观趋势下优秀企业实现可持续发展的重要举措，亦是一流企业所必备的能力；（3）全面数字化转型，有助于适应经济形势变化，满足客户需求变化，提升产业竞争能力，提高运营管理效率，实现总部价值创造，深化国有企业改革，支撑集团"十四五"目标实现。

正因为如此，华润雪花啤酒从2013年就开始财务信息化的转型工作，近几年在自动化方面也是做出了很大的努力，历经了十年已经基本完成财务核算和财务业务数字化的转型工作。目前，该企业仍在致力于不断变革和创新、不断提升，力争与世界一流企业进行对标。华润雪花啤酒财务共享中心发展现状如图C24-1所示。

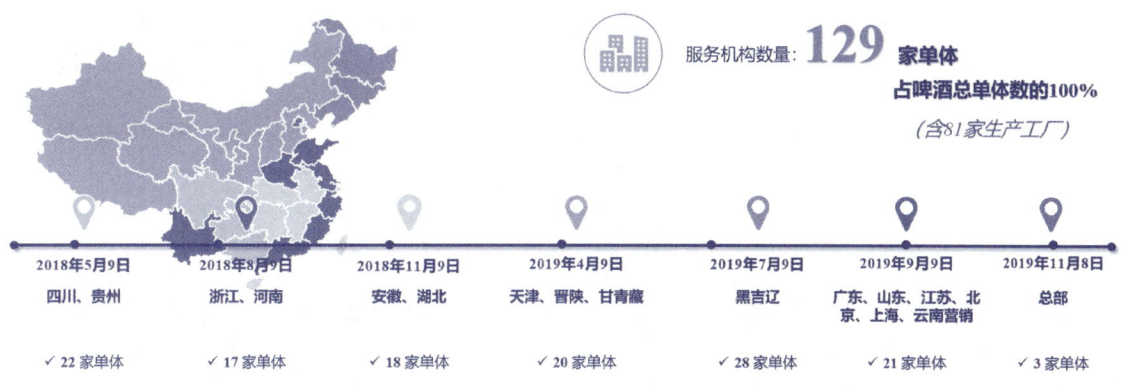

图 C24-1 华润雪花啤酒财务共享中心发展现状

2. 举措

2.1 华润雪花啤酒转型总体思路

(1) 财务体系组织架构：传统财务职能转型为战略财务、业务财务、运营财务三大财务职能，华润雪花啤酒总部财务部下成立营销、营运、生产三大财务部，并向片区派驻财务BP。华润雪花啤酒财务管控模式如图 C24-2 所示。

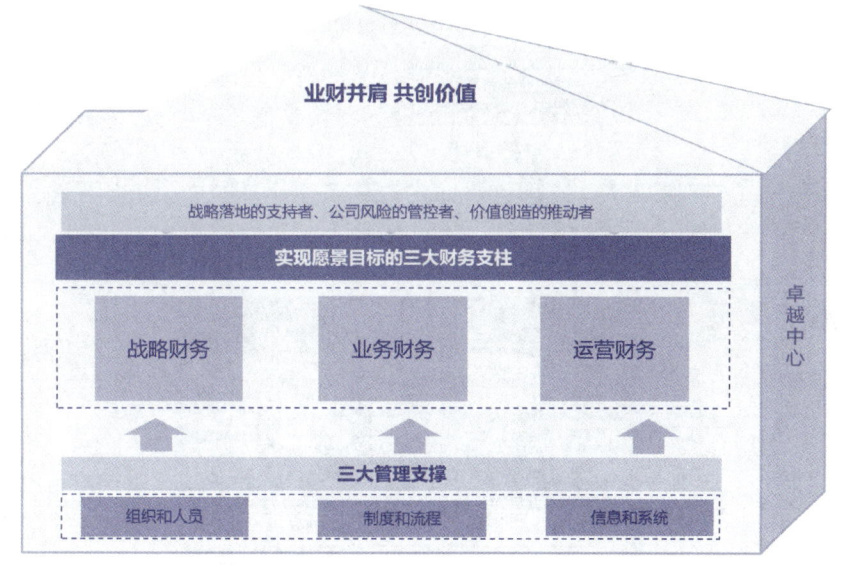

图 C24-2 华润雪花啤酒财务管控模式

(2) 发展财务管理"一体两翼"：按照华润雪花啤酒"高端制胜、卓越发展"战略，财务以服务战略、支持业务、监管风险、创造价值为目标，围绕战略做高、业财做实、共享做深，突出"一体两翼"，构建"二级管控"体系。华润雪花啤酒财务管理方式如图C24-3所示。

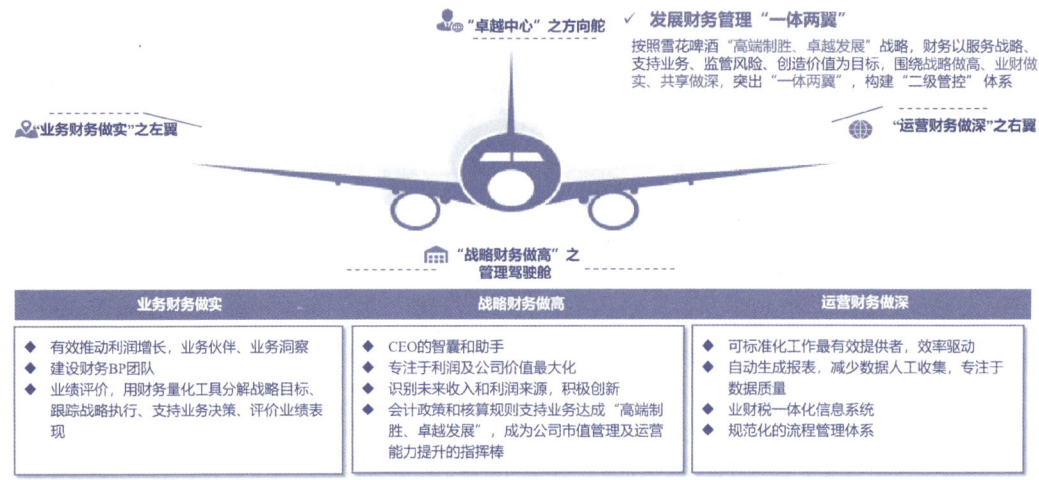

图 C24-3 华润雪花啤酒财务管理方式

2.2 深入推进财务数字化转型

（1）电子档案领域：华润雪花啤酒全面上线财务共享中心后，远程作业模式也使得业务单据必须通过线上电子化传递，由此华润雪花啤酒基于会计档案电子化管理趋势和财务共享中心作业模式，制定电子会计档案管理规则，搭建档案管理系统，实现电子会计档案采集、归档、管理、利用、借阅全流程线上化，自动传输档案数据，提高档案安全性，有助于电子会计档案标准化管理，提升整体合规性。华润雪花啤酒电子档案系统如图 C24-4 所示。

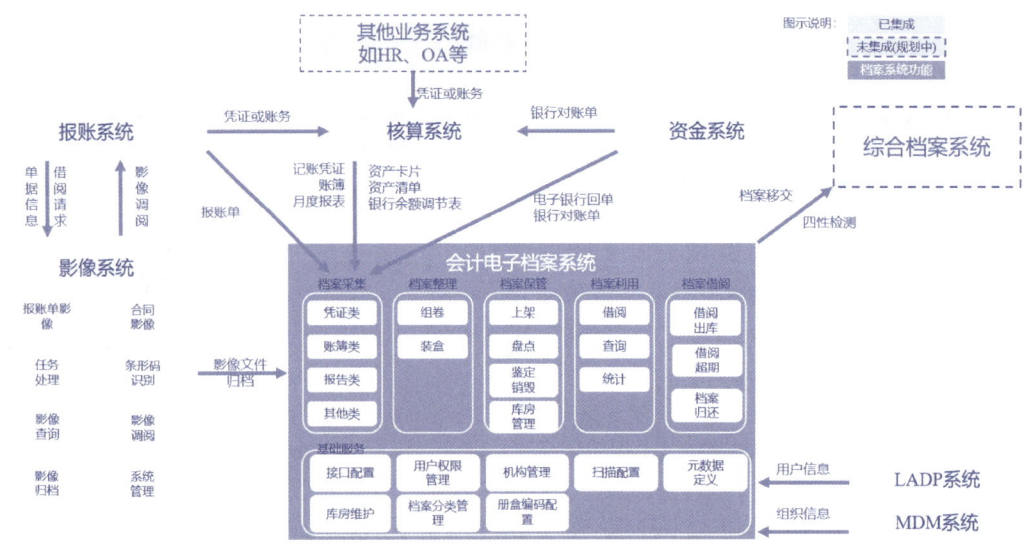

图 C24-4 华润雪花啤酒电子档案系统

（2）智能税务领域：华润雪花啤酒自 2020 年开始探索和筹划智能税务发展，并在短短两年时间内完成智税系统蓝图规划、方案设计、实施开发及试点上线，以期紧跟智慧财务的时代发展步伐，在税务智能化领域形成前瞻性布局，突破性提升税务管理水平。

系统核心功能为自动计税及一键申报,替代性地完成繁重复杂的税务治理工作,具有多主体、全税种、全场景、高水平的特点,涉及 120 余个纳税单位、12 个大小税种、192 个业务类型、平均自动化率超 90%,进一步规划和实现扩展功能,在税务合规可控化基础上,推动税务风险前置化及税务管理智能化,实现数据质量提升、数据资产转化、风险可追溯及业财税深度融合,最终达成增加信息化协同、灵活应对变化、助力税务职能转型的智能税务建设目标。

(3) 成本分析领域:成本管理信息化的顶层设计目标是围绕公司的整体战略,统筹生产一致,打造卓越制造,华润雪花啤酒以工业互联网平台和 MDCS 为基础,通过集成或内化 Erp 等工厂应用系统,实现生产智能的信息系统布局。华润雪花啤酒成本分析流程如图 C24-5 所示。

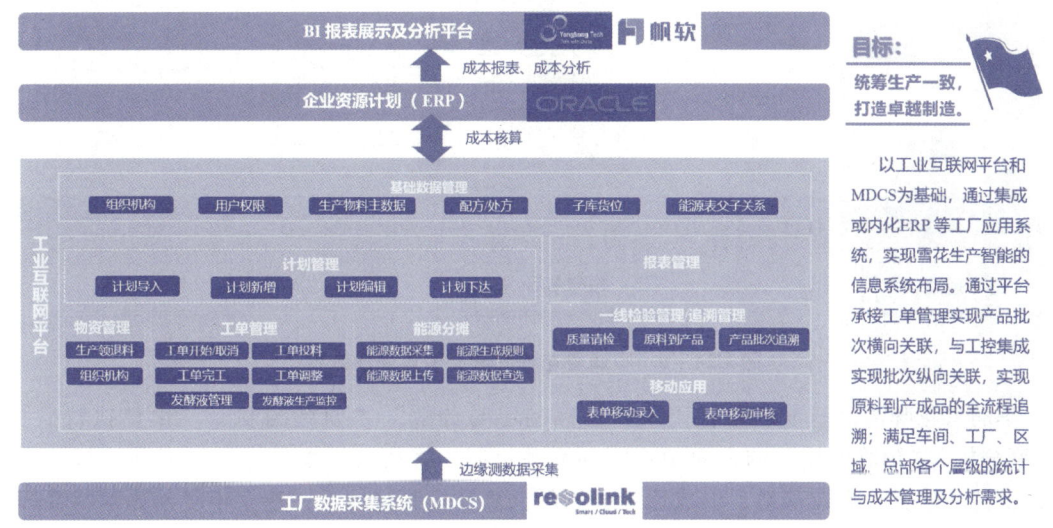

图 C24-5 华润雪花啤酒成本分析流程

华润雪花啤酒延伸至业务端开始,由平台承接工单管理实现产品批次横向关联,与工控集成实现批次纵向关联,实现原料到产成品的全流程追溯,最终建立纵深一体化、业财统一的成本管理生态圈,并通过 BI 报表分析平台展示,满足车间、工厂、区域、总部各个层级的统计与成本管理及分析需求。

3. 亮点

华润雪花啤酒以战略目标为基础,结合各部门业务计划编制详细业务预算,财务部根据各部门的业务预算,结合财务预算逐级加工、汇总形成公司的全年预算,并将年度预算纳入业绩考核,并通过日常预算执行监控分析及时反馈预算执行情况,确保年度预算目标达成。

华润雪花啤酒开展数据治理、统一标准,明确关键业务指标和财务指标相关定义及业务实质说明,建立关键业务指标财务口径数据和业务口径数据的管理标准,统一拉通财务口径与业务口径;提高预算管控信息化水平,改善当前以线下手工进行管控的方式,提高效率及管控力度;建立业务预算系统,提升系统适用性,建立营销预算系统,提升业财融合,减轻财务预算系统负担,补充预算分析系统能力,支持多种维度数据灵活组合分析;规划生产营运预算系统,进一步提升业财协同,实现全链条业财预算贯通;财务共享中心专业化运维,财务共享中心承接预算系统专业化运维管理,建立运维服务标准体系,及时准确优化预算模板和规则逻辑,减少沟通成本,提升响应速度,更好满足业务预算管理需求。华润雪花啤酒全面预算管理体系如图 C24 - 6 所示。

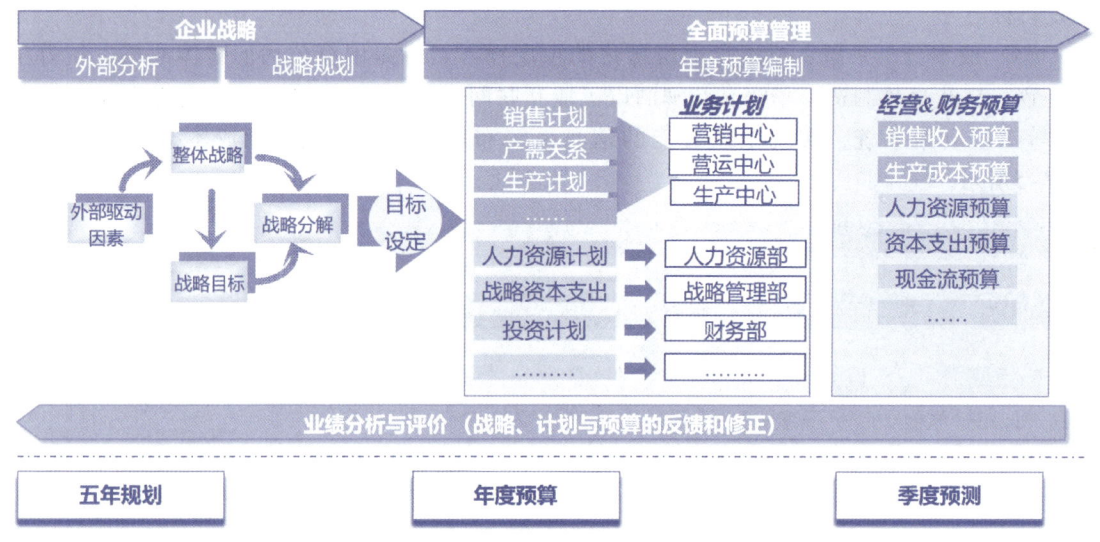

图 C24 - 6　华润雪花啤酒全面预算管理体系

华润雪花啤酒已基本形成了"预算目标制定与分解""预算编制""预算执行监控""预算分析""预算考核"的全面预算闭环管理机制。将战略规划目标与年度预算目标相衔接,支持战略目标有效落地,形成逐级分解的预算目标制定体系;建立年度预算编制管理体系,统一预算编制模板,实现预算编制系统化;各预算责任单位重视预算执行监控,定期跟踪分析预算目标完成情况;预算分析内容较完整,分析内容涵盖预算考核指标、业务及财务指标,分析方法包括预实分析、趋势分析和因素分析等;将预算目标执行结果纳入各预算责任单位绩效考核,通过将战略考核和预算考核衔接,加强预算目标执行刚性。

4. 启示

在华润雪花啤酒财务数字化的过程中,其顶层设计思路和相关部门深度参与值得其他企业深入学习。华润雪花啤酒在信息化升级顶层设计的筹备阶段,内部便设立了顶层设计项目组,其下划分诸多"专业组",将生产、供应链、营销、人力、财务、行政等职能部门分别设置专业组,从调研参与到汇报,基本上每个部门都会参与进来,包括讨论、设计以及确认等。对于相关部门深度参与华润雪花啤酒的财务数智化项目建设,并且在华润雪花啤酒的组织架构里专门成立财务信息化组,既懂财务又懂信息化,财务信息化组作为财务和信息化之间的一个重要桥梁,助力财务数字化的实现。

C25 海螺水泥：以生产数智化体系促进全面预算管理

安徽海螺水泥股份有限公司（以下简称"海螺水泥"）成立于1997年并于当年在香港主板上市，2002年回归A股主板上市，是水泥行业首家"A+H"上市公司。海螺水泥坚持走"国际化、智能化、绿色化"的高质量发展道路，下属400余家子公司，布局印度尼西亚、老挝、缅甸、柬埔寨、乌兹别克斯坦等海外国家和地区，员工5万余人。经过多年发展，海螺水泥形成以水泥产业为主，涉及环保、新能源、新型建材、数字产业、国际贸易、碳资产管理等多个领域的产业格局。凭借良好的经营业绩和资本市场表现，海螺水泥获得世界建材行业最高国际信用评级（标普A、惠誉A、穆迪A2），造就了"世界水泥看中国，中国水泥看海螺"的美誉。

1. 背景

水泥行业具有一些典型特点：一是属于资本密集型产业，投资回收周期较长且目前产能过剩情况较为突出；二是高耗能产业，易受环保政策影响；三是销售半径较窄，运输范围基本上在两百千米以内，水泥产品不能长期保存；四是市场竞争十分激烈，行业集中度低，前十大巨头企业在全国占有率也只有50%~60%。这些具有挑战性的行业特点，以及海螺水泥自身沿长江从上往下布局的T型发展战略，导致海螺水泥在集团化管控方面的需求非常高，要统一整合国内20多个省市地区以及海外东南亚、中亚等海外国家的跨区域资源统筹，对资金和成本等进行统一管控，对各公司、工厂实行扁平化管理，实现快速决策以适应市场的变化。

在此背景下，海螺水泥在"十四五"期间提出"创新引领、数字赋能、绿色转型"十二字战略方针，对传统财务领域也提出了对应的转型要求。在进一步的发展需求之下，海螺水泥的传统财务模式存在一些明显的痛点：第一，财务和业务没有完成深度融合，不同的业务系统、财务系统和不同的管理部门之间形成很多数据孤岛，数据在每个部门、每个环节之间都要经过再加工、再处理，浪费了很多资源，不利于数据的准确使用。第二，传统财务人工处理的数据量非常大，重复工作多，效率低的同时难以避免错误。第三，传统财务的事后核算数据时效性和可视化成都不高，不利于企业针对市场和金融形势快速应变。很多数据财务能看到，但经营管理部门甚至公司高层看不到。管理者通过财务分析报告看到的结果只能是，再漂亮的财务语言也无法还原到业务语言。海螺水泥现在要求财务人员不能写财务分析报告，而是写经营管理报告，要用业务语言把财务指标的变化展现出来。第四，传统核算财务的事后治理模式，导致数据的前瞻性、预测性程度不高，跟不上市场应变的机制需求和政策要求。

基于这些痛点，海螺水泥财务转型致力于对海螺水泥的制度、流程、架构和数据资源进行整合，进而挖掘和优化资金预算管理、财务风险控制管理等一系列管理结构，推动公司进一步发展和价值的再提升。海螺水泥遵循的财务转型路线如图C25-1所示。这个转型的过程需要面对很多系统性挑战，包括人才的更换、准备、储备，包括数据的筛选、治理，包括财务的和业务的融合衔接、对接，还包括技术应用和流程的再造。

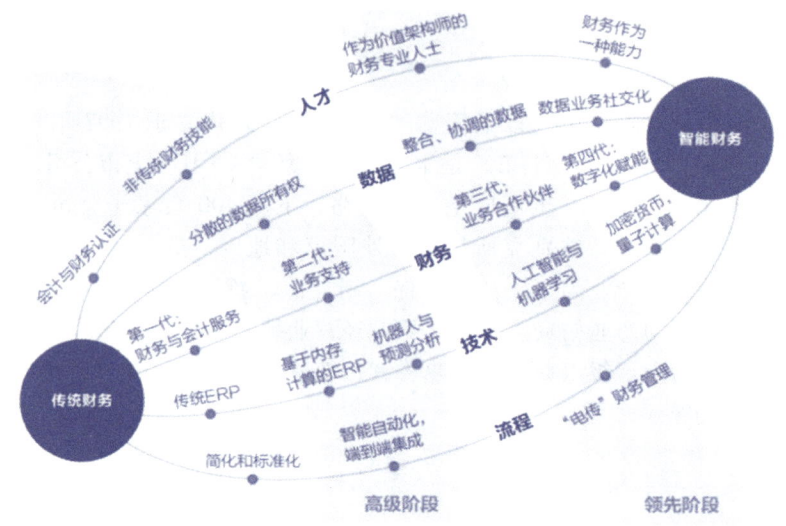

图C25-1 海螺水泥遵循的财务转型路线

2. 举措

海螺水泥通过四个阶段的发展，逐步建立了一个自己的财务管理体系：

（1）单一工厂阶段主要是传统的会计电算化，每个工厂也是孤立的，与其他工厂没有打通。

（2）集团公司建立之后，电算化已经不再适用，在2010年左右建成了集中财务信息系统。集中财务管理不但是核算的集中，更重要的是管理的集中，特别是资金管理方式、担保管理方式、资产管理方式，就是把它变成一个集中化的应用集合资源。

（3）随着国外公司成立之后，需要按照不同国家建立不同的财务管理标准。财务管理工作横向上需要与业务部门进行业财融合，纵向上要跟预算进行对比。核算的最终数据再漂亮，如果没有预算目标，没有对比分析，就无法进一步挖掘数据价值。在这个过程中，随着数字化技术的更多应用，特别是在业财融合的方面，海螺水泥进一步引入了全面预算的技术，将预算管理和传统的财务核算管理进行了有机结合，构建了业财融合的全面信息管理平台。

（4）在此基础上，海螺水泥2017年打造了水泥行业的首个全流程水泥智能制造工厂。智能工厂通过一系列的数字化手段，对传统的设备管理和生产管理进行整合，把传统的生产模型重新搭建起来。在生产环节实现自动化之后，就需要把生产数据、经营数据、财务数据进行贯通，进一步构造海螺智慧运营管理平台，深入运用管理会计思想，将制造业的成本管理由事后的成本结果转变为事前的成本预测。

海螺水泥一开始就是做集中财务管理,所以财务共享服务中心建设较迟。水泥行业是制造工厂,关键在于成本,因此海螺水泥一直把财务人员放在一线,不单是做核算,还深入到各个业务环节(参与招投标的监督、市场调研、合同评审、业务的监督检查等),同时兼任很多内控工作(包括兼任国企纪委的工作)。随着智能制造工厂的建立、管理会计思想深入之后,海螺水泥从2022年开始建设共享服务中心,但建设目标不同于传统的共享中心,而是直接将其打造成数据分析中心、价值赋能中心。海螺水泥的财务数字化转型进程如图C25-2所示。海螺水泥的财务大数据平台架构如图C25-3所示。通过建设财务大数据平台,规范数据标准,统一数据口径,开发数据模型,构建数据资产,结合数据质量与数据安全管理,对外提供统一的数据指标模型,让企业的所有经营数据都能展现出来,及时放到会议室、放到领导桌子上,促使领导通过这些数据去主动管理。为了保障大数据平台数据标准的统一,海螺水泥搭建了一些体系,包括重构财务组织架构体系、预算管理体系、资金管理体系和风险合规管理体系,海螺水泥的财务数字化转型体系如图C25-4所示。

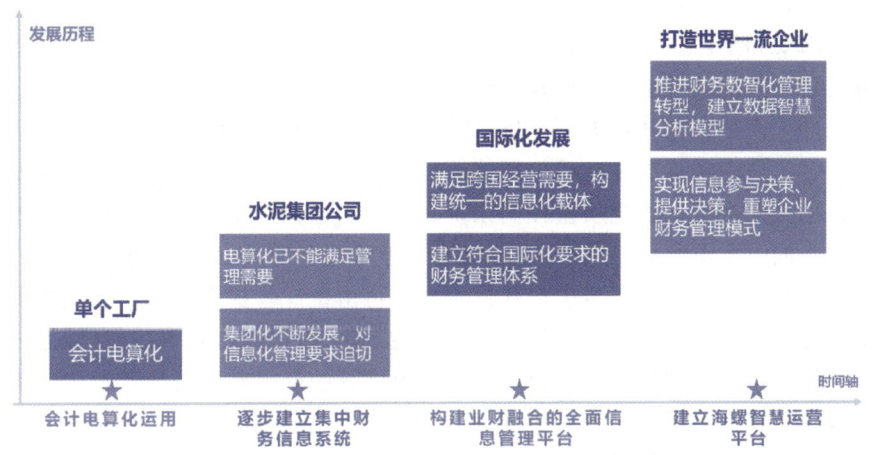

图 C25-2　海螺水泥的财务数字化转型进程

图 C25-3　海螺水泥的财务大数据平台架构

图 C25-4 海螺水泥的财务数字化转型体系

3. 亮点

由于预算需要和生产、经营、销售、财务结合起来，海螺水泥在建设智能制造工厂、数字化矿山智能管理系统的基础上，搭建了全面预算管理系统。

海螺水泥的生产数智化体系如图 C25-5 所示。厂区通过多个生产智能管理系统来保证生产的正常运转，其中包括数字化矿山智能管理系统、能源管理系统、设备管理及辅助巡检系统、专家自动操作系统、智能质量控制系统、生产制造执行系统、营销物流管理系统、无人值守系统等。同时全流程智能工厂具备现场三维可视化管理工具，可采集设备的标准数据。这些系统实时生产数据传输至生产数据中心，再由生产管控平台分到各应用子系统进行分析，达到优化调度、成本分析、质量控制和节能减排分析等目的，促进良性循环。数字化生产系统产生的数据是实物量数据，而对企业价值增减的衡量判断需要通过价值量数据，财务领域称为货币化数据。为了实现企业管理计划的统一性和整体性，提升企业价值，海螺水泥按照以下逻辑建立了全面预算管理，如图 C25-6 所示。

图 C25-5 海螺水泥的生产数智化体系

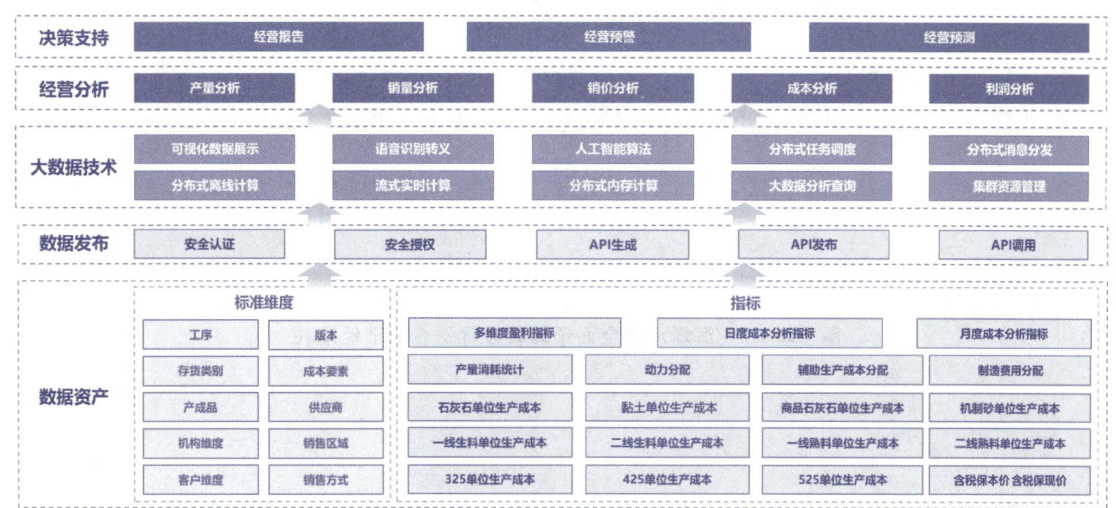

图 C25-6 海螺水泥的全面预算管理

第一,通过生产数据中心整合厂区的各种生产数智化系统,采集吸收其中的实物量数据(比如吨位数、度电数);

第二,通过一定的数据建模(包括物价)计算出货币化数据,形成数据资产以便用价值量指标衡量出企业的价值提升与否;

第三,对这些数据资产进行再分析、再利用,通过不同维度的识别计算出不同的消耗数据,通过一些指标计算出成本数据,搭建统一的财务核算平台,最终通过大数据存储及分析计算、人工智能算法等技术,实现运营协同、智能分析、辅助决策、实时展现预算执行情况,展现整体经营情况。

即时成本管理是全面预算管理中很重要的一个板块,由四个部分组成。日产量数据自动采集 DCS 系统、MES 系统等生产数据,所有日产量数据推送智慧运营平台;日物料消耗自动采集矿山智慧加油、MES 系统、DCS 系统、供应链系统等数据,与智慧运营平台实现互联互通,支撑即时成本计算;日能耗数据通过能管系统自动分配分部门、分工序用电量数据,直接推送智慧运营平台,计算各生产工序能耗情况;日动力成本通过设置峰谷平电价计算模型,自动生成动力日成本分配表,月度生成动力成本分配表。通过智慧运营管理平台,BI 可以做到自动计算即时成本、收入、利润并每日定时推送短信。可视化管理功能对指标异常变化及时提示预警,过程中进行干预,确保指标受控。智慧运营平台每月自动采集产量、消耗、费用分配等正式数据,生成月度成本计算表,推送至财务系统自动生成分配和结转凭证,取消人工计算环节,工作效能和工作质量大幅提升。

海螺水泥财务数智化转型带来的直接成果是业务审核工作量下降 50%~60%,核算统计工作量下降 80% 以上,手工制证(单家工厂)减少 600 余张。从经济效益来看,单家智能工厂各类资源消耗下降及劳动生产率提升带来了巨大的直接效益,具体如图 C25-7 所示。年减少用电 578 万度,节约标煤 4680 吨,降低柴油消耗 61 吨,减排二氧化碳 1.8 万吨,共约 1800 万元/年。

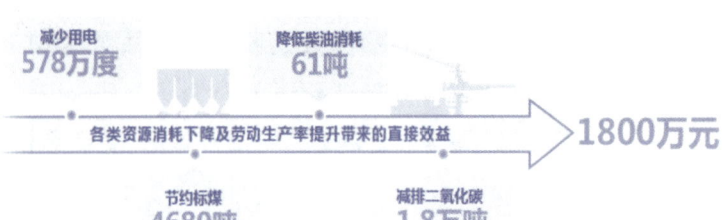

图 C25 -7 海螺水泥全面预算管理促进企业节能降耗

4. 启示

海螺集团财务数智化转型工作紧密围绕高度管控的经营管理需求展开，管理集中的思想贯穿财务数字化建设的全过程，在业财融合精神的指引下，以建立健全业务数字化系统为基础，实现财务数字化的成功转型和数据赋能。

在管理集中思想方面：海螺集团早期建设的集中财务信息系统类似于财务共享中心，不仅集中了财务核算，更重要的是集中了资金、资产、担保等管理方式，早期就蕴含了财务管理的初步思想。

在业财数据驱动方面：海螺集团在数字化技术获得更多应用之后，开始创建智能工厂和各类数字化智能生产系统，业务数字化逐步实现。业务数字化为业财融合全面信息系统的建设提供了基础，在此基础上海螺集团得以直接建设数据共享中心和智慧运营平台，全面预算管理、资金集中管理与风控合规管理系统的建设推动着财务数智化转型不断前进，降本增效提质成果显著，持续提升海螺集团的资源利用和管控能力。

C26 海尔集团:"人单合一"模式下的全球共享服务模式

海尔集团创立于1984年,是全球领先的美好生活和数字化转型解决方案服务商。海尔集团聚焦实体经济,布局智慧住居和产业互联网两大主赛道,建设高端品牌、场景品牌与生态品牌,以科技创新为全球用户定制智慧生活,助推企业实现数字化转型,助力经济社会高质量发展、可持续发展。

海尔集团拥有四家上市公司,在全球设立了10+N创新生态体系、71个研究院、35个工业园、138个制造中心和23万个销售网络。海尔集团品牌价值达5123.06亿元,拥有七大①全球化高端品牌和全球首个智慧家庭场景品牌三翼鸟(THREE-WINGED-BIRD),构建了引领全球的工业互联网平台(卡奥斯COSMOPlat)和物联网大健康生态品牌(盈康一生),连续五年作为全球唯一物联网生态品牌蝉联"BrandZ最具价值全球品牌100强",连续15年稳居"欧睿国际全球大型家电零售量排行榜"第一名。

1. 背景

海尔认为财务战略一定要承接集团战略。如果海尔的战略定位只是做一家白色家电企业,不随时代的脚步转型升级,自然就不需要财务管理的创新突破。因此海尔集团通过发展战略的不断变革,推动了海尔财务组织和管理体系的不断演进。

海尔集团从1984年以来的战略转型经历了六个阶段。第一个阶段(1984~1991年)实施名牌战略,重点是以冰箱为突破口创建第一名牌,自创日事日毕、日清日高等管理方法。第二个阶段(1984~1998年)实施多元化战略,海尔从单品冰箱的名牌运营升级为全系列家电的名牌运营。第三个阶段(1998~2005年)实施国际化战略,海尔通过建立、健全海外经销商网络和售后服务网络,将产品大规模销往全球市场。第四个阶段(2005~2012年)实施全球化品牌战略,海尔开始在当地国家生产并销售,创造属于当地国家的家电品牌。该阶段内海尔集团从2011年开始分别收购了日本三洋家电(主要面向日本、韩国和东南亚市场)、新西兰国宝级家电品牌斐雪派克(主要面向澳大利亚和新西兰市场)、美国通用家电(主要面向南美北美市场)以及意大利Candy(主要面向欧洲市场),最终实现全球化战略布局。第五个阶段(2012~2019年)实施网络化战略,海尔集团通过推进企业的平台化、员工的创客化、用户的个性化,以生态链上的小微群创用户体验场景。做到了企业无边界,管理无领导,供应链无尺度。2019年12月底,第六个阶段开启,实施生态品牌战略,致力

---

① 分别为海尔Haier、卡萨帝Casarte、Leader、GE Appliances、Fisher & Paykel、AQUA、Candy。

于实现从传统的白电企业到引领物联网时代的生态型企业的转型。海尔集团的战略变革如图 C26 -1 所示。

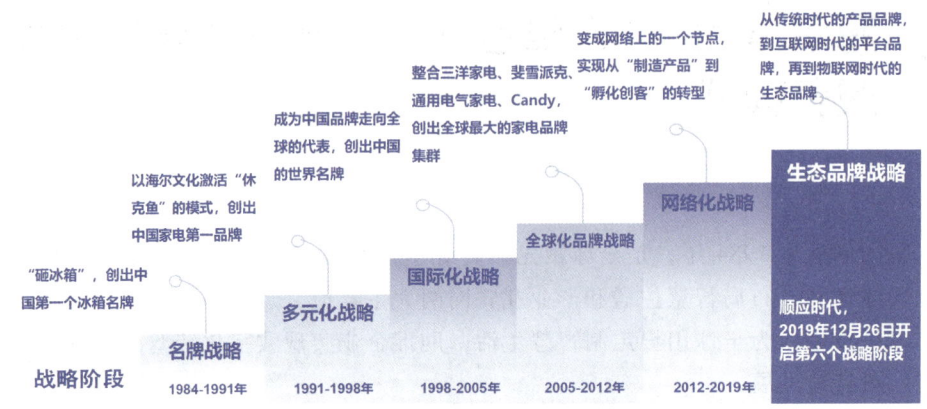

图 C26 -1 海尔集团的战略变革

2005 年至今，海尔集团一直在探索"人单合一"的商业模式，将员工价值与用户价值融合在一起。"人单合一"管理模式中的"人"指的是员工，"单"指的是用户，"合一"就是实现员工价值和用户价值的合一。"人单合一"管理模式充分体现了"人是目的，不是工具"，将用户和员工放在企业价值创造的核心位置。员工并非传统意义的岗位，而是对接用户的节点，有了用户才会有员工，员工直接与用户进行交互，在创造用户价值的同时实现自身价值。这样就使企业成为了创业的平台，其下衍生出 N 个创业主体，每一个主体被称作"小微"，是企业创新的基本单元。

海尔集团从制造企业逐步转型为创业孵化平台的过程中，对企业的财务管理模式提出了巨大的挑战。为了承接人单合一的管理模式与生态品牌战略，海尔财务不断探索变革，用颠覆创新的方式方法提升整个集团在物联网的核心竞争力。

2. 举措

在集团战略变革与"人单合一"商业模式的驱动下，海尔财务的转型经历了三个阶段的演变，在此过程中海尔的三类财务角色各自发挥了不同的作用。

2.1 财务转型演变阶段

（1）"自我革命"阶段（2006～2009 年）。这一阶段内，海尔财务部配合集团流程再造，开启了财务转型。2006 年年底，海尔以共享服务为切入点，将原来管钱、管物、管账的会计型财务组织转型升级为能够规划未来的管理型财务组织。在这期间，海尔全面优化了财务组织、业务流程和信息系统，将 28 条产品线中的 2000 名财务分成三类角色：业务财务、专业财务和共享（核算）财务，并把核算财务做了人员集中，构建了海尔财务共享服务体系。共享初期的核算工作基本在线下完成，比如报销，异地业务人员需要邮寄到青岛共享中心，本地员工则需要统一交单到共享中心来，之后统一审核付款。经过 17 年的迭代发展和数字化转型升级，海尔财务共享实现了服务全场景上云，人均效率年复合增长率更是达到了25%，许多的财务人员从基础的记账核算工作中解放了出来，投入到了财务价值创造的工作中。海尔集团的财务角色价值体系如图C26-2所示。

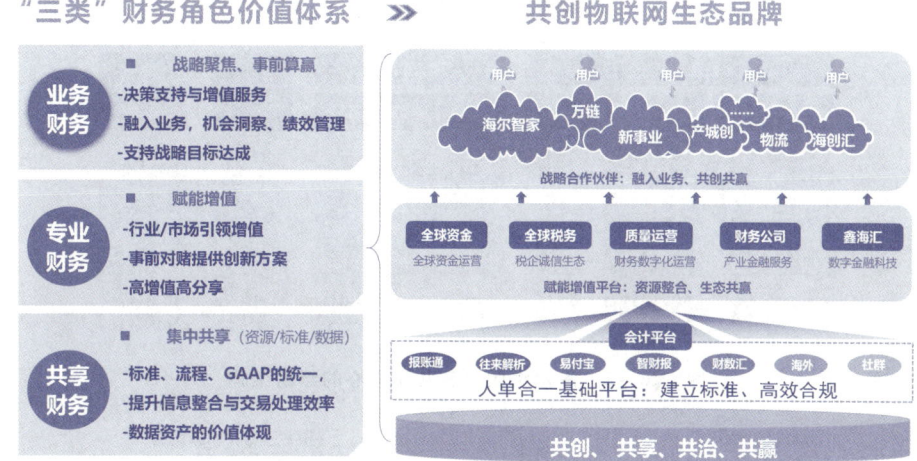

图C26-2 海尔集团的财务角色价值体系

（2）"驱动变革"阶段（2010~2013年）。海尔在这个阶段首创性地提出了"事前算赢"的管理会计体系，使得海尔集团利润复合年增长率达到33%。海尔认为，财务不能事后算账而应该事前算赢，在这个管理会计体系中，海尔实施了E2E管理报表体系，将小微每天的收入、成本、费用、利润全部列入E2E损益表中进行考核。基于财务共享高效运营的支持，海尔财务得以将精力聚焦于经营管理、决策上，做好小微的预算管理、数据分析、事前算赢推进战略落地，给业务提供炮火支援。

（3）"转型引领"阶段（2014年至今）。在生态战略驱动下，海尔集团通过打造体验云赋能小微发展。无论是大共享平台还是财务共享平台，均以"人单合一"管理模式为核心，将集团战略与规则标准以云服务的方式植入业务前端，为小微发展赋能。同时海尔还依据其生态优势，基于物联网范式下的生态价值衡量体系，进行了新的报表迭代，首创了物联网时代企业的第四张表——"共赢增值表"。通过共赢增值表，准确地衡量生态平台的价值增值，并展示价值增值如何在用户、链群、资源方和海尔等攸关方所构成的生态平台之间进行分配共享，促进各方共同进化，助推企业商业模式创新。

2.2 财务共享建设支撑

为了承接不断变革的企业发展战略和人单合一商业发展模式，海尔财务共享组织和系统持续变革升级，先后历经了17年的探索和发展，形成了包含四大模块的组织架构和具备六大竞争力的全球财务共享平台。

四大组织模块：第一个是财享云链群，致力于交易处理；第二个是财赋云链群，致力于增值服务；第三个是数联网，致力于数字化变革，实现财务数智化引领；第四个是共赢增值表研究院，致力于财务管理模式创新探索，如共赢增值表的应用与迭代升级。

另外，全球财务共享平台通过打造模式创新、资源整合、服务定制、生态建设、高效运营、风险管控六方面的竞争力，以创新开放的体系整合行业资源，通过标准化运营、个性化定制、非线性服务,实现用户价值最大化。海尔集团财务共享中心的组织架构如图 C26-3 所示。海尔全球财务共享平台的六大竞争力如图 C26-4 所示。

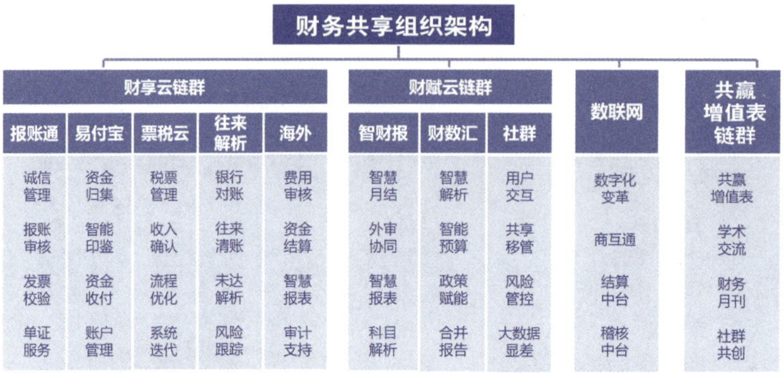

图 C26-3 海尔集团财务共享中心的组织架构

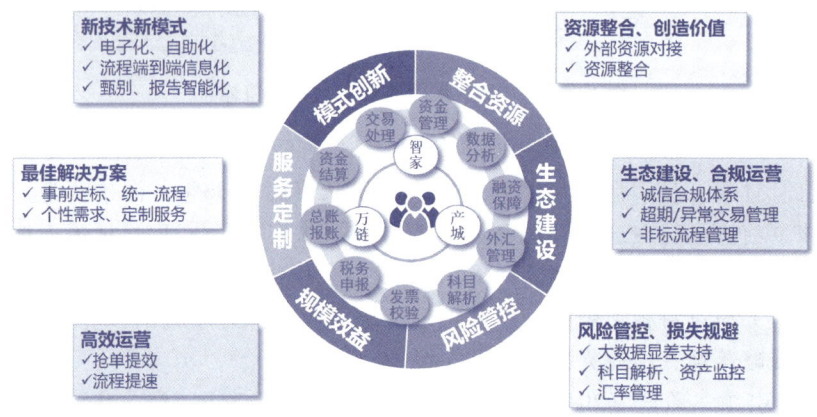

图 C26-4 海尔全球财务共享平台的六大竞争力

基于平台能力,海尔财务共享打造了包括商互通、报账通、票税通等在内的 20 多类数字化产品。其中,海尔结算中台从收、存、管三大类场景实现了用户体验的颠覆,赋能海尔智家 35000 多家专卖店上平台,做到了资金的秒收秒付与统一运营,增强了专卖店与银行的议价能力,降低支付成本的同时提高了资金收益,体现了物联网时代的财务价值创造。海尔财务共享智能化应用如图 C26-5 所示。

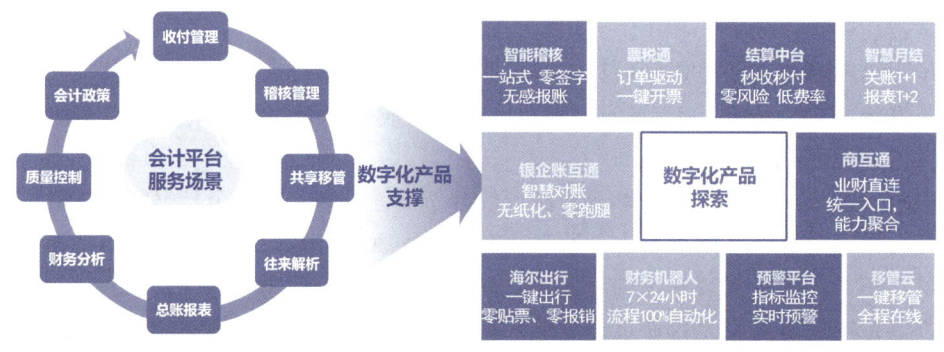

图 C26-5 海尔财务共享智能化应用

3. 亮点

历经 17 年的发展迭代，海尔财务共享构建了八大类核算平台与 64 项核算流程与标准，为集团 4000 多个小微、全球 100 多万业务用户提供了全方位、一站式、定制化的财务共享服务。

新的管理模式下，海尔财务共享成为集团会计人才的培养基地、财务管理人员的成长摇篮。每年都会有多名共享平台的员工抢入集团小微的管理岗位，助力海尔集团在全球的快速发展。

海尔重新定义了财务共享服务的角色与价值：从传统模式下的"交易处理者"，逐步迭代升级为"资金控制者""风险管控者""预算和绩效支持者""资源整合者"，成为企业的"价值创造者"，为海尔集团在物联网时代的创业创新搭建了基础系统、平台和统一规则，有力保障了海尔转型物联网生态、创建物联网生态品牌战略的落地，成为高端品牌、场景品牌和生态品牌增长引领引爆的助燃剂。

海尔财务共享的数字化转型与迭代，获得了行业及国家相关部门的认可，荣获全国企业管理现代化创新成果一等奖、山东省会计工作先进单位在内的 9 项国际大奖与 24 项国内大奖。海尔创新的"第四张表"共赢增值表也荣获众多国内外权威机构及奖项的认可，荣获管理届大奖"拉姆·查兰管理实践奖—全场大奖"，入选 SAGE 国际案例库与工信部管理会计案例集。

自 2008 年开始，海尔财务共享陆续吸引了 9000 多家公司的 22000 多位企业总裁、总监以及中高层管理者到访海尔，学习海尔先进的财务创新管理模式及共享管理模式。

4. 启示

（1）海尔财务变革始终以承接集团战略为目标，从组织转型、流程梳理，信息系统，人才培育等多方面推动变革落地，形成"人单合一"模式下的海尔全球财务共享服务模式。

（2）财务数字化转型与创新离不开财务人员的转型。海尔财务专注于培养高效、协同、创新的复合型财务人才，提供实践的平台与资源，推动财务人员成为企业发展主力军和精英后备。

（3）财务共享平台的建设非一日之功，海尔财务共享秉持"自以为非"的理念，聚焦用户体验以提高创造能力，实现财务共享服务的持续迭代，成为企业颠覆变革的加速器和引领者。

 复星集团：自动化投资助力复星财务数智化转型

复星集团创立于1992年，深耕健康、快乐、富足、智造四大业务板块，为全球家庭客户提供高品质的产品和服务，现已成为一家创新驱动的全球家庭消费产业集团。2007年复星国际在香港联交所主板上市（00656.HK），目前旗下共拥有11家上市公司。2022年总收入达人民币1753.9亿元，公司总资产达人民币8231亿元，在2022年福布斯全球上市公司2000强榜单中列第589位，MSCI ESG评级为AA。全球员工108000名，科创投入89亿元。

大健康产业是复星生态系统的支柱板块，包括复星医药、宝宝树与复宏汉霖，业务覆盖药品制造与研发、医疗服务、医疗器械与医学诊断、医药分销与零售、健康险与健康管理、健康消费品等。秉承"中国动力嫁接全球资源"的理念，复星积极推进旅游、文化、时尚、娱乐、影视等快乐产业发展，有豫园股份、舍得酒业、金徽酒等。复星富足业务包括保险及金融、投资、蜂巢地产三个板块，有葡萄牙、德国最大私人银行与葡萄牙最大的保险公司。智造板块有捷威动力、万盛股份、FFT集团与杭绍台铁路。复星在全球深度布局了保险、银行、证券、资产管理等众多金融类业务，并在近年加快布局以前沿科技为核心驱动的新型金融行业。复星深度践行C2M模式，在全球布局数智化科技，赋能工业制造，致力于打造柔性数字化供应链。

1. 背景

随着复星集团规模迅速扩张，形成多元快速发展格局，财务运营决策等方面要求提高，复星集团也面临以下几个问题：一是复星集团国际化和国内业务扩张较快，目前的财务管理体系和管理水平已无法满足集团快速发展需求。财务不共享不集中致使集团缺少规模效应，难以实现专业化分工。集团缺乏数字化难以触及全球化，也难以提升财务运营效率和运营管控能力，同时财务需求质量需要依赖数字化能力的提升。二是复星集团旗下企业和被投企业分布较广，财务和业务连接不强，存在脱节情况，需要通过财务共享打通业务端和财务端。同时公司年报公布速度较慢，可能存在不满足外部监管机构要求的问题。

复星致力于财务数智化转型，打造一个具有全球网络、专业、深度的财务团队，持续提升财务管控、资源配置和价值创造能力，共有五大价值转型目标。第一个目标是成为高度智能化的财务核算中心，通过打造智能数字化平台和财务机器人等高度智能化的财税产品，实现全数字化的自动财务流程处理，赋能降本增效落地，成为国内智能财务的领先实践和标杆。第二个目标是成为智能化财务风控中心，通过将财务风控要点嵌入自动化流程中，实时支撑全公司及业务单元的财务风险预警与风险控制。第三个目标是成为财务预算大数据支持中心，通过业财一体化的财务数据中台建设，聚集财务大数据，为合并报告团队和业财团队

提供快速高质量的数据支持。第四个目标是成为财经人才骨干的黄埔军校,吸引中高端财经人才资源加盟,建立财经人才梯队,支撑未来集团收入目标实现。第五个目标是成为财务价值对外输出中心,对外输出复星先进的财务共享服务模式,协助其他企业打造财务共享中心并提供先进智能化产品,创造市场化价值。

2. 举措

复星集团在财务组织结构方面,除了CFO、联席CFO外,主要分成以下六大部门:财务管理部、财务数字化、投资者关系部、资金管理部、税务管理部和财务HR管理部门。例如,财务管理部的会计政策、会计报告、预算分析、国际财务底层数据的核算以及标准化报表,均在复星财务共享服务中心处理。具体来看,财务共享可以分以下两个部分,第一部分是财务服务中心负责整个财务机构运营及内部资金融通;第二部分是专业深度的财务BP团队,目前复星集团已形成相对成熟的三位一体的财务的转型。复星集团的财务组织结构如图C27-1所示。

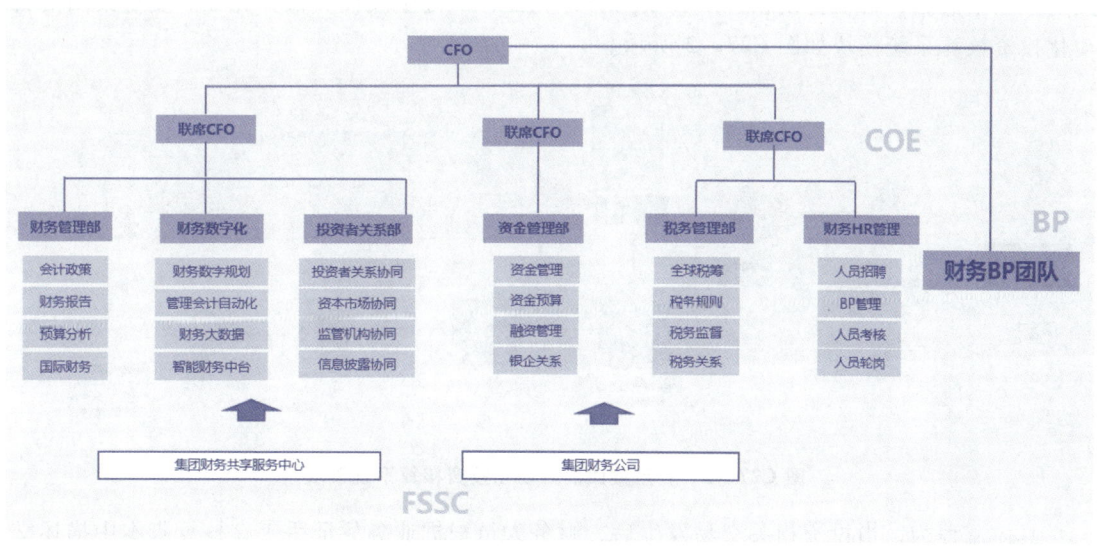

图 C27-1 复星集团的财务组织结构

复星集团的财务数智化转型主要有以下三个方面:

(1) 财务职能转型。近几年,复星集团财务职能逐步从以管控为主转向以赋能为主的职能。以助力业务发展、助力精细化管理为目标,相关人员均作为集团财务赋能对象,包括内部员工、子核心企业、事业部、客户和供应商等。

(2) 建立三位一体财务组织。从战略、财务出发设计复星集团整个战略规划、资本运作以及顶层设计。复星集团转型后主要以服务为导向,具体包括财务运营共享、业务财务BP和COE等。与此同时,复星集团实施财务阿米巴模式,在总部层面,对核算等层面进行区分,建立智能财务中台支持体系支持业务和财务的融合,以及财务内部高效机械化的运营,大幅提高了集团运营效率。

（3）建设财务共享服务中心。财务共享服务中心服务的行业遍布整个复星下属的所有产业，包括零售快消、证券保险、金融、地产基金、互联网制造业、健康医疗、文化和文化旅游等行业。同时覆盖了国内主要省域和部分偏远地区以及东南亚、美洲、南美和欧洲国家，服务专业链较全。复星集团的财务共享服务中心为整个集团提供了更精准的数据，同时达到降本增效和风险控制管理的目标。

3. 亮点

结合复星集团自身的业务特性以及会计准则多变性这一外部因素，投资核算业务是复星集团的痛点之一。该业务依赖特定人的财务专业知识进行核算，但如果人员离职或调岗，相关投资业务核算会受到较大影响。因此，为了实现在保证核算准确性的基础上减少人工工作量以及操作难度的目标，复星集团设计了投资会计核算模块。

复星集团的自动化投资核算系统模块将国际与国内投资核算的会计规则内嵌在平台模块中，为每一个场景投资类别制定专用投资模板，内置对应计算和映射逻辑。通过前端录入相关财务基础数据，自动将模板性质转换为会计凭证，一键生成投资核算凭证。复星集团的自动化投资核算系统模块如图 C27-2 所示。

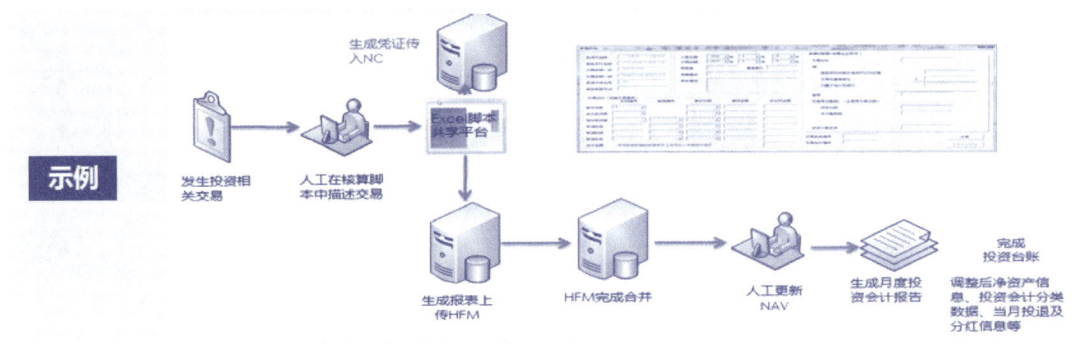

图 C27-2　复星集团的自动化投资核算系统模块

具体流程为，当投资相关交易发生后，财务人员根据业务凭证手工在核算脚本中描述交易。数据通过接口传入 Excel 脚本共享平台，共享平台根据接口传入数据，调用会计引擎、通用模板以及专用模板等功能模块执行数据处理。数据处理完毕后生成核算凭证推送至 NC，并且生成余额表上传至财务合并系统 HFM 中。通过 HFM 自有功能完成合并后，再由人工更新相关资产净值（NAV）即可生成月度投资会计报告。除了输出必要的投资台账之外，股数、股比、公允价值及增值税口径的成本等信息也能够展示。自动化投资核算系统模块的创新及实现，大大提升了投资会计核算效率，使相关数据支持一键查询，打通了从投管到会计核算的数据通道。

4. 启示

复星集团在财务数智化转型过程中，以财务战略为基本底座，通过业务财务的有效融合，赋能企业整体快速扩张。同时建立协同式共享中心，服务于全球产业运营生态并且设置财务风控的第1.5道防线保障集团运营。

此外，复星集团根据自身业务痛点和需求，开发了自动化投资核算系统模块，将国际与国内投资核算的会计规则嵌在平台中，通过录入相关数据，自动一键生成投资核算凭证，大幅降低集团的核算成本，提升了业务效率，提供了更精准的数据，为集团决策提供数据支持，同时也进一步推进复星集团的财务数智化转型。

C28 科大讯飞："AI + IT"推动财务共享转型

科大讯飞股份有限公司（以下简称"科大讯飞"）成立于1999年，一直致力于智能语音、自然语言理解、计算机视觉、机器学习推理、机器翻译等核心技术研究，并保持国际前沿技术水平。科大讯飞积极推动人工智能产品和行业应用落地，致力让机器"能听会说，能理解会思考，用人工智能建设美好世界"。2008年科大讯飞在深交所挂牌上市（股票代码：002230）。

1. 背景

作为技术创新型企业，科大讯飞坚持源头核心技术创新，多次在语音识别、语音合成、机器翻译、图文识别、图像理解、阅读理解、机器推理等各项国际评测中取得佳绩。两次荣获"国家科技进步奖"及中国信息产业自主创新荣誉"信息产业重大技术发明奖"，被任命为中文语音交互技术标准工作组组长单位，牵头制定中文语音技术标准。科大讯飞还获得以下荣誉：首批国家新一代人工智能开放创新平台、语音及语言信息处理国家工程实验室、认知智能国家重点实验室、国家863计划成果产业化基地、国家智能语音高新技术产业化基地、国家规划布局内重点软件企业、国家高技术产业化示范工程等。

科大讯飞坚持"平台+赛道"的发展战略。基于拥有自主知识产权的核心技术，2010年，科大讯飞在业界发布以智能语音和人机交互为核心的人工智能开放平台——讯飞开放平台，为开发者提供一站式人工智能解决方案。截至2023年12月31日，讯飞开放平台已开放647项AI产品及能力，聚集超过578.5万开发者团队，总应用数超过217.0万，累计覆盖终端设备数超过39.6亿，AI大学堂学员总量达到76.3万，链接超过500万生态伙伴，以科大讯飞为中心的人工智能产业生态持续构建。

在平台基础上，科大讯飞持续拓展行业赛道，现已推出覆盖多个行业的智能产品及服务，推动在智慧教育、智慧医疗、智慧城市、智慧司法、金融科技、智能汽车、运营商、消费者等领域的深度应用，TO B + TO C双轮驱动成果显现。

基于拥有自主知识产权的核心技术，2010年，科大讯飞在业界发布以智能语音和人机交互为核心的人工智能开放平台——讯飞开放平台，为开发者提供一站式人工智能解决方案。2016年，科大讯飞发布讯飞翻译；2017年，科技部公布科大讯飞是首批新一代的国家人工智能开放平台；2018年，科大讯飞机器翻译系统参加CATTI全国翻译专业资格科研测试，达到专业译员水平；2019年，科大讯飞新一代语音翻译关键技术及系统获得世界人工智能大会最高荣誉SAIL应用奖；2020年，科大讯飞认知智能国家重点实验室团队获得中国青年最高勋章——"中国青年五四奖章"。2021年，科大讯飞"语音识别方法及系统"发明专利荣获第二十二届中国专利金奖。2022 年 8 月 25 日,科大讯飞入选 2022 年 BrandZ 最具价值中国品牌 100 强排行榜,以 41.61 亿美元的品牌价值位列第 53 名。2023 年 5 月 6 日,科大讯飞发布新一代认知智能大模型——讯飞星火认知大模型,拥有跨领域的知识和语言理解能力,能够基于自然对话方式理解与执行任务,从海量数据和大规模知识中持续进化,实现从提出、规划到解决问题的全流程闭环。整体布局为"1 + N"体系。其中,"1"是指通用认知智能大模型;"N"就是大模型在教育、办公、汽车、人机交互等各个领域的落地。

科大讯飞董事长刘庆峰表示,数字化转型将为人工智能产业发展带来新机遇。在"十四五"时期,科大讯飞将充分发挥人工智能技术优势,以系统性创新解决社会刚需,加快一批标杆项目应用落地,赋能传统产业转型升级,为实现数字经济高质量发展提供支撑。

2. 举措

科大讯飞财务共享中心建设按照三个发展阶段分步推进。

第一阶段,形成财务三驾马车体系,启动财务共享转型。2014 年科大讯飞开首次开展业财融合试点工作,2017 年科大讯飞财务中心正式成立共享财务、业务财务两大部门。2018 年,科大讯飞成立专业财务部。逐渐搭建共享财务、业务财务、专业财务的"三驾马车"财务管理体系,各一级组织分工协作,通过决策支持、风险管控、价值创造开展各项财务工作。科大讯飞财务中心组织架构如图 C28 - 1 所示。

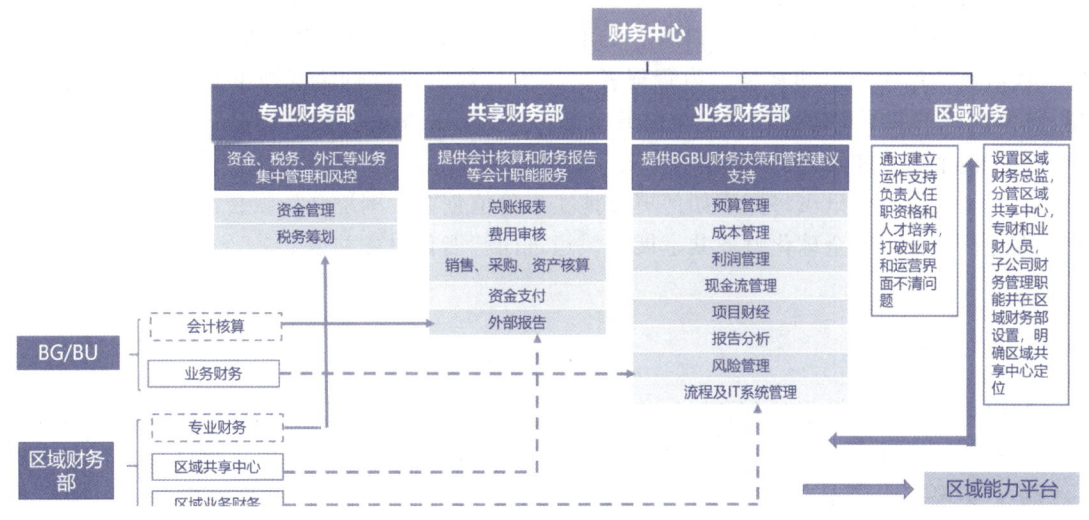

图 C28 - 1 科大讯飞财务中心组织架构

第二阶段,完成建设财务共享中心。基于集团在全国区域业务布局,为更快响应区域业务需求,科大讯飞围绕总部 + 区域共享组织布局,建立"1 + 3"区域共享。合肥和区域共享中心主要负责资金结算、财务审核、往来管理、总账核算等各模块工作运转,提供标准化的财务报告及作业服务,合肥共享中心作为总部同时承担共享服务的监督及相关财务规范制定的职能。科大讯飞共享中心定位及发展规划如图 C28 - 2 所示。

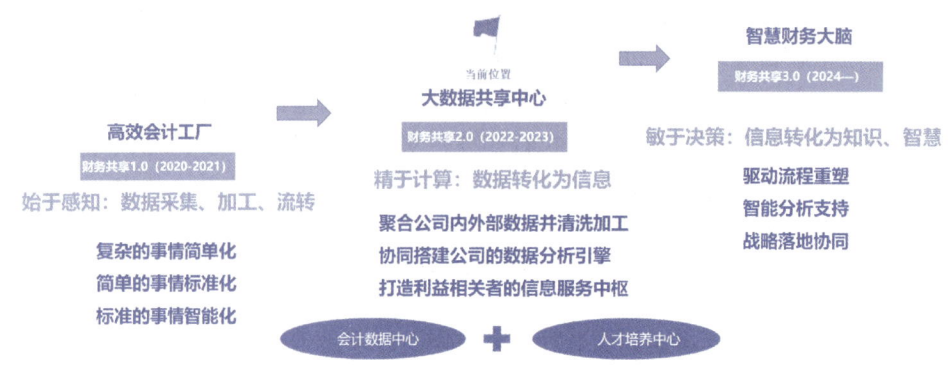

图 C28-2　科大讯飞共享中心定位及发展规划

（1）财务共享1.0时代。2019年，科大讯飞开始搭建共享中心，共享中心在一阶段的定位是高效会计工厂。通过统一标准化业务流程体系搭建、质量监控、绩效管理、咨询服务和人才培养等内部运营体系的搭建，推进信息化、自动化、智能化等信息系统。2020~2021年，科大讯飞正式完成整个共享中心建设，完成数据采集、加工和流转，实现所有财务共享服务作业集中在共享中心的操作，为业财和专财提供支撑。

（2）财务共享2.0时代。2.0时代的共享中心定位变成成为大数据共享中心，将会计数据转化为有效信息。将公司内外部财务作为重要连接，把内外部数据聚合起来再加工清洗，形成并协同搭建公司数据分析引擎，使共享中心成为信息服务中枢。

（3）财务共享3.0时代。2024年后，科大讯飞的目标是建设财务智慧大脑。共享中心将有效信息转化为知识和智慧，为管理者提供更有效决策、驱动流程重塑、支持智能分析等。3.0时代的共享中心定位为整个财务中心的会计数据中心，同时也是科大讯飞的人才培养中心，使企业人才发展更全面。

第三阶段，科大讯飞将探索如何更好地实现价值创造。围绕全场景智能财务产品、标准化数据分析服务以及全球化财务共享展开，迈进向智能化财务共享。

3. 亮点

2019年，科大讯飞首次提出AI+IT战略，坚定不移落实用人工智能和IT技术以提升经营管理水平。2021年，提出"十四五"期间奋斗目标：到2025年，通过根据地业务和系统性创新，实现"十亿用户、千亿收入、万亿生态"。基于AI+IT的发展战略，通过"数据驱动、AI赋能、全面联接"，深入推进数智化升级，为公司的业务发展持续赋能。

科大讯飞财务中心积极贯彻AI+IT战略，开启智能财务探索。通过多轮调研与路径研究，集成公司先进AI技术与财务中心丰富场景结合，打造讯飞特色的智能财务建设，规划建设报账机器人、会计机器人、财务机器人等一系列智能财务应用，提高财务工作效率与质量，为公司经营管理提供支持。

（1）报账机器人。报账机器人主要用来解决在传统对公和对私报账方式下，报销过程长、管控力度弹性不足及单据错误率高等共性问题。通过借助感知智能技术、规范业务流程、建立标准制度、强化人机交互模式，落地智能填报、智能审批、智能审核、智能问答、自动支付及机制凭证等整体解决方案,降低会计人员的重复基础性工作,从事更需社交洞察能力、谈判交涉能力和创造性思维等的工作。

报账机器人业务范围涵盖讯飞所有报账流程,如图 C28-3 所示。有效支撑了借款业务、差旅报销、员工对私报销、对公报销、外币报销业务、物资报销业务(与 SAP 采购模块集成)等各类流程。科大讯飞的报账机器人目前已覆盖了集团 200 多家分子公司,1.8 万用户。员工填单效率由以前 20 分钟每单缩减至 6 分钟每单,财务审单差错率由以前每月 11.64% 下降到 3.8%,基于员工填单、财务对私和对公的审核提效带来的年节约成本约 2000 万元,实现了降本增效。

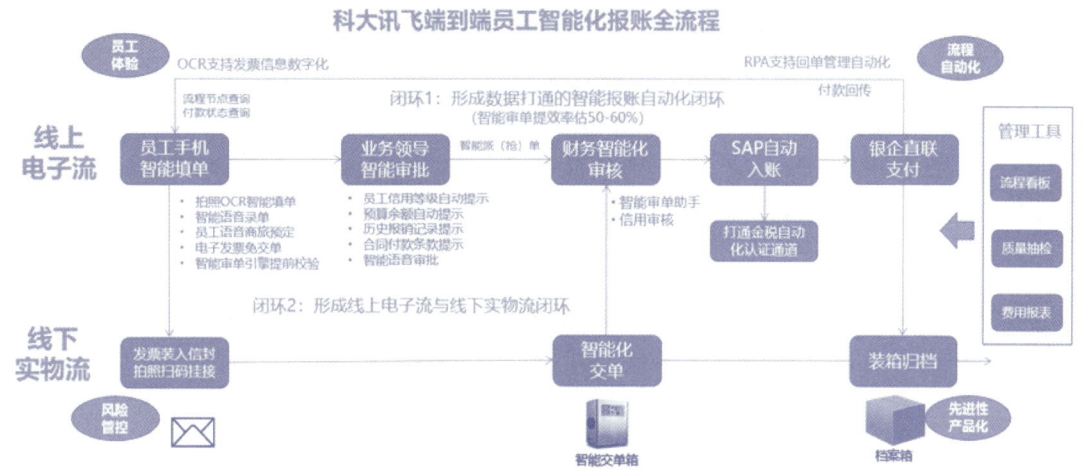

图 C28-3 科大讯飞端到端员工智能化报账全流程

(2)会计机器人。会计机器人主要应用于财务会计场景下,使用认知智能技术,让机器人基于核算过程、各种会计领域的专业知识,建立具体场景下账务处理模型,进行大量数据学习模拟训练,使之具备中级会计师专业水平,最终达到能基于对会计准则、公司的各种财务管理制度理解,处理全盘账务的能力,降低公司财务核算的工作强度。

(3)财务机器人。财务机器人主要应用于管理会计场景下,期望通过认知智能技术实现企业管理在规划、控制、分析和预测等方面的支持与落地,辅助企业的 CFO、COO 和 CEO 进行管理决策。

4. 启示

讯飞财务共享中心建设经历了从组织的物理集中到流程制度的标准化,再到智能化数字化转型的过程。财务中心积极贯彻集团 AI+IT 战略,通过先进的 AI 技术,与财务中心丰富的场景结合,打造讯飞特色的智能财务建设,通过规划报账机器人、会计机器人、财务机器人的建设,更好地助力了财务共享中心转型。

未来科大讯飞财务智能化建设将延续"AI+IT"的发展战略,根据财务中心整体智能化建设规划,集成公司先进的 AI 技术,实现更多的智能化财务落地应用。随着人工智能技术的不断发展，也将不断探索大模型在财务领域的应用，如智能会计核算、智能数据分析、智能报告生成、智能预警及筹划、智能问答及知识管理等，促进财务管理提效、有效控制风险。不仅提升科大讯飞集团的智能化财务水平，同时依托讯飞自身技术优势面向行业输出优秀的智能化财务产品，赋能企业及会计人员的财务管理工作。

C29 甘肃电投：业财税融合改革 驱动财务转型升级

甘肃省电力投资集团有限责任公司（以下简称"电投集团"）成立于1988年，是甘肃省第二大发电主体和省属发电龙头企业。2019年被列为全省国有资本投资公司改革试点单位，2021年被确定为全省新能源和数据信息产业链主企业。

甘肃电投集团认真学习贯彻习近平总书记关于国有企业改革发展和党的建设重要论述和指示精神，按照"以电为基、多业并举、延链建链、转型升级"的发展思路，聚焦能源和现代服务业两大产业，全力推进"能融、善投、会退"的国有资本运作实践，重组形成了电力热力、数据信息、能源化工、产业置业、会展文创、产业金融等板块，有效推动国有资本向重点行业和关键领域集中，成为拉动投资和促进全省经济高质量发展的重要引擎。

截至2022年年底，甘肃电投集团整体用工规模6000余人，下辖子公司61家（上市公司1家，财务公司1家），资产总额853亿元，年发电量329亿千瓦时，工业总产值112亿元，营业收入117亿元，各项指标再创历史最好水平。

1. 背景

近年来，甘肃电投集团聚焦于发挥国有资本市场化运作专业平台功能和新能源及数据信息产业链主作用，致力打造甘肃电投智慧云平台"电投云"，做强做大以新能源为主的电力热力产业，实现从传统电力企业向清洁能源企业转型；加速盘活宁中煤田资源，积极开展天然气储运销业务，培育新的增长极；全力打造紫金云大数据产业园，助力甘肃省数字经济发展。

随着甘肃电投集团资产规模迅速扩张，多元化快速发展新格局的出现，形成了电力热力、能源化工、数据信息、产业置业、会展文创、产业金融六大板块，财务管控和财务决策分析的难度不断加大，在财务管理方面面临一些亟须解决的难题。例如，财务核算标准化、自动化、时效性问题；甘肃省国资委、集团公司对财务精细化管理要求不断提升，现有财务系统应用分析方面不足不断呈现；此外，随着互联网+大数据等新信息技术的飞速发展，移动审批和多端应用需求迫切，管理层对财务数据自主分析应用、数据价值挖掘的诉求也越来越多。因此，为适应集团公司财务管理转型升级和高质量发展需求，强化集团化管控能力，集团公司建设财务共享服务中心成为集团整体财务管理转型升级的必经之路。

甘肃电投财务数字化转型的最终目标是构建一体化财务管控体系。在财务战略方面，甘肃电投紧密围绕集团财务共享服务中心建设，推进财务管理转型升级工作。财务共享服务中心的战略定位为构建载体和落实管控，建成"业财融合、功能完善、运行高效、内控健全"管控兼顾服务支持双重功能的集团财务共享服务中心，实现集团所属各公司全面上线。此外，在财务管理体系方面，甘肃电投集团建立健全一整套涵盖进入、运营和退出的投资全周期管理制度、标准及规则。建设全业态全财务业务共享模式，构建战略财务、业务财务和共享财务三个一体的集团财务管控体系，推动集团战略转型与高质量发展。

2. 举措

甘肃电投集团本部和所属子公司均设置了财务部，集团设置财务总监，由甘肃省国资委委派，领导集团本部财务部开展财务工作。集团所属二级子公司设置财务总监，由集团本部委派，分管各公司财务工作。甘肃电投集团的财务数智化始于2011年，在集团层面推进各级公司财务集团化管控，形成了银行账户集中管控体系，推进一体化资金集中结算监管体系建设。集团财务公司作为二级子公司独立运营，为集团成员单位提供金融服务，协助集团财务部加强集团资金集中管理工作。在财务数智化过程中，设立了财务共享服务中心，由集团财务与资产管理部归口管理，按照"集中但不集权"的原则，充分发挥管控兼顾服务支持的功能，助力集团、服务基层。

截至2023年，甘肃电投的财务信息化建设已经实现了从分散核算向集团财务集中管控、集团资金集中管理、集团财务共享服务转型升级，其财务数智化转型具体可以分为以下几阶段，如图C29-1所示。

图C29-1 甘肃电投的财务信息化建设历程

（1）建设及优化财务集中管控体系。2011年，甘肃电投集团启动"集团财务管理信息系统"升级工作，业务涉及总账核算、现金管理、固定资产、计划预算、合同管理、资金管理、单户报表、合并报表等模块，实现集团财务核算、计划预算和报表决算的集中管理，初步建成"业、财、表"自动化、一体化的集团财务Erp模式。甘肃电投集团全面推行财务集中管控体系建设，设立资金结算中心，搭建资金集中管控体系、银行账户体系。甘肃电投集团统一了会计科目体系、财务报告体系，实现业务驱动财务的管理新模式。2016年，甘肃电投集团设立财务公司，建设集团资金结算系统，作为集团资金集中管理执行机构协同集团财务与资产管理部为集团下属的 82 个分子公司提供金融服务,实现了集团财务领域业务驱动财务,核算实现了自动化。2018 年,甘肃电投集团对财务预算、会计报表、资金计划体系进行大幅调整优化,资金计划实现"月计划+周计划"和事前控制,同时在合并报表编制模式上技术创新,实现一键生成报表功能。

(2) 设立财务共享服务中心。2019 年,甘肃电投集团设立"业财深度融合"的财务共享服务中心,集团所属各级公司全财务业务纳入财务共享服务,按照"完善功能、提升管控、创造价值"原则,建设集财务共享服务、财务大数据、财务决策支持三大系统深度融合的集团财务共享服务中心信息系统。例如,在智能费控和核算等领域,甘肃电投部署了智能报账平台、电票与税务云平台、财务预算、合并报表、合同管理、存货核算和出入库管理等功能,采用"业务驱动财务、单据驱动结算"的方式,内置各类费控标准,实现了票据自动识别、凭证自动生成、线上自动结算、单户报表多键生成、集团内部交易对账等功能,合并报表自动化程度达到了 70%。

(3) 深化业财融合。甘肃电投集团财务共享服务中心的建设目标是建设"业财深度融合"的集团财务共享服务中心,面向业务服务基层,助力集团财务管控风险,服务决策提升效益,技术创新助推价值创造,紧密围绕集团财务战略和业务实际,持续优化提升集团财务管理能力,实现集团财务管理转型升级。2021 年至今,甘肃电投集团不断推进业财融合工作。例如,RPA 机器人流程自动化项目顺利收官,项目建设内容包括财务自动化流程管控平台、财务数智化助手、知识库体系等,融入了 AI 等人工智能技能,建设了配套的标准规范。融合集团一体化办公平台实现了 RPA 集成交互应用。自主设计实施的智能辅助稽核机器人以成本费用组为突破口,在项目建设一阶段实现了 15 条报销流程的智能辅助稽核。财务月结机器人实现了财务人员通过钉钉等移动端跨系统调用,满足财务人员从业务单据到月度结转,再到报表上报,全流程的人机协同操作。系统监控机器人为财务共享服务中心运营管理组站岗值班,能够定时备份数据,也可以通过人机交互反馈系统异常。初步探索构建了"短平快优"的可复制性推广应用的集团智能财务体系雏形。

3. 亮点

随着技术手段的高速发展和大数据运用的日趋成熟,中国税收征管正从"经验管税"和"以票控税",向着"以数治税"分类精准监管发展。同时,为推进税收监管数字化升级和智能化改造,发票电子化是关键手段,将进一步推动全方位税收数据的智能归集和分析,使得税务机关征收管理的数字化程度进一步提升。发票征管数字化和电子发票的全面推进为营商带来便利的同时,也为企业带来了不同程度的挑战。这要求企业对开票、用票等全流程予以自动化、智能化管控,并与业务流程协同,对企业硬件、软件升级和整个管理系统的协同提出了更高要求。

甘肃电投集团被列入甘肃省增值税电子发票电子化报销入账归档 10 家国家试点单位之一,同步建设的会计电子档案管理系统是财务共享服务系统与集团公司电子档案管理系统之间的二级电子档案馆,主要功能是对财务共享服务系统产出的会计凭证、原始资料、报表以及各类电子档案数据进行立卷、存放管理,并按照档案管理规定向集团实物档案管理系统归档。甘肃电投集团财务共享服务平台如图 C29-2 所示。

图 C29 – 2　甘肃电投集团财务共享服务平台

甘肃电投顺利通过甘肃省委办公厅（省档案局）、省财政厅、省商务厅、省税务局联合验收。该试点工作是甘肃电投集团贯彻落实国家税收征管数字化升级、发票电子化改革等政策的重要举措。在集团财务管理转型升级关键时刻，试点工作进一步夯实集团财务一体化管控平台功能，为实现"电子发票全领域、全环节、全要素电子化，逐步形成业财企税融合，实现企业从开具发票到财务记录的信息一体化"的国家发票电子化改革目标打好了基础。目前，甘肃电投集团会计电子档案系统已正式上线运行，并配套开展了银行电子回单、对账单互联互通改造和乐企对接工作，电子凭证会计数据标准深化接收端国家试点工作进展良好。

4. 启示

十年来，甘肃电投集团有序推进财务信息化建设，为适应集团财务管理转型升级和高质量发展需求，重点打造战略管控、资本运作、财务管控、风险管控和评价监督五大体系，构建战略管控、投融资管控、财务管控、风险管控、绩效评价、运营管理、综合服务、数字技术八大平台。在此基础上，面向集团、服务战略、价值创造、服务社会，全面提升集团信息化管控能力，集团一体化全面推进财务共享，构建了"战略财务、业务财务和共享财务"三个一体的集团财务管控体系。利用大数据和云计算等工具，严格遵守系统建设原则逐步实现各子系统与管理模块的融合对接，形成资金流、业务流及信息流的集成管理，打破财务与业务之间的信息壁垒，实现各行业板块业务全覆盖。

此外，在集团范围内推行财务共享标准化和统一化管理，重视技术创新创效。根据国家政策和财务数智化转型的要求，甘肃电投持续提升财务数字化及发票电子化能力，进一步巩固完善集团财务一体化管控平台功能，逐步形成业财税融合，有助于集团强化风险防控措施、理解财务状况和业务绩效、提高财务数据准确性和可靠性、提高工作效率、降低运营成本。业财税融合为集团及时决策提供了可靠依据，也为财务数智化转型奠定了更坚实的基础，进一步推动了集团战略转型与高质量发展。

C30 中海壳牌：财务数智化转型助力企业高质量发展

中海壳牌石油化工有限公司（以下简称"中海壳牌"）成立于2000年，是国内投资额最大的中外合资项目之一。中海壳牌的中方股东为中海石油化工投资有限公司（其股东为中海石油炼化有限责任公司与广东广业投资集团有限公司），占50%股份；外方股东为壳牌南海私有有限公司，占50%股份。中海壳牌主要生产烯烃及其他衍生品作为基础化工原料供应市场，并为客户提供优质卓越的服务；产品广泛应用于农业、工业、建筑、医药和消费品等领域。

公司现有两期项目在运行，一期项目（南海石化）于2006年年初投产，主要设施包括11套生产装置和与之配套的公用工程、码头、储运以及环保设施。2012年以来一期乙烯产量突破100万吨/年，可年产280万吨化工产品供应市场。二期项目（扩建项目）于2018年4月投产，主要设施包括2016年11月正式接收的中国海油在建的产能为120万吨/年的乙烯裂解装置及其衍生品生产装置，和增资新建的苯乙烯/环氧丙烷和多元醇装置。

1. 背景

2018年4月，中海壳牌化工二期项目投产；2021年4月，二期项目增资新建的苯乙烯/环氧丙烷和聚醚多元醇项目（SMPO/POD2项目）成功投产，投产后产品销售量增加超过150%，而财务部门人员仅增加30%。无论从外部市场还是内部经营管理，化工二期项目新装置投产运行给中海壳牌带来前所未有的挑战。

对于制造企业而言，企业从采购供应链管理端开始进入供应链财务整合数字化协同，供应链全链条的各参与方交互物流、信息流、票据流和资金流已成为大趋势。与此同时，"互联网+"、金税三期、金税四期及电子发票等项目的推进，对企业财务信息化管理尤其是发票全流程数字化管理提出更高的要求。

另外，为应对疫情对传统制造行业带来的巨大影响。作为传统的化工制造行业，基于装置生产及现场操作需要，中海壳牌绝大部分员工在疫情期间需要抵达现场，无法在家办公，协同管理及数字化并行势在必行。

面对行业发展的机遇与挑战，中海壳牌希望用5年左右的时间完善覆盖业务的"交易协同平台、决策支持平台、运营管理平台、智能生产平台、技术支撑平台的5大平台，打造数据标准体系和信息化治理体系两大体系"，形成促进CSPC数字化转型和创新能力（简称智能化/信息化建设"521工程"）。通过开展财务数智化转型，降低交易处理的人工成本，提高交易处理的效率和质量，减少人工处理的失误可能性。另外，公司希望财务人员能够从基础核算工作中解放出来，向管理型财务转型。此外，公司希望通过财务数智化转型，以IT

系统有效固化内控关键点，实现内控的标准化规范化管理，控制业务风险，助力企业在多变环境中高效决策，实现高质量发展。

2. 举措

中海壳牌为数字化转型设定了"一个能力""两个体系""五大平台"的主要目标，并根据业务的有效性（价值、紧迫性）和难度（可行性、风险）和依赖性（技术、资源）对项目投资进行优先排序，以实现更好的投资回报。考虑到公司未来几年的业务发展蓝图和业务优先级，并确保必要的 IT 系统为未来的可持续性进行更新，公司优先考虑业务迫切需要和能够产生显著效益的项目。

中海壳牌财务数字化转型总体规划如图 C30-1 所示，中海壳牌数字化转型主要分为四个阶段：

图 C30-1　中海壳牌财务数字化转型总体规划

（1）第一阶段：速赢。本阶段主要集中在 2020 年，数字化转型的重点集中在于四个方面：决策支持、客户关系管理、HSE 管理及财务自动化与智能化。包括通过 EP、CRM 等平台系统加强供应链优化程度，提升供应商及客户体验，通过搭建应急响应信息管理和工艺安全管理等平台来提升 HSE 管理，通过财务自动化提高财务部门整体工作效率，并通过部门间营运协同提升管理效率及能力。

（2）第二阶段：优化与整合。本阶段为 2021~2022 年信息化的主要任务，数字化转型的重点提升方向为 HSE 管理、生产运行管理、物流管理、人力资源管理及技术支撑能力。该阶段主要提升的能力包括：决策支持能力持续提升，提高 HSE 系统覆盖程度，持续优化运营协作，通过 LMS、EP 系统持续加强供应链优化，并通过持续推广财务自动化及构建一体化、智能化的人力资源数字化平台（DHR）进一步提升工作效率。

（3）第三阶段：智慧与创新。本阶段于 2023 年开始，预计于 2024 年达成阶段目标。本阶段的数字化转型重点主要在于生产经营管理和 Erp 系统升级，加强生产计划调度管理、作业票管理、可靠性管理及企业间协同的能力提升，并完成公司核心业务系统从 SAP ECC 到 S/4 HANA 的技术升级和业务功能优化。

（4）第四阶段：一体化与可持续发展。本阶段是在上一阶段的基础上，以 C3 和 PC 的扩展与整合为重点，深化数字化的实施与推广，实现数字化移交以及 C1、C2、C3 的整合及可持续发展。

过去几年，面对中海壳牌二期大项目投产、企业规模翻番、提升对管理层及股东方业务决策支持的新要求及新挑战，中海壳牌及时推动并运用各项管理创新方案，实施协同战略管理，并利用多种数字化新工具（PIMS、财务流程机器人 RPA、C2FO、业财税一体化协同平台、一站式商旅云平台等），通过跨部门紧密团队协作，提升团队工作效率，提升了财务职能在公司运营中的价值。同时，利用风险管理系统和全面预算管理体系，驱动决策者对战略做出更好的决策。高效推动可视化管理分析报告上线，让财务信息变得更加容易获取和理解，更快地识别问题、解决问题。

二期项目的成功投产、运营及其创造的协同效益，以及数字化项目落地对决策支持的价值，得到中外双方股东的高度认可。目前双方股东正在紧锣密鼓地筹划三期项目。

通过公司各部门协同合作及数字化平台的运用，中海壳牌有效建立了疫情沟通机制，在抓好疫情防控的同时，保障了工厂的运营平稳有序，产品的销售及运输、港口码头作业保持顺畅。疫情防控的卓有成效，使得年度生产非计划停车天数和装置生产可靠性位列全球第一梯队，乙烯产量破历史纪录。2020 年，中海壳牌在疫情下创造了良好的业绩表现；截至 2021 年 11 月底，年度利润创公司自 2000 年设立以来的历史新高。

中海壳牌财务数字化转型阶段性成果如图 C30 – 2 所示。

类别	项目	2020	2021	2022	业务价值	生产部	商务部	财务部	人力资源部	公司服务部
决策支持	决策支持管理平台（BW/4 +Tableau）	●	●		构建全新的决策支持管理平台，打通各系统间的数据孤岛，让数据说话	√	√	√		√
业务管理	SAP S/4 HANA 升级规划		●		明确S/4 HANA 升级实施的具体范围、详细计划和费用估算，确保S/4 HANA 升级转换的平稳执行	√	√	√	√	√
	CRM	●	●		全面引入SAP C/4 HANA 解决方案，在营销和客户服务层面实现数字化转型	√	√			√
	RPA	●	●		业务流程自动化，提升业务操作效率	√	√	√		√
	人力资源数字化项目		●		打通端到端的业务线，构建一体化的人力资源管理平台，实现人力资源管理数字化、智能化				√	
	物流管理系统（一期）		●		实现商务卓越、可视物流、运输HSE管理		√			
	智能法务合同管理		●		打造贯穿整个合同周期、智能化的合同管理平台，提高工作效率，确保合规					√
生产运营&HSE 管理	应急响应信息管理平台		●		确保应急事件中有效沟通、信息共享和应急处置执行记录	√				
	应急指挥平台		●		加强对应急指挥决策，实现日常应急演练、事故预警、突发事故的应急处理等	√				
	工艺安全现场观察（PSFO）	●			通过现场观察，确保识别的风险得到管理，提高工作效率	√				
	生产运行管理系统（ESP）		●		确保安全生产(ESP)体系在整个生产过程中定义不同的控制/监控级别，提升安全生产管理效率	√				
	电子工作票（E-PTW）		●		提高PTW实施的有效性，确保符合EMB规范要求	√				
	环境信息管理平台		●	●	系统化环保管理工作，对合规要求项&环保设备异常进行闭环管理	√				
技术支持	办公系统升级	●			软硬件更新升级，提高办公效率	√	√	√	√	√
	门禁系统优化与人脸识别应用		●		引入新技术，提升门禁安全和通行效率					√
	C1 热线系统升级	●			硬件更新升级，提高系统稳定性					√
	网络安全增强	●			降低公司网络被攻击/破坏的风险，增强网络安全					√
			数字化转型当前状态			●	●	●	●	●

图 C30 – 2　中海壳牌财务数字化转型阶段性成果

3. 亮点

在中海壳牌进行数字化转型时，最大的特点在于各部门之间的协同作用得到了充分的体现。中海壳牌充分利用一期与二期项目的协同效应，通过组织结构优化设计，充分运用管理会计业财融合的理念，在二期项目过程中持续推动精细化管理，降本增效，协同创效，提供全方位有影响力的建议，协助管理层作出更好的决策。业务部门的心态从"让我转型"转化成"我要转型"，充分让业务驱动转型，IT部门作为推动力量、赋能力量推动转型。这需要员工和管理层的行为和思维的转变，在业务进行过程中保持沟通，培养IT人员的能力，并通过IT技术，综合有效性、难度和依赖性寻求业务模式的创新。

中海壳牌在数字化转型中建立了数字化转型指导委员会。委员会由总裁/副总裁牵头，其中既有来自股东方和第三方的专家，也有管理层和各有关部门的代表。这样既提高了业务部门参与的积极性，方便了各部门之间的沟通协作，也为IT部门协助进行系统开发提供了良好的环境，开发出来的产品也更符合业务部门的需求，形成良性循环。另外，在多部门的交流沟通中，财务人员也能更好、更真实地了解业务，而非停留在财务数据和报表层面，对于财务人员、管理层和股东理解业务、财务政策制定和预算制定产生重要影响。中海壳牌财务数字化转型阶段性成果转型指导委员会组织架构如图C30-3所示。

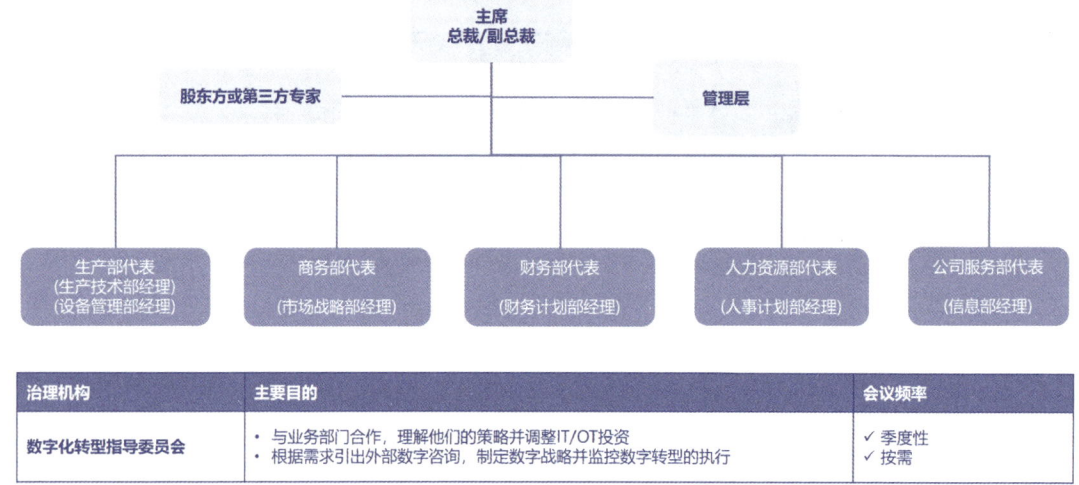

图 C30-3 中海壳牌财务数字化转型阶段性成果转型指导委员会组织架构

除了部门间的协同外，中海壳牌还在各期项目之间进行协同，如充分利用一期资金流支持二期项目投资以减少股东资本金投入；通过整合固定资产，提高其利用率；利用一期原料储罐与原料码头富余能力，避免固定资产重复投资等，利用财务数字化转型产生的协同效应，提高了资本和资产的使用效率，为企业节省了大量成本，实现了降本增效的目的。

4. 启示

以业务为主导进行转型：中海壳牌在数字换转型中提出了一个很好的思路，即从管理层及各部门人员着手，转变他们的思想，由业务部门主动推动数字化转型，而非受到管理层及外部政策要求被动进行转型。这样既提高了业务部门参与的积极性，也为IT部门协助进行系统开发提供了良好的环境，同时开发出来的产品也更符合业务部门的需求，形成良性循环。

根据实际需求参与转型：中海壳牌的管理层在财务数字化进程中保持了清醒的头脑和清晰的逻辑，对于财务数字化转型并不盲目推进，而是以业务部门实际需求为导向，根据业务需求逐步进行数字化转型。这样既避免了数字化过程中管理层与业务部门之间由于转型需求与实际业务之间的差异产生的冲突，也保证了转型的效率和质量，让业务部门切实体会到转型所带来的好处，使得数字化转型更容易在公司内推行。

展望未来，为达成中海壳牌"成为中国最佳石化企业"的愿景，公司明确了最新战略路径，将深入推行数字化工具与转型，更高效地处理业务信息，并将信息转化为更深刻的业务洞察，为公司运营决策提供科学的支持和指引，积极推动组织整体战略的达成。

C31 烽火通信：业财融合创新提升业务管控效能

烽火通信科技股份有限公司（以下简称"烽火通信"）成立于1999年12月，是央企中国信息通信科技集团有限公司下属重要上市子企业，是国际信息通信网络产品与解决方案提供商，国家科技部认定的国内光通信领域863计划成果产业化基地和创新型企业。主要产品涵盖光网络、宽带接入、光纤光缆、光配线、业务与终端、系统集成、软件与服务等多个领域，具备提供通信网络建设、集成、优化与服务一揽子解决方案的能力。从研制出中国第一根实用化光纤开始，烽火通信多次实现光通信领域的"第一"，在代表光通信领域核心技术的"超高速率、超长距离、超大容量"传输系统的科研成果和生产规模方面全球领先，连续多年荣膺中国光通信最具竞争力企业十强。

1. 背景

烽火通信一直致力于ICT转型发展，积极投身云计算、大数据等领域，是OpenStack白金会员，是"共享共赢"的新型智慧城市生态的标准制定者和践行者。面向5G时代，将秉承"最大限度挖掘数字连接价值，造福人类社会"的使命，全力构筑领先技术，不断贡献烽火智慧，让更多的人分享信息通信带来的美好生活。基于远大前景和使命，在国家数字化转型战略规划的引导下，烽火通信2021年重点推进数字化转型的管理变革战略，重新设置了管理变革的组织架构，在原有的基础上新增了变革（数字化转型）专家组，并形成了公司级数字化转型的规划蓝图。

烽火通信财务共享服务中心的设立早于公司数字化转型规划之前，为公司的数字化转型铺路先行。2015年起烽火通信财务管理部开始组织探索和调研，走访成熟的财务共享服务中心；2016年影像系统开始尝试国际业务上线，后续在国际区域全面推广，并实现国际费用集中核算；随着财务制度和信息化系统的逐步完善，具备了一定的基础条件，2019年2月，烽火通信财务共享服务中心正式设立，目前财务共享服务中心已服务于控股和参股、国内和国际56家关联公司。

2. 举措

烽火通信认为，财务数智化转型的本质是以数字技术、智能化的创新技术来驱动价值创造，建立以数据为核心而不是以流程为核心的管理体系，所以数据驱动很重要，通过数据来驱动企业的战略、企业的运营及企业的创新，是财务数智化转型最核心的工作。烽火通信的使命是最大程度、最大限度地挖掘数字化连接价值、创造价值、造福人类社会，愿景是成为客户直接可视、产品结合创新、生态智能互联的卓越数字化企业,所以公司的目标是做数字化企业。

烽火通信对数字化转型的理解有两个词:一个是"数字化",另一个是"转型"。数字化转型的目的是价值创新,为企业创造更多新的价值;数字化转型的驱动力是数字技术,转型的对象是公司的业务;转型的本质是将业务进行变革,数字化转型工作的性质是企业发展的战略,它是一个长期的过程,而不是一个短期的信息化项目。

基于以上理解,烽火通信财务共享服务中心建设以 SAP 作为核心系统,通过 OA 和共享运营平台连接了物料管理、研发管理、工程项目管理、供应商管理、合同管理、固定资产和基建管理、薪酬管理和财务共享等系统,逐步完善和构建业财流程、会计核算、资金管理、税务管理、财务报告、档案管理、经营分析和绩效考核管理等财务能力中台,促进"业、财、资、税"的高度融合。目前主要职能包括业财连接、共享运营、集中核算、资金管理和税务管理等。烽火通信财务共享服务中心系统和架构现状如图 C31-1 所示。

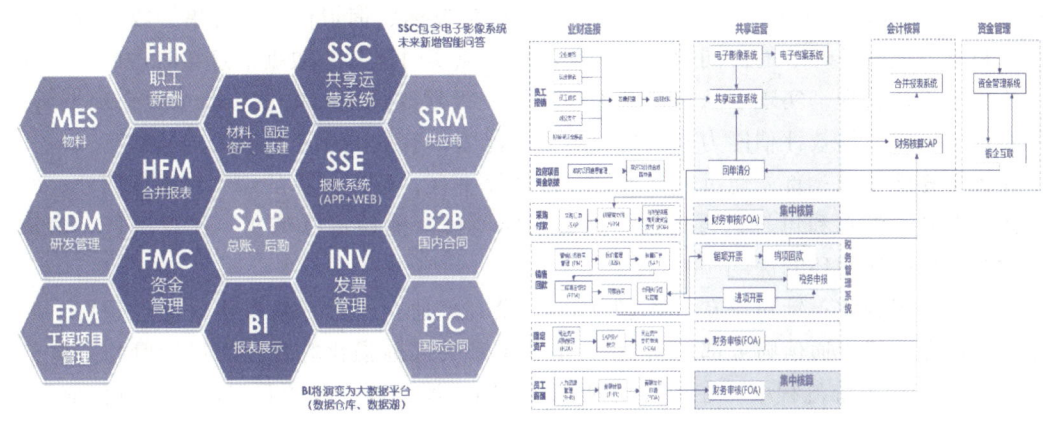

图 C31-1 烽火通信财务共享服务中心系统和架构现状

最近五年,烽火通信在财务领域内开展的很多数字化建设工作情况如下:

在智能核算领域:烽火通信以 SAP 系统为核心,通过与其他系统的对接,实现了约 95% 以上的业务模块账务自动处理,有效减少了人为出错,很大程度提高了核算质量和核算效率。未来随着业务场景逐渐清晰完善,系统技术不断升级,最终计划实现 100% 全业务场景的自动记账。

在智能费用领域:将企业商旅与费控业务打造成一站式的服务解决方案,有效地解决传统费控系统操作烦琐、差旅费控的流程断点未打通、无任何移动应用、智能化程度低等诸多不足,满足企业差旅费控全流程的信息化,核心价值追求是提升财务报销系统的智能化和便捷性,加强费用机器化的管控能力,提高用户的满意度。

在合并报表领域:2019 年启动的法定报表合并系统项目建设,统一了报表系统数据口径、取数逻辑和报表科目,规范了 SAP 核算前端,提升了报表数据质量;根据现有公司法人股权架构,实现关联公司持股的自动合并抵消,缩短报表和附注出具时间,提升报表出具效率。2022 年烽火通信又启动了管理报表合并项目,拟满足企业按需、按行业、按产品、按业务范围等不同视角进行管理报表的分析,全面反应产出线和子公司的经营状况和现金流量,从管理维度拓宽合并报表的应用场景,结合预算和绩效目标,形成财务管理闭环。

在资金管理领域:资金系统基本覆盖了企业完善的资金管理职能,账户管理、资金结算、资金池管理等模块陆续上线。在账户管理方面，实现了账户流程管理、账户信息管理、账户余额管理、账户授权管理，实现了集团层面统一管理全球账户并实时了解各账户的状态，优化了企业的账户结构；在资金结算方面，完成了和国内主要银行银企直联的对接，实现了日常资金收付业务的电子化、流程化处理，大幅提高了资金的支付效率；在现金流平衡方面，加强资金内部的融通，通过有效手段引导沉淀资金向缺口流动，降低公司整体总现金流资产，减少了应用方贷款总量，提高了资金的使用效率，降低了融资成本。

在智能税务领域： 2020 年实施全球发票管理项目，系统的销项发票管理模块实现了从开票申请、审批到发票信息生成、批量打印发票的自动化协同操作，减少了 75% 的流程周期；进项发票管理模块实现了增值税发票的扫描识别、专票认证、真伪查验、影像存档等；申报管理模块能够一键自动生成增值税申报数据，大幅提升了增指税申报效率和申报质量。

在采购交易领域： 与外部供应商快速连接，打破采供协作的壁垒。烽火通信打通内部各个系统（MES、SAP、WMS、OA），提升供应商从招投标、询报价、下订单、收发货、质量管理、财务等采购各环节的协同效率，保障流程节点实时通知、数据信息实时透明，完成采购全流程的闭环管理，实现了从认证准入、考核评级到改进优化的供应商全生命周期管理，进一步提升供应商绩效评估能力和采购成本分析能力，有效支撑经营决策。

在预算管理领域： 首先通过一期项目建设预算平台，解决预算的编制和展现问题，实现线上协同编制、汇总和可视；再通过二期、三期项目，推动预算编制、预算执行、预算管控、预算分析整体闭环的深度应用。

在回款管理领域： 针对没有对齐客户 PO、没有打通全流程、没有实时监控预警、回款效率低等痛点，烽火通信财务部门从 2020 年开始牵头逐渐强化客户信用风险管控，将信用管理嵌入到 LTC 系统流程中。在项目立项阶段识别、评估客户和项目风险，进行标前引导，提出风险管理建议；在项目投标和合同签订后，在系统中设置客户信用额度，采用系统控制合同录入、发货解冻、回款到期预警。2022 年客户信用管理系统全面改造升级后，通过对接销售平台系统和报表系统，实现客户信用管控全流程上线，新增线上风险提示、额度到期预警与承诺未兑现自动提醒等功能。同时引入第三方机构的资信调查信息，结合公司内部交易数据，提供针对客户价值的全面分析，及时了解客户信用状况的变化情况，支持销售平台识别价值客户，优化回款条款，缩短回款周期。

烽火通信的财务数智化转型已初见成效，具体如图 C31-2 所示。

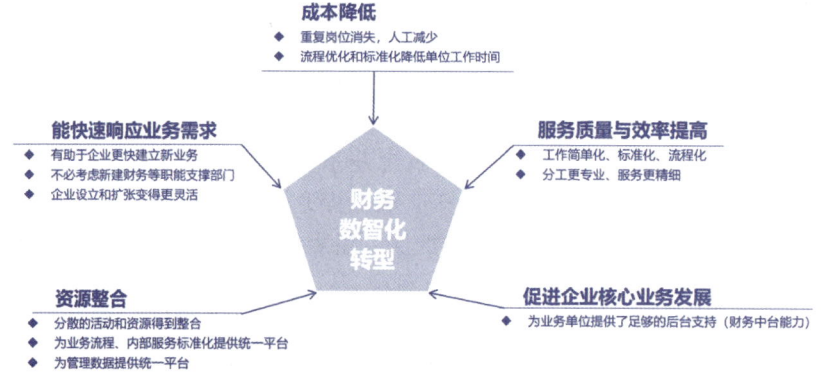

图 C31-2 烽火通信财务数智化转型成效

3. 启示

烽火通信的财务数智化转型,从业财一体化的角度,以 SAP 为核心系统连接各系统平台,通过制订与固化标准和规则,实现"业财生态圈"中各业务系统的有机链接,构建财务能力中台,促进"业、财、资、税"的高度融合。

在效率提升方面,以财务共享服务中心为建设基础,通过集中化管理,使得分散的活动和资源得以整合;通过流程化和标准化,提升作业效率;通过更专业的分工提供更精细化的服务,更快地响应业务需求。

在数据赋能方面,以财务共享服务中心为抓手,通过数智化系统的不断完善建设,逐步构建智能决策分析支持能力,以数据说话,实现决策支持,促进各项经营指标达成,赋能企业高质量发展。

C32 南钢集团：财报周期实时化驱动南钢决策

南京钢铁厂成立于 1958 年，南钢集团 1999 年以部分钢铁主业资产投入发起设立了南京钢铁股份有限公司。2000 年，集团在上海证券交易所上市（600282），控股股东为南钢集团公司；2003 年，南钢集团进行三联动改革，以资产出资与上海复星集团合资成立南京钢铁联合有限公司，公司控股股东变更为南京钢铁联合有限公司；2010 年，经中国证监会批准公司完成重大资产重组，南钢钢铁主业实现整体上市，控股股东变更为南京南钢钢铁联合有限公司。南钢股份是国家高新技术企业，也是国家级知识产权示范企业。南钢股份从事与钢铁业务协同的信息科技、电子商务、现代物流等业务，是全球最大的单体中厚板生产基地及国内极具竞争力的特殊钢长材生产基地之一，重点聚焦高强度、高韧性等高附加值优质特殊钢，广泛应用于新能源、建筑桥梁等行业，为国家重器、高端装备制造业转型升级提供新材料。在年产五百万吨钢的企业中位列前三，在江苏省企业位列第 7 名。2022 年，南钢位列中国企业 500 强第 141 名，中国制造业 500 强第 1 名。

1. 背景

随着近几年中国经济已由高速发展向高质量发展转型，经济高质量发展的要求使得财务方面的要求也随之提高，南钢股份主要面临以下两个问题：一是南钢属于传统制造业，大部分传统制造业的产品的附加值都相对比较低。钢铁企业要迈入价值链的中高端，只有通过创新驱动和数字化深度融合的持续性以提升产品力和品牌的附加值形成竞争壁垒。财务作为企业运营管理的重要一环，必须紧跟时代的发展要求，推进速度化转型，助力产品力、品牌力和附加值的提升。二是公司战略的要求改变和提高。南钢股份从 2015 年提出"双主业"发展战略。随着公司发展战略的持续推进，子公司也逐渐增加层级，越来越复杂。财务组织变得分散，财务管理幅度变宽，影响财务集团化管理整体效率。集团总部财务更专注于钢铁和上下游的单一业态，对多元化业态财务管理专业性和穿透性、决策支持和战略支持能力不足以支撑战略实施。

时代不确定性、不稳定性驱使中国企业向数字化方向转型。南钢股份以创建国际一流受尊重的企业智慧生命体作为企业愿景，以绿色低碳和双主业作为两大发展主题，以创新引领数字化转型和新产业裂变作为三条成长曲线。2016 年南钢股份制定公司数字化战略，2022 年开始推进数据治理，规范化管理为企业高质量发展提供可靠数据。在数字化建设方面，南钢股份是国家级的信息化与工业化深度融合示范企业，也是工信部和江苏省各个试点的示范企业。南钢集团在数字化转型过程中致力于让未来财务成为公司战略支撑者、决策支持者、价值创造驱动者、集团管理执行者及业财融合实践者。

2. 举措

随着现代企业管理的发展，传统会计的两大职能核算和监督已经逐步演变为现在企业管理的七大职能，分别是会计核算、会计监督、财务关系、资产监控、信用管理、决策支持和绩效考核。借助信息技术发展优势，以会计核算为中心的财务管理的1.0版本已经发展到4.0智慧财务版本。南钢股份的智慧财务建设目标是推动管理提升、集团管控、持续打造决策支持、价值创造和战略支撑能力四个方面。其中，南钢股份智慧财务建设具体实施路径可以分为以下三个方面：

一是集团管控。南钢股份持续推动信息系统的优化升级，构建业财一体化的财务中心即以共享中心为中心的财务业财制作一体化平台。2017年，南钢股份进行组织变革，构建了战略财务、业务财务和共享财务三位一体的扁平化财务组织。2020年，南钢股份制定统一的标准和规则并且全面上线共享系统。财务共享中心建设上线后，提供了一流财务人员培养中心，包括专业财务知识输出中心等。2021年，南钢股份推动共享中心组织架构变革以及与共享中相关的电子档案管理系统，同时在机器人应用方面致力于促进集团管控和效率提升。

二是业财融合。推动价值链管理，持续深化业财融合，构建财务价值创造中心。2018年，南钢股份推动财报周期向实施进化。通过优化核算流程，控制关键节点，包括开发先进管理、税务预警措施、税务预警系统等多项措施，提升会计效率以建设一日关账、日成本核算、日经营绩效管理和业务财务体系建设推动业财融合，构建大数据管理平台支持集团效益预测分析。2021年，南钢股份优化业财系统，满足其基础数据的经营管理和全面的要求并建立数据指标体系和数据地图，形成数据和指标的分析模型，完成了财务管报和驾驶舱数据的数据源的梳理。

三是管会协同。借助新兴技术和管理会计理念构建会计管理、会计报表体系和全面预算体系以及财务管理、驾驶舱等决策支持系统。南钢股份主要构建了面向不同层级的管理会计报表体系、报告体系和内部管理管会报告流程，全面赋能公司金融决策。主要是按照不同层级，集团、业务板块、管理单元，提供不同内容财务管理报告。2022年之前南钢股份构建了管理会计报表体系规划和管理价值规划。2021年建成部分管理驾驶舱，计划将智能决策知识分析和实时沙盘推演作为南钢股份发展方向，提供实时可视化的决策支持服务，提升集团决策支持和价值创造能力。

3. 亮点

业财融合的最终目标是构建南钢股份的价值的创造中心。在业务发生的同时进行价值创造，通过计划预测分析财务专业服务，参与到业务流程当中成为业务团队合作伙伴，提升集团绩效管理水平，为公司战略提供决策支持，推动集团财务策略在子公司业态的落地。

南钢股份推动财报周期向实时进化，主要通过优化核算流程，控制关键节点，包括开发先进管理、税务预警措施和税务预警系统等多项措施，提升会计效率。例如，2019年实现集团本部报表的1日关账，以及"T+2"报送业绩快报的目标，基本在第二天能够出业绩报告。

同时，南钢股份 2018 年时通过推进原有销售 EMS 业务数据的自动采集，实现目前铁前和钢后的一个日成本的核算，如图 C32-1 所示。通过强化关键数据的在线集合，提高日成本核算和管理能力，实现日经营绩效核算，提升实施的决策能力。2021 年日经营绩效平台上线后，能够直观形象地展示实时经营管理数据、准确及时地预警风险，指导生产经营和提供决策信息支持。

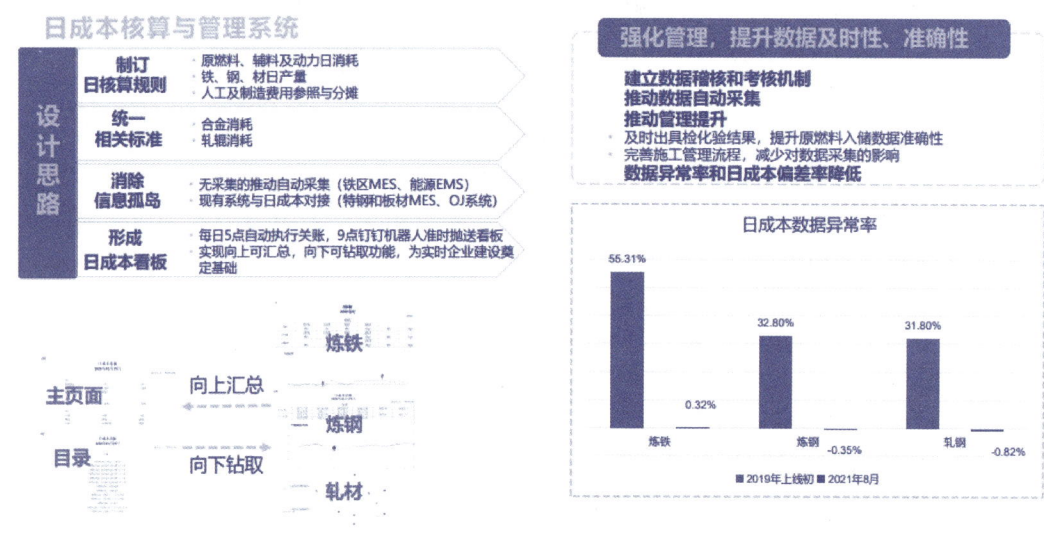

图 C32-1　南钢股份日成本核算与管理系统

4. 启示

南钢股份在财务数智化转型过程中，以财务共享中心作为加强财务管控的抓手，始终围绕将财务共享中心打造成一流管理中心、灵活的财务智慧运营中心以及卓越的财务数据价值创造中心作为总体目标推进，并将目标分解为制定细化建设和实施项目方案，围绕价值共创、资源共通、利益共享，形成命运共同体、事业共同体、利益共同体。

同时，南钢股份对业务过程进行监控和管控，强化管理会计应用，向价值创造型财务发展，包括战略支持、决策参与、发展推动。在管会协同层面，根据自身业务需求，推动财报周期相实时的进化，以价值创造型财务实现南钢股份的管理水平提升，并提供相关决策支持，提升了会计效率和准确及时发出预警，为南钢集团的财务数智化转型进一步奠定坚实的基础。

C33 农信互联：精细化财务数据分析驱动养猪效率国际化

北京农信数智科技有限公司是一家专注农业数智化的国家高新技术企业。公司以"用数智改变农业"为使命，致力于成为最具影响力的农业数智科技服务商。用互联网、物联网、大数据、人工智能等新一代信息技术服务传统农业，为农业企业和农户提供 SaaS、AI-oT 及交易增值服务，提升现代农业的管理、生产与交易效率。

公司以智农通为产品总入口，以企联网-IAP 为底座，持续打磨 MaaS（生产管理平台）、TaaS（数字交易平台）、DaaS（智能设备平台）三大产品平台。以服务生猪产业链上的企业为核心，上游通过"饲联网"连接饲料企业，中游用"猪联网"服务万家猪场，下游依托"食联网"打通屠宰食品企业，最后通过"企店"等数字营销系统到达终端消费的"最后一公里"。变万家猪场为一家，用一张网编织起整个生猪产业。

截至 2024 年 1 月，农信数智搭建的猪联网平台已聚集了超 6 万个专业化养猪场，覆盖生猪 7000 万头生猪，已为 870 万涉农人群、139 万家企业提供专业服务，连接超过 18 万台智能化设备或终端，服务 1900 亿交易流量，是国内服务养猪户较多、覆盖猪头数规模较大的数智养猪服务平台。

与此同时，农信持续发力田联网、渔联网、蛋联网、羊联网等，将产业互联网延伸到涉农各产业。截至目前，公司已与重庆忠县政府合作成立"柑橘联网"，为杞县政府开发"大蒜联网"，为东阿阿胶开发"驴联网"，为北大荒垦丰种业开发"玉米联网"，以及内蒙"马铃薯联网"、东北"狐狸联网"等 X 联网项目。

公司管理与研发总部坐落在北京中关村，人工智能与物联网总部设在厦门软件园、运营及服务总部位于天津滨海新区，分别在厦门、郑州、成都、宜昌、金华、西安、天津等地设立区域运营服务中心，下属 20 余家全资及控股企业，员工人数 600 余人。

1. 背景

根据《全国农业现代化规划（2016—2020 年）》《乡村振兴战略规划（2018—2020 年)》对我国现代农业发展的规划目标，现代农业作为当今农业发展的主流形式，是国家财政农业投入的重点支持对象，2020~2035 年将是中国现代农业加速发展的机遇期。

新时代是数字时代，发展数字农业显然是带动中国农业现代化的重要战略，传统农业看天吃饭、凭经验种地都将被数据重新定义。《数字农业农村发展规划（2019—2025 年）》提出的关键性指标要求是：农业数字经济占农业增加值比重由 2018 年的 7.3% 提升至 2025 年的 15%。尽管目前我国农业现代化的程度较低，但农业数字化革新正当进行时。阿里巴巴、字节跳动等互联网"大厂"经过多年发展，在技术、流量、供应链等方面能力已经十分成熟,逐步进入开放赋能的阶段,使得传统农业向现代农业转型升级具备了互联网、物联网、人工智能、大数据等新兴技术的强力支撑。在政策支持、技术加持、数据支撑之下,农企巨头数字化转型掀起了一波又一波热潮,我国农业全产业链现代化加速发展。

2015年6月,农信数智响应国家号召,在乡村振兴的大背景下,成立农信数智集团,乘势而上开启数字化农业新征程,以"用数智改变农业"为使命,以志创"创建最具影响力的农业数智生态服务商"为远景目标,通过农业的数字生产、数字交易、数字服务、数字金融、数字供给五大板块实现农业现代化的大战略。

2. 举措

强势进入农业数字化建设之后,农信数智布局了涵盖业务前台、产业中台和共享后台的数智化总体业务架构,通过数据技术与前中后台"供产销人财物"业务的深度融合,将各类数据沉淀至各大产业的数据中台,非常注重通过数据分析驱动业务经营和企业增长。在全面建设中台数字化业务系统的同时,农信数智在财务领域建设了集中、实时、闭环的数智财务平台,通过打造三大共享中心和十大专业系统,贯通财务核算和管理全流程。农信数智三层数智化业务架构如图 C33-1 所示。

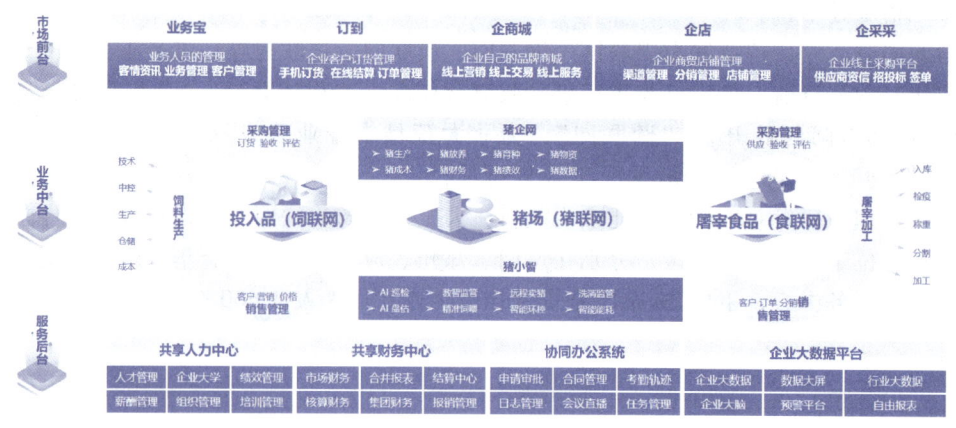

图 C33-1 农信数智三层数智化业务架构

在采购领域,以供需协同为基础,打造高效、透明的数智采购平台。通过构建供应商入驻、评估审核、在线招投标、电子签约、在线支付、在线对账、合同追溯的完整在线采购链条,沉淀出供应商大数据、物料大数据、价格大数据、质量大数据,并通过采购大数据分析洞察行情变化、采购周期库存周转情况及供应商供货情况,方便做出科学采购规划。同时基于采购大数据构建数字供应链考核体系、建立供应商信用档案,有针对性地推进供应链金融服务。

在销售领域，打造实时的智能营销平台，基于终端销售数据及交易数据驱动销售计划和生产计划。将销售环节在线化，营销平台得以触达到零售或渠道终端，基于客户的采购数据以及渠道的经销数据，可以根据库存和订单情况，指定以销定产的营销计划。同时还可以基于需求数据，驱动智慧经销商采销联动，指导经销商采购计划和销售库存管理，帮助经销商避免出现周转问题。

在生产领域，打造多个智能生产平台，用智能化和数据化地方式管理生产的各环节。通过生产流程的标准化和智能监控设备引入，减少人力成本，提升生产效率，建设无人工厂。通过设备链接将数据实时传送至监管大屏，实现生产业务在线化，及时掌握环境和生产情况，便于发现问题和预防风险。比如智能饲料生产平台，通过饲料生产的计划、配方、生产过程、出入库、品控等环节的在线管理，做到生产智能化、流程数字化、工艺自动化，完成饲料业务的数字化转型升级。同时平台数据与共享中心、数据中心打通，实现系统间的交互及智慧联动。再比如智慧养猪平台，接入养猪智能化设备，结合猪联网沉淀的养猪行业数据、自身产业数据以及各类养猪相关算法，形成从采购（供）到养猪（产）到销售（销）的全维度智能养猪方案推荐，打造猪产业的养猪大脑。

在财务领域，以贯通财务核算和管理全流程为目标，建设三大共享中心、十大专业系统（总账系统、合并报表、成本管控、费用管控、税务系统、定报系统、租赁系统、固定资产、业务财务、全面预算），打造集中、实时、闭环的数智财务平台，如图 C33-2 所示。通过智能报账、坏账管理、智能定报、月末结账、合并报表等在线化管理提高财务核算和报表工作的效率，大大降低统计错误风险；通过实时监控系统，实现财务共享业务数据的实时透明化，实现对财务问题的及时发现和解决。

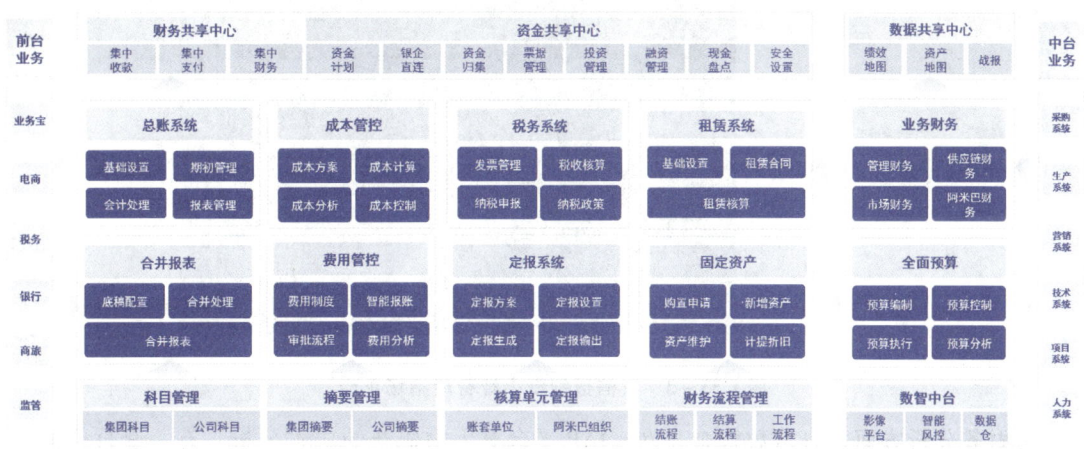

图 C33-2　农信数智企联网 IAP 数智化财务平台

3. 亮点

众所周知，农牧企业的营收主要由饲料和生猪两大业务驱动，并且生猪业务与饲料业务成功互补。对这样的农牧生产企业来说，谁的成本低谁就有市场竞争力，因此成本管控是财务管理重点关注的内容。成本核算原理大同小异，但核算逻辑因行业而异，成本管理的精细化程度更是与企业管理理念和数字化能力而不同。近年来生猪产业的快速发展，主要得益于数据驱动下业务管理和竞争能力的不断提升。

农信数智企联网-IAP平台的精细化成本管理主要依靠三方面的数字化力量，一是业务前台猪联网沉淀的行业数据，二是产业中台智慧养猪平台沉淀的生产业务数据，三是共享后台多维度的财务成本管理指标分析对管理决策的支持。

在行业数据方面，农信数智以大数据、云计算、区块链、人工智能等技术为基础，建立"公司+平台+农户"新模式，用数据、电商、金融将养猪各个链条资源汇聚在一起，成功搭建养猪生态圈"猪联网"。在AI和农信云加持下，猪联网在数据采集和处理上更加智能。

在产业数据方面，在养猪产业方面，农信数智持续打造智能养猪数字化能力的底座，全面建设智能饲喂、智能盘估、智能测温、智能环控、智能洗消、智能料塔、智能水电、智能监控八大核心功能，实现生猪从出生到出栏的全景化智能管理，沉淀丰富的原始业务数据实时传送至数据中台，为数据分析提供了准确有效的数据资产。农信数智猪小智智能猪场平台如图C33-3所示。

图C33-3　农信数智猪小智智能猪场平台

在财务分析方面，农信数智企联网-IAP平台对生物资产的成本分析，有一套自己的核心计算逻辑，农信数智生猪产业成本分析平台如图C33-4所示。根据生物资产的批次周期去计算它的成本，然后通过不断地分解计算单斤成本（出栏成本），有效了解整个养殖过程中的各类成本的消耗，便于与兄弟单位进行各类比较分析。通过精细化的出栏成本测算，可以分析出不同猪品种的饲料成本、兽药成本,包括水电费用成本,进行差异化对比之后,有助于管理效率的提升。在比较分析方面,不仅可以将养殖成本与与牧原、温氏行业标杆成本比较,还可以进行同期养殖成本的比较,持续监控养殖效率是否处于最优水平。另外对于存栏成本,还可以根据不同养殖环节进行更细化的分析。比如对不同场区进行费用对比;对不同的胎龄结构下的存栏成本进行对比;对比不同猪品种存栏费用等。最终成本分析还会对标集团设定的目标成本,促进各单位进行生产管理的改善,实现财务分析对业务的促进,最终服务于企业的增长战略。

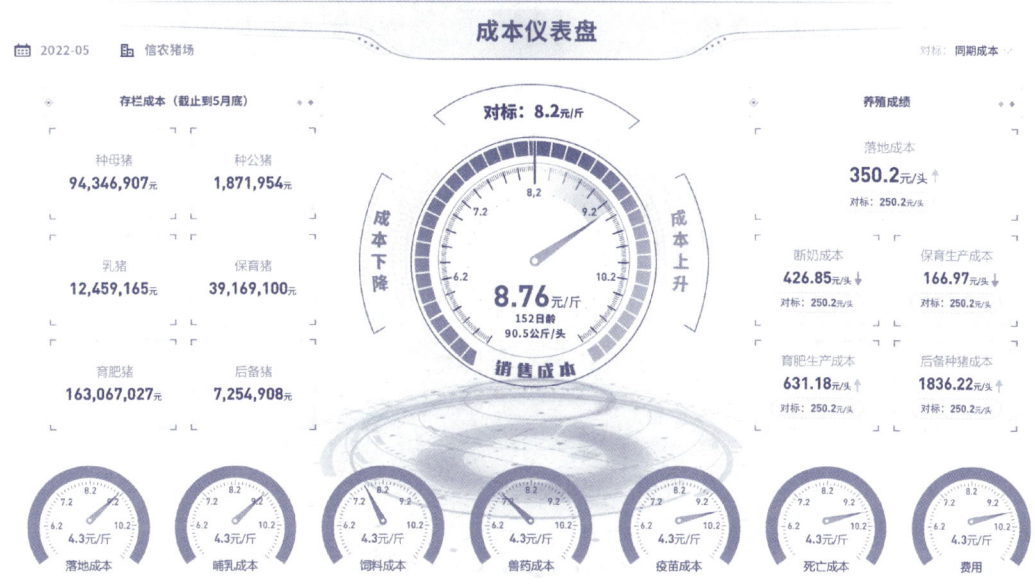

图 C33-4 农信数智生猪产业成本分析平台

数字化养猪,大大提升了企业养猪效率。在运用猪联网、智慧养猪平台进行管理后,猪场 PSY(是指每头母猪每年所能提供的断奶仔猪头数,是衡量猪场效益和母猪繁殖成绩的重要指标)可达 25~30,这一数值在丹麦可达到 35,而国内大部分猪场能达到 20 已是不错的水平。

4. 启示

农信数智的财务数字化的成功经验是充分运用成熟的互联网、物联网、大数据、云计算、人工智能甚至区块链在内的互联网最新应用技术,进行前中后台全方位全架构的企业数字化建设,一开始以数字驱动为目标进行业务数字化建设,丰富的生态、产业和业务数据有效促进了包括财务领域在内的各职能领域的数智化平台建设,使得财务核算效率迅速提升的同时,财务数据分析能够有效为业务经营赋能。